한국궁중무용총서 ❽

처용무(處容舞)·학무(鶴舞)

이흥구·손경순 공저

보고사

발간사

처용무는 신라 헌강왕(875~885) 때의 설화(說話)가 삼국유사 처용랑 망해사조에 수록되어 있다.

처용무는 신라와 고려에서는 1인이 추었으나 이를 조선조 세종 때 봉황음(鳳凰吟)의 처용가를 제기(諸妓)들이 노래하며 추는 오방처용무(五方處容舞)로 창제(創制)하여 전도(前度) 궁중나례(宮中儺禮)가 끝나고 후도(後度)에 전내(殿內)에 지당(池塘)을 설치(設置)하고 학연화대처용무합설(鶴蓮花臺處容舞合設)을 추었는데 그 때의 홀기(笏記)가 악학궤범의 학연화대무처용무합설의 홀기이다.

학연화대처용무합설은 조선조 후기에는 학무·연화대무·처용무가 각종 궁중연향에 따로따로 독립된 춤으로 추어지기도 하였고 학연화대처용무무합설은 학연화대합설무로 추어지기도 하였다.

또 처용무 홀기는 국립국악원에서 출간한 한국음악학 자료총서 4권의 정재무도홀기에 수록되어 있는데 이 홀기는 악학궤범의 학연화대처용무합설의 처용무 홀기와 그 내용이 같으나 반주음악이 영산회상으로 기록되어 있다.

이 두 홀기에는 사방무(四方舞)의 형태가 없는데 이왕직아악부원 양성소에서 악생(樂生)들에게 교육한 등사본과 당시 악생들의 개인 노-드에는 사방무(四方舞)가 들어있고 이 사방무에서 동서상대, 동서상배, 남북상대, 남북상배의 형태가 추가 되어 있다.

1980년부터 국립국악원에서 궁중무용 재현 작업을 하면서 학연화대처용무합설과 학연화대무합설은 김천흥 선생에 의하여 새롭게 창작되어 공연되었다.

현재 국립국악원에서 추어지는 이 두 무용은 창작하여 공연되었던 춤이며 홀기(笏記)에 의한 춤은 추어지지 않았다.

　　중요무형문화재 제39호로 지정된 처용무는 이왕직아악부원 양성소에서 추어졌던 춤으로 고(故) 김기수 선생께서 국립국악원 부설 국악사 양성소 학생들에게 전수한 춤이며 학연화대합설무는 고(故) 한성준 선생께서 궁중 학무를 중심으로 창작하여 고(故) 한영숙 선생에게 전수하였던 학무를 1971년도에 무형문화재 제40호로 지정하였고 1993년에 이 학무에다 조선후기(고종 30년 1893) 계사년의 연화대무를 추가하여 학연화대무로 지정하였다.

　　이번 출판을 위하여 반주음악을 정리해 준 김관희 선생과 원고 정리와 교정을 해 준 이명희 씨와 한국종합예술학교 권효진, 김선희 두 분 선생께 감사드립니다.

저자 이흥구

목차

학무 鶴舞

취용무 處容舞

Ⅰ. 사고(史考)

1. 개관

처용무(處容舞)는 신라(新羅) 헌강왕(憲康王: 875~885) 때 설화(說話)가 삼국유사(三國遺事) 권 2 처용랑(處容郎) 망해사조(望海寺條)에 비롯하여 전해진 춤이다.

고려사(高麗史)에는 충혜왕(忠惠王) 신우조(辛禑條)에 처용희(處容戲)를 즐겼다는 기록이 있고 용재총화에는 세종 때 봉황음에 묘정정악(廟廷正樂)으로 증제(增制)하였고 세조 때 학연화대처용무합설로 증제하였다.

숙종·영조·순조 때에는 진연(進宴)에 상연하였고 고종 때에는 학연화대로 또는 학무·연화대무·처용무가 따로 독립적인 춤으로 추어지기도 하였다.

또한 처용무의 홀기는 악학궤범의 학연화대처용무합설에서 처용무 홀기가 있는데, 이 홀기와 계사년의 처용무 홀기가 전도(前度)에는 같으나 후도(後度)에는 서로 다르게 기록하고 있다.

이 두 홀기의 수록된 반주음악은 악학궤범에는 봉황음에 처용가를 창하며 추는데 계사년 홀기는 영산회상 반주에 처용무를 춘다.

이왕직아악부 때부터 4방무(四方舞)가 증가되고 반주음악도 도입부분에 수제천으로 나와서 북향하고 서서 가곡편에 처용가 「신라성대 소성대 …」를 창하고 나면 향당교주로 사방이 되면 세령산으로 좌선회무까지 하고 5방부터 삼현도드리로 우선회무부터 반염불로 변하여 후창을 가곡롱에 「산하천리국 …」을 창하고 끝나면 송여여지곡으로 끝을 맺는다.

이와 같이 처용무는 그 춤사위와 방위·반주음악의 변화가 많이 다르게 행해 졌다.

이왕직아악부 때 처용무에서 상배(相拜), 배배(背拜)하는 동작은 악학궤범과 계사년에는 상대(相對), 상배(相背) 즉, 인무(人舞)를 추는데 이왕직아악부 때에는 왜 다르게 하였는지 알 수 없다.

또한 모든 정재(呈才)에서도 상배(相拜), 배배(背拜)하는 예는 없다.

이 부분에 대한 것은 연구되어야 할 부분이라고 보이며 두 종의 처용무 홀기에는 선내족, 차외족으로 진행되는데 현행 처용무에서는 선우족, 차좌족으로 진행하고 있다.

이 또한 수정되어야 할 부분으로 본다.

모든 정재의 보법(步法)은 선내족, 차외족으로 진행하도록 기록하고 있는데 어찌 이왕직아악부 때의 정재는 선우족, 차좌족으로 진행되어야 했는지도 역시 같이 연구되어야 할 것으로 보인다.

2. 정재악장

연대 및 의궤	정재악장
순조 28년(1828) 무자진작의궤 권1 (P.9)	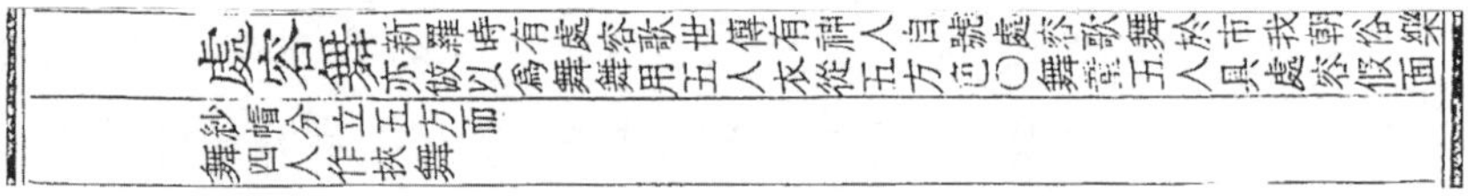 處容舞 新羅時有處容歌世傳有神人自號處容歌舞於市我朝俗樂 亦倣以爲舞舞用五人衣從五方色○舞童五人具處容假面 紗帽分立五方而 舞四人作挾舞 신라(新羅) 시대에는 처용가(處容歌)가 있었다. 세전(世傳)에는 신인(神人)이라 하였다. 스스로 처용(處容)이라 하였고 가무(歌舞)는 어시(於市)를 이루었다. 조선조에서는 속악(俗樂)으로 역시 방차(倣此)하여 무용으로 사용하였다. 5인(五人)의 의(衣)는 오방색이었다. 무동(舞童) 5인이 처용가면(處容假面)과 사모(紗帽)를 쓰고 오방으로 분립(分立)하여 추는 춤이다. 4인은 협무(挾舞)가 된다.
순조 29년(1829) 기축진찬의궤 권1 (P.19)	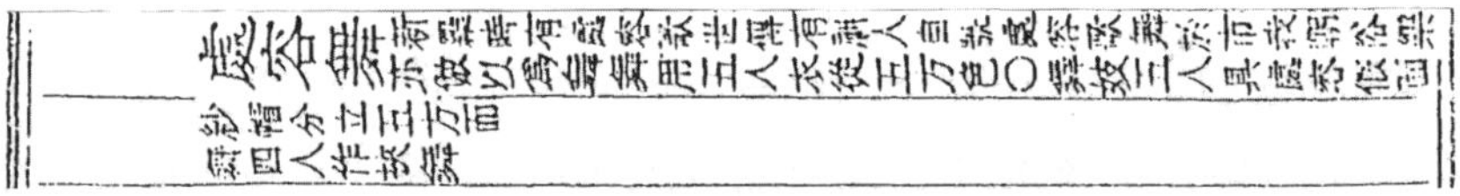 處容舞 新羅時有處容歌世傳有神人自號處容歌舞於市我朝俗樂 亦倣以爲舞舞用五人衣從五方色○舞童五人具處容假面 紗帽分立五方而 舞四人作挾舞 上同
헌종 14년(1848) 무신진찬의궤 권1 (P.32)	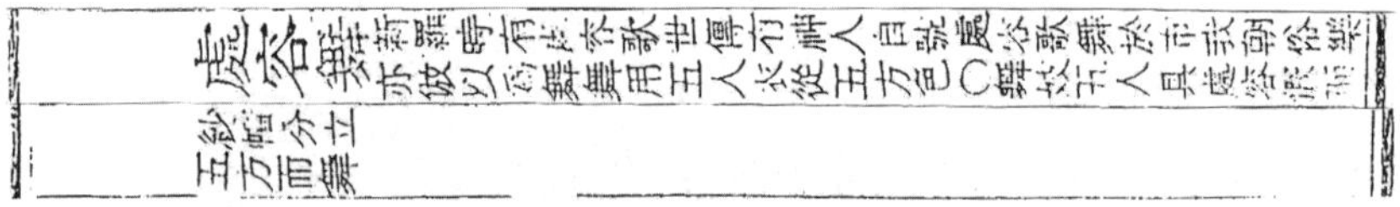 處容舞 新羅時有處容歌世傳有神人自號處容歌舞於市我朝俗樂 亦倣以爲舞舞用五人衣從五方色○舞童五人具處容假面 紗帽分立 五方而舞 上同

※ 이상에서 보이는 바와 같이 정재악장의 내용은 모두 같다.

3. 삼국유사(三國遺事) 처용랑망해사(處容郎望海寺)

제 49대 헌강왕 때 자경사(自京師: 서라벌)로부터 해내(海內)에 이르기까지 집과 담이 연이어져 있고 초가(草家)는 하나도 없었다.

생가(笙歌)가 도로(道路)에 끊어지지 않고 풍우(風雨)는 사시(四時) 순조로웠다.

이 때 대왕(大王)이 개운포(開雲浦: 학성(鶴城) 남쪽, 지금의 울주(蔚州))에 놀러 갔다가 돌아오려 하면서 강변(강변)에 쉬는데 갑자기 구름과 안개가 자욱하여 길을 잃을 정도였다.

괴상히 여기어 좌우에게 물으니 일관(日官)이 아뢰기를,

'이것은 동해(東海) 용(龍)의 조화(造化)이므로 좋은 일을 해 주어야 할 것입니다' 하였다.

이에 해당 관원(官員)에게 명(命)하여 용(龍)을 위해 근경(近境)에 불사(佛寺)를 세우도록 하였다.

왕명(王命)이 내려지자 구름이 개이고 안개가 흩어졌다.

이로 인하여 개운포(開雲浦)라 명(名)하였다.

동해(東海) 용(龍)이 기뻐하며 칠자(七子: 일곱 아들)를 거느리고 왕가(王駕) 앞에 나타나서 찬덕(贊德)을 헌무(獻舞)하고 주악(奏樂)을 하였다.

그 일자(一子: 한 아들)는 왕가(王駕)를 따라 입경(入京)하여 왕정(王政)을 보좌(輔佐)하였다.

이름을 처용(處容)이라 하였다.

왕(王)이 미녀(美女)로 처(妻)를 삼게 하여 그를 머물게 하였으며 또 급간(級干)의 관직(官職)을 주었다.

그 처(妻)가 심미(甚美)하여 역신(疫神)이 흠모(欽慕)하여 사람으로 변(變)하여 밤에 그 집에 가서 몰래 동침하였다.

처용(處容)은 밖에서 집에 돌아와 두 사람이 자리에 누워 있는 것을 보고 노래를 부르며 춤을 추며 물러났다.

※ 가왈(歌曰)

> 동경(東京) 밝은 달에 밤드러 노닐다가
> 들어와 자리를 보니 가라리 네일러라
> 둘은 내해이고 둘은 뉘해 언고
> 본디 내해지만 뺏겼으니 어찌 하리꼬

이 때 신(神)이 현형(現形)하여 앞에 무릎 꿇고 말하기를,

> 내가 공(公)의 처(妻)를 사모하여 지금 범(犯)하였는데
> 공(公)이 노(怒)하지 아니하니 감격하여
> 아름다이 여기는 바입니다.
> 금후(今後)로는 맹세코 공(公)의 형용(形容)을 그린 화(畵)만 보아도
> 그 문(其門)을 들어가지 않겠습니다.

하였다.

이로 인하여 국인(國人)들은 처용(處容)의 형상을 문(門)에 붙여 벽아(僻雅)를 물리치고 경사(慶事)를 맞아들였다.

왕(王)이 이미 서라벌에 돌아오자 영취산(靈鷲山) 동쪽 기슭의 경치 좋은 곳을 가려서 불사(佛寺)를 세우고 이름을 망해사(望海寺) 또는 신방사(新房寺)라고 하였으니 용(龍)을 위하여 세운 불사(佛寺)이다.

또 왕(王)이 포석정(鮑石亭)에 행행(行幸)하였을 때 남산신(南山神)이 현형(現形)하여 어전(御前)에서 춤을 추었는데 좌우 사람들에게는 보이지 않고 왕(王)에게만 홀로 보이었다.

사람이 앞에 나타나 춤을 추고 왕(王)도 춤을 추어 그 형상을 보였다.

신(神)의 이름을 혹은 상심(詳審)이라 하였으므로 지금까지도 나라 사람들이 이 춤을 전(傳)하여 어무상심(御舞祥審) 또는 어무산신(御舞山神)이라 한다.

혹설(或說)에는 신(神)이 이미 나와 춤을 추자 그 모양을 살펴 공인(公人)에게 명(命)하여 모각(摹刻) 시키어 후세에 보이게 하였으므로 상심(象審)이라 하였다 하고 혹은 상염무(霜髥舞)라고도 하였는데 이것은 그 형상에 따라 지은 것이다.

또 왕(王)이 금강령(金剛鈴)에 행행(行幸)하였을 때 북악신(北岳神)이 나와 춤을 추었으므로 그 이름을 옥도령(玉刀鈴)이라 하고 또 동례전(同禮殿) 연회시(宴會時)에는 지신(地神)이 나와 춤을 추었으므로 지백급간(地伯級干)이라 이름 하였다.

어법집(語法集)에는,

"그 때 산신(山神)이 춤을 추고 노래를 불러 지리다도파(地理多都波)라 하였는데, 도파운운(都波云云)은 대개 지혜로 나라를 다스리는 사람이 이미 알고 많이 도망하여 도움이 장차 파한다는 뜻이다"

라고 하였다.

즉, 이미 지신(地神)과 산신(山神)은 장차 나라가 망할 줄 알았으므로 춤을 추어 경계하게 하였지만 국인(國人)이 깨닫지 못하고 도리어 상서(祥瑞)가 나타났다하여 탐락(耽樂: 주색에 빠져 마음껏 즐김)을 더욱 심하게 한 까닭에 나라가 마침내 망하였던 것이라 한다.

處容郎 望海寺

第四十九、憲康大王之代、自京師至於海內。比屋連墻、無一草屋。笙歌不絕道路。風雨調於四時。於是大王游開雲浦(在鶴城西南。今蔚州)。王將還駕、晝歇於汀邊。忽雲霧冥曀。迷失道路。怪問左右。日官奏云。此東海龍所變也。宜行勝事以解之。於是勅有司、爲龍刱佛寺近境。施令已出。雲開霧散。因名開雲浦。東海龍喜。乃率七子現於駕前。讚德獻舞奏樂。其一子隨駕入京。輔佐王政。名曰處容。王以美女妻之。欲留其意。又賜級干職。其妻甚美。疫神欽慕之。變爲人。夜至其家。竊與之宿。處容自外至其家。見寢有二人。乃唱歌作舞而退。歌曰。東京明期月良夜入伊遊行如可入良沙寢矣見昆脚烏伊四是良羅二肹隱吾下於叱古二肹隱誰支下焉古本矣吾下是如馬於隱奪叱良乙何如爲理古。時神現形、跪於前曰。吾羨公之妻。今犯之矣。公不見怒。感而美之。誓今已後。見畫公之形容。不入其門矣。因此、國人門帖處容之形。以僻邪進慶。王旣還。乃卜靈鷲山東麓勝地、置寺。曰望海寺。亦名新房寺。又幸鮑石亭。南山神現舞於御前。左右不見。王獨見之。有人現舞於前。王自作舞。以像示之。神之名或曰祥審。故至今國人傳此舞。曰御舞祥審。或曰御舞山神。或云。既神出舞。審象其貌。命工摹刻。以示後代。故云象審。或云霜髥舞。此乃以其形稱之。又幸於金剛嶺時。北岳神呈舞。名玉刀鈐。又同禮殿宴時、地神出舞。名地伯叡干。語法集云。于時山神獻舞。唱歌云。智理多都波。都波等者、盖言以智理國者。知而多逃、都邑將破云謂也。乃地神山神知國將亡。故作舞以警之。國人不悟。謂爲現瑞。耽樂滋甚。故國終亡。

이상의 처용랑(處容郎) 망해사(望海寺)에서 보여 지는 바는 불도(佛徒)들이 지어낸 전설(傳說)로서 문신(門神) 녹기(綠起)라 볼 수 있다.

문신(門神)은 민속신앙(民俗信仰)에서 대문(大門)에 음나무(가시가 있는 나무) 등을 왼새끼를 꼬아서 묶어 매달아 귀신이 들어오지 못하게 하는 것과 부적을 붙여 놓는 의식 등의 풍속을 문신(門神)이라 하며 이러한 의식은 고대(古代) 유속(遺俗)이다.

신라 처용문신(處容門神)도 이러한 숭신(崇神)하는 민간적 문신을 불도들이 인용하여 불교를 선전하기 위한 설화가 아닌가 한다.

4. 문헌을 통해 본 처용무

책 명	원 문	국 역
동경잡기	……從王入京, 自號處容, 每月夜歌舞於市, 竟不知所在, 時以爲神. 其歌舞處, 後人名爲月明巷, 因作處容歌處容舞, 假面以戲.	왕을 따라 입경(入京)하여 스스로 처용이라 하였다. 매(每) 달 밝은 밤이면 시가에 나와 노래하고 춤을 추었다. 그가 사는 곳을 알 수 없어 그 때 신(神)으로 여기었다. 처용이 노래하고 춤추던 곳을 후세 사람들이 월명항(月明巷)이라 하였고 이로 인하여 처용가와 처용무는 가면을 쓰고 가무하는 놀이라 하였다.
균여전	歌行化世分者, 師之外學, 左閑於詞腦, 依普賢十種願王, 著歌一十一章. 其序云, 夫詞腦者世人戲樂之具云云.	가행화세분(歌行化世分)이라는 사람은 외학(外學)을 배워서 사뇌(詞腦)로 한가롭게 보내고자 하였는데 보현(普賢) 10종과 원왕(願王)의 가(歌) 11장을 의거하여 서문(序文) 운운 한 것은 사뇌(詞腦)는 (신라 내해왕(奈解王) 때의 풍류) 세인(世人)의 희악(戲樂)의 도구(道具)라 운운하였다.
이제현(李齊賢)의 시(詩)	新羅昔日處容翁, 見說來從碧海中. 貝齒頳唇歌夜月, 鳶肩紫袖舞春風.	신라의 옛날 처용 옹(翁)은 벽해(碧海)에서 나왔네 하얀 이 붉은 입술로 달밤에 노래하고 수리 같은 어깨 붉은 소매로 춘풍(春風)처럼 춤을 추었네
이숭인(李崇仁)의 시(詩)	十一月十七日夜聽功益新羅處容歌, 聲調悲壯, 令人有感.	11월 17일 밤에 신라 처용가를 들으니 공(功)이 더해지고 성조(聲調)가 비장(悲壯)한 감(感)이 있었다.
	夜久新羅曲, 停盃共聽之. 聲音傳舊譜, 氣像想當時. 落月城頭近, 悲風樹梢嘶. 無端懷抱惡, 功益亦何爲.	밤이 이슥할 때의 신라노래 술잔을 멈추고 함께 들었네 노랫소리는 옛 악보에 전하니 기상이 당시를 연상케 하네 달은 성 너머로 지고 슬픈 바람 나무 끝을 울리는 구나 아픈 마음 끝이 없는데 공이 더해지면 또 어찌하란 말인가

책 명	원 문	국 역
이담(李澹)의 시(詩)	滿川明月夜悠悠,　東海神人下市樓. 路闊可容長袖舞,　世平宜掛百錢遊. 高蹤縹緲歸仙府,　遺曲流傳在慶州. 巷口春風時一起,　依然吹動挿花頭.	강에는 밝은 달밤은 끝이 없는데 동해신 거리의 누각에 내려 왔네 거리 따뜻하니 긴 소매 춤을 추고 세상이 태평하니 마땅히 많은 돈을 내고 논다네. 높고도 아름다운 정자는 신선부, 굽이쳐 흐르는 물 경주(慶州)에 있네 마침 마을 어귀에 봄바람이 불어와
동국세시기	(前略) 處容之戲 出於新羅憲康王時 東海龍子名 今掌樂院 鄕樂部 有處容舞是也(下略)	처용희는 신라 헌강왕 때 동해용왕의 아들 이름이며 지금의 장악원 향악부에서 처용무를 관장하였다.
고려사악지 11권 제25	新羅憲康王 遊鶴城 還至開浦 忽有一人 奇形詭服 詣王前歌舞讚德 從王入京 自號處容 每月夜歌舞於 市 竟不知其所在時以爲神人 後人異之作詩歌	신라 헌강왕이 학성에 놀러 갔다가 개운포에서 돌아오려 할 때 귀이한 복장을 한 한 사람이 왕 앞에 와서 노래와 춤을 추며 찬덕하였다. 왕을 따라 입경(入京)하여 스스로 처용이라 하고 매(每) 달 밝은 밤이면 가무(歌舞)로 어시(於詩)를 이루었다. 장소와 때를 가리지 않고 노래와 춤을 추는 귀이한 처용을 후대 사람들은 신인(神人)이라 하였다.
조선 불교사	慶州至今 尙傳處容舞, 惟七十老妓金映月 解作此舞…….	경주에는 지금까지 처용무가 전하는데 오직 70노기(老妓) 김영월(金暎月)이 이 춤을 출 줄 안다.
동국여지승람	歌舞處, 後人名爲月明巷, 因作處容歌處容舞, 假面以戲.	처용이 노래하고 춤추던 곳을 후세 사람들이 월명항이라 하고 처용가와 처용무를 가면희(假面戲)라 하였다.

이상의 기록으로 보아 신라 고려 때의 처용무의 원형은 알 수 없으나 세종 때 봉황음에 묘정지악을 증제(增制)하였고 이를 세조 때 학연화대처용무합설로 창제하여 악학궤범 권5에 그 절차 및 춤의 형태를 상세히 기록하였음을 알 수 있다.

책 명	원 문	국 역
용재총화	世宗以其曲折, 改撰歌詞, 名曰鳳凰吟, 遂爲廟廷正樂, 世祖遂增其制, 大合樂而奏之.	세종 때에는 2곡을 다듬고 가사(歌詞)를 개찬하여 봉황음이라 이름하고 묘정정악으로 만들었으며 세조 때 이를 증제(增制)하여 대합악(大合樂)으로 연주하였다.
	每於除夜則一日夜, 分人昌慶昌德兩宮殿庭, 昌慶則妓樂, 昌德則歌童, 達曙奏樂, 各賜伶伎布物爲闢邪也.	매년 섣달그믐이면 하루 낮·밤에 창경궁과 창덕궁 양궁(兩宮) 전정(殿庭)에 들어가 창경궁에서는 기악(妓樂)을, 창덕궁에서는 가동(歌童)을 새벽까지 주악(奏樂)을 하여 사악한 일을 막고자 하였으며 영기(伶伎)들에게는 포물(布物)을 하사하였다.
	處容之戱 肇自新羅憲康王時 有神人 出自海中 (始現於開雲浦) 來入王都 其爲人 奇偉個 好歌舞(中略) 初使一人 黑布紗帽而舞 其後有五方處容 世宗以曲折改撰 歌詞名曰 鳳凰吟 遊爲廟庭之樂	처용희(處容戱)는, 신라 헌강왕 때 바다 가운데서 신인(神人)이 나왔다. (현 개운포) 왕을 따라 왕도(王都)로 와서 노래와 춤을 좋아 하였다. 처음에는 한 사람이 흑포(黑布)에 사모(紗帽)를 쓰고 춤을 추었는데 그 후에 세종이 개찬(改撰)하여 5방 처용으로 되었다. 가사(歌詞)의 이름을 봉황음이라 하고 놀이를 묘정지악(廟廷之樂)이라 하였다.
대동운부군옥	鳳凰吟 新羅詩有處容 初使一人 黑袍紗帽而舞 其後有五方處容 我英廟以其曲節(中略) 歌詞名曰 鳳凰 吟 遊爲廟庭之樂	신라 때 처용이 있었는데 이를 봉황음이라 했다. 처음에는 한 사람이 흑포(黑袍)에 사모(紗帽)를 쓰고 추었다. 그 후에 5방 처용으로 되었고 아영묘(我英廟)에 그 곡절(曲節) (중략) 가사(歌詞)의 이름을 봉황음이라 하였고 놀이는 묘정지악이라 하였다.

책 명	원 문	국 역
목은집(32에)	山坰結綴似蓬來 獻果仙女海上來 雜容鼓鉦轟地動 處容綵袖逐風廻 長竿倚漢如平也 慕火衝天以疾雷 欲賀太平眞氣像 君臣　　　魏非才	산대결철은 봉래(蓬來)에서 오고 헌과(獻果)의 선녀(仙女)는 해상(海上)에서 왔다. 북·징을 치며 추는 잡처용(雜處容)은 섭지(聶地)를 처용의 아름다운 소매 자락이 바람에 펄럭이는데 진동하고 장간(長竿)의 재주는 은하수에 기대어 평지와 같으나 하늘이 동하여 번개 치듯 움직이니 태평성대의 참다운 기상이 군신 간에 재주뿐이겠는가
고려사(69에)	太祖 元年 11月說 八關會(中略) 又結綵奉養所 名高五丈餘(中略) 呈百戱歌舞於(下略)	태조 원년 11월 설에 팔관회는 5척의 배 위에 봉양소를 차려 놓고 행하여 졌는데 그 명성이 높았다. 그 장소에서 가무백희(歌舞百戱)와 노래와 춤으로 임금을 즐겁게 하였다.
동국문헌비고 악고 학연화대 에는	東國文獻備考 樂考 鶴蓮花坮 臣謹按 鳳凰吟外 又有處容歌 觀音讚 然本自高麗流傳 至今俱列於樂府 而己 非聖廟之所嘗用 故二篇削之不備	신이 삼가 헤아려 살펴보니 봉황음 외에 처용가가 있다. 관음찬은 고려로부터 전해 오던 것으로 지금은 악부에 갖추어져 있을 뿐이다. 성묘에 항상 사용되었던 것이 아니기 때문에 이 두 편은 깎아 버려서 갖추어져 있지 아니합니다.

이상의 문헌에서 보여지는 바와 같이 처용무는 신라 헌강왕 때 시원을 두고 동해의 용왕(龍王)이냐 해중신(海中神)이냐 하는 것으로 일괄성 있게 기록하고 있으며 문신(門神) 방지를 위한 신인(神人)이 처용이란 것은 공통점이라 하겠다.

또 시용향악보(1469~1490)에는 <나례가·잡처용>이라 했고 예종 11년(1116)에 대나례에서 창우잡기와 충혜왕(1343)때에 신궁(神宮)을 지은 후에 가무잡희가 베풀어 졌고 고려사 권36 충혜왕 4년 5월과 공민왕(恭愍王)과 고려사 권43과 공민왕 21년(1375~1388)에 장군악나희(丈軍樂儺戱)라 했고 설채봉신희(태종실골 권1)라 하였다.

백희(百戱) 잡희(雜戱) 나희잡기는 같은 맥을 지니고 있음을 짐작하게 하고 있는바 가무백희 중에는 의례히 처용무가 들어 있었을 것으로 보여 진다.

악학궤범 학연화대처용무합설에서 봉황음이라 이르는데 이는 조선 세종 때 윤회(尹淮)의 개찬(改撰)으로 인하여 전하는 곡이다.

학연화대처용무합설에서 처용무를 3단으로 나누어 서무(序舞)의 음악은 봉황음 1기라하고 중간부는 봉황음 중기라 하고 봉황음 말기가 되는 후부는 봉황음 급기라 하였으나 시용처용무는 이에 준거하지 않고 영산회상곡으로 추어졌다.

5. 왕조실록에 보이는 처용무

연 대	원 문	국 역
숙종 45년(1719) 9월 24일 (계사) 승정원 일기	○ 黃龜河, 以進宴廳言啓曰, 今日習儀, 詳察地勢, 從二品以下, 移就東邊, 則似無窘窄之患, 臣僚饌床, 雖不先撤, 處容舞, 亦可爲之, 正日依此擧行之意, 敢啓。傳曰, 知道。	황구하는 진연청에서 옅게 된 것은 오늘 연습하여 자세를 상세히 관찰하여 종2품 이하는 좁고 군색하지만 동변에 자리를 하고 신료의 찬상을 먼저 물리지 않아도 처용무는 역시 가하와 오늘 거행하게 된 것은 전교하기를 지도에 의한 것이라고 하였다.
영조 52년(1776) 2월 22일 (갑자) 승정원 일기	○ 傳于李養鼎曰, 今日處容舞童樂工·樂生, 依例施賞。	이양정이 전하여 묘 하기를 오늘 처용무동 악공·악생에게 전예에 의하여 시상하였다.
세종 25년(1443) 1월 25일 (신사) 세종실록 99권 (9장 B)	○傳旨慣習都監: 今後《處用舞〔處容舞〕》除女妓, 用男夫。	관습도감에게 전하기를 이 뒤로 처용무에 기생(妓生)을 그만두고 남자 재인을 쓰라 하였다.
연산(燕山) 3년 (1497) 12월 28일 (乙未) 연산실록 8책 28권 (38장 A편)	鳳凰吟 新羅詩有處容 初使一人 黑袍紗帽而舞 其後有五方處容 我英廟以其曲節(中略) 歌詞名曰 鳳凰 吟 遊爲廟庭之樂	왕이 삼전(三殿)을 받들고 창경궁 인양전(仁陽殿)에서 나례(儺禮)를 구경하는데 종재(宗宰) 승지(承旨) 사관(史官)등이 입시하니 왕은 명(命)하여 표피(表皮)등의 물건을 내려 희롱삼아 내기를 하게 하고 창우(倡優)들에게도 물건을 하사하고 날이 저물어서야 파하였다. 이날 밤에 또 삼전을 받들고 인양전에 납시어 처용무를 구경하는데 명하여 여러 군(君)의 부마(駙馬)를 불러 입시하게 하였다. 그리고 창우들에게 물건을 차등 있게 나누어 주었다.
연산 5년(1499) 3월 8일 (정묘) 연산실록 9책 32권 (22장 A면)	○丁卯/傳于承政院曰: "凡宴享呈才時, 處容舞再用何如? 問于政丞等。"	승정원에 전교하기를 모든 연향(宴享)의 정재(呈才) 때에 처용무를 재차 추게 함이 어떠한지 정승 등에게 물었다.
연산 10년(1504) 2월 13일 (기사) 연산실록 15책 56권 (27장 B면)	○傳曰: "處容舞前代遺風, 今所宜用, 令妓傳習, 一應宴享時行用。"	전교하기를, 처용무는 전대의 유풍(遺風)으로 지금도 마땅히 써야 할 것이니 기녀(妓女)들에게 가르치고 연습시켜 한결같이 향연 때에 사용하도록 하라 하였다.

연 대	원 문	국 역
연산 10년(1504) 12월 18일 (갑술) 연산실록 15책 56권 (29장 A면)	○傳曰: "當賜舞處容人, 濟用監綿紬、白布、白緜布多數預備。"	전교하기를, 처용무를 추는 사람에게 주어야 하겠으니 제용감의 면주(綿紬) 백포(白布) 백면포를 준비하도록 하라 하였다.
연산 10년(1504) 12월 25일 (신사) 연산실록 15책 56권 (31장 A면)	○傳曰: "興淸樂已習處容舞者, 明夕領來。 且前日天使所贈貂皮毛長品好, 今後每行貿來。"	전교하기를, 홍청악으로 이미 처용무를 습득한 자를 내일 저녁 데려오도록 하고 또 전일 중국 사신이 기증한 털이 길고 품질이 좋은 초피(貂皮)를 이 뒤 사행(使行) 때 마다 사오도록 하라 하였다.
연산 10년(1504) 12월 28일 (갑신) 연산실록 15책 56권 (33장 A면)	○傳曰: "處容舞能者論賞, 不能者以違令律論斷。"	전교하기를, 처용무에 능숙한 자는 상을 주고 능하지 못한 자는 명령을 어긴 위령률(違令律)로 죄를 논하라 하였다.
연산 10년(1504) 12월 30일 (병술) 연산실록 15책 56권 (33장 A면)	○丙戌/御明政殿, 觀儺禮, 又觀處容舞。	병·무·일에 명정전에 납시어 나례(儺禮)를 관람하고 또 처용무를 관람하였다.
연산 11년(1505) 1월 1일 (정해) 연산실록 16책 57권 (1장 A면)	○朔丁亥/王行望闕禮于明政殿。 進表裏于王大妃殿, 受百官賀, 御仁政殿行會禮宴, 觀處容舞、舞鶴等戲。	전해초하루에 왕이 명정전에서 망궐례(望闕禮)를 행하고 대왕대비전에 표리(表裏)를 올리고 백관(百官)의 하례(賀禮)를 받았으며 인정전에 임하여 회례연(會禮宴)을 베풀고 처용무·학무등 유희(遊戲)를 구경하였다.
연산 11년(1505) 1월 1일 (정해) 연산실록 16책 57권 (1장 A면)	○傳曰: "今後凡處容舞、舞鶴等人賞賜之物, 皆號錦纏頭。"	전교하기를, 앞으로 모든 처용무와 학무 등을 하는 사람에게는 상을 내려 물건을 다 금전두(錦纏頭)라고 부르라 하였다.

연 대	원 문	국 역
연산 11년(1505) 1월 3일 (기축) 연산실록 16책 57권 (1장 B면)	○掌樂院提調李季仝、任崇載啓: "曩者處容舞假面, 不爲長久之計, 但取一時之用, 故隨卽變色。 今後以布先裹, 以肉色著漆, 雖年久使不變。 外方選上妓亦有可入興淸之樂者, 但衣裳不美, 又不知坐作之節, 姑留本院以敎之。 蓮塘諸具雖破毀, 本院無花匠, 故未卽修補。 又妓輩首花, 雖有價物, 未能自買。 花匠三人, 請隷本院役使。" 傳曰: "幷依所啓。"	장악원 제조 이계동(李季仝) 임숭재(任崇載)가 아뢰기를, 전에는 처용무의 가면을 오래 쓸 생각을 하지 않고 한번만 쓰는 것을 취택하였으므로 곧 빛이 변하였으니 앞으로는 베로 먼저 싸고 살빛으로 칠을 입혀서 해가 오래 되어도 변하지 않도록 하소서. 외방(外方)에서 뽑아 올리는 기생(妓生)에게도 홍청악(興淸樂)에 넣을 만 한 자가 있으나 옷이 아름답지 못하고 행동하는 예절을 모르니 우선 본원(本院)에 두어 가르치도록 하소서. 연당(蓮塘)의 제구(諸具)가 파손 되도 본원의 화장(花匠)이 없으므로 곧 보수(補修)하지 못하고 또 기생들의 수화(首花)는 물건 값을 주어도 자유로이 살 수 없으니 화장(花匠) 3인을 본원에 붙여 부리게 하소서 하니 전교하기를, 모두 아뢴 대로 하여라 하였다.
연산 11년(1505) 1월 9일 (을미) 연산실록 16책 57권 (5장 A면)	○乙未/傳曰: "迓祥服穿著可當, 燕燕兒、一點紅、娟娟月、暗香梅等, 令預習處容舞。 但今所謂處容舞者, 不知其眞贋, 向者余山入內呈才, 不甚曲折其臂, 而舞樣殊有可觀, 令學舞者效之。"	전교하기를, 아상복(迓祥服)을 입는 데에도 연연아(燕燕兒) 일점홍(一點紅) 연연월(娟娟月) 암향매(暗香梅) 알맞겠으니 처용무를 미리 익히게 하라. 다만 지금 이른바 처용무라는 것은 그 진위를 모르겠으되 전에는 여산(余山)이 대내(大內)에 들어와서 정재(呈才)할 적에 팔을 굽히지 않았으나 추는 모양이 매우 볼만하였으니 춤을 배우는 자로 하여금 본받게 하라 하였다.

연 대	원 문	국 역
연산 11년(1505) 1월 12일 (무술) 연산실록 16책 57권 (7장 A면)	○傳曰: "興淸樂揀擇人內, 處容舞十人、鶴舞四人敎誨入內。"	전교하기를, 홍청악(興淸樂)으로 간택한 사람 중에서 처용무 10인 학무 4인을 가르쳐서 대내(大內)에 들이라 하였다.
연산 11년(1505) 4월 7일 (임술) 연산실록 16책 57권 (24장 A면)	○壬戌/傳曰: "廣熙所著處容衣, 令運平穿著, 入來于昌德宮。" 王酒酣則喜著處容衣, 作處容舞, 亦或自歌。	임무일에 전교하기를, 광희(廣熙)가 입는 처용의(處容衣)를 운평(運平)에게 입혀서 창덕궁으로 들어오게 하라 하였다.
연산 11년(1505) 12월 4일 (갑인) 연산실록 16책 60권 (17장 A면)	○傳曰: "歲時當觀豐頭舞。 勿用廣熙, 擇興淸身長有姿色豪健者三十人, 其速敎訓。"	갑무일에 전교하기를, 세시(歲時: 설)에는 풍두무(豐頭舞)를 구경하였으니 광희(廣熙)는 쓰지 말고 홍청(興淸)에서 키가 늘씬하고 자색이 있으며 호기롭고 건강한 자 30인을 가려서 속히 가르치게 하라 하였다.
중종 10년(1515) 12월 22일 (갑술) 중종실록 12책 23권 (49장 A면)	○甲戌/傳曰: "正朝日禳災處容, 其勿爲之。"	전교하기를, 정조일(正朝日)의 양재처용(禳災處容)은 하지 말라 하였다.
중종 13년(1518) 4월 1일 (기시) 중종실록 16책 32권 (43장 B면)	大抵 《處容舞》, 本奇邪不正之樂, 故亦以此曲節之。 臣意若不以此舞, 呈於雜戲之中, 則此詞雖不製, 可也。 《靈山會相》代用新製《壽萬年詞》曰: '碧海仙人乘紫烟, 分曹呈舞繡簾前。 揷花頭重回旋緩, 恭獻君王壽萬年。' 《本師讚》、《彌陀讚》代用新製《中興樂詞》曰: '維天眷海東, 維聖啓中興。 紫極光寶命, 貞符顯厥徵。 氛霾劃剗割, 陽德廼昭升。 成功兼創守, 仁義以堅凝。 治(敝)〔敝〕極于時, 百孔又千瘡。 摭拾而補綴, 粗復舊典章。 人心尙未淑, 惟利而劻勷。 咨咨隱入井, 誘掖用多方。 瞻彼泰山, 崔百卉之所植。 吉士秉文德, 藹藹生王國。 贊襄緝熙功, 中化致位育。 寅恭夙夜心, 期入皇王域。 安民卽爲惠, 知人斯乃哲。 仰惟祖宗聖, 以此垂謨烈。 悠哉未有艾, 永言思紹述。 子孫千萬年, 尙念無疆恤。'" 傳曰: "所啓之言皆是。 《處容舞》等, 如所啓革之, 則可也。 但不正之舊習, 不特此也, 必多有之, 不可一切革之。" 仍命以衷所製樂章, 代舊樂章。	대저 처용무는 본래 부정 괴이한 악이기 때문에 또한 이 곡을 붙인 것입니다. 신의 생각에는 이 무(舞)를 잡희(雜戲) 중에 드러내지 아니한다면 가사(歌詞)는 짓지 않아도 된다고 봅니다. 영산회상의 대응인 수만년(壽萬年)의 신제가사(新製歌詞)에는 '바다에 사는 신선이 자연(紫烟)을 타고 와서, 비단 휘장 앞에 갈라서서 춤을 드립니다. 꽃을 꽂은 머리 무거워서 천천히 들면서, 삼가 임금님의 만년수를 드리옵니다.' 하였고 본사찬(本師讚)·미타찬(彌陀讚)의 대응인 신제 중흥악(中興樂) 가사에는 '하늘이 우리나라를 돌보 사 성왕께서 중흥을 하셨습니다. 궁궐에는 보명(寶命)이 빛나고 상서로운 부록(符籙)에는 그 징험이 나타났습니다. 음산한 기운은 소멸되고 햇빛이 밝게 떠오르며, 공을 세우고 또 창업을 지킴은 인의(仁義)가 굳게 엉킨 때문입니다.

연 대	원 문	국 역
		치란이 이 때 극심하여 백공천창(百孔千瘡)이 되었는데 이를 수습하고 보충하여 겨우 옛 법도를 회복 하였습니다. 그러나 인심이 아직까지 순후해지지 않아 이욕에만 날뛰나니, 딱하게도 자신도 모르게 함정으로 빠져 들어가는 것을 붙들어 돕기에 많은 방법을 써야 됩니다. 저 높은 태산을 쳐다보노라니 온갖 백초가 거기에 심어져 있으며, 어진 선비가 문덕(文德)을 잡으사 씩씩하게 왕국(王國)에 탄생하였습니다. 도와 성취하고 거룩하게 빛나는 그 공로는 천지 만물의 중화(中化)를 이루었습니다. 밤낮 조심하는 마음으로 황왕역(皇王域)에 들기를 기대하였나니, 백성을 안정시킴이 곧 은혜가 되고 사람을 알아봄이 곧 명철한 것입니다. 우러러 바라건대 성스러운 조종께서는 이것을 모범으로 드리우소서. 아득히 멀어 미치기 어렵거니 길이 계술(繼述) 하시기 생각할 것이며, 자손 만대까지 끝없는 애휼을 생각 하옵소서'하였습니다. 하니, 전교하기를 "아뢴 말이 다 옳다. 처용무(處容舞)등은 아뢴 말과 같이 없애는 것이 좋겠다. 그러나 옳지 못한 옛 습관이 이것뿐만 아니라 필시 많을 것이니 한꺼번에 없앨 수는 없을 것이다." 하고, 곧 남곤이 제작한 악장으로 옛 악장을 대신하게 하였다.
중종 36년(1541) 11월 24일 (병오) 중종실록 49책 96권 (65장 B면)	○丙午/傳于政院曰: "歲時觀處容舞, 乃古例也。 然今有災變, 動樂未安, 勿爲可也。 且元日進豐呈, 曲宴、會禮宴, 亦勿取稟事, 其竝言于禮曹。"	병오일 정원에 전교하기를, "연말에는 처용무(處容舞)를 구경하는 것이 예부터의 관례이다. 그러나 지금은 재변이 있어 풍악을 울리기가 미안하니 하지 않는 것이 좋겠다. 그리고 설날 진풍정(進豐呈) 및 곡연(曲宴)과 회례연(會禮宴)도 취품(取稟)하지 말 것을 아울러 예조에 말하라."

연 대	원 문	국 역
정조 19년(1795) 윤 2월 13일(을미) 정조실록 42책 42권 (33장 B면)	第七爵, 奏《壽延長》呈才, 樂作《與民樂》《夏雲峯曲》, 呈才訖, 樂止。 處容舞進, 樂作鄕唐交奏《井邑樂》《與民樂》, 尖袖舞進, 奏《洛陽春曲》, 呈才訖, 樂止。	정조는 봉수당에 나아가 혜경궁을 위하여 연회를 베풀 때 처용무는 다음 의례 때 추어졌다. 일곱 번째 술잔을 올릴 때 '수명을 연장한다.(壽延長)'는 정재를 연회하고, 악대가 여민락의 하운봉곡(夏雲峰曲)을 연주하였다. 정재가 끝나자 연주도 그쳤다. 처용무(處容舞)를 추자 악대가 정읍악(井邑樂)과 여민락을 향악(鄕樂)과 당악(唐樂)으로 번갈아 연주하였다. 첨수무(尖袖舞)를 추자 악대가 낙양춘곡(洛陽春曲)을 연주하였다. 정재가 끝나자 연주도 그쳤다.

Ⅱ. 택일(擇日) 및 의주(儀註)

1. 택일(擇日)

1) 숙종 45년(1719) 기해진연의궤(己亥進宴儀軌)

의 례 명	설 행 일 시	설 행 장 소	처용무 유·무
대전진연	9월 18일	경현당	칠작(七爵)

2) 영조 20년(1744) 갑자진연의궤(甲子進宴儀軌)

의 례 명	설 행 일 시	설 행 장 소	처용무 유·무
대왕대비전진연	10월 4일 묘시	광명전	유
대전진연	10월 7일 진시	숭정전	무
중궁전진연	10월 4일 묘시	광명전	무

3) 순조 28년(1828) 무자진작의궤(戊子進爵儀軌)

의례명	설행일시	설행장소	처용무 유·무
대전중궁전진작	2월 12일 묘시	자경전	유
대전중궁전야진별과	동일 2경	자경전	유
왕세자회작	2월 13일 진시	자경전	유

4) 순조 29년(1829) 기축진찬의궤(己丑進饌儀軌)

의례명	설행일시	설행장소	처용무 유·무
대전외진찬	2월 9일 오시	명정전	무
대전내진찬	2월 12일	자경전	무
대전야진찬	동일 2경	자경전	무
왕세자회작	2월 13일 진시	자경전	유

5) 헌종 14년(1848) 무신진찬의궤(戊申進饌儀軌)

의 례 명	설 행 일 시	설 행 장 소	처용무 유·무
대왕대비전내진찬	3월 17일 묘시	통명전	유
대왕대비전야진찬	동일 2경	통명전	무
대전회장	3월 19일 묘시	통명전	무
대전야연	동일 2경	통명전	무

2. 의주(儀註)

1) 숙종 45년(1719) 기해진연의궤(己亥進宴儀軌)

숙종 보령 59세 되는 해로 왕세자가 말하기를 태조께서는 1394년(태조 3년)에 60세로 기로소(耆老所)에 들어간 전례(前例)를 따라 부왕(夫王)께서 기로소에 들어가기를 간청하였으나 숙종은 이를 허락하지 않다가 종신(宗臣) 밀양군과 연인군이 <전하께서 태조의 일을 본받지 않으면 아름다운 그 자취가 세상에서 없어 질 것입니다> 라고 진언을 하니 마침내 이를 허락하여 2월 12일 기로소에 입소하게 되었다.

태조 이후 3백여 년간 없었던 큰 경사를 경축하여 진하례(陳賀禮)를 행하고 세자와 제신(諸臣)들이 진연(進宴)을 올려 경축하기로 하였으나 숙종이 <백성들이 기근과 황역(瘟疫)이 심한데 무슨 잔치를 받느냐>라며 허락하지 않으시고 다만 기로신에게 연향을 베풀어 줄 뜻을 비치였다.

이에 제신들이 진연을 허락하지 않으면 기로신(耆老臣)들이 마음 편히 잔치를 받을 수 없다고 간곡히 주청하여 경희궁(慶熙宮)의 경현당(景賢堂)에서 4월 18일 기로신들에게 연향을 베풀어 주었고 9월 2일 대신들이 임금께서 기로소에 들어가신 삼백여년만의 경사를 축하하기 위하여 숙종 40년 (1714)에 예(例)에 의거하여 외연(外宴)과 내연(內宴)을 올리고자 하였으나 중궁(中宮)에서 <성상의 환우가 좋지 않은데 무슨 잔치를 받겠느냐>고 사양함으로서 9월 28일에 외연(外宴)만 올렸다.

의례명	의 주 내 용	국 역
대전진연 9월 18일 경현당 설행 기해진연의궤	의주 내용이 없음	칠작(七爵)에 추어짐

2) 영조 20년(1744) 갑자진연의궤(甲子進宴儀軌)

영조 20년(1744) 51세가 되는 해로 여은군이 말하기를 숙종은 59세에 기로소에 들어갔는데 영조 또한 50세를 넘어 60세에 이르니 기로소에 가실 것을 청하니 신하 김재로가 태조 중종도 50세가 넘어 기로소에 들어가셨으므로 5, 6년을 더 기다렸다가 의논하여도 늦지 않는다 하여 반대하였다.

그러나 영조는 부자(父子)가 이어서 기로소에 들어갔다고 기록이 된다면 이 어찌 귀한 일이 아니 겠느냐 면서 쾌히 기로소에 들어감에 9월 2일 제신들의 주청으로 대왕대비의 허락을 받아 진연을 실행하기로 하였다.

9월 9일 기로소에 거동하여 영수각(靈壽閣)에서 어첩을 꺼내어 친히 지행순덕영모의열왕(至行純 德英謨毅 烈王)이라고 쓰고 예관이 올리는 범장(凡杖)을 받았다.

기로소에 들어가는 의식을 마치고 10월 4일 임금이 광명전(光明殿)에서 인원왕후에게 진연을 올릴 때 대왕대비께서 범장(凡杖)을 앞에 세워 놓고 노래를 불렀다.

10월 7일에는 숭정전(崇政殿)에서 진연을 베풀고 왕이 기로소에 들어간 것을 경축하였다.

의례명	의 주 내 용	국 역
대왕대비전진연 10월 4일 묘시 광명전 설행 갑자진연의궤	의주기록 없음	칠작(七爵)에 추어짐

3) 순조 28년(1828) 무자진작의궤(戊子進爵儀軌)

순조 28년에는 정일(正日)연향 외에 야연(夜宴)과 회작(會酌)을 베풀고 내진작에는 공주와 내외빈 제신(諸臣)들에게 찬상(饌床)을 내리고 세자가 정재악장을 새로 지어 사용 하였으며 내연(內宴)에도 무동이 정재를 추는 전례에 없는 일이 있었으며 연향에 사용한 악곡명도 아명(雅名)과 본명(本名)을 함께 사용하는 특이함도 있었다.

순조 28년의 진작(進爵)은 순원왕후(純元王后 1789~1857)의 보령 40세를 경축하기 위하여 왕세자는 대전중궁전진작을 올렸다.

2월 12일 묘시(卯時)에 자경전에서 진작을 올리고 5월 15일 생신에는 치사(致詞)와 표리(表裏: 안감과 겉옷감)를 올리고 6월 1일에는 연경당에서 조촐하게 진작을 올렸다.

순원왕후 생신은 5월인데 2월에 진작을 올리게 된 것은 세자의 효심이 깊어 왕후의 만수무강을 위하여 미리 진작을 올린 것이다.

2월 만수무강을 경축하는 진찬에는 처용무가 어느 의례 때 추어졌는지 의주(儀註) 내용을 보면 다음과 같다.

의례명	의주내용	국역
대전중궁전진작 2월 12일 묘시 자경전 설행 무자진작의궤 권1 (P.23B)	尙宮跪啓禮畢典贊唱禮畢細吹作凝和之曲呈處容舞(交奏鄉唐)左右贊禮尙宮導殿下入大次樂止細吹作鳳吹之曲呈處容舞(交奏鄉唐)左右贊禮尙宮導王妃入大次樂止	상궁이 궤(跪)하고 예(禮)를 필(畢)하면 전찬이 예필(禮畢) 하고 창(唱)하면 세취작 응화지곡을 연주하고 처용무(향당교주)를 헌무할 때 좌우 찬례(贊禮) 상궁이 전하(殿下)를 인도하여 대차(大次)에 오르면 악지한다. 세취작 봉취지곡을 연주하고 처용무(향당교주)를 헌무할 때 좌우 찬례(贊禮) 상궁이 왕비(王妃)를 인도하여 대차(大次)에 오르면 악지한다.

의례명	의주내용	국역
대전중궁전야진별과 2월 12일 2경 자경전 설해 무자진작의궤 권1 (P.24B)	細吹作凝安之曲呈處容舞尙宮跪啓請降座 殿下降座還內樂止細吹作文祥之曲呈處容舞尙儀跪 啓請降座　王妃降座還內樂止	세취작 응안지곡을 연주하고 처용무를 헌무할 때 상궁이 궤(跪)하고 전하(殿下)께서 자리에서 내려오기를 청(請)하여 전하께서 자리에서 내려와 환내(還內)하면 악지한다. 세취작 문상지곡을 연주하고 처용무를 헌무할 때 상의(尙儀)는 궤(跪)하고 왕비(王妃)께서 자리에서 내려오기를 청(請)하여 왕비께서 자리에서 내려와 환내(還內)하면 악지한다.
왕세작회작 2월 13일 진시 자경전 설행 무자진작의궤 권1 (P.26B~27)	舞女官跪贊請降座女官引　王世子降座還內樂止 細吹作蒼龍之曲 鄉唐交奏 呈處容	세취작 창용지곡을 연주하고(향당교주) 처용무를 헌무할 때 여관이 궤(跪)하고 자리에서 내려올 것을 청하여 왕세자가 자리에서 내려오면 여관이 인도하여 환내(還內)하면 악지한다.

4) 순조 29년(1829) 기축진찬의궤(己丑進饌儀軌)

순조 29년(1829)은 순조의 보령 40세와 즉위 30년이 되는 해로 이를 경축하기 위하여 정월 초하루에 치사(致詞)를 올리고 하례(賀禮)를 행하였다.

2월 9일 오시(午時)에 대전외진찬을 열었고 2월 12일 진시에 자경전에서 대전 내진찬을 열었고 같은 날 2경에 대전야진찬을 열었다.

2월 13일 왕세자퇴작을 자경전에서 실행하였다.

순조의 생신인 6월 18일에는 치사(致詞)와 표리(表裏: 안감과 겉옷감)를 올리고 6월 19일에 진찬을 올렸다.

순조 때는 혜경궁의 관례(冠禮) 60주년과 환후회복 원손탄생과 왕비 보령 40세등 경사가 겹치는 해에는 왕실과 친인척 신하들을 초대하여 음주를 나누며 즐기며 경사를 축하하였다.

2월 진찬에서 어느 의례에서 처용무가 추어졌는지 의주(儀註) 내용을 보면 다음과 같다.

의례명	의주 내용	국 역
왕세자회작 2월 13일 진시 통명전 설행 기축진찬의궤 권1 (P.44)	止 進酒 進味 女執事俯伏舉麾奏醉仙香之曲舞鼓 典贊唱離位鞠躬陪宴命婦離位鞠躬樂	여집사가 휘를 눕혔다가 세우면 취선향지곡을 연주하고 무고(舞鼓) 원무곡 춘앵전, 처용무를 헌무할 때 술과 미수를 올린다. 전찬이 "이위국궁"하고 창하면 배연 명부는 이위국궁하면 악지한다.

5) 헌종 14년(1848) 무신진찬의궤(戊申進饌儀軌)

헌종 5년(1834) 대왕대비 순원왕후(純元王后)의 보령 51세와 왕비책봉 40년이 되는 해로 표리(表裏: 안감과 겉옷감)와 전문(箋文)을 올리고 하례(賀禮)를 하고 대사령을 반포했다.

헌종 14년(1848)은 순원왕후의 육순과 신정왕후(神貞王后)가 망오(望午: 41세)가 되는 해로 정월 초하루에 치사(致詞)와 표리(表裏:안감과 겉옷감)를 올리고 하례(賀禮)를 하고 3월 15일에 순조와 익종에게 존호(尊號)를 올리고 3월 16일에 순원왕후와 신정왕후에게 융희(隆禧)와 헌성(獻聖)이란 존호와 치사(致詞) 전문(箋文) 표리(表裏)를 올렸다.

3월 17일 묘시에 대왕대비전내진찬을 같은 날 2경에 야진찬을 통명전에서 올렸다.

3월 19일 묘시에 대전익일회작을 열고 같은 날 2경에 야연을 통명전에서 시행하였다.

어느 의례 때 처용무가 추어졌는지에 대한 의주(儀註) 내용을 보면 다음과 같다.

의례명	의주내용	국역
대왕대비전내진찬 3월 17일 묘시 통명전 설행 무신진찬의궤 권1 (P.44)	酒于進饌所堂上郎廳女執事俯伏舉麾奏醉仙香之曲 處容舞(原舞)曲 樂止 女執事行	여집사가 술을 받들고 진찬소 당상 낭청에 나아간다. 여집사는 휘를 눕혔다가 세우면 취선향지곡을 연주하고 처용무(원무곡)를 헌무하면 악지한다.

6) 각 연향 때 처용무 정재채비

연 대	중 무	협 무	
숙종 45년(1719) 대전진연 9월 18일 경현당 설행 기해진연의궤 권3	기록 없음	기록 없음	
영조 20년(1744) 대왕대비전진연 10월 4일 묘시 광명전 설행 갑자진연의궤 (P.27)	낙선(洛仙)	옥섬(玉蟾) 몽안(夢安) 조례(曹禮) 옥란(玉蘭) 예차(預差) 채옥(彩玉)	
순조 28년(1828) 대전중궁전진작 2월 12일 묘시 자경전 설행 무자진작의궤 권3 (P.35)	황 김완신(金完臣)	원무(元舞) 五 青 주복원(朱福元) 白 김완길(金完吉) 紅 김용손(金龍孫) 黑 유계득(劉啓得)	협무(挾舞) 五 김형식(金亨植) 신삼손(辛三孫) 신광협(辛光挾) 이명길(李命吉) 김명풍(金命豊) 집박(執拍) 유건무(柳建茂)
순조 29년(1829) 왕세자회작 2월 13일 진시 자경전 설행 기축진찬의궤 권3 (P.7)		원무(元舞) 五 임섬(壬蟾) 윤혜(允惠) 결옥(炔玉) 종봉(宗鳳) 연절(蓮節) 가자(歌者) 연심(蓮心) 향심(香心)	협무(挾舞) 五 국향(菊香) 춘심(春心) 금화(錦花) 윤월(允月) 연옥(姸玉) 봉섬(鳳蟾) 집박(執拍) 옥이(玉伊)
헌종 14년(1848) 대왕대비전내진찬 3월 17일 묘시 통명전 설행 무신진찬의궤 권3 (P.7)		원무(元舞) 五 금옥(金玉) 분홍(粉紅) 원홍(遠紅) 조운(朝雲) 연절(蓮節)	협무(挾舞) 예차(預差) 정옥(正玉)

7) 상전(賞典)

연 대	중 무	협 무
숙종 45년(1119) 대전진연 9월 18일 경현당 설행 기해 진연의궤	기록 없음	기록 없음
영조 20년(1744) 대왕대비전진연 10월 4일 묘시 광명전 설행 갑자진연의궤	기록 없음	기록 없음
순조 28년(1828) 대전중궁전진작 2월 12일 묘시 자경전 설행 무자진작의궤 권3	없음	없음
순조 29년(1829) 왕세자회작 2월 13일 진시 자경전 설행 기축진찬의궤 권3 (P.25B)	무동: 김형식(金亨植) 등 22명	각목삼소 各木三疋

Ⅲ. 도식(圖式) 및 복식(服飾)

1) 악학궤범의 처용무 관복 도설

① 사모(紗帽)

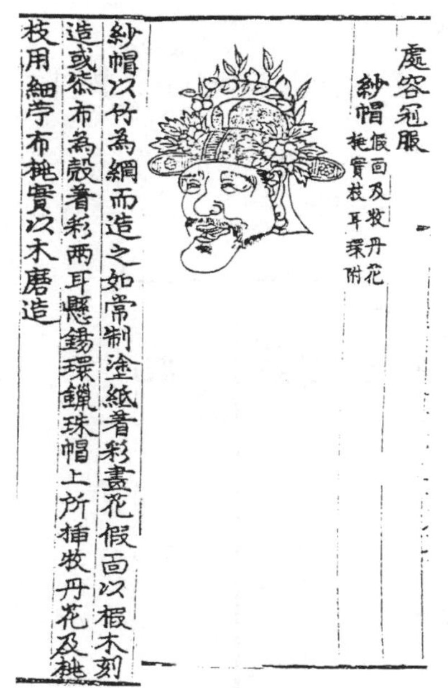

사모(紗帽)에는 가면(假面) 및 목단화(牧丹花), 도실(桃實: 복숭아), 도지(桃枝: 복숭아 가지), 이환(耳環: 귀거리)을 첨부(添附)한다.

사모는 대나무로 망을 짜서 만든다.

여느 제도와 같이 종이를 바르고 채색하고 꽃을 그린다.

가면은 가목(椵木: 유자나무)을 조각하여 만든다.

혹은 칠포(漆布: 옻칠한 베)로 껍데기를 만들어서 채색하여 만들고 양 귀에는 석환(錫環: 주석으로 만든 귀거리)에 납주(鑞珠: 납 구슬)를 단다.

모상(帽上: 상모 위)에 목단화와 복숭아가지를 꼽는다.

목단꽃과 가지는 세저포(細苧布: 고운 베)로 만들고 복숭아는 나무를 깎아서 만든다.

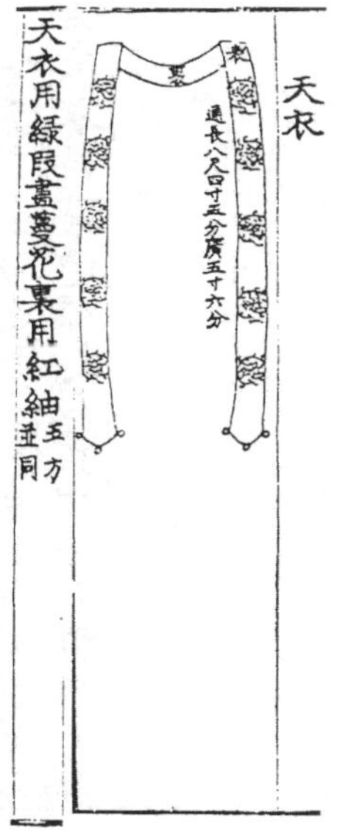

② 천의(天衣)

천의는 녹가(錄假: 녹색 비단)로 만들어 만화(漫花: 덩굴 꽃)를 그리고 안에는 홍색 명주를 쓴다.

③ 의(衣)

의(衣)는 오방(五方)의 색에 따라 청·황·홍·백·흑의 비단으로 만든다.

앞자락이 짧고 뒷자락이 길다.

영단(領團: 목 깃)은 둥글고 넓으며 가슴은 모나고 길며 앞뒤와 양 소매는 만화(漫花: 덩굴 꽃)를 그린다.

동방(東方: 동쪽)은 청의(靑衣: 남색을 쓴다)를 입는데, 령(領: 목)과 흉(凶: 가슴)에는 홍금선(紅金線)을 가슴의 양변(兩邊)에는 녹색비단으로 선을 댄다.

(서방(西方), 북방(北方), 중앙(中央)의 목과 가슴 및 가슴선도 이와 같다. 수단(袖端: 소매 끝)에는 흑색비단과 황초(黃綃: 황색비단)를 잇대어 꿰맨다. 서방과 남방의 소매 끝도 같다)

안에는 홍색비단을 사용한다.(서방과 북방의 안도 이와 같다)

사방은 백의(白衣)를 입고 남방은 홍의(紅衣)를 입는데, 목과 가슴은 녹금선(綠金線)을 쓰고 가슴의 선은 남색비단을 쓴다.(중앙(中央)의 안도 이와 같다)

북방의 흑의(黑衣)는 소매 끝에 흑색비단과 홍색비단을 잇대어 꿰맨다.

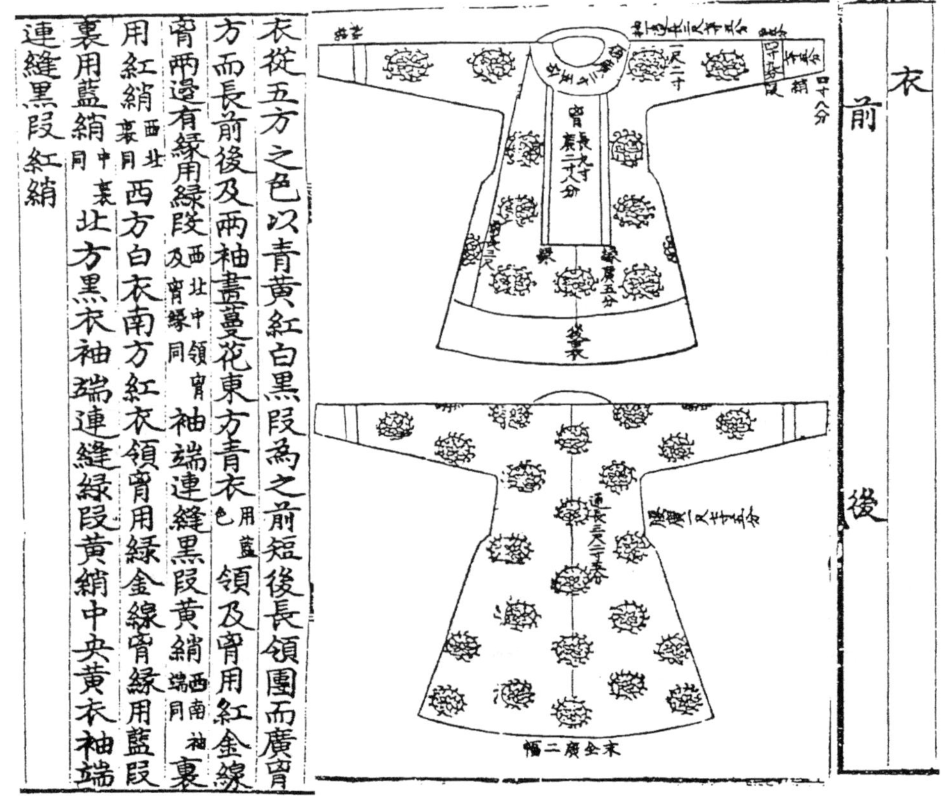

④ 길경(吉慶)

길경(吉慶)의 표리(表裏: 안과 밖)는 모두 홍색비단을 쓰고 양 끝에는 녹색
비단을 잇대어 꿰맨다.

(동·서·북·중앙은 같고 남에는 흑색 비단을 쓴다)

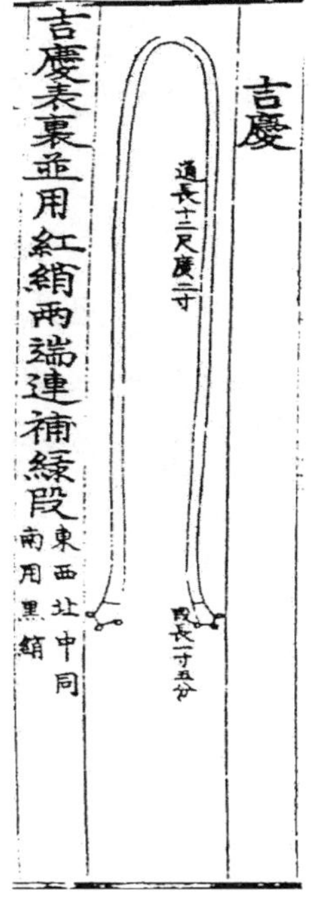

⑤ 상(裳)

상(裳)은 황색비단을 쓴다.

상의 가운데에는 녹색비단으로 첨(幨: 휘장)을 만들고 휘장 아
래에는 황색비단을 잇대어 꿰매고 휘장 위에서 홍색비단 2개를 드
리운다.

영단(纓端: 끈 끝부분)에는 녹색비단을 잇대어 꿰맨다.

(오방 모두 같다)

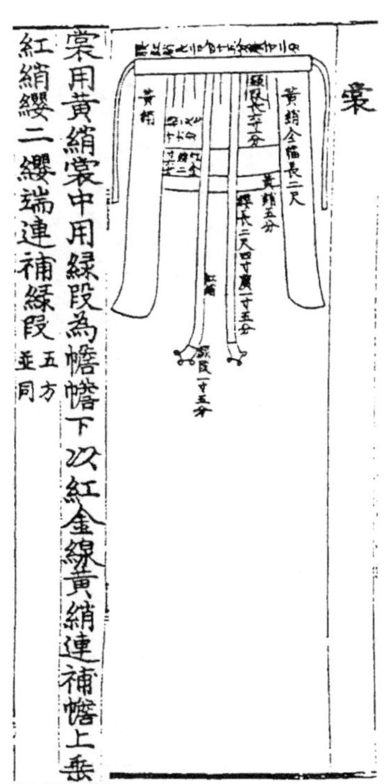

⑥ 군(裙)

동쪽과 북쪽의 군(裙)은 홍색비단으로 만들어 방슬(方膝: 무릎에 대는 장식)은 흑색비단으로 만들고 녹색비단으로 선(線)을 댄다.

서쪽과 남쪽의 군(裙)은 흑색비단으로 만들어 방슬(方膝)은 홍색비단으로 만들고 녹색비단으로 선을 댄다.

중앙의 군(裙)은 남색비단으로 만들고 방슬은 홍색비단으로 만들어 녹색비단으로 선을 댄다.

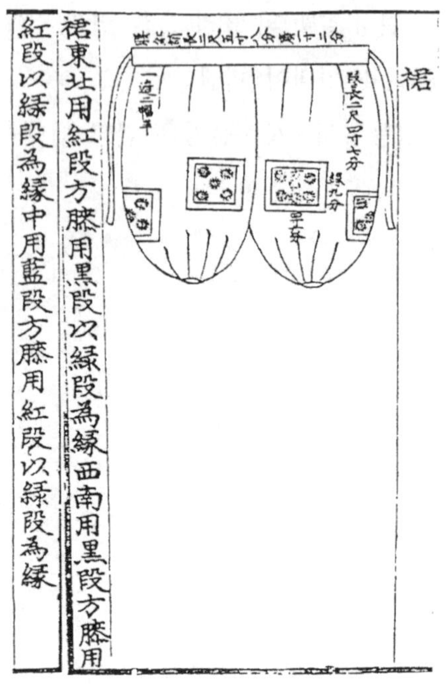

⑦ 한삼(汗衫)

한삼(汗衫)은 백색비단을 다듬어서 만든다.
(오방이 모두 같다)

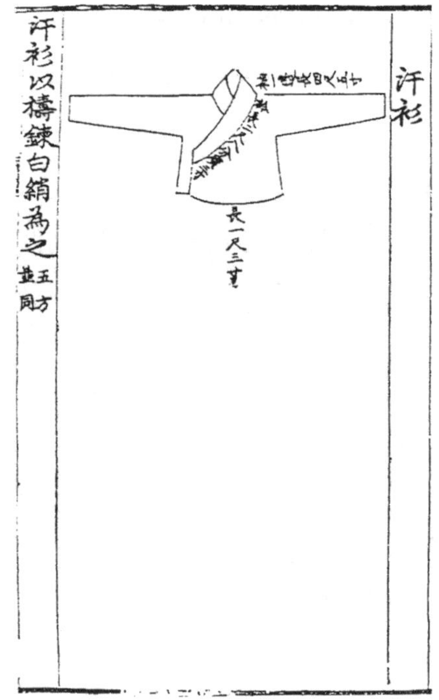

⑧ 대(帶)

　대(帶)는 홍정(紅鞓: 홍색 가죽띠)을 쓰며 나무로 고리를 만들고 여지(荔枝: 박하에 속하는 일년생(一年生) 만초(蔓草: 넝쿨)를 조각하여 금(金)을 붙여 만든다.(오방이 모두 같다)

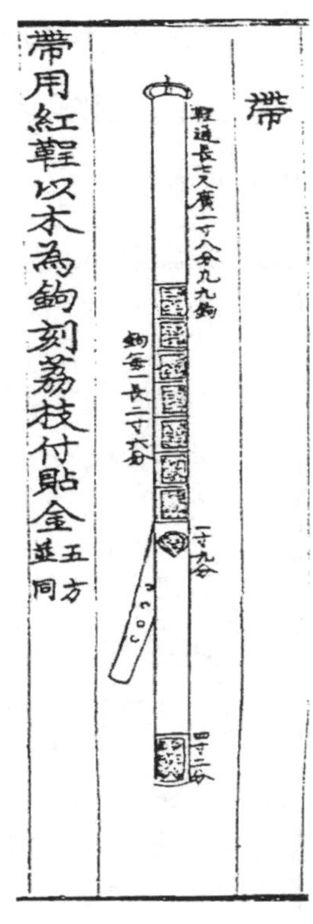

⑨ 혜(鞋)

혜(鞋)는 백피(白皮: 흰 가죽)끈을 단다.
(오방이 모두 같다)

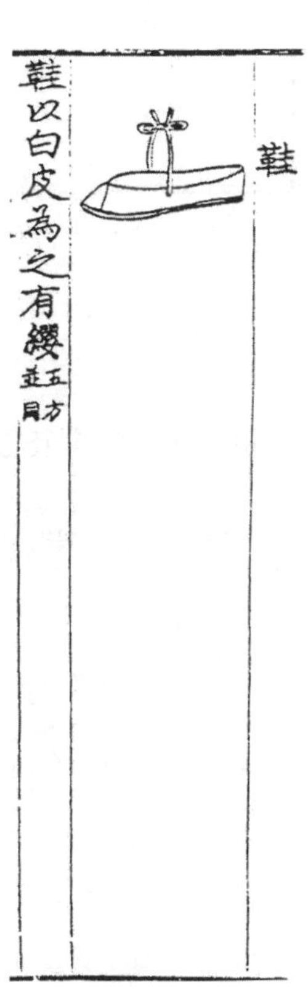

2) 순조 28년(1828) 무자진작의궤 권3 공령(부편) (P.19)

순조 28년(1828) 무자진작의궤의 공령에는 처용무 복식에 대한 기록이 없고 복식의 도식만 수록되어 있다.

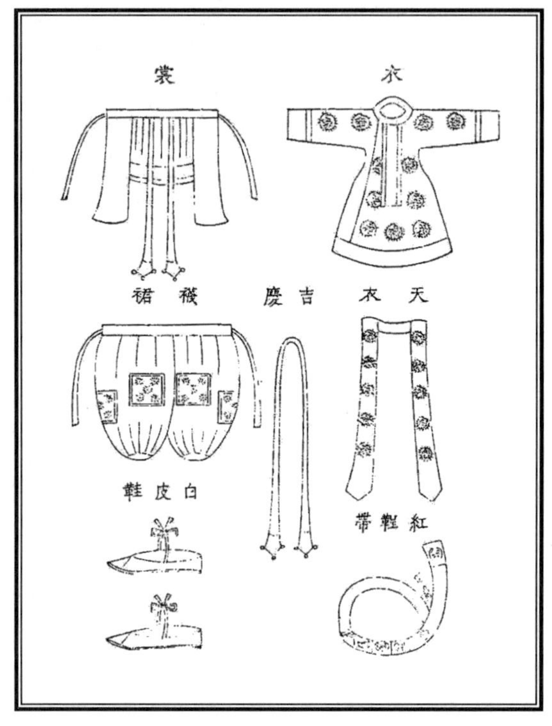

순조 28년 무자진작의궤 권수도식 (P.31)

순조 28년 무자진작의궤 권수도식 (P.17)

3) 순조 29년(1829) 기축진찬의궤 권3 공령 (P.4B)

종별	머리	상의	하의	띠	한삼	신
처용무	사모(紗帽)	靑·紅·黃·黑·白 청 홍 황 흑 백 緞衣 단 의 紅綠凶背 홍 록 흉 배 草綠天衣 초 록 천 의 紅綃吉慶 홍 초 길 경	藍襪裙 남 말 군 紅方膝黃 홍 방 등 황 綃裳 초 상	金銅革帶 금 동 혁 대	白汗衫 백 한 삼	白皮鞋 백 피 혜

순조 29년 진찬의궤 권수도식 (P.28B)

4) 헌종 14년(1848) 무신진찬의궤 권3 공령(P.7)

종별	머리	상의	하의	띠	한삼	신
처용무	사모(紗帽)	靑·紅·黃·黑·白 청 홍 황 흑 백 緞衣 단 의 紅錄凶背 홍 록 흉 배 綃錄天衣 초 록 천 의 紅綃吉慶 홍 초 길 경	藍襪裙 남 말 군 紅方滕黃 홍 방 등 황 綃裳 초 상	金銅革帶 금 동 혁 대	白汗衫 백 한 삼	黑靴 흑 화

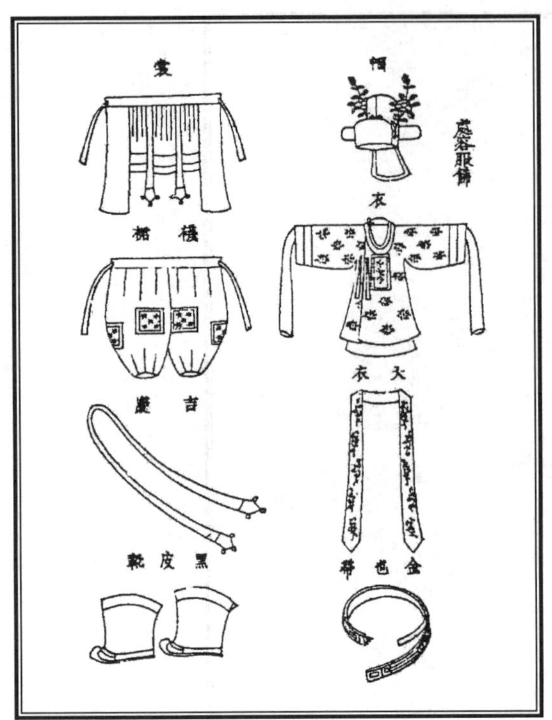

헌종 14년 무신진찬의궤 권수도식 (P.29B)

헌종 14년 무신진찬의궤 권수도식 (P.21)

Ⅳ. 처용무 홀기 비교

처용무 홀기 비교표

❖ 홀기 비교표(1구)

악학궤범	계사년 홀기
12월 회전(晦前) 1일 5경(五更) 초(初)에 악사(樂師) 여기(女妓) 악공(樂工) 등이 대궐에 들어온다. 나례(儺禮) 때 여기(女妓) 악공(樂工)을 거느리고 악(樂)을 연주한다. 구나(驅儺) 뒤에 내정(內庭)에 지당구(池塘具)를 설치하고 악사(樂師)는 양동녀(兩童女)를 인솔하여 연화중(蓮花中)에 앉히고 나와 절차(節次)를 기다린다. 모든 구나(驅儺)가 끝난 뒤에 처용무(處容舞)를 두 번 춘다. 전도(前度)에는 즉, 학(鶴) 연화대(蓮花臺) 회무(回舞) 등이 없다. 악사(樂師)는 동발(銅鈸)을 들고 靑·紅·黃·黑·白 五方 處容과 여기(女妓) 집박악사(執拍樂師) 향악공(鄕樂工)을 인도(引導)한다. 처용만기(處容漫機: 즉 봉황음 1기)를 연주하고 여기(女妓)는 처용가(處容歌)를 창한다.	

악학궤범	계사년 홀기
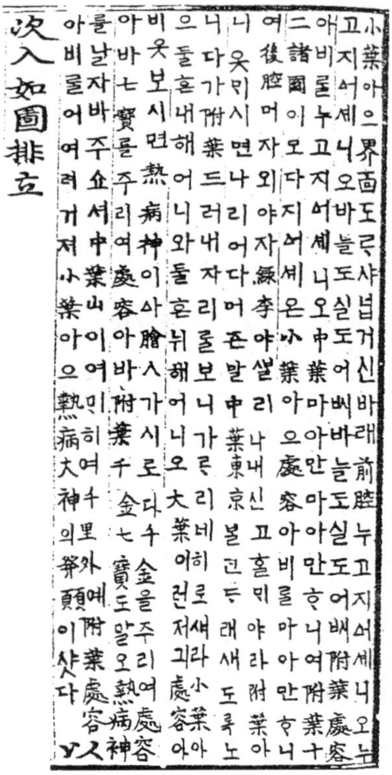 次入如圖排立 … (악학궤범 언해 영인)	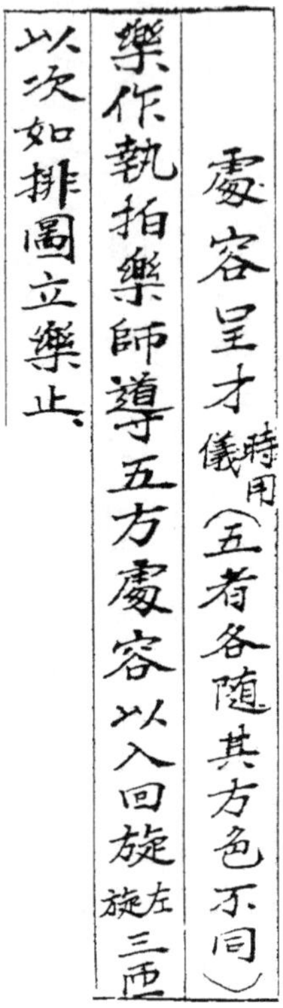 處容呈才 儀時用（五者各隨其方色不同） 樂作執拍樂師導五方處容以入回旋 左旋三匝 以次如排圖立樂止。
 始終回舞圖	 좌선회무삼잡(左旋回舞三匝)
시종회무도	좌선회무삼잡(左旋回舞三匝)
다음에는 시종회무도와 같이 회무(回舞)하여 초입배열도와 같이 들어온다.	집박악사(執拍樂師)가 五方處容을 인도하여 좌선회무(左旋回舞)하여 초입배열도와 같이 들어온다.

악학궤범	계사년 홀기
鶴蓮花臺處容舞合設 初入排列圖 引伏舞童　青處容　紅處容　黃處容　黑處容　白處容　引伏舞童 旌節舞童　青鶴 花　　登　　花 蓮筒花　　　蓮筒花 花　蓮筒花　花　花 白鶴　旌節舞童 蓋舞童　花舞童　花舞童　花舞童　花舞童 妓　妓　妓　妓　妓　妓　妓　妓　妓　妓 拍 搖琴　搖琴　唐琵琶　鄕琵琶　伽耶琴　玄琴　銅鈸　唐琵琶　唐琵琶　唐琵琶　大筝　大筝 大琴　大琴　月琴　月琴　鄕琵琶　伽耶琴　玄琴　方響　敎坊鼓　杖鼓　杖鼓　杖鼓　洞簫 大琴　大琴　大琴　大鼓　杖鼓　杖鼓　盛賴簇　盛賴簇　盛賴簇　唐笛　唐笛 大鼓人魚	青　紅　黃　黑　白
초입배열도	초입배열도
※ 학연화대처용무합설에서는 학무, 연화대무만 제외하고 각 악기를 잡은 악사, 여기가 시종회무도와 같이 제기(諸妓)의 처용가 창에 맞추어 회무(回舞)하여 도열한다.	※ 집박악사의 인도에 五方處容이 좌선회무(左旋回舞) 삼잡(三匝)하여 도열한다.

❖ 홀기 비교표 (4구)

	악학궤범	계사년 홀기
	樂至中葉杖鼓擊鞭處容五者皆俯腰而並擧 凡舞始作擊杖鼓鞭画並 下置膝上 兩袖俯腰而擧兩手後倣此	腰而並擧兩袖下置膝上 樂奏靈山擊拍五者皆俯
음악	봉황음 중엽(中葉)	영산회상(靈山會相)
동작	부요이병거(府腰而竝擧) 양수(兩袖) 하치(下置) 슬상(膝上)	左同
동작설명	모든 舞를 시작할 때에는 장고 편면(鞭面)을 칠 때 허리를 굽혀 양 손을 들어 무릎 위에 내린다. 뒤에도 이와 같이 한다.	없음

	악학궤범	계사년 홀기 홀기 비교
	者回顧而東黑白者回顧相面訖還北向 青紅者回顧相面黃	相□ 回顧而東黑白回顧相面訖還址向 青紅者回顧相面黃者
진 행	1) 청·홍은 상면하고 황은 동향하고 　　흑·백은 상면한다.	左同
	2) 북향	左同

❖ 홀기 비교표 (6구)

	악학궤범	계사년 홀기
	袖而落 무룹디피舞 足黃者先舉右足 ○隨手而皆舉足 青紅黑白者並先舉內足 黃者先後做此 內謂兩人間也 東立者左為內 西立者右為內 後做此 ○凡舞一從黃者之舞 還唯左向擊杖鼓 鼓面各異用之 ○凡舞終畢並之舞 還北向擊杖鼓 鼓面並舉兩 耳後做此後擊鞭 青紅者回顧相背 黃者回顧而西黑白者回顧相背 訖舉左足 ○東立者右為外 西立者左為外 後做此擊鞭如上 儀舞訖 二度九四度相背也	相背 袖而落 무룹집퇴舞 隨手而皆擧足 凡舞畢还址向擊拍擧兩袖以落 擊拍青紅者回顧 相背黃者回顧而西黑白者回顧相背訖擊拍如 上儀舞訖 相面二度 相背二度 擊拍並擧兩
	장고가 고면(鼓面)을 치면 양수(兩袖)를 들었다 내린다.	박을 치면 양수를 들었다 내린다.
동작	1) 무릎디피무	左同
	2) 손을 따라 모두 발을 든다.	左同
	3) 청·홍·흑·백은 모두 먼저 內足을 들고 황은 右足을 든다. 內는 양인(兩人)간이다.	없음
	4) 東立者는 左가 內가 되고 西立者는 右가 內가 된다. 뒤에도 이와 같다.	없음
	5) 모든 춤이 끝나면 모두 북향한다.	左同
	6) 장고가 고면(鼓面)을 치면 양수(兩袖)를 들었다 내린다. 뒤에도 이와 같다.	박을 치면 이하 좌동
	7) 모든 무 1은 황을 따라 오직 左右手足이 다르게 한다. 뒤에도 이와 같다.	없음
진행	1) 청·홍은 상배(相背)하고 황은 西向하고 흑·백은 상배(相背)한다.	左同
동작	1) 손을 따라 모두 발을 드는데 청·홍·흑·백은 모두 먼저 외족 황은 먼저 左足을 든다.	없음
	2) 東立者는 右가 外가 되고 西立者는 左가 外가 된다. 뒤에도 이와 같다.	없음
진행	2) 앞의 의례와 같이 상면 2번, 상배 2번 모두 4번을 한다.	앞의 의례와 같이 상면 2번, 상배 2번 한다.

❖ 홀기 비교표 (7구)

	악학궤범	계사년 홀기 홀기 비교
	舞手而右挾_{左黃者}_{右無}_{後搦}_{倣故}_{此稱} 並舞手而換挾訖_{外青}_{挾紅黑}_{黃白}_{者左者}_{並挾} 擊鞭青紅黑白者並舞手而內挾黃者 〇紅程舞 도돔	黃者舞手而右挾並舞手而換挾訖_{紅程}_{도돔} 擊拍青紅黑白並舞手而內挾

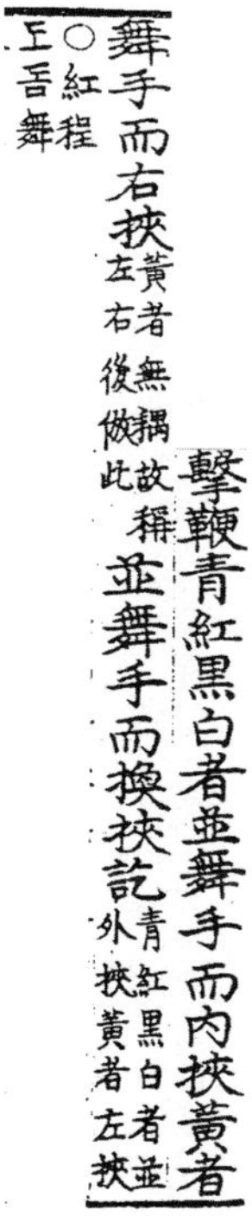

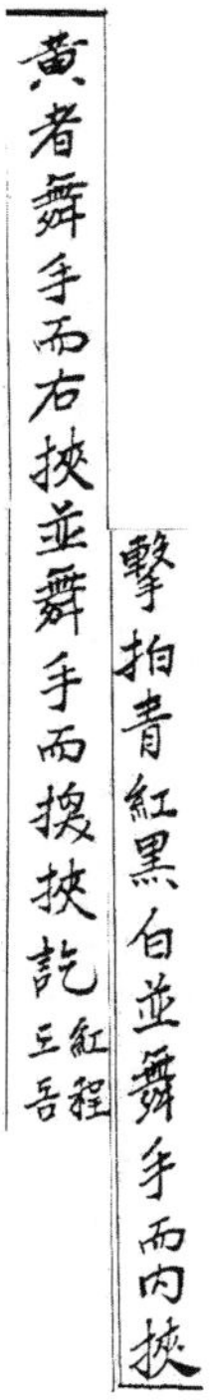

(위 칸은 세로쓰기 한문 원문)

진행	1) 청·홍·흑·백은 모두 수무(手舞: 즐겁게 추는 춤)를 추며 내협(內挾)하고 황은 수무(手舞)를 추며 右挾한다.	左同
범례	※ 황은 짝이 없는 고로 左·右로 칭한다. 뒤에도 이와 같다.	없음
진행	2) 모두 수무(手舞)를 추며 환협(換挾)한다.	左同
범례	※ 청·홍·흑·백은 모두 외협(外挾)하고 황은 좌협(左挾)한다.	없음
명칭	※ (1) (2)의 동작을 홍정(紅程)도돔무라 한다.	左同
범례	※ 악학궤범에는 작은 글자로 범례를 기록하고 있으나 계사년 홀기에는 기록이 없다.	

❖ 홀기 비교표 (8구)

	악학궤범	계사년 홀기
	齊行北向而立訖 擊鞭五者舞進 並內足先進黃者右足先進 ○青紅黑白者 於殿庭正中	進 舞於殿庭正中齊行北向而立 擊拍舞
진행	청·홍·황·흑·백은 무진(舞進)한다.	左同
명칭	발바딧무	左同
범례	청·홍·흑·백은 모두 먼저 內足부터 무진하고 황은 먼저 右足부터 무진한다.	없음
진행	전정(殿庭) 정중(正中)까지 무진하여 나란히 북향하고 선다.	左同

※ 계사년 홀기에는 범례의 기록이 없다.

❖ 홀기 비교표 (9구)

	악학궤범	계사년 홀기 비교
	擊鞭黃者東向而舞(人舞○左手先擧 右手皆兩度) 記擊鞭黃者西向而舞(右手皆先擧左 記) 黑白者並西向而舞(並右手皆兩度左) 青紅黑白者並東向而舞(右手皆先擧左) 青紅	擊拍黃者東向而舞(人舞左右手皆兩度先擧) 青紅黑白者並西向而舞(右手先擧左) 詫擊拍黃者西向而舞(上同右先) 青紅黑白者並東向而舞(上同左先詫)
진행	1) 황은 東向하고 청·홍·흑·백은 모두 西向한다.	左同
명칭	※ 인무(人舞)라 한다.	左同
범례	1) 황은 먼저 左手를 들어 左·右手 모두 두 번 한다. 2) 청·홍·흑·백은 모두 먼저 右手를 들어 左·右手 모두 두 번 한다.	左同
진행	2) 황은 西向하고 청·홍·흑·백은 모두 東向한다.	左同
명칭	※ 인무(人舞)	左同
범례	※ 황은 右手를 들어 左·右手 모두 두 번 한다. ※ 청·홍·흑·백은 먼저 左手를 들어 左·右手 모두 두 번 한다.	左同

※ 인무(人舞)는 상생과 상극을 나타내는 형태의 명칭으로 보기와 같다.

<보기> 인무의 형태

人舞	白	黑	黃	紅	靑
	白	黑	黃	紅	靑
	白	黑	黃	紅	靑
	白	黑	黃	紅	靑

❖ 홀기 비교표 (10구)

	악학궤범	계사년 홀기
	紅者舞退立於南方先退右足黑者舞進立於北方先進左足青黃白者舞 立於其位西方○黃者中央青者東方白者訖 벌바디作隊舞 擊鞭	擊拍紅者舞退立於南方黑者舞進立於北方 青黃白者舞立於其位訖
진행	1) 홍은 무퇴하여 남쪽으로 가고 혹은 무진하여 북쪽으로 가고 청·황·백은 서 있는 위치에 있는다. (오방작대)	左同
범례	※ 홍은 먼저 右足부터 무퇴하고 혹은 먼저 左足부터 무진하고 황은 중앙에 청은 동쪽에 백은 서쪽에서 한다. (오방위치)	없음
명칭	※ 발바디작대무(作隊舞)	없음

악학궤범	계사년 홀기
先擧左右手皆兩度○舞 靑紅黑白者舞向中央對舞左右手皆兩 度무릅디피舞揚手 擊鞭黃者北向而舞左手先擧手右	靑紅黑白者向中央對舞 擊拍黃者北向而舞

	악학궤범	계사년 홀기
진행	1) 황은 북향하고 춤을 추고 청·홍·흑·백은 중앙을 향하여 무진하여 대무(對舞)한다.	左同
범례	※ 황은 먼저 右手를 들어 左·右手 모두 두 번 한다. ※ 청·홍·흑·백은 모두 먼저 左手를 들어 左·右手 두 번 한다.	없음
명칭	※ 수양수(垂揚手) 무릎디피무	없음

❖ 홀기 비교표 (12구)

	악학궤범	계사년 홀기
	青紅黑白者背中央各向其方而舞 並左手先擧左右手皆兩度向他方 託擊鞭 黃者此向而舞倣此 ○垂揚手五方舞四方同	各向其方而舞擊拍黃者此向而 右手先擧左右手皆兩度式向他方倣此 擊拍青紅黑白者背央
진행	1) 청·홍·흑·백은 중앙을 등지고 돌아서 각기 자기 방향으로 나가고 황은 중앙에서 북향하고 춤을 춘다.	左同
범례	※ 청·홍·흑·백은 모두 먼저 左手를 들어 左·右手 두 번 춘다.	없음
	※ 황은 먼저 右手를 들어 左·右手 두 번 씩 한다. 다른 방향도 이와 같다. ※ 수양수(垂揚手) 五方舞 四方도 같다.	左同

	악학궤범	계사년 홀기
진행	1) 흑은 중앙의 황과 대무(對舞)한다.	左同
범례	※ 흑은 먼저 左手를 들어 左·右手 두 번 한다. ※ 제사수(第四手)는 장고 초편(初鞭)에 청은 춤을 시작한다. ※ 장고의 후고(後鼓)에 흑은 낙수(落手)한다. 　 다른 방향도 이와 같다.	左同
음악	음악이 점점 빨라진즉 봉황음 중기를 연주하고 제기(諸妓)는 기가(其歌: 처용가)를 창한다.	없음
범례	※ 심방(三方)에 있는 자는 음악의 절차에 따라 손을 들었다 내린다. (손에 따라 모두 발을 든다. 다른 방향도 이와 같다)	左同
진행	2) 청은 중앙의 황과 대무한다.	左同
진행	3) 홍은 중앙의 황과 대무한다.	左同
진행	4) 백은 중앙의 황과 대무한다.	左同

	악학궤범	계사년 홀기
	擊鞭黃者不出其方周旋而舞〔左旋○右手先擧青〕〔左右手皆兩度〕 紅黑白者並不出其方一時向中央而舞〔右手皆兩度訖〕〔並左手先擧左又不〕 出其方周旋而舞〔右旋○並左〕〔右手皆兩度訖〕	擊拍黃者不出 其方周旋而舞旋青紅黑白者並不出其方一時 向中央而舞又不出其方周旋而舞〔右旋左右〕〔手皆兩度訖〕
진행	1) 황은 대(隊)를 떠나지 않고 제 위치에서 左旋으로 주선(周旋)하고 2) 청·홍·흑·백은 모두 대(隊)를 떠나지 않고 일시에 중앙을 향하고 우선으로 주선(周旋)한다.	左同
범례	※ 황은 右手를 먼저 들어 左·右手 모두 두 번 한다.	없음
	※ 청·홍·흑·백은 모두 먼저 右手를 들어 左·右手 모두 두 번 한다.	左同
	※ 右旋은 모두 左·右手 두 번 한다.	左同

	악학궤범	계사년 홀기 홀기 비교
	其方址向而舞擊鞭黑者舞退 先退左足 紅者舞進 先進右足 五者齊行 而舞　回舞者先出〇黑 三匝各還立	左旋黑者先出 三匝各還立其方址向而舞擊拍黑者舞退 紅者舞進五者齊行而舞　回舞
진행	1) 左旋回舞 삼잡(三匝)하여 돌아와 그 방향에서 북향한다.	左同
범례	※ 回舞할 때 흑이 먼저 나아간다.	없음
진행	2) 흑은 무퇴하고 홍은 무진하여 청·홍·황·흑·백이 나란히 선다.	左同
범례	※ 흑은 먼저 左足부터 무퇴하고 홍은 먼저 우족부터 무진하여 제행(齊行)한다.	없음

❖ 홀기 비교표 (16구)

	악학궤범	계사년 홀기
	樂漸數則奏鳳凰吟急機連奏三眞勺妓唱其歌 前腔 내 님을 그리ᅀᆞ와 우니다니 中腔 山 졉동새 난 이슷ᄒᆞ요이다 後腔 아니시며 거츠르신ᄃᆞᆯ 아으 附葉 殘月曉星이 아ᄅᆞ시리이다 大葉 넉시라도 님은 ᄒᆞᆫᄃᆡ 녀져라 아으 附葉 벼기더시니 뉘러시니잇가 二葉 過도 허믈도 千萬 업소ᅌᅵ다 三葉 ᄆᆞᆯ힛마리신뎌 四葉 ᄉᆞᆯ읏븐뎌 아으 附葉 니미 나ᄅᆞᆯ ᄒᆞ마 니ᄌᆞ시니ᅌᅵᆺ가 五葉 아소 님하 도람 드르샤 괴오쇼셔 靑紅黑白者舞退齋行而舞(度或一度) 左右手皆兩 黃者舞退靑白者舞 黃者仍立而舞 進舞退 紅黑者舞進舞退訖 五者齋行而舞	樂漸數擊拍 黃者仍立 黃者舞手而右挾並舞手而換挾訖(紅程 도돔)擊拍舞 進舞於殿庭正中齋行坐向而立(블바/잇舞)
음 악	음악이 점점 빨라지면 봉황음급기를 삼진작(三眞勺)으로 연주하고 제기(諸妓)는 기가(其歌: 처용가)를 창한다.	음악이 점점 빨라진다.
진 행	1) 황은 제 위치에 서서 춤추고, 청·홍·흑·백은 무퇴하여 나란히 선다.	황은 제 위치에서 수무(手舞)를 추고 右挾은 모두 수무를 추면 환협(換挾)한다.
범 례	※ 청·홍·흑·백은 좌·우수를 모두 두 번 한다. 　（혹은 한 번 한다）	없음
명 칭	없음	홍정(紅程)도돔 (진행(1))
진 행	2) 황은 무퇴하고 청·백은 무진·무퇴하고 홍·백은 무진·무퇴하여 5자가 나란히 선다.	전정(殿庭) 중앙까지 무진하여 나란히 선다.(발바딧무)

❖ 홀기 비교표 (17구)

악학궤범	계사년 홀기 비교
(악학궤범 한문 원문 영인)	(계사년 홀기 한문 원문 영인)

	악학궤범	계사년 홀기 비교
음악	정읍급기(井邑急機)를 연주하고 제기(諸妓)는 기가(其歌: 처용가)를 창 한다. (가사는 무고정재에 보인다)	1) 황은 東向하고 인무(人舞: 左手를 먼저 들어 左·右手 모두 두 번 한다) 청·홍·흑·백은 西向한다.(右手를 먼저 들어 左·右手 모두 두 번 한다)
진행	1) 5자는 변무(變舞)하여 정읍무(井邑舞)를 추고 이어서 북전급기(北殿急機)를 연주하고 제기(諸妓)는 기가(其歌: 처용가)를 창하고, 5자는 환장무(慣場舞)를 추며 나가고 여기(女妓) 악사(樂師) 악공(樂工)이 차례로 따라 나가면 악지한다. 2) 또 후도(後度)에 이르러 학(鶴) 연화대(蓮花臺) 의물(儀物) 등을 갖추어 설치한다. 3) 동발(銅鈸)을 두 악사가 선두(先導)하여 청·백학, 다음은 청·홍·황·흑·백 처용, 다음은 인인장, 정절, 개(인인장, 정절, 개는 두건, 한건은 봉화(봉화)의 다음에 선다) 봉화무동 다음은 여기, 다음은 집박악사, 향당악공이 각각 차례로 따른다. 4) 영산회상을 연주하고 여기, 악공은 「영산회상불보살」을 제창(諸唱)하며 左旋回舞 삼잡(三匝)하여 들어와 앞의 「초입배열도」와 같이 도열한다.	2) 황은 서향(西向)하고(上向 右手先) 청·홍·흑·백은 모두 동향한다. (上同左先)
	이 부분부터 학연화대로 이어지기 때문에 계사년의 처용무만 추는 홀기와는 다르게 전개된다.	

❖ 홀기 비교표 (18구)

	악학궤범	계사년 홀기
	擊拍擊大鼓奏靈山會相令樂漸數五方處容足蹈歡舞女妓 樂工及執儀物假面舞童等亦從而足蹈搖身極歡訖樂止五方 處容小退左右分立	擊拍紅者舞退立於南方黑者舞進立於北方 青黃白者舞立於其位訖像作擊拍黃者立向而舞 青紅黑白者向中央對舞擊拍青紅黑白者背央 各向其方而舞
진행	대고(大鼓)를 치면 영산회상(령)을 연주하고 음악이 점점 빨라지면 5방처용이 족도(足蹈) 환무(歡舞)하고 여기, 악공과 의물(儀物)을 잡은 가면무동(假面舞童) 등도 역시 따라 족도(足蹈), 요신(搖身)하며 극치적인 환무(歡舞)를 하면 악지한다.(五方處容은 소퇴(小退)하여 초입배열도와 같이 분립(分立)한다. ※ 가무동(假舞童)은 봉화무동(奉花舞童)과 집화무(執花舞)를 말한다.	1) 홍은 무퇴하여 남쪽으로 가고 혹은 무진하여 북쪽으로 가고 청·황·백은 서 있는 위치에서 한다.(五方作隊) 2) 황은 북향하고 청·홍·흑·백은 중앙을 향하여 들어오며 대무한다. 3) 청·홍·흑·백은 중앙을 등지고 각기 자기 방위로 나간다.

❖ 홀기 비교표 (19구)

악학궤범	계사년 홀기
前位舞作一如上儀訖樂止 齊行而立呈才如儀訖又奏處容慢機〔處容歌 女妓唱〕五方處容復立 兩童女乃出兩鶴驚躍而退樂止還立於初位兩童女下池塘 樂奏步虛子令擊拍青白鶴如譜進退而舞唼蓮花	者西向而舞白者向中央對舞訖 中央對舞黃者南向而舞紅者向中央對舞黃 立者隨樂節擊袖而落黃者東向而舞青者向 者向中央對舞〔青者舞作擊袖後拍黑者蔣手他方傚此〕青左手先擧左右手皆兩度第四度手擊初拍 三方 擊拍黃者圵向而〔右手先擧左右手皆黑〕兩度式向他方傚此 黑

진행	
1) 보허자(령)을 연주하고 청·백학이 여보(如譜: 악학궤범 학무보)와 같이 무진·무퇴하여 연화(蓮花)를 쪼면 양동녀(兩童女)가 나오고 학이 놀라 뛰어가면 악지하고 다시 처음 자리(초입배열도)에 와서 선다. 2) 양동녀(兩童女)는 지당(池塘)에서 내려와 나란히 선다. 3) 정재(呈才) 여의(如儀)는 악학궤범의 연화대무를 춘다는 것이다. 4) 또 처용만기(處容慢機)를 연주하고(여기는 처용가를 창함) 5방 치용은 치음 위치에 복위(復位)하고 앞의 의례)와 같이 춤을 추고 끝나면 악지한다.	1) 황은 북향하여(右手를 먼저 들어 左·右手 무두 두 번 한다. 다른 방향도 이와 같다) 흑과 중앙대무 한다.(흑은 左手를 먼저 들어 左·右手 모두 두 번 한다. 제4도에 손을 들어 초박(初拍)에 청은 춤을 시작하고 후박(後拍)을 치면 흑은 낙수(落手)한다. 다른 방향도 이와 같다) 2) 삼방자(三方者)는 음악의 절차에 따라 손을 들었다 내린다. 3) 황은 東向하여 청과 중앙대무한다. 4) 황은 南向하여 홍과 중앙대무한다. 5) 황은 西向하여 백과 중앙대무한다.

	악학궤범	계사년 홀기
	奏彌陁讚女妓二人導唱 諸妓齊聲和倣此方○大教主南無阿彌陁佛南無阿彌陁佛南無阿彌陁佛…（악학궤범 미타찬 원문）	其方圍旋而舞 左旋青紅黑白者並不出其方一時 向中央而舞又不出其方圍旋而舞 右旋左右手皆兩度訖回舞 左旋黑者先出三匝各還立其方北向而舞擊拍黑者舞退 紅者舞進五者齊行而舞 擊拍黃者不出
진행	1) 미타찬을 연주하면 여기(如妓) 2인이 도창(導唱)을 「서방대교주나무아미타불」하면 제기(諸妓)는 「서방대교주나무아미타불」하고 받아서 화창(和唱)하며 시종회무도(始終回舞圖)와 같이 회무(回舞)하며 「본사찬」, 「관음찬」 창한다.	1) 황은 제 위치에서 左旋하고 청·홍·흑·백은 제 위치에서 일시에 중앙을 향하고 右旋한다.(左·右手 모두 두 번 한다) 2) 左旋回舞(흑이 먼저 나간다) 삼잡(三匝)하여 제 위치(五方)에 와서 북향한다. 3) 흑은 무퇴하고 홍은 무진하여 오자(五者)가 나란히 선다.

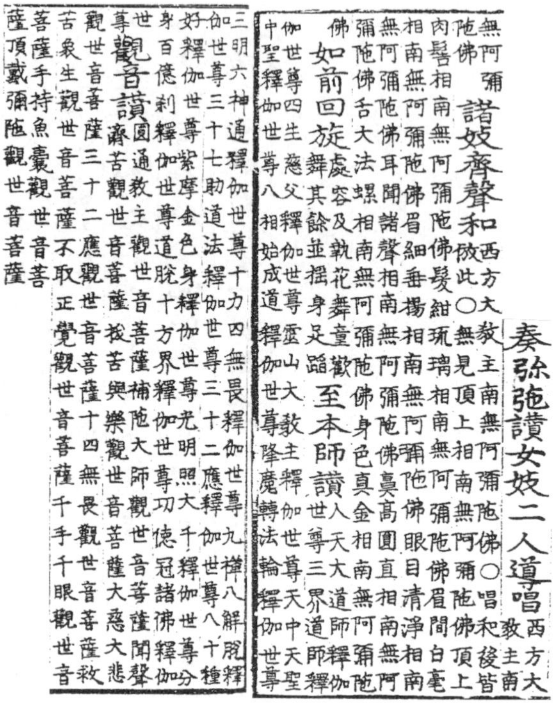

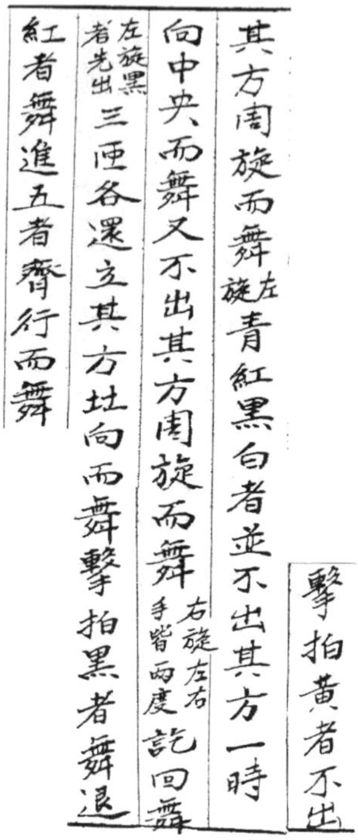

❖ 홀기 비교표(21구)

악학궤범	계사년 홀기
唱歌 白花ㅣ芬其馥호고 承佛遊十方心若稱名호면 香雲이彩其光호야 即珍滅호니 何曾八苦ㅣ니ㅅ法이며 四生이오면昏塵호야 頭怨害ㅣ何야ㅣㄴ法이며 天人이ㅣㅅ오다시四生이며 名甫ㅣ수오면千殃福嚴호야ㅣㄴ悲滅이ㅣㄴ야曾休ㅣ苦法 一心若稱名涼天人而濟三十二慧入無畏應念施而與樂호ㅣㄴ호 世界로尋聲而濟응호니苦샤다시며應念多怨害호야曾何야休ㅣ法 慈雲이布世호니相煎迫이어늘尋妙聲호야始應終三十二호야ㅣㄴ호不乃思議殊勝시니라各 側이호市ㅣ호力이라과始終三十二慧ㅣ와시며無畏應念施호야 權相百福嚴光호니圓通觀世音이巍巍이 金剛三慶地를菩薩호이重善逢遲호시니ㅣㄴ波及壽殊德이호니라 界普添利호自在호니라보世界를菩薩호이重善逢遲이시니波及壽 汉次而出樂止乃訖 並如上導唱和之至觀音讚諸妓齊聲	而舞靑紅黑白者舞退齊行而舞(左右手)皆兩度黃者 舞退靑白者舞進舞退紅黑者舞進舞退訖五 者齊行而舞(樂養急機 妓唱其歌) 五者變舞(仍卷北敗急 橫妓唱其歌擊拍) 五方處容搖身歡舞還復初列而立 樂止擊拍 樂作(二妓導唱 諸妓各聲和) 如前回旋(至本師觀音讚 並如上導唱和之) 以次出樂 止乃訖 樂漸數擊拍黃者仍立
진행 2) 앞의 의례와 같이 도창(導唱), 화창(和唱)하며 관음찬이 끝나면 제기(諸妓)는 제창(諸唱)으로 「백화(白花....이하 생략)」을 창하며 회무(回舞)하여 차차 나가면 악지하고 끝난다.	1) 음악이 점점 빨라지면 황은 제 위치에서 춤을 추고 청·홍·흑·백은 나란히 무퇴한다. (左·右手 모두 두 번 한다) 2) 황은 무퇴하고 청백은 무진·무퇴한다. 3) 홍·흑은 무진·무퇴하면 오자(五者)는 나란히 선다.(음악이 급기를 연주하고 기(妓)는 기가(其歌)를 창한다) 4) 오자(五者)가 변무(變舞)하고(북전급기를 연주하고 기(妓)는 기가(其歌)를 창한다) 5) 오방(五方) 처용이 요신(搖身) 환무(歡舞)하며 초열(初列)로 오면 악지한다. 6) 악작(樂作)하면(2기(二妓)는 도창하고 제기는 화창한다) 7) 앞의 의례와 같이 회선(回旋)하여(본사찬, 관음찬을 모두 도창, 화창한다) 차차 나가면 악지한다.

V. 나례(儺禮)

1. 중국의 대나(大儺)와 각저(角低)

역사 이전의 원시시대에 두 종류의 무도(舞蹈)가 있었는데, 하나는 대나무(大儺舞)라 하고 다른 하나는 각저(角低) 또는 치우희(蚩尤戱)라고 불렀다.

고대에 이것들은 장기적으로 군중들에게 사랑받은 바 있었고 이것은 이미 씨족사회와 봉건사회를 거치면서 시대에 따라 그 내용과 형식과 구성이 점차적으로 발전하였고 명칭상에 또한 변환이 있었으나 오늘에 이르기까지 적지 않게 보존되어 있는 것도 있다.

대나는 원시일종의 사람과 짐승이 싸우는 무도로써 그것은 전염병을 몰아내고 악귀를 쫓아내는 민속무로서 발전되었으며 봉건제도가 성립된 양한 말에 늘 설날 제야(除夜)에 거행되었다.

이러한 종류의 무도의 기원은 2천 년 전 예기월령(禮記月令)에 기재되어 있다.

이러한 대나무(大儺舞)의 연희는 매우 보편적이어서 농촌으로부터 도시에 이르기까지 이어졌고, 민간으로부터 궁정(宮廷)에 이르렀으니 궁정에서는 연말연시에 반드시 연회 되었는데, 그 내역은 사람과 짐승이 싸우는 것으로부터 사악한 악귀를 쫓아내는 종교의식무로 발전하였다.

아내는 종교의식무로 발전하였다.

『속한서(續漢書)』 예의지(禮儀志) 대나편(大儺篇) 연회 황설(況說)의 내용을 살펴보면,

먼저 몇 백 사람의 귀신을 치는 「대오(隊伍)」를 만들고 궁정에서 연희되는 무도를 통하여 전염병과 악귀를 쫓아낸다.

이것의 령무자(領舞者)를 일러서 방상(方相)이라 한다.

방상씨(方相氏)는 머리에 가면을 쓰는데, 가면에는 4개의 금빛이 번쩍이는 두텁고 무서운 눈이 있다.

방상씨는 흑색의 상의를 입고 하의는 주홍색의 위군(圍裙)을 입는다.

손바닥에는 곰 가죽을 덮어 쓰고 한 손에는 긴 창(長戈)을 잡고 다른 한 손에는 방패(盾牌)를 높이 들고 무도자(舞蹈者)는 머리를 들고 전진한다.

그는 12신장을 인솔하며 또한 모두 가면을 쓴다.

이 12신장은 12신수로부터 전변된 것이다.

「갑작(甲作)」은 흉귀(凶鬼)를 먹을 수 있으며 「필위(肺胃)」는 노호(老虎)를 먹을 수 있고 「웅백(雄伯)」은 요괴를 먹을 수 있으며 「등간(騰簡)」과 「백기(伯寄)」라고 불리는 것 등이 있다.

이들은 일체의 사악한 귀신과 병마를 먹을 수 있어 사람을 해롭게 하는 것들을 모두 깨끗하게 소탕할 수 있다.

이 외에 10세부터 20세에 이르는 아이 120인을 선택하여 그 이름을 「진자(侲子)」라 하며 눌함(吶喊)은 귀신을 쫓아내는 가사를 부르며 위협한다.

그리하여 방상씨가 12신장을 대령하여 12수무를 만들면 긴 창(長戈)을 써서 사방을 향해 찌르는데 마치 장족(藏族)의 도신(跳神)이 나와 귀신을 쫓는 것 같음을 방불케 했다.

이 무도는 함성이 땅을 진동하며 춤추는 자는 손에 횃불을 들고 눌함하고 소리치면 음침하고 어두운 곳으로부터 귀신을 몰아내고 단문(端門)으로 와서 귀신을 다 쫓아내어 승리를 하게 된다.

이러한 대나를 또한 방상무(方相舞)라 부르는데 이는 고대 궁정의 연희뿐만 아니라 민간에서도 연희되었으며 송 대에 이르러서는 민간의 대나로써 집안의 악귀를 쫓아내는데 방상을 사용하였을 뿐만 아니라 묘소안의 악귀를 내는데도 사용하였다.

안양은허고묘(安陽殷墟古墓)에서 방상씨가 썼던 방상가면을 발굴했는데 4개의 황금 눈이 있었다.

중국의 역사언어연구소는 방상가면을 쓴 방상씨가 춤을 추며 귀신을 쫓아내는 임무를 맡았다고 한다.

이러한 나례 춤은 중국의 민간에 존재하여 몇 천 년을 이어오면서 끊임없이 연희되어 50년 전에도 호남·강남·안징 등의 지역에서 연희되고 있었다고 한다.

---

*) "先祖成一支機百人的打鬼隊伍, 通過舞蹈在宮廷中表演, 驅逐瘟疫惡鬼它的領舞者叫「方相」. 方相氏頭載假面, 假面上有四只金光閃閃的眼睛, 非常威猛可怕. 它穿著玄黑色的上衣, 下面繫著朱紅色的圍裙. 手掌上蒙著熊皮, 一手執著長戈, 一手場起盾牌, 舞蹈著帶頭前進 他率領著十二神將, 也都載著假面. 這十二神將原來也是由十二神獸轉變的. 名叫甲作的能吃凶鬼, 名叫肺胃的能吃老虎, 名叫雄伯的能吃妖怪, 還有名叫騰簡的, 名叫伯寄的等等. 他們能吃一切邪鬼病魔, 凡是危害人類的, 都能 齊掃蕩乾淨. 比外, 還選擇十歲至十二歲的孩子一百二十人, 名叫「侲子」, 跟隨著吶喊, 唱和著趕鬼的歌辭, 以壯聲威, 於是方相氏帶領著十二神將, 作十二獸舞, 用辰戈向四方衛擊彷彿像我國藏族的跳神趕鬼似的. 這個舞蹈, 喊聲震地, 參加跳舞者手持火炬, 吶喊著從陰暗處驅逐鬼崇, 一直送到端門以外, 才算完畢象徵著把鬼趕了出去, 取得了完全的勝利.

這種 《大儺舞》 也叫 《方相舞》, 不僅在古代的宮中中表演, 也在民間表演, 到宋代還留下一幅民間 《大儺舞圖》., 不僅驅逐居宅中的惡鬼用著它, 驅逐墓葬中的惡鬼也用著它, 歷史語言研究所會在安陽殷墟古墓中, 發掘出方相氏載的面具, 有四個黃金的眼睛. 從這個三千年前留下的古物上, 說明方相氏在墓地擔任過跳舞趕鬼的任務".

2. 우리나라의 나례(儺禮)

조선의 나례 기원은 정확히 알 수 없으나 예기월령(禮記月令)에 의하면 춘·추·동에 행해 졌는데 음력 12월 제야(除夜)에 악귀를 쫓나내는 행사로 궁중에서 나례의식(儺禮儀式)을 거행하였다.

고려 단종(端宗) 6년(1040)에 세종나례(世宗儺禮)가 행해졌음이 고려사계동나의조에 기록되어 있는 것으로 보아 나례는 이보다 훨씬 이전에 전래된 것으로 추정된다.

나례는 궁중에서 악귀를 몰아내고 즐겁게 신년을 맞이하기 위하여 12월에 제야에 무서운 가면을 쓰고 구나(驅儺)를 하는 연희였을 것이며, 민간에서는 연중 안녕을 위하여 천신지신조상신에게 제사하며 세시풍속의 관습에 의하여 연중행사로 행하여진 가무백희는 음주가무를 하며 관중을 즐겁게 하는 우희(優戲)잡희(雜戲)나희(儺戲)가 그것이었을 것이다.

이와 같이 집단적 가무백희를 연희하면서 귀신도 몰아내고 화합과 즐거움을 동반한 연희였을 것이다.

이러한 제천행사로서는 부여의 영고, 동예의 무천, 고구려의 동맹, 진한의 속회가무가 있고, 마한에서는 5월 하종을 끝내고 귀신에게 제사하고 주야 음주가무를 하였으며, 변한에서도 10월 농공을 마치고 제천 사신께 제사하는 행사를 하였다.

따라서 이것이 바로 민간사회의 세시풍속과 더불어 행해진 민간나례가 아니었나 싶다.

*주례하궁(周禮夏宮)에 의하면 황금빛 눈 4개를 가진 방상씨(方相氏)는 손에는 곰 가죽을 끼고 붉은 옷을 입고 창(戈)과 방패(盾)를 들고 질병을 몰아내는 역할을 하였다고 한다.

※ 시용향악보(時用鄕樂譜)의 "나례가(儺禮歌)"와 "성황반(城皇飯)"에는

<나례가(儺禮歌)>

라금공타(羅金公它) 나례일에 　　　　　　황대(黃大)도 금선(金線)이샤수이다.
궁에사 산인굿봇겻더신돈 　　　　　　　귀의(鬼衣)도 금선(金線)이라
리라 리러 나리라 리라니

이라 했으니 이 또한 *고려 의종대 계동대나례에 12세 이상 16세 이하의 「진자(振子)」를 선인하여 가면을 쓰고 붉은 고습(袴褶)을 입었으며 24인이 대(隊) 6인작(人作)을 행하였고 그 중 1인이 방상씨 가면을 쓰고 나례가 거행되는데 그 절차가 중국의 대나를 본 따서 연희되었음을 분명히 해 주고 있다.

그러므로 우리나라 상고시대의 수렵가면, 벽사가면, 영귀가면 등은 방상씨 가면과 더불어 악귀를

---

* 「方相氏 掌蒙 黃金四目 玄衣朱掌 執戈場盾 師百隷而時難 以索室驅度」

쫓아내는 영술적 목적으로 사용되었을 것이며, 신라의 처용과 오기(五伎), 또 고려의 산대잡극과 연등회, 팔관회도 모두 온 민족이 명절로서 뿐만 아니라 귀신을 몰아내고 국가와 백성들의 평안함을 기원했으며 민간사회에서도 성황신제, 산신제를 올렸다.

이는 모두 민간사회에서 전말 된 세시풍속에 의한 나례의 일종이라고 하겠다.

이상과 같이 중국의 대나의 영향을 받아 그 연회의 절차나 형식에 얽매이지 않고 행하여 전말 한 세시풍속에 의한 것과 궁중에서 거행된 나례의가 이렇게 두 종류로 우리나라에 전래되어 왔음을 분명히 해 주고 있다.

이상과 같이 조선의 나례는 중국의 나례에서 비롯된 연회였다는 것이 사실인 것이다.

---

* 毅宗時詳定季冬大儺儀, 選人年十二以上十六以下爲侲子, 着假面, 衣赤布袴褶, 二十四人爲一隊六人作一行, 凡二隊執事者十二人, 着赤幘構衣執鞭, 工人二十二人, 其一方相氏, 着假面, 黃金四目, 蒙熊皮, 玄衣朱裳, 右執戈左執盾, 其一爲唱師, 着假面, 皮衣執棒, 頭角軍二十爲一隊, 執旗四人, 吹角四人, 持鼓十二人, 以逐惡鬼干榮中, 方相氏執戈場楯, 唱率侲子和曰, 甲作食亯赫胃食疫, 雄伯食魅, 騰簡食不祥, 賢諸食咎, 伯奇食夢, 强梁祖明共食磔死寄生, 季隊食觀, 錯斷食巨, 窮寄騰根共食蠱, 凡使十二神追惡鬼凶, 赫汝軀立汝肝節, 解汝肌肉, 抽汝肺腸, 汝不急去, 後者爲糧.

학무 鶴舞

Ⅰ. 사고(史考)

1. 개관

　학무의 홀기(笏記)는 악학궤범, 계사년, 갑오외진연, 신축진연, 신축진찬, 신축여령, 신축무동 홀기가 전(傳)하고 있는 그 홀기의 내용은 모두 같다.

　학무의 사적(史的) 사료(史料)는 고종 14년(1877) 정축(丁丑) 진찬의궤(進饌儀軌), 고종 24년(1887) 정해(丁亥) 진찬의궤, 고종 29년 임진(壬辰) 진찬의궤, 광무 5년(1901) 신축(辛丑) 진찬의궤, 광무 5년(1901) 신축 진연의궤, 광무 6년(1902) 임인(壬寅) 진연의궤(4월), 광무 6년(1902) 임인(壬寅) 진연의궤(11월) 정재악장에 기록되어 있으나 언제 창제 되었는지에 대한 기록이 없고 고려사악지의 연화대무홀기 뒤에 다음과 같은 내용이 기록되어 있다.

　연화대는 본래 척발위(拓跋魏)에서 왔다.

　두 여동(女童)이 선의(鮮衣)를 입고 모모(帽帽: 건(巾), 두건, 하급서인(下及庶人), 통관지(通冠之)라 수서(隋書)에 기록하고 있다)에 금령(金鈴: 방울)을 달아 돌면 소리가 난다.

　두 개의 연화(蓮花) 속에 숨어 있다가 연화가 열린 후에 추는 아묘(雅妙)란 춤으로 전해지고 있다.

蓮花臺本出於拓跋魏用二女童鮮衣帽帽施金鈴抃轉有聲舞其未也於二蓮花中藏之花折而後見舞中之雅妙者其傳久矣

　이상의 내용으로 보아 고려 때 연화대무가 들어 올 때 학무도 같이 들어오지 않았나 보여 진다.

　두 연화(蓮花)를 학이 쪼아 연화가 열리면 여동(女童)이 나와 춤을 춘다는 것은 학이 연화를 쪼아 연화를 열리게 한 것이 아닌가 한다.

　그렇다면 송나라 때 자지무(柘枝舞)가 고려로 들어와 그 명칭은 연화대무라 개칭한 것이 아닌가 한다.

2. 정재악장

죽(竹: 대나무)으로 청(靑), 백(白) 양학(兩鶴)을 만들어 청(靑), 백(白)의 우의(羽衣)를 입히고 양무동(兩舞童)이 그 속에 들어가서 돌기도 하고 날기도 하며 춤을 추다가 연통(煙筒)을 쪼아 연통이 벌어지면 양동녀(兩童女)가 나와 연예(蓮蘂) 이후에 연화대무를 춘다.

3. 각 의궤 정재악장 비교표

연 대	정 재 악 장
고종 14년(1877) 정축 진찬의궤 권1 (P.20B)	鶴舞用竹爲兩鶴以靑白羽衣之兩舞童藏其中回翔而舞啄開蓮筒而退兩童女妓出蓮蘂以後爲蓮花臺舞
고종 24년(1887) 정해 진찬의궤 권1 (P.20)	鶴舞用竹爲兩鶴以靑白羽衣之兩舞童藏其中回翔而舞啄開蓮筒而退兩童女妓出蓮蘂以後爲蓮花臺舞
고종 29년(1892) 임진 진찬의궤 권1 (P.32)	鶴舞用竹爲兩鶴以靑白羽衣之兩舞童藏其中回翔而舞啄開蓮筒而退兩童女妓出蓮蘂以後爲蓮花臺舞
광무 5년(1901) 신축 진찬의궤 권1 (P.16B)	鶴舞用竹爲兩鶴以靑白羽衣之兩舞童藏其中回翔而舞啄開蓮筒而退兩童女妓出蓮蘂以後爲蓮花臺舞
광무 5년(1901) 신축 진연의궤 권1 (P.37B)	鶴舞用竹爲兩鶴以靑白羽衣之兩舞童藏其中回翔而舞啄開蓮筒而退兩童女妓出蓮蘂以後爲蓮花臺舞
광무 6년(1902) 임인 진연의궤(4월) 권1 (P.30B)	鶴舞用竹爲兩鶴以靑白羽衣之兩舞童藏其中回翔而舞啄開蓮筒而退兩童女妓出蓮蘂以後爲蓮花臺舞
광무 6년(1902) 임인 진연의궤(11월) 권1 (P.38)	有轉朴絵全施帽帽衣鮮童女二用綵政拓於出不臺花蓮 其者妙雅之中舞見而後折花之藏中花蓮二於也末其聲 傳文矣

  이상에서 보여 지는 바와 같이 악학궤범에는 청학(靑鶴), 백학(白鶴)인데 조선말기의 계사년 이후의 홀기에는 청학(靑鶴), 황학(黃鶴), 고종 9년(1872) 정현석(鄭顯奭)의 교방가요(敎坊歌謠)에는 백학(白鶴) 한 쌍으로 기록하고 있다.

  또한 1935년 부민관(府民館)에서 한성준(韓成俊)의 창작 학무에서도 백학(白鶴) 한 쌍을 추었다.

  현재의 학무는 학의 탈을 쓰지 않고 도포를 입고 추는 양산사찰학무, 동래학무, 울산학무가 있으나 이는 지방에서 발생한 민간 학춤이고 궁중학무와는 다른 것이다.

Ⅱ. 택일(擇日) 및 의주(儀註)

1. 택일(擇日)

학무(鶴舞)가 시대적으로 어느 연향에서 추어졌는지 각 의궤 택일 및 연향을 도표로 보면 다음과 같다.

1) 고종 14년(1744) 정축(丁丑) 진찬의궤(進饌儀軌)

연대 및 의례명	설행일시	설행장소	학무 유·무
대왕대비전내진찬	12월 6일 진시	통명전 설행	무
대왕대비전야연	동일 2경	통명전 설행	무
대전회작	12월 10일 진시	통명전 설행	무
대전야연	동일 2경	통명전 설행	유

2) 고종 24년(1887) 정해(丁亥) 진찬의궤(進饌儀軌)

연대 및 의례명	설행일시	설행장소	학무 유·무
대왕대비전내진찬	1월 27일 진시	만경전 설행	무
대왕대비전야진찬	동일 2경	만경전 설행	무
대전회작	1월 28일 진시	만경전 설행	무
대전야연	동일 2경	만경전 설행	유
왕세자회작	1월 29일 진시	만경전 설행	무
왕세자야연	동일 2경	만경전 설행	무

3) 고종 29년(1892) 임진(壬辰) 진찬의궤(進饌儀軌)

연대 및 의례명	설행일시	설행장소	학무 유·무
대전외진찬	9월 24일 묘시	근정전 설행	무
대전 중궁전내진찬	9월 25일 진시	강령전 설행	무
대전 중궁전야진찬	동일 2경	강령전 설행	유
왕세자회작	9월 26일 진시	강령전 설행	무
왕세자야연	돈일 2경	강령전 설행	무

4) 광무 5년(1901) 신축(辛丑) 진찬의궤(進饌儀軌)

연대 및 의례명	설행일시	설행장소	학무 유·무
명헌태후전내진찬	5월 13일 선시	경운당 설행	무
명헌태후전야진찬	동일 해시	경운당 설행	유
대전회작	5월 16일 선시	경운당 설행	무
대전야연	동일 해시	경운당 설행	무
황태자회작	5월 18일 선시	경운당 설행	무
황태자야연	동일 해시	경운단 설행	무

5) 광무 5년(1901) 신축(辛丑) 진연의궤(進宴儀軌)

연대 및 의례명	설행일시	설행장소	학무 유·무
대전외진연	7월 26일 묘시	함경전 설행	무
대전내진연	7월 27일 진시	함경전 설행	무
대전야진연	동일 해시	함경전 설행	유
황태자회작	7월 29일 진시	함경전 설행	무
황태자야연	동일 해시	함경전 설행	무

6) 광무 6년(1902) 임인(壬寅) 진연이궤(進宴儀軌)(4월)

연대 및 의례명	설행일시	설행장소	학무 유·무
대전외진연	4월 23일 묘시	함경전 설행	무
대전내진연	4월 24일 진시	함경전 설행	유
대전야연	동일 해시	함경전 설행	유
황태자회작	4월 25일 진시	함경전 설행	무
황태자야연	동일 해시	함경전 설행	무

7) 광무 6년(1902) 임인(壬寅) 진연의궤(進宴儀軌) (11월)

연대 및 의례명	설행일시	설행장소	학무 유·무
대전외진연	11월 4일 선시	중화전 설행	무
대전내진연	11월 8일 선시	근명전 설행	유
대전야진연	동일 해시	근명전 설행	유
황태자회작	11월 9일 선시	근명전 설행	무
황태자야연	동일 해시	근명전 설행	무

2. 의주(儀註)

1) 고종 14년(1877) 정축진찬의궤(丁丑進饌儀軌)

고종 14년(1877)은 신정왕후가 칠순(70세)이 되고 철인왕후가 망오(望五: 41세)가 되는 해로 정월 초하루에 치사(致詞) 전문(箋文) 표리(表裏)를 올리고 진찬도 함께 올리려 했으나 대왕대비가 나라의 흉년을 이유로 거절하여 진찬을 올리지 못했다가 12월 6일 신정왕후의 대왕대비전 야진찬을 실시하였다.

12월 10일 진시에 통명전에서 대전회작을 실시하고 같은 날 2경에 대전야연을 시행하였는데 학무가 어느 의례 때에 추어졌는지 의주 내용을 보면 다음과 같다.

❖ 학무가 추어진 의주내용

연대 및 의례명	의주내용	국 역
고종 14년(1877) 대전 야연 12월 10일 2경 통명전 설행 정축 진찬의궤 권1 (P.43)	麾奏昌運頌之曲呈鶴舞[原舞曲] 女執事退饌盤退匙楪退 女執事俯伏舉 揮巾樂止	여집사가 휘를 눕혔다 세우면 창운송축지곡을 연주하고 학무를 헌무할 때 여집사가 찬반과 시접과 휘건을 물리면 악지한다.

2) 고종 24년(1887) 정해진찬의궤(丁亥進饌儀軌)

고종 24년(1887) 신정왕후의 보령 80세 고종의 보령 36세 왕세자가 14세가 되는 해로 대왕대비가 장수하고 왕과 왕세자가 청장녕으로 나라가 굳건하여 이를 경축하기 위하여 1월 27일 진시에 대왕대비전내진찬을 실시하고 같은 날 2경에 대왕대비전야진찬을 실시하고 1월 28일 진시에 만경전에서 대전회작을 실시하고 같은 날 2경에 대전야연을 실시하였다.

1월 29일 진시에 만경전에서 왕세자회작을 같은 날 2경에 왕세자야연을 실행하였는데 어느 의례 때 학무가 추어졌는지 의주(의주) 내용을 보면 다음과 같다.

❖ 학무가 추어진 의주내용

연대 및 의례명	의주내용	국 역
고종 24년(1887) 대전 야연 1월 28일 2경 만경전 설행 정해 진찬의궤 권1 (P.47)	執事俯伏舉麾奏樂昇平之曲呈蓮花臺舞曲原舞女執事 設進饌所堂上郎廳饌卓行酒樂止	여집사가 휘를 눕혔다 세우면 승평지곡을 연주하고 연화대무를 헌무할 때 여집사가 진찬소 당상낭청에 찬탁과 행주(행주)를 설치하면 악지한다.

3) 고종 29년(1892) 임진진찬의궤(壬辰進饌儀軌)

고종 29년(1892) 6월 16일 왕세자가 고종 보령 40세와 즉위 30년을 경축하는 진찬을 간청하는 상소문 2개를 올렸으나 윤허를 얻지 못하여 6월 17일 백관들을 거느리고 전정(殿庭)에서 다시 간청하고 다음 날 두 차례에 걸쳐 백관들을 거느리고 간청하여 윤허를 받아 실시하였다.

9월 24일 묘시에 경복궁 근정전에서 대전외작을 실시하고 9월 25일 진시에 대전 중궁전 내진찬을 같은 날 2경에 강령전에서 대전 중궁전 야진찬을 실시하였다.

9월 26일 진시에 강령전에서 왕세자회작을 실시하고 같은 나 2경에 왕세자야연을 시행하였는데 학연화대무가 추어졌는지 의주(儀註) 내용을 보면 다음과 같다.

❖ 학무가 추어진 의주내용

연대 및 의례명	의주내용	국 역
고종 29년(1892) 대전 중궁전 야진찬 9월 25일 2경 강령전 설행 임진 진찬의궤 권1 (P.89)	之曲呈鶴舞蓮花臺舞曲(原舞) 於壽酒亭樂止 女執事俯伏舉麾奏萬歲春 殿下舉爵尚食進受虛爵復	여집사가 휘를 눕혔다 세우면 만세춘지곡을 연주하고 학무, 연화대무를 헌무할 때 전하께서 잔을 들면 상식이 나와 빈 잔을 받아 수주정에 되돌려 놓으면 악지한다.

4) 광무 5년(1901) 신축진찬의궤(辛丑進饌儀軌)

광무 5년(1901)은 헌종의 계비(繼妃) 효정왕후(孝定王后: 명헌태후)를 위한 진찬으로 황제국으로 표방 이후 첫 번째 진찬으로 제후국 표방할 때의 진찬보다 규모가 작고 황태자가 효정왕후에게 치사(致詞)를 올리지 않았고 산호(山呼)하지 않는 반면에 오히려 태자에게 사배(四拜)를 하고 태자를 위한 산호를 하였다는 점이 다른 진찬과 다르다.

진찬의 절차는 5월 13일 진시에 경운당에서 대전회작을 같은 날 해시에 명헌태후 야진찬을 실시하였다.

5월 16일 선시에 경운당에서 대전회작을 같은 날 해시에 대전 야연을 실시하였다.

5월 18일 선시에 경운당에서 황태자회작을 같은 날 해시에 황태자 야연을 시행하였는데 학연화대무가 추어졌는지 의주(儀註) 내용을 보면 다음과 같다.

❖ 학무가 추어진 의주내용

연대 및 의례명	의주내용	국 역
광무 5년(1901) 명헌태후전 야진찬 5월 13일 해시 경운당 설행 신축 진찬의궤 권1 (P.31B)	女執事俯伏舉麾奏豐康之曲呈鶴舞蓮花臺舞(原舞) 女執事奉 御饌于簾外尚食以受進于 明憲太后座前典贊唱俯伏興平身 陛下 皇太子俯伏興平身樂止	여집사가 휘를 눕혔다 세우면 풍강지곡을 연주하고 학무, 연화대무를 헌무할 때 여집사가 어찬(御饌)을 받들고 염외(簾外)에 이르면 상식이 받아 명헌태후 좌전(座前)에 이르면 전찬이 「부복, 흥, 평신」하고 창하면 폐하, 황태자는 부복, 흥, 평신하면 악지한다.

5) 광무 5년(1901) 신축진연의궤(辛丑進宴儀軌)

고종의 보령 50세를 경축하기 위하여 시행된 진연(進宴)인데 몇 가지 특징이 있다.

1) 1901년 진연에는 외진연과 내진연을 내전(內殿)인 함령전에서 베풀어 졌다.
2) 1901년 5월 태후를 위한 진찬을 베풀었던 건물을 그대로 사용 하였다.
3) 황제 칭호에 따라 의장(儀仗)이 많이 증가하였다.
4) 독일인 프란츠 에케르트(Franz Eckert)를 초빙하여 서양식 군대가 시위에 참여하였다.
5) 황제로서 의례에 따라 삼무도(三舞蹈)를 하고 만세를 외쳤는데 이는 제후국에서 삼고두(三叩頭)
   하고 천세를 하였는데 이를 피한 것은 제후국을 벗어나 제국으로의 위상을 높였다는 것
6) 제후국에서의 악기편성이 대한제국적인 편성으로 바뀌었다.

이상의 6가지 특성으로 행하여진 진연은 7월 26일 묘시 함령전에서 대전외진연을 7월 27일 진시에 야진연을 같은 날 2경에 황태자 회작을 7월 29일 진시에 야연을 같은 날 해시에 함령전에서 시행되었는데 학연화대무가 어느 의례 때 추어졌는지 의주(儀註) 내용을 보면 다음과 같다.

❖ 학무가 추어진 의주내용

연대 및 의례명	의주내용	국 역
광무 5년(1901) 대전 야진연 7월 27일 해시 함령전 설행 신축 진연의궤 권1 (P.71)	亭樂止 鶴舞蓮花臺舞 曲原舞 陛下舉爵尚食進受虛爵復於壽酒 女執事俯伏舉麾奏海屋添籌之曲呈	여집사가 휘를 눕혔다 세우면 해옥첨수지곡을 연주하고 학무, 연화대무를 헌무할 때 폐하께서 잔을 들면 상식이 나가 빈 잔을 받아 수주정에 되돌려 놓으면 악지한다.

6) 광무 6년(1902) 임인진연의궤 4월(壬寅進宴儀軌 4月)

광무 6년(1902) 12월 22일 황태자와 대신들이 황제의 보령 51세와 즉위 40년을 경축하는 존호를 올리고 진연을 베풀 것을 청하였으나 황제께서 윤허를 하지 않자 12월 24일과 25일 황태자가 백관들을 거느리고 대궐 뜰에서 세 차례 청하니 황제께서 백관들이 추위에 대궐 뜰에서 청하니 존호는 허락하고 연회는 허락하지 않았다.

광무 6년(1902) 정월 초하룻날에 이를 경축하기 위하여 대사령(大赦令)을 반포하였다.

고종은 익종(翼宗)의 후사황(後嗣)로 즉위하였으므로 1월 6일에 종법상(宗法上) 부모(父母)가 되는 문조익왕후(文祖翼王后)와 신정익왕후(神貞翼皇后)에게 존호를 친히 추상(追上)하고 정월 15일에는 명헌태후(헌종의 계비인 효전왈후)에게 속령(俗零)이라는 존호를 올렸으며 정월 18일에는 황태자가 건행신정영의홍휴(乾行神定英毅弘休)라는 존호를 받았다.

정월 25일에는 황태자가 명헌왕후에게 성덕(誠德)이라는 존호를 추상(追上)하고 3월 27일에 고종이 기로소(耆老所)에 가서 령수각(靈壽閣)을 돌아보고 기로소에 들어가는 어첩(御帖)을 직접 썼으며 상의사제조(尙依司堤調) 이지욕(李址鎔)이 범장(凡杖)을 바쳤다.

황제가 기로신(耆老臣)들에게 석연(錫宴)을 베풀고 전례(前例)에 따라 4월 23일 묘시에 대전외진연을 실시하고 4월 24일 진시에 대전 내진연을 같은 날 해시에 함령전에서 황태자 회작을 4월 25일 진시에 황태자야연을 같은 날 해시에 시행하였는데 학연화대무가 어느 때 추어졌는지 의주(儀註) 내용을 보면 다음과 같다.

❖ 학무가 추어진 의주내용

연대 및 의례명	의주내용	국 역
광무 6년(1902) 대전 내진연 4월 24일 진시 함령전 설행 임인 진연의궤(4월) 권1 (P.56)	女執事俯伏擧麾奏祥雲瑞日之曲呈鶴舞蓮花臺舞〔原舞〕 女執事酌酒跪進于 皇太子前 皇太子受盞擧飲女執事進受虛盞復於酒亭進味數樂止女執事俯伏擧麾奏吉祥之曲呈鶴舞蓮花臺舞〔原舞〕 女官酌酒跪進于 皇太子妃前 皇太子妃受盞擧飲女官進受虛盞復於酒亭進味數樂止	여집사가 휘를 눕혔다 세우면 상운서일지곡을 연주하고 학무, 연화대무를 헌무할 때 여집사가 「궤(跪)」하고 술을 떠 나아가 황태자전에 이르면 황태자는 잔을 받아 드신다. 여집사가 나아가 빈 잔을 받아 주정에 되돌려 놓고 미수를 드리면 악지한다 여집사가 휘를 눕혔다 세우면 길상지곡을 연주하고 학무, 연화대무를 헌무할 때 여관이 궤(跪)하고 술을 떠 황태자비전에 이르면 황태자비는 잔을 받아 주정에 되돌려 놓고 미수를 드리면 악지한다.

연대 및 의례명	의주내용	국 역
광무 6년(1902) 대전 야연 4월 24일 해시 함령전 설행 임인 진연의궤(4월) 권(P.61B)	女執事俯伏舉麾奏永今夕之曲呈鶴舞蓮花臺舞〔原舞曲〕女執事進湯于簾外尚食以受進于　陛下座前樂止	여집사가 휘를 눕혔다 세우면 영금석지곡을 연주하고 학무, 연화대무를 헌무할 때 여집사가 탕(湯)을 받들고 염외(簾外)에 이르면 상식이 받아 나아가 폐하께 올리면 악지한다.

7) 광무 6년(1902) 임인진연의궤 11월(壬寅進宴儀軌十一月)

광무 6년(1902) 11월에 고종황제의 망육순(望六旬)과 어극(御極) 40년을 축하하기 위하여 11월 4일 진시에 대전외진연을 11월 8일 중화전에서 대전내진연을 시행하였다.

같은 날 해시에 근명전에서 대전야진연을 실시하고 11월 9일 선시에 근명전에서 황태자회작을 같은 날 해시에 황태자 야연을 실시하였는데 학연화대무가 어느 의례 때 추어졌는지 내용을 보면 다음과 같다.

❖ 학무가 추어진 의주내용

연대 및 의례명	의주내용	국 역
광무 6년(1902) 대전 내진연 11월 8일 선시 근명전 설행 임인 진연의궤(11월) 권1 (P.66B)	女執事俯伏舉麾奏五雲開瑞朝呈鶴舞 蓮花臺舞曲原舞 陛下舉爵尙食進受虛爵復於壽酒亭典 贊唱俯伏興平身右命婦班首以下俯伏興平身樂止	여집사가 휘를 눕혔다 세우면 오운개서조를 연주하고 학무, 연화대무를 헌무할 때 폐하께서 잔을 들면 상식이 나아가 빈 잔을 받아 수주정에 되돌려 놓으면 전찬이 「부복, 흥, 평신」하고 창하면 우명부반수 이하 부복, 흥, 평신하면 악지한다.
광무 6년(1902) 대전 야진연 11월 8일 해시 근명전 설행 임인 진연의궤(11월) 권1 (P.71B)	舉麾奏永令夕之曲呈鶴舞蓮花臺舞曲原舞 女執事俯伏 女執事進湯 于簾外尙食以受進于 陛下座前樂止	여집사가 휘를 눕혔다 세우면 영금석지곡을 연주하고 학무, 연화대무를 헌무할 때 여집사가 탕(湯)을 받들고 염외에 이르면 상식이 받아 나아가 폐하께 올리면 악지한다.

8) 각 연향 때 학무 채비

각 의궤의 정재 채비에 수록된 학무를 춘 여기와 무동의 명단을 연대와 연향별로 보면 다음과 같다.

연대	학무	연화대무	비고
고종 14년(1877) 대전 야연 12월 10일 2경 통명전 설행 정축 진찬의궤 권3 (P.21)	청학(靑鶴) 최복동(崔福東) 황학(黃鶴) 김흥복(金興福)		학무만 추어졌음
고종 24년(1887) 대전 야연 1월 28일 2경 만경전 설행 정해 진찬의궤 권3 (P.25)	청학(靑鶴) 최복동(崔福東) 황학(黃鶴) 염광운(簾光雲)	죽간자: 란향(蘭香), 소도(小濤) 좌동기(左童妓): 롱주(弄珠) 우동기(右童妓): 소향(小香) 좌협(左挾): 운향(薫香) 우협(右挾): 도화(桃花)	학연화대합설무로 추어졌음
고종 29년(1892) 대전 중궁전 야진찬 9월 25일 2경 강령전 설행 임진 진찬의궤 권3	上同	죽간자: 화월(花月) 경옥(慶玉) 동기(童妓) : 금홍(錦紅) 홍도(紅桃) 협무(挾舞) : 화선(花仙) 진옥(眞玉) 가자(歌者) 전대(前隊) 7인 운홍(雲紅) 국화(菊花) 학희(鶴喜) 초월(楚月) 계선(桂仙) 월색(月色) 봉선(鳳仙) 중대(中隊) 12인 연연(娟娟) 월출(月出) 연옥(蓮玉) 옥향(玉香) 비연(飛燕) 산홍(山紅) 금낭(錦琅) 금연(錦蓮) 롱선(弄仙) 도화(桃花) 연심(蓮心) 옥진(玉眞) 후대(後代) 8인 죽엽(竹葉) 계섬(桂蟾) 진옥(眞玉) 연홍(蓮紅) 도화(桃花) 벽도(碧桃) 채봉(彩鳳) 가패(佳琲)	上同 (가자(歌者)가 창사를 하였다)

연대	학무	연화대무	비고
광무 5년(1901) 명헌태후전 야진찬 5월 13일 해시 경운당 설행 신축 진찬의궤 권3 (P.19B)	청학(青鶴) 김복동(金福東) 황학(黃鶴) 이용학(李龍學)	죽간자: 계화(桂花) 취련(翠蓮) 좌동기(左童妓): 점홍(點紅) 우동기(右童妓): 옥희(玉喜) 좌협(左挾): 도홍(桃紅) 우협(右挾): 초운(楚雲)	가자(歌者)가 없음
광무 5년(1901) 대전 야진연 7월 17일 해시 함령전 설행 신축 진연의궤 권3 (P.37B)	상동	상동 가자(歌者) 전대(前隊) 7인 매홍(梅紅) 명주(明珠) 계월(桂月) 춘향(春香) 록주(綠珠) 난주(蘭珠) 비취(翡翠) 중대(中隊) 11인 채련(彩蓮) 산홍(山紅) 매화(梅花) 이화(梨花) 옥선(玉仙) 유색(柳色) 도화(桃花) 진옥(眞玉) 롱월(弄月) 경옥(瓊玉) 국향(菊香) 후대(後代) 8인 화선(花仙) 취란(翠蘭) 향란(香蘭) 화용(花容) 취향(翠香) 금화(錦花) 부용(芙蓉) 진향(眞香)	학연화대합설무로 추어졌음
광무 6년(1902) 대전 내진연 4월 24일 진시 함령전 설행 임인 진연의궤(4월) 권3 (P.31)	청학(青鶴) 김복동(金福東) 황학(黃鶴) 이용학(李龍學)	죽간자: 란주(蘭珠) 연연(姸姸) 동기(童妓): 진향(眞香) 옥희(玉喜) 협무(挾舞) 국향(菊香) 영월(暎月) 가자(歌者) 전대(前隊) 7인 경옥(瓊玉) 롱월(弄月) 도화(桃花) 금희(錦喜) 유색(柳色) 이화(梨花) 매화(梅花)	학연화합설무로 추어졌음

연대	학무	연화대무	비고
		중대(中隊) 11인 산옥(山玉) 죽심(竹心) 부용(芙蓉) 연홍(蓮紅) 죽엽(竹葉) 담홍(淡紅) 취란(翠蘭) 채련(彩蓮) 행화(杏花) 경패(瓊貝) 소월(素月) 후대(後代) 8인 연심(蓮心) 계월(桂月) 경섬(瓊蟾) 금희(錦喜) 금주(錦珠) 소희(素喜) 기파월(箕坡月) 화용(花容)	
광무 6년(1902) 대전 야연 4월 24일 해시 함령전 설행 임인 진연의궤 권3 (P.33)	上同	上同 (가자(歌者)도 같음)	上同
광무 6년(1902) 대전 내진연 11월 8일 선시 근명전 설행 임인 진연의궤(11월) 권3 (P.32)	청학(靑鶴) 최복동(崔福東) 황학(黃鶴) 이용학(李龍學)	죽간자 계향(桂香) 록주(綠珠) 동기(童妓) 연엽(蓮葉) 소홍(小紅) 협무(挾舞) 국향(菊香) 명옥(明玉) 가자(歌者) 전대(前隊) 7인 산월(山月) 정기(正綺) 죽엽(竹葉) 금선(錦仙) 소담(素淡) 월향(月香) 복실(福實) 중대(中隊) 11인 벽도(碧桃) 금향(錦香) 소담(素淡) 소월(素月) 보희(寶喜) 계월(桂月) 담홍(淡紅) 경매(瓊梅) 연향(蓮香) 옥엽(玉葉) 금화(錦花)	학연화대합설무로 추어졌다.

연대	학무	연화대무	비고
		후대(後代) 8인 기화(琪花) 춘홍(春紅) 산옥(山玉) 보패(寶貝) 춘홍(春紅) 명옥(明玉) 담연(淡妍) 월선(月仙)	
광무 6년(1902) 대전 야진연 11월 8일 해시 근명전 설행 임인 진연의궤(11월) 권3 (P.34)	上同	上同	上同

9) 상전(賞典)

연향이 끝나고 학무를 춘 무동과 여기들에게 시상을 했는데 이를 연대 및 의례별로 보면 다음과 같다.

연대 및 의례명	수상자	상품
고종 14년(1744) 대전 야연 12월 10일 2경 통명전 설행 정축 진찬의궤 권3 (P.21)	학무: 최복동 등 2명 동기: 소담 등 2명	各木一疋
고종 24년(1887) 대전 야연 1월 28일 2경 만경전 설행 정해 진찬의궤 권3 (P.40)	학연화대무 청학: 최복동 황학: 염광운	各木一疋
	죽간자: 소도 등 2명	各木一疋
	동기: 롱주 등 2명 협무: 운향 등 2명	各木一疋
고종 29년(1892) 대전 중궁전 야진찬 9월 25일 2경 강령전 설행 임진 진찬의궤 권 (P.65B)	학연화대무 청학: 최복동 황학: 염광운	各木一疋
	동기: 홍도 등 2명	各木一疋
	죽간자: 화월 등 2명	各木一疋
	동기: 금홍 등 2명 협무: 화선 등 2명	各木一疋

연대 및 의례명	수상자	상품
	※ 가자(歌者) 전대(前隊): 운홍 등 7명 중대(中隊): 연연 등 12명 후대(後代): 죽엽 등 8명	各木一疋 各木一疋
광무 5년(1901) 명헌태후전 야진찬 5월 13일 해시 경운당 설행 신축 진찬의궤 권3 (P.35B)	학연화대무 청학: 최복동 황학: 이용학 죽간자: 계화 등 2명	各木一疋
	동기: 점홍 등 2명 협무: 도홍 등 2명	各木一疋
광무 5년(1901) 대전 야연 7월 27일 해시 함령전 설행 신축 진연의궤 권3	학연화대무 청학: 최복동 황학: 이용학	各木一疋
	동기: 점홍 등 2명	各木一疋
	죽간자: 비연 등 2명	各木一疋
	동기: 옥희 등 2명 협무: 도홍 등 2명	各木一疋
	가자(歌者) 전대(前隊): 매홍 등 7명 중대(中隊): 채련 등 11명 후대(後代) : 화선 등 3명	各木一疋
광무 6년(1902) 대전 내진연 4월 24일 진시 대전 야연 4월 24일 해시 함령전 설행 임인 진연의궤(4월) 권3 (P.58, P.60)	학연화대무 청학: 최복동 황학: 이용학	各木一疋
	죽간자: 란주 등 2명	各木一疋
	동기: 진향 등 2명 협무: 영월 등 2명	各木一疋
	가자(歌者) 전대(前隊): 죽엽 등 7명 중대(中隊): 화용 등 11명 후대(後代): 경옥 등 8명	各木一疋
광무 6년(1902) 대전 내진연 11월 8일 선시 대전 야진연 11월 8일 해시 근명전 설행 임인 진연의궤(11월) 권3	학연화대무 청학: 최복동 황학: 이용학	各木一疋
	죽간자: 계향 등 2명	各木一疋
	동기: 련엽 등 2명 협무: 국향 등 2명	各木一疋
	가자(歌者) 전대(前隊): 산월 등 7명 중대(中隊): 벽도 등 11명 후대(後代): 기화 등 8명	各木一疋

Ⅲ. 도식(圖式) 및 복식(服飾)

학무(鶴舞)의 복식(服飾)은 고종 14년(1744) 정축 진찬의궤, 고종 24년(1887) 정해 진찬의궤, 고종 29년(1892) 임진 진찬의궤, 광무 5년(1901) 신축 진찬의궤, 광무 5년(1901) 신축 진연의궤, 광무 6년 (1902) 임인 진연의궤(4월), 광무 6년(1902) 임인 진연의궤(11월)의 공령에 공이 다음과 같이 기록되어 있다.

학탈	바지	버선	비고
청학(青鶴)	청고(青袴)	청말(青襪)	
황학(黃鶴)	황고(黃袴)	황말(黃襪)	

정축 진찬의궤 권수도식(P.24)

임진 진찬의궤 권수도식(P.42)

신축 진연의궤 권수도식(P.38)

임인 진연의궤(4월) 권수도식(P.38)

신축 진찬의궤 권수도식(P.26)

임인 진연의궤(11월) 권수도식(P.42)

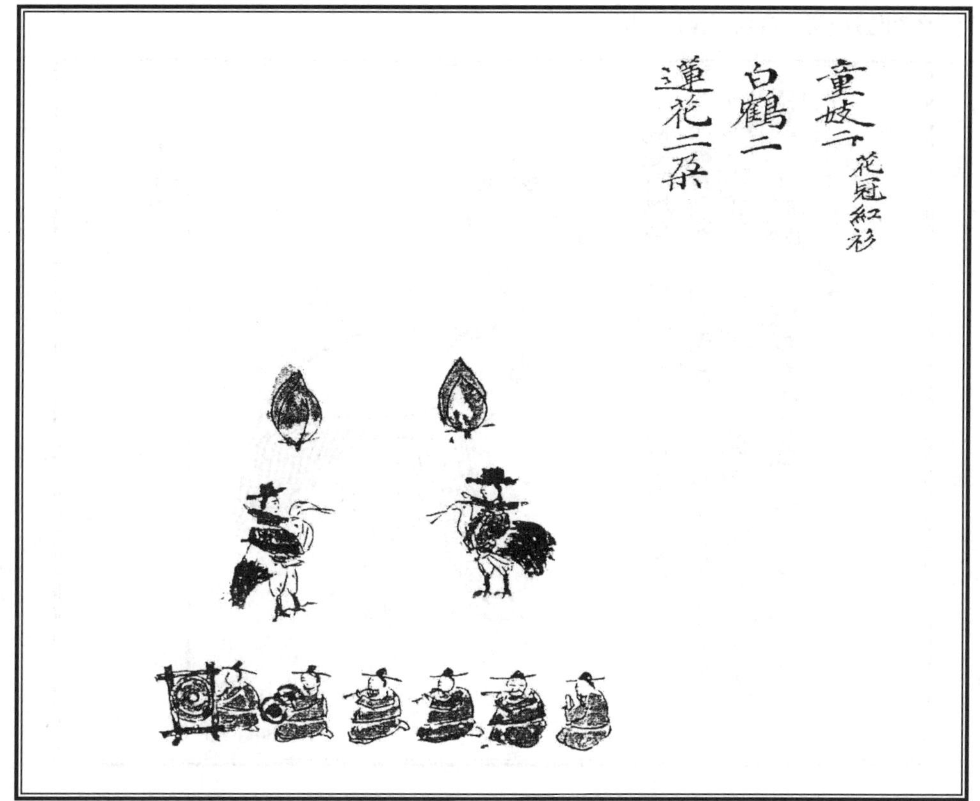

교방가요 학무도식

❖ 학(鶴) (靑 · 白鶴 각각 1마리)

학(鶴)의 제조(製造)는 구각(軀殼: 몸체 껍질)을 대(竹)로 만들어 벽지(塗紙: 종이)를 바르고 경(頸: 목)은 편권(編圈: 둥글게 엮다)하여 만들고 외리(外裹: 겉관안)는 포(布: 베)로 싸 바르고 경(頸: 목) 안에는 목(木: 나무)을 사용하고 또 숙승(熟繩: 검은 줄)을 하취(下嘴: 아랫부리)에 매어 잡고 흔들어 돌아보거나 쪼는 형상을 할 수 있게 하고 백당안(白唐鴈: 거위) 깃을 붙인다.(청학은 물들인 청색 깃털을 사용한다)

익(翼: 날개)은 관익우(鶴翼羽: 황새의 날개깃털)를 쓰고, 꼬리는 흑계미(黑雞尾: 검은 닭꼬리)를 쓰며 청취(靑嘴: 청색부리)를 단다.(청학은 녹색부리를 단다)

양슬(兩膝: 양 무릎)에는 홍상(紅裳: 홍치마)을 입고 홍말(紅襪: 홍색버선)과 홍목족(紅木足: 나무로 만든 홍색신)을 신는다.(청학은 청색치마와 청색버선, 녹색목족(木足)을 신는다)

백포(白布: 흰색 베)를 마름질하여 복하(服下: 배 아래)에 드리워서 무릎을 가린다.(청학은 청색 베를 신는다)

가슴과 양 날개를 밑에는 작은 구멍을 뚫어서 밖을 볼 수 있게 한다.

Ⅳ. 학무 홀기 비교

1. 학무 홀기 비교표

〈학무 홀기 비교표〉

	악학궤범	계사년	갑오외진연	신축진연	신축진찬	신축여령	신축무동
	없음	 池塘板 蓮筒 蓮筒 黃鶴 靑鶴	 池塘板 蓮筒 蓮筒 靑鶴 黃鶴	 池塘板 蓮筒 蓮筒 靑鶴 黃鶴	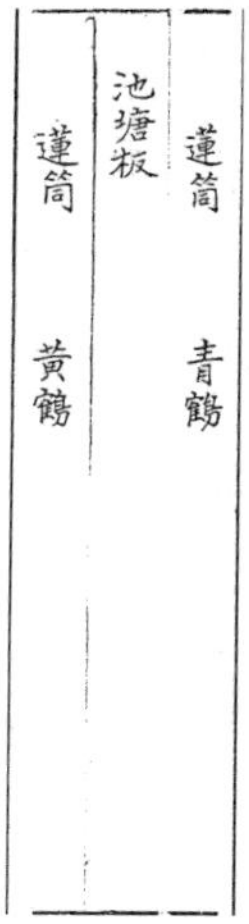 蓮筒 池塘板 蓮筒 黃鶴 靑鶴	 蓮筒 池塘板 蓮筒 靑鶴 黃鶴	 池塘板 蓮筒 蓮筒 劉錫範 李應根 靑鶴 黃鶴
학		황학(黃鶴) 청학(靑鶴)					
연희자	없음	없음	없음	없음	없음	없음	황학 이응근 (李應根) 청학 유석범 (劉錫範)

❖ 학무 홀기 비교(1구)

	악학궤범	계사년	갑오외진연	신축진연	신축진찬	신축여령	신축무동
	鶴舞 樂奏步虛子令諸妓唱歌(歌見上)擊拍青白鶴翺翔蹈進池塘前 分東西此向而立	樂奏彩雲仙鶴之曲 交奏(鄕唐)○拍青鶴黃鶴翺翔蹈進池塘前 分東西北向而立(	樂奏彩雲仙鶴引之曲(子令步虛)○拍青鶴黃鶴翺翔蹈進池塘前 分東西北向而立(	樂奏彩雲仙鶴引(子令步虛)○拍青鶴黃鶴翺翔蹈進池塘前 分東西北向而立(	樂奏彩雲仙鶴引(子令步虛)○拍青鶴黃鶴翺翔蹈進池塘前 分東西北向而立(	樂奏彩雲仙鶴引(子令步虛)○拍青鶴黃鶴翺翔蹈進池塘前 分東西北向而立(	樂奏彩雲仙鶴引(子令步虛)○拍青鶴黃鶴翺翔蹈進池塘 前分東西北向而立(
	청학(靑鶴) 백학(白鶴)	청학(靑鶴) 황학(黃鶴)	左同	左同	左同	左同	左同
음악	보허자(령)	채운선학지곡 (향당교주)	채운선학지곡 (보허자령)	左同	左同	左同	左同
진행	청·백학이 날아들어와 지당 앞에서 동서로 나누어 북향한다.	청·황학이 날아들어와 지당 앞에서 동서로 나누어 북향한다.	左同	左同	左同	左同	左同

1) 악학궤범에 가견상(歌見上)이란 문구는 보허자령에 노래가사를 얹어 노래를 했다는 것이다.
   그러나 그 「가사」가 없어 보허자령의 가사인지 아니면 어떤 가사인지는 알 수 없다.
2) 채운선학지곡(향당교주)는 보허자령을 향당교주로 연주한다는 것이다.

❖ 학무 홀기 비교(2구)

	악학궤범	계사년	갑오외진연	신축진연	신축진찬	신축여령	신축무동
	步外顧 凡進步時皆足蹈 內顧擊拍進二步外顧擊拍進二步內顧擊拍進二 擊拍振身鼓觜擊拍足蹈進二步內足先進○後倣此	內顧○拍進二步外顧○拍進二步內顧○拍進二步外顧○ 拍振身鼓觜○拍足蹈進二步進步時內足先進皆足蹈	內顧○拍進二步外顧○拍進二步內顧○拍進二步外顧 拍振身鼓觜○拍足蹈進二步進步時內足先進皆足蹈	內顧○拍進二步外顧○拍進二步內顧○拍進二步外顧 拍振身鼓觜○拍足蹈進二步進步時內足	內顧○拍進二步外顧○拍進二步內顧拍進二步外顧 拍振身鼓觜○拍足蹈進二步進步時內足先進皆足蹈	內顧○拍進二步外顧○拍進二步內顧○拍進二步外顧○ ○拍振身鼓嘴○拍足蹈進二步進步時內足先進皆足蹈	顧 進皆足蹈 內顧○拍進二步外顧○拍進二步內顧○拍進二步外 ○拍振身鼓觜○拍足蹈進二步進步時內足先
몸을 흔들고 부리를 마주 친다.	左同	左同	左同	左同	左同	左同
진2보 외고 (먼저 내족을 나간다. 뒤에도 이와 같다. 모두 나아갈 때는 족도(足蹈) 한다) 내고(內顧: 안쪽)를 본다.	左同	左同	左同	左同	左同	左同
진 2보 외고 (外顧: 바깥쪽을 본다)	左同	左同	左同	左同	左同	左同
진 2보 내고	左同	左同	左同	左同	左同	左同
진 2보 외고	左同	左同	左同	左同	左同	左同

(진행)

❖ 학무 홀기 비교(3구)

	악학궤범	계사년	갑오외진연	신축진연	신축진찬	신축여령	신축무동
	擊拍內旋向池塘進二步內顧擊拍進二步外顧擊拍進一步俛而啄舉首鼓嘴以嘴拭地舉首鼓嘴擊拍進二步內顧擊拍進二步外顧	池塘進二步內顧○拍進二步外顧○拍進一步俛而啄舉首鼓嘴以嘴拭地舉首鼓嘴○拍進二步內顧○拍進二步外顧○〔拍內旋向〕	旋向池塘進二步內顧○拍進二步外顧○拍進一步俛而啄舉首鼓嘴以嘴拭地舉首鼓嘴○拍進二步內顧○拍進二步外顧○〔拍內〕	拍內旋向池塘進二步內顧○拍進二步外顧○拍進一步俛而啄舉首鼓嘴以嘴拭地舉首鼓嘴○拍進二步內顧○拍進二步外顧○	池塘進二步內顧○拍進二步外顧○拍進一步俛而啄舉首鼓嘴以嘴拭地舉首鼓嘴○拍進二步內顧○拍進二步外顧○〔拍內旋向〕	拍內旋向池塘進二步內顧○拍進二步外顧○拍進一步俛而啄舉首鼓嘴以嘴拭地舉首鼓嘴○拍進二步內顧○拍進二步外顧○	樂奏彩雲仙鶴引之曲子令○拍青鶴黃鶴翔翔蹈進池塘前步虛 分東西北向而立○
진행	내선(內旋) 하여 지당을 향(向)한다.	左同	左同	左同	左同	左同	左同
	진 2보 내고 진 2보 외고	左同	左同	左同	左同	左同	左同
	몸을 숙여 쪼고 머리를 들어 부리를 두번 치고 몸을 숙여 땅에 부리를 씻고 머리를 들어 부리를 든다.	左同	左同	左同	左同	左同	左同
	진 2보 내고	左同	左同	左同	左同	左同	左同
	진 2보 외고	左同	左同	左同	左同	左同	左同

	악학궤범	계사년	갑오외진연	신축진연	신축진찬	신축여령	신축무동
	二步外顧 外顧擊拍進二步內顧擊拍內旋向池塘進二步內顧擊拍進 擊拍內旋北向進二步內顧擊拍進二步	塘進二步內顧○拍進二步外顧○ 北向進二步內顧○拍進二步外顧○拍進二步內顧○拍內旋向池 ○拍內旋	顧○拍內旋向池塘進二步內顧○拍進二步外顧 ○拍內旋北向進二步內顧○拍進二步外顧○拍進二步內	拍進二步外顧○ 步外顧○拍進二步內顧○拍內旋向池塘進二步內顧 ○拍內旋北向進二步內顧○拍進二	二步外顧○拍進二步內顧○拍內旋向池塘進二步內顧○拍進二步外顧 拍內旋北向進二步內顧○拍進	內顧○拍內旋向池塘進二步內顧○拍進二步外顧○ 拍內旋北向進二步內顧○拍進二步外顧○拍進二步	拍進二步內顧○拍內旋向池塘進二步內顧○拍進二步外顧 ○拍內旋北向進二步內顧○拍進二步外顧○
내선(內旋)하여 북향한다.		左同	左同	左同	左同	左同	左同
진 2보 내고		左同	左同	左同	左同	左同	左同
진 2보 외고		左同	左同	左同	左同	左同	左同
진 2보 내고		左同	左同	左同	左同	左同	左同
내선(內旋)하여 지당을 향한다.		左同	左同	左同	左同	左同	左同
진 2보 내고		左同	左同	左同	左同	左同	左同
진 2보 외고		左同	左同	左同	左同	左同	左同

	악학궤범	계사년	갑오외진연	신축진연	신축진찬	신축여령	신축무동
	擊拍內足而蹈之見蓮筒內面擧外足而蹈之見蓮筒外面擊拍內旋北向進二步內顧擊拍進二步外顧擊拍內旋向池塘進二步內顧擊拍進二步外顧	顧○擧拍內足而蹈之見蓮筒內面擧外足而蹈之見蓮筒外面○拍內旋北向進二步內顧○拍進二步外顧○拍內旋向池塘進二步內顧○拍進二步外	拍進二步外顧蹈之見蓮筒內面擧外足而蹈之見蓮筒外面○拍內旋北向進二步內顧○拍進二步外顧○拍內旋向池塘進二步內顧○擧拍內足而	而蹈之見蓮筒外面○拍內旋北向進二步內顧○拍進二步外顧外顧○拍內旋向池塘進二步內顧○拍進二步外顧○拍擧內足而蹈之見蓮筒內面擧外足	擧拍內足而蹈之見蓮筒內面擧外足而蹈之見蓮筒外面○拍內旋北向進二步內顧○拍進二步外顧○拍內旋向池塘進二步內顧○拍進二步外顧 拍	步內顧○拍內旋向池塘進二步內顧○拍進二步外顧內足而蹈之見蓮筒內面擧外足而蹈之見蓮筒外面○拍內旋北向進二步內顧○拍進二步外顧 擧拍	拍擧內足而蹈之見蓮筒內面擧外足而蹈之見蓮筒外面○拍內旋北向進二步內顧○拍進二步外顧○拍內旋向池塘進二步內顧○拍進二步外顧○拍內旋向
	내족(內足)을 들었다 놓으면서 연통(煙筒) 내면(內面)을 본다.	左同	左同	左同	左同	左同	左同
	외족(外足)을 들었다 놓으면서 연통(煙筒) 외면(外面)을 본다.	左同	左同	左同	左同	左同	左同
진행	내선(內旋)하여 북향한다.	左同	左同	左同	左同	左同	左同
	진 2보 내고	左同	左同	左同	左同	左同	左同
	진 2보 외고	左同	左同	左同	左同	左同	左同
	내선(內旋)하여 지당을 향한다.	左同	左同	左同	左同	左同	左同
	진 2보 내고	左同	左同	左同	左同	左同	左同
	진 2보 외고	左同	左同	左同	左同	左同	左同

❖ 학무 홀기 비교(6구)

	악학궤범	계사년	갑오외진연	신축진연	신축진찬	신축여령	신축무동
	拍 擧內足而蹈之俯見蓮筒內面 擧外足而蹈之俯見蓮筒外面 擧內足而蹈之俯見蓮筒南面 ○拍啄開蓮筒 兩童女乃出 兩鶴驚躍而退 樂止	拍 擧內足而蹈之俯見蓮筒內面 擧外足而蹈之俯見蓮筒外面 擧內足而蹈之俯見蓮筒南面 ○拍啄開蓮筒 兩童女乃出 兩鶴驚躍而退 樂止	拍 擧內足而蹈之俯見蓮筒內面 擧外足而蹈之俯見蓮筒外面 擧內足而蹈之俯見蓮筒南面 ○拍啄開蓮筒 兩童子乃出 兩鶴驚躍而退 樂止	拍 擧內足而蹈之俯見蓮筒內面 擧外足而蹈之俯見蓮筒外面 擧內足而蹈之俯見蓮筒南面 ○拍啄開蓮筒 兩童女乃出 兩鶴驚躍而退 樂止	拍 擧內足而蹈之俯見蓮筒內面 擧外足而蹈之俯見蓮筒外面 擧內足而蹈之俯見蓮筒南面 ○拍啄開蓮筒 兩童女乃出 兩鶴驚躍而退 樂止	拍 擧內足而蹈之俯見蓮筒內面 擧外足而蹈之俯見蓮筒外面 擧內足而蹈之俯見蓮筒南面 ○拍啄開蓮筒 兩童女乃出 兩鶴驚躍而退 樂止	拍 擧內足而蹈之俯見蓮筒內面 擧外足而蹈之俯見蓮筒外面 擧內足而蹈之俯見蓮筒南面 ○拍啄開蓮筒 兩童女乃出 兩鶴驚躍而退 樂止
내족(內足)을 들었다 놓으면서 연통 내면(內面)을 본다.	左同	左同	左同	左同	左同	左同
외족(外足)을 들었다 놓으면서 연통 외면(外面)을 본다.	左同	左同	左同	左同	左同	左同
내족(內足)을 들었다 놓으면서 몸을 꾸부려 연통 남면(南面)을 본다.	左同	左同	左同	左同	左同	左同
연통을 쪼아 연통이 열리면 양동녀가 나오고 학은 놀라서 뛰어 나가면 악지한다.	左同	左同	左同	左同	左同	左同
이상 비교표에서 보이는 바와 같이 학무의 홀기는 모두 같다.						

2. 반주 음악 비교표

악학궤범	계사년	갑외진연	신축진연	신축진찬	신축여령	신축무동
보허자(령)	채운선악지곡 (향당교주)	채운선악지곡 (보허자령)	左同	左同	左同	左同
※ 모든 홀기에 수록되어 있는 음악은 보허자 반주에 학무가 추어졌다.						

3. 범례(凡例)

악학궤범	선내족 후방차(先內足 後倣此) 범진보시 계족도(凡進步時 階足蹈)	먼저 내족부터 한다. 뒤에도 이와 같다. 모두 앞으로 나아갈 때에는 족도를 한다.
계사년 이후 모든 홀기	진보시 내족선진(進步時 內足先進) 계족도(階足蹈)	앞으로 나아갈 때에는 내족부터 먼저 한다. 모두 족도한다.

4. 춤사위

1) 고상(翶翔) : 난다. (날아들어 온다)

2) 진신고취(振身鼓嘴) : 몸을 숙였다가 고개를 들어 부리를 마주한다.

3) 내고(內顧) : 서로 안쪽을 본다.

4) 외고(外顧) : 서로 바깥쪽을 본다.

5) 추거수고취(佳擧首鼓嘴) : 몸을 숙여 먹이를 쪼아 먹듯이 하고 머리를 들어 부리를 마주친다.

6) 식지거수고취(拭地擧首鼓嘴) : 몸을 숙여 땅에 부리를 씻고 머리를 들어 부리를 마주친다.

7) 내선(內旋) : 안쪽으로 돈다.

8) 진이보(進二步) : 두 발 앞으로 나간다.

9) 거내족이도지견연통내면(擧內足而蹈之見蓮筒內面) : 내족(內足)을 들었다 놓으면서 연통내면(蓮筒內面)을 본다.

10) 거외족이도지견연통외면(擧外足而蹈之見蓮筒外面) : 외족(外足)을 들었다 놓으면서 연통외면(蓮筒外面)을 본다.

11) 양학경약(兩鶴驚躍) : 양학은 깜짝 놀라서 뛰어 나간다.

학연화대처용무합설무보

악학궤범

1. 학연화대처용무합설(鶴蓮花臺處容舞合設)

　나례의 구체적인 내용을 분석하여 보면 제1구에서 제14구까지 종교적 의식행사로 12신과 진자들이 역귀를 구축하는 의식으로 구나가 끝났고, 제15구 이하는 창우(군령)들이 상연하는 가무백희를 하였다.

　여기에는 무오방귀용백택(舞五方鬼踊白澤)과 같은 제무(祭舞), 향도토화(香刀吐火)의 기기(奇技), 화교답교(華僑踏橋), 신라의 처용무, 꼭두각시, 백수무(百獸舞) 등 잡기와 각종 탈놀이를 포함하여 가무백희를 거행하였다.

　악학궤범 권5 학연화대처용무합설에는,

　12월 그믐 하루 전날 5경(更) 초에 악사·여기·악공 등이 대궐에 나아간다.

　이 날 나례(儺禮) 때에 악사 여기·악공을 거느리고 음악을 연주한다.

　구나(驅儺) 뒤에 내정(內庭)에 지당구(池塘具)를 설치하고, 악사는 두 동녀(童女)를 거느리고 들어가 연화(蓮花) 가운데 앉히고 <내정에서>나와 절차를 기다린다.

　구나 뒤에 처용무를 두 번(度) 춘다.

　첫 번(前度)에는 학·연화대·회무(回舞) 등이 없다.

　악사는 동발(銅鈸)을 잡고 청·홍·황·흑·백의 오방(五方) 처용 및 여기 집박악사(執拍樂師)·향악공(鄕樂工)을 인도한다.

　처용만기(慢機) 곧 봉화음(鳳凰吟)의 일기(一機)이다를 연주한다.

　여기(女妓)는 처용가(處容歌)를 부르며 시종회무도(始終回舞圖)와 같이 회무(回舞)하여 초입배열도(初入排列圖)와 같이 도열(圖列)한다.

악학궤범 학연화대처용무합설 홀기

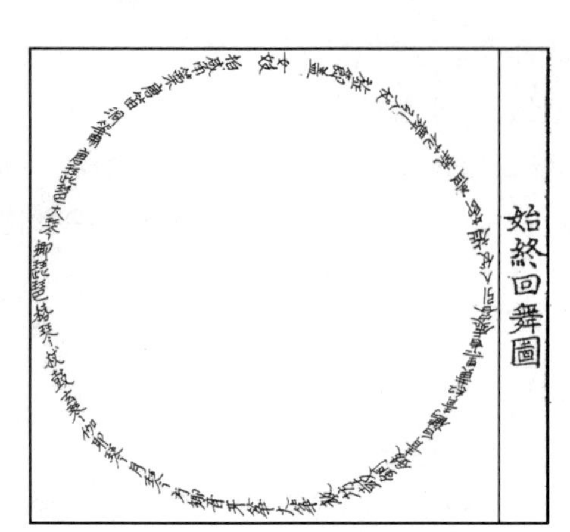

봉황음1(1각~80각까지)

봉황음(1)을 연주하면 제기(諸妓)들의 「신라성대…」의 노래에 전원이 걸어서 시종회무도와 같이 회무(回舞) 삼잡(三匝)하여 초입배열도로 도열한다.

봉황음(1)을 연주하면 제기들은 다음의 가사를 창한다.

전강(前腔)　新羅盛代 昭盛代 (신라성대 소성대)
天下太平 羅候德 處容아바 (천하태평 라후덕 처용)
以是人生애 相不語ᄒ시란ᄃᆡ (이시인생애 상불어)
以是人生애 相不語ᄒ시란ᄃᆡ (이시인생애 상불어)

부엽(附葉)　三災八難이 (삼재팔난)
一時消滅ᄒ샷다 (일시소멸)

중엽(中葉)　어와 아븨 즈ᅀᅵ여
處容 아븨 즈ᅀᅵ여 (처용)

부엽　滿頭揷花 겨오샤 (만두삽화)
기울어신 머리예

소엽(小葉)　아으 壽命長遠ᄒ샤 (수명장원)
넙거신 니마해

후강(後腔)　山象이슷 (산상)
깅어신 눈섭예
愛人相見ᄒ샤 (애인상견)
오ᄉᆞ러신 누녜

부엽　風入盈庭ᄒ샤 (풍입영정)
우글어신 귀여

중엽　紅桃花 ᄀᆞ티 (홍도화)
븕거신 모야해

부엽　五香 마ᄐᆞ샤 (오향)
웅긔어신 고해

소엽　아으 千金 머그샤 (천금)
어위어신 이베

대엽(大葉)　白玉琉璃 ᄀᆞ티 (백옥유리)
희여신 닛바래
人讚福盛ᄒ샤 (인찬복성)
미나거신 ᄐᆞᆨ애
七寶 계우샤 (칠보)
숙거신 엇게예

진 행 도		동　　　작
		吉慶[90]계우샤
		늘의어신 스맷길혜
	부엽	설믜 모도와
		有德ᄒ신 가스매
	중엽	福智俱足ᄒ샤
		브르거신 비예
		紅鞓계우샤
		굽거신 허리예
	부엽	同樂太平ᄒ샤
		길어신 허튀예[91]
	소엽	아으 界面 도ᄅ샤
		넙거신 바래
	전강	누고 지ᅀᅥ 셰니오
		누고 지ᅀᅥ 셰니오
		바늘도 실도 어ᄢ
		바늘도 실도 어ᄢ
	부엽	處容아비롤
		누고지ᅀᅥ셰니오
	중엽	마아만 마아만 ᄒ니여 [92]
	부엽	十二諸國이
		모다 지ᅀᅥ 셰온
	소엽	아으 處容아비롤
		마아만 ᄒ니여
	후강	머자 외야자 綠李야
		ᄲᆞᆯ리나 내 신
		고흘 미야라
	부엽	아니 옷 미시면
		나리어다 머즌 말
	중엽	東京 ᄇᆞᆯ근ᄃᆞ래
		새도록 노니다가
	부엽	드러 내 자리롤 보니
		가ᄅᆞ리 네히로새라
	소엽	아으 둘흔 내해어니와
		둘흔 뉘해어니오[93]
	대엽	이런 저긔

진 행 도		동 작
		처용 處容아비 옷94) 보시면
		열병신 熱病神이사
		회 膾ㅅ가시로다
		천금 千金을 주리여
		처용 處容아바
		칠보 七寶를 주리여
		처용 處容아바
	부엽	천금칠보 千金七寶도 말오
		열병신 熱病神를 날 자바 주쇼셔
	중엽	산 山이여 미히여
		천리외 千里外예
	부엽	처용 處容아비를
		어여려거겨
	소엽	열병대신 아으 熱病大神의
		발원 發願이샷다

홀 기	진 행 도	음악	장단	배역	동 작
兩袖俯腰而擧兩手後倣此下置膝上 凡舞始作擊杖鼓鞭面並					※ 凡舞始作擊杖鼓鞭面竝府腰而 범 무 시 작 격 장 고 편 면 병 부 요 이 擧兩手後倣此下置膝上 거 양 수 후 방 차 하 치 슬 상 ◎ 모든 춤을 시작할 때에는 장고의 편면(鞭面)을 치면 허리를 구부렸다가 양수를 들어서 무릎 위에 내린다.
樂至中葉杖鼓擊鞭處容五者皆俯腰而並擧	白 黑 黃 紅 靑 <도판 1>	봉황음 2 (느린타령속도)	1각 2각 3각 4각 5각	처용 5인	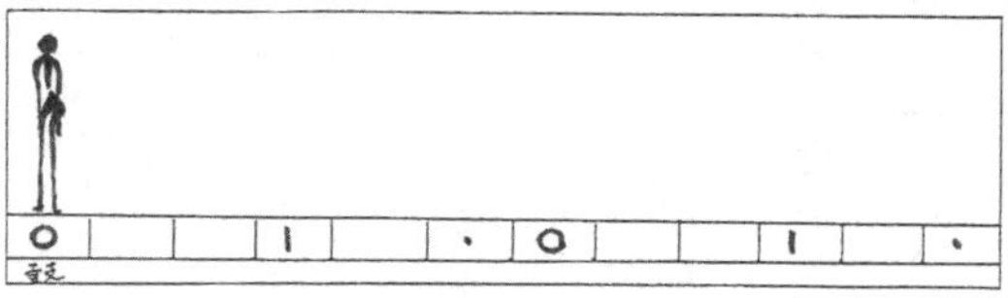 보법: 초입배열도의 위치에 서 있는다. 수법: 처용 5인은 양손을 무릎에 내린 대로 서 있는다. **봉황음 2기 2·3·4·5각 동작** 보법: 2각에 허리를 구부려 3각에 펴고 4각에 약간 무릎을 구부리고 5각에 좀 더 구부렸다가 편다. 수법: 2각 1·2·3·4·5·6박까지 양수를 가슴 앞에 끌어 올려 7·8·9·10·11·12박까지 양 손을 밑으로 떨어뜨려 3각 1·2·3·4·5·6박까지 어깨 위로 높이 들어 7·8·9·10·11·12박까지 귀(耳)쪽으로 스쳐 4각, 5각까지 무릎에 흘려 내린다.

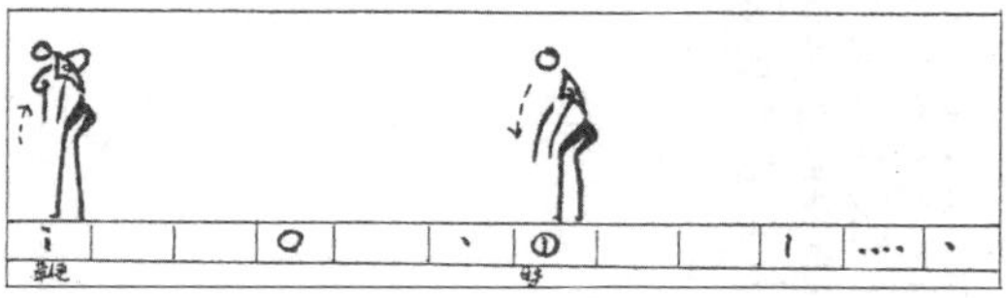

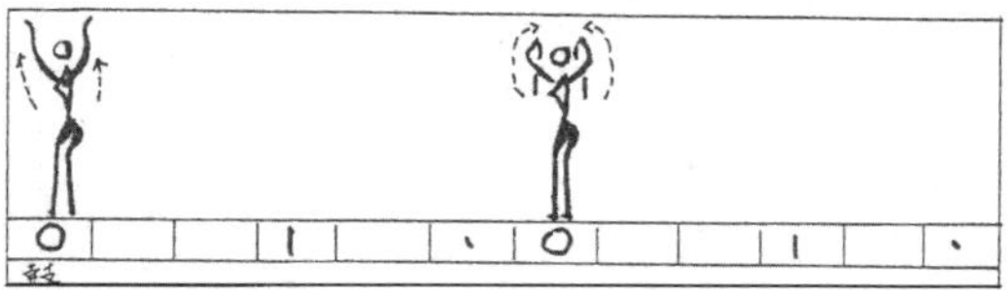

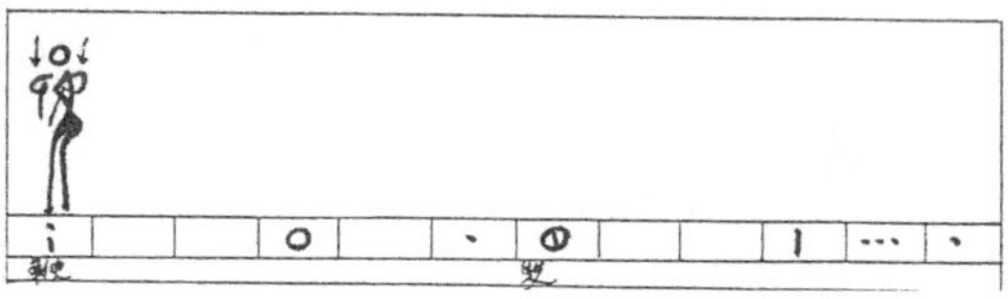

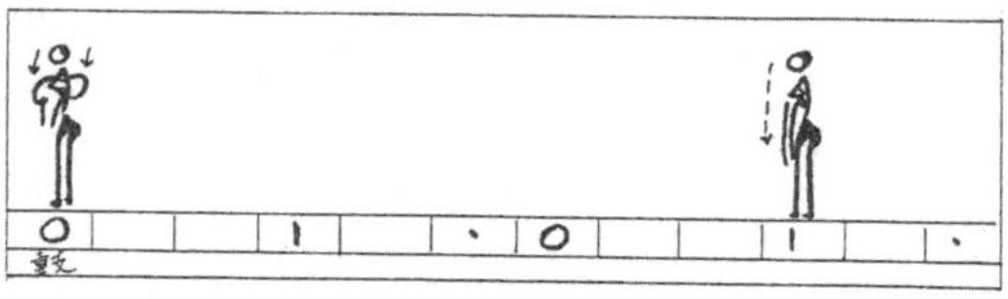

홀 기	진 행 도	음악	장단	배역	동 작
靑紅者回顧相面黃 者回顧而東黑白者回顧相面訖還北向擊杖鼓鼓面並擧兩袖而落…(下略)					주1: 隋手而皆擧足靑紅黑白者竝先擧內足黃 者先擧右足 수수이개거족청홍흑백자병선거내족황자선거우족 ◎ 모두 손을 따라 발을 든다. 청·홍·흑·백은 모두 먼저 내족을 황은 먼저 우족을 들어 한다.(무릎디피춤) 주2: 內謂兩人間也東立者左爲內西立者右位 內後倣此 내위양인간야동립자좌위내서립자우위내후방차 ◎ 내(內)는 두 사람 사이를 내(內)라 한다. 동쪽에 있는 자는 左가 내가 되고 서쪽에 있는 자는 右가 내(內)가 된다. 뒤에도 이와 같이 한다. 주3: 凡舞終畢竝還北向 범무종필병환북향 ◎ 모든 춤을 필하여 끝나면 북향한다. 주4: 擊杖鼓鼓面擧兩手而落後倣此 격장고고면거양수이락후방차 ◎ 장고가 고면을 치면 양손을 들어 떨어뜨린다. 뒤에도 이와 같이 한다. 주5: 凡舞一從黃者之舞唯左右手足各異用之 耳後倣此 범무일종황자지무유좌우수족각이용지이후방차 ◎ 모든 춤은 한결같이 황자의 춤을 따라 추는데 오직 좌·우의 손발만 각각 다르게 한다. 뒤에도 이와 같이 한다.

홀　기	진　행　도	음악	장단	배역	동　　作
	白黃紅 舞作道 ＜도판 2＞ (회고상면)	봉 황 음 2	6각	백 황 홍	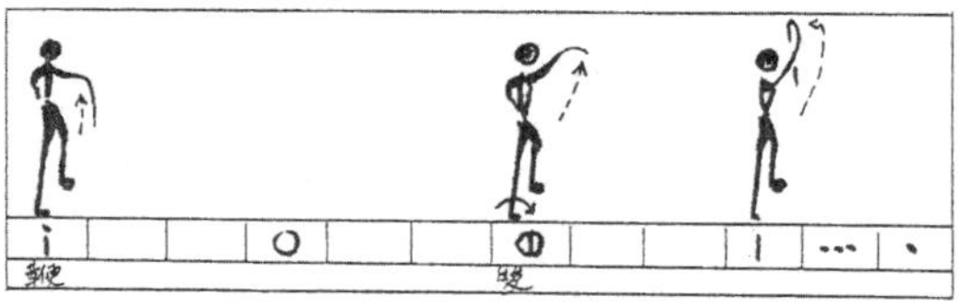
			7각	백 황 홍	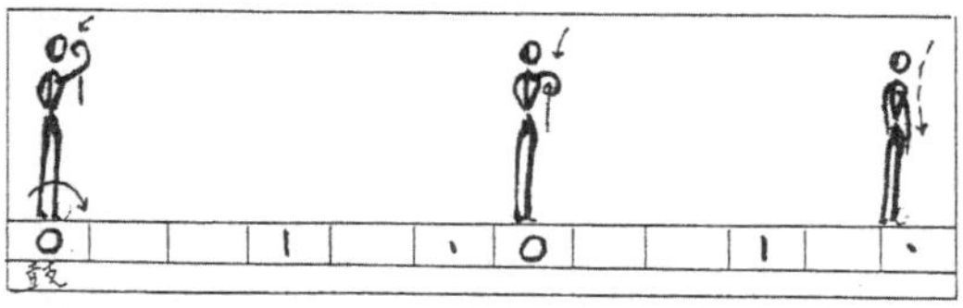
			8각	백 황 홍	
			9각	백 황 홍	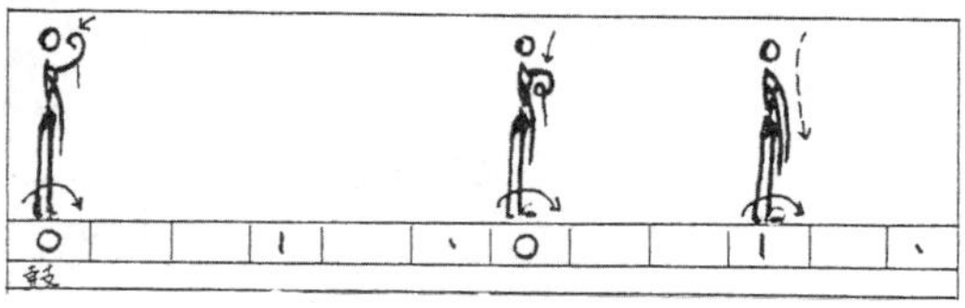
				청 흑	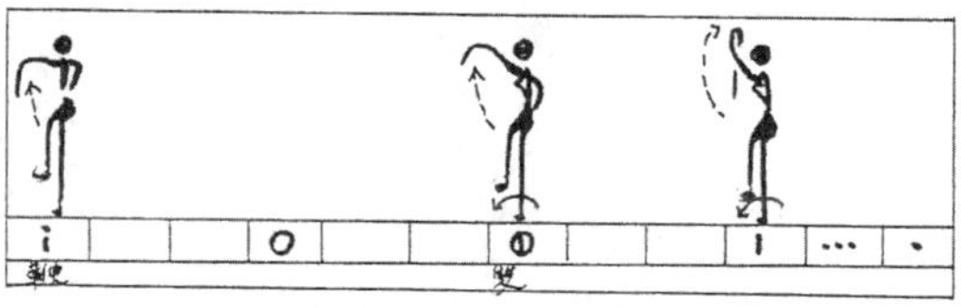
				청 흑	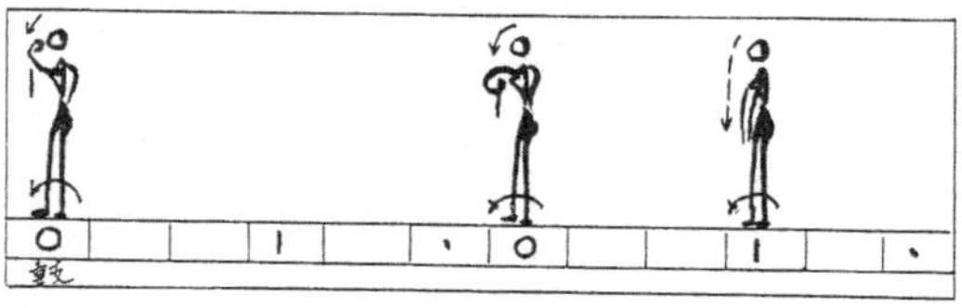
				청 흑	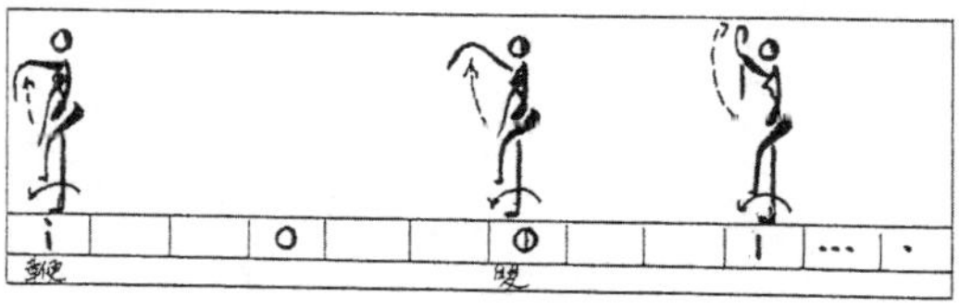
				청 흑	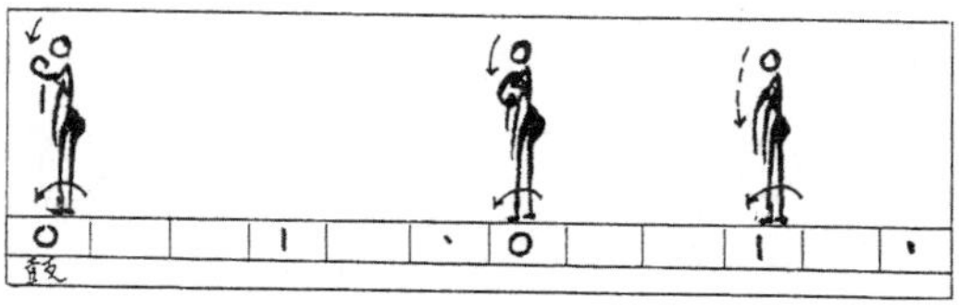

홀 기	진 행 도	음악	장단	배역	동 작
		봉 황 음 2			봉황음 6·7·8·9각 동작 (상대무: 무릎디피춤) 보법: 청·홍·흑·백은 6각에 內足을, 황은 右足을 들어 7각의 1박에, 청·흑은 서쪽에, 홍·황·백은 동쪽에 딛고 돌아 상대(相對)하고 8각에 청·홍·흑·백은 외족을, 황은 左足을 들어 9각의 1박에, 청·홍·흑·백은 內足 옆에, 황은 右足 옆에 딛고 상대(相對)한다. 수법: 청·홍·흑·백은 6각에 內手를, 황은 右手를 천천히 1·2·3·4·5·6·7·8·9박까지 들어 10·11·12박에 어깨 뒤편으로 뿌려 넘기어 7각의 1·2·3·4·5·6·7·8·9·10·11·12박까지 귀(耳) 쪽으로 흘려 무릎 위에 내린다. 8각에 청·홍·흑·백은 外手를, 황은 左手를 천천히 1·2·3·4·5·6·7·8·9박까지 들어 10·11·12박에 어깨 뒤편으로 뿌려 넘겨 9각의 1·2·3·4·5·6·7·8·9·10·11·12박까지 귀(耳)쪽으로 흘려 무릎 위에 내린다.
白 黑 黃 紅 靑 <도판 3> (북향)			10각 11각	백 황 홍 백 황 홍 청 흑 청 흑	 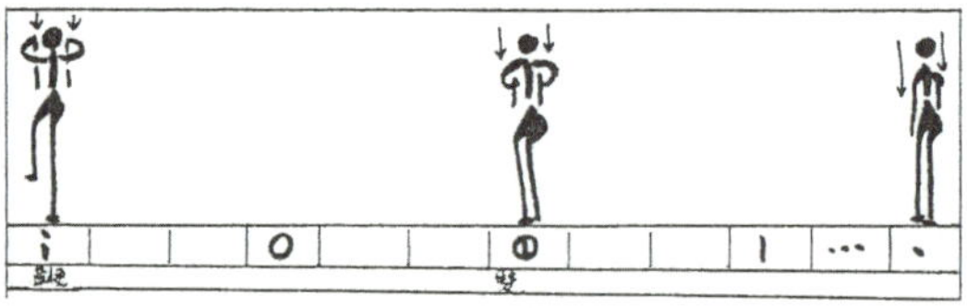 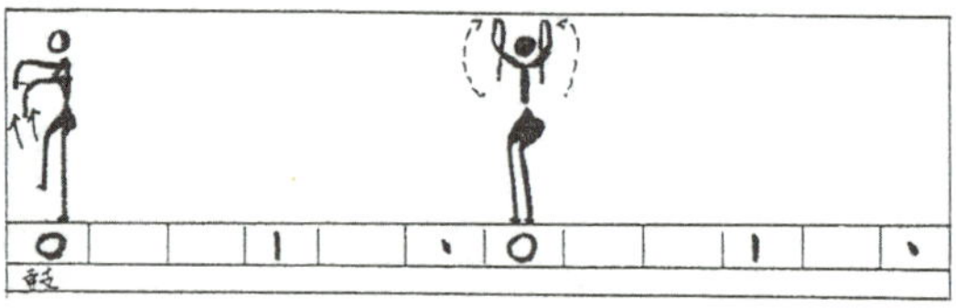 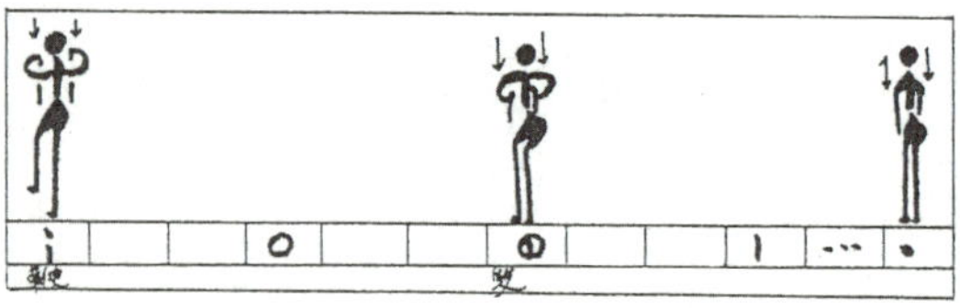
홀 기	진 행 도	음악	장단	배역	동 작

홀　기	진　행　도	음악	장단	배역	동　　　작
		봉황음 2			**봉황음 10·11각 동작 (무릎디피춤: 북향)** 보법: 10각의 1·2·3·4·5·6박에 청·홍·흑·백은 內足을, 황은 右足을 들어 7박에 북향하여 딛고 8·9·10·11·12박까지 약간 무릎을 구부렸다 펴고 11각의 1·2·3·4·5·6박에 청·홍·흑·백은 外足을, 황은 左足을 들어 7박에 청·홍·흑·백은 內足 옆에, 황은 右足 옆에 딛고 무릎을 구부렸다 편다. 수법: 10각의 1·2·3·4·5·6박까지 양손을 앞으로 들어 머리 위에서 7박에 어깨 뒤편으로 뿌려 넘겨 8·9·10·11·12박까지 천천히 귀쪽으로 내리고 11박의 1·2·3·4·5·6·7·8·9·10·11·12박까지 좌·우 무릎에 흘려 내린다.
					주1: 隋手耳皆擧足靑紅黑白者竝先擧外足黃者先擧左足 （수 수 이 개 거 족 청 홍 흑 백 자 병 선 거 외 족 황 자 선 거 좌 족） ◎ 청·홍·흑·백은 모두 먼저 외족을 손을 따라 들고 황은 먼저 좌족을 든다. 주2: 東立者右爲外西爲者左爲外後倣此 （동 립 자 우 위 외 서 위 자 좌 위 외 후 방 차） ◎ 동쪽에 있는 자는 우가 외가 되고 서쪽에 있는 자는 좌가 외가 된나. 뒤에도 이와 같이 한다.
擊鞭靑紅者回顧相背黃者回顧而西黑白者回顧相背 〔隨手而皆擧足靑紅黑白者竝先擧外足黃者先訖擧左足○東立者右爲外西立者左爲外後倣此〕	靑　紅　黃　黑　白 〈도판 4〉 (상배)		12각 13각 14각	청 흑 청 흑 청 흑	

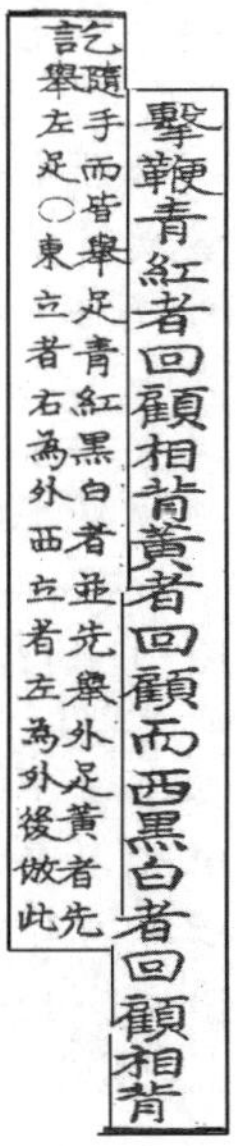

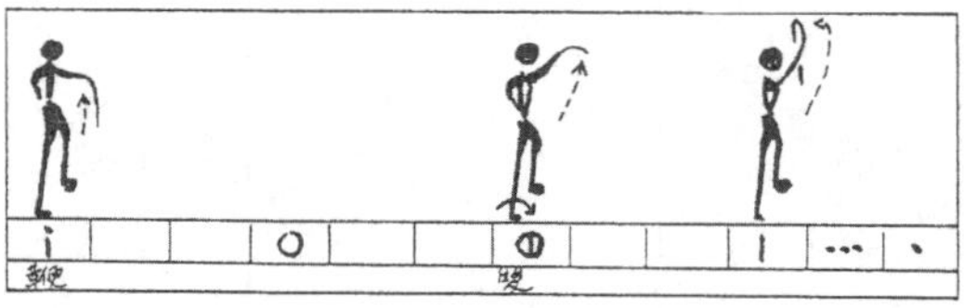

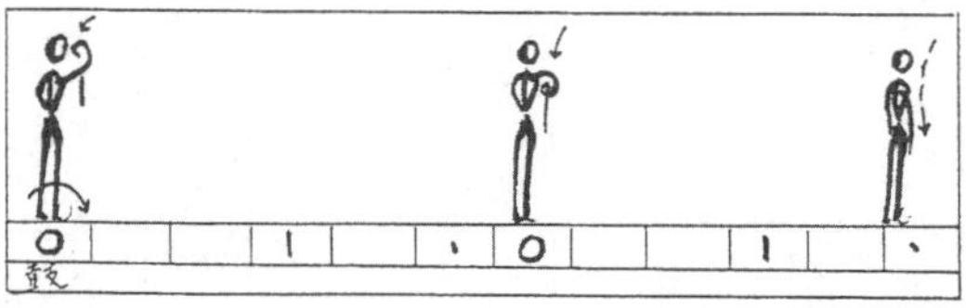

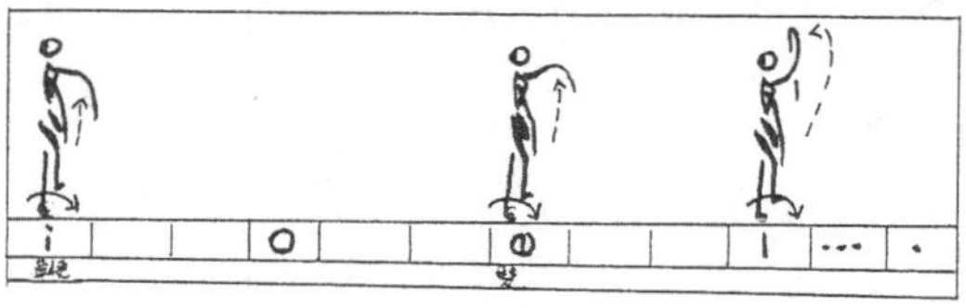

홀　　기	진　행　도	음악	장단	배역	동　　　　작
		봉황음 2	15각	청 흑 백 황 홍 백 황 홍 백 황 홍 백 황 홍	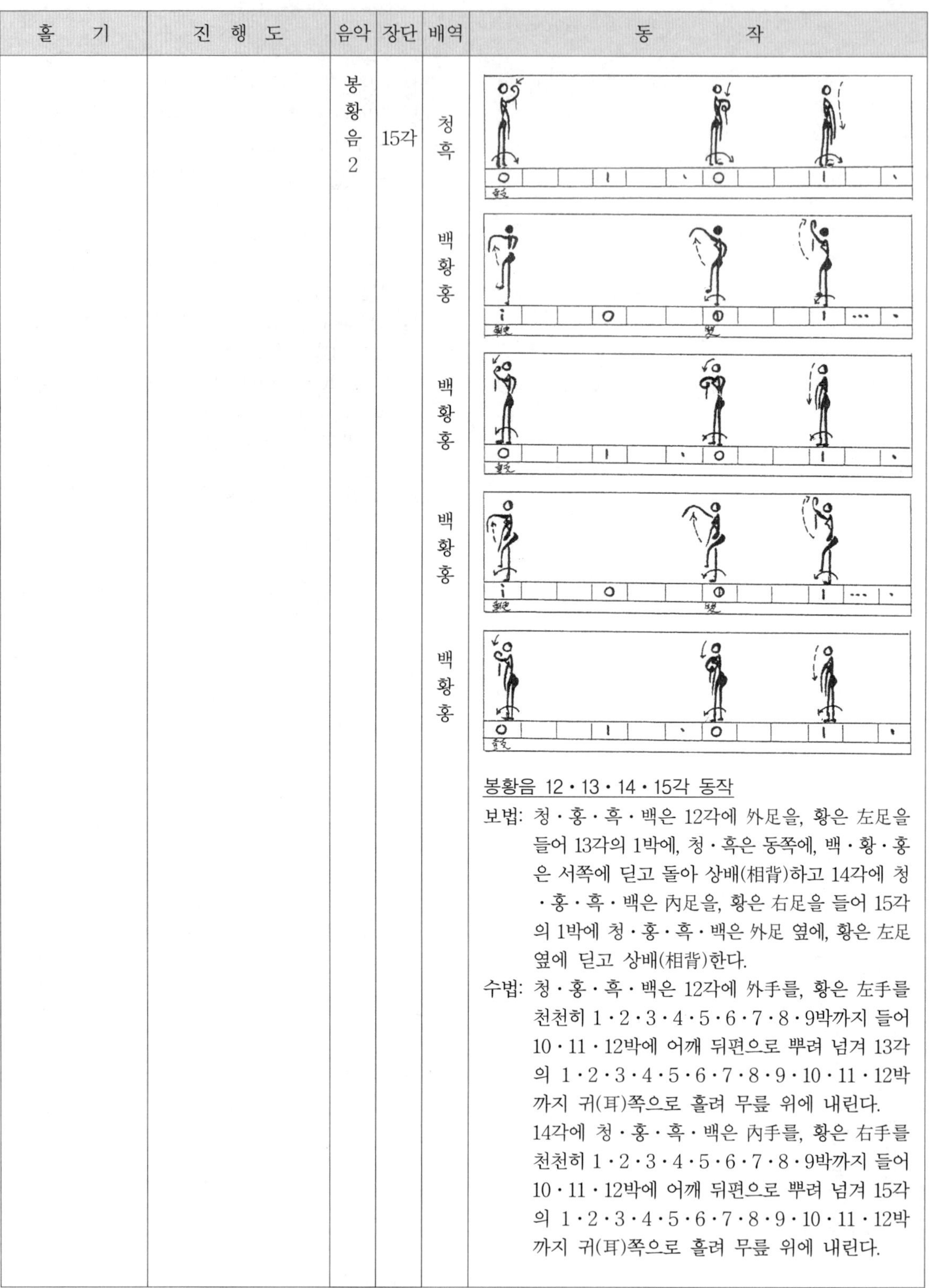

봉황음 12・13・14・15각 동작

보법: 청・홍・흑・백은 12각에 外足을, 황은 左足을
　　　들어 13각의 1박에, 청・흑은 동쪽에, 백・황・홍
　　　은 서쪽에 딛고 돌아 상배(相背)하고 14각에 청
　　　・홍・흑・백은 內足을, 황은 右足을 들어 15각
　　　의 1박에 청・홍・흑・백은 外足 옆에, 황은 左足
　　　옆에 딛고 상배(相背)한다.
수법: 청・홍・흑・백은 12각에 外手를, 황은 左手를
　　　천천히 1・2・3・4・5・6・7・8・9박까지 들어
　　　10・11・12박에 어깨 뒤편으로 뿌려 넘겨 13각
　　　의 1・2・3・4・5・6・7・8・9・10・11・12박
　　　까지 귀(耳)쪽으로 흘려 무릎 위에 내린다.
　　　14각에 청・홍・흑・백은 內手를, 황은 右手를
　　　천천히 1・2・3・4・5・6・7・8・9박까지 들어
　　　10・11・12박에 어깨 뒤편으로 뿌려 넘겨 15각
　　　의 1・2・3・4・5・6・7・8・9・10・11・12박
　　　까지 귀(耳)쪽으로 흘려 무릎 위에 내린다.

홀　　기	진　행　도	음악	장단	배역	동　　　　작

홀 기	진 행 도	음악	장단	배역	동 작
	白 黑 黃 紅 靑 <도판 5> (북향)	봉황음 2	16각 17각	청흑 청흑 백황홍 백황홍	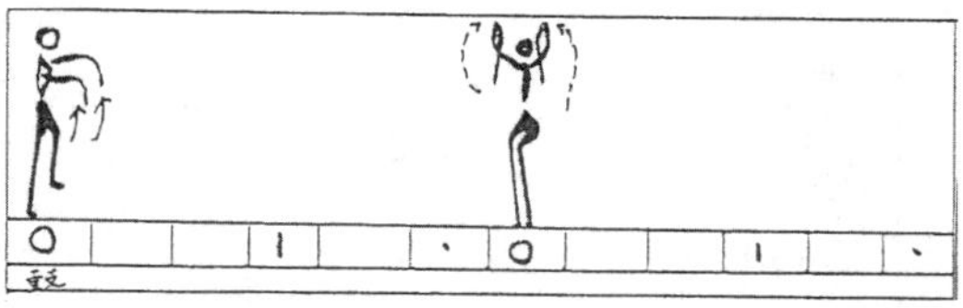 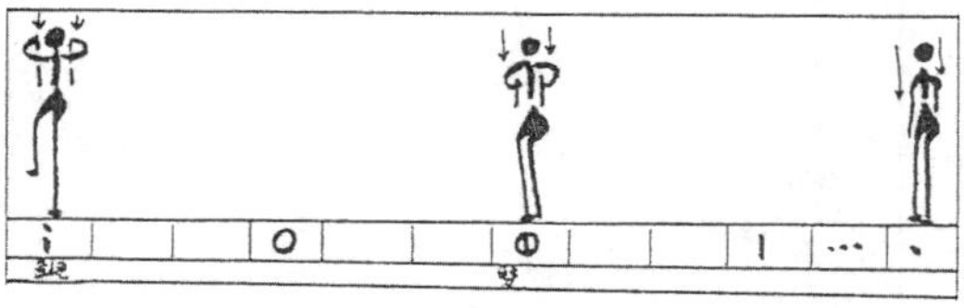 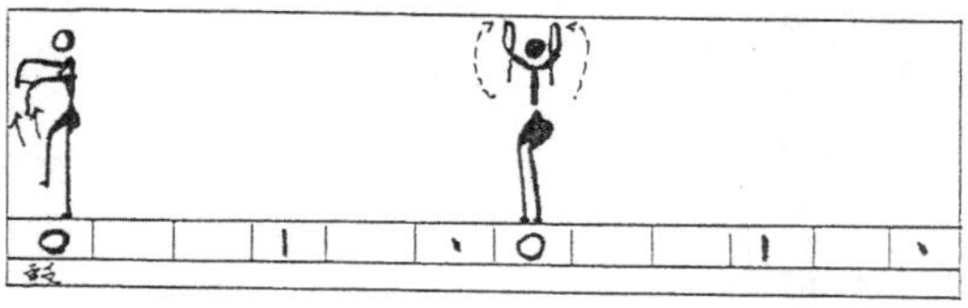 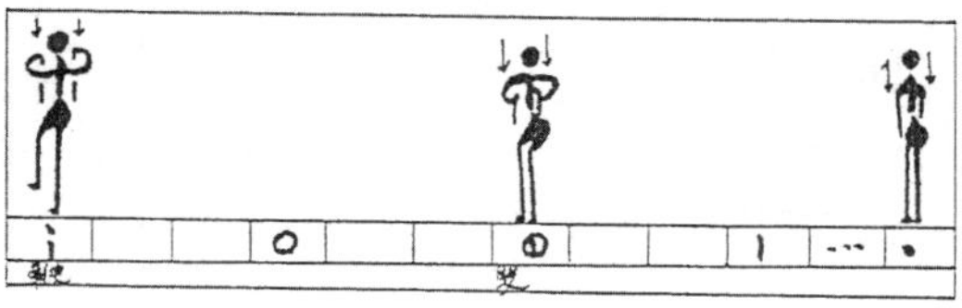 봉황음 16 · 17각 동작 (무릎디피춤: 북향) 보법: 16각의 1 · 2 · 3 · 4 · 5 · 6박에 청 · 홍 · 흑 · 백은 內足을 황은 右足을 들어 7박에 북향하여 딛고 8 · 9 · 10 · 11 · 12박까지 약간 무릎을 구부렸다 펴고 17각의 1 · 2 · 3 · 4 · 5 · 6박에 청 · 홍 · 흑 · 백은 外足을 황은 左足을 들어 7박에 청 · 홍 · 흑 · 백은 內足 옆에 황은 右足 옆에 딛고 무릎을 구부렸다 편다. 수법: 16각의 1 · 2 · 3 · 4 · 5 · 6박까지 양손을 앞으로 들어 머리 위에서 7박에 어깨 뒤편으로 뿌려 넘겨 8 · 9 · 10 · 11 · 12박까지 천천히 귀쪽으로 내리고 17박의 1 · 2 · 3 · 4 · 5 · 6 · 7 · 8 · 9 · 10 · 11 · 12박까지 左右 무릎에 흘려 내린다.

홀 기	진 행 도	음악	장단	배역	동 작
擊鞭如上儀舞訖 相面二度相背 二度九四度也	<도판 6> (1차 상대)	봉황음 2	18각	백황홍	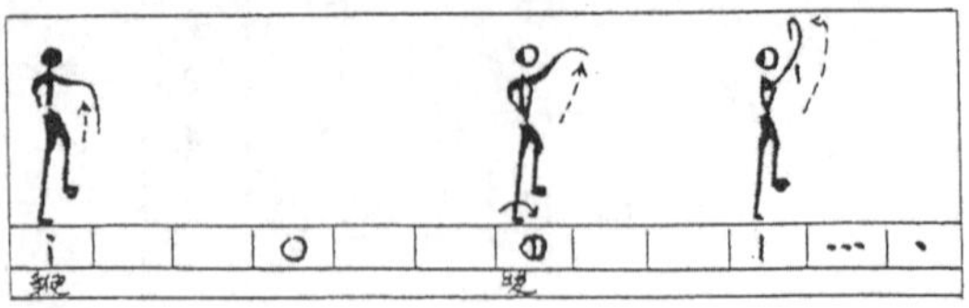
			19각	백황홍	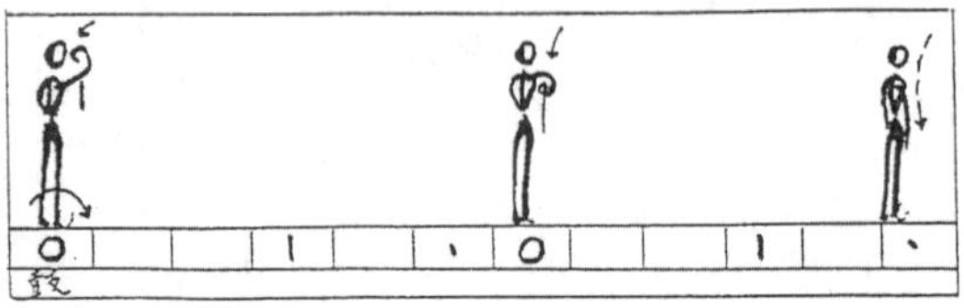
			20각	백황홍	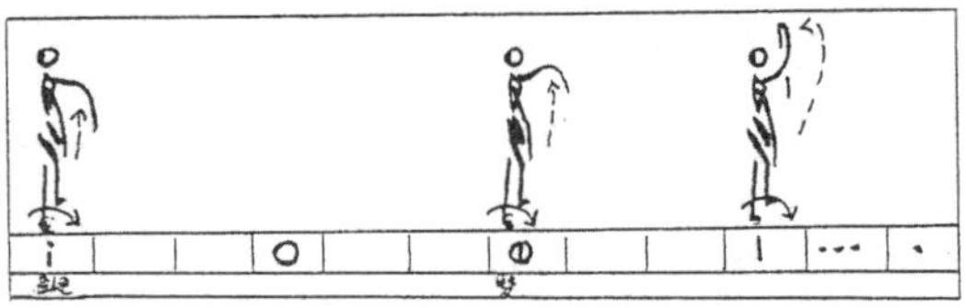
			21각	백황홍	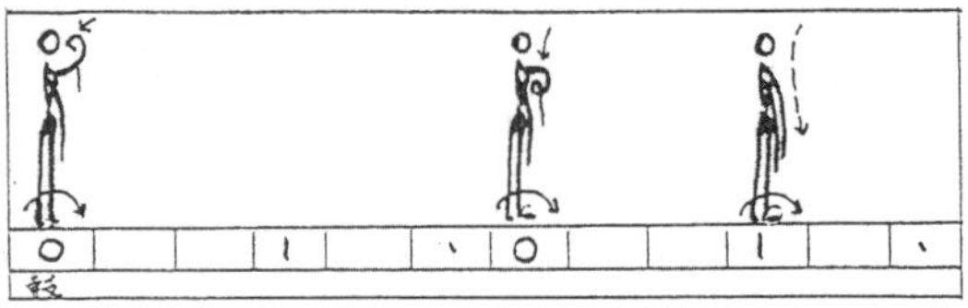
				청흑	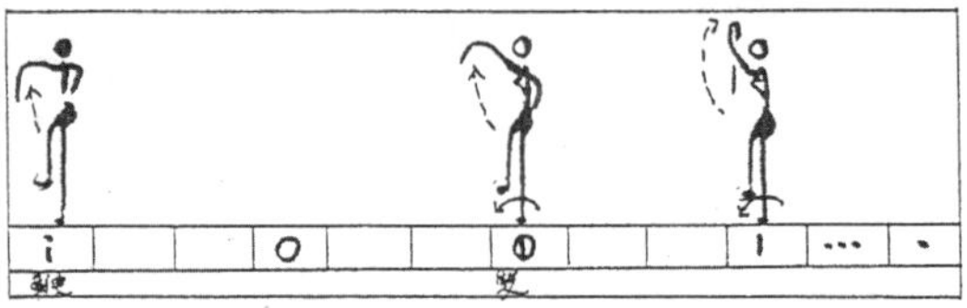
				청흑	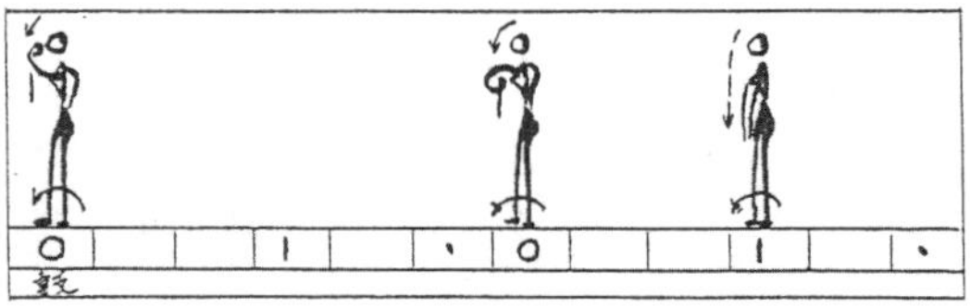
				청흑	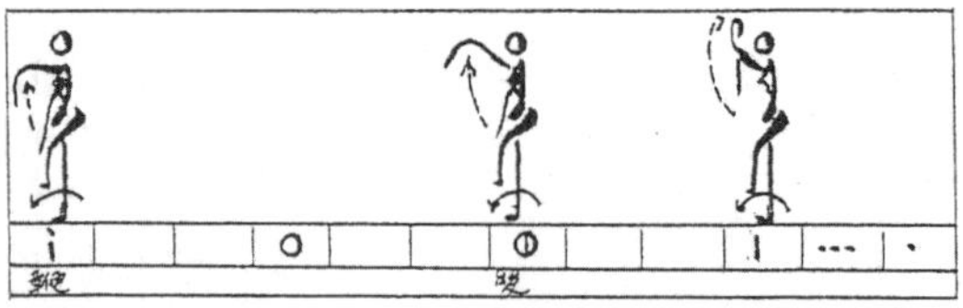
				청흑	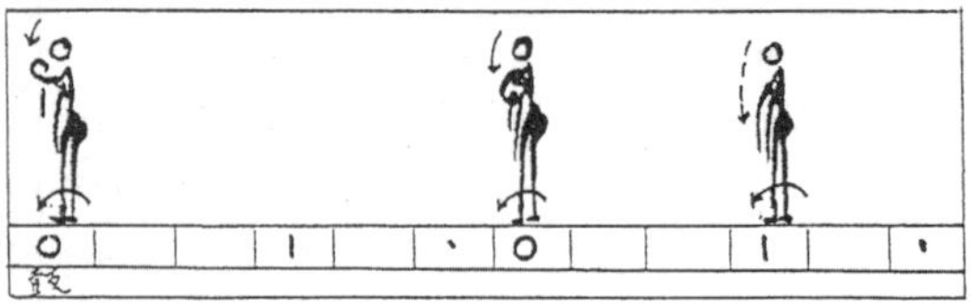

홀 기	진 행 도	음악	장단	배역	동　　　　작
					봉황음 18·19·20·21각 동작 (상대) 보법: 청·홍·흑·백은 18각에 內足을, 황은 右足을 들어 19각의 1박에 청·흑은 서쪽에, 홍·황·백은 동쪽에 딛고 돌아 상대(相對)하고 20각 때 청·홍·흑·백은 外足을, 황은 左足을 들어 21각의 1박에 청·홍·흑·백은 內足 옆에, 황은 右足 옆에 딛고 상대(相對)한다. 수법: 청·홍·흑·백은 18각에 內手를, 황은 右手를 천천히 1·2·3·4·5·6·7·8·9박까지 들어 10·11·12박에 어깨 뒤편으로 뿌려 넘겨 19각의 1·2·3·4·5·6·7·8·9·10·11·12박까지 귀(耳)쪽으로 흘려 무릎 위에 내린다. 20각에 청·홍·흑·백은 外手를, 황은 左手를 천천히 1·2·3·4·5·6·7·8·9박까지 들어 10·11·12박에 어깨 뒤편으로 뿌려 넘겨 21각의 1·2·3·4·5·6·7·8·9·10·11·12박까지 귀(耳)쪽으로 흘려 무릎 뒤에 내린다.
	白 黑 黃 紅 靑 <도판 7> (북향)	봉황음 2	22각 23각	백 황 홍 백 황 홍 청 흑 청 흑	

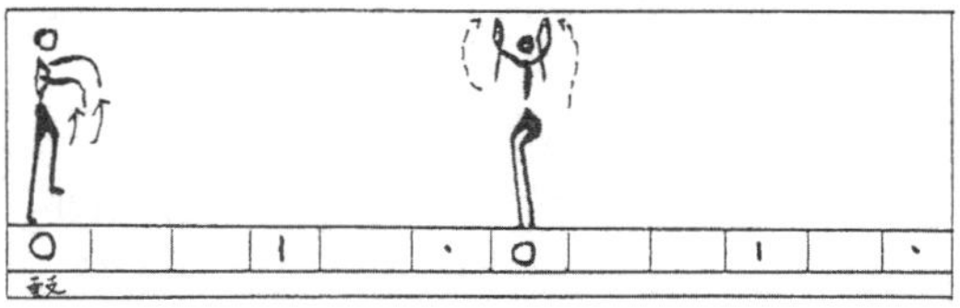

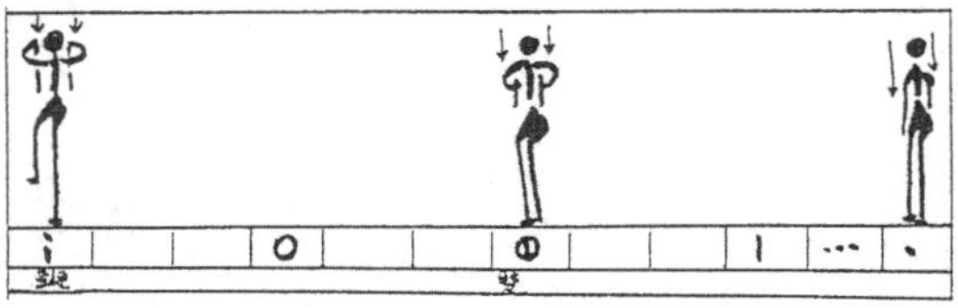

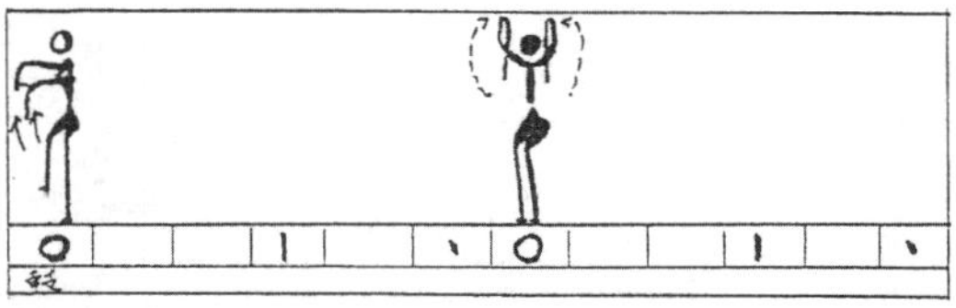

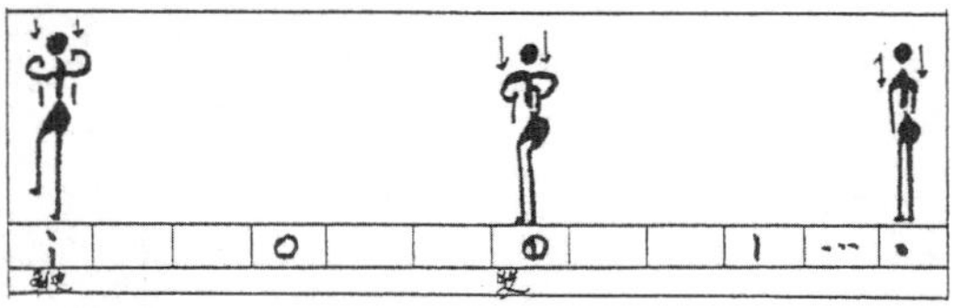

홀 기	진 행 도	음악	장단	배역	동 작
					<u>봉황음 22・23각 동작 (무릎디피춤)</u> 보법: 22각의 1・2・3・4・5・6박에 청・홍・흑・백은 內足을, 황은 右足을 들어 7박에 북향하여 딛고 8・9・10・11・12박까지 약간 무릎을 구부렸다가 펴고 23각의 1・2・3・4・5・6박에 청・홍・흑・백은 外足을, 황은 左足을 들어 7박에 청・홍・흑・백은 內足 옆에 황은 右足 옆에 딛고 무릎을 구부렸다 편다. 수법: 22각의 1・2・3・4・5・6박까지 양손을 앞으로 들어 머리 위에서 7박에 어깨 뒤편을 뿌려 넘겨 8・9・10・11・12박까지 천천히 귀쪽으로 내리고 23각의 1・2・3・4・5・6・7・8・9・10・11・12박까지 左右 무릎에 흘려 내린다.
	靑紅黃黑白 <도판 8> (상배)	봉황음 2	24각	청흑	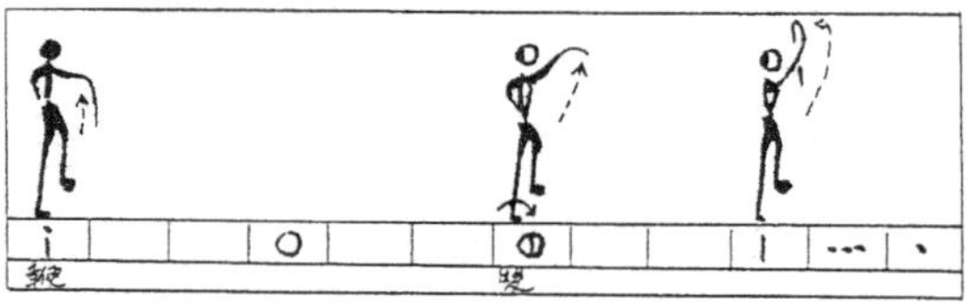
			25각	청흑	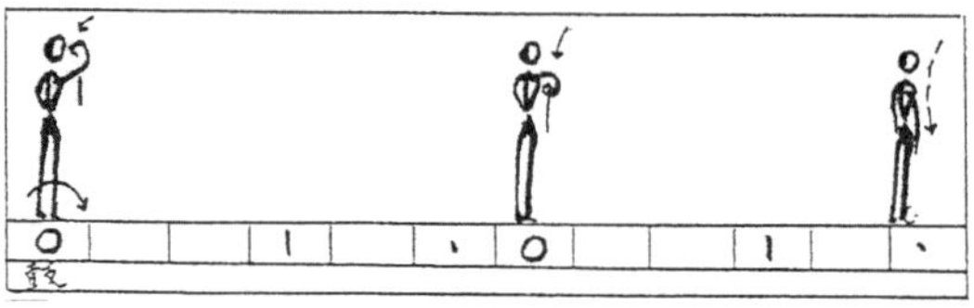
			26각	청흑	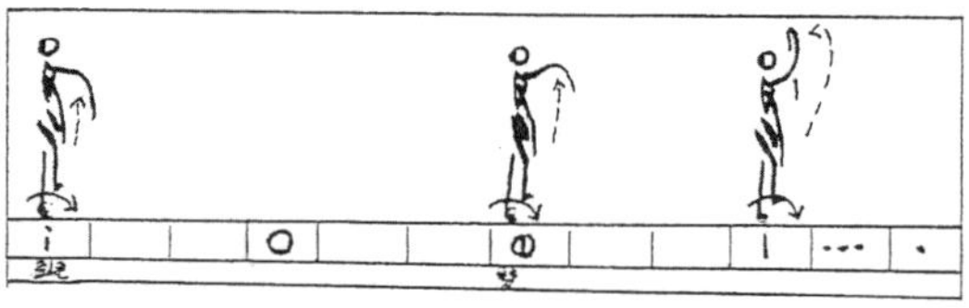
			27각	청흑	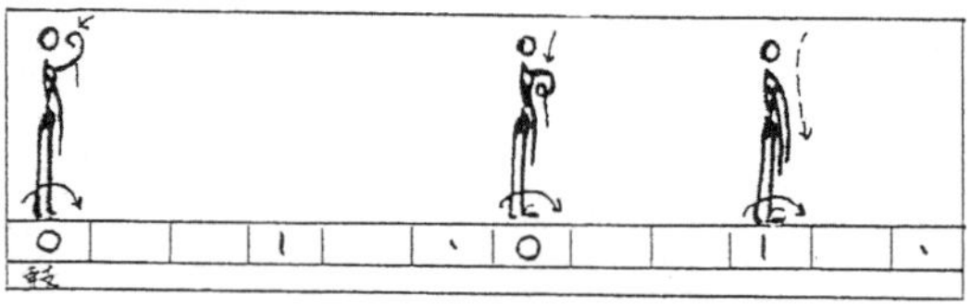
				백황홍	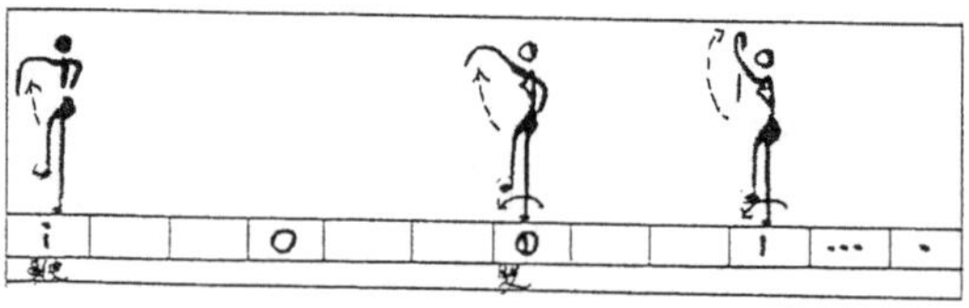
홀 기	진 행 도	음악	장단	배역	동 작

홀　　기	진　행　도	음악	장단	배역	동　　　　　작
		봉 황 음 2		백 황 홍	

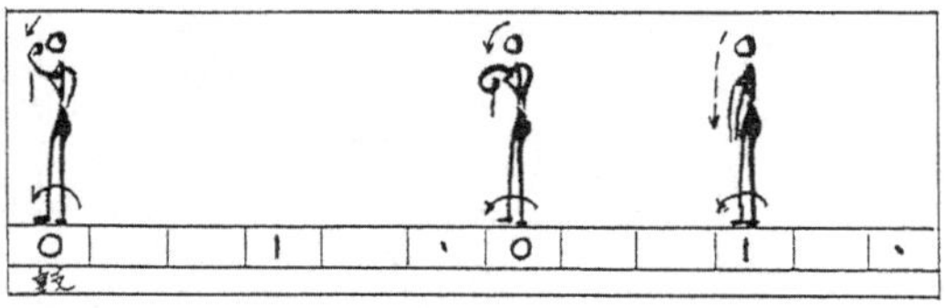

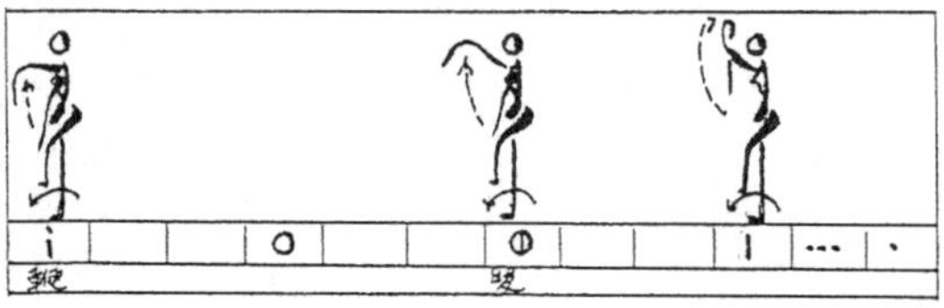

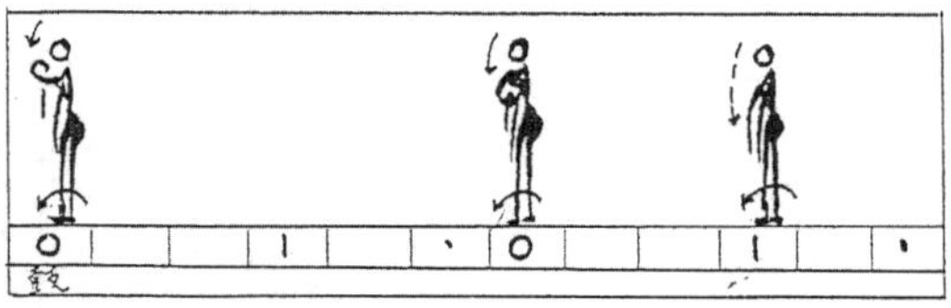

봉황음 24·25·26·27각 동작

보법: 청·홍·흑·백은 24각에 外足을, 황은 左足을
　　　들어 25각의 1박에 청·흑은 동쪽에, 백·황·홍
　　　은 서쪽에 딛고 돌아 상배(相背)하고 26각에 청
　　　·홍·흑·백은 內足을, 황은 우족을 들어 27각
　　　의 1박에 청·홍·흑·백은 外足 옆에, 황은 左足
　　　옆에 딛고 상배(相背)한다.

수법: 청·홍·흑·백은 24각에 外手를, 황은 左手를
　　　천천히 1·2·3·4·5·6·7·8·9박까지 들어
　　　10·11·12박에 어깨 뒤편으로 뿌려 넘겨 25각
　　　의 1·2·3·4·5·6·7·8·9·10·11·12박
　　　까지 귀(耳)쪽으로 흘려 무릎 위에 내린다.
　　　26각에 청·홍·흑·백은 內手를, 황은 右手를
　　　천천히 1·2·3·4·5·6·7·8·9박까지 들어
　　　10·11·12박에 어깨 뒤편으로 뿌려 넘겨 27각
　　　의 1·2·3·4·5·6·7·8·9·10·11·12박
　　　까지 귀(耳)쪽으로 흘려 무릎 위에 내린다.

홀　기	진　행　도	음악	장단	배역	동　　　작
	白 黑 黃 紅 靑 <도판 9> (북향)	봉황음 2	28각 29각	백 황 홍 백 황 홍	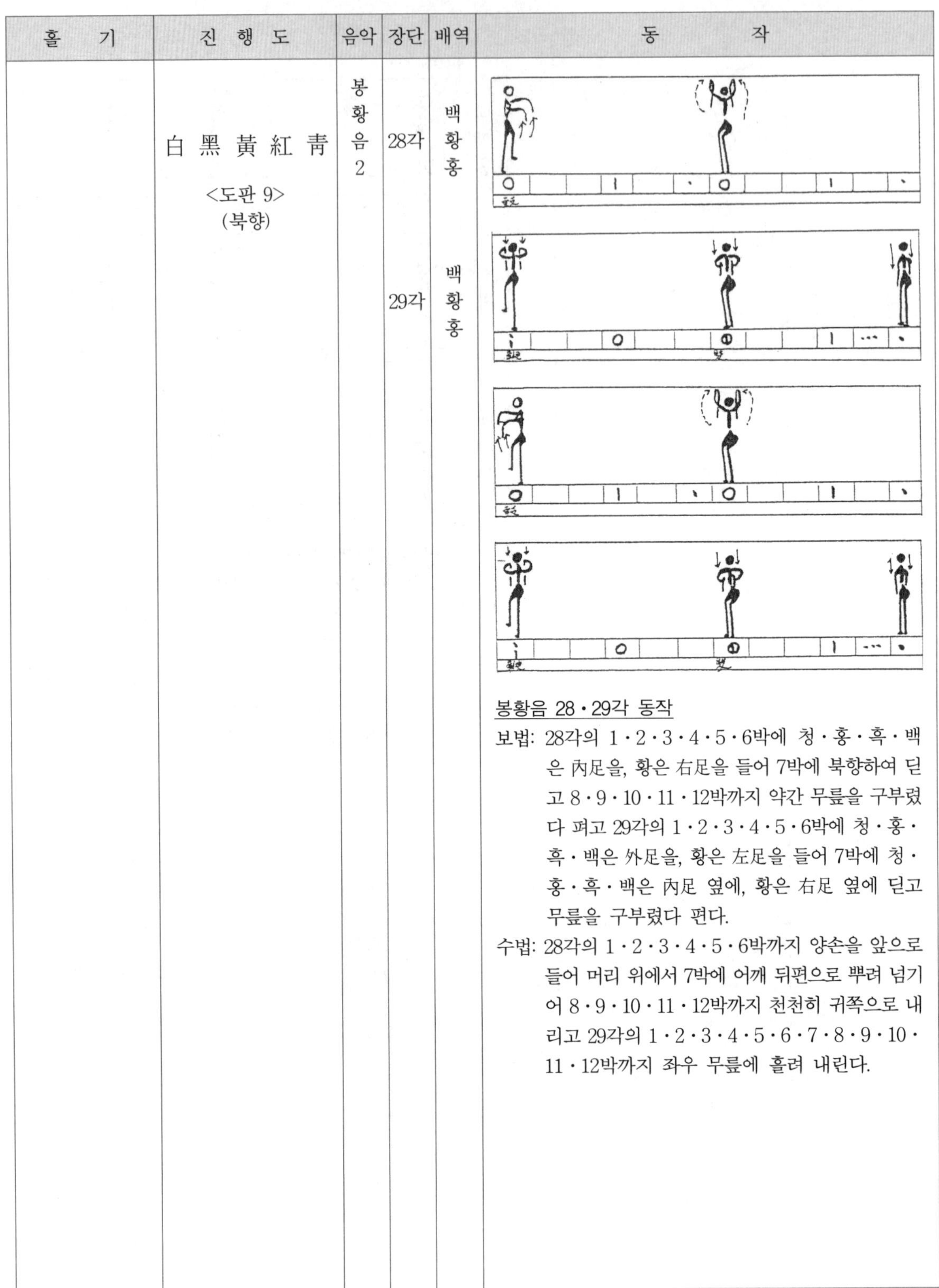

봉황음 28·29각 동작

보법: 28각의 1·2·3·4·5·6박에 청·홍·흑·백
은 內足을, 황은 右足을 들어 7박에 북향하여 딛
고 8·9·10·11·12박까지 약간 무릎을 구부렸
다 펴고 29각의 1·2·3·4·5·6박에 청·홍·
흑·백은 外足을, 황은 左足을 들어 7박에 청·
홍·흑·백은 內足 옆에, 황은 右足 옆에 딛고
무릎을 구부렸다 편다.

수법: 28각의 1·2·3·4·5·6박까지 양손을 앞으로
들어 머리 위에서 7박에 어깨 뒤편으로 뿌려 넘기
어 8·9·10·11·12박까지 천천히 귀쪽으로 내
리고 29각의 1·2·3·4·5·6·7·8·9·10·
11·12박까지 좌우 무릎에 흘려 내린다.

홀　기	진　행　도	음악	장단	배역	동　　작
	白鶴紅 ＜도판 10＞ (2차 상대)	봉 황 음 2	30각	백 황 홍	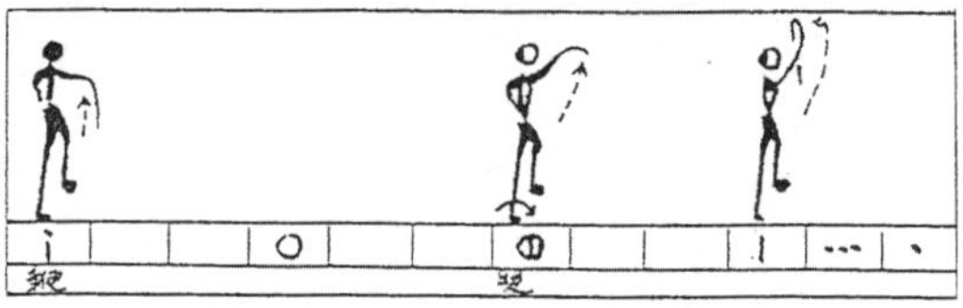
			31각	백 황 홍	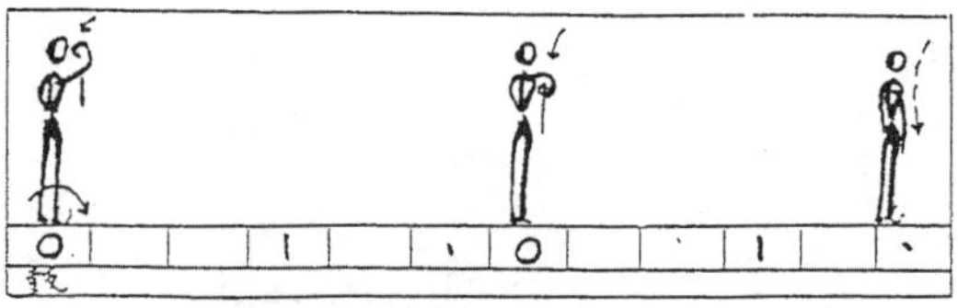
			32각	백 황 홍	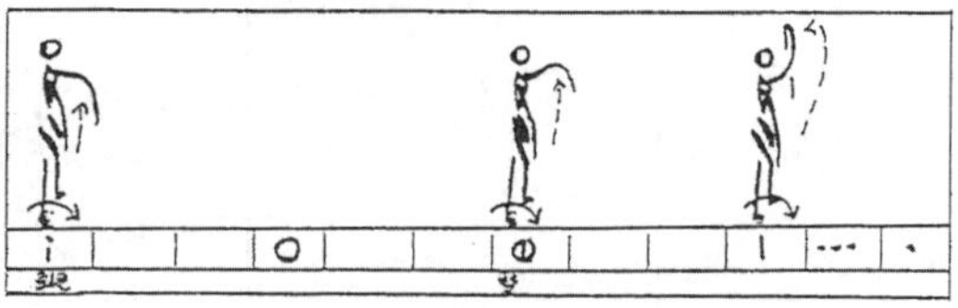
			33각	백 황 홍	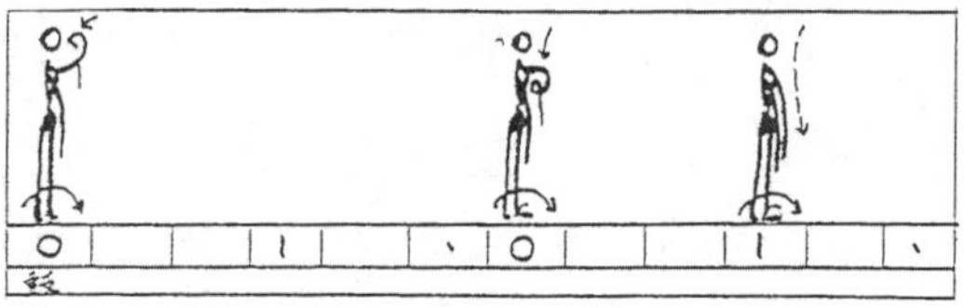
				청 흑	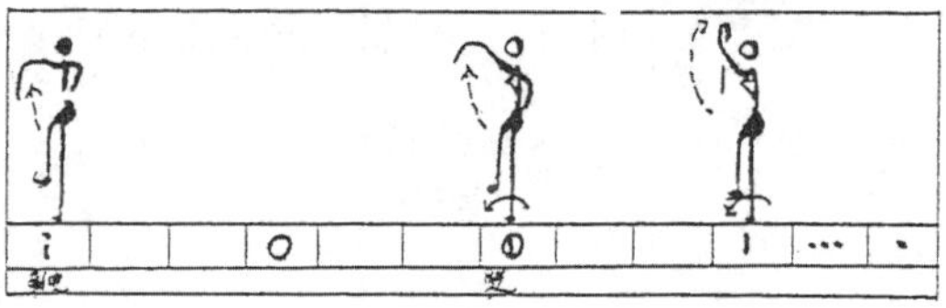
				청 흑	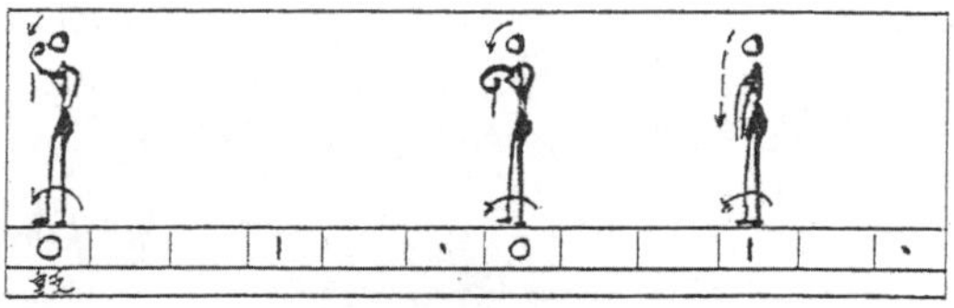
				청 흑	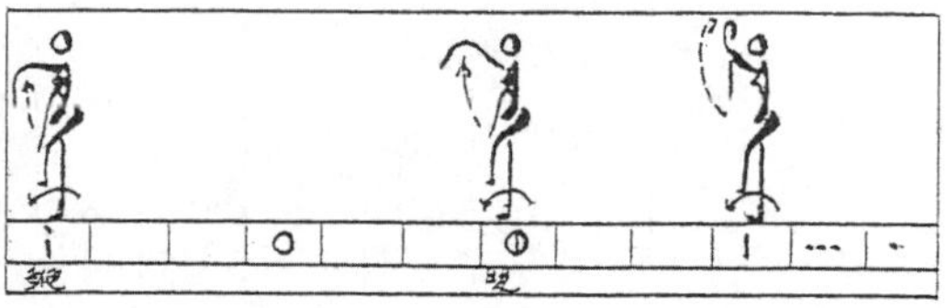
				청 흑	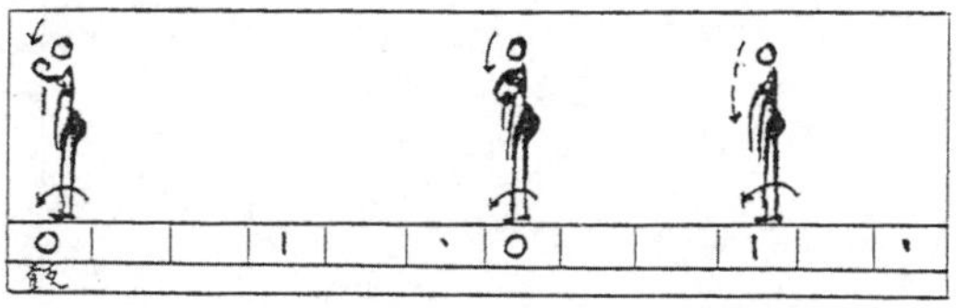

홀　　기	진　행　도	음악	장단	배역	동　　　　작
					봉황음 30, 31, 32, 33각 동작 (상대) 보법: 청·홍·흑·백은 30각에 內足을 황은 右足을 들어 31각의 1박에 청·흑은 서쪽에 홍·황·백은 동쪽에 딛고 돌아 상대(相對)하고 32각에 청·홍·흑·백은 外足을 황은 左足을 들어 33각의 1박에 청·홍·흑·백은 內足 옆에 황은 右足 옆에 딛고 상대(相對)한다. 수법: 청·홍·흑·백은 30각에 內手를 황은 右手를 천천히 1·2·3·4·5·6·7·8·9박까지 들어 10·11·12박에 어깨 뒤편으로 뿌려 넘겨 31각의 1·2·3·4·5·6·7·8·9·10·11·12박까지 귀(耳) 쪽으로 흘려 무릎 위에 내린다. 32각에 청·홍·흑·백은 外手를 황은 左手를 천천히 1·2·3·4·5·6·7·8·9박까지 들어 10·11·12박에 어깨 뒤편으로 뿌려 넘겨 33각의 1·2·3·4·5·6·7·8·9·10·11·12박까지 귀(耳)쪽으로 흘려 무릎 위에 내린다.
	白黑黃紅靑 <도판 11> (북향)	봉황음2	34각 35각	백황홍 청흑 청흑 청흑	

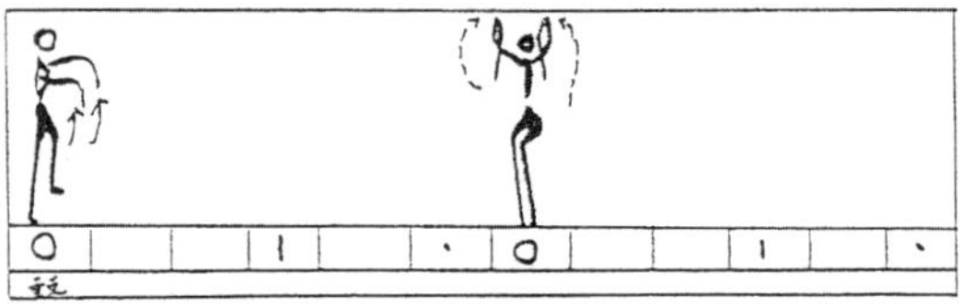

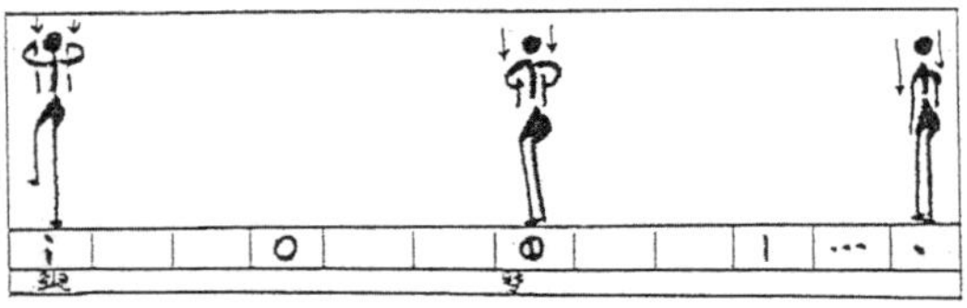

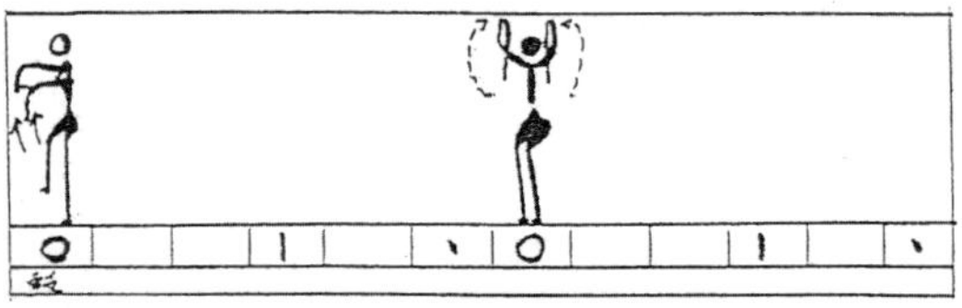

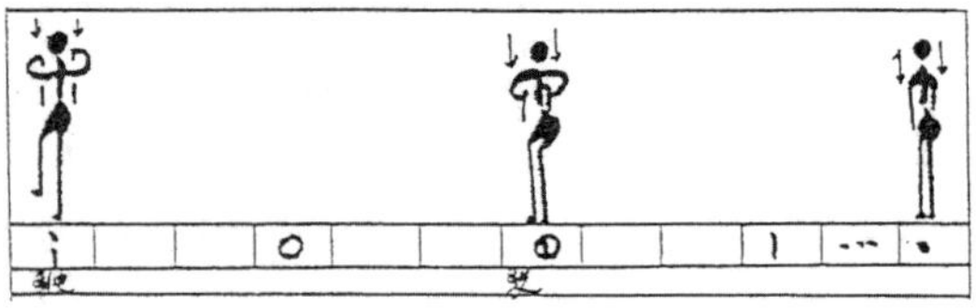

홀　　기	진　행　도	음악	장단	배역	동　　　　작
					봉황음 34, 35 동작 (무릎디피춤) 보법: 34각의 1·2·3·4·5·6박에 청·홍·흑·백은 內足을 황은 右足을 들어 7박에 북향하여 딛고 8·9·10·11·12박까지 약간 무릎을 구부렸다 펴고 35각의 1·2·3·4·5·6박에 청·홍·흑·백은 外足을 황은 左足을 들어 7박에 청·홍·흑·백은 內足 옆에 황은 右足 옆에 딛고 무릎을 구부렸다 편다. 수법: 34각의 1·2·3·4·5·6박까지 양손을 앞으로 들어 머리 위에서 7박에 어깨 뒤편으로 뿌려 넘겨 8·9·10·11·12박까지 천천히 귀쪽으로 내리고 35각의 1·2·3·4·5·6·7·8·9·10·11·12박까지 좌우 무릎에 흘려 내린다.
白黑黃紅青 <도판 12> (상배)		봉황음 2	36각	백 황 홍	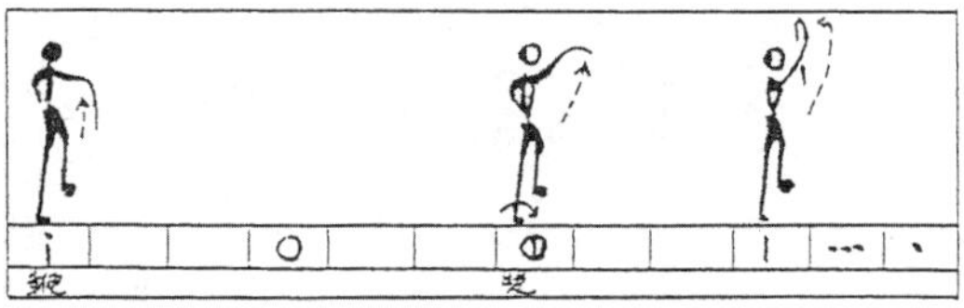
			37각	청 흑	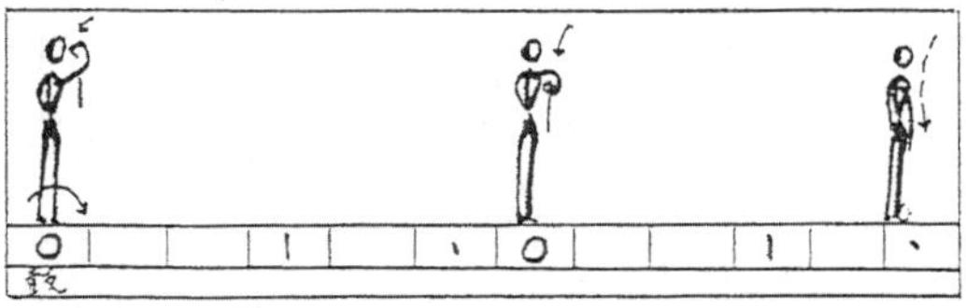
			38각	청 흑	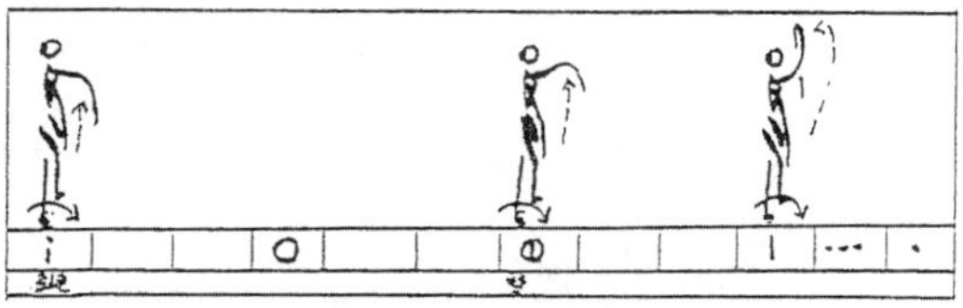
			39각	천 흑	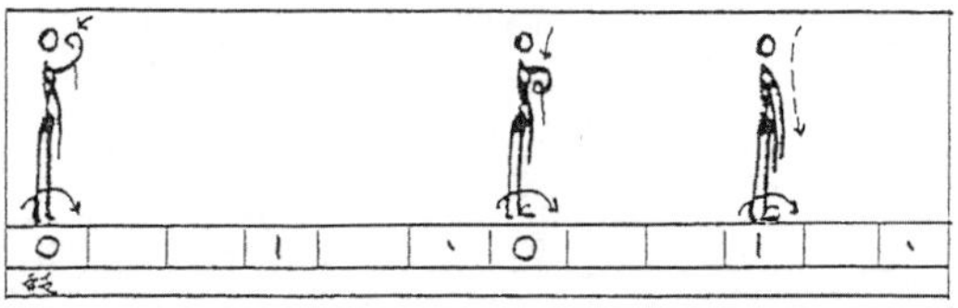
				백 황 홍	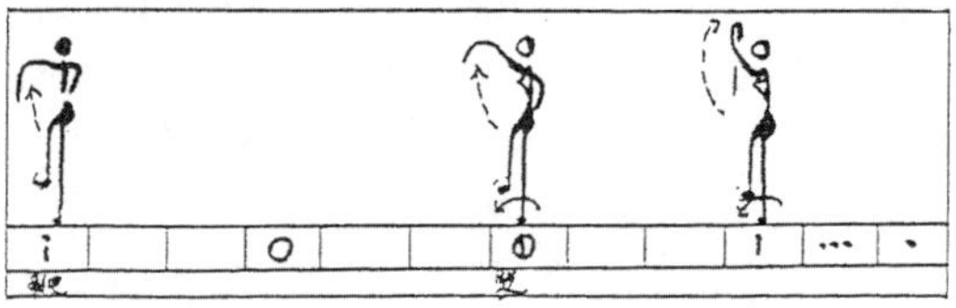

홀 기	진 행 도	음악	장단	배역	동　　　작
		봉황음2		백황홍 백황홍 백황홍	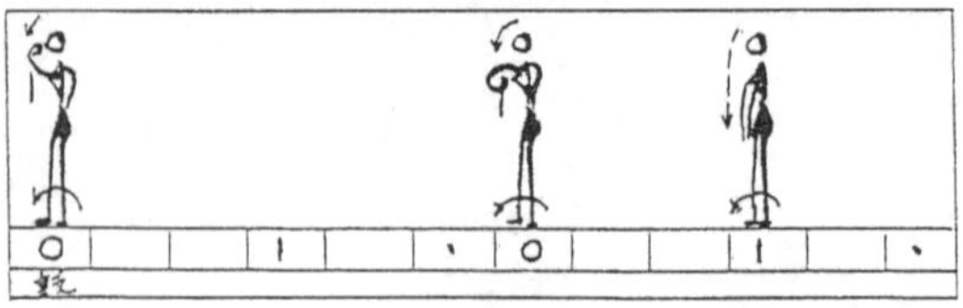 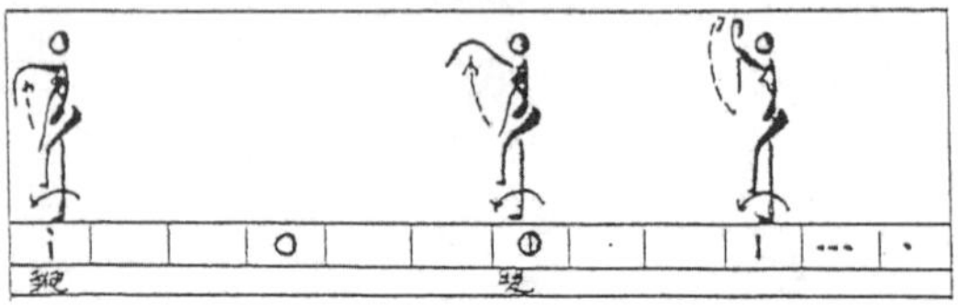 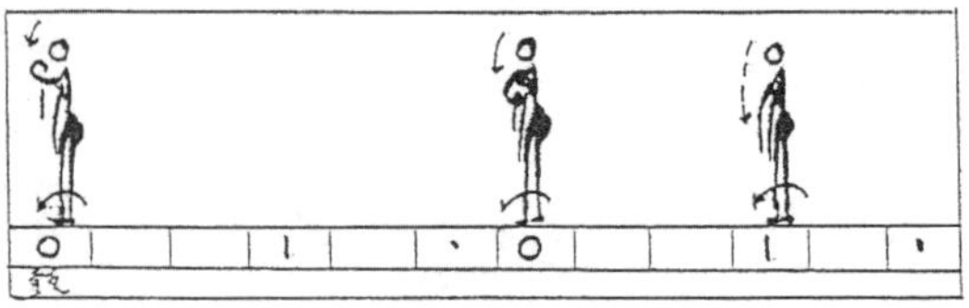 봉황음 36, 37, 38, 39각 동작 보법: 청·흑·백은 36각에 外足을 황은 左足을 들어 37각의 1박에 청·흑은 동쪽에 백·황·홍은 서쪽에 딛고 돌아 상배(相背)하고 38각에 청·홍·흑·백은 內足을 황은 右足을 들어 39각의 1박에 청·홍·흑·백은 外足 옆에 황은 左足 옆에 딛고 상배(相背)한다. 수법: 청·홍·흑·백은 36각에 外手를 황은 左手를 천천히 1·2·3·4·5·6·7·8·9박까지 들어 10·11·12박에 어깨 뒤편으로 뿌려 넘겨 37각의 1·2·3·4·5·6·7·8·9·10·11·12박까지 들어 10·11·12박에 어깨 뒤편으로 뿌려 넘겨 39각의1·2·3·4·5·6·7·8·9·10·11·12박까지 귀(耳)쪽으로 흘려 무릎 위에 내린다.

홀 기	진 행 도	음악	장단	배역	동 작
	白 黑 黃 紅 靑 <도판 13> (북향)	봉황음2	40각 41각	백 황 홍 백 황 홍 청 흑 청 흑	**봉황음 40, 41각 동작** 보법: 40각의 1·2·3·4·5·6박에 청·홍·흑·백은 內足을 황은 右足을 들어 7박에 북향하여 딛고 8·9·10·11·12박까지 약간 무릎을 구부렸다가 펴고 41각의 1·2·3·4·5·6박에 청·홍·흑·백은 外足을 황은 左足을 들어 7박에 청·홍·흑·백은 內足 옆에 황은 右足 옆에 딛고 무릎을 구부렸다가 편다. 수법: 40각의 1·2·3·4·5·6박까지 양손을 앞으로 들어 머리 위에서 7박에 어깨 뒤편으로 뿌려 넘겨 8·9·10·11·12박까지 천천히 귀쪽으로 내리고 41각의 1·2·3·4·5·6·7·8·9·10·11·12박까지 좌우 무릎에 흘려 내린다.

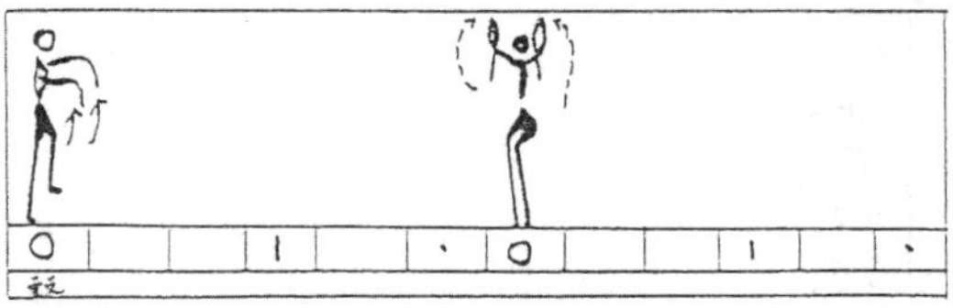

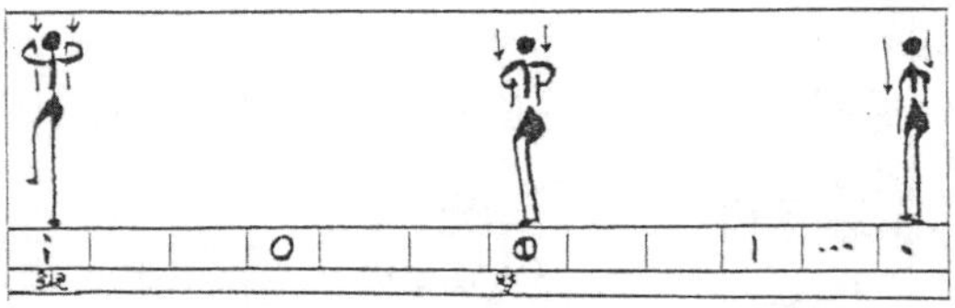

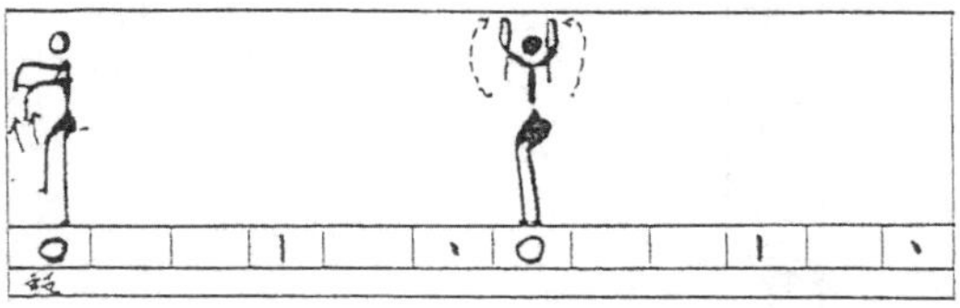

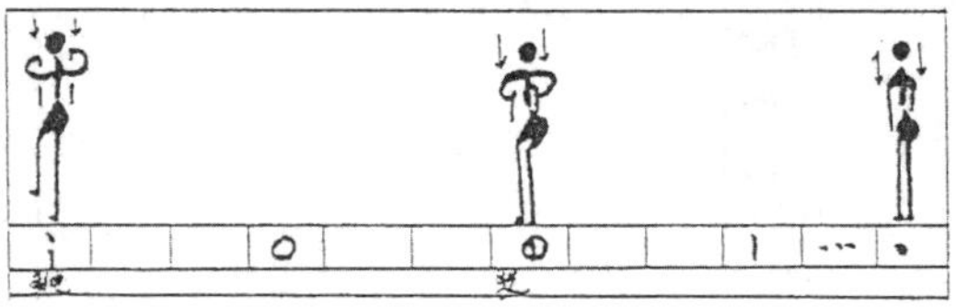

홀 기	진 행 도	음악	장단	배역	동　　　　작
舞手而右挾 左右 黃者無耦故稱後倣此 擊鞭青紅黑白者並舞手而內挾黃者					주 : 黃者無耦故稱後倣此 ◎ 황은 짝이 없음으로 左右로 칭한다. 뒤에도 이와 같다.
	白 黃 青 黑 〈도판 14〉 (내협內挾)		42각 43각	흑 백 황 흑 백 황 청 홍 청 홍	

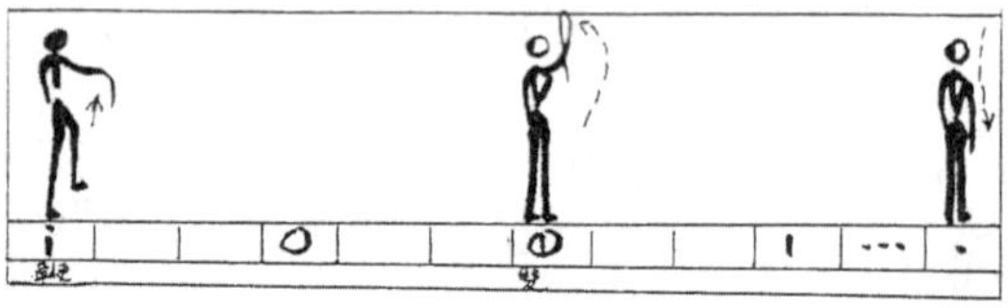

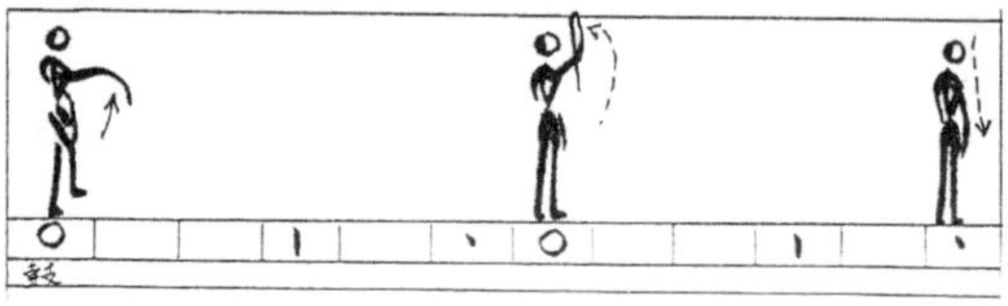

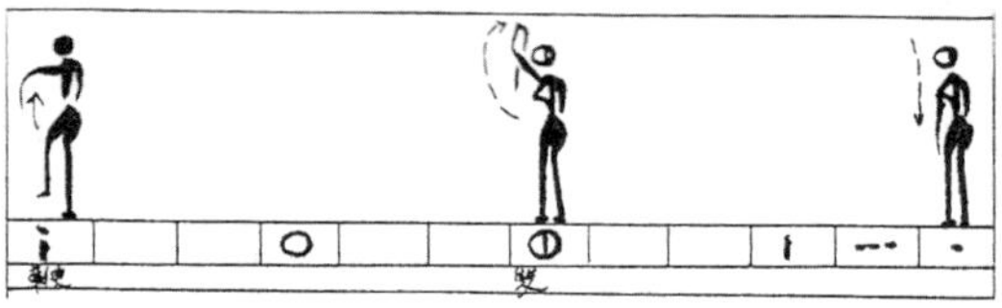

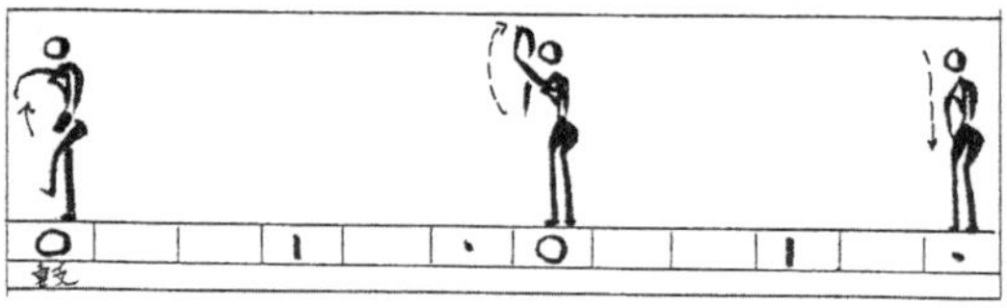

봉황음 42, 43각 동작 (홍정(紅程)도돔 춤)

보법: 42각의 1·2·3·4·5·6박까지 청·홍·흑·백
은 內足을 황은 右足을 들어 7박에 흑·백·황은
동쪽에 청·홍은 서쪽에 딛고 8·9·10·11·12
박까지 돌아 청·홍·흑·백은 내협(內挾: 상향
(相向))하고 황은 동향하여 홍·청과 마주 향한다.
43각의 1·2·3·4·5·6박까지 청·홍·흑·백
은 外足을 황은 左足을 들어 7박에 청·홍·흑·
백은 內足 옆에 황은 右足 옆에 딛고 8·9·10·
11·12박은 수법만 한다.

수법: 42각의 1·2·3·4·5·6박까지 청·홍·흑·백
은 內手를 황은 右手를 들어 7박에 어깨 뒤편으로
뿌려 넘겨 8·9·10·11·12박까지 귀(耳) 쪽으
로 흘려 무릎 위에 내린다.
43각의 1·2·3·4·5·6박까지 청·홍·흑·백
은 외수를 황은 좌수를 들어 7박에 어깨 뒤편으로
뿌려 넘겨 8·9·10·11·12박까지 귀(耳) 쪽으
로 흘려 무릎 위에 내린다.

홀 기	진 행 도	음악	장단	배역	동 작
	白 黑 黃 紅 青 <도판 15> (북향)	봉 황 음 2	44각 45각	흑 백 흑 백 청 홍 황	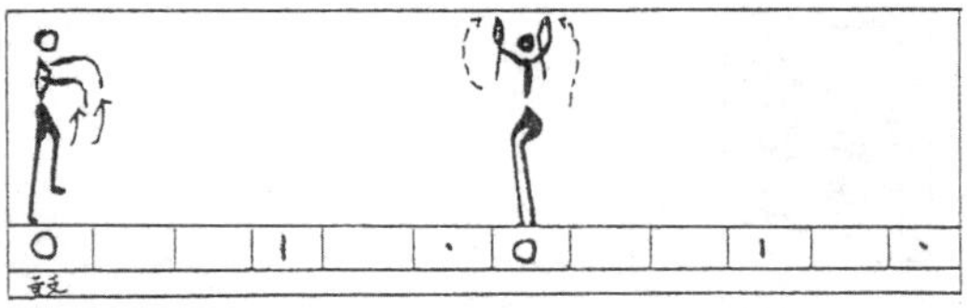 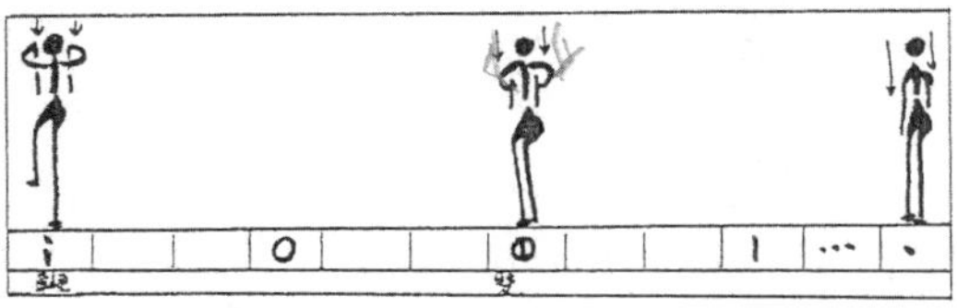 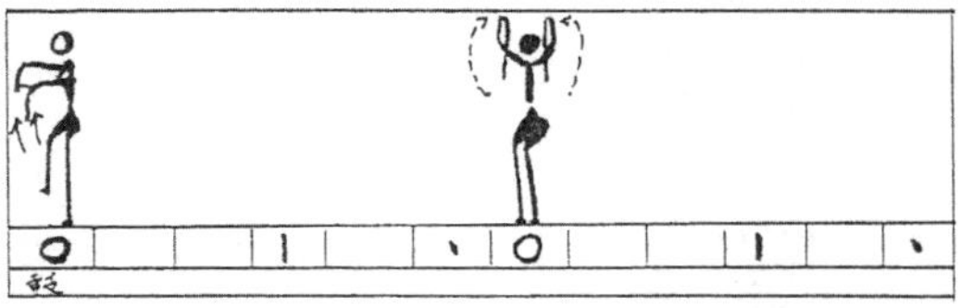 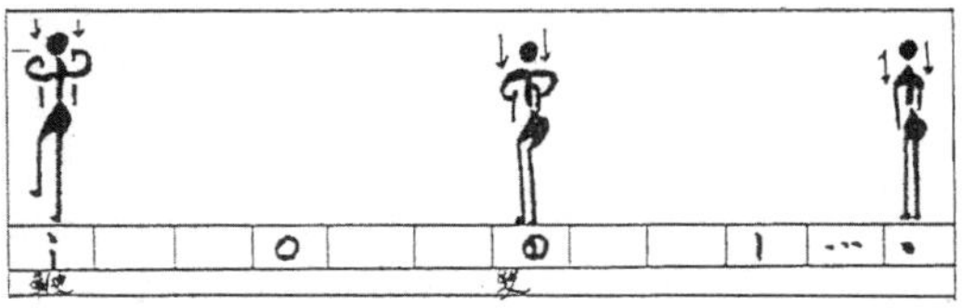 <u>봉황음 44, 45각 동작 (홍정(紅程)도돔 춤)</u> 보법: 44각의 1·2·3·4·5·6박에 청·홍·흑·백은 內足을 황은 右足을 들어 7박에 북향하여 딛고 8·9·10·11·12박까지 약간 무릎을 구부렸다 펴고 45각의 1·2·3·4·5·6박에 청·홍·흑·백은 外足을 황은 左足을 들어 7박에 청·홍·흑·백은 內足 옆에 황은 右足 옆에 딛고 무릎을 구부렸다 편다. 수법: 44각의 1·2·3·4·5·6박까지 양손을 앞으로 들어 머리 위에서 7박에 어깨 뒤편으로 뿌려 넘겨 8·9·10·11·12박까지 천천히 귀쪽으로 내리고 45각의 1·2·3·4·5·6·7·8·9·10·11·12박까지 左右 무릎에 흘려 내린다.

<table>
<tr><th>홀　　기</th><th>진　행　도</th><th>음악</th><th>장단</th><th>배역</th><th colspan="3">동　　　　작</th></tr>
<tr>
<td rowspan="2">
並舞手而換挾詫外挾黃者左挾
青紅黑白者並
（紅程도돔舞）
</td>
<td></td><td></td><td></td><td></td>
<td colspan="3">주2 : 靑紅黑白者竝外挾黃者左挾 （홍정도돔무）
청 홍 흑 백 자 병 외 협 황 자 좌 협

◎ 청홍흑백은 외협(外挾: 바깥쪽)하고 황은 좌협을 향한다.</td>
</tr>
<tr>
<td>靑紅黃白
<도판 16>
(외협(外挾))</td>
<td>봉
황
음
2</td>
<td>46각

47각</td>
<td>청
홍
황

청
홍
황

흑
백

흑
백</td>
<td colspan="3">

봉황음 46, 47각 동작 (홍정(紅程)도돔 춤)

보법: 46각의 1·2·3·4·5·6박까지 청·홍·흑·
　　　백은 內足을 황은 右足을 들어 7박에 흑·백은
　　　서쪽에 청·홍·황은 동쪽에 딛고 8·9·10·11
　　　·12박까지 돌아 청·홍·흑·백은 외협(外挾:
　　　상배相背)하고 황은 동향한다.
　　　47각의 1·2·3·4·5·6박까지 청·홍·흑·
　　　백은 外足을 황은 左足을 들어 7박에 청·홍·흑
　　　·백은 內足 옆에 황은 右足 옆에 딛고 8·9·10
　　　·11·12박은 수법만 한다.
수법: 46각의 1·2·3·4·5·6박까지 청·홍·흑·
　　　백은 內手를 황은 右手를 들어 7박에 어깨 뒤편
　　　으로 뿌려 넘겨 8·9·10·11·12박까지 귀(耳)
　　　쪽으로 흘려 무릎 위에 내린다.
　　　47각의 1·2·3·4·5·6박까지 청·홍·흑·
　　　백은 外手를 황은 左手를 들어 7박에 어깨 뒤편
　　　으로 뿌려 넘겨 8·9·10·11·12박까지 귀(耳)
　　　쪽으로 흘려 무릎 위에 내린다.
</td>
</tr>
</table>

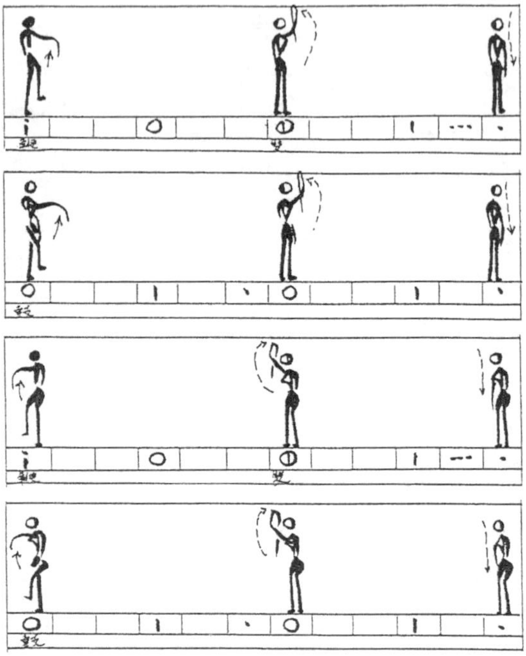

홀　기	진 행 도	음악	장단	배역	동　　　작
	白 黑 黃 紅 靑 <도판 17> (북향)	봉황음 2	48각 49각	흑백 흑백 청홍황	

봉황음 48, 49각 동작 (홍정(紅程)도돔 춤)

보법: 48각의 1·2·3·4·5·6박에 청·홍·흑·백
　　　은 內足을 황은 右足을 들어 7박에 북향하여 딛
　　　고 8·9·10·11·12박까지 약간 무릎을 구부렸
　　　다 펴고 49각의 1·2·3·4·5·6박에 청·홍·
　　　흑·백은 外足을 황은 左足을 들어 7박에 청·홍
　　　·흑·백은 內足 옆에 황은 右足 옆에 딛고 무릎
　　　을 구부렸다 편다.
수법: 48각의 1·2·3·4·5·6박까지 양손을 앞으로
　　　들어 머리 위에서 7박에 어깨 뒤편으로 뿌려 넘겨
　　　8·9·10·11·12박까지 천천히 귀쪽으로 내리
　　　고 49각이 1·2·3·4·5·6·7·8·9·10·11
　　　·12박까지 左右 무릎에 흘려 내린다.

홀 기	진 행 도	음악	장단	배역	동 작
齊行北向而立訖 擊鞭五者舞進(볼바딧入舞)○靑紅黑白者竝內足先進黃者右足先進扵殿庭正中					주3 : 발바딧 춤 靑紅黑白者竝內足先進黃者右足先進 청 홍 흑 백 자 병 내 족 선 진 황 자 우 족 선 진 ◎ 청홍흑백은 內足부터 먼저 나가고 황은 右足부터 먼저 나간다.
	白 黑 黃 紅 靑 ↑ ↑ ↑ ↑ ↑ <도판 18> (일진一進)	봉황음 2	50각 51각	백홍황 백홍황 청흑 청흑	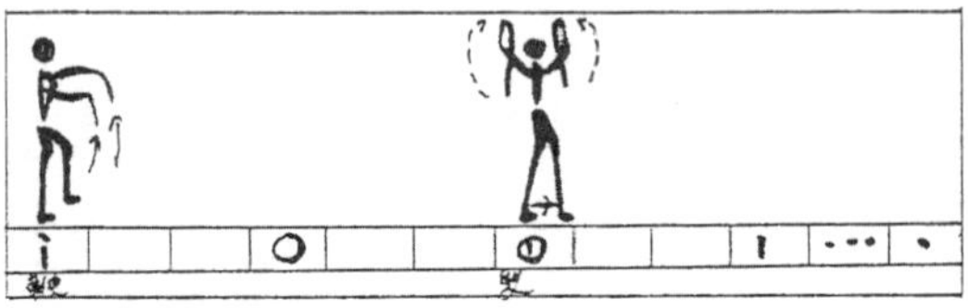 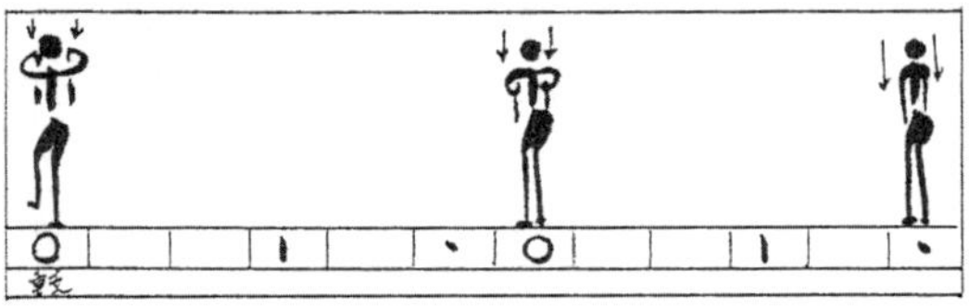 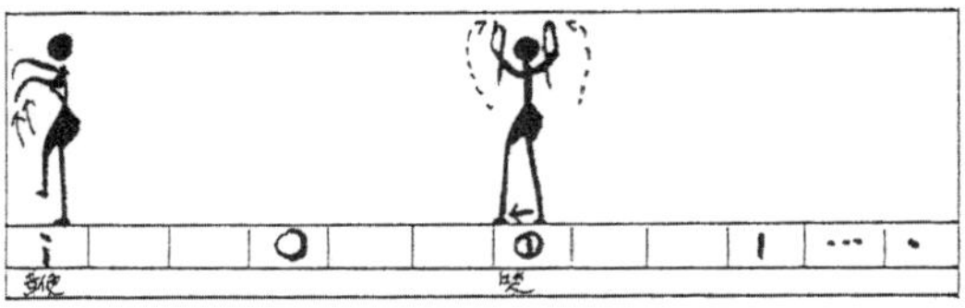 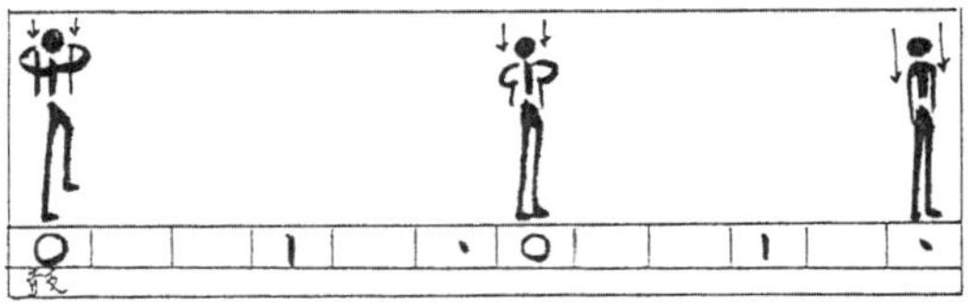

봉황음 50, 51각 동작 (발바딧 춤)

보법: 50각의 1·2·3·4·5·6박까지 청·홍·흑·
　　　백은 內足을 황은 右足을 7박에 앞에 딛고 8·9
　　　·10·11·12박까지 外足을 끌어 대고 51각의 1
　　　·2·3·4·5·6박까지 청·홍·흑·백은 外足
　　　을 황은 좌족을 들어 7박에 내족 옆에 딛고 8·9
　　　·10·11·12박까지 무릎을 구부렸다 편다.

수법: 50각의 1·2·3·4·5·6박까지 7박에 어깨 뒤
　　　편으로 뿌려 넘겨8·9·10·11·12박까지 左右
　　　무릎 위에 흘려 내린다.

홀　　기	진　행　도	음악	장단	배역	동　　　작
	白　黑　黃　紅　靑 ↑　↑　↑　↑　↑ ↑　↑　↑　↑　↑ 〈도판 18-1〉 (二進)	봉황음 2	52각 53각	백홍황 백홍황 청흑 청흑	

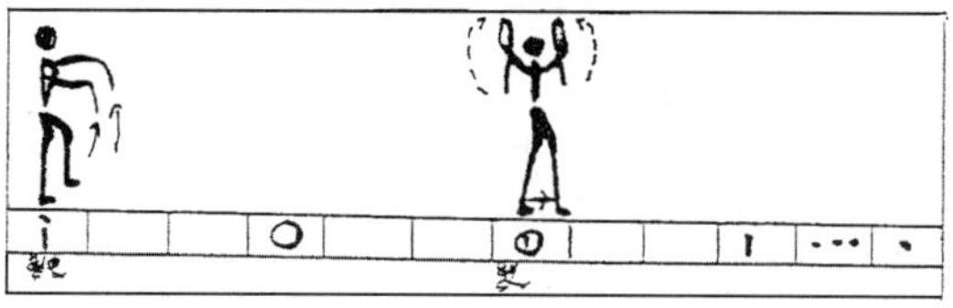

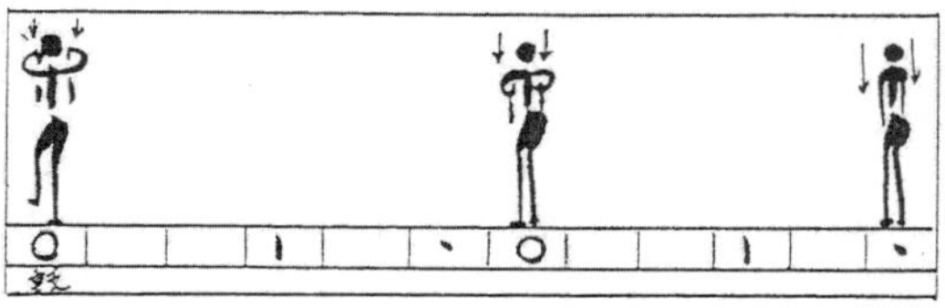

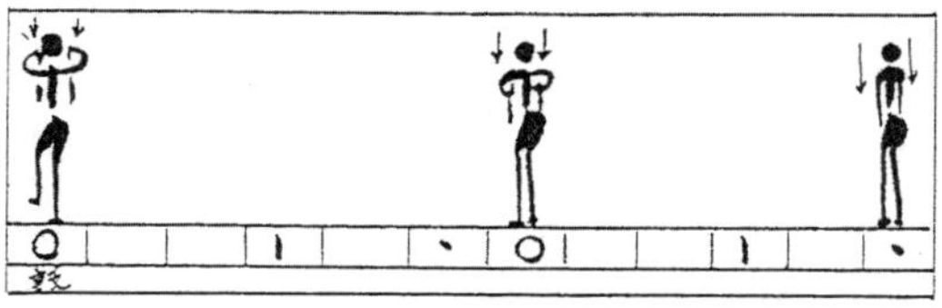

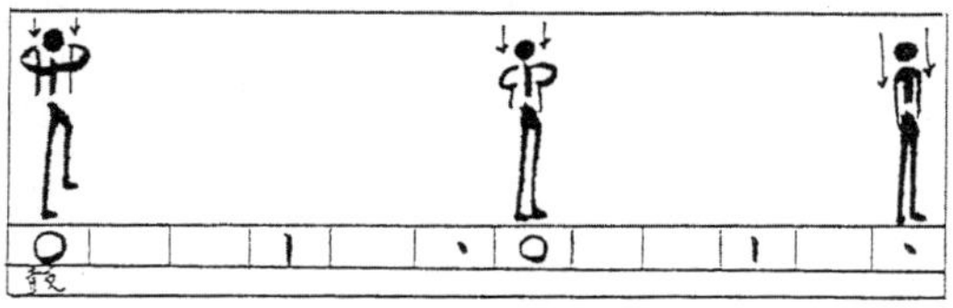

봉황음 52, 53각 동작 (발바딧 춤)

보법: 52각의 1·2·3·4·5·6박까지 청·홍·흑·백은 內足을 황은 右足을 들어 7박에 앞에 내어 딛고 8·9·10·11·12박까지 外足을 끌어 대고 53각의 1·2·3·4·5·6박까지 청·홍·흑·백은 外足을 황은 左足을 들어 7박에 內足 옆에 딛고 8·9·10·11·12박까지 무릎을 구부렸다 편다.

수법: 52각의 1·2·3·4·5·6박까지 청·홍·황·흑·백은 양 손을 들어 머리 위에서 7박에 어깨 뒤편으로 뿌려 넘겨 8·9·10·11·12박까지 천천히 귀 쪽으로 내려 53각의 1·2·3·4·5·6·7·8·9·10·11·12박까지 左右 무릎 위에 흘려 내린다.

홀　　기	진　행　도	음악	장단	배역	동　　　　작
	白　黑　黃　紅　青 ↑　↑　↑　↑　↑ ↑　↑　↑　↑　↑ ↑　↑　↑　↑　↑ <도판 18-2> (삼진三進)	봉 황 음 2	54각 55각	백 홍 황 백 홍 황 청 흑 청 흑	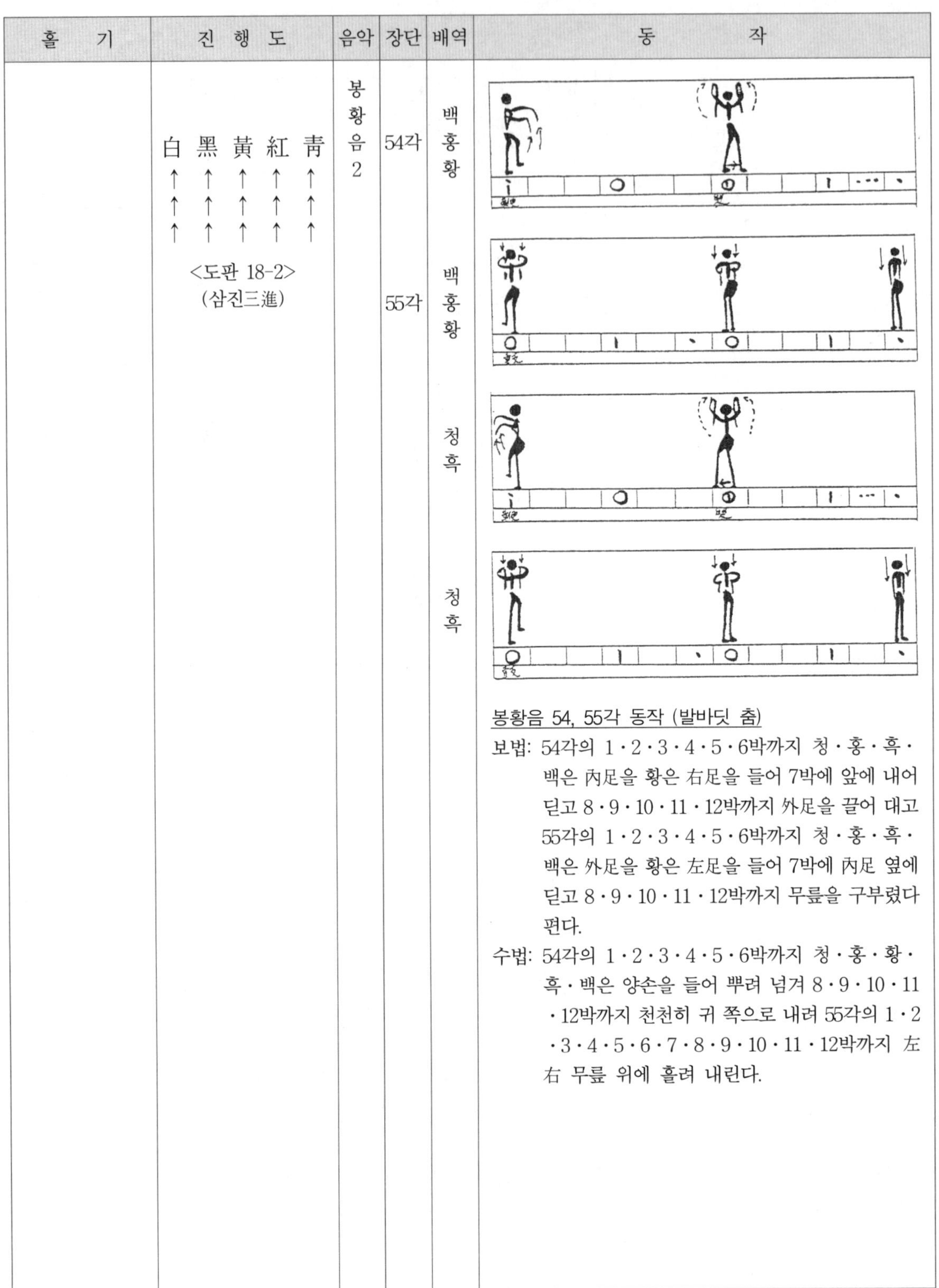

봉황음 54, 55각 동작 (발바딧 춤)

보법: 54각의 1·2·3·4·5·6박까지 청·홍·흑·
　　　백은 內足을 황은 右足을 들어 7박에 앞에 내어
　　　딛고 8·9·10·11·12박까지 外足을 끌어 대고
　　　55각의 1·2·3·4·5·6박까지 청·홍·흑·
　　　백은 外足을 황은 左足을 들어 7박에 內足 옆에
　　　딛고 8·9·10·11·12박까지 무릎을 구부렸다
　　　편다.

수법: 54각의 1·2·3·4·5·6박까지 청·홍·황·
　　　흑·백은 양손을 들어 뿌려 넘겨 8·9·10·11
　　　·12박까지 천천히 귀 쪽으로 내려 55각의 1·2
　　　·3·4·5·6·7·8·9·10·11·12박까지 左
　　　右 무릎 위에 흘려 내린다.

홀 기	진 행 도	음악	장단	배역	동　　　작
黑白者並西向而舞 並右手先舉左 右手皆兩度 記 擊鞭黃者東向而舞 人舞○左手先舉 左右手皆兩度 青紅					주1 : 人舞○黃者左手先擧左右手皆兩度 _{인 무　황 자 좌 수 선 거 좌 우 수 개 양 도} ◎ 황은 먼저 左手를 들어 내리고 다음은 右手를 들어 내린다. 모두 두 번이다. 주2 : 靑紅黑白者竝右手先擧左右手皆兩度 _{청 홍 흑 백 자 병 우 수 선 거 좌 우 수 개 양 도} ◎ 청홍흑백은 모두 먼저 右手를 들었다 내리고 다음은 左手를 들었다 내린다. 모두 두 번이다.
	봉 황 음 <도판 19> (人舞)	봉 황 음 2	56각 57각	황 황 청 홍 흑 백 청 홍 흑 백	 **봉황음 56, 57각 (인무人舞)** 보법: 56각의 1·2·3·4·5·6박까지 황은 右足을 청·홍·흑·백은 內足을 들어 7박에 황은 동쪽에 청·홍·흑·백은 서쪽에 딛고 8·9·10·11·12박까지 돌아 황은 東向하고 청·홍·흑·백은 西向한다. 57각의 1·2·3·4·5·6박까지 황은 左足을 청·홍·흑·백은 外足을 들어 7박에 황은 右足 옆에 청·홍·흑·백은 內足 옆에 딛고 8·9·10·11·12박은 수법만 한다. 수법: 57각의 1·2·3·4·5·6박까지 황은 左手를 청·홍·흑·백은 右手를 들어 7박에 어깨 뒤편으로 뿌려 넘겨 8·9·10·11·12박까지 귀 쪽으로 흘려 무릎에 내린다. 57각의 1·2·3·4·5·6박까지 황은 右手를 청·홍·흑·백은 左手를 들어 7박에 어깨 뒤편으로 뿌려 넘겨 8·9·10·11·12박까지 귀 쪽으로 흘려 무릎 위에 내린다.

홀　　기	진　행　도	음악	장단	배역	동　　　　작
	白 黑 黃 紅 靑 <도판 19-1> (북향)	봉 황 음 2	58각 59각	백 황 홍 백 황 홍 청 흑 청 흑	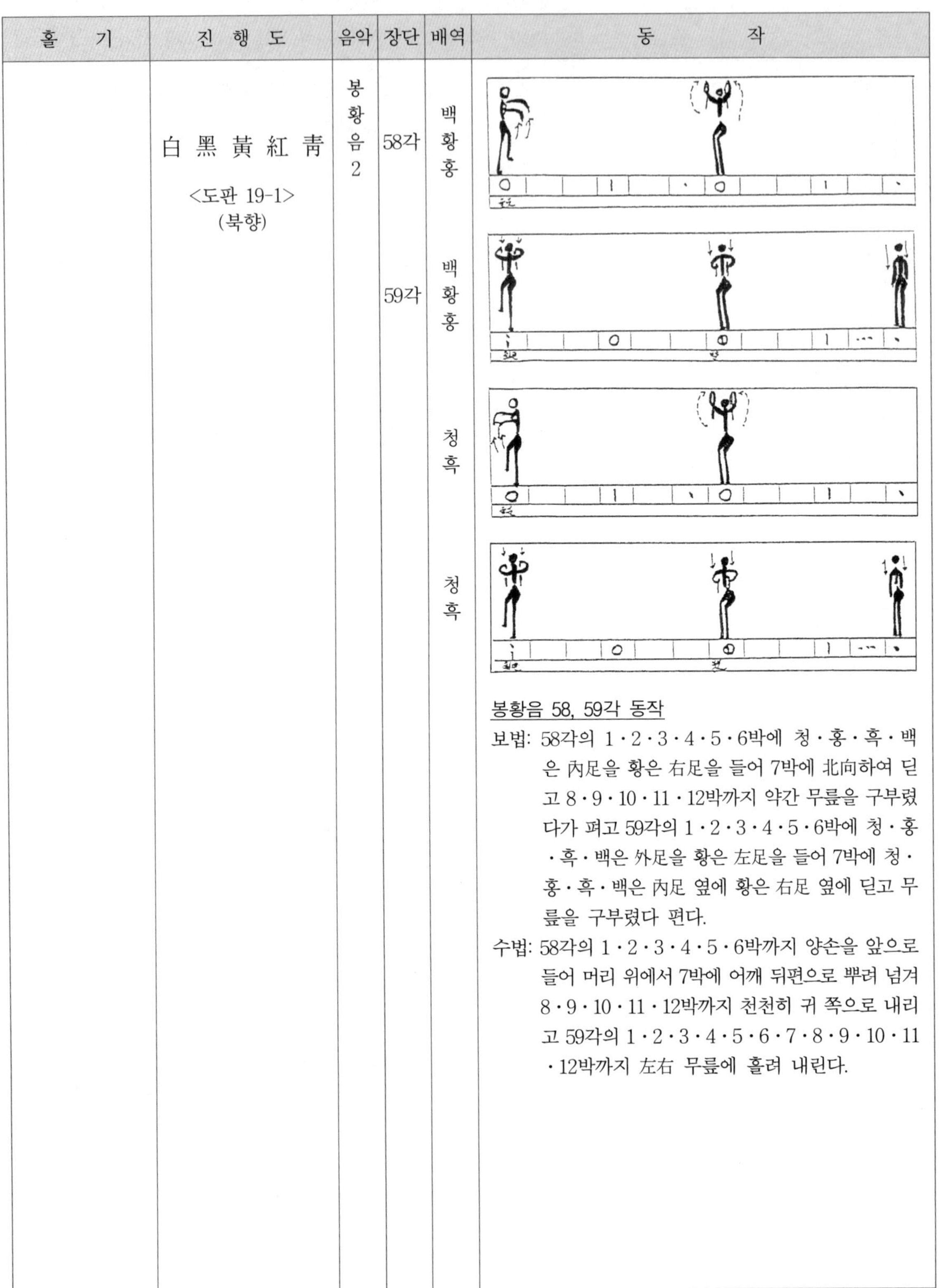

봉황음 58, 59각 동작

보법: 58각의 1·2·3·4·5·6박에 청·홍·흑·백
　　　은 內足을 황은 右足을 들어 7박에 北向하여 딛
　　　고 8·9·10·11·12박까지 약간 무릎을 구부렸
　　　다가 펴고 59각의 1·2·3·4·5·6박에 청·홍
　　　·흑·백은 外足을 황은 左足을 들어 7박에 청·
　　　홍·흑·백은 內足 옆에 황은 右足 옆에 딛고 무
　　　릎을 구부렸다 편다.

수법: 58각의 1·2·3·4·5·6박까지 양손을 앞으로
　　　들어 머리 위에서 7박에 어깨 뒤편으로 뿌려 넘겨
　　　8·9·10·11·12박까지 천천히 귀 쪽으로 내리
　　　고 59각의 1·2·3·4·5·6·7·8·9·10·11
　　　·12박까지 左右 무릎에 흘려 내린다.

홀 기	진 행 도	음악	장단	배역	동 작
○右手先擧左 青紅黑白者並東 向而舞 右手皆兩度 擊鞭黃者西向而舞人舞 左手先擧左 右手皆兩度 訖	青紅黃黑白 <도판 19-2> (人舞)	봉황음2	60각 61각	청홍흑백 청홍흑백 황 황	주1 : 人舞○黃者西向右手先擧左右手皆兩度 인무　황자서향우수선거좌우수개양도 ◎ 황이 西向할 때 먼저 右手를 들었다 내리고 다음에 左手를 들었다 내린다.　모두 두 번이다. 주2 : 青紅黑白者同向左手先擧左右手皆兩度 청홍흑백자동향좌수선거좌우수개양도 ◎ 청홍흑백이 東向할 때 먼저 左手를 들어 내리고 다음에 右手를 들어 내린다. 모두 두 번이다.

봉황음 60, 61각 동작 (人舞)

보법: 60각의 1·2·3·4·5·6박까지 황은 右足을 청·홍·흑·백은 內足을 들어 7박에 황은 서쪽에 청·홍·흑·백은 동쪽에 딛고 8·9·10·11·12박까지 돌아 황은 西向하고 청·홍·흑·백은 東向한다.
　61각의 1·2·3·4·5·6박까지 황은 左足을 청·홍·흑·백은 外足을 들어 7박에 황은 右足 옆에 청·홍·흑·백은 內足 옆에 딛고 8·9·10·11·12박은 수법만 한다.

수법: 60각의 1·2·3·4·5·6박까지 황은 右手를 청·홍·흑·백은 左手를 들어 7박에 어깨 뒤편으로 뿌려 넘겨 8·9·10·11·12박까지 귀 쪽으로 흘려 무릎에 내린다.
　61각의 1·2·3·4·5·6박까지 황은 左手를 청·홍·흑·백은 右手를 들어 7박에 어깨 뒤편으로 뿌려 넘겨 8·9·10·11·12박까지 귀 쪽으로 흘려 무릎 위에 내린다.

홀 기	진 행 도	음악	장단	배역	동 작
	白 黑 黃 紅 靑 <도판 19-3> (북향)	봉 황 음 2	62각 63각	청홍흑백 청홍흑백 황 황	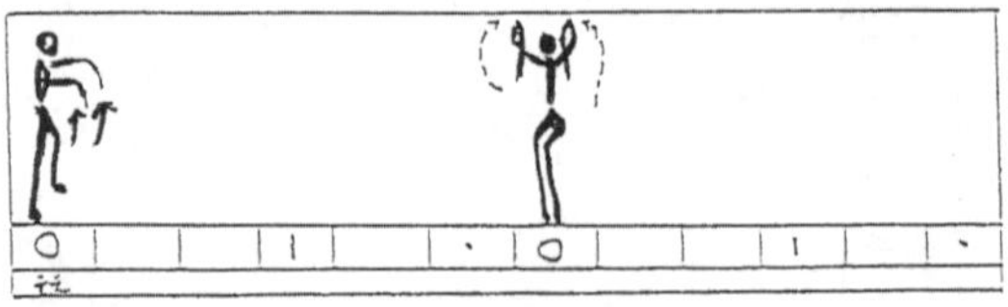 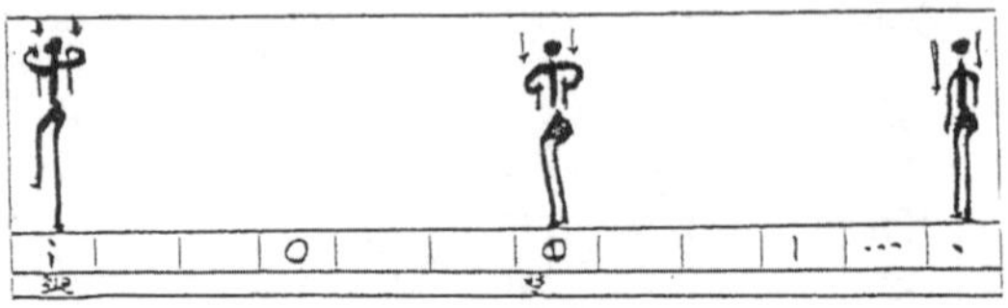 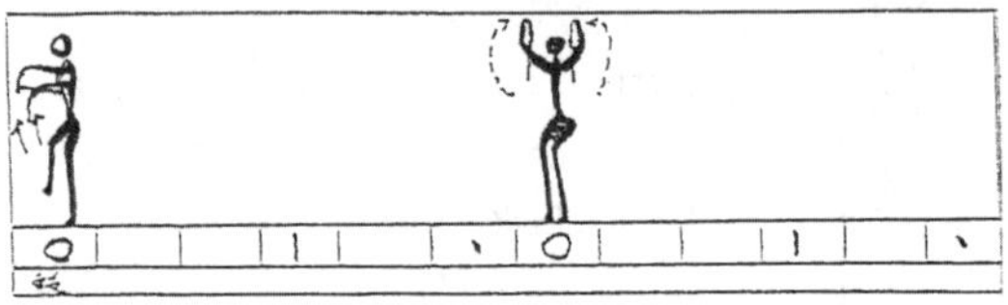 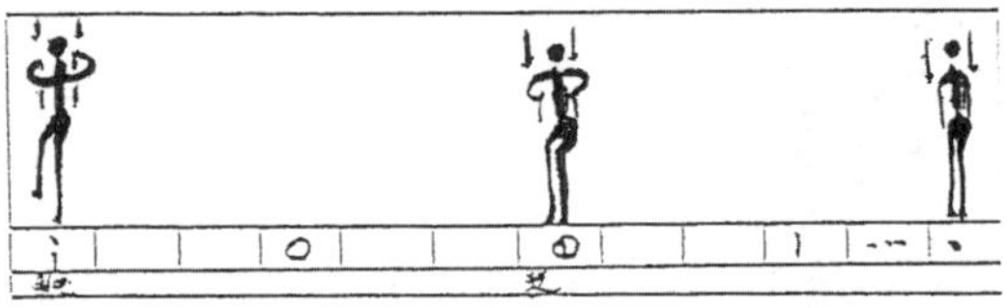 <u>봉황음 62, 63각 동작</u> 보법: 62각의 1·2·3·4·5·6박에 청·홍·흑·백은 內足을 황은 右足을 들어 7박에 北向하여 딛고 8·9·10·11·12박까지 약간 무릎을 구부렸다가 펴고 63각의 1·2·3·4·5·6박에 청·홍·흑·백은 外足을 황은 左足을 들어 7박에 청·홍·흑·백은 內足 옆에 황은 右足 옆에 딛고 무릎을 구부렸다 편다. 수법: 62각의 1·2·3·4·5·6박까지 양손을 앞으로 들어 머리 위에서 7박에 어깨 뒤편으로 뿌려 넘겨 8·9·10·11·12박까지 천천히 귀 쪽으로 내리고 63각의 1·2·3·4·5·6·7·8·9·10·11·12박까지 左右 무릎에 흘려 내린다.
					주1 : 紅者舞退右足先退 홍 자 무 퇴 우 족 선 퇴 ◎ 홍은 먼저 우족부터 퇴한다. 주2 : 黑者舞進左足先進 흑 자 무 진 좌 족 선 진 ◎ 흑은 먼저 좌족부터 무진한다. 주3 : 黃者中央靑者東方白者西方 (발바디작대무) 황 자 중 앙 청 자 동 방 백 자 서 방 ◎ 황은 중앙에 청은 동쪽에 백은 서쪽에서 춤을 춘다. (발바디무를 춘다)

홀 기	진 행 도	음악	장단	배역	동 작
紅者舞退立於南方 先退 黑者舞進立於北方 先進 青黃白者舞 右足 左足 立於其位 黃者中央 青者東方 白者 記 西方○ 볼바디作隊舞 擊鞭	黑 白　黃　青 紅 <도판 20> (5방작대)	봉황음 2	64각	흑 홍 청 백 황	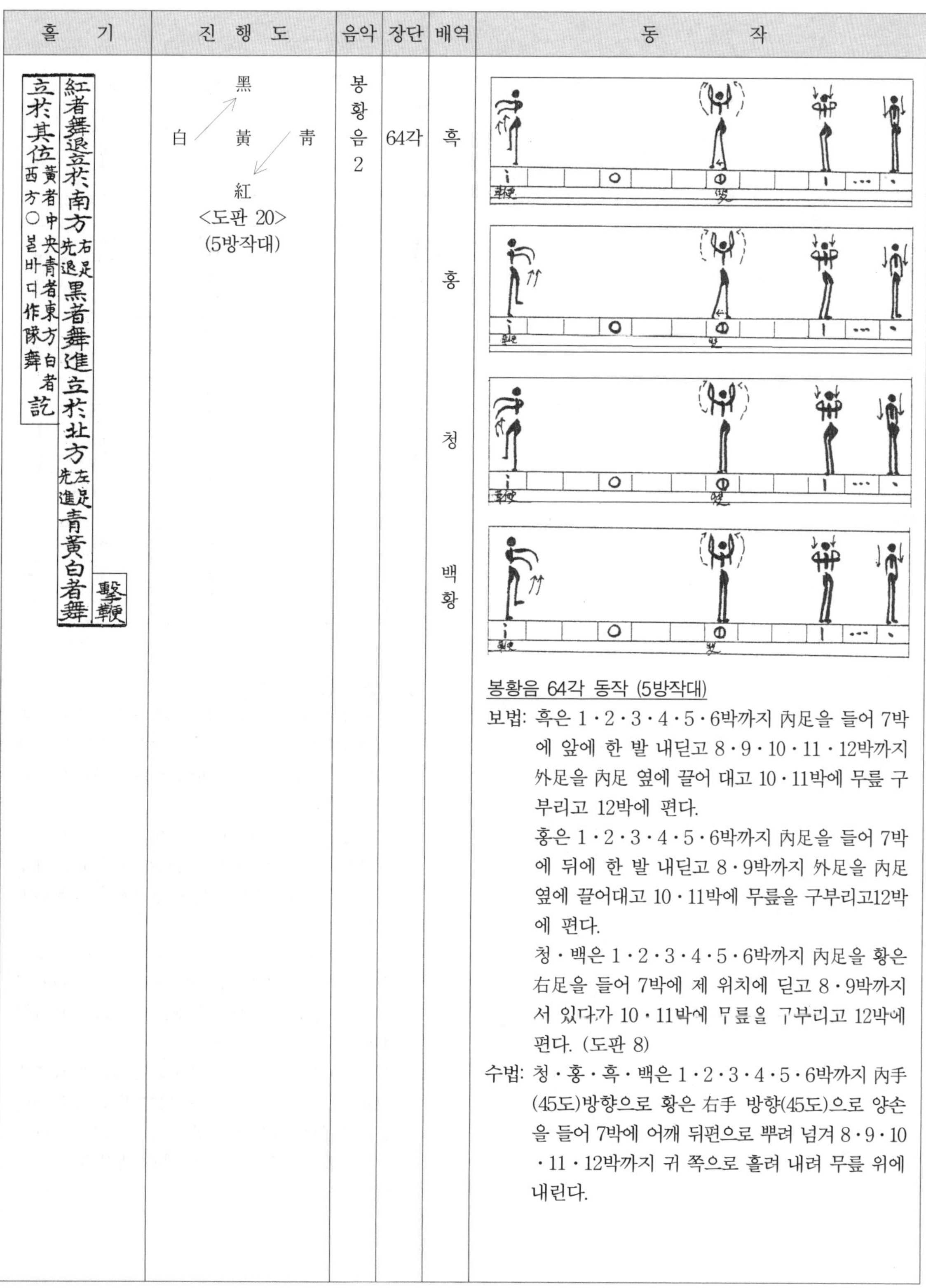

봉황음 64각 동작 (5방작대)

보법: 흑은 1·2·3·4·5·6박까지 內足을 들어 7박에 앞에 한 발 내딛고 8·9·10·11·12박까지 外足을 內足 옆에 끌어 대고 10·11박에 무릎 구부리고 12박에 편다.

홍은 1·2·3·4·5·6박까지 內足을 들어 7박에 뒤에 한 발 내딛고 8·9박까지 外足을 內足 옆에 끌어대고 10·11박에 무릎을 구부리고 12박에 편다.

청·백은 1·2·3·4·5·6박까지 內足을 황은 右足을 들어 7박에 제 위치에 딛고 8·9박까지 서 있다가 10·11박에 무릎을 구부리고 12박에 편다. (도판 8)

수법: 청·홍·흑·백은 1·2·3·4·5·6박까지 內手(45도)방향으로 황은 右手 방향(45도)으로 양손을 들어 7박에 어깨 뒤편으로 뿌려 넘겨 8·9·10·11·12박까지 귀 쪽으로 흘려 내려 무릎 위에 내린다.

홀 기	진 행 도	음악	장단	배역	동 작
		봉황음 2	65각		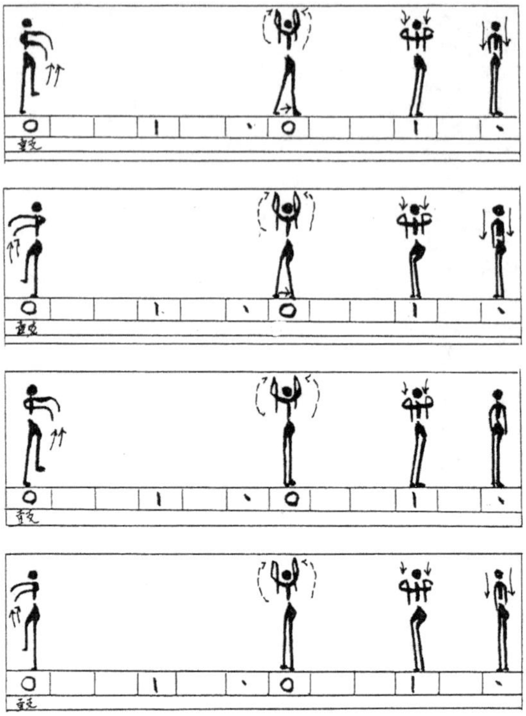 봉황음 65각 동작 (5방작대) 보법: 흑은 1·2·3·4·5·6박까지 外足을 들어 7박에 앞에 한 발 내딛고 8·9박까지 內足을 外足 옆에 끌어 대고 10·11박에 무릎을 구부리고 12박에 편다. 홍은 1·2·3·4·5·6박까지 外足을 들어 7박에 뒤에 한 발 내딛고 8·9박까지 內足을 外足 옆에 끌어 대고 10·11박까지 무릎을 구부리고 12박에 편다. 청·백은 1·2·3·4·5·6박까지 外足을 황은 左足을 들어 7박에 제 위치에 딛고 8·9박까지 서 있다가 10·11박에 무릎을 구부리고 12박에 편다. 수법: 청·홍·흑·백은 1·2·3·4·5·6박까지 外手 (45도) 방향으로 황은 左手 방향(45도)으로 양손을 들어 7박에 어깨 뒤편으로 뿌려 넘겨 8·9·10·11·12박까지 귀 쪽으로 흘려 내려 무릎 위에 내린다.

홀　　기	진　행　도	음악	장단	배역	동　　　　　작
		봉황음2	66각	흑	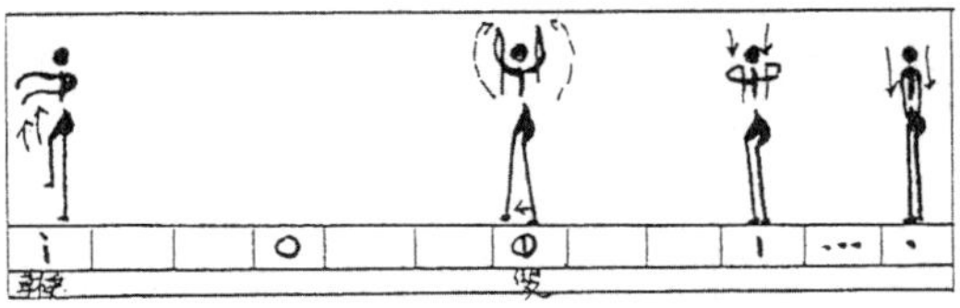
				홍	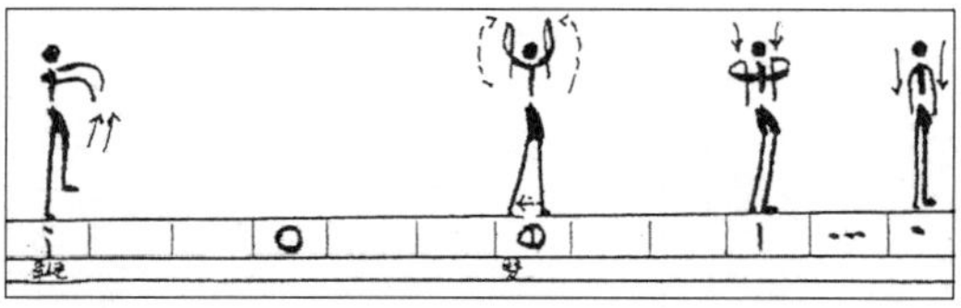
				청	
				백황	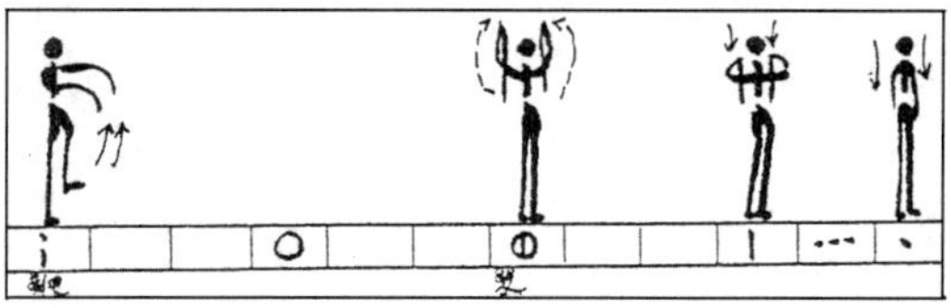

봉황음 66각 동작 (5방작대)

보법: 흑은 1·2·3·4·5·6박까지 內足을 들어 7박에 앞에 한 발 내딛고 8·9박까지 外足을 內足 옆에 끌어 대고 10·11박에 무릎을 구부리고 12박에 편다.

　　홍은 1·2·3·4·5·6박까지 內足을 들어 7박에 뒤에 한 발 내딛고 8·9박까지 外足을 옆에 끌어대고 10·11박에 무릎을 구부리고 12박에 편다.

　　청·백은 1·2·3·4·5·6박까지 內足을 황은 右足을 들어 7박에 제 위치에 딛고 8·9박까지 서 있다가 10·11박에 무릎을 구부리고 12박에 편다. (도판 8)

수법: 청·홍·흑·백은 1·2·3·4·5·6박까지 內手(45도) 방향으로 황은 우수 방향(45도)으로 양손을 들어 7박에 어깨 뒤편으로 뿌려 넘기어 8·9·10·11·12박까지 귀 쪽으로 흘려 내려 무릎 위에 내린다.

홀 기	진 행 도	음악	장단	배역	동 작
		봉황음 2	67각	흑	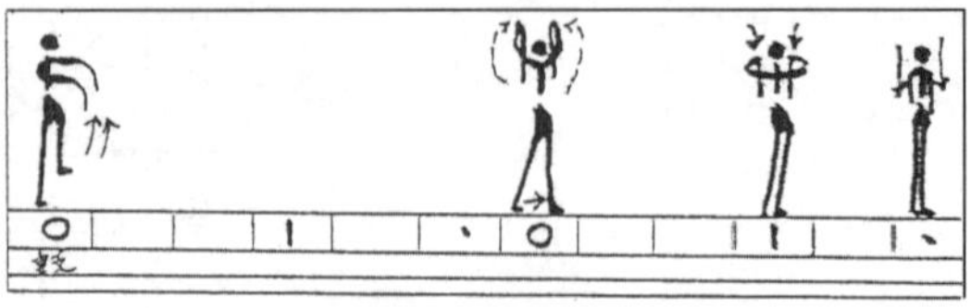
				홍	
				청	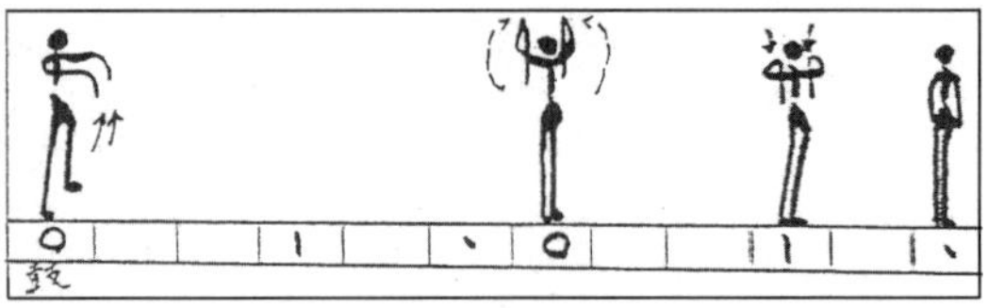
				백황	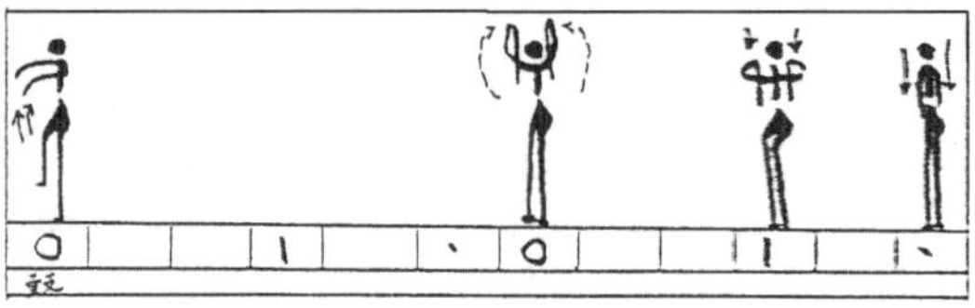 <u>봉황음 67각 동작 (5방작대)</u> 보법: 흑은 1·2·3·4·5·6박까지 外足을 들어 7박에 앞에 한 발 내딛고 89박가지 內足을 外足옆에 끌어 대고 10·11박에 무릎을 구부리고 12박에 편다. 홍은 1·2·3·4·5·6박까지 外足을 들어 7박에 뒤에 한 발 내딛고 8·9박까지 내족을 外足옆에 끌어 대고 10·11박까지 무릎을 구부리고 12박에 편다. 청·백은 1·2·3·4·5·6박까지 外足을 황은 左足을 들어 7박에 제 위치에 딛고 8·9박까지 서 있다가 10·11박에 무릎을 구부리고 12박에 편다. (도판 8) 수법: 청·홍·흑·백은 1·2·3·4·5·6박까지 外手(45도) 방향으로 황은 左手 방향(45도)으로 양손을 들어 7박에 어깨 뒤편으로 뿌려 넘겨 8·9·10·11·12박까지 귀 쪽으로 흘러 내려 무릎 위에 내린다.

홀 기	진 행 도	음악	장단	배역	동 작
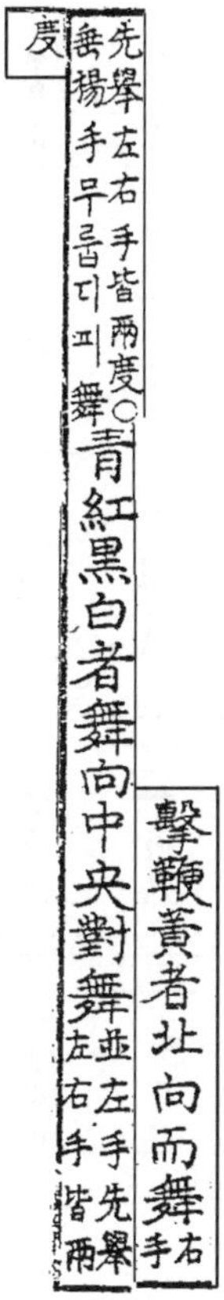 先擧左右手皆兩度○舞 垂揚手무릎디피舞 靑紅黑白者舞向中央對舞 並左右手先擧左右手皆兩度 度 擊鞭黃者址向而舞右手					주1 : 黃者北向右手先擧左右手皆兩度 　　　황 자 북 향 우 수 선 거 좌 우 수 개 양 도 ◎ 황은 북향하고 먼저 右手를 들고 左右手를 두 번 한다. 　　(수양(垂揚)수무 무릎디피춤) 주2 : 靑紅黑白者中央對舞並左手先擧左右手 　　　청 홍 흑 백 자 중 앙 대 무 병 좌 수 선 거 좌 우 수 　　　皆兩度 　　　개 양 도 ◎ 청홍흑백은 중앙 대무를 할 때 左手를 먼저 들어 左右手를 모두 두 번 한다.
	靑 黃 紅 <도판 21> (내향內向)	봉황음 2	68각	황 홍 흑 청 백	 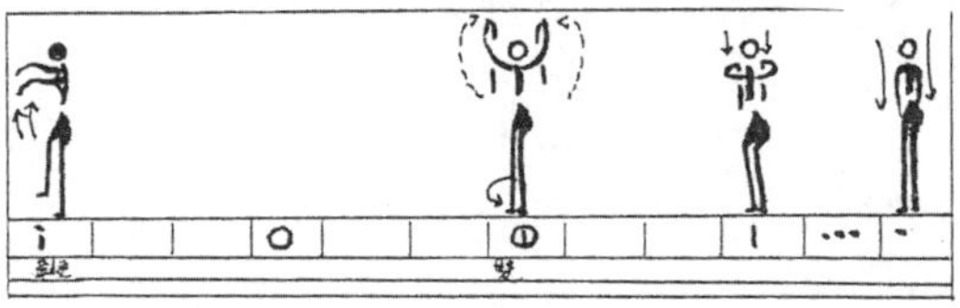 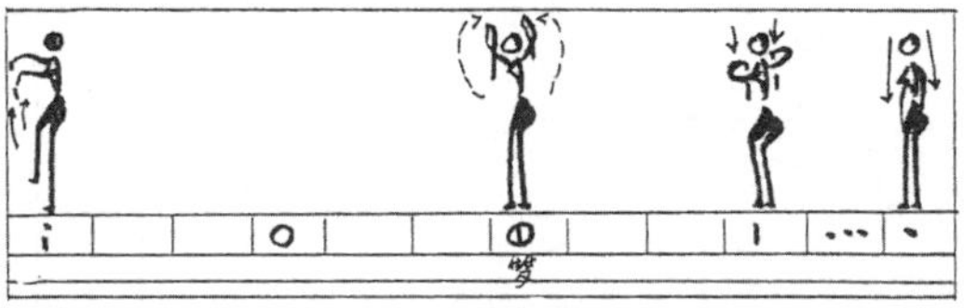 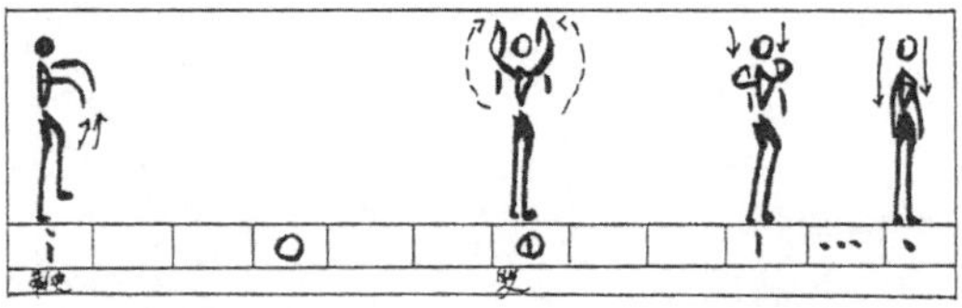 봉황음 68각 동작 보법: 청·홍·흑·백은 1·2·3·4·5·6박까지 內足을 7박에 황은 右足을 들어 흑은 남쪽 청은 서쪽 백은 동쪽 방향으로 딛고 8·9박까지 돌아 內向하여 10·11박에 무릎을 구부리고 12박에 편다. 　　황은 北向하고 1·2·3·4·5·6박까지 右足 들어 7박에 제 자리에 딛고 8·9박은 서 있다가 10·11박에 무릎을 구부리고 12박에 편다. (도판 21) 수법: 청·홍·황·흑·백은 1·2·3·4·5·6박까지 양손은 들어 7박에 어깨 뒤편으로 뿌려 넘겨 8·9·10·11·12박까지 귀 쪽으로 흘려 내려 무릎 위에 내린다.

홀　　기	진　행　도	음악	장단	배역	동　　　　　作
	↓ 齒 → 皿 黃 誰 ← 　　紅 　　↑ 〈도판 22〉 (중앙대무)	봉황음 2	69각	흑 황 청 백 홍	

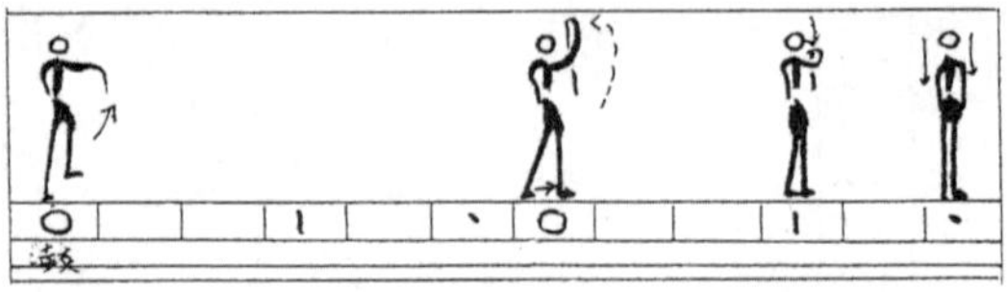

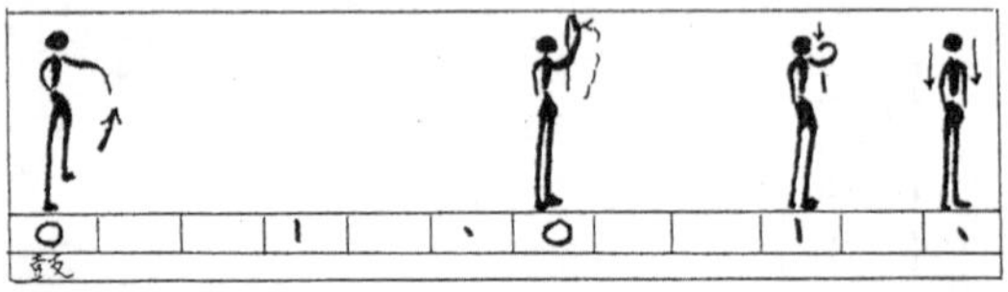

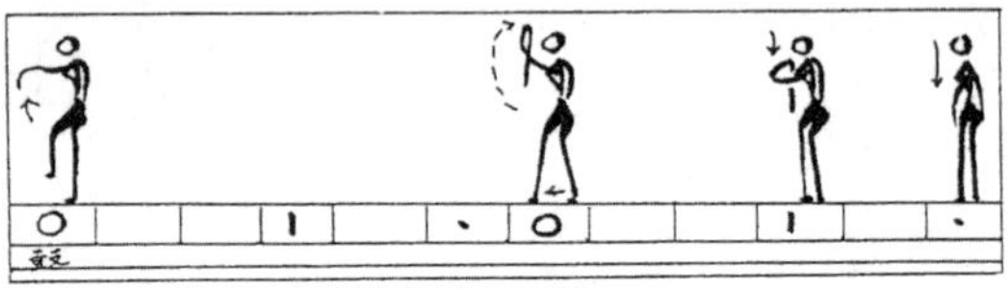

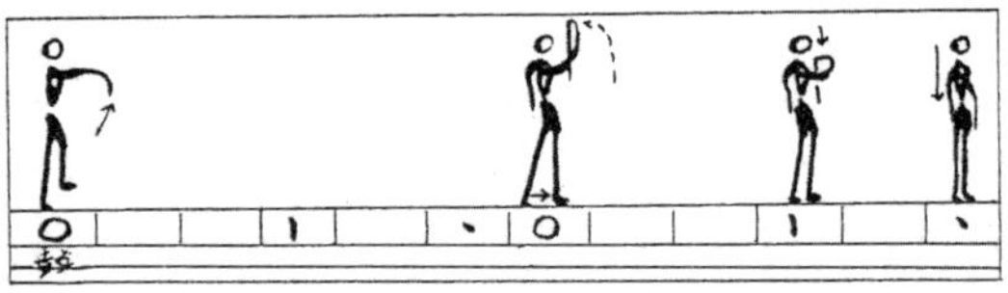

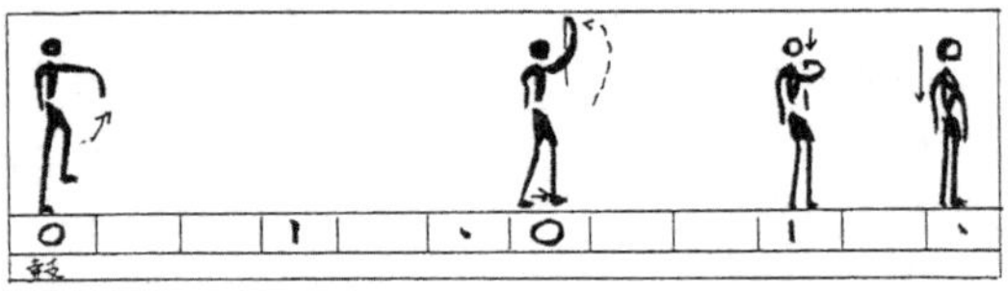

봉황음 69각 동작

보법: 청·홍·흑·백은 1·2·3·4·5·6박까지 內足을 들어 7박에 황을 향하여 한 발 내딛고 8·9박까지 外足을 內足 옆에 끌어 대고 10·11박에 무릎을 구부리고 12박에 편다.

　　　황은 北向하고 1·2·3·4·5·6박까지 右足을 들어 7박에 제 위치에 딛고 8·9박은 서 있다가 10·11박에 무릎을 구부리고 12박에 편다. (도판 22)

수법: 청·홍·흑·백은 1·2·3·4·5·6박까지 內手를 황은 右手를 들어 7박에 어깨 뒤편으로 뿌려 넘겨 8·9·10·11·12박까지 귀 쪽으로 흘려 내려 무릎 위에 내린다.

※ 청·홍·흑·백은 先內手 次外手, 황은 先右手 次左手로 해야 맞는데 홀기(笏記)에 청·홍·흑·백은 先左手 次右手, 황은 先右手 次左手로 수록 되어 있다. 이 홀기대로 한다면 청·홍·흑·백의 보법(步法)도 先內足 次外足으로 하지 말고 先左足 次外足으로 해야 한다. 그럼으로 이 부분 홀기의 기록에 착오가 있는 것 같아 청·홍·흑·백의 수법(手法)을 先內手 次外手로 도안하였다. 또한 황은 오행의 토에 위치하고 있기 때문에 보법은 先右足 次左足으로 수법도 先右手 次左手로 해야 하고 협무는 양인간(兩人間)으로 先內足 次外足으로 하고 수법도 이와 같이 해야 한다. 이런고로 이를 참작하여야 한다.

홀 기	진 행 도	음악	장단	배역	동 작

홀 기	진 행 도	음악	장단	배역	동 작
	↓ 嵒 → 皿 黃 ⊞ ← 紅 ↑ <도판 22-1> (중앙대무)	봉황음 2	70각	흑 황 청 백 홍	

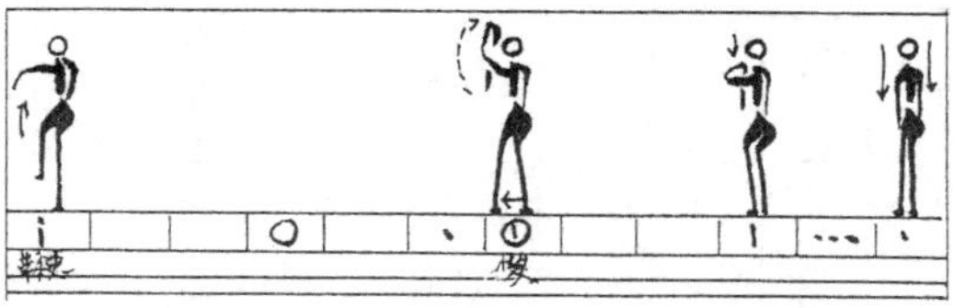

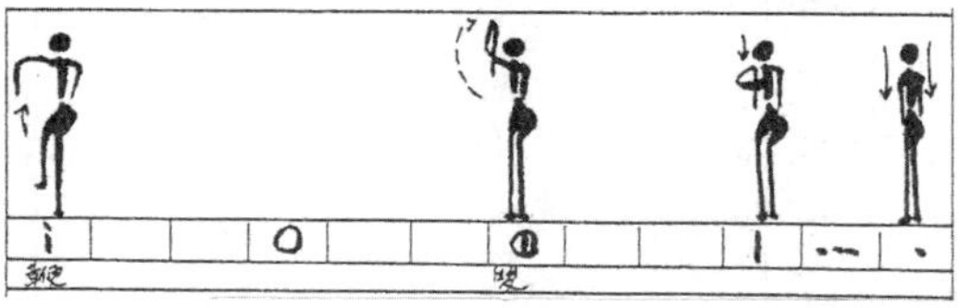

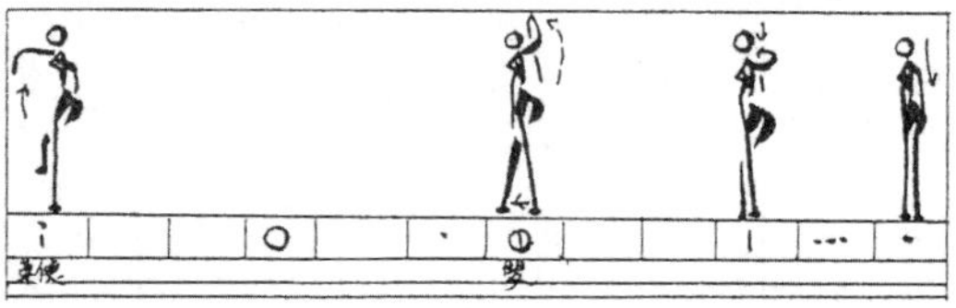

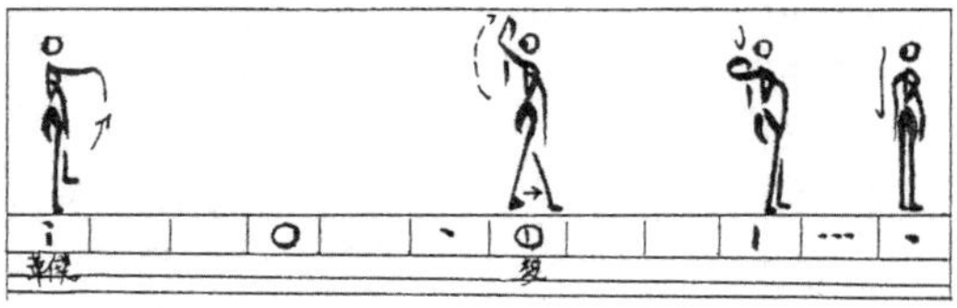

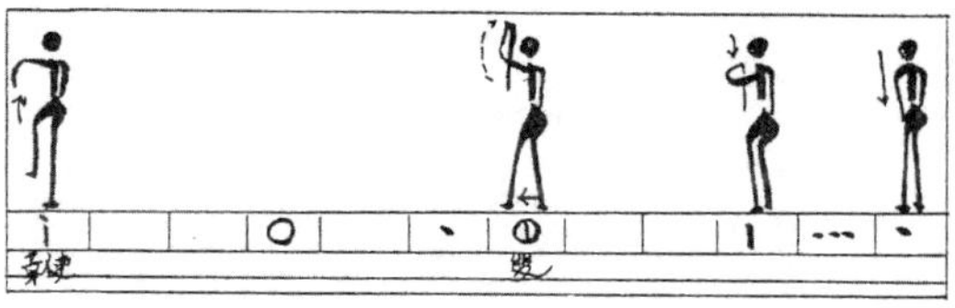

봉황음 70각 동작

보법: 청·홍·흑·백은 1·2·3·4·5·6박까지 外足을 들어 7박에 황을 향하여 한 발 내딛고 8·9박까지 內足을 外足 옆에 끌어 대고 10·11박에 무릎을 구부리고 12박에 편다.

황은 1·2·3·4·5·6박까지 左足을 들어 7박에 제 위치에 딛고 8·9박은 서 있다가 10·11박에 무릎을 구부리고 12박에 편다. (도판 22-1)

수법: 청·홍·흑·백은 1·2·3·4·5·6박까지 外手를 황은 左手를 들어 7박에 어깨 뒤편으로 뿌려 넘겨 8·9·10·11·12박까지 귀 쪽으로 흘려 내려 무릎에 내린다.

홀　　기	진　행　도	음악	장단	배역	동　　　　　작
青紅黑白者背中央各向其方而舞並左手先擧左右手皆兩度記	黑 黃 靑 白 紅 <도판 23> (상배)	봉황음 2	71각	흑 황 청 백 홍	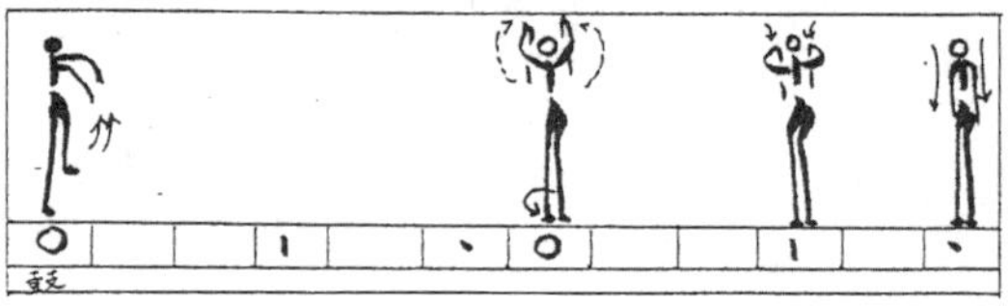

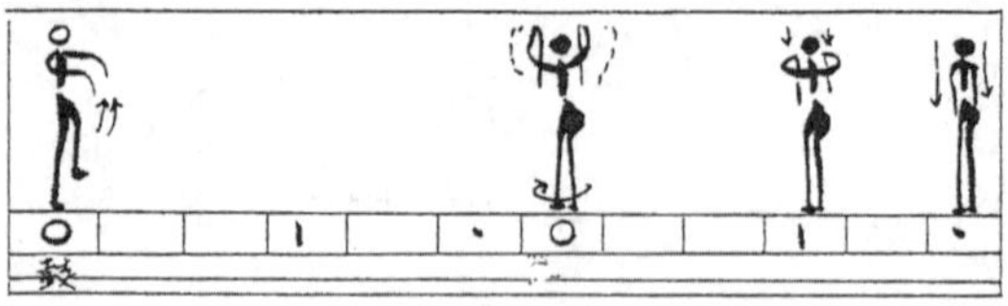

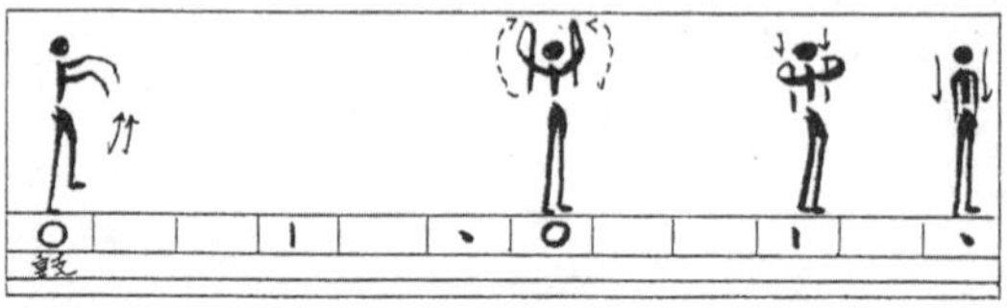

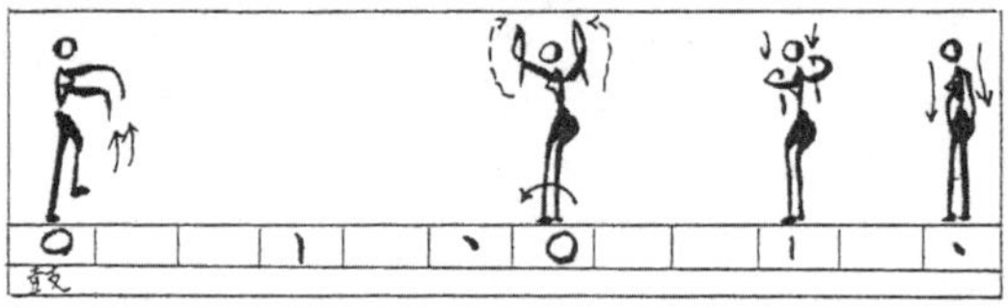

봉황음 71각 동작

보법: 청·홍·흑·백은 1·2·3·4·5·6박까지 內足을 들어 7박에 흑은 북쪽에 청은 동쪽에 백은 서쪽에 홍은 남쪽에 딛고 8·9박까지 돌아 상배(相背)하여 10·11박에 무릎을 구부리고 12박에 편다. 황은 北向하고 1·2·3·4·5·6박까지 右足을 들어 7박에 제 자리에 딛고 8·9박은 서 있다가 10·11박에 무릎을 구부리고 12박에 편다. (도판 23)

수법: 청·홍·황·흑·백은 1·2·3·4·5·6박 까지 兩手를 들어 7박에 어깨 뒤편으로 뿌려 넘겨 8·9·10·11·12박까지 귀 쪽으로 흘려 내려 무릎 위에 내린다.

주 : 竝左手先擧左右手皆兩度
　　　병 좌 수 선 거 좌 우 수 개 양 도

◎ 모두 左手를 먼저 들어 左右手 두 번 한다.

이상의 동작은 청·홍·흑·백의 동작을 설명한 것이고 황의 동작 설명은 없다.

이 또한 청·홍·흑·백은 先內手 次外手로 황은 先右手 次外手로 해야 한다.

홀　　기	진　행　도	음악	장단	배역	동　　　　　작
	黑 ↑ 卌 ← 黃 → 卌 ↓ 卌 <도판 24> (복위)	봉황음 2	72각	흑 청 백 홍 황	

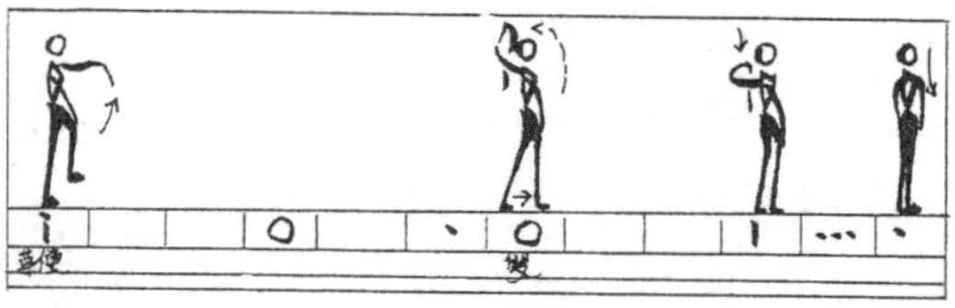

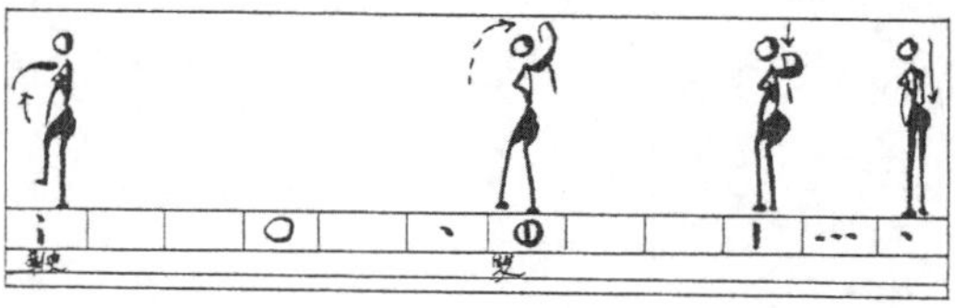

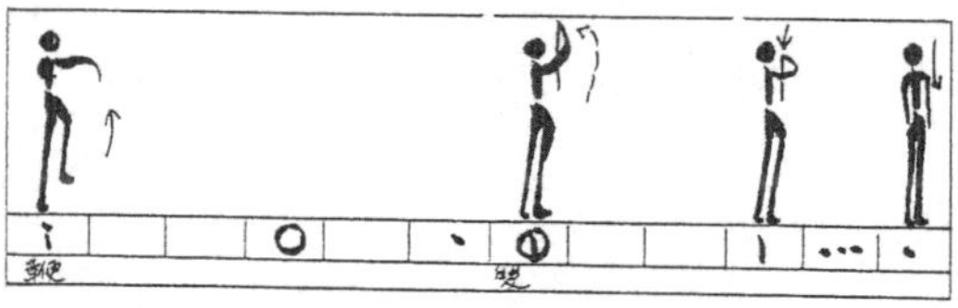

봉황음 72각 동작

보법: 청·홍·흑·백은 1·2·3·4·5·6박까지 內足을 들어 7박에 청은 동쪽 홍은 남쪽 흑은 북쪽 백은 서쪽 방향에 한 발 내딛고 8·9박까지 外足을 끌어대고 10·11박에 무릎을 구부리고 12박에 편다.

　　황은 北向하고 1·2·3·4·5·6박끼지 右足을 들어 7박에 제 위치에 딛고 8·9박에 서 있다가 10·11박에 무릎을 구부리고 12박에 편다.

수법: 청·홍·흑·백은 1·2·3·4·5·6박까지 內手를 황은 右手를 들어 7박에 어깨 뒤편으로 뿌려 넘겨 8·9·10·11·12박까지 귀 쪽으로 흘려 내려 무릎 위에 내린다.

홀 기	진 행 도	음악	장단	배역	동 작
		봉황음2	73각	흑 청 백 홍 황	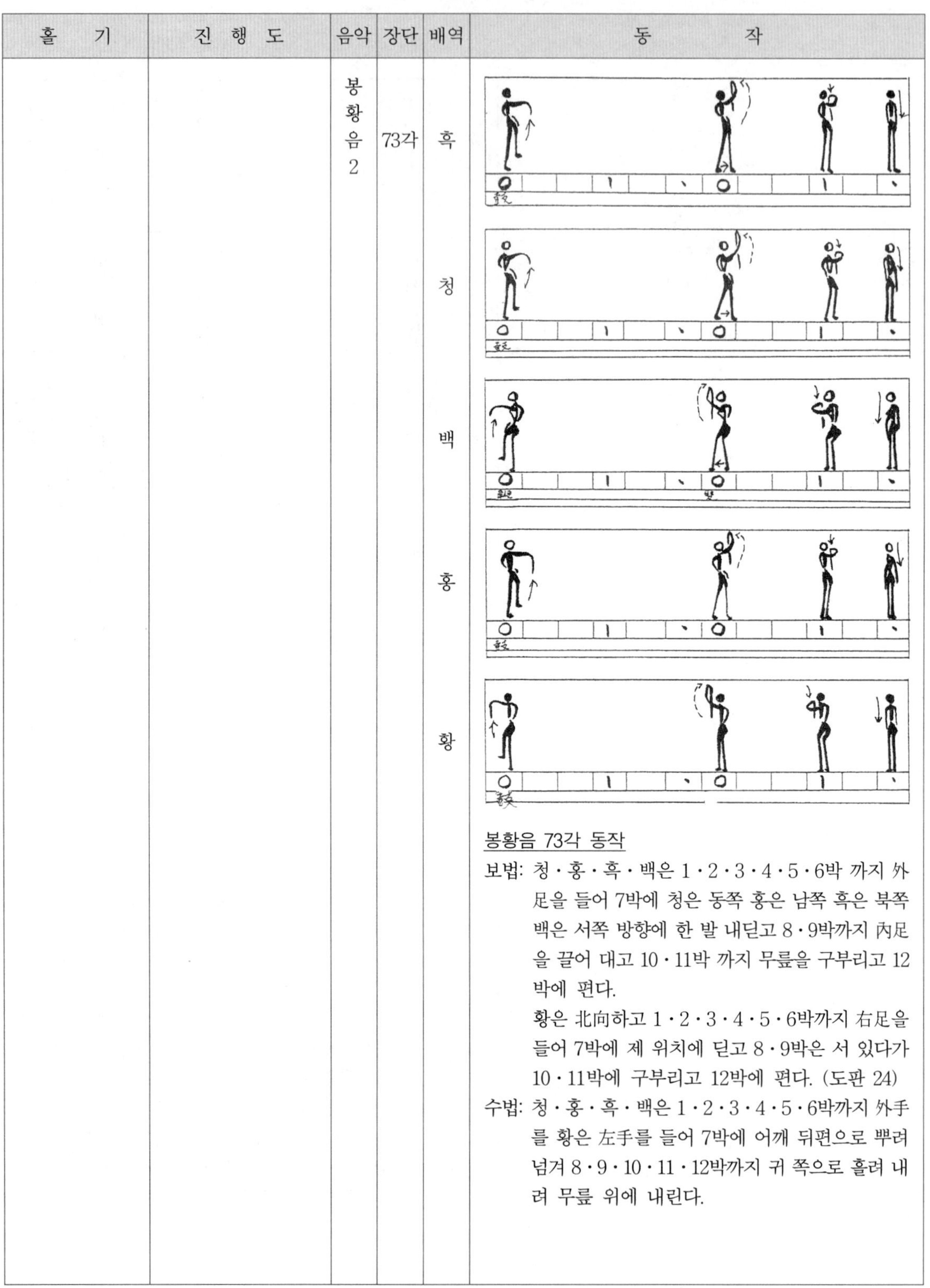

봉황음 73각 동작

보법: 청·홍·흑·백은 1·2·3·4·5·6박 까지 外足을 들어 7박에 청은 동쪽 홍은 남쪽 흑은 북쪽 백은 서쪽 방향에 한 발 내딛고 8·9박까지 內足을 끌어 대고 10·11박 까지 무릎을 구부리고 12박에 편다.

　　황은 北向하고 1·2·3·4·5·6박까지 右足을 들어 7박에 제 위치에 딛고 8·9박은 서 있다가 10·11박에 구부리고 12박에 편다. (도판 24)

수법: 청·홍·흑·백은 1·2·3·4·5·6박까지 外手를 황은 左手를 들어 7박에 어깨 뒤편으로 뿌려 넘겨 8·9·10·11·12박까지 귀 쪽으로 흘려 내려 무릎 위에 내린다.

홀 기	진 행 도	음악	장단	배역	동 작

홀　　기	진　행　도	음악	장단	배역	동　　　　　작
	黑 白　黃　青 紅 〈도판 25〉 (북향)	봉황음 2	74각	황 흑 청 백 홍	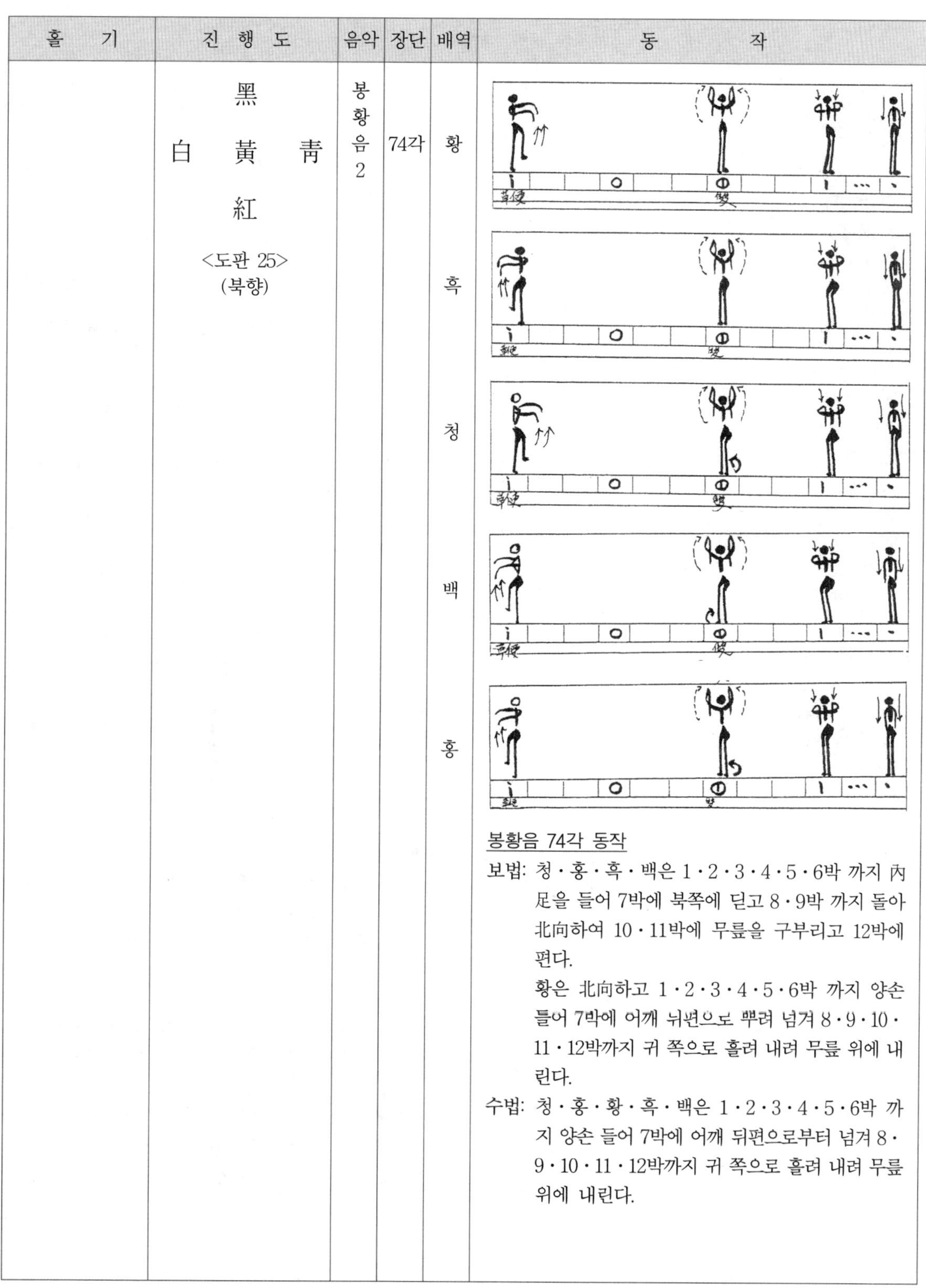

봉황음 74각 동작

보법: 청·홍·흑·백은 1·2·3·4·5·6박 까지 內
足을 들어 7박에 북쪽에 딛고 8·9박 까지 돌아
北向하여 10·11박에 무릎을 구부리고 12박에
편다.

황은 北向하고 1·2·3·4·5·6박 까지 양손
들어 7박에 어깨 뒤편으로 뿌려 넘겨 8·9·10·
11·12박까지 귀 쪽으로 흘려 내려 무릎 위에 내
린다.

수법: 청·홍·황·흑·백은 1·2·3·4·5·6박 까
지 양손 들어 7박에 어깨 뒤편으로부터 넘겨 8·
9·10·11·12박까지 귀 쪽으로 흘려 내려 무릎
위에 내린다.

홀 기	진 행 도	음악	장단	배역	동 작
黃者止向而舞 右手先舉左右手皆兩度向他方做此 ○ 垂揚手五方舞四方同 對舞青者舞作擊後鼓黑者落手他方做此 左手先舉左右手皆兩度第四手擊初鞭 黑者向中央 擊鞭					주1 : 黃者右手先舉左右手皆兩度他方倣此 황 자 우 수 선 거 좌 우 수 개 양 도 타 방 방 차 ◎ 황은 먼저 右手를 들어 左右手 모두 두 번 한다. 다른 방향을 상대할 때도 이와 같다.(수양수(垂揚手) 5방무 4방도 같다) 주2 : 黑者左手先舉左右手皆兩度 흑 자 좌 수 선 거 좌 우 수 개 양 도 ◎ 흑자는 먼저 左手(內手)를 들어 左右手 모두 두 번 한다. 주3 : 第四手擊初鞭靑者舞作擊後鼓黑者落手 제 사 수 격 초 편 청 자 무 작 격 후 고 흑 자 낙 수 他方倣此 타 방 방 차 ◎ 장고가 초편(初鞭)을 칠 때 4번째 손을 들고 청은 춤을 시작한다. 장고가 후고(後鼓)를 칠 때 흑은 낙수(落手)한다. 다른 방위에 있는 자도 이와 같이 한다.
	齒 白 黃 靑 紅 <도판 26> (흑황상향)	봉황음2	75각	흑 황	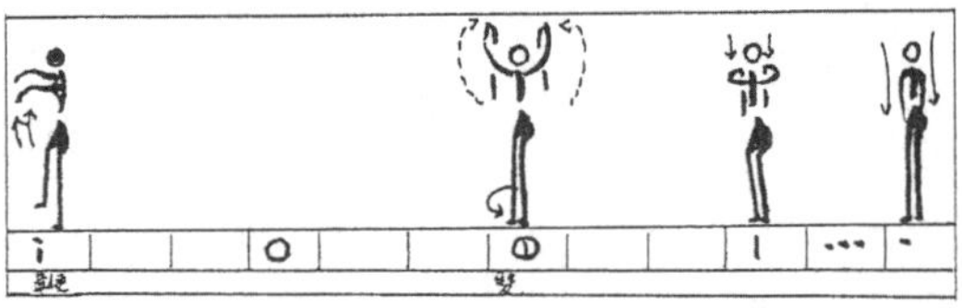 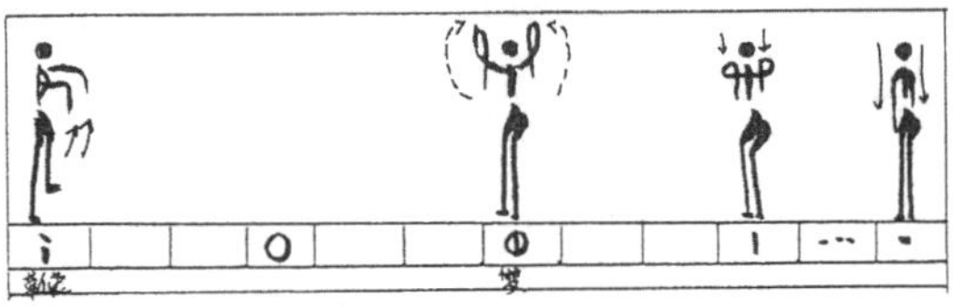 봉황음 75각 동작 보법: 흑은 1·2·3·4·5·6박 까지 內足을 들어 7박에 남쪽 방향으로 딛고 8·9박 까지 돌아 황을 향하고 10·11박 까지 무릎을 구부리고 12박에 편다. 황은 北向하고 1·2·3·4·5·6박 까지 右足을 들어 7박에 제 자리에 딛고 8·9박은 서 있다가 10·11박에 무릎을 구부리고 12박에 편다. (도판 26) 수법: 흑·황은 1·2·3·4·5·6박 까지 양손을 들어 7박에 어깨 뒤편으로 뿌려 넘겨 8·9·10·11·12박 까지 귀 쪽으로 흘려 내려 무릎 위에 내린다.

홀 기	진 행 도	음악	장단	배역	동 작
	↓ 齒 黃 白　↑　靑 紅 <도판 27> (황흑대무)	봉황음 2	76각	흑 황	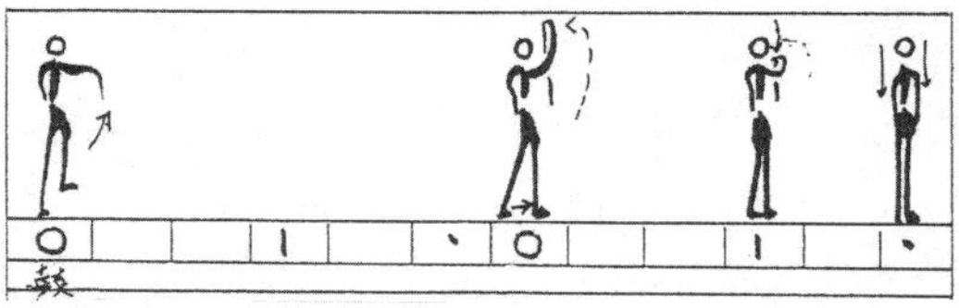 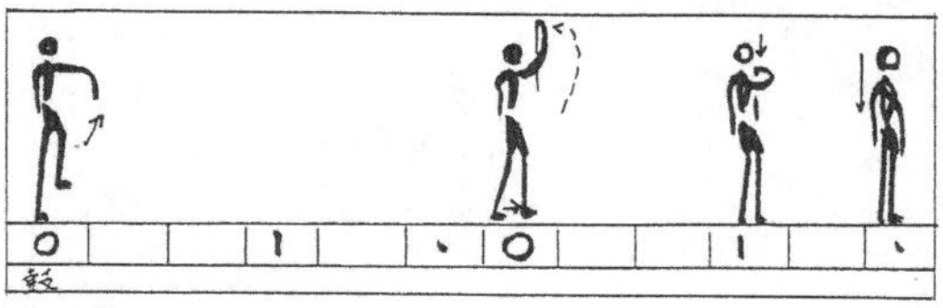 봉황음 76각 동작 보법: 흑은 內足을 황은 右足을 1·2·3·4·5·6박까지 들어 7박에 상대하여 앞에 한 발 내딛고 8·9박까지 흑은 外足을 황은 左足을 끌어 대고 10·11박에 무릎을 구부리고 12박에 편다. (도판 27) 수법: 흑은 內手를 황은 右手를 1·2·3·4·5·6박까지 들어 7박에 어깨 뒤편으로 뿌려 넘겨 8·9·10·11·12박까지 귀 쪽으로 흘려 내려 무릎 위에 내린다.
			77각	흑 황	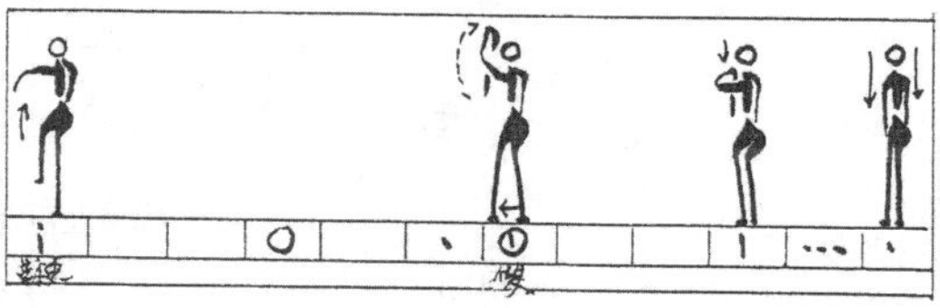 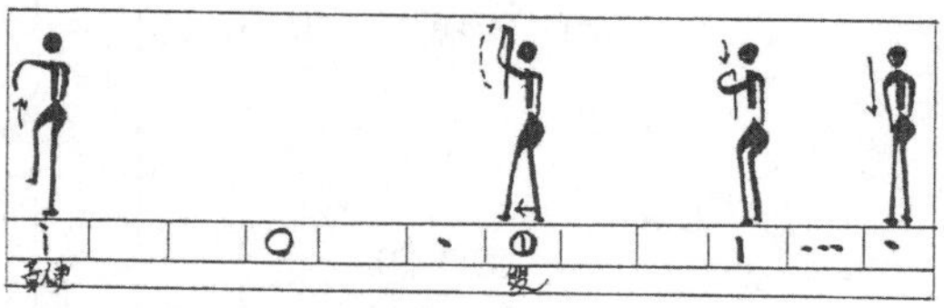 봉황음 77각 동작 보법: 흑은 外足을 황은 左足을 1·2·3·4·5·6박까지 들어 7박에 상대하여 한 발 앞에 내딛고 8·9박까지 흑은 內足을 황은 右足을 끌어 대고 10·11박에 무릎을 구부리고 12박에 편다. 수법: 흑은 外手를 황은 左手를 1·2·3·4·5·6박까지 들어 7박에 어깨 뒤편으로 뿌려 넘겨 8·9·10·11·12박까지 흘려 내려 무릎 위에 내린다.

홀 기	진 행 도	음악	장단	배역	동 작

黑 �66 白 靑 紅

<도판 28>
(흑황상배)

봉황음 2 · 78각 · 흑 · 황

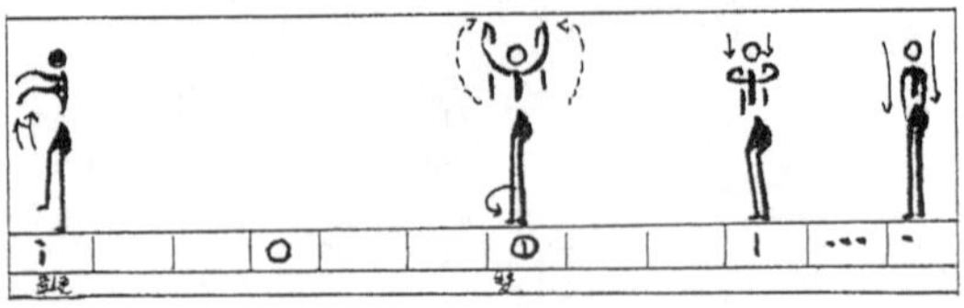

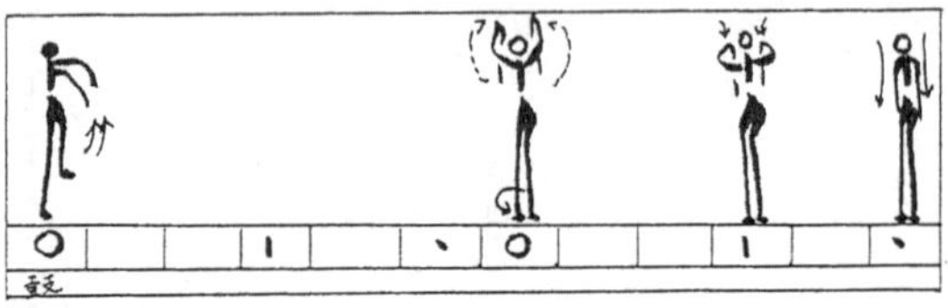

봉황음 78각 동작

보법: 흑은 1·2·3·4·5·6박까지 內足을 들어 7박
　　에 북쪽 방향으로 딛고 8·9박에 돌아 북향하고
　　10·11박 까지 무릎을 구부리고 12박에 편다.
　　황은 1·2·3·4·5·6박 까지 右足을 들어 7박
　　에 남쪽 방향으로 딛고 8·9박 까지 돌아 남향하
　　고 10·11박까지 무릎을 구부리고 12박에 편다.
　　(도판 28)

수법: 흑·황은 1·2·3·4·5·6박까지 양손을 들어
　　7박에 어깨 뒤편으로 뿌려 넘겨 8·9·10·11·
　　12박 까지 귀 쪽으로 흘려 내려 무릎 위에 내린다.

黑
↑
↓
白 　�66 　靑 紅

<도판 29>
(흑황복위)

79각 · 흑 · 황

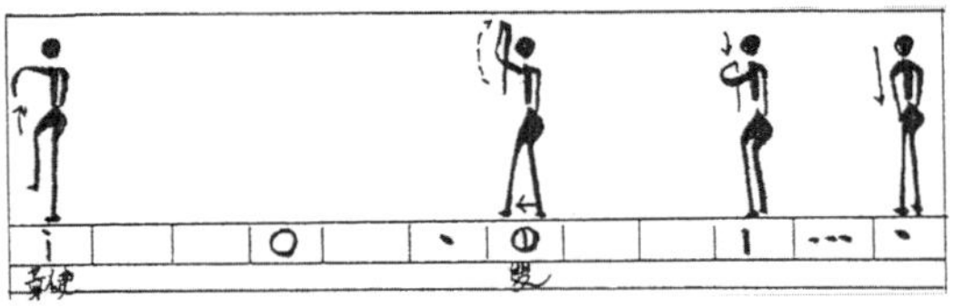

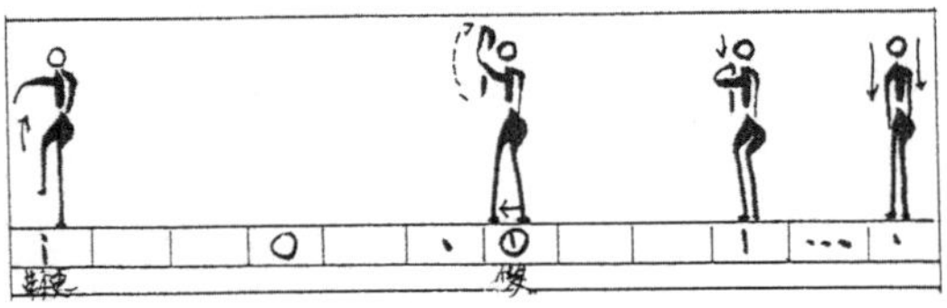

봉황음 79각 동작

보법: 흑은 內足을 황은 우족을 1·2·3·4·5·6박까
　　지 들어 7박에 상배하여 앞에 한 발 내딛고 8·9
　　박 까지 흑은 外足을 황은 左足을 끌어 대고 10·
　　11박에 무릎을 구부리고 12박에 편다.

수법: 흑은 內水를 황은 右手를 1·2·3·4·5·6박까
　　지 들어 7박에 어깨 뒤편으로 뿌려 넘겨 8·9·10
　　·11·12박까지 귀 쪽으로 흘려 내려 무릎 위에
　　내린다.

홀 기	진 행 도	음악	장단	배역	동 작
		봉 황 음 2	80각	흑 황	

봉황음 80각 동작

보법: 흑은 外足을 황은 左足을 1・2・3・4・5・6박까
　　 지 들어 7박에 상배하여 앞에 한 발 내딛고 8・9
　　 박 까지 흑은 內足을 황은 右足을 끌어 대고 10・
　　 11박에 무릎을 구부리고 12박에 편다. (도판 29)

수법: 흑은 外手를 황은 左手를 1・2・3・4・5・6박까
　　 지 들어 7박에 어깨 뒤편에 뿌려 넘겨 8・9・10・
　　 11・12박 까지 귀 쪽으로 내려 무릎 위에 내린다.

※ 봉황음 중기에 이르면 음악이 점점 빨라지고 제기
　 (諸妓)는 다음의 가사(歌詞)를 봉황음 중기의 반주
　 에 맞추어 창하고 흑・황이 복위하여 북향할 때 三
　 方立者도 같은 동작을 같이 한다.

　 봉황음(鳳凰吟)은 세종실록악보에 봉황음 1기, 봉황
　 음 2기, 봉황음 3기, 만전춘(滿殿春)으로 구성되어
　 있다.

홀기	진행도	음악	장단	배역	동작
					봉황음 중기를 연주하면 제기들은 다음의 가사를 창한다. 전강 산하천리국 山河千里國에[98] 가기 佳氣 울총총 鬱葱葱ᄒᆞ샤다 금전구중 金殿九重[99]에 명일월 明日月ᄒᆞ시니[100] 군신천재 群臣千載예 회운룡 會雲龍이샤다 희희서속 熙熙庶俗[101]ᄋᆞᆫ 춘대 상 春臺[102]上이어늘 제제군생 濟濟群生ᄋᆞᆫ 수역중 壽域中이샤다 부엽 제제군생 濟濟群生ᄋᆞᆫ 수역중 壽域中이샤다 중엽 고후무사 高厚無私ᄒᆞ샤 미황진 美貺臻ᄒᆞ시니 축요개시 祝堯皆是[103] 태평인 太平人이샤다 부엽 축요개시 祝堯皆是 태평인 太平人이샤다 소엽 치이창 熾而昌 ᄒᆞ시니 예악광화 禮樂光華ㅣ 매한당 邁漢唐이샤다 후강 금지수출 金枝秀出 천년성 千年聖ᄒᆞ시니 면질증륭 緜瓞增隆 만세기 萬歲基샤다

홀　기	진 행 도	음악	장단	배역	동　　작
					방가누경 邦家累慶이
					초전고 超前古ᄒ시니
					천지동화 天地同和ㅣ
					즉차시 卽此時샷다
				부엽	천지동화 天地同和ㅣ
					즉차시 卽此時샷다
				중엽	예유청효 豫遊淸曉애
					옥여래 玉輿來ᄒ시니
					인송남산 人頌南山ᄒ야
					천수배 薦壽杯샷다
				부엽	인송남산 人頌南山ᄒ야
					천수배 薦壽杯샷다
				소엽	배우경 配于京 ᄒ시니
					십이경루 十二瓊樓[104]
					대오성 帶五城이샷다
				대엽	도여건곤합 道與乾坤合
					은수 恩隨
					우로신 雨露新이샷다[105]
					천상등서도 千箱登黍稌
					서회 庶彙
					하도균 荷陶鈞이샷다
					제석원부 帝錫元符[106]ᄒ샤
					양서명 揚瑞命ᄒ시니
					창명중윤 滄溟重潤ᄒ고
					월중륜 月重輪이샷다
				부엽	창명중윤 滄溟重潤ᄒ고
					월중륜 月重輪이샷다

홀 기	진 행 도	음악	장단	배역	동 작
				중엽	풍류양류 風流楊柳에 무경영 舞輕盈ᄒ니 자시풍년 自是豊年에 유소성 有笑聲이샷다
				부엽	자시풍년 自是豊年에 유소성 有笑聲이샷다
				소엽	극배천 克配天ᄒ시니 성자신손 聖子神孫이 억만년 億萬年이쇼셔
홀 기	진 행 도	음악	장단	배역	동 작

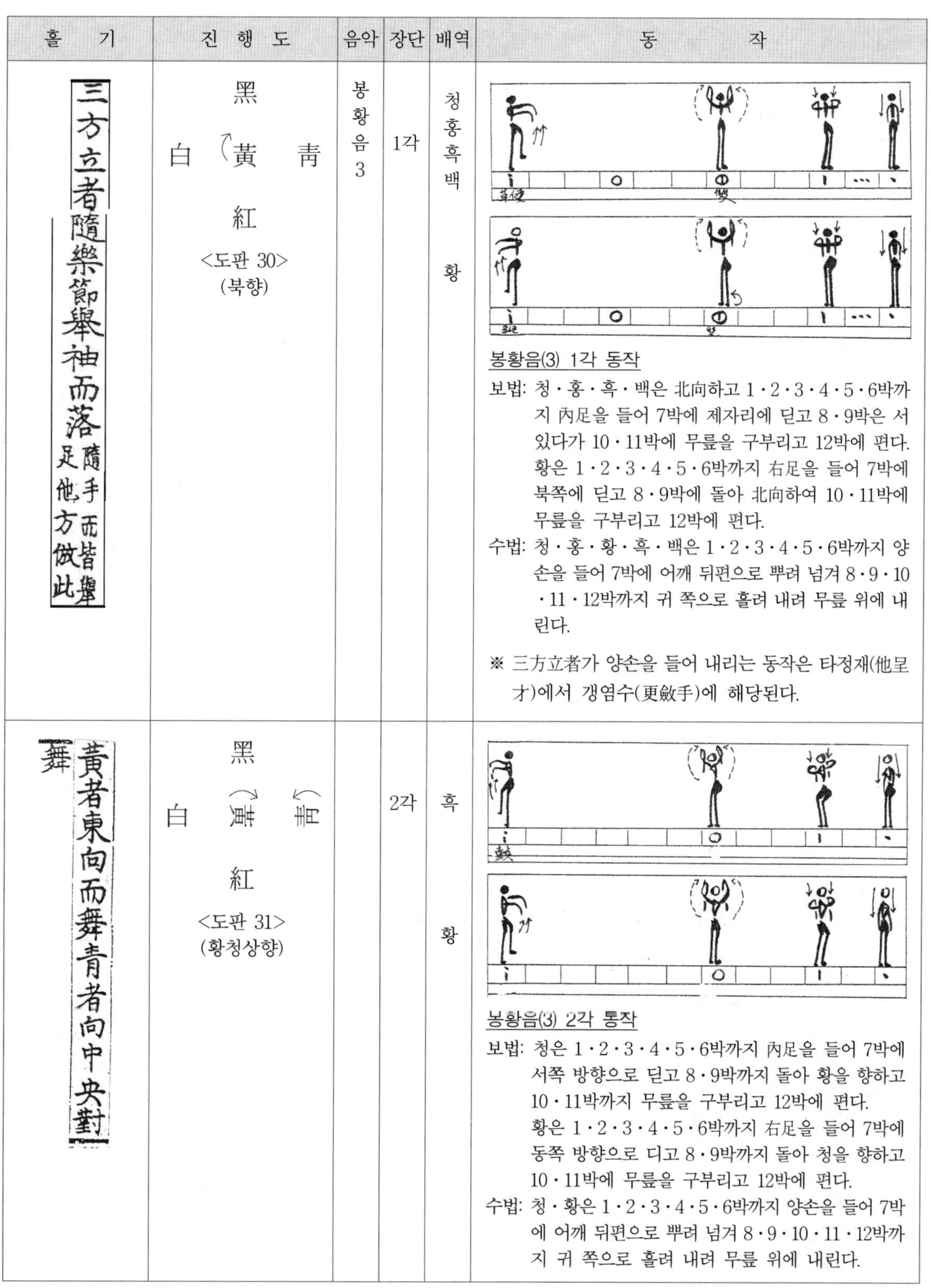

홀　기	진　행　도	음악	장단	배역	동　　작
三方立者隨樂節舉袖而落足 隨手而皆舉 他方做此	黑 白　黃　靑 紅 <도판 30> (북향)	봉황음3	1각	청홍흑백 황	

봉황음(3) 1각 동작

보법: 청·홍·흑·백은 北向하고 1·2·3·4·5·6박까지 內足을 들어 7박에 제자리에 딛고 8·9박은 서 있다가 10·11박에 무릎을 구부리고 12박에 편다. 황은 1·2·3·4·5·6박까지 右足을 들어 7박에 북쪽에 딛고 8·9박에 돌아 北向하여 10·11박에 무릎을 구부리고 12박에 편다.

수법: 청·홍·황·흑·백은 1·2·3·4·5·6박까지 양손을 들어 7박에 어깨 뒤편으로 뿌려 넘겨 8·9·10·11·12박까지 귀 쪽으로 흘려 내려 무릎 위에 내린다.

※ 三方立者가 양손을 들어 내리는 동작은 타정재(他呈才)에서 갱염수(更斂手)에 해당된다.

홀　기	진　행　도	음악	장단	배역	동　　작
舞　黃者東向而舞靑者向中央對	黑 白　黃　靑 紅 <도판 31> (황청상향)		2각	흑 황	

봉황음(3) 2각 동작

보법: 청은 1·2·3·4·5·6박까지 內足을 들어 7박에 서쪽 방향으로 딛고 8·9박까지 돌아 황을 향하고 10·11박까지 무릎을 구부리고 12박에 편다. 황은 1·2·3·4·5·6박까지 右足을 들어 7박에 동쪽 방향으로 디고 8·9박까지 돌아 청을 향하고 10·11박에 무릎을 구부리고 12박에 편다.

수법: 청·황은 1·2·3·4·5·6박까지 양손을 들어 7박에 어깨 뒤편으로 뿌려 넘겨 8·9·10·11·12박까지 귀 쪽으로 흘려 내려 무릎 위에 내린다.

홀　기	진　행　도	음악	장단	배역	동　　　　작
	黑 白　→黃← 紅 <도판 32> (청황대무)	봉황음3	3각	청 황	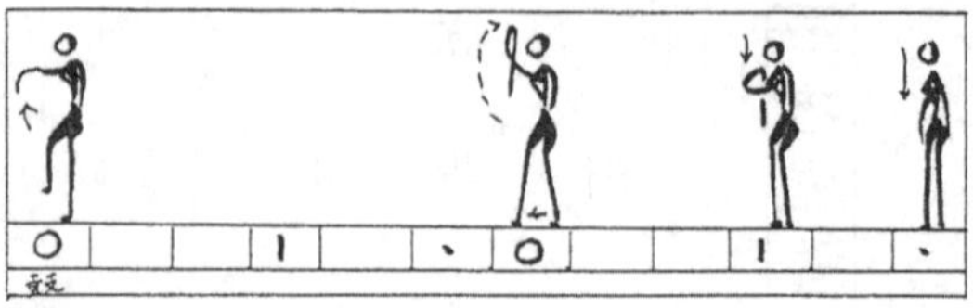 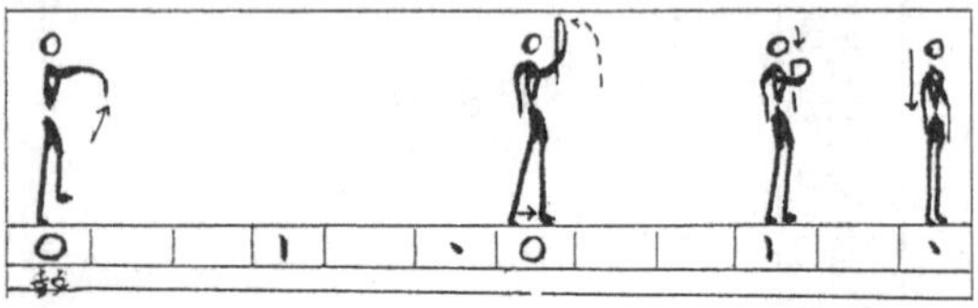 **봉황음⑶ 3각 동작** 보법: 청은 內足을 황은 右足을 1·2·3·4·5·6박까지 들어 7박에 상대하여 한 발 내딛고 8·9박까지 청은 外足을 황은 左足을 끌어 대고 10·11박에 무릎을 구부리고 12박에 편다. (도판 32) 수법: 청은 內手를 황은 右手를 1·2·3·4·5·6박까지 들어 7박에 어깨 뒤편으로 뿌려 넘겨 8·9·10·11·12박까지 귀 쪽으로 흘려 내려 무릎 위에 내린다.
			4각	청 황	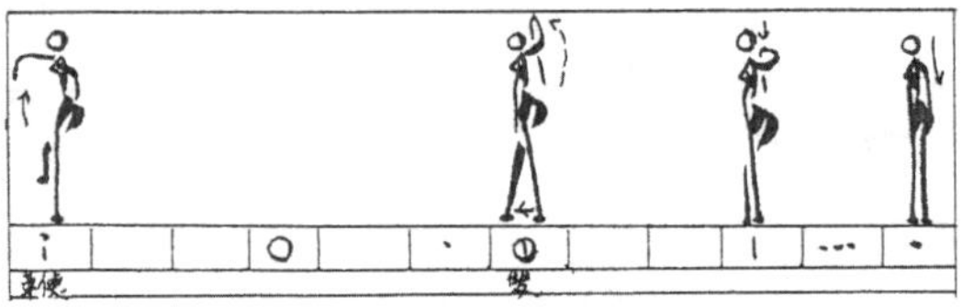 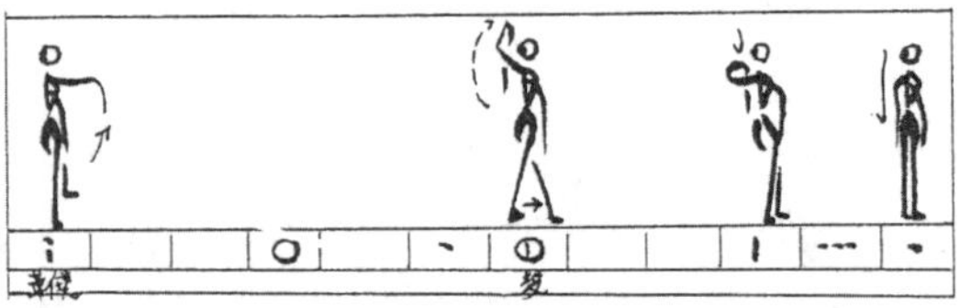 **봉황음⑶ 4각 동작** 보법: 청은 外足을 황은 左足을 1·2·3·4·5·6박까지 들어 7박에 상대하여 한 발 내딛고 8·9박까지 청은 內足을 황은 右足을 끌어 대고 10·11박까지 무릎을 구부리고 12박에 편다. (도판 32) 수법: 청은 外手를 황은 左手를 1·2·3·4·5·6박까지 들어 7박에 어깨 뒤편으로 뿌려 넘겨 8·9·10·11·12박까지 귀 쪽으로 흘려 내려 무릎 위에 내린다.

홀 기	진 행 도	음악	장단	배역	동 작
	黑 白　　靑 　　黃 　　紅 <도판 33> (청황상대)	봉황음3	5각	청 황	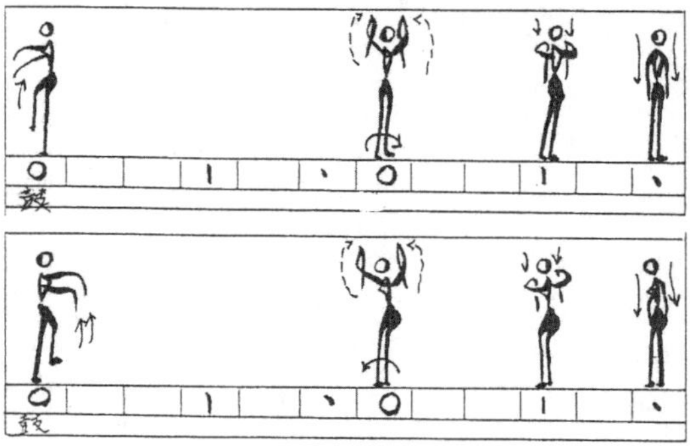 **봉황음(3) 5각 동작** 보법: 청은 1・2・3・4・5・6박까지 內足을 들어 7박에 동쪽 방향으로 딛고 8・9박에 돌아 동쪽을 향하고 10・11박까지 무릎을 구부리고 12박에 편다. 황은 1・2・3・4・5・6박까지 右足을 들어 7박에 서쪽 방향으로 딛고 8・9박까지 돌아 청과 상배하고 10・11박까지 무릎을 구부리고 12박에 편다. (도판 33) 수법: 청・황은 1・2・3・4・5・6박까지 양손을 들어 7박에 어깨 뒤편으로 뿌려 넘겨 8・9・10・11・12박까지 귀 쪽으로 흘려 내려 무릎 위에 내린다.
	黑 白　黃 ← 靑 　　紅 <도판 34> (청황복위)		6각	황 청	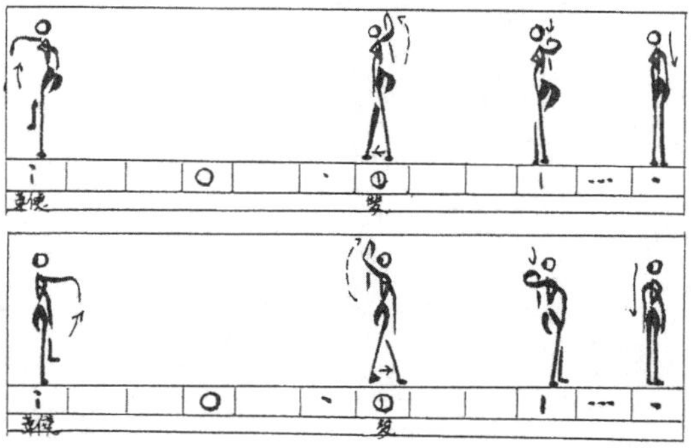 **봉황음(3) 6각 동작** 보법: 청은 內足을 황은 右足을 1・2・3・4・5・6박까지 들어 7박에 상배하여 한 발 앞에 내딛고 8・9박까지 청은 外足을 황은 左足을 끌어 대고 10・11박에 무릎을 구부리고 12박에 편다. (도판 34) 수법: 청은 外手를 황은 左手를 1・2・3・4・5・6박까지 들어 7박에 어깨 뒤편으로 뿌려 넘겨 8・9・10・11・12박까지 귀 쪽으로 흘려 내려 무릎 위에 내린다.

홀　기	진　행　도	음악	장단	배역	동　　　작
		봉황음3	7각	황 청	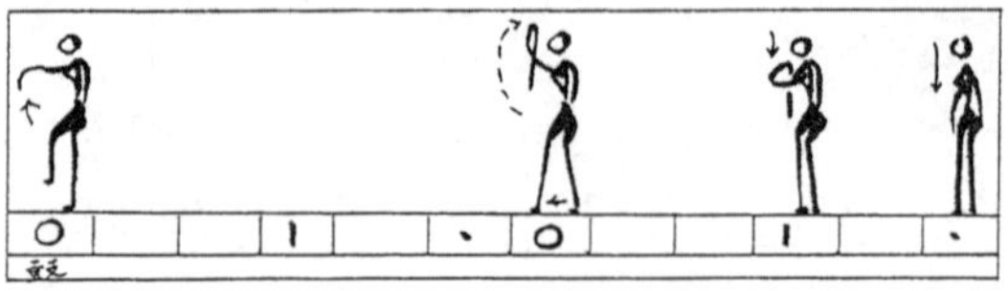 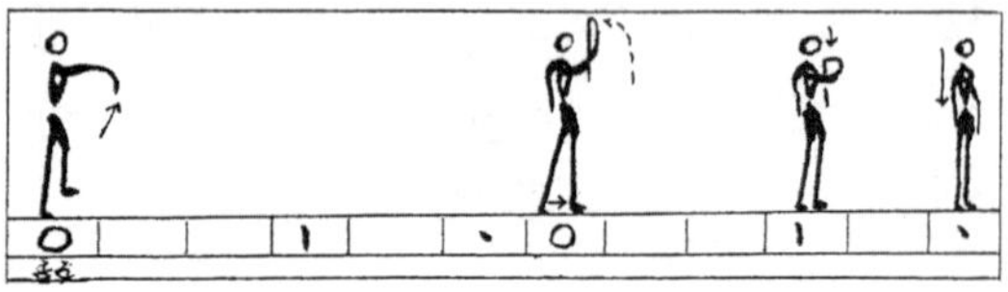 **봉황음(3) 7각 동작** 보법: 청은 外足을 황은 左足을 1·2·3·4·5·6박까지 들어 7박에 상배하여 한 발 내딛고 8·9박까지 청은 內足을 황은 右足을 끌어 대고 10·11박에 무릎을 구부리고 12박에 편다. (도판 34) 수법: 청은 외수를 황은 左手를 1·2·3·4·5·6박까지 들어 7박에 어깨 뒤편으로 뿌려 넘겨 8·9·10·11·12박까지 귀 쪽으로 흘려 내려 무릎 이에 내린다.
	黑 白　黃　靑 紅 〈도판 35〉 (청황북향)	봉황음3	8각	흑백홍 (3방자) 황 청	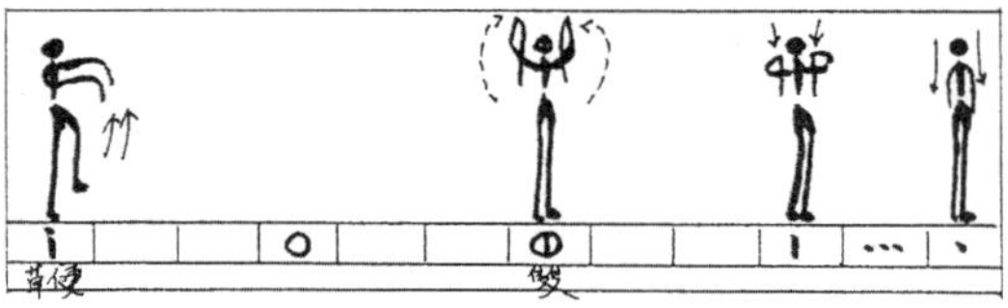 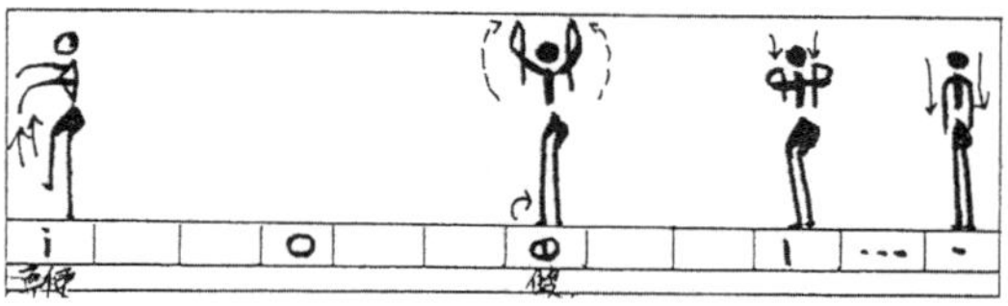 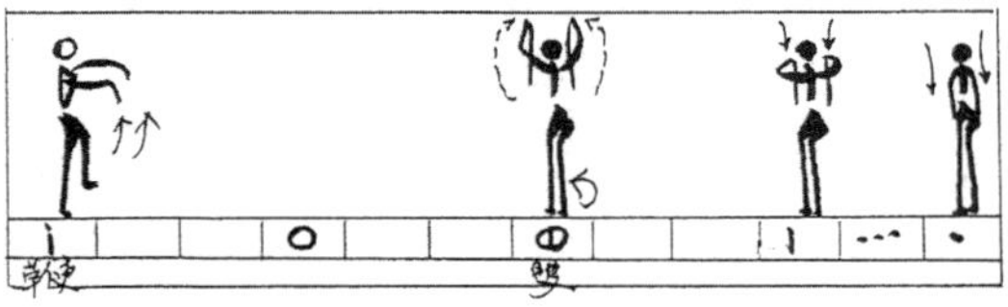 **봉황음(3) 8각 동작** 보법: 흑·백·홍은 北向하고 1·2·3·4·5·6박까지 內足을 들어 7박에 제자리에 딛고 8·9박은 서 있다가 10·11박에 무릎을 구부리고 12박에 편다. 　　청은 內足을 황은 右足을 1·2·3·4·5·6박까지 들어 7박에 북쪽을 향하여 8·9박에 돌아 北向하고 10·11박에 무릎을 구부리고 12박에 편다. (도판 35) 수법: 청·홍·황·흑·백은 1·2·3·4·5·6박까지 양 손을 들어 7박에 어깨 뒤편으로 뿌려 넘겨 8·9·10·11·12박까지 귀 쪽으로 흘려 내려 무릎에 내린다.

홀　　기	진　행　도	음악	장단	배역	동　　　　작

주 : 흑·백·홍의 동작은 모든 정재에서의 갱염수(更斂手)에 해당한다.

홀기 (세로쓰기): 黃者南向而舞紅者向中央對舞

진행도:

黑

白　　罴　　青

紅

<도판 36>
(홍황상향)

음악: 봉황음3

장단: 9각

배역: 홍황

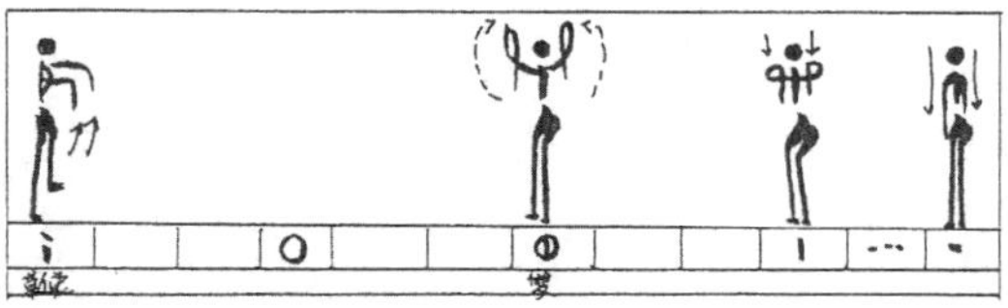

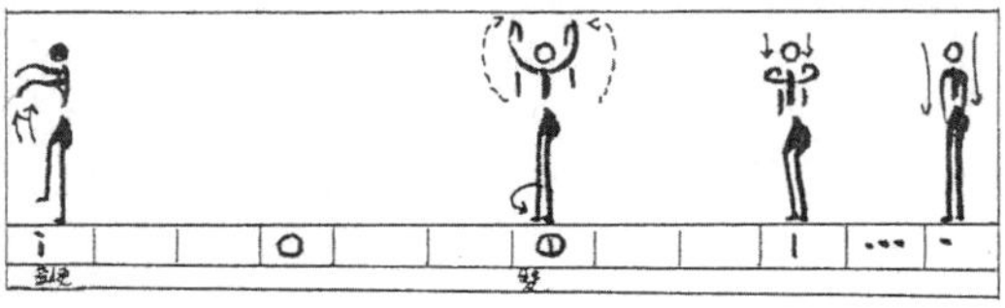

봉황음(3) 9각 동작

보법: 홍은 北向하고 1·2·3·4·5·6박까지 內足을 들어 7박에 제자리에 딛고 8·9박까지 서 있다가 10·11박에 무릎을 구부리고 12박에 편다.
　　　황은 1·2·3·4·5·6박까지 右足을 들어 7박에 남쪽 방향으로 딛고 8·9박까지 돌아 홍을 향하고 10·11박에 무릎을 구부리고 12박에 편다. (도판 36)

수법: 홍·황은 1·2·3·4·5·6박까지 양손을 들어 7박에 어깨 뒤편에 뿌려 넘겨 8·9·10·11·12박까지 귀 쪽으로 흘려 내려 무릎 위에 내린다.

진행도:

黑

白　　↓青
　　　罴
　　　紅
　　　↑

<도판 37>
(황홍대무)

장단: 10각

배역: 황홍

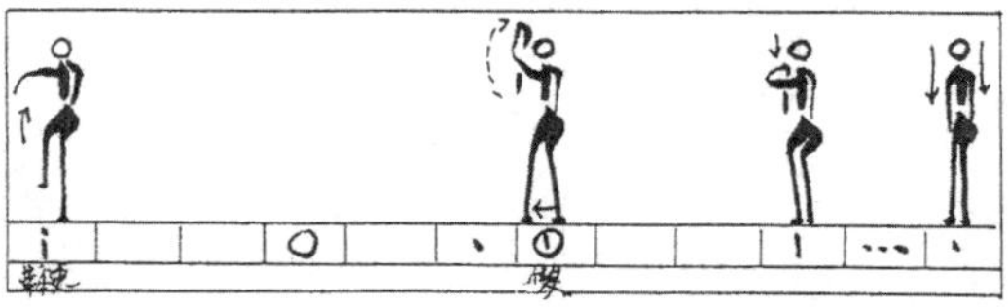

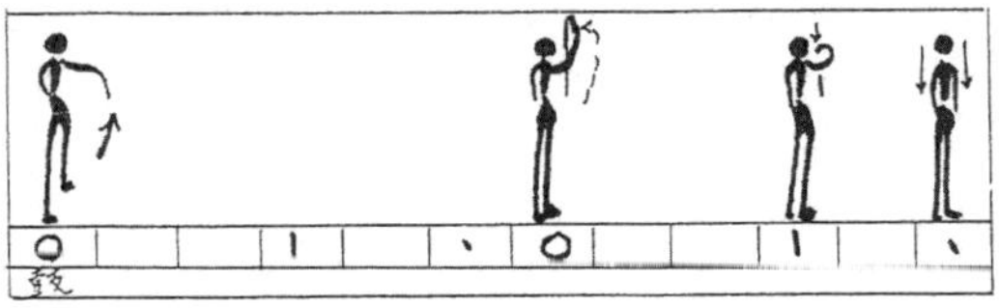

봉황음(3) 10각 동작

보법: 홍은 內足을 황은 右足을 1·2·3·4·5·6박까지 들어 7박에 상대하여 앞에 한 발 내딛고 8·9박까지 홍은 外足을 황은 左足을 끌어대고 10·11박에 무릎을 구부리고 12박에 편다. (도판 37)

수법: 홍은 內手를 황은 右手를 1·2·3·4·5·6박까지 들어 어깨 뒤편으로 뿌려 넘겨 8·9·10·11·12박까지 귀 쪽으로 흘려 내려 무릎 위에 내린다.

홀 기	진 행 도	음악	장단	배역	동 작
		봉황음3	11각	황 홍	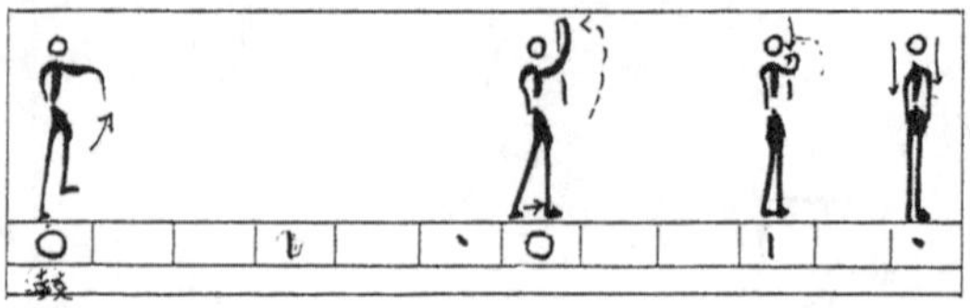 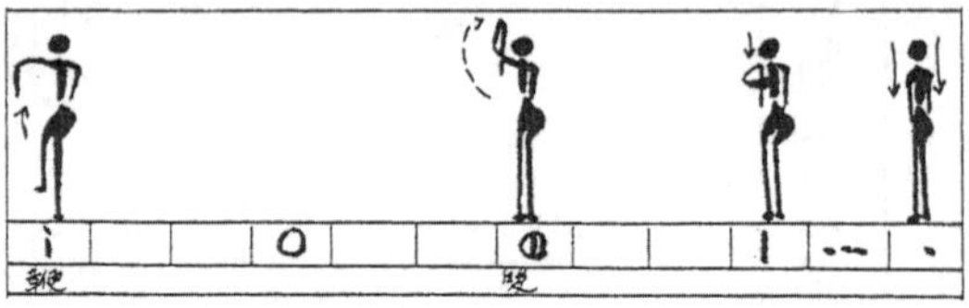 봉황음⑶ 11각 동작 보법: 홍은 外足을 황은 左足을 1·2·3·4·5·6박까지 들어 7박에 상대하여 한 발 내딛고 8·9박까지 홍은 內足을 황은 右足을 끌어 대고 10·11각 까지 무릎을 구부리고 12박에 편다. (도판 37) 수법: 홍은 外手를 황은 左手를 1·2·3·4·5·6박까지 들어 7박에 어깨 뒤편으로 뿌려 넘겨 8·9·10·11·12박까지 귀 쪽으로 흘려 내려 무릎에 내린다.
	黑 白　　青 黃 〈도판 38〉 (황홍상배)		12각	황 홍	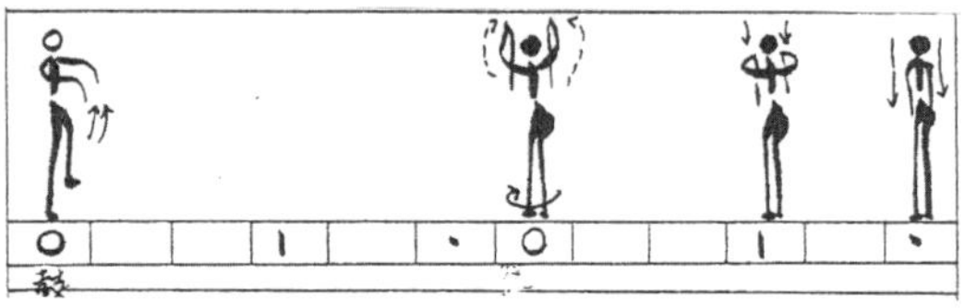 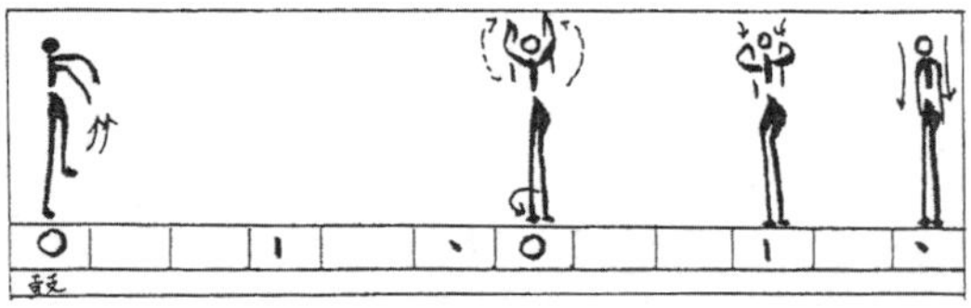 봉황음⑶ 12각 동작 보법: 홍은 1·2·3·4·5·6박까지 內足을 들어 7박에 남쪽 방향으로 딛고 8·9박에 돌아 南向하고 10·11박에 무릎을 구부리고 12박에 편다. 황은 1·2·3·4·5·6박까지 右足을 들어 7박에 북쪽 방향으로 딛고 8·9박까지 돌아 홍과 상배하고 10·11박까지 무릎을 구부리고 12박에 편다. (도판 38) 수법: 홍·황은 1·2·3·4·5·6박까지 양손을 들어 7박에 어깨 뒤편으로 뿌려 넘겨 8·9·10·11·12박까지 귀 쪽으로 흘려 내려 무릎 위에 내린다.

홀 기	진 행 도	음악	장단	배역	동 작
	黑 白　棊　靑 ↑ │ ↓ 紅 <도판 39> (홍황상향)	봉황음3	13각	황 홍	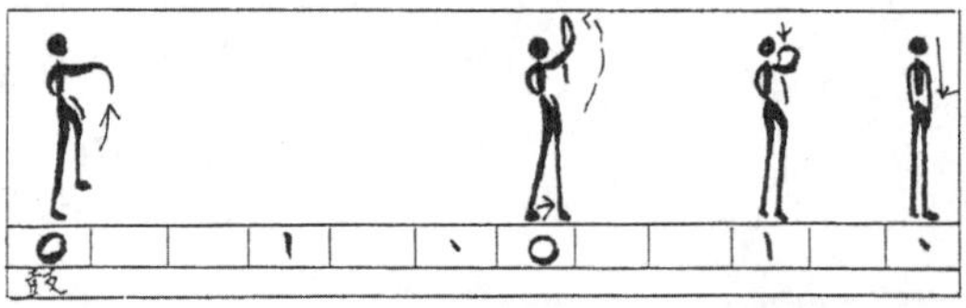 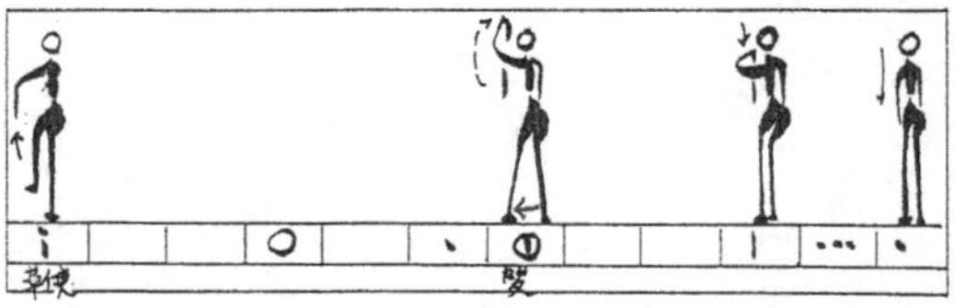 **봉황음(3) 13각 동작** 보법: 홍은 內足을 황은 右足을 1·2·3·4·5·6박까지 들어 7박에 상배하여 한 발 앞에 내딛고 8·9박까지 홍은 外足을 황은 左足을 끌어대고 10·11박까지 무릎을 구부리고 12박에 편다. (도판 39) 수법: 홍은 內手를 황은 右手를 1·2·3·4·5·6박까지 들어 7박에 어깨 뒤편으로 뿌려 넘겨 8·9·10·11·12박까지 귀 쪽으로 흘려 내려 무릎 위에 내린다.
			14각	황 홍	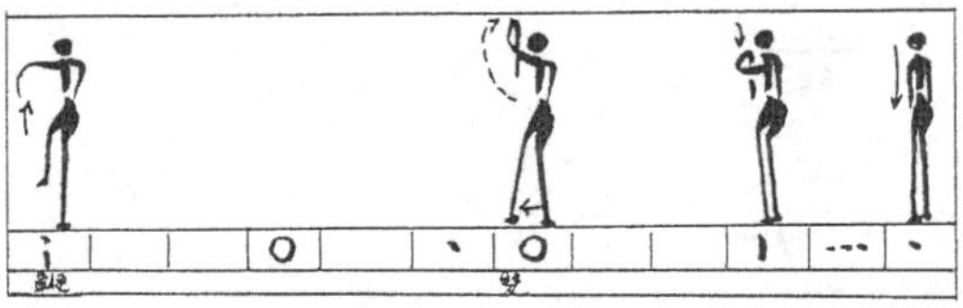 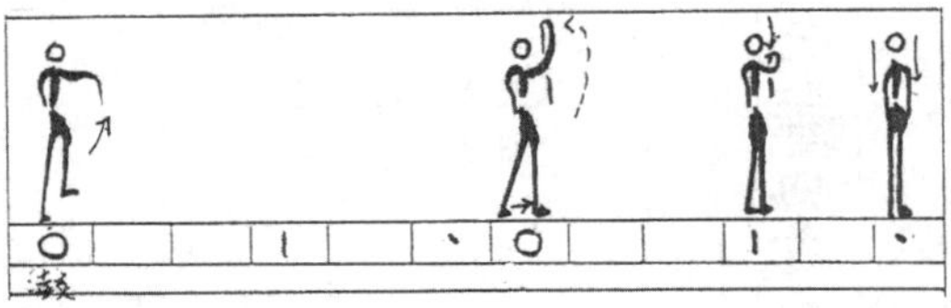 **봉황음(3) 14각 동작** 보법: 홍은 外足을 황은 左足을 1·2·3·4·5·6박까지 들어 7박에 상배하여 한 발 앞에 내딛고 8·9박까지 홍은 內足을 황은 右足을 끌어대고 10·11박에 무릎을 구부리고 12박에 편다. (도판 39) 수법: 홍은 外手를 황은 左手를 1·2·3·4·5·6박까지 들어 7박에 어깨 뒤편으로 뿌려 넘겨 8·9·10·11·12박까지 귀 쪽으로 흘려 내려 무릎 위에 내린다.

홀 기	진 행 도	음악	장단	배역	동 작
	黑 白　黃　青 紅 <도판 40> (홍황북향)	봉황음3	15각	흑청백황 (삼방자) 홍	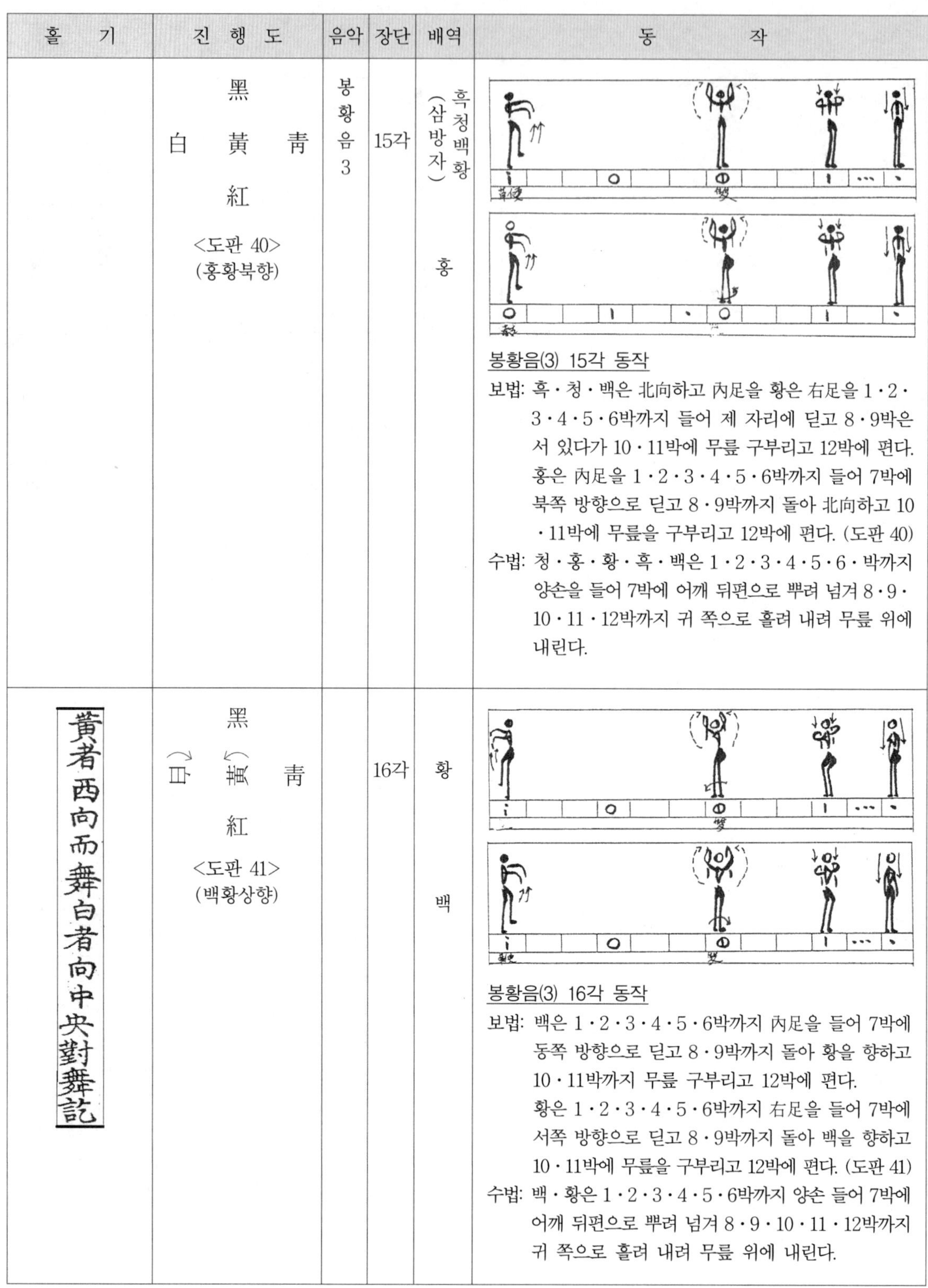

봉황음(3) 15각 동작

보법: 흑·청·백은 北向하고 內足을 황은 右足을 1·2·
　　　3·4·5·6박까지 들어 제 자리에 딛고 8·9박은
　　　서 있다가 10·11박에 무릎 구부리고 12박에 편다.
　　　홍은 內足을 1·2·3·4·5·6박까지 들어 7박에
　　　북쪽 방향으로 딛고 8·9박까지 돌아 北向하고 10
　　　·11박에 무릎을 구부리고 12박에 편다. (도판 40)

수법: 청·홍·황·흑·백은 1·2·3·4·5·6·박까지
　　　양손을 들어 7박에 어깨 뒤편으로 뿌려 넘겨 8·9·
　　　10·11·12박까지 귀 쪽으로 흘려 내려 무릎 위에
　　　내린다.

| | 黑
白　黃　青
紅
<도판 41>
(백황상향) | | 16각 | 황

백 | |

봉황음(3) 16각 동작

보법: 백은 1·2·3·4·5·6박까지 內足을 들어 7박에
　　　동쪽 방향으로 딛고 8·9박까지 돌아 황을 향하고
　　　10·11박까지 무릎 구부리고 12박에 편다.
　　　황은 1·2·3·4·5·6박까지 右足을 들어 7박에
　　　서쪽 방향으로 딛고 8·9박까지 돌아 백을 향하고
　　　10·11박에 무릎을 구부리고 12박에 편다. (도판 41)

수법: 백·황은 1·2·3·4·5·6박까지 양손 들어 7박에
　　　어깨 뒤편으로 뿌려 넘겨 8·9·10·11·12박까지
　　　귀 쪽으로 흘려 내려 무릎 위에 내린다.

黃者西向而舞白者向中央對舞訖

홀 기	진 행 도	음악	장단	배역	동 작
	黑 →白 黃← 青 紅 <도판 42> (백황대무)	봉황음 3	17각	황	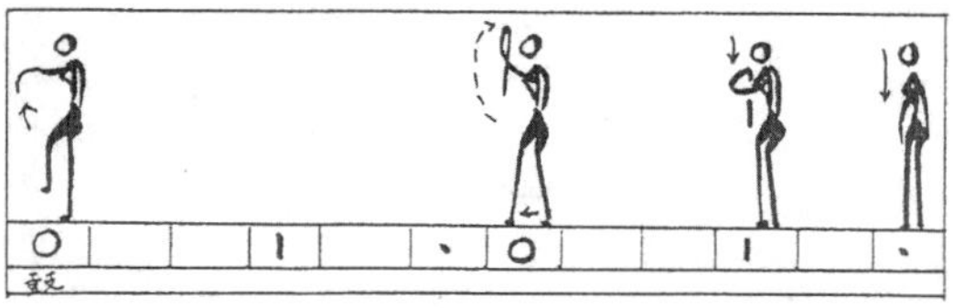
				백	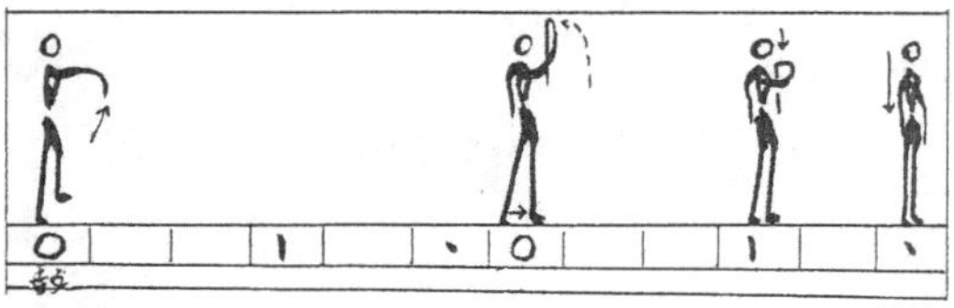 봉황음(3) 17각 동작 보법: 백은 內足을 황은 右足을 1·2·3·4·5·6박까지 들어 7박에 상대하여 앞에 한 발 내딛고 8·9박까지 백은 外足을 황은 左足을 끌어대고 10·11박에 무릎을 구부리고 12박에 편다. (도판 42) 수법: 백은 內手를 황은 右手를 1·2·3·4·5·6박까지 들어 7박에 어깨 뒤편으로 뿌려 넘겨 8·9·10·11·12박까지 귀 쪽으로 흘려 내려 무릎 위에 내린다.
			18각	황	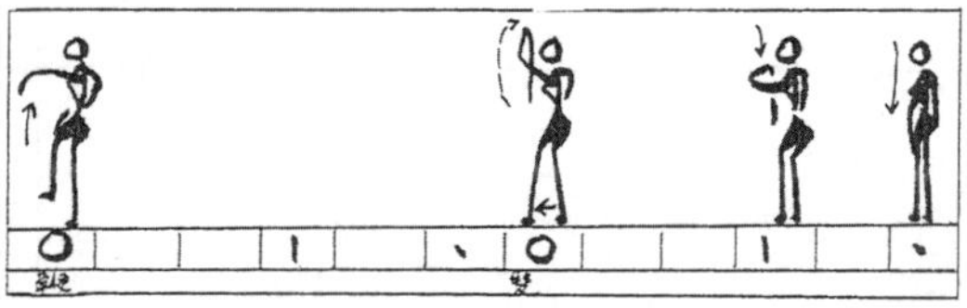
				백	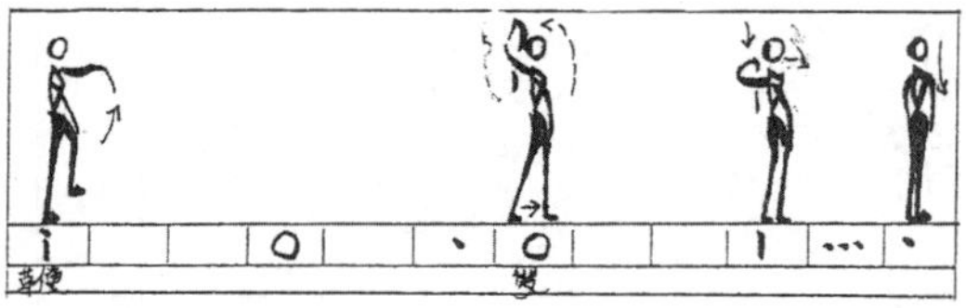 봉황음(3) 18각 동작 보법: 백은 外足을 황은 左足을 1·2·3·4·5·6박까지 들어 7박에 상대하여 한 발 내딛고 8·9박까지 백은 內足을 황은 右足을 끌어 대고 10·11박까지 무릎을 구부리고 12박에 편다. (도판 42) 수법: 백은 外手를 황은 左手를 1·2·3·4·5·6박까지 들어 7박에 어깨 뒤편으로 뿌려 넘겨 8·9·10·11·12박까지 귀 쪽으로 흘려 내려 무릎 위에 내린다.

홀 기	진 행 도	음악	장단	배역	동 작

黑
日　黃　　　青
　　紅
<도판 43>
(백황상배)

음악: 봉황음3　장단: 19각　배역: 황 / 백

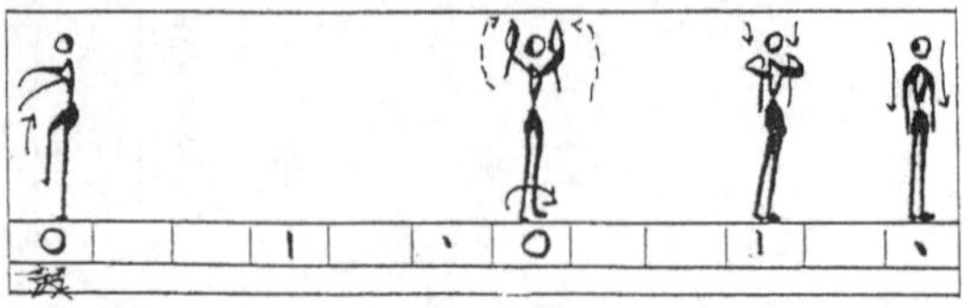

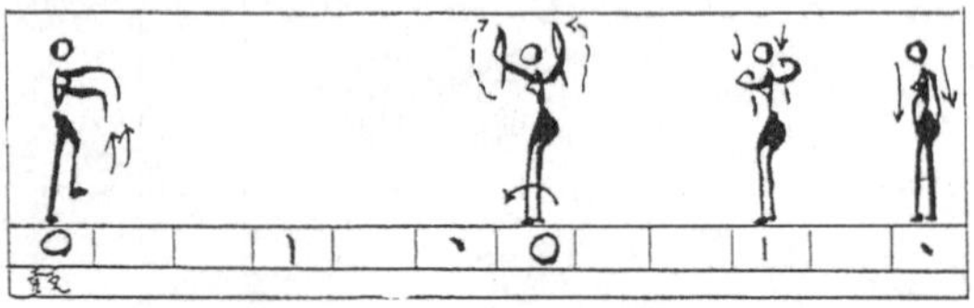

봉황음(3) 19각 동작

보법: 백은 1·2·3·4·5·6박까지 內足 들어 7박에
　　　서쪽 방향으로 딛고 8·9박에 돌아 서쪽을 향하
　　　고 10·11박까지 무릎을 구부리고 12박에 편다.
　　　황은 1·2·3·4·5·6박까지 右足을 들어 7박
　　　에 동쪽 방향으로 딛고 8·9박까지 돌아 백과 상
　　　배하고 10·11박까지 무릎을 구부리고 12박에 편
　　　다. (도판 43)

수법: 백·황은 1·2·3·4·5·6박까지 양손을 들어
　　　7박에 어깨 뒤편으로 뿌려 넘겨 8·9·10·11·
　　　12박까지 귀 쪽으로 흘려 내려 무릎 위에 내린다.

黑
日←→黃　　　青
　　紅
<도판 44>
(백황복위)

음악: 봉황음3　장단: 20각　배역: 황 / 백

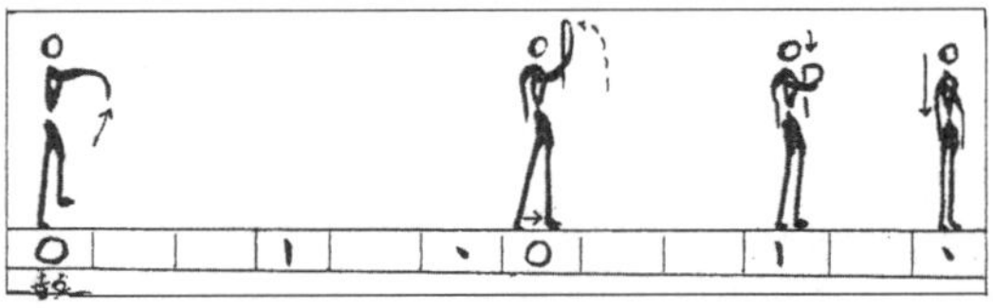

봉황음(3) 20각 동작

보법: 백은 內足을 황은 右足을 1·2·3·4·5·6박까
　　　지 들어 7박에 상배하여 한 발 앞에 내딛고 8·9
　　　박까지 백은 外足을 황은 左足을 끌어 대고 10·
　　　11박에 무릎을 구부리고 12박에 편다. (도판 44)

수법: 백은 內手를 황은 右手를 1·2·3·4·5·6박까
　　　지 들어 7박에 어깨 뒤편으로 뿌려 넘겨 8·9·10
　　　·11·12박까지 귀 쪽으로 흘려 내려 무릎 위에
　　　내린다.

홀 기	진 행 도	음악	장단	배역	동 작
		봉황음3	21각	황 백	

봉황음(3) 21각 동작

보법: 백은 外足을 항은 左足을 1·2·3·4·5·6박까지 들어 7박에 상배하여 한 발 내딛고 8·9박까지 백은 內足을 황은 右足을 끌어 대고 10·11박에 무릎을 구부리고 12박에 편다. (도판 44)

수법: 백은 外手를 황은 左手를 1·2·3·4·5·6박까지 들어 7박에 어깨 뒤편으로 뿌려 넘겨 8·9·10·11·12박까지 귀 쪽으로 흘려 내려 무릎 위에 내린다.

홀 기	진 행 도	음악	장단	배역	동 작
	黑 白　黃　靑 紅 <도판 45> (백황북향)		22각	(3방자) 흑청홍 백 황	

봉황음(3) 22각 동작

보법: 흑·청·홍은 北向하고 1·2·3·4·5·6박까지 內足을 들어 7박에 제자리에 딛고 8·9박은 서 있다가 10·11박에 무릎을 구부리고 12박에 편다. 백은 內足을 황은 右足을 1·2·3·4·5·6박까지 들어 7박에 북쪽을 향하여 딛고 8·9박에 돌아 北向하고 10·11박에 무릎을 구부리고 12박에 편다. (도판 45)

수법: 청·홍·황·흑·백은 1·2·3·4·5·6박까지 양손을 들어 7박에 어깨 뒤편으로 뿌려 넘겨 8·9·10·11·12박까지 귀 쪽으로 흘려 내려 무릎 위에 내린다.

홀　기	진　행　도	음악	장단	배역	동　　　작
擊鞭黃者不出其方周旋而舞　左旋○右手先擧　左右手皆兩度　青 紅黑白者並不出其方一時向中央而舞　右並手左手皆先擧左西夏					주1 : 黃者不出基方周旋左旋右手先擧左右手 　　　（황자불출기방주선좌선우수선거좌우수） 　　　皆兩度 　　　（개양도） ◎ 황은 대(隊)를 떠나지 않고 제 위치에서 좌선(左旋) 　한다. 　먼저 右手를 들고 左右手 모두 번 한다. 주2 : 靑紅黑白者竝不出其方一時向中央而舞 　　　（청홍흑백자병불출기방일시향중앙이무） 　　　竝左手先擧左右手皆兩度 　　　（병좌수선거좌우수개양도） ◎ 청홍흑백자는 모두 대(隊)를 떠나지 않고 그 방향(북 　향하고 있는 방향)에서 중앙(黃)을 향한다. 　모두 左手를 먼저 들어 左右手 모두 번 한다. ※ 이상의 註1, 2에서 "황자는 먼저 右手를 들었다 내 리고 다음에 左手를 들었다 내린다."라는 황의 손 동작은 문제가 되지 않으나 "청홍흑백은 먼저 左手 를 들었다 내리고 다음에 右手를 들었다 내린다." 라는 부분은 문제가 있다. 황은 중무이기 때문에 先右手 次左手가 당연하나 청홍흑백은 협무(挾舞)이기 때문에 先內手 次外手 로 해야 한다. 그런데 황과의 반대 손으로 기록한 것은 잘못된 것 이 아닌가 보여 진다. 앞부분에서 황은 짝이 없으니 手足을 先右 次左로 하고 청홍흑백은 짝이 있으니 先內 次外로 해야 한다고 기록 해 놓고 이 부분에 와서 황과 협무의 관계로 기록한 것은 중무를 中心으로 左右隊가 형 성 되지 않기 때문이다. 그러므로 청홍흑백의 手足을 先內 次外로 도안하 였음을 밝혀 둔다. 또한 모든 정재(呈才)에서도 선모는 手足을 先右次 左로 하고 협무는 先內 次外로 하도록 기록하고 있다. 그럼으로 처용무의 이 부분의 홀기는 잘못 기록된 것으로 보아야 할 것이다.

홀 기	진 행 도	음악	장단	배역	동 작
	㔩 ○○ ○黃 ○ 凸○ ○ ○艸 ○紅 〈도판 46〉 (좌선)	봉황음 3	23각 24각	황 황 흑 흑 청 청 홍 홍	

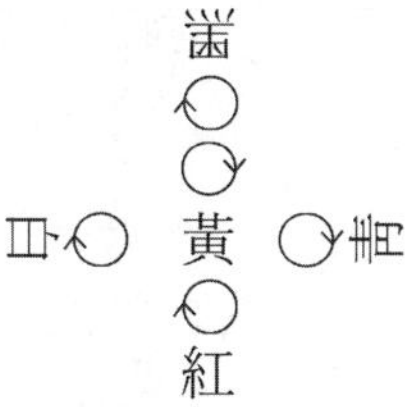

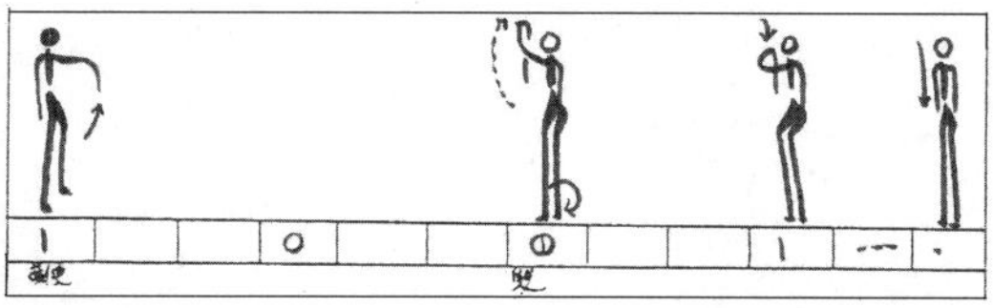

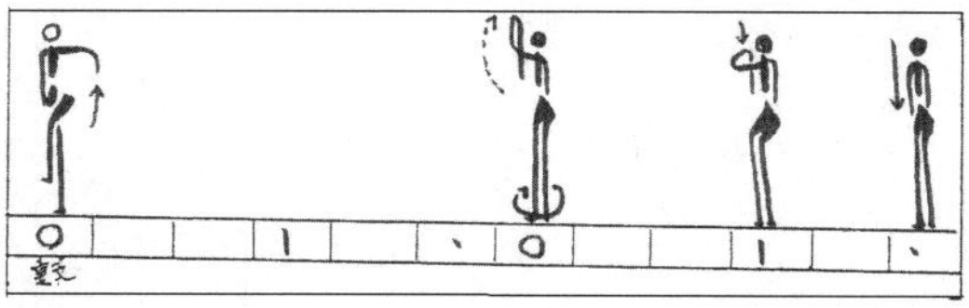

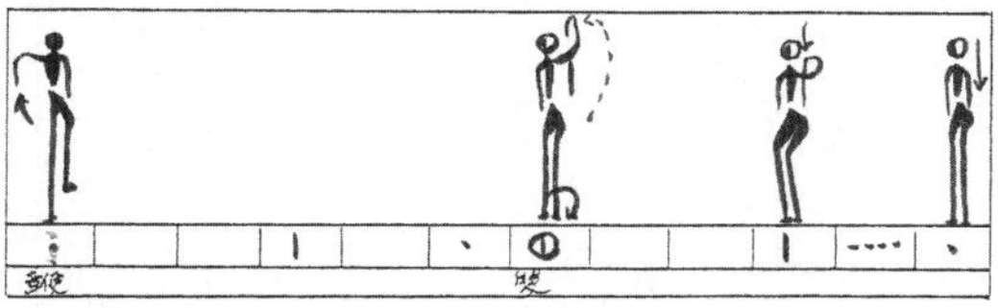

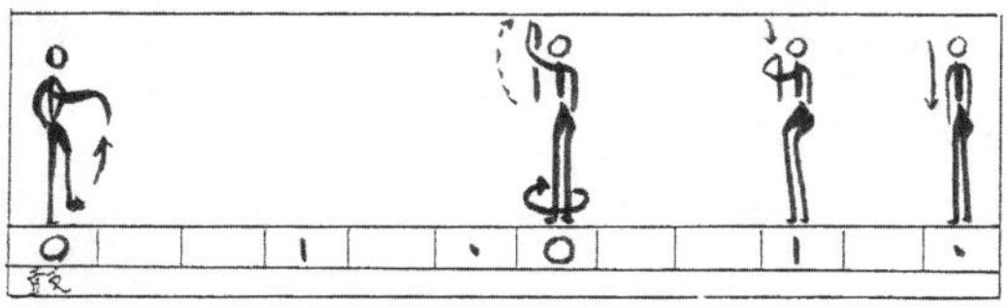

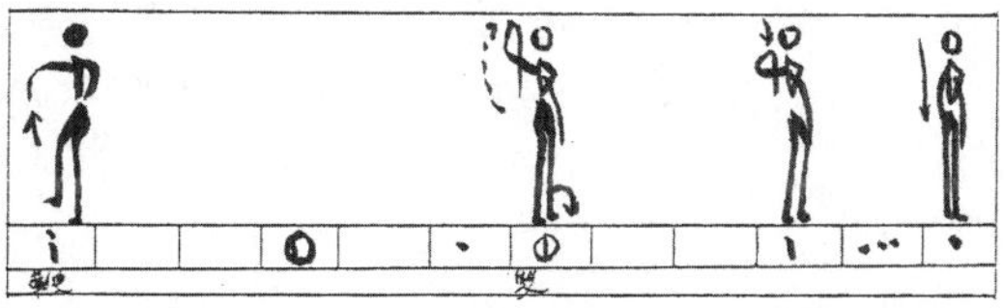

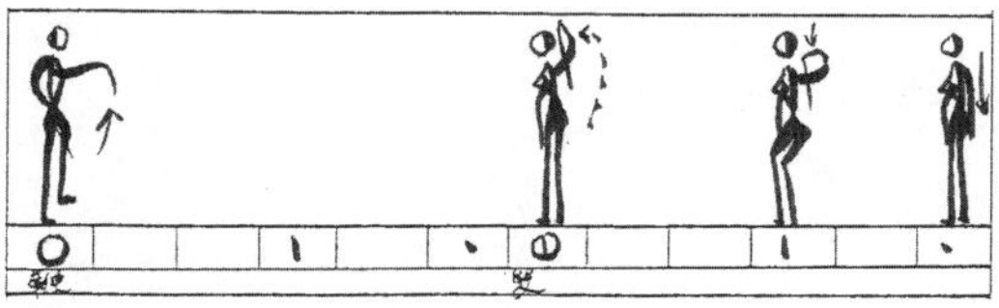

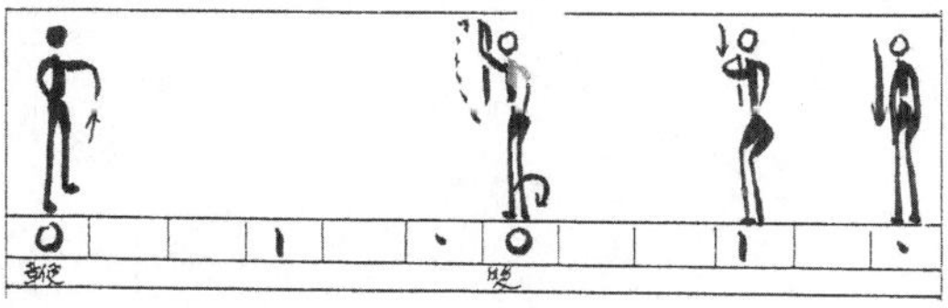

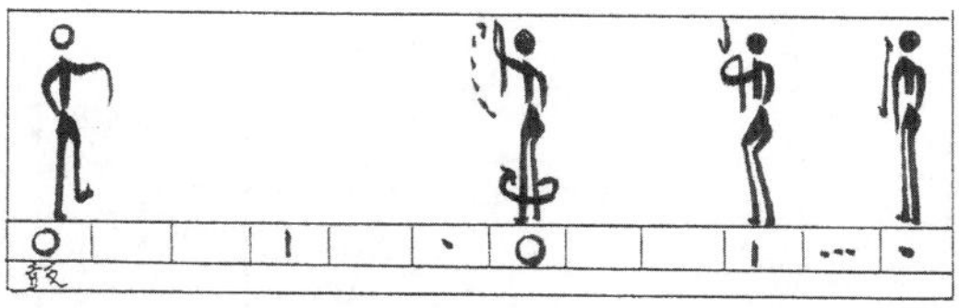

홀 기	진 행 도	음악	장단	배역	동 작
		봉 황 음 3		백 백	

봉황음(3) 23, 24각 동작

보법: 황은 23각의 1·2·3·4·5·6박까지 右足을 들어 동쪽에 딛으며 7박에 8·9박까지 돌아 南向하고 10·11박까지 무릎을 구부리고 12박에 편다. 24각의 1·2·3·4·5·6박까지 左足을 들어 7박에 남쪽에 딛으며 8·9박까지 돌아 좌선(左旋)하여 北向하고 10·11박까지 무릎을 구부리고 12박에 편다.

청·홍·흑·백은 23각의 1·2·3·4·5·6박까지 內足을 들어 7박에 각각 좌측에 딛으며 8·9박까지 돌아 흑·청은 東向, 홍·백은 南向하여 10·11박까지 무릎을 구부리고 12박에 편다. 24각의 1·2·3·4·5·6박까지 外足을 들어 흑·청은 남쪽에 홍·백은 서쪽에 딛으며 8·9박까지 돌아 外向하여 10·11박까지 무릎을 구부리고 12박에 편다.

수법: 청·홍·흑·백은 23각의 1·2·3·4·5·6박까지 內手를 황은 右手를 어깨 위에 높이 들어 7박에 어깨 뒤편으로 뿌려 넘겨 8·9·10·11·12박까지 귀 쪽으로 흘려 내려 무릎 위에 내린다. 24각의 청·홍·흑·백은 1·2·3·4·5·6박까지 外手를 황은 左手를 어깨 위에 높이 들어 7박까지 어깨 뒤편으로 뿌려 넘겨 8·9·10·11·12박까지 귀 쪽으로 흘려 내려 무릎 위에 내린다.

홀 기	진 행 도	음악	장단	배역	동 작

홀　기	진　행　도	음악	장단	배역	동　　작
又末出其方周旋而舞 右旋○並左 右手皆兩度 記	壹 ○○黃○紅 缶　○ <도판 47> (우선)	봉황음3	25각 26각	황 황 흑 흑 청 청 홍 홍	

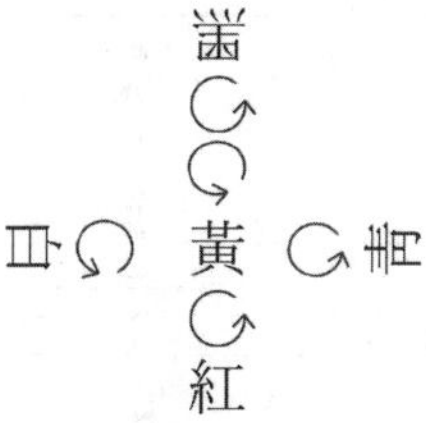

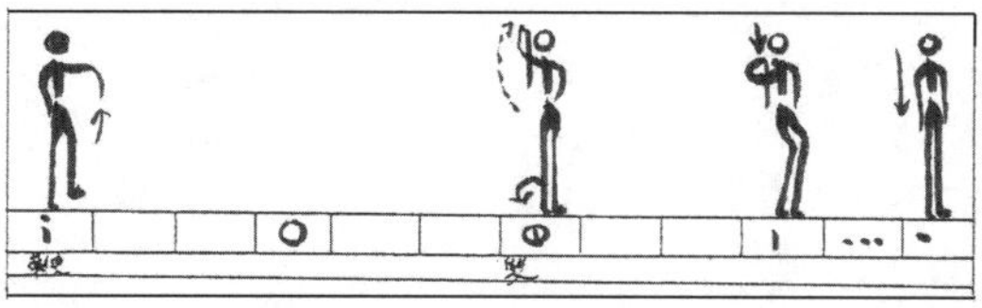

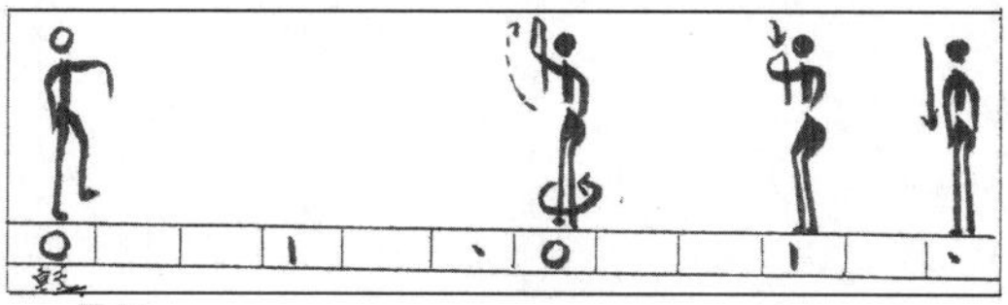

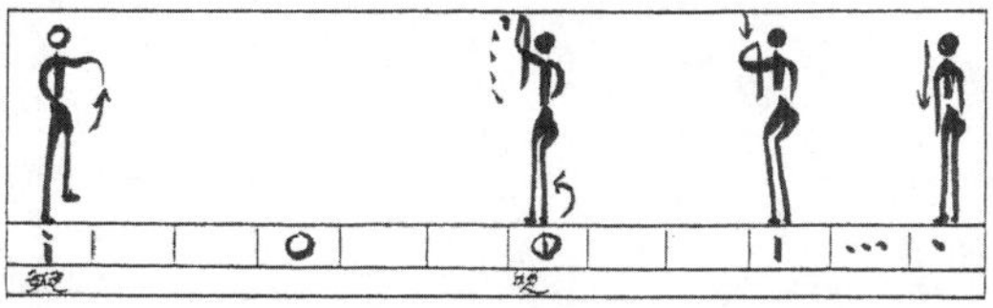

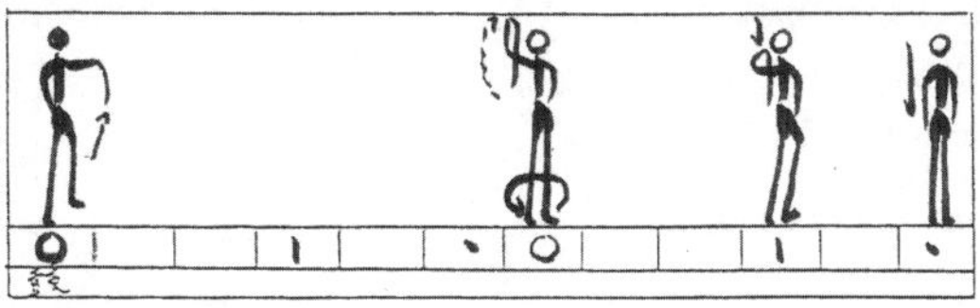

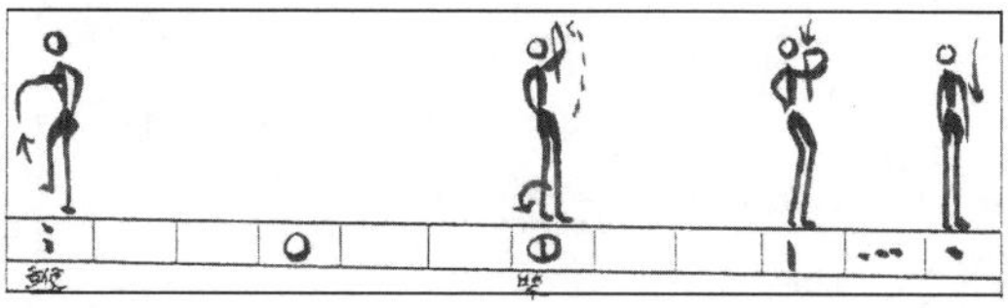

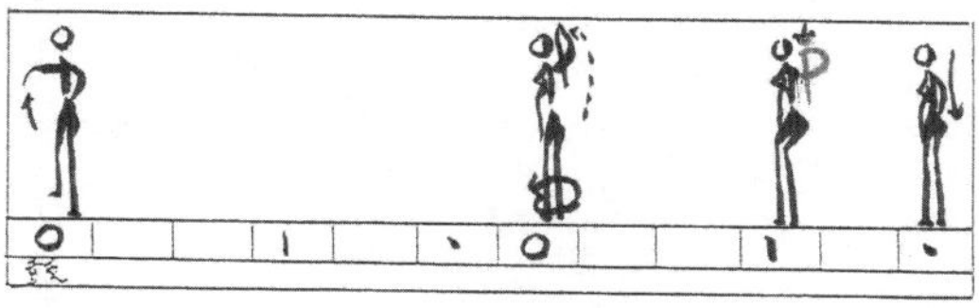

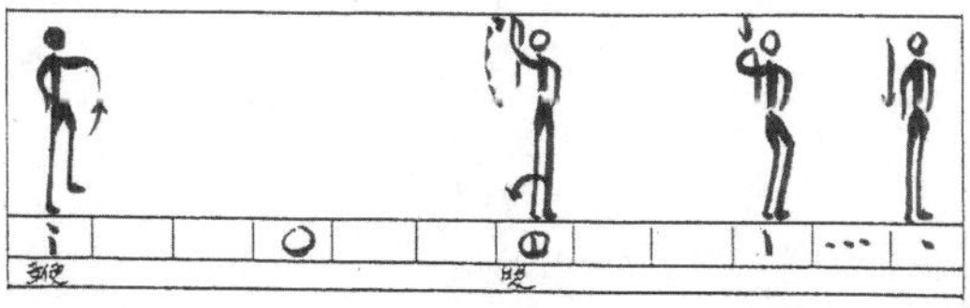

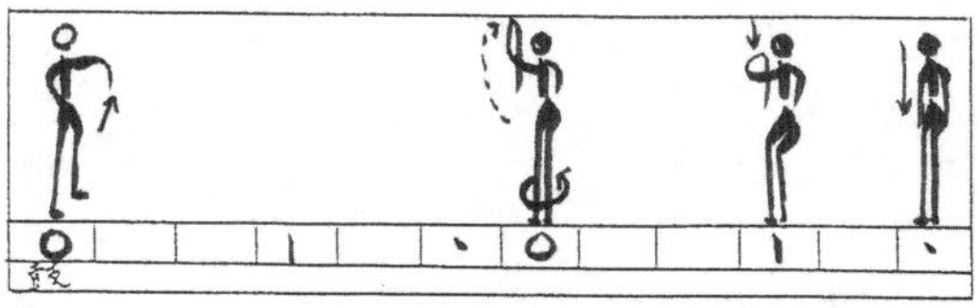

홀　　기	진　행　도	음악	장단	배역	동　　　　작
		봉황음 3		백 백	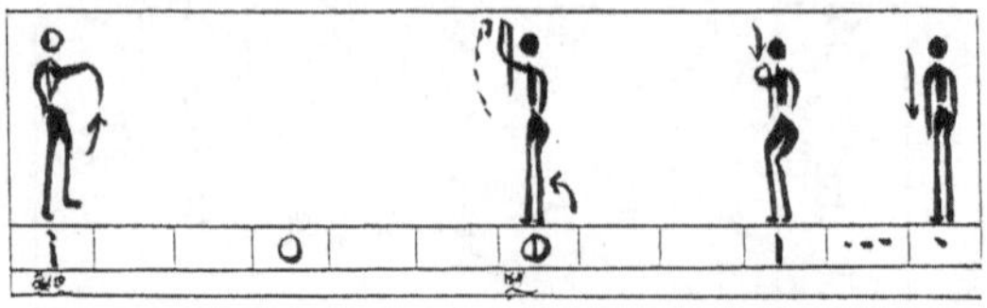 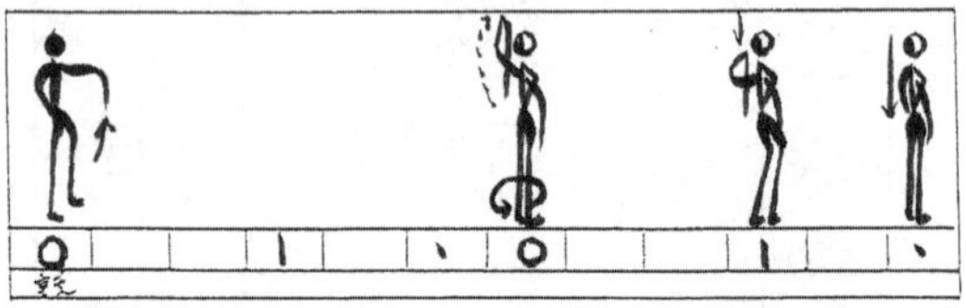 봉황음 25, 26각 동작 보법: 황은 25각의 1·2·3·4·5·6박까지 右足을 들어 7박에 서쪽에 딛으며 8·9박까지 돌아 南向하고 10·11박까지 무릎을 구부리고 12박에 편다. 26각의 1·2·3·4·5·6박까지 左足을 들어 7박에 동쪽에 딛으며 8·9박까지 돌아 우선(右旋)하여 北向하고 10·11박에 무릎을 구부리고 12박에 편다. (도판 47) 청·홍·흑·백은 25각의 1·2·3·4·5·6박까지 內足을 들어 7박에 각각 우측에 딛으며 8·9박까지 돌아 흑·백은 北向, 청·홍은 南向하고 10·11박까지 무릎을 구부리고 12박에 편다. 26각의 청·홍·흑·백은 1·2·3·4·5·6박까지 外足을 左足을 들어 7박에 내향 방향으로 딛으며 8·9박까지 돌아 內向하여 10·11박까지 무릎을 구부리고 12박에 편다. (도판 47) 수법: 청·홍·흑·백은 25각의 1·2·3·4·5·6박까지 內手를 황은 右手를 어깨 위에 높이 들어 7박에 어깨 뒤편으로 뿌려 넘겨 8·9·10·11·12박까지 귀 쪽으로 흘려 내려 무릎 위에 내린다. 26각의 1·2·3·4·5·6박까지 外手를 황은 左手를 어깨 위에 높이 들어 7박에 어깨 뒤편으로 뿌려 넘겨 8·9·10·11·12박까지 귀 쪽으로 흘려 내려 무릎 위에 내린다.
홀　　기	진　행　도	음악	장단	배역	동　　　　작

홀　기	진　행　도	음악	장단	배역	동　　　작
回舞者左旋先出○黑 三匝各還立其方止向而舞	 <도판 48> (1차 회무)	봉황음3	27각 28각	청홍황흑백 청홍황흑백	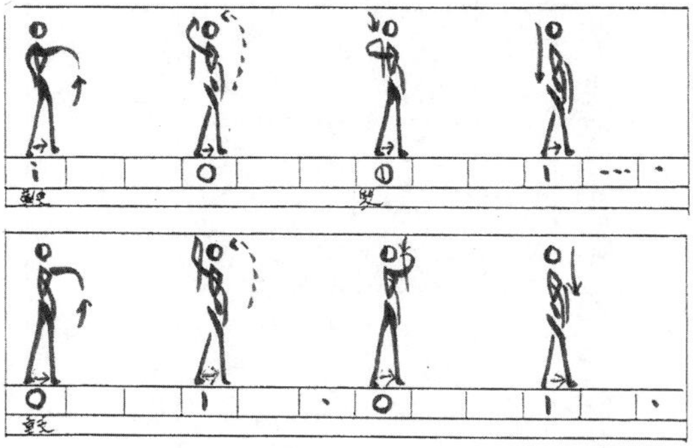 **봉황음(3) 27, 28각 동작** 보법: 청·홍·황·흑·백은 3박 1보로 일차(一次) 좌선(左旋) 회무(回舞) 한다. (先內足 次外足) 수법: 청·홍·흑·백은 內手를 황은 右手를 27각의 1·2·3박까지 들어 4박에 어깨 뒤편으로 뿌려 넘겨 5·6·7·8·9·10·11·12박까지 귀 쪽으로 흘려 내려 무릎에 내린다. 청·홍·흑·백은 外手를 황은 左手를 28각의 1·2·3박까지 들어 4박에 어깨 뒤편으로 뿌려 넘겨 5·6·7·8·9·10·11·12박까지 귀 쪽으로 흘려 내려 무릎 위에 내린다.
			29 ～ 42각		**봉황음(3) 29~42각 동작** ※ 청·홍·황·흑·백은 봉황음(3) 27, 28각 동작을 반복하며 1차 좌선회무 한다.
	 <도판 48-1> (2차 회무)		43 ～ 60각		**봉황음(3) 43~60각 동작** ※ 청·홍·황·흑·백은 봉황음(3) 27, 28각 동작을 반복하며 2차 좌선회무 한다.
	 <도판 48-2> (3차 회무)		61 ～ 76각		**봉황음(3) 61~76각 동작** ※ 청·홍·황·흑·백은 봉황음(3) 27, 28각 동작을 반복하며 1차 좌선회무 한다.

홀　기	진　행　도	음악	장단	배역	동　　　작
擊鞭黑者舞退 先左足退 紅者舞進 先右足進 五者齊行而舞	白黑黃紅靑 <도판 48-3> (제행일렬)	봉황음 3	77각 78각	백황홍 백황홍 청흑 청흑	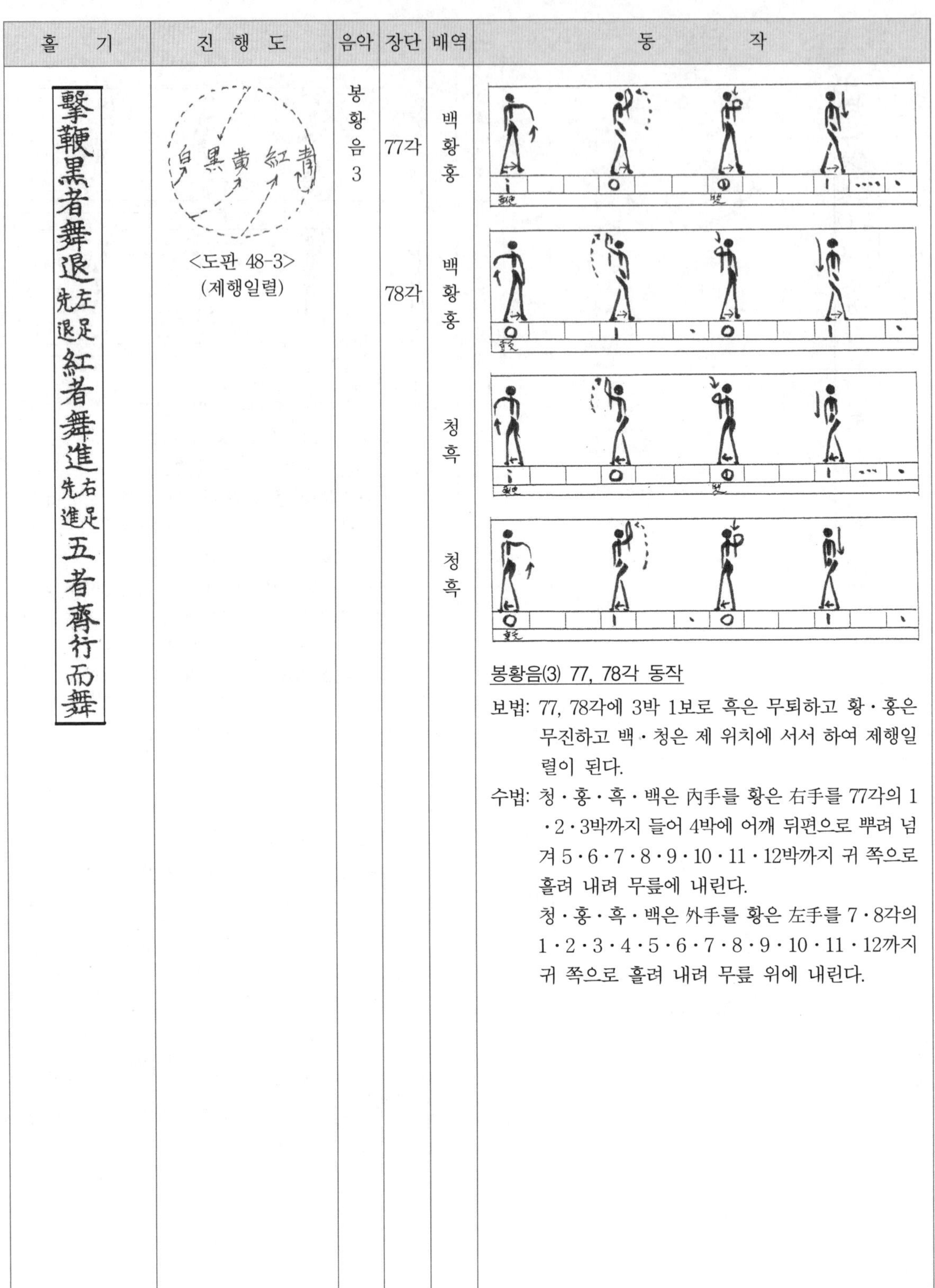

봉황음⑶ 77, 78각 동작

보법: 77, 78각에 3박 1보로 흑은 무퇴하고 황·홍은 무진하고 백·청은 제 위치에 서서 하여 제행일렬이 된다.

수법: 청·홍·흑·백은 內手를 황은 右手를 77각의 1·2·3박까지 들어 4박에 어깨 뒤편으로 뿌려 넘겨 5·6·7·8·9·10·11·12박까지 귀 쪽으로 흘려 내려 무릎에 내린다.

청·홍·흑·백은 外手를 황은 左手를 7·8각의 1·2·3·4·5·6·7·8·9·10·11·12까지 귀 쪽으로 흘려 내려 무릎 위에 내린다.

홀　　기	진　행　도	음악	장단	배역	동　　　　작
	白　黑　黃　紅　靑 <도판 49> (제행일렬)	봉황음3	79각	홍황백 청흑	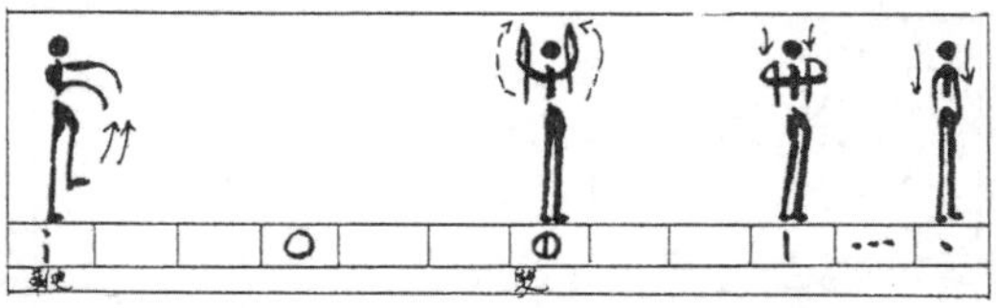  봉황음(3) 79각 동작 보법: 청·홍·흑·백은 內足을 황은 右足을 1·2·3·4·5·6박까지 들어 7박에 제자리에 딛고 8·9박까지 서 있다가 10·11박에 무릎을 구부리고 12박에 편다. (도판 49) 수법: 청·홍·황·흑·백은 양손을 1·2·3·4·5·6박까지 들어 7박에 어깨 뒤편으로 뿌려 넘겨 8·9·10·11·12박까지 귀 쪽으로 흘려 내려 무릎 위에 내린다.
			80각	홍황백 청흑	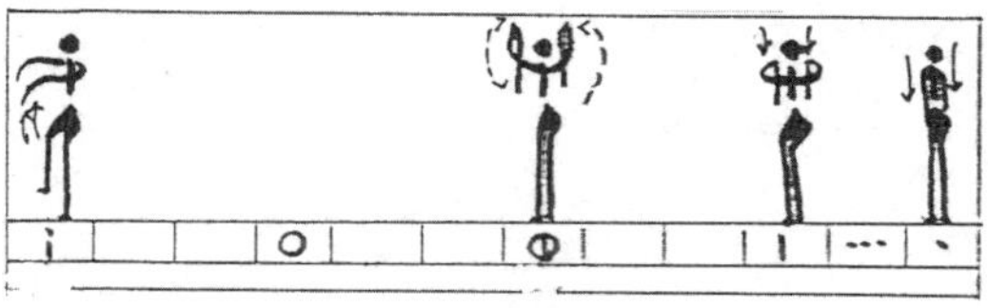 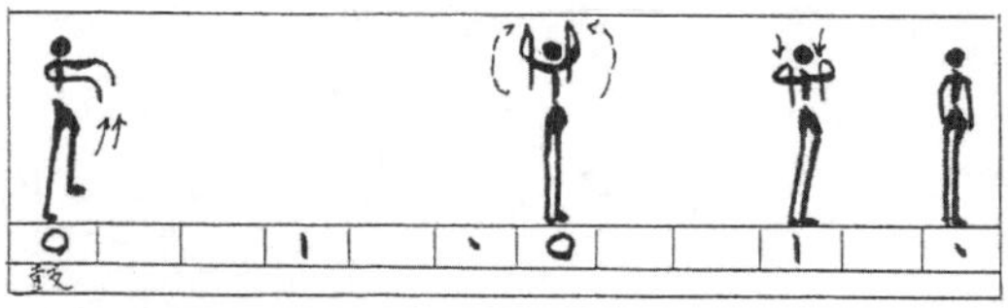 봉황음(3) 80각 동작 보법: 청·홍·흑·백은 外足을 황은 左足을 1·2·3·4·5·6박까지 들어 7박에 제자리에 딛고 8·9박까지 서 있다가 10·11박에 무릎을 구부리고 12박에 편다. (도판 49) 수법: 청·홍·흑·백은 外手를 황은 左手를 1·2·3·4·5·6박까지 들어 7박에 어깨 뒤편으로 뿌려 넘겨 8·9·10·11·12박까지 귀 쪽으로 흘려 내려 무릎 위에 내린다.

홀　기	진　행　도	음악	장단	배역	동　　작
樂漸數則奏鳳凰吟急機連奏三眞勺妓唱其歌 前腔 내 님믈 그리ᅀᆞ와 우니다니 中腔 山졉동새 난 이슷ᄒᆞ요이다 後腔 아니시며 거츠르신ᄃᆞᆯ 아으 附葉 殘月曉星이 아ᄅᆞ시리이다 大葉 넉시라도 님은 ᄒᆞᆫᄃᆡ 녀져라 아으 附葉 벼기더시니 뉘러시니잇가 二葉 過도 허믈도 千萬 업소이다 三葉 믈힛 마리신뎌 四葉 ᄉᆞᆯ읏브뎌 아으 附葉 니미 나롤 ᄒᆞ마 니ᄌᆞ시니잇가 五葉 아소 님하 도람 드르샤 괴오쇼셔					※ 봉황음(鳳凰吟) 급기(急機) 삼진작(三眞勺)은 만전춘(滿殿春)으로 보여진다. 이혜구 박사는 국역악학궤범에 다음과 같이 기록하고 있다. 진작 1·2·3을 말한다(『대악후보』, 권5). 『용재총화』, 권1. 처용희[處容之戲]에 나오는 만기·중기·促機·神房曲·북전의 순서에 비추어, 진작이 일명 선방곡인 것 같다. 履霜曲의 "아소 ᄂᆞᆷ하 ᄒᆞᆫᄃᆡ 녀졋 期約이다"(願偕行) 춤즈 "벼기더시니 뉘러시니잇가"라는 가사는 滿殿春에도 다음 같이 나온다. 넉시라도 님을 ᄒᆞᆫᄃᆡ 녀닛景 너기다니 넉시라도 님을 ᄒᆞᆫᄃᆡ 녀닛境 너기다니 벼기더니니 뉘러시니잇가 뉘러시니잇가 이상과 같은 관계로 만전춘(滿殿春)으로 도안하였다. 또한 만전춘에는 처용가의 『산하천리국에…』가 수록되어 있으므로 처용무에 해당한 반주음악 임이 분명하기 때문이다. 만년춘곡에 제기(諸妓)들은 다음의 가사를 창한다. 전강　내 님믈 그리ᅀᆞ와 우니다니 중강　山 졉동새 난 이슷ᄒᆞ요이다 후강　아니시며 거츠르신ᄃᆞᆯ 아으 부엽　殘月曉星(잔월효성)이 아ᄅᆞ시리이다 대엽　넉시라도 님은 ᄒᆞᆫᄃᆡ 녀겨라[110] 아으 부엽　벼기더시니 뉘러시니잇가[111] 이엽　過(과)도 허물도 千萬(천만) 업소이다 삼엽　믈힛 마리신뎌[112] 사엽　ᄉᆞᆯ읏븐뎌 아으 부엽　니미 나롤 ᄒᆞ마 니ᄌᆞ시니잇가 오엽　아소 님하 도람 드르샤 괴오쇼셔

홀 기	진 행 도	음악	장단	배역	동 작
 青紅黑白者舞退齊行而舞 黃者仍立而舞 左右手皆兩度或一度	黃 ↓ ↓　　↓ ↓ 白 黑　　紅 青 <도판 50> (청홍흑백 무퇴)	만전춘	1각	청흑 홍백황	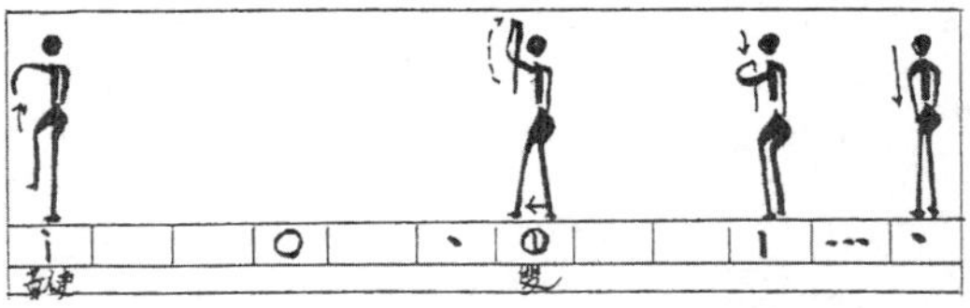 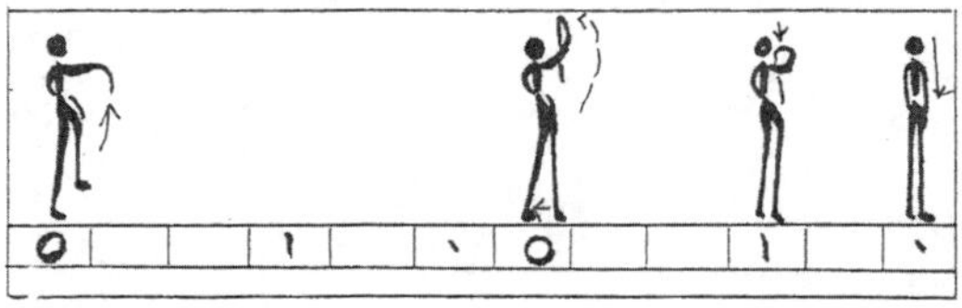 **만전춘 1각 동작** 보법: 청·홍·흑·백은 1·2·3·4·5·6박까지 內足, 황은 右足을 뒤에 딛고 황은 제자리에 딛고 8·9박까지 外足을 끌어 대고 10·11박에 무릎을 구부리고 12박에 편다. 수법: 청·홍·흑·백은 1·2·3·4·5·6박까지 內手를 황은 右手를 7박에 어깨 뒤편으로 뿌려 넘겨 8·9·10·11·12박까지 귀 쪽으로 흘려 내려 무릎 위에 내린다.
			2각	청흑 홍백황	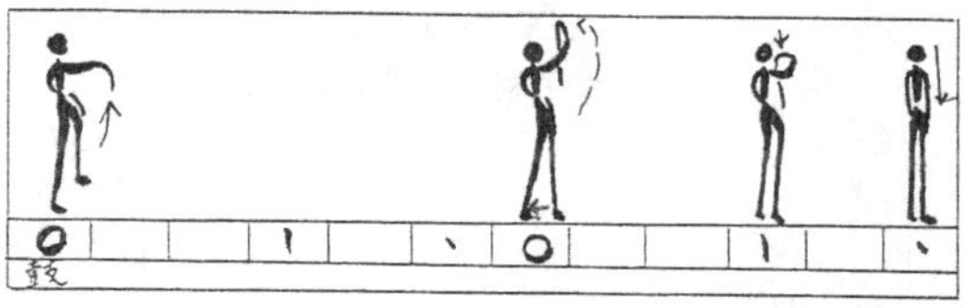  **만전춘 2각 동작** 보법: 청·홍·흑·백은 1·2·3·4·5·6박까지 外足, 황은 左足을 들어 뒤에 딛고 황은 제자리에 딛고 8·9박에 內足을 끌어 대고 10·11박에 무릎을 구부리고 12박에 편다. (도판 44) 수법: 청·홍·흑·백은 1·2·3·4·5·6박까지 外手를 들어 황은 左手를 7박에 어깨 뒤편으로 뿌려 넘겨 8·9·10·11·12박까지 귀 쪽으로 흘려 내려 무릎 위에 내린다.

홀　기	진　행　도	음악	장단	배역	동　　작
		만전춘	3각		만전춘 3각 동작 보법: 만전춘 1각 동작과 같다. 수법: 만전춘 1각 동작과 같다.
			4각		만전춘 4각 동작 보법: 만전춘 2각 동작과 같다. 수법: 만전춘 2각 동작과 같다.
			5각		만전춘 5각 동작 보법: 만전춘 1각 동작과 같다. 수법: 만전춘 2각 동작과 같다.
			6각		만전춘 6각 동작 보법: 만전춘 2각 동작과 같다. 수법: 만전춘 2각 동작과 같다.
 進舞退紅黑者舞進舞退訖五者齊行而舞 黃者舞退青白者舞	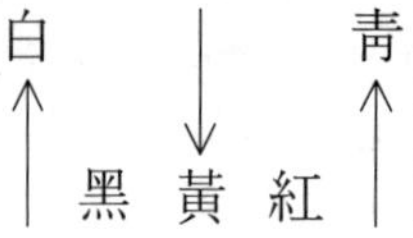 白 ↑　↓　青 ↑ 黑 黃 紅 <도판 50-1> (황무퇴, 청백무진)		7각	황 청 백	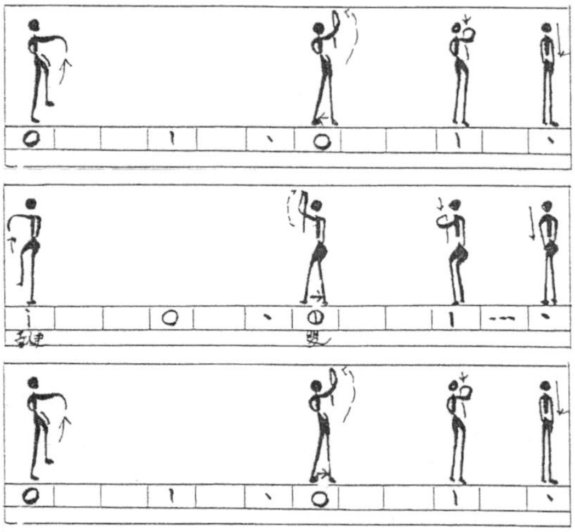 만전춘 7각 동작 보법: 황은 1·2·3·4·5·6박까지 右足을 들어 7박에 뒤에 딛고 8·9박에 左足을 끌어 대고 10·11박에 무릎을 구부리고 12박에 편다. 청·홍·흑·백은 1·2·3·4·5·6박까지 內足을 들어 7박에 앞에 딛고 8·9박에 外足을 끌어 대고 10·11박에 무릎을 구부리고 12박에 편다. 수법: 청·홍·흑·백은 1·2·3·4·5·6박까지 內手를 황은 右手를 들어 7박에 어깨 뒤편으로 뿌려 넘겨 8·9·10·11·12박까지 귀 쪽으로 흘려 내려 무릎 뒤에 내린다.

홀 기	진 행 도	음악	장단	배역	동 작
		만전춘	8각	황 청 백	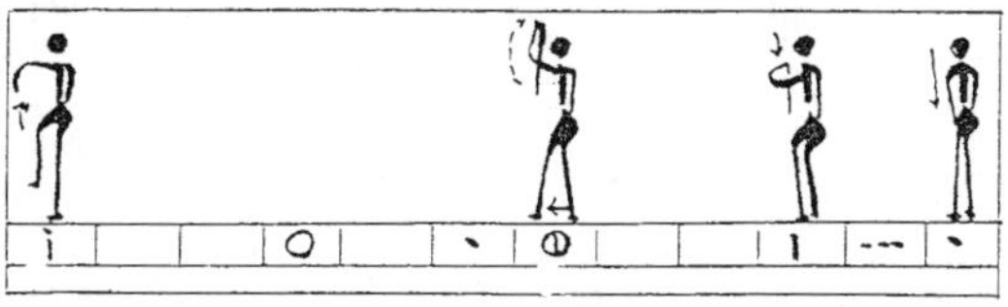  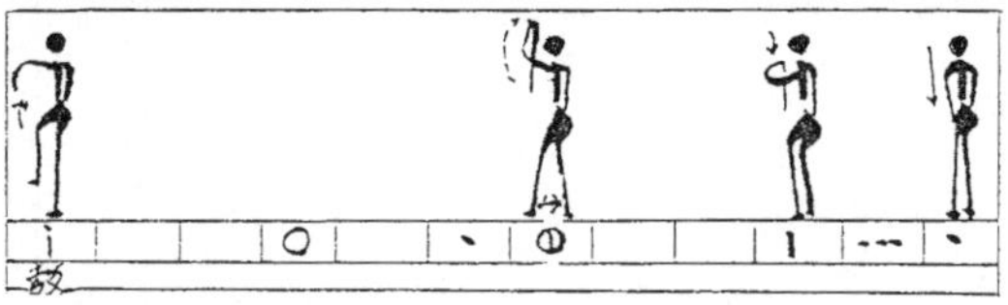 만전춘 8각 동작 보법: 황은 1·2·3·4·5·6박까지 左足을 들어 뒤에 딛고 8·9박에 右足을 끌어 대고 10·11박에 무릎을 구부리고 12박에 편다. 　　청·홍·흑·백은 1·2·3·4·5·6박까지 外足을 들어 앞에 딛고 8·9박에 內足을 끌어 대고 10·11박에 무릎을 구부리고 12박에 편다. (도판 50) 수법: 청·홍·흑·백은 1·2·3·4·5·6박까지 外手를 황은 左手를 7박에 어깨 뒤편으로 뿌려 넘겨 8·9·10·11·12박까지 귀 쪽으로 흘려 내려 무릎 위에 내린다.
			9각		만전춘 9각 동작 보법: 만전춘 7각 동작과 같다. 수법: 만전춘 7각 동작과 같다.
			10각		만전춘 10각 동작 보법: 만전춘 8각 동작과 같다. 수법: 만전춘 8각 동작과 같다.
			11각		만전춘 11각 동작 보법: 만전춘 7각 동작과 같다. 수법: 만전춘 7각 동작과 같다.
			12각		만전춘 12각 동작 보법: 만전춘 8각 동작과 같다. 수법: 만전춘 8각 동작과 같다.

홀　　기	진　행　도	음악	장단	배역	동　　　　作
	黑　　　紅 ↓　↑　↑　↓ 白　　黃　　青 〈도판 50-2〉 (흑홍무진, 백청무퇴)	만 전 춘	13각	청 백 홍 흑	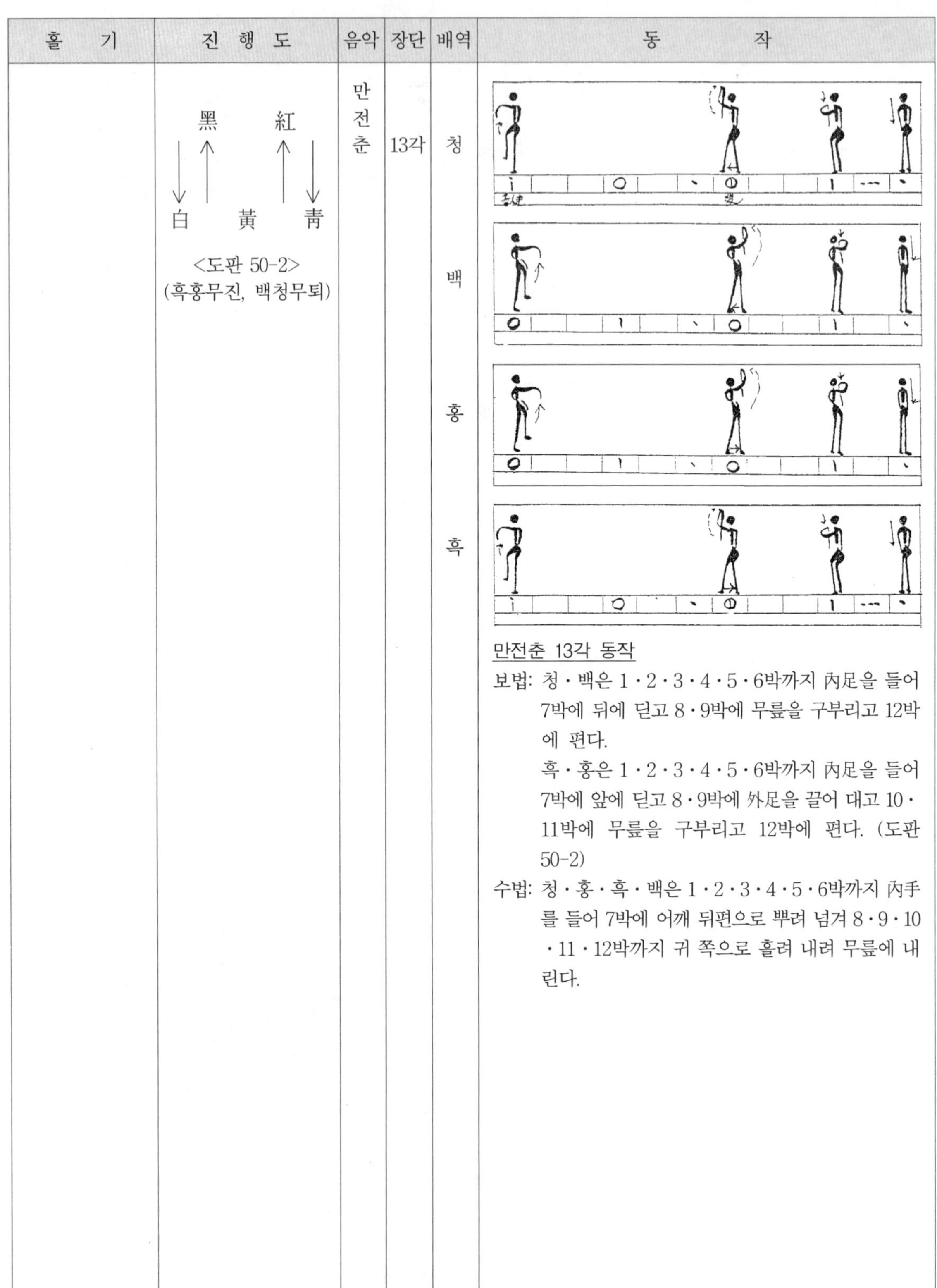

만전춘 13각 동작

보법: 청·백은 1·2·3·4·5·6박까지 內足을 들어
　　　7박에 뒤에 딛고 8·9박에 무릎을 구부리고 12박
　　　에 편다.
　　　　흑·홍은 1·2·3·4·5·6박까지 內足을 들어
　　　7박에 앞에 딛고 8·9박에 外足을 끌어 대고 10·
　　　11박에 무릎을 구부리고 12박에 편다. (도판
　　　50-2)
수법: 청·홍·흑·백은 1·2·3·4·5·6박까지 內手
　　　를 들어 7박에 어깨 뒤편으로 뿌려 넘겨 8·9·10
　　　·11·12박까지 귀 쪽으로 흘려 내려 무릎에 내
　　　린다.

홀 기	진 행 도	음악	장단	배역	동 작
		만전춘	14각	청	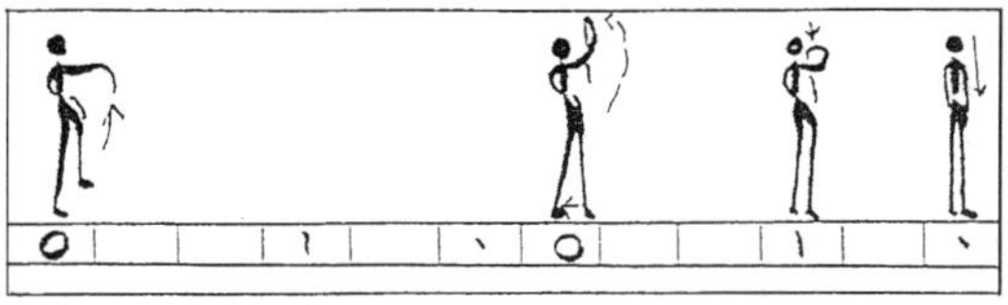
				백	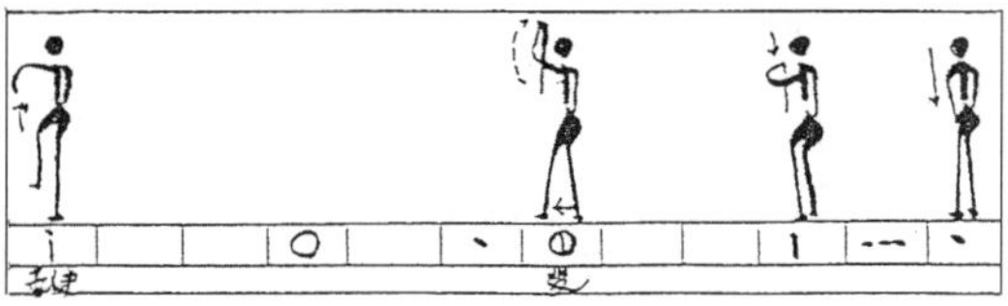
				홍	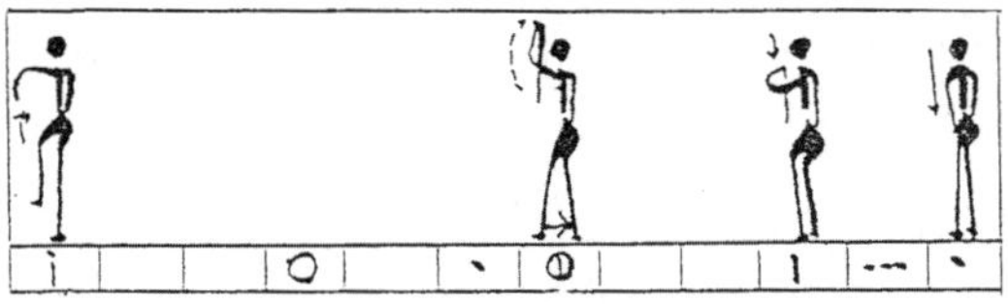
				흑	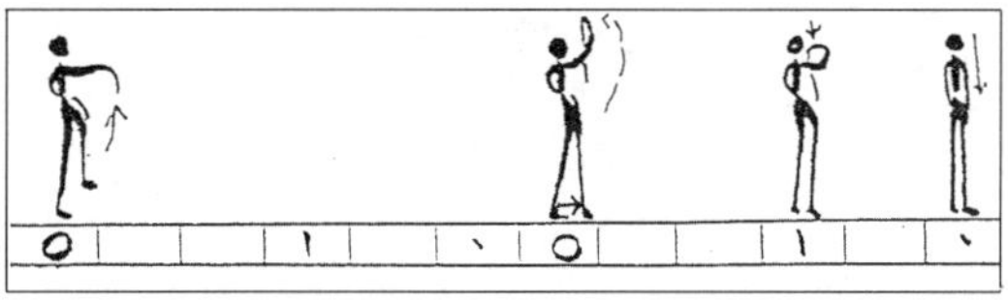 <u>만전춘 14각 동작</u> 보법: 청・백은 1・2・3・4・5・6박까지 外足을 들어 7박에 뒤에 딛고 8・9박까지 內足을 끌어 대고 10・11박에 무릎을 구부리고 12박에 편다. 흑・홍은 1・2・3・4・5・6박까지 外足을 들어 7박에 앞에 딛고 8・9박에 內足을 끌어 대고 10・11박에 무릎을 구부리고 12박에 편다. (도판 50-2) 수법: 청・홍・흑・백은 1・2・3・4・5・6박까지 外手를 들어 7박에 어깨 뒤편으로 뿌려 넘겨 8・9・10・11・12박까지 귀 쪽으로 흘려 내려 무릎에 내린다.
			15각		<u>만전춘 15각 동작</u> 보법: 만전춘 13각 동작과 같다. 수법: 만전춘 13각 동작과 같다. (도판 50-2)
			16각		<u>만전춘 16각 동작</u> 보법: 만전춘 14각 동작과 같다. 수법: 만전춘 14각 동작과 같다. (도판 50-2)

홀 기	진 행 도	음악	장단	배역	동 작
		만 전 춘	17각		만전춘 17각 동작 보법: 만전춘 13각 동작과 같다. 수법: 만전춘 13각 동작과 같다.
			18각		만전춘 18각 동작 보법: 만전춘 14각 동작과 같다. 수법: 만전춘 14각 동작과 같다.
	↓ ↓ 白 黑 黃 紅 靑 <도판 50-3> (제행일렬)		19각	흑 홍	만전춘 19각 동작 보법: 흑·백은 1·2·3·4·5·6박까지 內足을 들어 7박 에 뒤에 딛고 8·9박에 외족을 끌어 대고 10·11박 에 무릎을 구부리고 12박에 편다. (도판 50-3) 수법: 흑·백은 1·2·3·4·5·6박까지 內手를 들어 7박 에 어깨 뒤편으로 뿌려 넘겨 귀 쪽으로 흘려 내려 무릎 위에 내린다.
			20각	흑 백	만전춘 20각 동작 보법: 흑·백은 1·2·3·4·5·6박까지 外足을 들어 7박 에 뒤에 딛고 8·9박에 내족을 끌어 대고 10·11박 에 무릎을 구부리고 12박에 편다. (도판 50-3) 수법: 흑·백은 1·2·3·4·5·6박까지 外手를 들어 7박 에 어깨 뒤편으로 뿌려 넘겨 8·9·10·11·12박까 지 귀 쪽으로 흘려 내려 무릎 위에 내린다.

홀 기	진 행 도	음악	장단	배역	동 작
		만 전 춘	21각		만전춘 21각 동작 보법: 만전춘 19각 동작과 같다. (도판 50-3) 수법: 만전춘 19각 동작과 같다.
			22각		만전춘 22각 동작 보법: 만전춘 20각 동작과 같다. (도판 50-3) 수법: 만전춘 20각 동작과 같다.
			23각		만전춘 23각 동작 보법: 만전춘 19각 동작과 같다. (도판 50-3) 수법: 만전춘 19각 동작과 같다.
			24각		만전춘 24각 동작 보법: 만전춘 20각 동작과 같다. (도판 50-3) 수법: 만전춘 20각 동작과 같다.
	白 黑 黃 紅 靑 <도판 50-4> (일렬 위치에서)		25각	청 흑 백 홍 황	만전춘 25각 동작 보법: 청·홍·흑·백은 1·2·3·4·5·6박까지 內足을 황은 右足을 들어 7박에 제자리에 딛고 8·9박은 서 있다고 10·11박에 무릎을 구부리고 12박에 편다. (도판 50-4) 수법: 청·홍·흑·백은 1·2·3·4·5·6박까지 內手를 황은 右手를 들어 7박에 어깨 뒤편으로 뿌려 넘겨 8·9·10·11·12박까지 귀 쪽으로 흘려 내려 무릎 위에 내린다.

홀　　기	진　행　도	음악	장단	배역	동　　　　　작

| 만전춘 | 26각 | 청
흑

백
홍
황 |

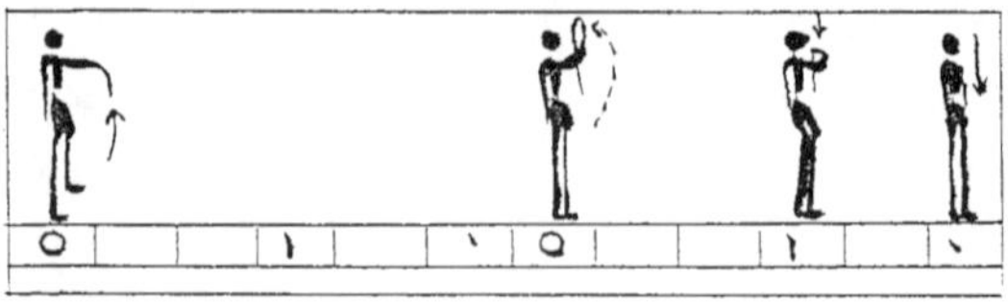

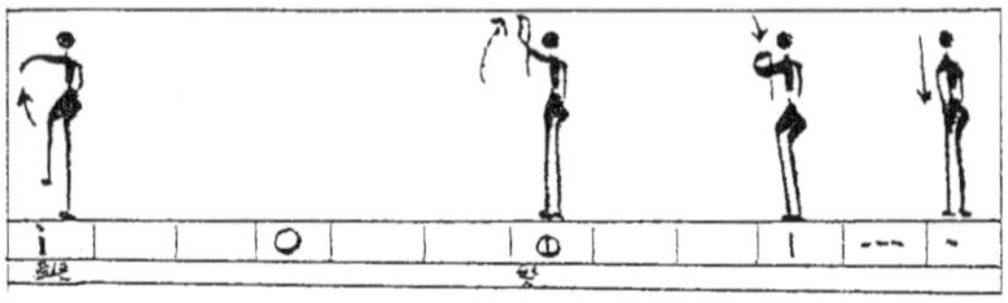

만전춘 26각 동작

보법: 청·홍·흑·백은 1·2·3·4·5·6박까지 外足을 황은 左足을 들어 7박에 제자리에 딛고 8·9박은 서 있다가 10·11박에 무릎을 구부리고 12박에 편다. (도판 50-4)

수법: 청·홍·흑·백은 1·2·3·4·5·6박까지 外手를 황은 左手를 들어 7박에 어깨 뒤편으로 뿌려 넘겨 8·9·10·11·12박까지 귀 쪽으로 흘려 내려 무릎 위에 내린다.

만전춘 27각 동작

27각, 배역 홍·황·백·청·흑

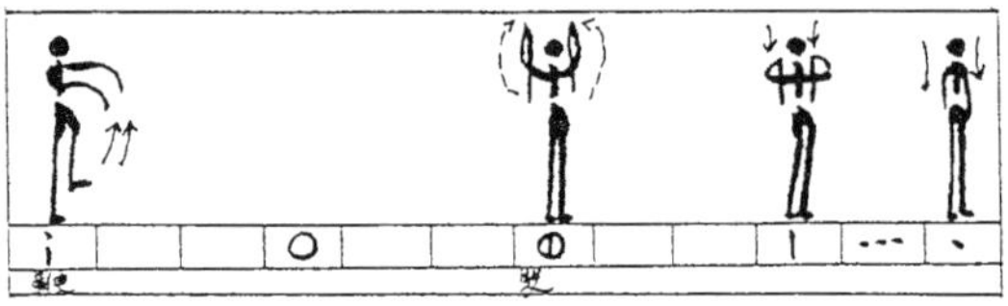

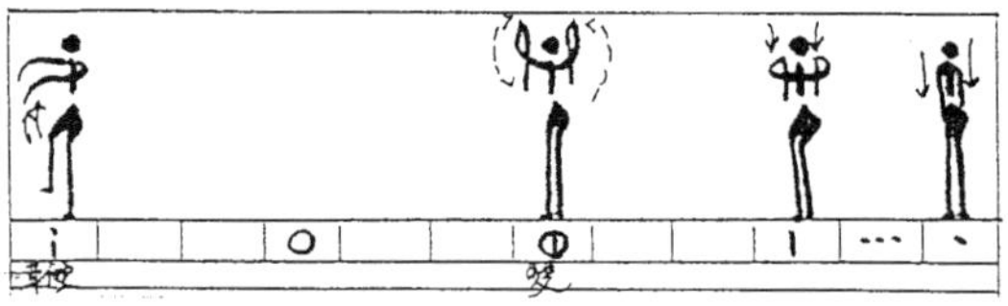

보법: 청·홍·흑·백은 內足을 황은 右足을 1·2·3·4·5·6박까지 들어 7박에 제자리에 딛고 8·9박까지 서 있다가 10·11박에 무릎을 구부리고 12박에 편다. (도판 50-4)

수법: 청·홍·흑·백은 內手를 황은 右手를 1·2·3·4·5·6박까지 들어 7박에 어깨 뒤편으로 뿌려 넘겨 8·9·10·11·12박까지 귀 쪽으로 흘려 내려 무릎 위에 내린다.

| 홀　　기 | 진　행　도 | 음악 | 장단 | 배역 | 동　　　　　작 |

홀　　기	진　행　도	음악	장단	배역	동　　　　작
		만전춘	28각	홍 황 백 청 흑	**만전춘 28각 동작** 보법: 청·홍·흑·백은 外足을 황은 左足을 1·2·3·4·5·6박까지 들어 7박에 제자리에 딛고 8·9박까지 서 있다가 10·11박에 무릎을 구부리고 12박에 편다. (도판 49) 수법: 청·홍·흑·백은 外手를 황은 左手를 1·2·3·4·5·6박까지 들어 7박에 어깨 뒤편으로 흘려 내려 무릎 위에 내린다.
	[악학궤범 정읍급기·만전춘급기 악보(고전 판목 영인)]				※ 이혜구 박사의 국역 악학궤범의 학연화대처용무합설의 내용 중에 다음과 같이 기록하고 있다. 진작은 3진작이라고도 하고 진작 4성(四聲)이라고도 하며 『세종실록 권1 26. 2a』 3진작 외에 후전진작(後殿眞勺)이란 것도 있어 (세종실록 권3. 1a) 여기(女妓)의 북전(北殿)은 『대악후보 권5. 진작4』가 아닌가 싶다. 북전이 전강(前腔)에서 오엽(五葉)까지 봉황음과 다르고 진작과 같기 때문이다 하고 기록하고 있다. 이상의 내용은 처용무 반주음악으로 보기에는 적합하지 않는다고 본다. 정읍급기(井邑急機) 반주에 악학궤범 무고의 창사 가사가 정읍사(井邑詞)이고 이어서 북전급기(北殿急機)에 「산하천리장에…」를 창하는 것으로 기록되어 있는데 만전춘곡에 「산하천리장에…」 가사가 수록되어 있기 때문이다. 그러므로 정읍(井邑)과 만전춘에 시종회무도와 같이 회무하는 것이 맞는 것으로 보여 진다. 그러므로 정읍(井邑)과 만전춘연주에 회무 3잡(三匝)하는 것으로 도안하였다.

홀　　기	진　행　도	음악	장단	배역	동　　　　작
					註1 : 홀기(笏記)에는 정읍급기(井邑急機)를 연주하고 기(妓)는 악학궤범의 무고(舞鼓)에 나오는 정읍사(井邑詞)를 노래하면 처용 5자는 변무(變舞)하여 정읍무(井邑舞)를 추고 이어서 북전급기(北殿急機)를 연주하면 기(妓)는 기가(其歌)「산하천리장에…」를 노래하고 처용 5자는 환장무(慣場舞)를 추며 나가면 여기(女妓) 악사(樂師) 악공(樂工)이 차차 따라 나가면 악지하고 후도(後度)의 학연화대무의 의물(儀物)등 제구(諸具)를 갖추어 진설 한다 라고 기록하고 있다. 註2 : 이어서 시종회무도(始終回舞圖)와 같이 전원(全員)이 좌선회무(左旋回舞) 삼잡(三匝)하여 초입배열도(初入排列圖)와 같이 도열(圖列)한다 라고 기록하고 있다.
又至後慶備陳鶴蓮花臺儀物等具					※ 이상의 홀기 내용과 같이 처용 5자와 여기, 악사, 악공이 어느 쪽으로 나가라는 제시가 없고 이들이 나가면 시종회무 할 때 다시 합류하여야 하는데 합류하는 과정의 연결 상황이 부적절하다. 그러므로 정읍급기(井邑急機)부터 전원(全員)이 시종회무(始終回舞)하는 동안에 후도(後度)의 학연화대무의 제구(諸具)를 설치하는 것으로 도안하였다.

홀　　기	진　행　도	음악	장단	배역	동　　　　작
執銅鈸樂師先導靑白鶴次之靑紅黃黑白處容次之引人仗旌節盖 引人仗旌節盖一件立才奉花之次 奉花舞童 次之女妓次之執拍樂師鄕唐樂工各次次隨之樂奏靈山會 相慢妓工齊聲唱詞 靈山會相佛菩薩 以入回旋 左 旋三匝以次如圖排		정읍	1장	정읍 1장	시종회무 정읍(井邑) 1장(一章)을 연주하고 제기(諸妓)는 정읍사(井邑詞) 「달아 노피곰 됴다샤…」를 노래하면 동발악사(銅鈸樂師)를 선도(先導)로 청학, 백학 다음은 청·홍·황·흑·백 처용 다음은 인인장·정절·개(인인장·정절·개는 두건으로 한건은 봉화 뒤에 선다) 화무동 다음은 여기(女妓) 다음은 집박악사, 향당악공 각각 차례로 따라 시종회무도와 같이 회무한다. 악학궤범의 무고에 나오는 정읍사 전강 : 달아 노피곰됴다샤 어긔야 머리곰 비취오시라 　　　 어긔야 어강됴리 소엽 : 아으 다롱디리 후강 : 전(全) 저재 녀러신고요 어긔야 존대를 드대올셰라 　　　 어긔야 어강됴리 과편 : 어느이다 노코 시각 금선조(금선조) 어긔야 　　　 내가 논대졈 그람셰라 어긔야 어강됴리 소엽 : 아으 다롱디리
<도판 51> (시종회무도)				만전춘 1각 ~ 28각	이어서 만전춘(滿殿春) 1각에서 28각 까지 연주하고 제기(諸妓)는 「산하천리장에…」를 노래하고 시종회무도와 같이 회무한다. 만전춘곡에 수록된 처용가 전강　산하천리장 / 山河千里壯애 　　　궁중 오운고 / 宮中에 五雲高ㅣ로다나 증강　휘휘 서 일 / 輝輝瑞日온 　　　명 리 폐 / 明螭陛어늘 　　　염염 향연 / 冉冉香烟온 　　　요곤포 / 繞袞袍ㅣ로다나는 후강　적덕 백년 / 積德百年에 　　　홍례악 / 興禮樂ㅎ시니

홀 기	진 행 도	음악	장단	배역	동 작
				부엽	수 의 일 대 垂衣一代 환 문 장 煥文章이로다 옹 희 지 치 雍熙至治여 매 우 당 邁虞唐이로다
				대엽	경 운 심 처 慶雲深處에 앙 중 동 仰重瞳ᄒ니나눈[1]
				부엽	일 곡 남 훈 一曲南薰[118]에 해 온 풍 解慍風이로다나 봉 황　　내 무 鳳凰이 來舞ᄒ니 구 성 중 九成中이로다
				이엽	대 유 년 大有年ᄒ니 화 가　여 운 런 禾稼ㅣ與雲連이로다
				삼엽	홍 부 지 속 紅窩之粟이오 관 후 전 貫朽錢이로다
				사엽	음 양　　순 궤 陰陽이 順軌ᄒ야 우 로 균 雨露均ᄒ니
				부엽	만 가 연 화 萬家烟火ㅣ여 태 평 민 太平民이로다
				오엽	무 오 신 撫五辰ᄒ시니 성 수 무 강 聖壽無彊ᄒ샤 천 만 춘 千萬春이쇼셔
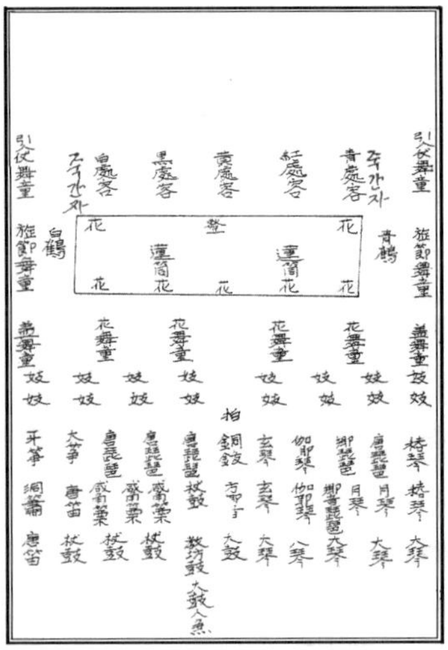 <도판 52> (초입배열도)					이어서 영산회상(만)을 연주하고 제기(諸妓)는 「영산회상불보살」을 노래하고 시종회무도와 같이 좌선회무(左旋回舞) 삼잡(三匝)하여 초입배열도와 같이 들어와 도열한다.

홀 기	진 행 도	음악	장단	배역	동 작
立擊拍擊大鼓奏靈山會相令樂漸戲五方處容足蹈歡舞女妓樂工及執儀物假面舞童等亦從而足蹈搖身極歡訖樂止五方處容小退左右分立					박을 치고 대고(大鼓)를 치면 영산회상(령)을 연주하고 음악이 점점 빨라지면 오방처용은 환무(歡舞)하고 여기(女妓), 악공, 의물(儀物), 가면무동(假面舞童) 등은 역시 따라 요신(搖身: 몸을 흔든다), 극환(極歡)하고 끝나면 악지한다. (5방처용은 조금 물러나 左右로 분립한다)

홀 기	진 행 도	음악	장단	배역	동 작
樂奏步虛子令擊拍青白鶴如譜進退而舞咏蓮花 兩童女乃出兩鶴驚躍而退樂止還立於初位兩童女下池塘 喬行而立呈才如儀訖	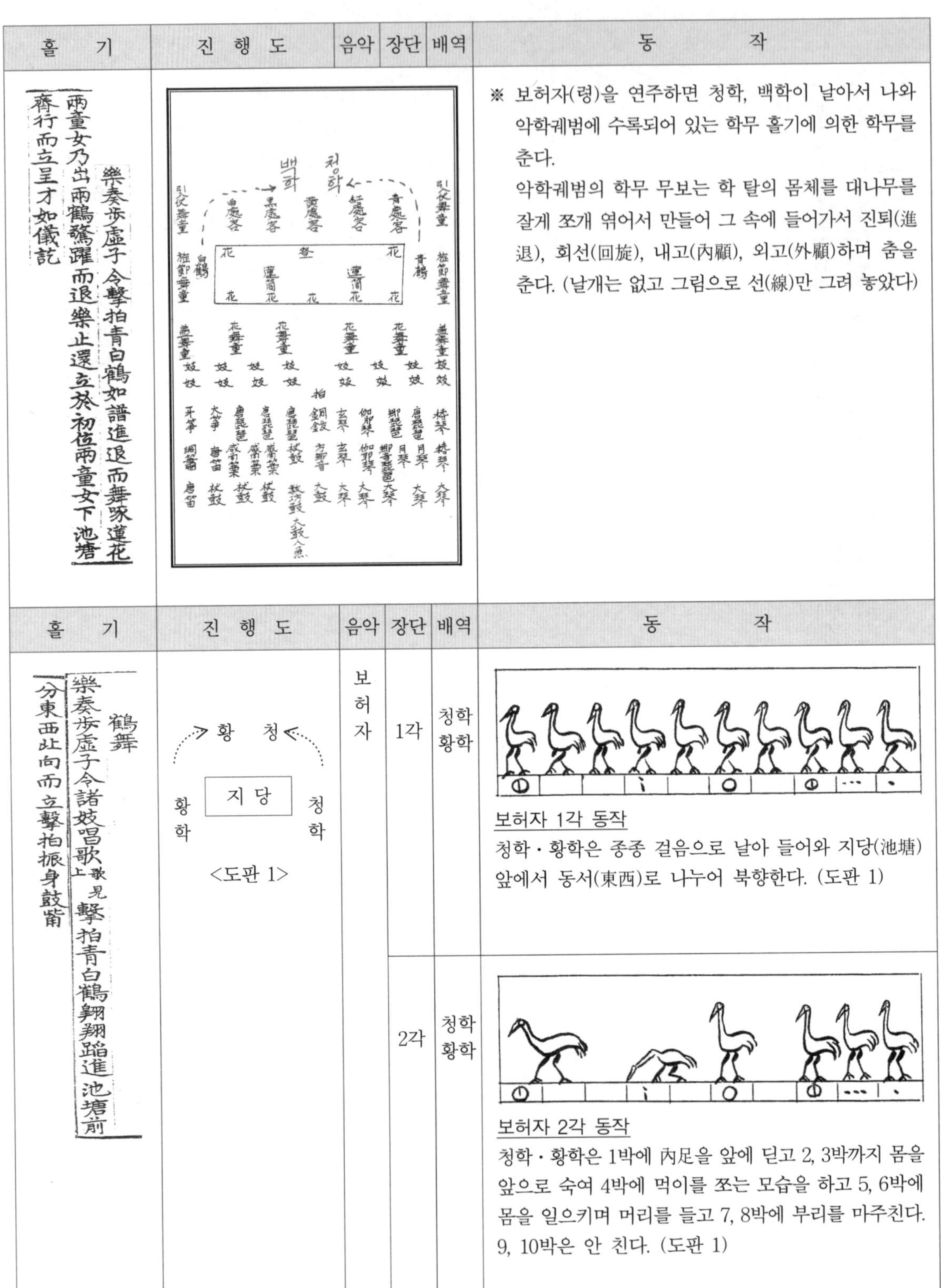 				※ 보허자(령)을 연주하면 청학, 백학이 날아서 나와 악학궤범에 수록되어 있는 학무 홀기에 의한 학무를 춘다. 악학궤범의 학무 무보는 학 탈의 몸체를 대나무를 잘게 쪼개 엮어서 만들어 그 속에 들어가서 진퇴(進退), 회선(回旋), 내고(內顧), 외고(外顧)하며 춤을 춘다. (날개는 없고 그림으로 선(線)만 그려 놓았다)

홀 기	진 행 도	음악	장단	배역	동 작
鶴舞 樂奏步虛子令諸妓唱歌(歌見上) 擊拍青白鶴翔翔蹈進池塘前 分東西止向而立擊拍振身鼓貼		보허자	1각	청학 황학	**보허자 1각 동작** 청학·황학은 종종 걸음으로 날아 들어와 지당(池塘) 앞에서 동서(東西)로 나누어 북향한다. (도판 1)
			2각	청학 황학	**보허자 2각 동작** 청학·황학은 1박에 內足을 앞에 딛고 2, 3박까지 몸을 앞으로 숙여 4박에 먹이를 쪼는 모습을 하고 5, 6박에 몸을 일으키며 머리를 들고 7, 8박에 부리를 마주친다. 9, 10박은 안 친다. (도판 1)

홀　기	진　행　도	음악	장단	배역	동　　作
擊拍足蹈進二步內顧 〔後內足先進 做此○〕 凡進步時皆足蹈	↑ ↑ ↑ ↑ 황　청 〔지 당〕 <도판 2>	보허자	3각	청학 황학	 보허자 3각 동작 청학·황학은 1각 2보(先內足 次外足)로 무진한다. (도판 2)
			4각	청학 황학	 보허자 4각 동작 청학·황학은 1, 2, 3, 4, 5박까지 몸을 內측으로 돌려 마주본다.(내고:內顧) 6, 7, 8박까지 몸을 돌려 북향하고 9박에 무릎을 구부리고 10박에 편다. (도판 2)
擊拍進二步外顧	↑ ↑ ↑ ↑ 황　청 〔지 당〕 <도판 3>		5각	청학 황학	 보허자 5각 동작 청학·황학은 1각 2보(先內足 次外足)로 무진한다. (도판 3)
			6각	청학 황학	 보허자 6각 동작 청학·황학은 1, 2, 3, 4, 5박까지 몸을 外측으로 돌려 외면(外面)한다.(외고:外顧) 6, 7, 8박까지 몸을 돌려 북향하고 9박에 무릎을 구부리고 10박에 편다. (도판 3)

홀　　기	진　행　도	음악	장단	배역	동　　　작
擊拍進二步內顧	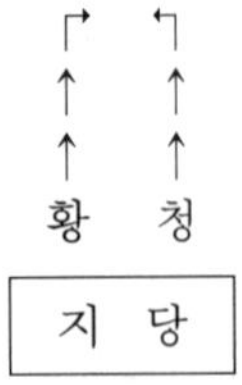 ↑　↑ ↑　↑ 황　청 지　당 <도판 4>	보허자	7각	청학 황학	 보허자 7각 동작 청학·황학은 1각 2보(先內足 次外足)로 무진한다. (도판 2)
			8각	청학 황학	 보허자 8각 동작 청학·황학은 1, 2, 3, 4, 5박까지 몸을 內측으로 돌려 마주본다.(내고:內顧) 6, 7, 8박까지 몸을 돌려 북향하고 9박에 무릎을 구부리고 10박에 편다. (도판 2)
擊拍進二步外顧	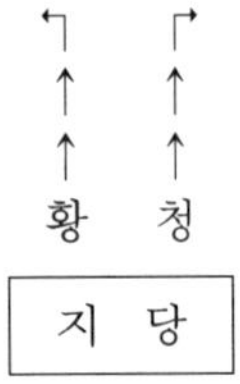 ↑　↑ ↑　↑ 황　청 지　당 <도판 5>		9각	청학 황학	 보허자 9각 동작 청학·황학은 1각 2보(先內足 次外足)로 무진한다. (도판 3)
			10각	청학 황학	 보허자 10각 동작 청학·황학은 1, 2, 3, 4, 5박까지 몸을 外측으로 돌려 외면(外面)한다.(외고:外顧) 6, 7, 8박까지 몸을 돌려 북향하고 9박에 무릎을 구부리고 10박에 편다. (도판 3)

홀 기	진 행 도	음악	장단	배역	동 작
擊拍內旋向池塘進二步內顧	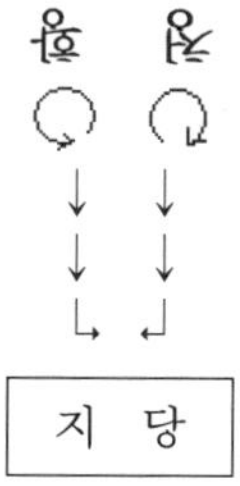 〈도판 6〉 지 당	보허자	11각	청학 황학	 **보허자 11각 동작** 청학·황학은 1각 4보(先內足 次外足)로 내선(內旋)하여 지당(池塘)을 향(向)한다. (도판 6)
			12각	청학 황학	 **보허자 12각 동작** 청학·황학은 1각 2보(先內足 次外足)로 지당을 향하여 무진 한다.
			13각	청학 황학	 **보허자 13각 동작** 청학·황학은 1, 2, 3, 4, 5박까지 몸을 內측으로 돌려 마주 본다.(내고:內顧) 6, 7, 8박까지 몸을 돌려 남향하고 9박에 무릎을 구부리고 10박에 편다. (도판 6)

홀　기	진행도	음악	장단	배역	동　　작
進一歩俛而啄擧首鼓翅以翼拭地擧首鼓翅 擊拍進二歩外顧擊拍	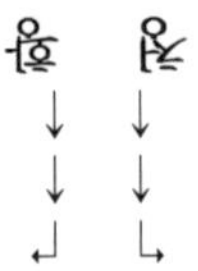 지 당 <도판 7>	보허자	14각	청학 황학	 **보허자 14각 동작** 청학·황학은 1각 2보(先內足 次外足)로 무진한다. (도판 7)
			15각	청학 황학	 **보허자 15각 동작** 청학·황학은 1, 2, 3, 4, 5박까지 몸을 외측으로 돌려 마주 본다.(외고:外顧) 6, 7, 8박까지 몸을 돌려 남향하고 9박에 무릎을 구부리고 10박에 편다. (도판 6)
	 지 당 <도판 8>		16각	청학 황학	 **보허자 16각 동작** 청학·황학은 1박에 內足을 앞에 딛고 2, 3박까지 몸을 앞으로 숙여 4박에 먹이를 쪼고 5, 6박에 몸을 일으키며 머리를 들고 7, 8박에 부리를 마주친다. 9, 10박은 안친다. (도판 8)
			17각	청학 황학	 **보허자 17각 동작** 청학·황학은 1박에 다시 內足을 앞에 딛고 2, 3박까지 몸을 앞으로 숙여 4박에 땅에 부리를 씻고 5, 6박에 몸을 일으키며 머리를 들고 7, 8박에 부리를 마주친다. 9, 10박은 안친다. (도판 8)

홀　기	진　행　도	음악	장단	배역	동　　　작
擊拍進二步內顧	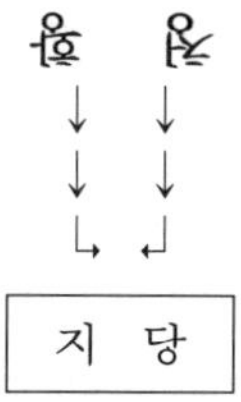 <도판 9> 지 당	보허자	18각	청학 황학	 **보허자 18각 동작** 청학·황학은 1각 2보(先內足 次外足)로 지당을 향하여 무진 한다.(도판 9)
			19각	청학 황학	 **보허자 19각 동작** 청학·황학은 1, 2, 3, 4, 5박까지 몸을 內측으로 돌려 마주 본다.(내고:內顧) 6, 7, 8박까지 몸을 돌려 남향하고 9박에 무릎을 구부리고 10박에 편다. (도판 6)
擊拍進二步外顧	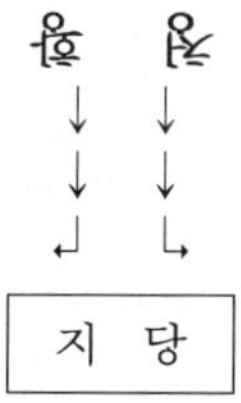 <도판 10> 지 당	보허자	20각	청학 황학	 **보허자 20각 동작** 청학·황학은 1각 2보(先內足 次外足)로 지당을 향하여 무진 한다.(도판 10)
			21각	청학 황학	 **보허자 21각 동작** 청학·황학은 1, 2, 3, 4, 5박까지 몸을 外측으로 돌려 마주 본다.(외고:外顧) 6, 7, 8박까지 몸을 돌려 남향하고 9박에 무릎을 구부리고 10박에 편다. (도판 6)

홀 기	진 행 도	음악	장단	배역	동 작
擊拍內旋北向進二步內顧	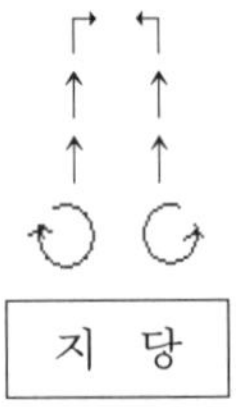 지 당 <도판 11>	보허자	22각	청학 황학	 **보허자 22각 동작** 청학·황학은 1각 4보(先內足 次外足)로 내선(內旋)하여 북향 한다. (도판 11)
			23각	청학 황학	 **보허자 23각 동작** 청학·황학은 1각 2보(先內足 次外足)로 북향하여 무진 한다. (도판 11)
			24각	청학 황학	 **보허자 24각 동작** 청학·황학은 1, 2, 3, 4, 5박까지 몸을 內측으로 돌려 마주 본다.(내고:內顧) 6, 7, 8박까지 몸을 돌려 북향하고 9박에 무릎을 구부리고 10박에 편다. (도판 11)

홀　　기	진　행　도	음악	장단	배역	동　　　　작
擊拍進二步外顧	지　당 〈도판 12〉	보허자	25각	청학 황학	**보허자 25각 동작** 청학·황학은 1각 2보(先內足 次外足)로 북향하여 무진 한다. (도판 12)
			26각	청학 황학	**보허자 26각 동작** 청학·황학은 1, 2, 3, 4, 5박까지 몸을 外측으로 돌려 외면(外面)한다. (외고:外顧) 6, 7, 8박까지 몸을 돌려 북향하고 9박에 무릎을 구부리고 10박에 편다. (도판 12)
擊拍進二步內顧	지　당 〈도판 13〉		27각	청학 황학	**보허자 27각 동작** 청학·황학은 1각 2보(先內足 次外足)로 북향하여 무진 한다. (도판 12)
			28각	청학 황학	**보허자 28각 동작** 청학·황학은 1, 2, 3, 4, 5박까지 몸을 內측으로 돌마주 본다. (내고:內顧) 6, 7, 8박까지 몸을 돌려 북향하고 9박에 무릎을 구부리고 10박에 편다. (도 판12)

홀 기	진 행 도	음악	장단	배역	동 작
擊拍內旋址向進二步內顧	지 당 <도판 14>	보허자	29각	청학 황학	보허자 29각 동작 청학·황학은 1각 4보(先內足 次外足)로 내선(內旋)하여 지당(池塘)을 향(向)한다. (도판 14)
			30각	청학 황학	보허자 30각 동작 청학·황학은 1각 2보(先內足 次外足)로 지당을 향하여 무진 한다. (도판 14)
			31각	청학 황학	보허자 31각 동작 청학·황학은 1, 2, 3, 4, 5박까지 몸을 內측으로 돌려 마주 본다. (내고:內顧) 6, 7, 8박까지 몸을 돌려 남향하고 9박에 무릎을 구부리고 10박에 편다. (도판 14)

홀 기	진 행 도	음악	장단	배역	동 작
擊拍進二步外顧	<도판 15> 지 당	보허자	32각	청학 황학	 **보허자 32각 동작** 청학·황학은 1각 2보(先內足 次外足)로 남향하여 무진 한다. (도판 15)
			33각	청학 황학	 **보허자 33각 동작** 청학·황학은 1, 2, 3, 4, 5박까지 몸을 外측으로 돌려 외면(外面)한다. (외고:外顧) 6, 7, 8박까지 몸을 돌려 남향하고 9박에 무릎을 구부리고 10박에 편다. (도판 15)
擊拍擧內足而蹈之見蓮筒內面 擧外足而蹈之見蓮筒外面	<도판 16> 지 당		34각	청학 황학	 **보허자 34각 동작** 청학·황학은 1, 2, 3박에 內足을 들어 4박에 딛으면서 5, 6, 7, 8, 9, 10박까지 연통 내면(內面)을 본다. (도판 16)
			35각	청학 황학	 **보허자 35각 동작** 청학·황학은 1, 2, 3박에 外足을 들어 4박에 딛으면서 5, 6, 7, 8, 9, 10박까지 연통 외면(外面)을 본다. (도판 16)

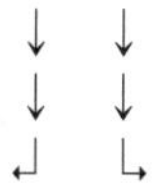

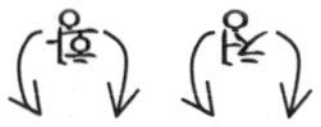

홀 기	진 행 도	음악	장단	배역	동　　　　작
擊拍內旋北向進二步內顧	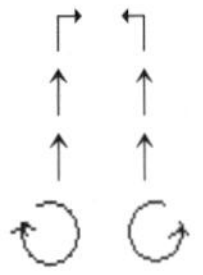 ↑↑ ↑↑ ↺↻ ＿＿ | 지　당 | <도판 17>	보허자	36각	청학 황학	 **보허자 36각 동작** 청학·황학은 1각 4보(先內足 次外足)로 내선(內旋)하여 북향한다. (도판 17)
			37각	청학 황학	 **보허자 37각 동작** 청학·황학은 1각 2보(先內足 次外足)로 북향하여 무진한다. (도판 17)
			38각	청학 황학	 **보허자 38각 동작** 청학·황학은 1, 2, 3, 4, 5박까지 몸을 內측으로 돌려 마주 본다. (내고:內顧) 6, 7, 8박까지 몸을 돌려 북향하고 9박에 무릎을 구부리고 10박에 편다. (도판 17)

홀 기	진 행 도	음악	장단	배역	동 작
擊拍進二步外顧	↑ ↑ ↑ ↑ 황 청 <도판 18> 지 당	보허자	39각	청학 황학	 보허자 39각 동작 청학·황학은 1각 2보(先內足 次外足)로 북향하여 무진 한다.(도판 18)
			40각	청학 황학	 보허자 40각 동작 청학·황학은 1, 2, 3, 4, 5박까지 몸을 외측으로 돌려 외면(外面)한다. (외고:外顧) 6, 7, 8박까지 몸을 돌려 북향하고 9박에 무릎을 구부리고 10박에 편다. (도판 18)
擊拍內旋北向進二步內顧	⟳ ⟲ ↓ ↓ ↓ ↓ ↳ ↵ 지 당 <도판 18>		41각	청학 황학	 보허자 41각 동작 청학·황학은 1각 4보(先內足 次外足)로 내선(內旋)하여 지당(池塘)을 향(向)한다. (도판 18)
			42각	청학 황학	 보허자 42각 동작 청학·황학은 1각 2보(先內足 次外足)로 지당을 향하여 무진 한다. (도판 18)

홀 기	진 행 도	음악	장단	배역	동 작
		보 허 자	43각	청학 황학	**보허자 43각 동작** 청학·황학은 1, 2, 3, 4, 5박까지 몸을 內측으로 돌려 마주 본다. (내고:內顧) 6, 7, 8박까지 몸을 돌려 남향하고 9박에 무릎을 구부리고 10박에 편다. (도판 18)
			44각	청학 황학	**보허자 44각 동작** 청학·황학은 1, 2, 3박에 內足을 들어 4박에 딛으면서 5, 6, 7, 8, 9, 10박까지 연통 내면(內面)을 본다. (도판 19)
簡外而蹲內足而踏之仍見連簡南向	지 당 <도판 19>		45각	청학 황학	**보허자 45각 동작** 청학·황학은 1, 2, 3박에 外足을 들어 4박에 딛으면서 5, 6, 7, 8, 9, 10박까지 연통 외면(外面)을 본다. (도판 19)
			46각	청학 황학	**보허자 46각 동작** 청학·황학은 1, 2, 3박에 內足을 들어 4박에 딛으면서 5, 6, 7, 8, 9, 10박까지 연통 남면(南面)을 본다. (도판 19)

홀　　기	진　행　도	음악	장단	배역	동　　　　작
拍啄開蓮筒兩童女乃出兩鶴驚躍而退樂止		보허자	47각	청학 황학	**보허자 47각 동작**

청학·황학은 1박에 연통을 쪼아 연통이 벌어지면 깜짝 놀라서 뛰어 나가 연통 左右에 가면 연꽃 속에서 양동녀가 나와 연화대무를 춘다. |

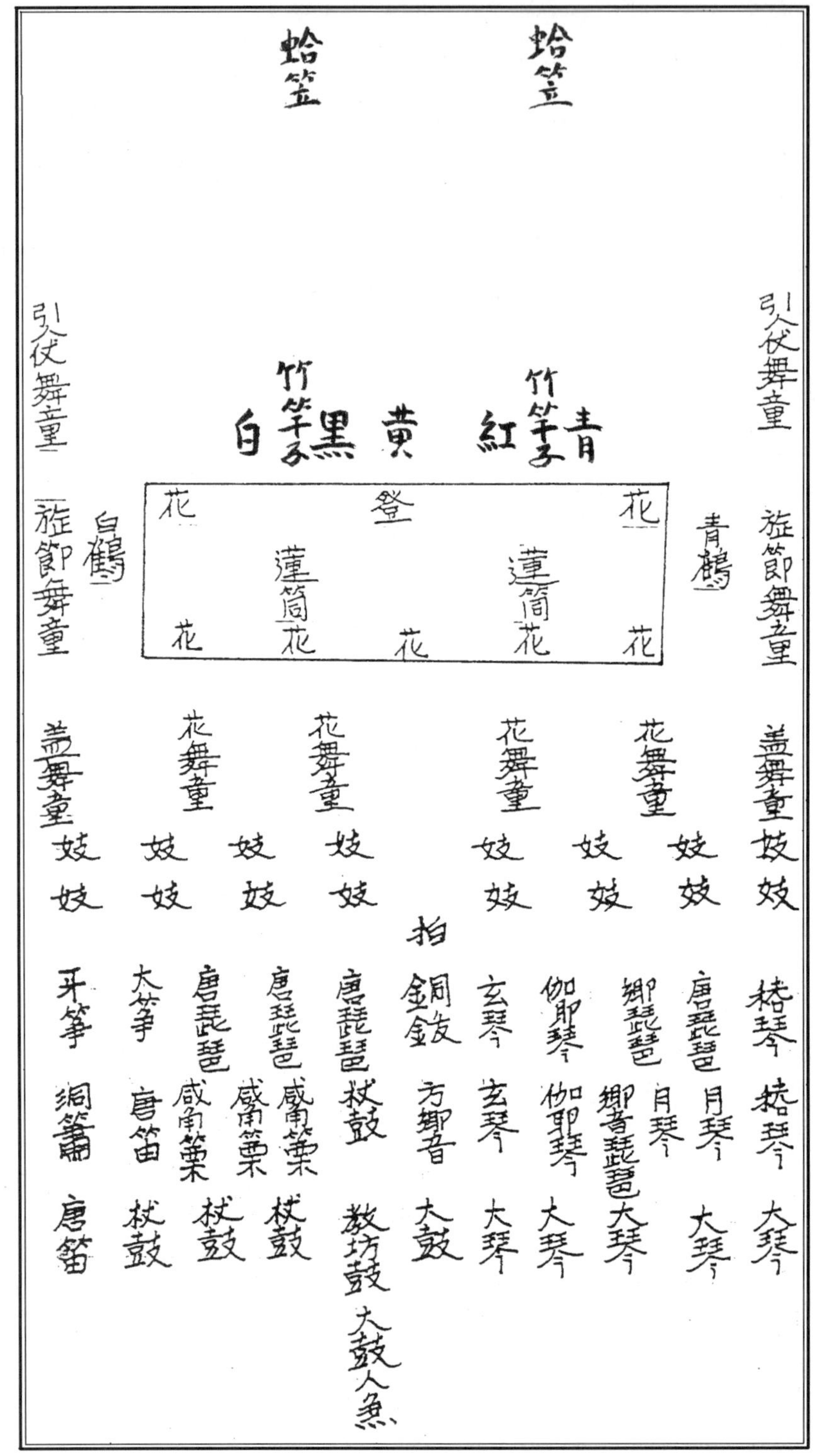

蛤笒

※ 악사는 전중(殿中)에 합립을 갖다 놓고 들어간다.

※ 죽간자 2인은 양동녀(兩童女)가 연통(蓮筒)에서 나오면 인도(引道)하기 위하여 준비하고 있다가 양동녀가 연통에서 나와 지당판에서 내려오면 인도하여 연화대무를 춘다.

홀 기	진 행 도	음악	장단	배역	동 작
樂師奉蛤簍二置於殿內正中左右而出(中官宴則令妓奏前樂) 引子擎拍奉竹竿子二人(妓年少)足蹜而進分立於蛤簍之南樂(少妓爲之) 止口號(絢席光華卜晝開千穀樂事一時求) 連房化出英英態妙舞姸歌不世才訖	⟷합립　　합립⟶ ↑　　　　↑ 죽　　　　죽 [지당판] \<도판 1\>				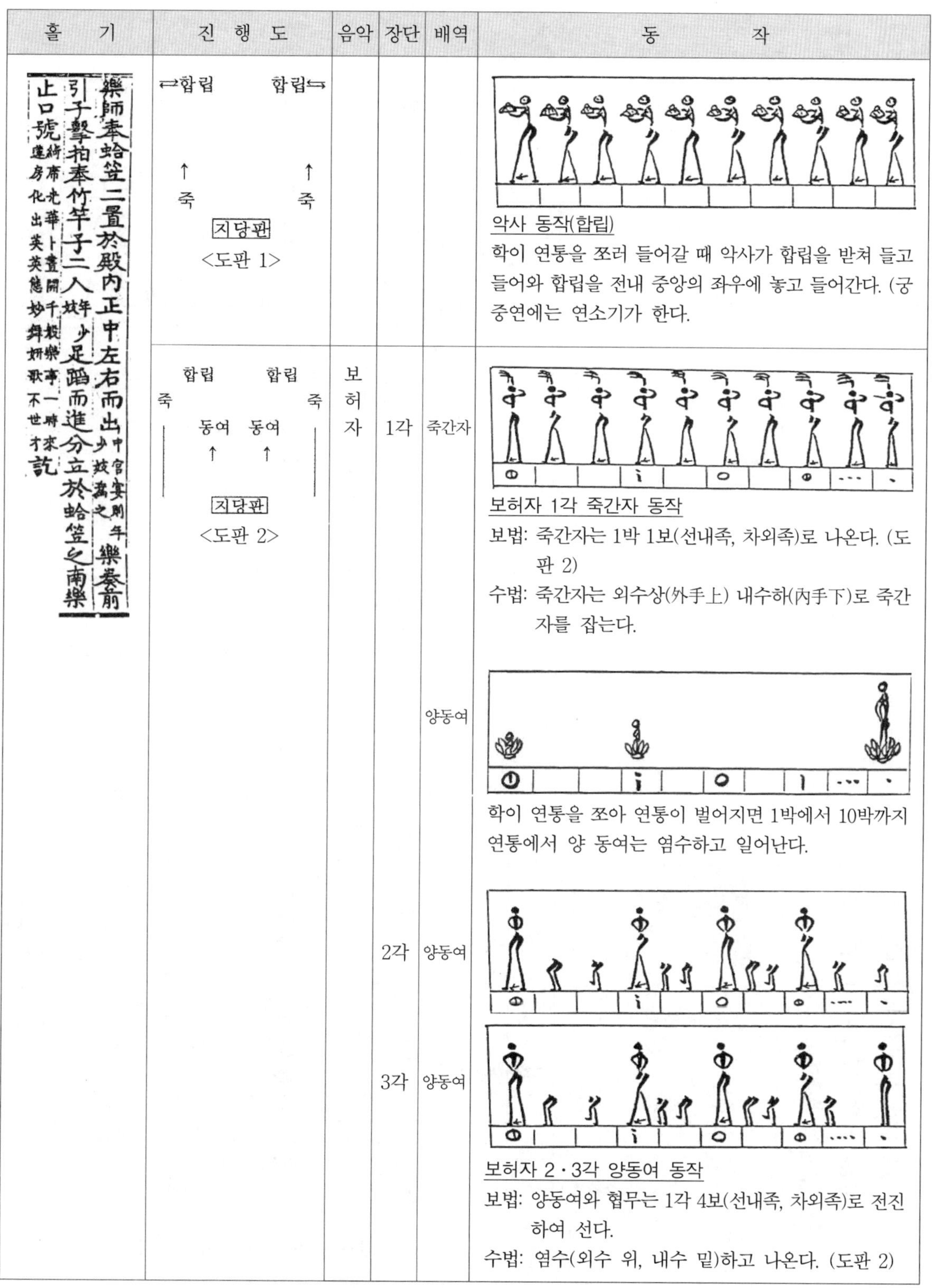악사 동작(합립) 학이 연통을 쪼러 들어갈 때 악사가 합립을 받쳐 들고 들어와 합립을 전내 중앙의 좌우에 놓고 들어간다. (궁중연에는 연소기가 한다.
	합립　　합립 죽　　　　죽 　동여 동여 　↑　↑ [지당판] \<도판 2\>	보허자	1각	죽간자	보허자 1각 죽간자 동작 보법: 죽간자는 1박 1보(선내족, 차외족)로 나온다. (도판 2) 수법: 죽간자는 외수상(外手上) 내수하(內手下)로 죽간자를 잡는다.
				양동여	학이 연통을 쪼아 연통이 벌어지면 1박에서 10박까지 연통에서 양 동여는 염수하고 일어난다.
			2각	양동여	
			3각	양동여	보허자 2·3각 양동여 동작 보법: 양동여와 협무는 1각 4보(선내족, 차외족)로 전진하여 선다. 수법: 염수(외수 위, 내수 밑)하고 나온다. (도판 2)

홀　기	진　행　도	음악	장단	배역	동　　작
				죽간자 죽간자	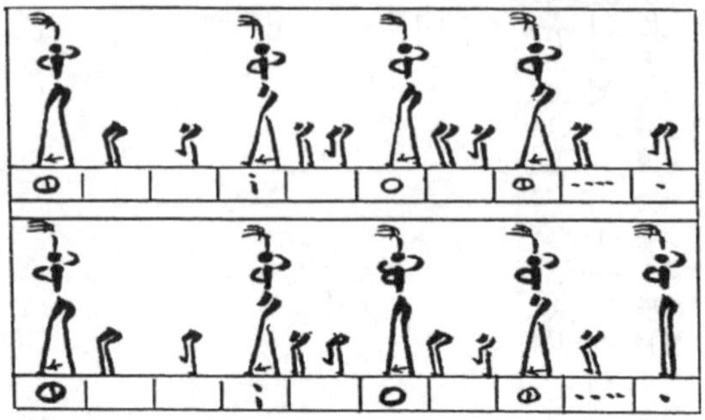 보허자 2·3각 죽간자 동작 보법: 죽간자는 1각 4보(선내족, 차외족)로 전진하여 선다. (도판 2) 수법: 처음에는 죽간자를 잡은 대로 한다. 보허자 2·3각 악사(합립) 동작 악사는 합립을 앞에 놓고 나간다. * 악지·박 * 죽간자는 구호를 노래한다. * 죽간자 구호 綺席光華卜晝開　　　　　　　(기석광화복주개) 무늬 비단자리 광채나고 화려하게 낮은 기해 펼쳐져서 千般樂事一時來　　　　　　　(천반락사일시래) 천가지 즐거운 일 일시에 닥쳐왔습니다 蓮房化出英英態　　　　　　　(연방화출영영태) 연꽃송이에서 변화해 나와 아름답기도한 자태에 妙舞妍歌不世才　　　　　　　(묘무연가불세재) 묘치있는 춤과 어여뿐 노래 보기드문 재주입니다. * 악지·박 *
竹竿子二人足蹈擊拍小退分立 於兩童女之左右外挾樂止 擊拍奏前樂奉	합립　　합립 ↙　　↘ 죽　　　죽 우동여　좌동여 [지 당 판] <도판 3>	보허자	4각 5각	죽간자 죽간자	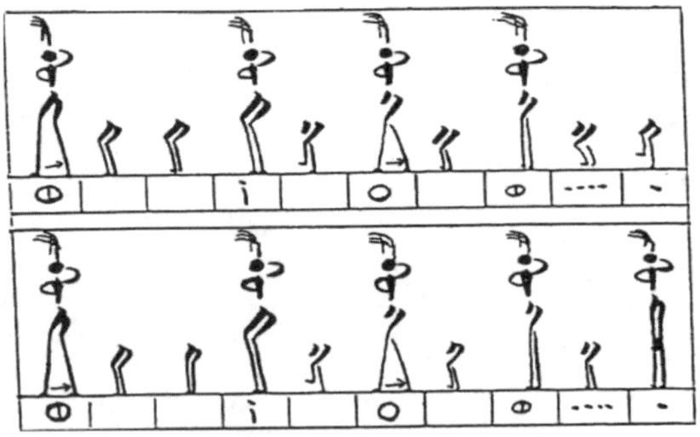 보허자 4·5각 죽간자 동작 보법: 죽간자는 1각 2보(선내족, 차외족)로 동기의 외협으로 퇴한다. 수법: 죽간자는 처음에 잡은 대로 한다. (도판 3)

홀　기	진　행　도	음악	장단	배역	동　　작
樂奏衆仙會引子 左童女坐地右童女舞進入蛤笠之南舞訖 拍舞退復位樂止左童女起立兩童女並舉外袖 袖廣唱微臣詞 住在蓬莱下生蓮蕊有感君 王之德化來呈歌舞之懽娛訖	합립　　합립 우동여 죽 ↑　　　죽 　　　　좌동여 지 당 판 〈도판 4〉 합립　　합립 우동여 죽 ↑↑　　죽 　　　　좌동여 지 당 판 〈도판 5〉	삼현	1각 2·3각 4각	우동여 좌동여 우동여 우동여	* 중선회인자(衆仙會引子)의 음악이 불분명하여 삼현 도드리로 도안하였음. 삼현 1각 우동여 동작 보법: 우동여는 부작보법을 한다. (도판 4) 수법: 우동여는 무작한다. 삼현 1각 좌동여 동작 보법: 좌동여는 1박에서 3박까지 궤(跪)한다. (도판 4) 수법: 좌동여는 오른쪽 무릎 위에 양손을 여미어 얹는다. 삼현 2·3각 우동여 동작 보법: 우동여는 1각 2보(선내족, 차외족)로 전진한다. (좌동여는 앉아있다.) (도판 4) 수법: 우동여는 무작한 대로 한다. 삼현 4각 우동여 동작 인무(人舞) 보법: 우동여는 1각 2보(선내족, 차외족)로 1·2·3박에 동향(東向)하고 4·5·6박에 북향(北向)한다. (좌동여는 앉아 있다.) (도판 5) 수법: 우동여는 무작한 대로 한다.

홀　　기	진 행 도	음악	장단	배역	동　　　작

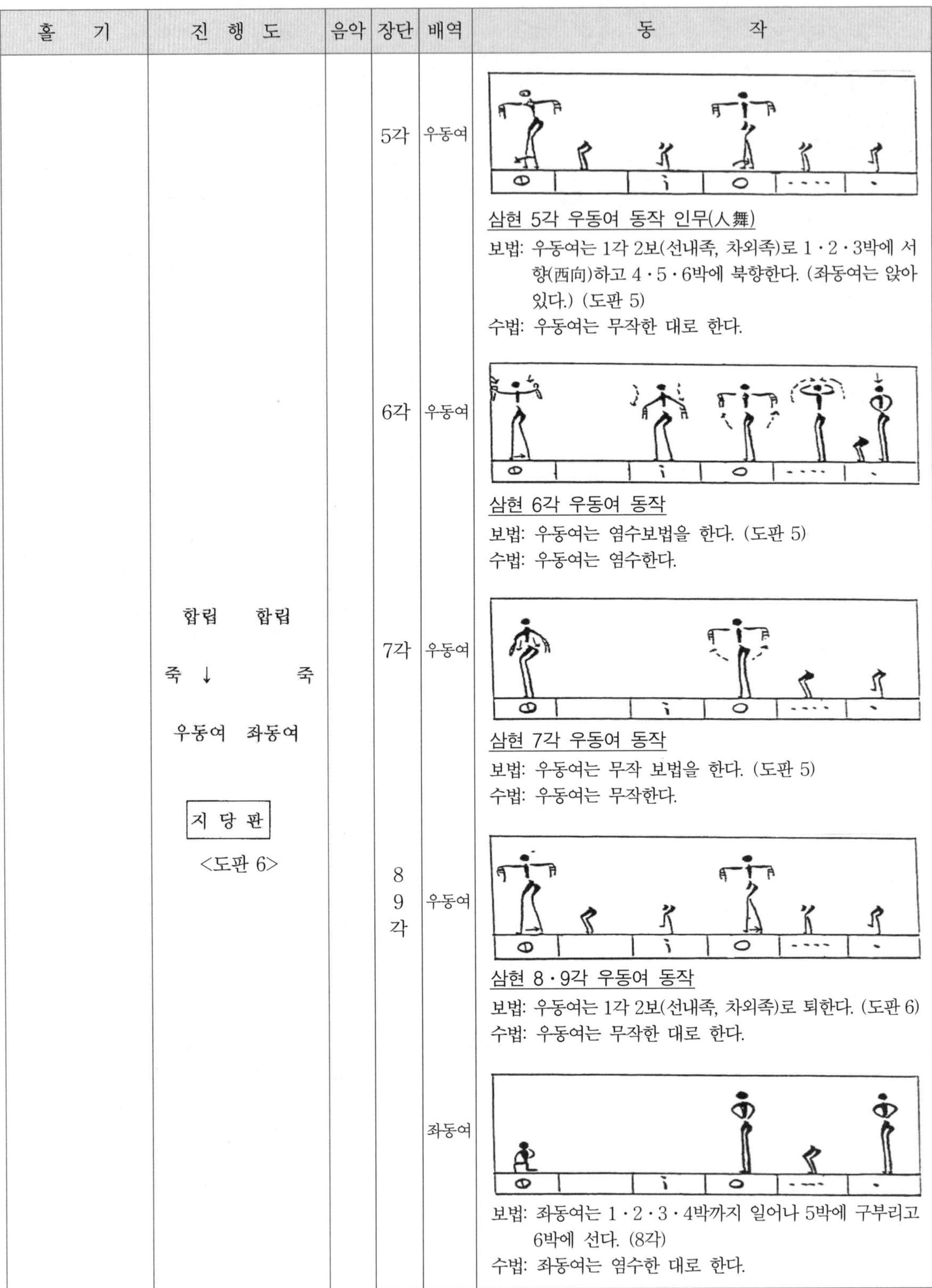

5각 / 우동여

삼현 5각 우동여 동작 인무(人舞)
보법: 우동여는 1각 2보(선내족, 차외족)로 1·2·3박에 서
　　　향(西向)하고 4·5·6박에 북향한다. (좌동여는 앉아
　　　있다.) (도판 5)
수법: 우동여는 무작한 대로 한다.

6각 / 우동여

삼현 6각 우동여 동작
보법: 우동여는 염수보법을 한다. (도판 5)
수법: 우동여는 염수한다.

7각 / 우동여

삼현 7각 우동여 동작
보법: 우동여는 무작 보법을 한다. (도판 5)
수법: 우동여는 무작한다.

8 9각 / 우동여

삼현 8·9각 우동여 동작
보법: 우동여는 1각 2보(선내족, 차외족)로 퇴한다. (도판 6)
수법: 우동여는 무작한 대로 한다.

좌동여

보법: 좌동여는 1·2·3·4박까지 일어나 5박에 구부리고
　　　6박에 선다. (8각)
수법: 좌동여는 염수한 대로 한다.

합립　　　합립

죽　↓　　　죽

우동여　좌동여

지 당 판
<도판 6>

홀　　기	진 행 도	음악	장단	배역	동　　　작

홀 기	진 행 도	음악	장단	배역	동 작
				좌동여	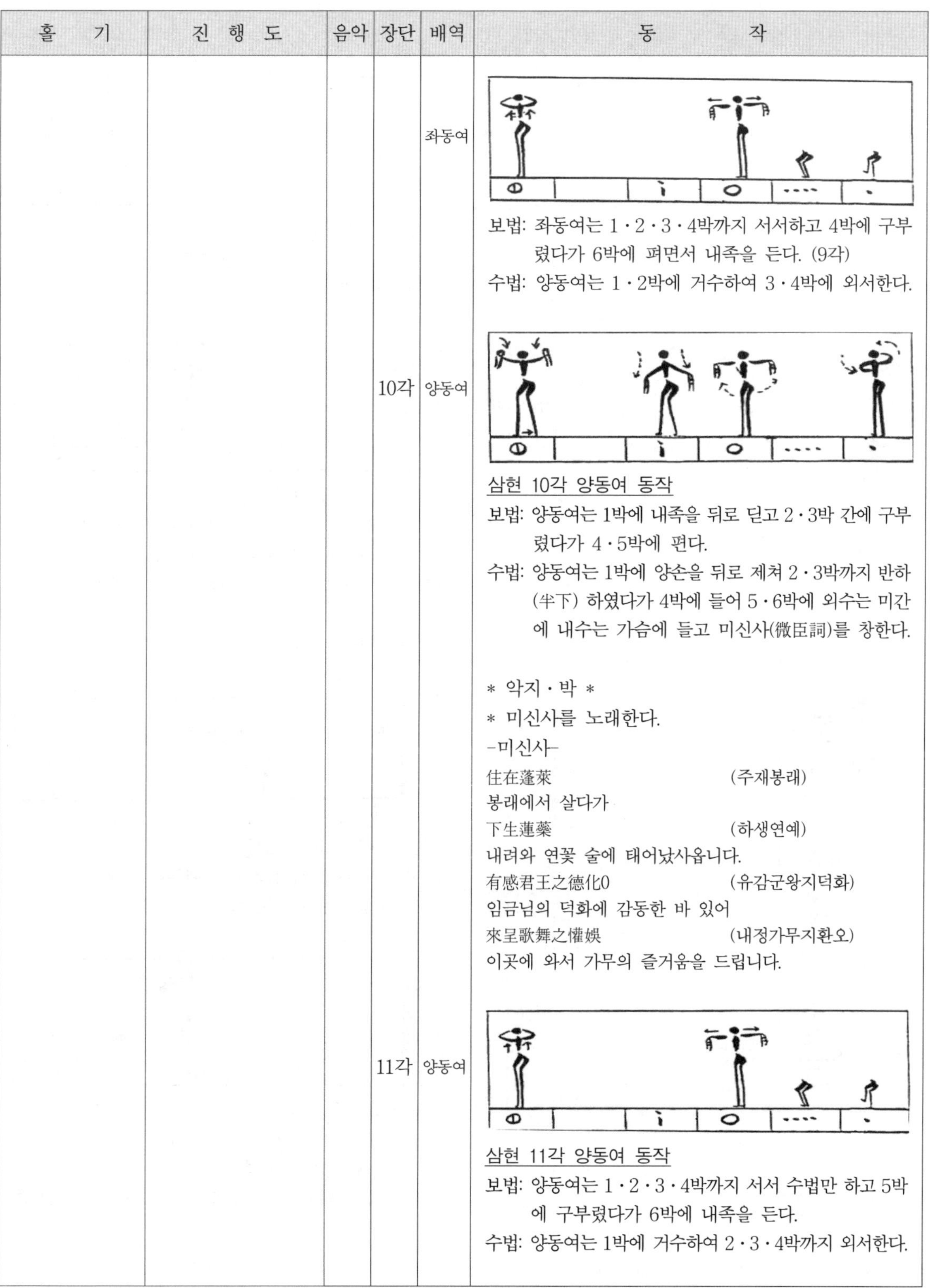
			10각	양동여	
			11각	양동여	

보법: 좌동여는 1·2·3·4박까지 서서하고 4박에 구부
　　　렸다가 6박에 펴면서 내족을 든다. (9각)
수법: 양동여는 1·2박에 거수하여 3·4박에 외서한다.

삼현 10각 양동여 동작

보법: 양동여는 1박에 내족을 뒤로 딛고 2·3박 간에 구부
　　　렸다가 4·5박에 편다.
수법: 양동여는 1박에 양손을 뒤로 제쳐 2·3박까지 반하
　　　(半下) 하였다가 4박에 들어 5·6박에 외수는 미간
　　　에 내수는 가슴에 들고 미신사(微臣詞)를 창한다.

＊ 악지 · 박 ＊
＊ 미신사를 노래한다.
－미신사－

住在蓬萊　　　　　　　　　　　(주재봉래)
봉래에서 살다가
下生蓮蘂　　　　　　　　　　　(하생연예)
내려와 연꽃 술에 태어났사옵니다.
有感君王之德化0　　　　　　　(유감군왕지덕화)
임금님의 덕화에 감동한 바 있어
來呈歌舞之懽娛　　　　　　　　(내정가무지환오)
이곳에 와서 가무의 즐거움을 드립니다.

삼현 11각 양동여 동작

보법: 양동여는 1·2·3·4박까지 서서 수법만 하고 5박
　　　에 구부렸다가 6박에 내족을 든다.
수법: 양동여는 1박에 거수하여 2·3·4박까지 외서한다.

홀 기	진 행 도	음악	장단	배역	동 작
		삼현	12각	양동여	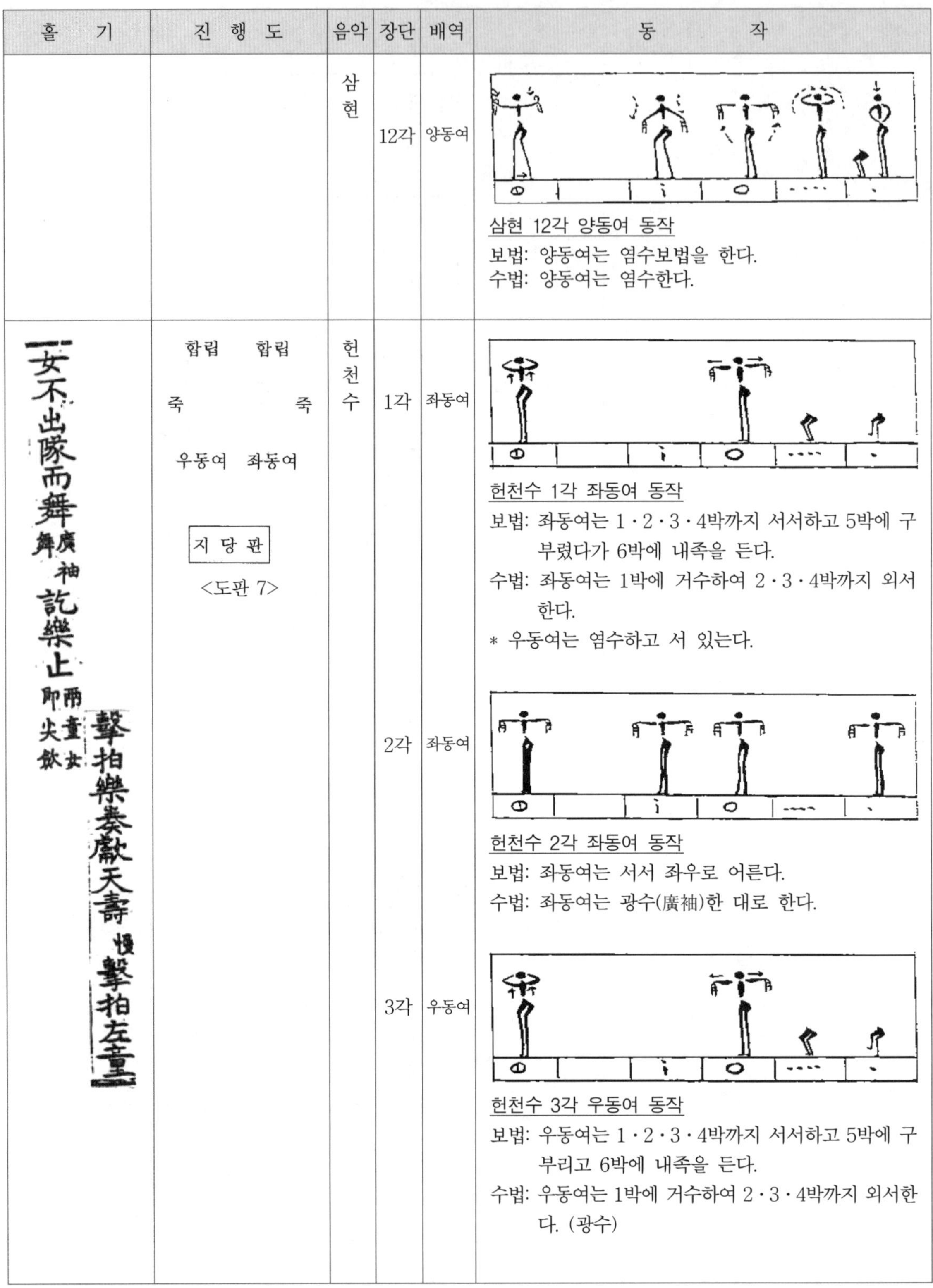

삼현 12각 양동여 동작
보법: 양동여는 염수보법을 한다.
수법: 양동여는 염수한다.

홀 기	진 행 도	음악	장단	배역	동 작
一女不出隊而舞廣袖訖樂止卽兩尖童歛女擊拍樂奏獻天壽慢擊拍左童	합립 합립 죽 죽 우동여 좌동여 지당판 <도판 7>	헌천수	1각	좌동여	

헌천수 1각 좌동여 동작
보법: 좌동여는 1·2·3·4박까지 서서하고 5박에 구
　　부렸다가 6박에 내족을 든다.
수법: 좌동여는 1박에 거수하여 2·3·4박까지 외서
　　한다.
* 우동여는 염수하고 서 있는다.

헌천수 2각 좌동여 동작
보법: 좌동여는 서서 좌우로 어른다.
수법: 좌동여는 광수(廣袖)한 대로 한다.

헌천수 3각 우동여 동작
보법: 우동여는 1·2·3·4박까지 서서하고 5박에 구
　　부리고 6박에 내족을 든다.
수법: 우동여는 1박에 거수하여 2·3·4박까지 외서한
　　다. (광수)

홀　기	진　행　도	음악	장단	배역	동　　작
		헌천수	4각	양동여	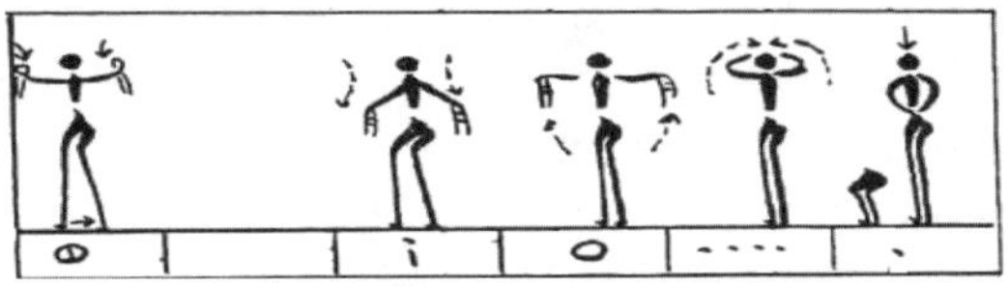 헌천수 4각 양동여 동작 보법: 양동여는 1박에 내족을 들어 뒤로 딛고 염수보법을 한다. 수법: 양동여는 염수한다.
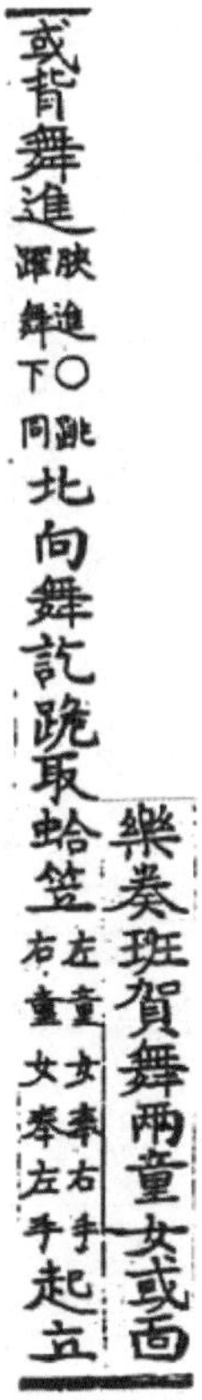 或背舞進 脥進下〇跳 渾舞下同 北向舞訖跪取蛤笠 左童女奉右手 右童女奉左手起立 樂奏班賀舞兩童女或面					주(註): ⑴반하무(班賀舞)가 어떤 곡인지 알 수 없어 타령음악으로 했다. ⑵협진(脥進)의 협(脥)은 협(頰)과 같으며 협(頰)은 집운(集韻), (고협절)古協切은 엽(葉)과 같다고 하였으니 엽무(葉舞)는 양손을 펴 들고 추는 춤임으로 협진(脥進)은 엽진(葉進)으로 보면 협진(脥進)은 양손을 펴들고 나가며 도요무(跳舞)를 추는 춤으로 보아야 할 것이다.
	합립　합립 죽　　　죽 우동여　좌동여 [지당판] <도판 8>	타령	1각	양동여	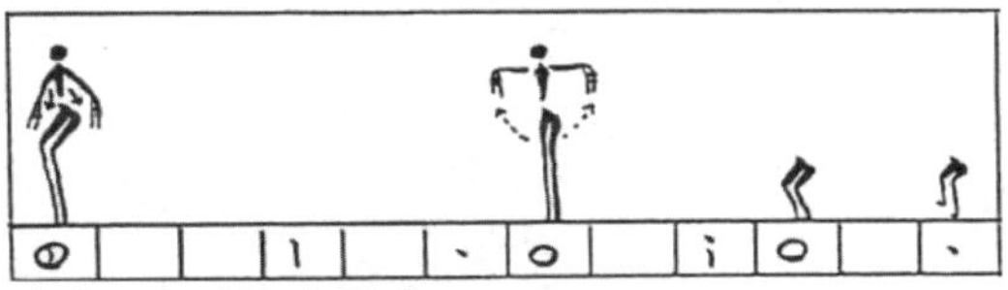 타령 1각 양동여 동작 보법: 양동여는 1·2박에 구부렸다가 3박에 펴고 4박에 구부리며 내족을 든다. 수법: 양동여는 무작한다.
	합립　합립 죽　　　죽 우동여　좌동여 [지당판] <도판 9>		2각	양동여	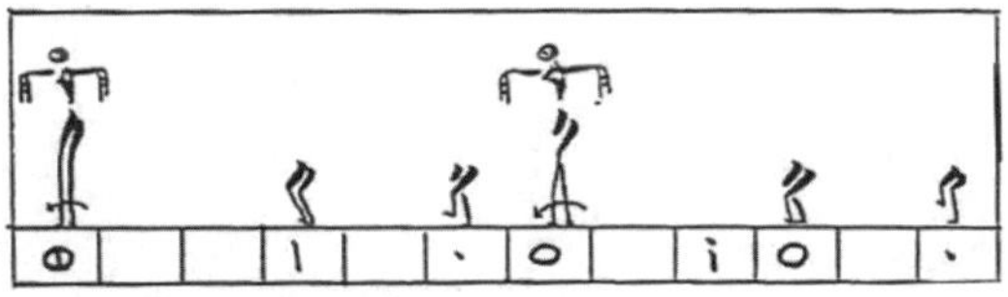 타령 2각 양동여 동작 보법: 양동여는 2박 1보(선내족, 차외족)로 돌아 상향(相向)한다. 수법: 양동여는 무작한 대로 한다.
	합립　합립 죽　　　죽 우동여　좌동여 [지당판] <도판 11>		3각	양동여	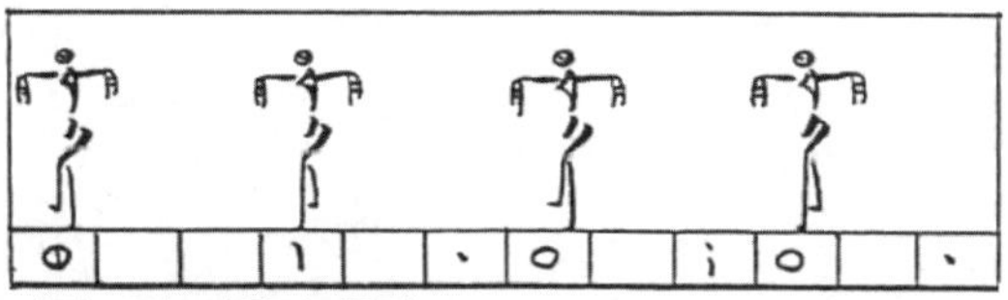 타령 3각 양동여 동작 보법: 양동여는 1박에 외족을 들고 내족으로 2박에 내족을 들고 외족으로 3박에 외족을 들고 내족으로 4박에 내족을 들고 외족으로 상대하여 뛰며 무진한다. (협진 도요무) 수법: 우동여와 좌동여는 무작한 대로 한다. (엽무(葉舞))
			4각		타령 4각 양동여 동작 보법: 양동여는 타령 3각 동작으로 돌아 배무한다. 수법: 양동여는 타령 3각과 동작과 같다.

홀 기	진 행 도	음악	장단	배역	동 작
	합립　　합립 죽　　　　　　죽 （양동여↑）　（좌동여↑） 지당판 ＜도판 11＞ 합립　　합립 죽　　　　　　죽 ←양동여　좌동여→ 지당판 ＜도판 12＞	타 령	5각 6각 7각	양동여 양동여 양동여	**타령 5각 양동여 동작** 보법: 양동여는 타령 3각 동작으로 복위한다. (도판 12) 수법: 양동여는 타령 3각 동작과 같다. **타령 6각 양동여 동작** 보법: 양동여는 2박1보(선내족, 차외족)로 돌아 북향한다. (도판 12) 수법: 양동여는 무작한 대로 한다. **타령 7각 양동여 동작** 보법: 양동여는 1박에 내족을 뒤로 딛고 2박에 구부리고 3박에 펴고 4박에 구부렸다가 편다. (도판 12) 수법: 양동여는 염수한다.
	합립　　합립 우동여　　좌동여 죽　　　　　　죽 ↑　　　　↑ 지당판 ＜도판 13＞		8각 9 10 각 11각	양동여 양동여 양동여	**타령 8각 양동여 동작** 보법: 양동여는 1·2박에 구부렸다가 4박에 펴고 5박에 구부렸다가 6박에 편다. 수법: 양동여는 무작한다. (도판 13) **타령 9·10각 양동여 동작** 보법: 양동여는 1각 2보(선내족, 차외족)로 무진한다. (도판 13) 수법: 양동여는 무작한 대로 한다. **타령 11각 양동여 동작** 보법: 양동여는 1박에 내족을 뒤로 딛고 2박에 구부리고 3박에 펴고 4박에 구부렸다가 편다. (도판 13) 수법: 양동여는 염수한다.

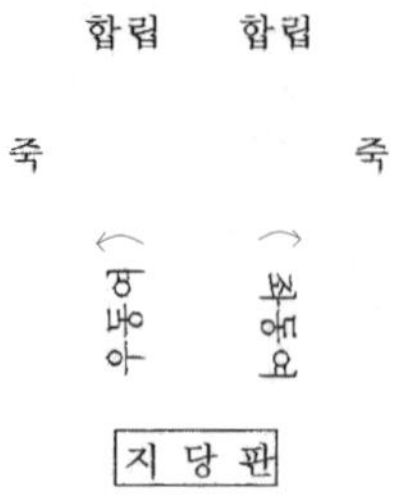

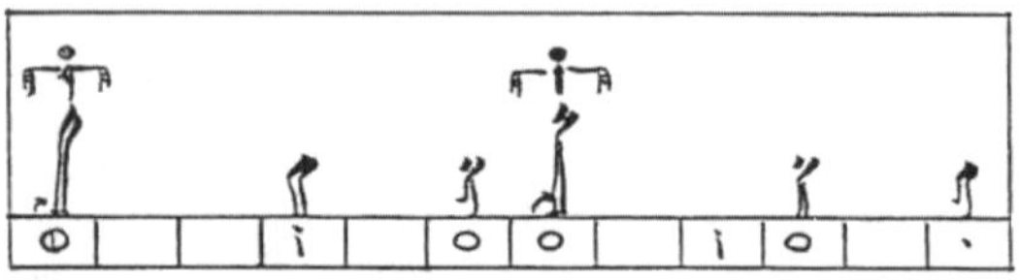

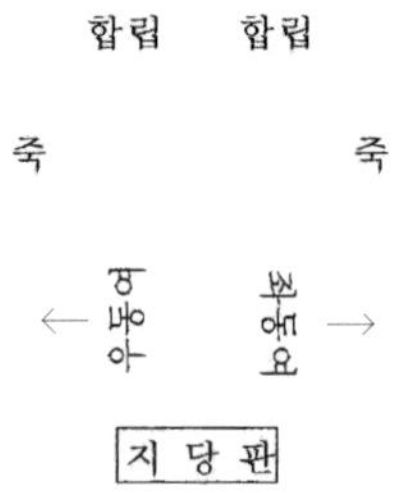

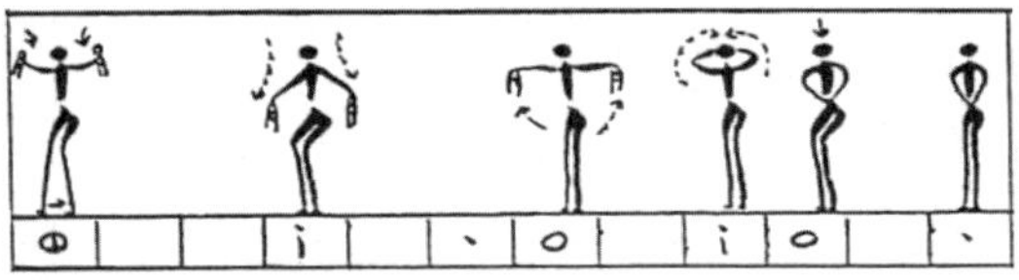

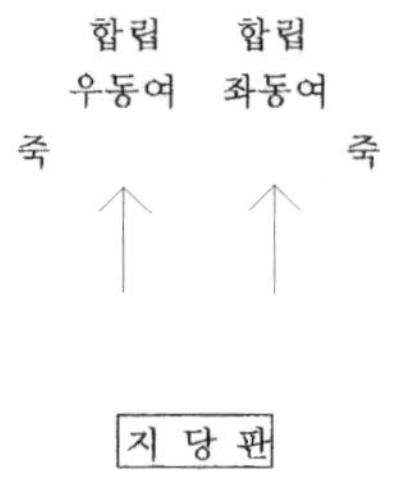

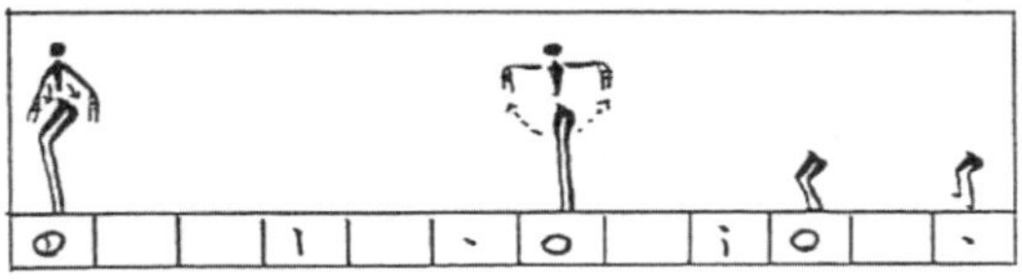

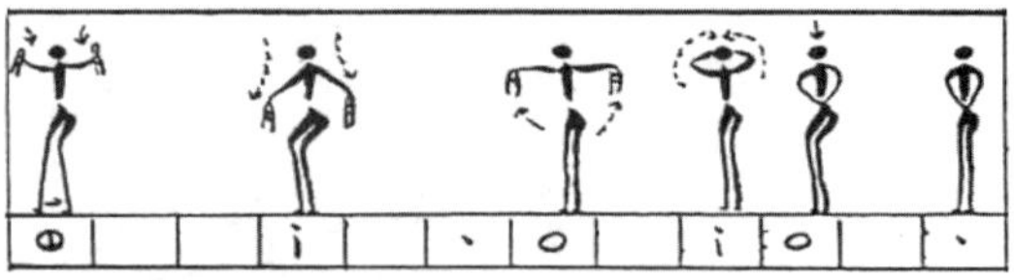

홀 기	진 행 도	음악	장단	배역	동 작
	합립 합립 우동여 좌동여 죽 죽 지당판 〈도판 14〉	타 령	12각	양동여	 **타령 12각 양동여 동작** 보법: 양동여는 1박에서 4박까지 앉아 엎드린다. (도판 14) 수법: 양동여는 1·2까지 3박에 양손을 약간 벌렸다가 4박에 내수는 앞에 외수는 뒤로 감아 여민다.
			13각	양동여	 **타령 13각 양동여 동작** 보법: 우동여는 몸을 왼쪽으로 좌동여는 몸을 오른쪽으로 1박에서 4박까지 옮겨간다. (엎드려서)(도판 14) 수법: 양동여는 팔수무를 하여 외수는 앞에 내수는 뒤로 감아 여민다.
			14각	양동여	 **타령 14각 양동여 동작** 보법: 우동여는 몸을 오른쪽으로 좌동여는 몸을 왼쪽으로 1박에서 4박까지 옮겨간다. (엎드려서)(도판 14) 수법: 양동여는 팔수무를 하여 내수는 앞에 외수는 뒤로 감아 여민다.
			15각	양동여	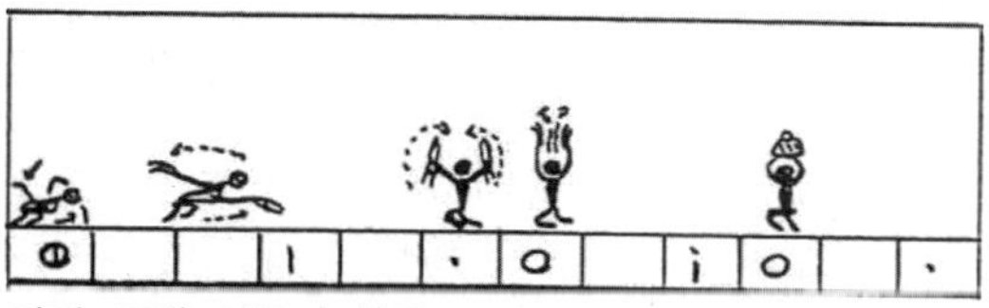 **타령 15각 양동여 동작** 보법: 우동여는 몸을 왼쪽으로 좌동여는 몸을 오른쪽으로 1박에서 2박까지 옮겨 정면에서 몸을 일으켜 3박에 앞으로 숙이며 4박에 정면으로 엎드린다. (합립 앞)(도판 14) 수법: 양동여는 팔수무를 하여 2박에 양손을 양견에 얹어 3박에 앞(합립 쪽)으로 뿌려 4박에 앞(합립 쪽)으로 엎드려 좌동여는 오른손으로 우동여는 왼손으로 합립을 잡고 합립을 잡지 않은 손은 합립을 잡은 손을 받쳐 든다. ※ 12·13·14·15각의 팔수무는 성경린 선생님의 증언으로 도안했으나 홀기에는 기록이 없어 아악부 때의 동작으로 보여진다.

홀　　기	진　행　도	음악	장단	배역	동　　　　작
相對戴首並兩袖挾笠樂師掛拍於左臂詣左童女前跪結笠 纓次詣右童女前亦如之 少中官實爲之周年	죽　　　　죽 → 여동　동여 ← 지당판 <도판 15>	타령	16각	양동여	**타령 16각 양동여 동작** 보법: 양동여는 1박에서 4박까지 일어난다. (도판 14) 수법: 양동여는 합립을 잡은 대로 일어난다.
			17각	양동여	**타령 17각 양동여 동작** 보법: 양동여는 1박 1보(선내족, 차외족)로 상대하여 전진한다. 수법: 양동여는 타령 15각에 합립을 잡은대로 한다.
			18 19 각	양동여	**타령 18·19각 양동여 동작** 양동여는 타령 18각에 우동여가 좌동여 머리에 합립을 씌워주고 타령 19각에 좌동여가 우동여 머리에 합립을 씌워준다.
			20 21 각	양동여	**타령 20·21각 양동여 동작** 악사는 타령 20각에 좌동여 앞에서 무릎을 꿇고 합립 끈을 매어주고 일어나서 타령 21각에 우동여 앞에서 무릎을 꿇고 합립 끈을 매어주고 일어난다. (궁중연 에서는 연소기가 한다.)
	죽　　　　죽 동여 동여 지당판 <도판 16>		22각	양동여	**타령 22각 양동여 동작** 보법: 양동여는 1박에 구부렸다가 2·3박에 펴고 4박에 구부렸다가 오른발을 든다. 수법: 양동여는 무작한다. (도판 16)
			23각	양동여	**타령 23각 양동여 동작** 보법: 양동여는 1박 1보(선내족, 차외족)로 퇴하여 4박에 북향한다. (도판 16) 수법: 양동여는 무작한 대로 한다.

홀　기	진 행 도	음악	장단	배역	동　　작
兩童女舞退舞進	죽　　　　　　　죽 　↑↓　　↑↓ 　동여　동여 지당판 〈도판 17〉	타령	24각	양동여	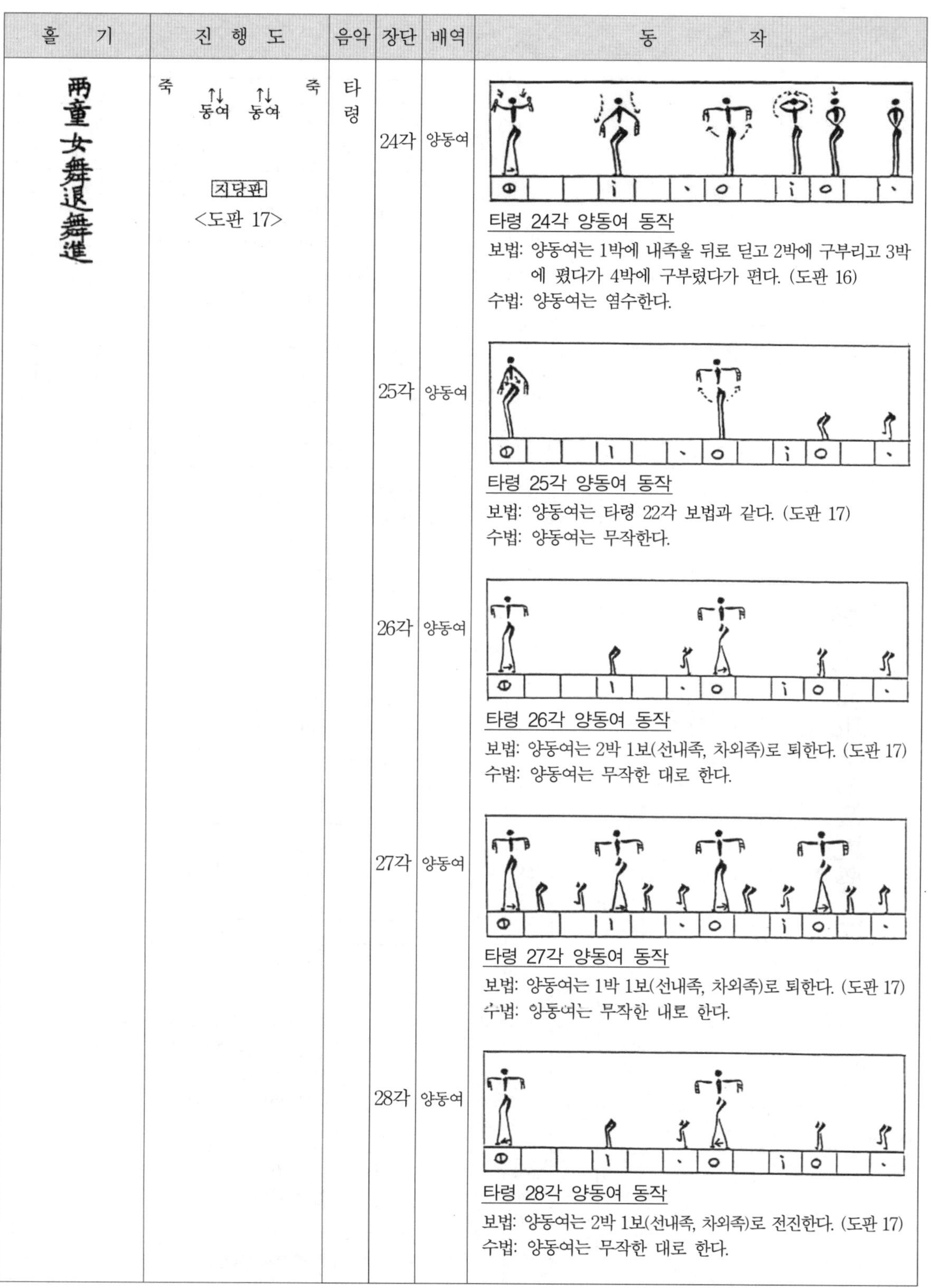 타령 24각 양동여 동작 보법: 양동여는 1박에 내족을 뒤로 딛고 2박에 구부리고 3박 　　에 폈다가 4박에 구부렸다가 편다. (도판 16) 수법: 양동여는 염수한다.
			25각	양동여	타령 25각 양동여 동작 보법: 양동여는 타령 22각 보법과 같다. (도판 17) 수법: 양동여는 무작한다.
			26각	양동여	타령 26각 양동여 동작 보법: 양동여는 2박 1보(선내족, 차외족)로 퇴한다. (도판 17) 수법: 양동여는 무작한 대로 한다.
			27각	양동여	타령 27각 양동여 동작 보법: 양동여는 1박 1보(선내족, 차외족)로 퇴한다. (도판 17) 수법: 양동여는 무작한 대로 한다.
			28각	양동여	타령 28각 양동여 동작 보법: 양동여는 2박 1보(선내족, 차외족)로 전진한다. (도판 17) 수법: 양동여는 무작한 대로 한다.

홀 기	진 행 도	음악	장단	배역	동 작
			29각	양동여	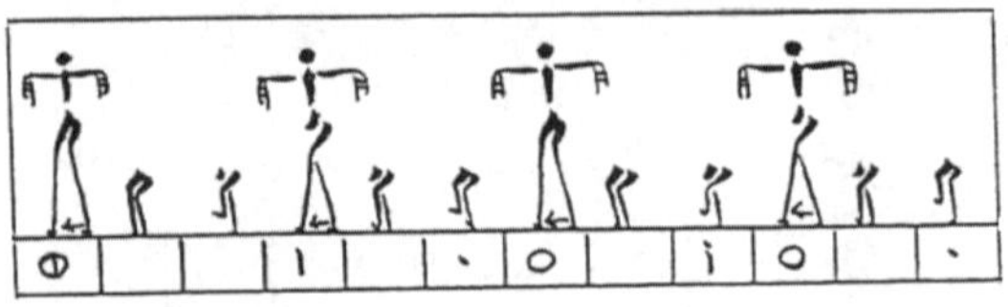 타령 29각 양동여 동작 보법: 양동여는 1박 1보(선내족, 차외족)로 전진한다. (도판 17) 수법: 양동여는 무작한 대로 한다.
			30각	양동여	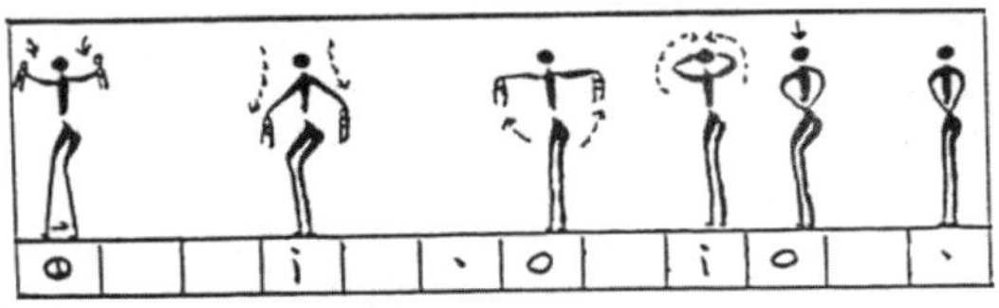 타령 30각 양동여 동작 보법: 양동여는 염수보법을 한다. (도판 17) 수법: 양동여는 염수한다.
或面或背跳躍而舞訖樂止	 죽 ↑ ↑ 죽 〈 〉〈 〉 ↑ ↑ 〈 〈 동여 동여 지당판 〈도판 18〉		31각	양동여	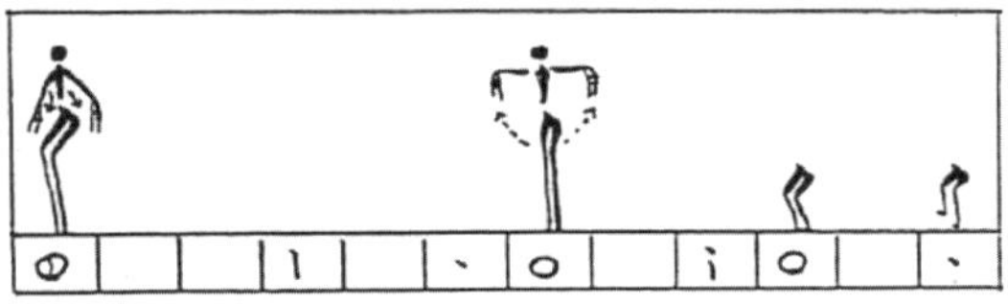 타령 31각 양동여 동작 보법: 양동여는 무작 보법을 한다. 수법: 양동여는 무작을 한다.
			32각	양동여	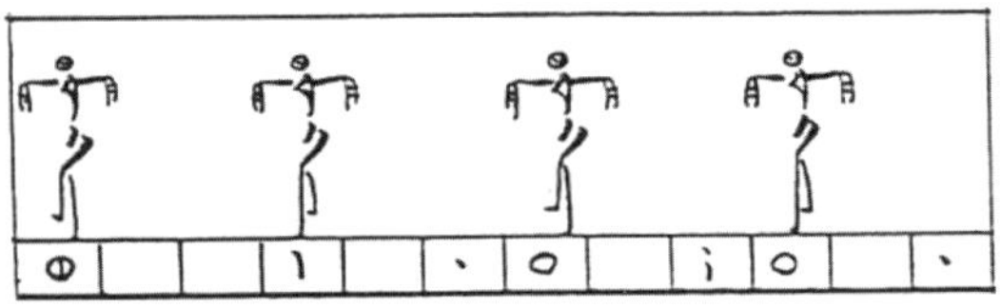 타령 32각 양동여 동작 보법: 양동여는 1박에 외족을 들어 내족으로 2박에 내족을 들어 외족으로 3박에 외족을 들어 내족으로 4박에 내족을 들어 외족으로 가볍게 뛰면서(도약(跳躍)) 상향(相向)한다. 수법: 양동여는 무작한 대로 한다.
			33 34 35 각		타령 33 · 34 · 35각 양동여 동작 보법: 타령 32각과 같다. 수법: 타령 32각과 같다. *양동여는 타령 33각에 북향하고 타령 34각에 상배(相背)하고 타령 35각에 북향한다.

홀 기	진 행 도	음악	장단	배역	동 작
		타령	36각	양동여	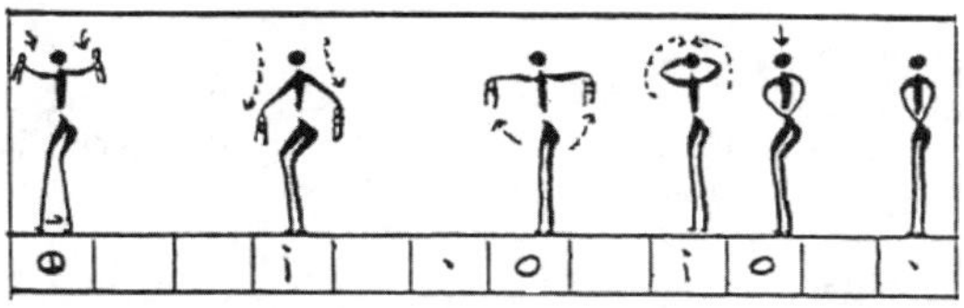 **타령 36각 양동여 동작** 보법: 양동여는 염수보법을 한다. 수법: 양동여는 염수한다.
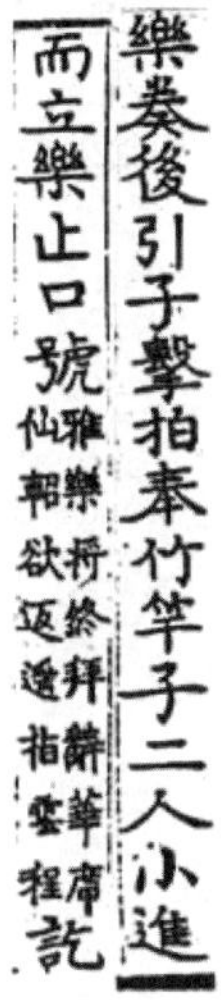 樂奏後引子擊拍奉竹竿子二人小進 而立樂止口號 雅樂將終 拜辭華席 仙輻欲返 遙指雲程 訖	죽 죽 ↗ ↖ 동여 동여 **지당판** <도판 19>	보허자	1 2 각 2각	죽간자 죽간자	  **보허자 1 · 2각 죽간자 동작** 보법: 죽간자는 1각 2보(선내족, 차외족)로 2각간에 전 　　진한다. 수법: 죽간자는 처음 잡은 그대로 한다. * 악지 · 박 * *죽간자는 구호를 노래한다. **죽간자 구호** 雅樂將終　　　　　　　　　(아악장종) 우아한 악이 끝나려 하메 拜辭華席　　　　　　　　　(배사화석) 배례(拜禮)하고 화려한 자리 하지합니다. 仙輻欲返　　　　　　　　　(선초욕빈) 신선의 수레는 돌아가려고 遙指雲程　　　　　　　　　(요지운정) 멀리 구름길을 지향합니다 * 악지 · 박 *

홀 기	진 행 도	음악	장단	배역	동 작
三人足蹈擊拍而退齊立於兩童女之左右外挾樂止　擊拍義前樂奉竹竿子	죽　　　　죽 동여　동여 지당판 〈도판 20〉	보 허 자	3각 4각	죽간자 죽간자	  보허자 3·4각 죽간자 동작 보법: 죽간자는 1각 2보(선내족, 차외족)로 2각간에 퇴 　　　하여 양동여는 외협(外挾)에 선다. 수법: 죽간자는 처음 잡은 그대로 한다.

홀　　기	진　행　도	음악	장단	배역	동　　　　　작
前位舞作一如上儀訖樂止 又奏處容慢機女妓唱處容歌五方處容復立	黑 白　黃　青 紅 <도판 49> (5방작대) 5방무를 한번 더 춘다. (봉황음 2가, 64각부터 78각 까지)	봉황음 2	1각	흑 홍 청 백황	처용만기를 연주하고(여기는 처용가를 창한다) 오방처용은 앞의 의례와 같이 5방무를 춘다.

봉황음 1각 동작 (5방작대)

보법: 흑은 1, 2, 3, 4, 5, 6박까지 內足을 들어 7박에 앞에 한 발 내딛고 8, 9박까지 外足을 內足 옆에 끌어대고 10, 11박에 무릎을 구부리고 12박에 편다.

홍은 1, 2, 3, 4, 5, 6박까지 內足을 들어 7박에 뒤에 한 발 내딛고 8, 9박까지 外足을 들어 內足 옆에 끌어 대고 10, 11박에 무릎을 구부리고 12박에 편다,

청·백은 1, 2, 3, 4, 5, 6박까지 內足을 황은 右足을 들어 7빅에 제 위치에 딛고 8, 9박까시 서 있다가 10, 11박에 무릎을 구부리고 12박에 편다. (도판 8)

수법: 청·홍·흑·백은 1, 2, 3, 4, 5, 6박까지 內手(45도) 방향으로 황은 右手 방향(45도)으로 양손을 들어 7박에 어깨 뒤편으로 뿌려 넘겨 8, 9, 10, 11, 12박까지 귀 쪽으로 내려 무릎 위에 내린다.

홀　　기	진 행 도	음악	장단	배역	동　　　　　작
		봉황음 2	2각	흑	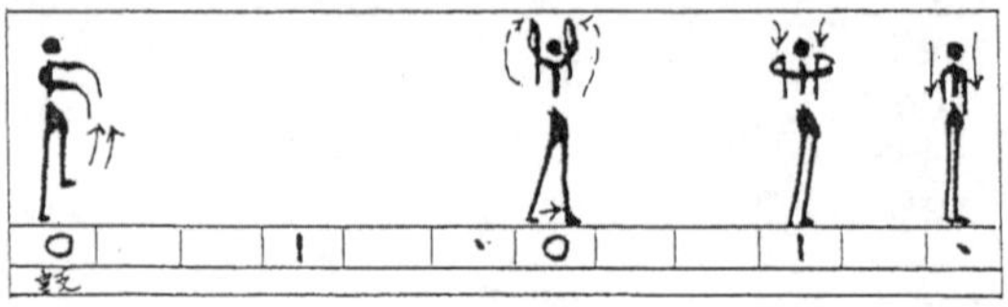
				홍	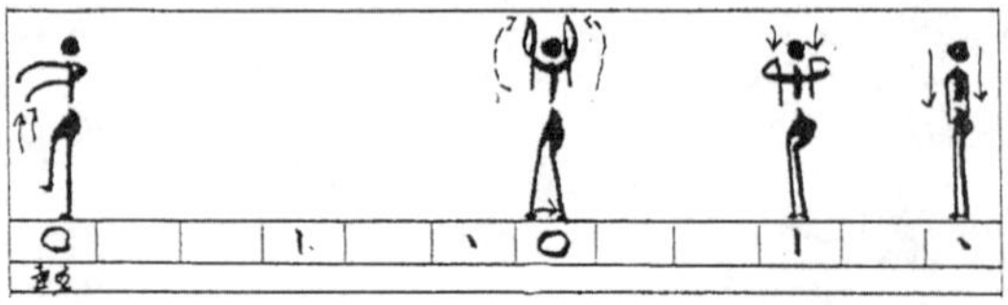
				청	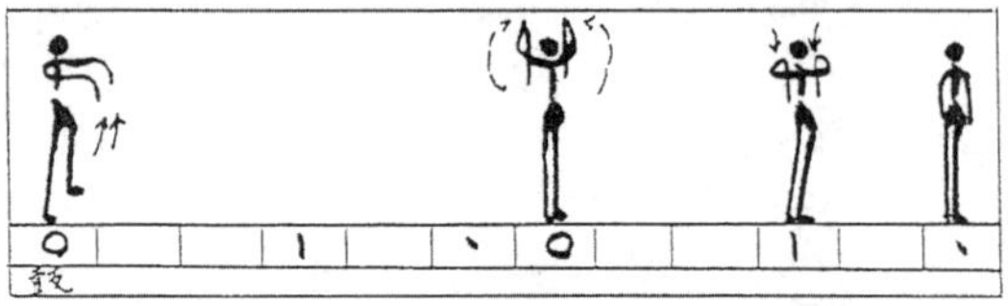
				백황	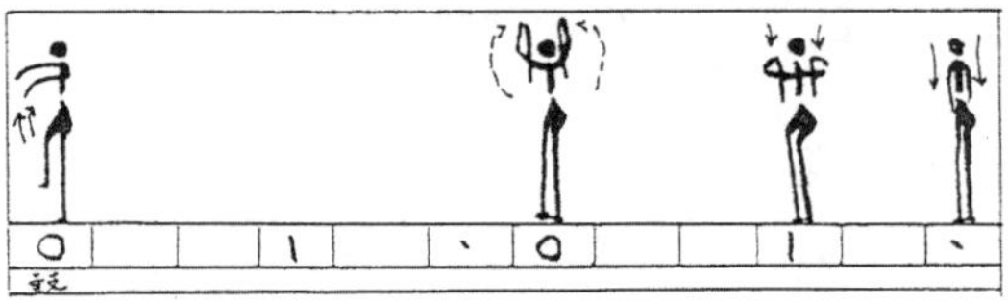

봉황음 2각 동작 (5방작대)

보법: 흑은 1, 2, 3, 4, 5, 6박까지 外足을 들어 7박에
　　　앞에 한 발 내딛고 8, 9박까지 內足을 外足 옆에
　　　끌어대고 10, 11박에 무릎을 구부리고 12박에
　　　편다.
　　　홍은 1, 2, 3, 4, 5, 6박까지 外足을 들어 7박에
　　　뒤에 발 내딛고 8, 9박까지 內足을 들어 외족 옆
　　　에 끌어 대고 10, 11박에 무릎을 구부리고 12박
　　　에 편다.
　　　청·백은 1, 2, 3, 4, 5, 6박까지 外足을 황은 左足
　　　을 들어 7박에 제 위치에 딛고 8, 9박까지 서 있
　　　다가 10, 11박에 무릎을 구부리고 12박에 편다.
　　　(도판 8)
수법: 청·홍·흑·백은 1, 2, 3, 4, 5, 6박까지 外手(45
　　　도) 방향으로 황은 左手 방향(45도)으로 양손을
　　　들어 7박에 어깨 뒤편으로 뿌려 넘겨 8, 9, 10, 11,
　　　12박까지 귀 쪽으로 내려 무릎 위에 내린다.

홀　　기	진 행 도	음악	장단	배역	동　　　　　작

홀　　기	진　행　도	음악	장단	배역	동　　　　　작
		봉황음 2	3각	흑 홍 청 백황	

봉황음 3각 동작 (5방작대)

보법: 흑은 1, 2, 3, 4, 5, 6박까지 內足을 들어 7박에
　　　앞에 한 발 내딛고 8, 9박까지 外足을 內足 옆에
　　　끌어대고 10, 11박에 무릎을 구부리고 12박에
　　　편다.
　　　홍은 1, 2, 3, 4, 5, 6박까지 內足을 들어 7박에
　　　뒤에 발 내딛고 8, 9박까지 外足을 들어 內足 옆
　　　에 끌어 대고 10, 11박에 무릎을 구부리고 12박
　　　에 편다.
　　　청·백은 1, 2, 3, 4, 5, 6박까지 內足을 황은 右足
　　　을 들어 7박에 제 위치에 딛고 8, 9박까지 서 있
　　　다가 10, 11박에 무릎을 구부리고 12박에 편다.
　　　(두판 8)
수법: 청·홍·흑·백은 1, 2, 3, 4, 5, 6박까지 內水(45
　　　도) 방향으로 황은 右手 방향(45도)으로 양손을
　　　들어 7박에 어깨 뒤편으로 뿌려 넘겨 8, 9, 10,
　　　11, 12박까지 귀 쪽으로 내려 무릎 위에 내린다.

홀기	진행도	음악	장단	배역	동작
		봉황음 2	4각	흑	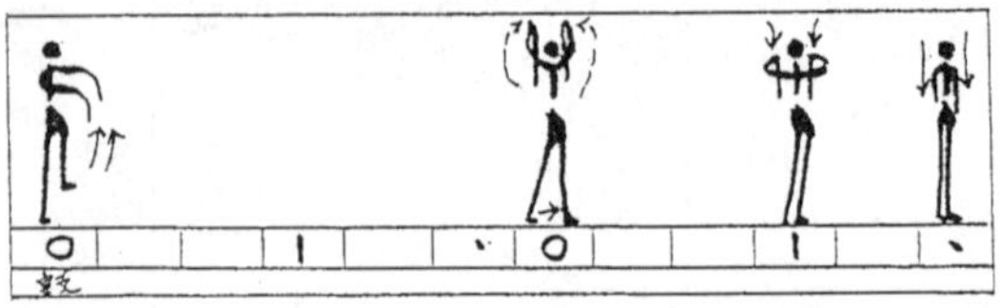
				홍	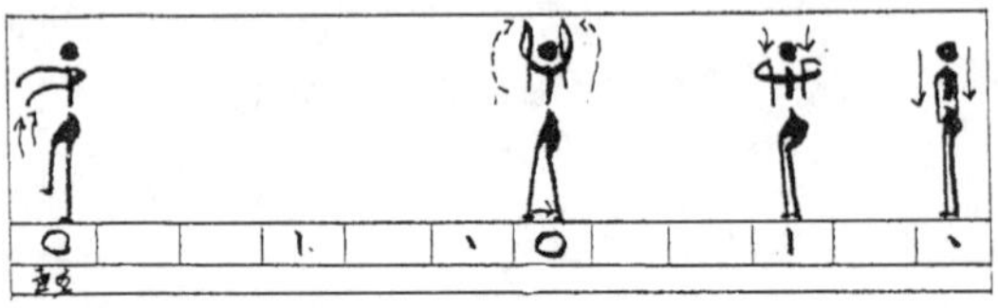
				청	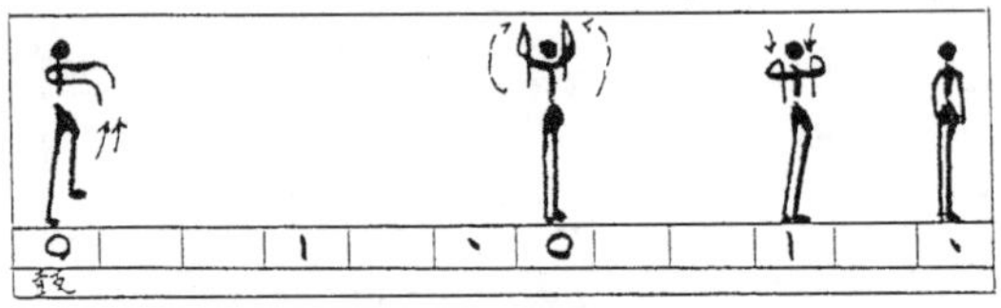
				백황	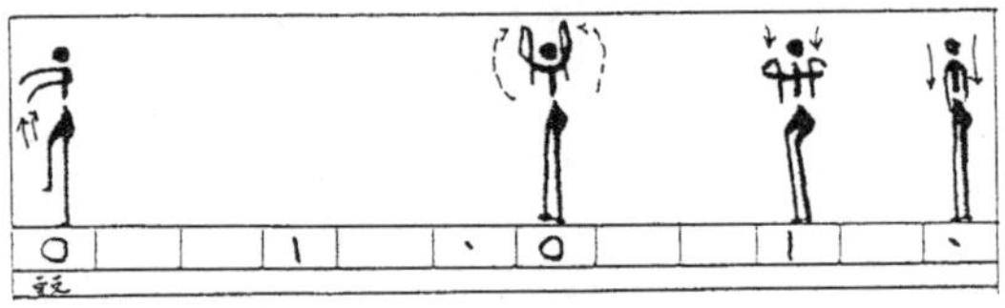 봉황음 4각 동작 (5방작대) 보법: 흑은 1, 2, 3, 4, 5, 6박까지 外足을 들어 7박에 앞에 한 발 내딛고 8, 9박까지 內足을 外足 옆에 끌어대고 10, 11박에 무릎을 구부리고 12박에 편다. 홍은 1, 2, 3, 4, 5, 6박까지 外足을 들어 7박에 뒤에 발 내딛고 8, 9박까지 內足을 들어 外足 옆에 끌어 대고 10, 11박에 무릎을 구부리고 12박에 편다. 청・백은 1, 2, 3, 4, 5, 6박까지 外足을 황은 左足을 들어 7박에 제 위치에 딛고 8, 9박까지 서 있다가 10, 11박에 무릎을 구부리고 12박에 편다. (도판 8) 수법: 청・홍・흑・백은 1, 2, 3, 4, 5, 6박까지 外手(45도) 방향으로 황은 左手 방향(45도)으로 양손을 들어 7박에 어깨 뒤편으로 뿌려 넘겨 8, 9, 10, 11, 12박까지 귀 쪽으로 내려 무릎 위에 내린다.

홀 기	진 행 도	음악	장단	배역	동 작
先擧左右手皆兩度○舞 青紅黑白者舞向中央對舞並左右手先擧 擊鞭黃者止向而舞右手 垂揚手무릎디피 舞	黃紅 黑 紅 〈도판 50〉 (내향)	봉황음 2	5각	흑 홍 청 백황	

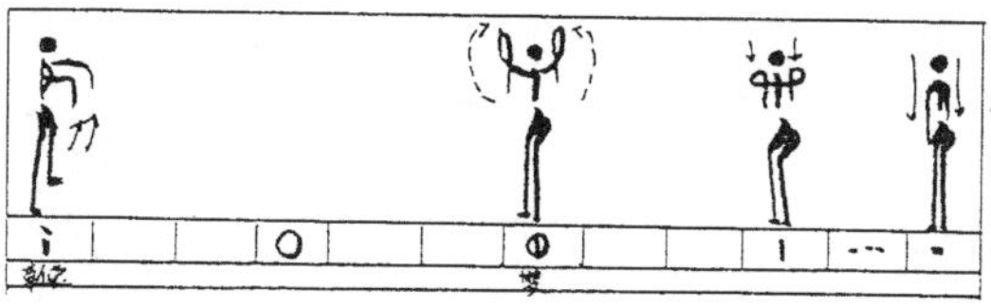

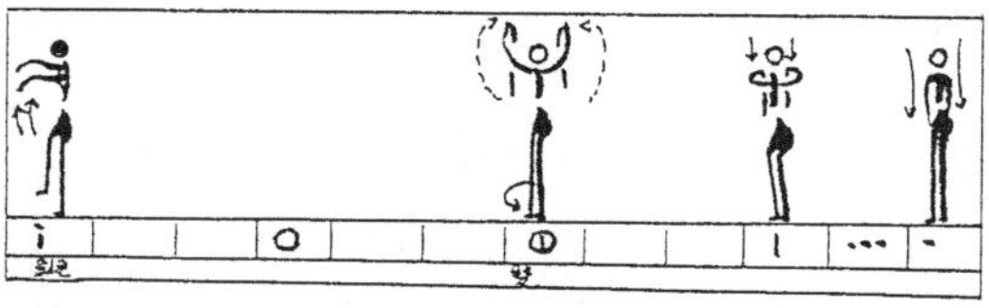

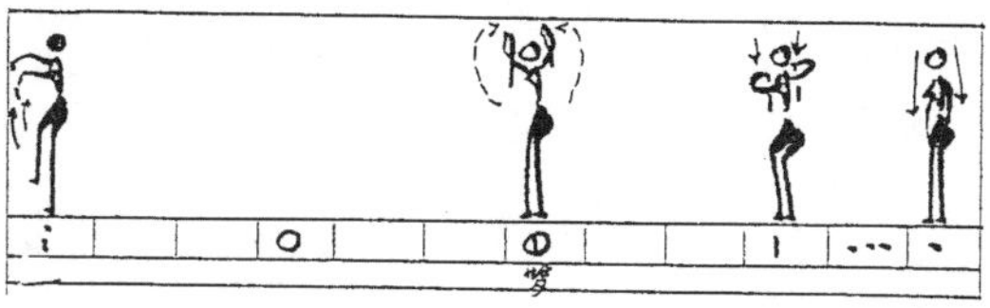

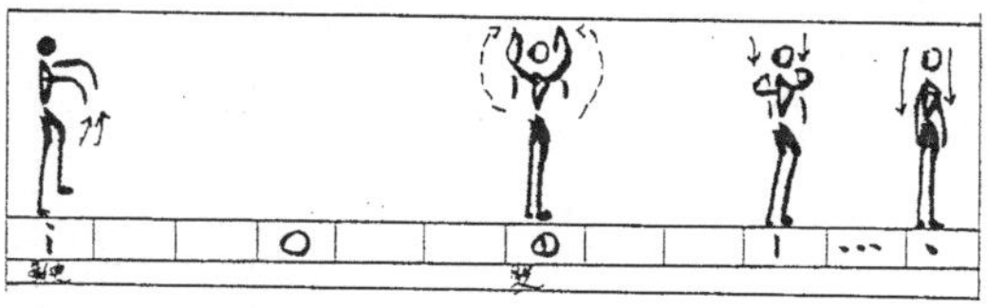

봉황음 5각 동작

보법: 흑은 1, 2, 3, 4, 5, 6박까지 內足을 들어 7박에 황은 右足을 들어 흑은 남쪽, 청은 서쪽, 백은 동쪽 방향으로 딛고 8, 9박까지 돌아 內向하여 10, 11박에 무릎을 구부리고 12박에 편다.

황은 北向하고 1, 2, 3, 4, 5, 6박까지 右足을 들어 7박에 제자리에 딛고 8, 9박은 서 있다가 10, 11박에 무릎을 구부리고 12박에 편다. (도판 19)

수법: 청·홍·황·흑·백은 1, 2, 3, 4, 5, 6박까지 양손을 들어 7박에 어깨 뒤편으로 뿌려 넘겨 8, 9, 10, 11, 12박까지 귀 쪽으로 흘려 내려 무릎 위에 내린다.

홀　　기	진　행　도	음악	장단	배역	동　　　　작

↓
葡
→囲　黃　囲←
紅
↑
<도판 51>
(중앙대무)

봉황음 2 — 6각 — 흑 / 황 / 청 / 백 / 홍

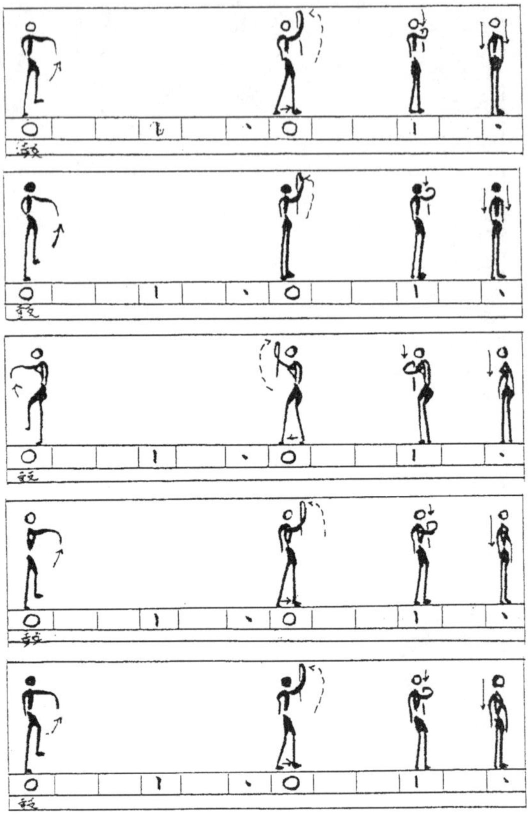

봉황음 6각 동작

보법: 청·홍·흑·백은 1, 2, 3, 4, 5, 6박까지 內足을
　　　들어 7박에 황을 향하여 한 발 내딛고 8, 9박까지
　　　外足을 內足 옆에 끌어 대고 10, 11박에 무릎을
　　　구부리고 12박에 편다.
　　　황은 北向하고 1, 2, 3, 4, 5, 6박까지 右足을 들어
　　　7박에 제 위치에 딛고 8, 9박은 서 있다가 10, 11박
　　　에 무릎을 구부리고 12박에 편다. (도판 50)
수법: 청·홍·흑·백은 1, 2, 3, 4, 5, 6박까지 內手를
　　　황은 右手를 들어 7박에 어깨 뒤편으로 뿌려 넘겨
　　　8, 9, 10, 11, 12박까지 귀 쪽으로 흘려 내려 무릎
　　　위에 내린다.

홀　기	진 행 도	음악	장단	배역	동　　　작
	↓ 黑 →白　黃　靑← 紅 ↑ <도판 51-1> (중앙대무)	봉황음 2	7각	흑	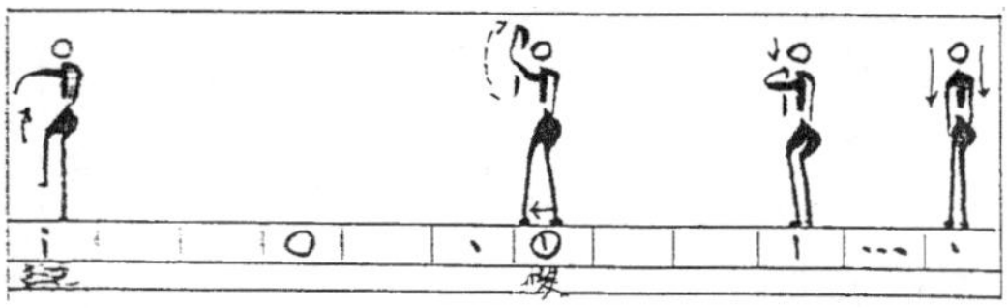
				황	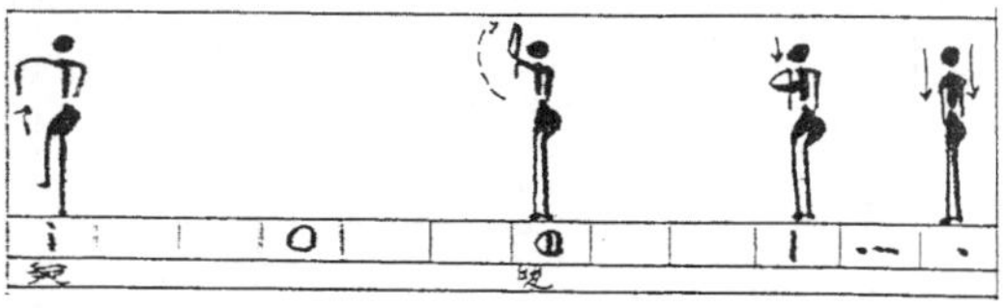
				청	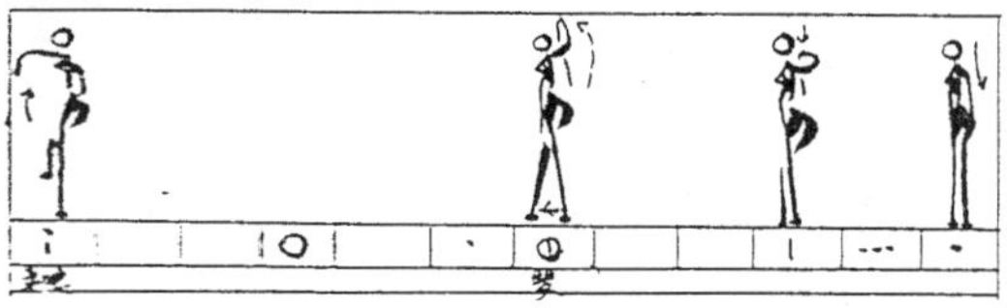
				백	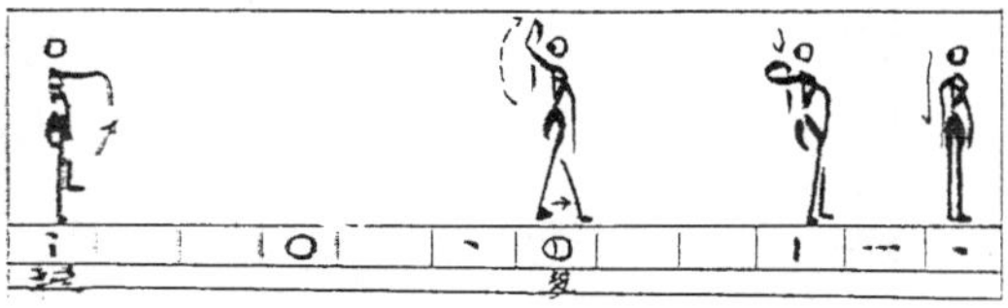
				홍	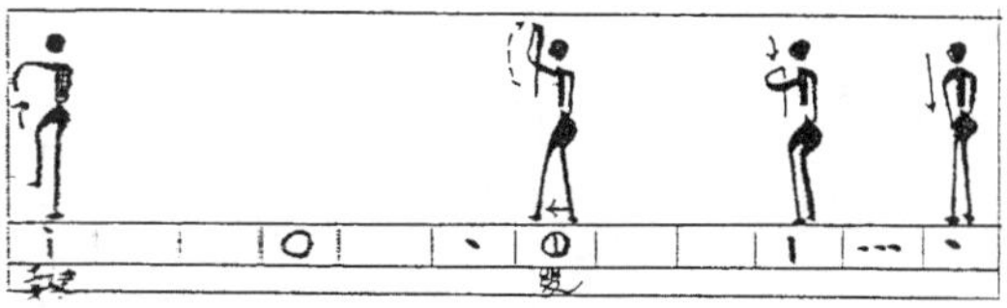
					<u>봉황음 7각 동작</u> 보법: 청·홍·흑·백은 1, 2, 3, 4, 5, 6박까지 外足을 들어 7박에 황을 향하여 한 발 내딛고 8, 9박까지 內足을 外足 옆에 끌어 대고 10, 11박에 무릎을 구부리고 12박에 편다. 황은 1, 2, 3, 4, 5, 6박까지 左足을 들어 7박에 제 위치에 딛고 8, 9박은 서 있다가 10, 11박에 무릎을 구부리고 12박에 편다. (도판 51-1) 수법: 청·홍·흑·백은 1, 2, 3, 4, 5, 6박까지 外袖를 황은 左手를 들어 7박에 어깨 뒤편으로 뿌려 넘겨 8, 9, 10, 11, 12박까지 귀 쪽으로 흘려 내려 무릎 위에 내린다.

홀　　기	진　행　도	음악	장단	배역	동　　　作

홀기: 青紅黑白者背中央各向其方而舞 並左手先擧左右手皆兩度 記

진행도: 黑　黃　靑　紅
<도판 52>
(상배)

음악: 봉황음 2　　**장단:** 8각　　**배역:** 흑　황　청　백　홍

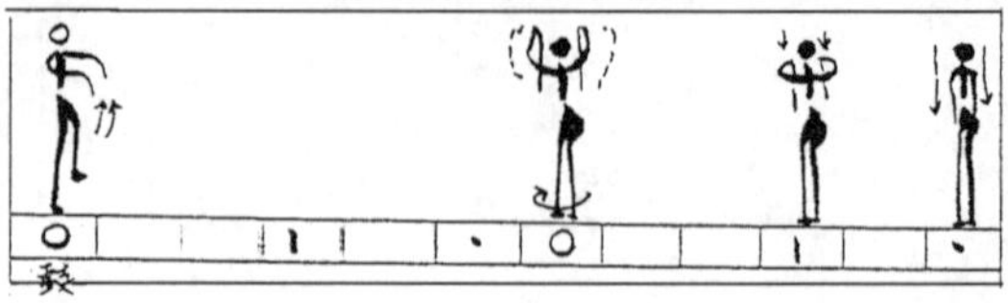

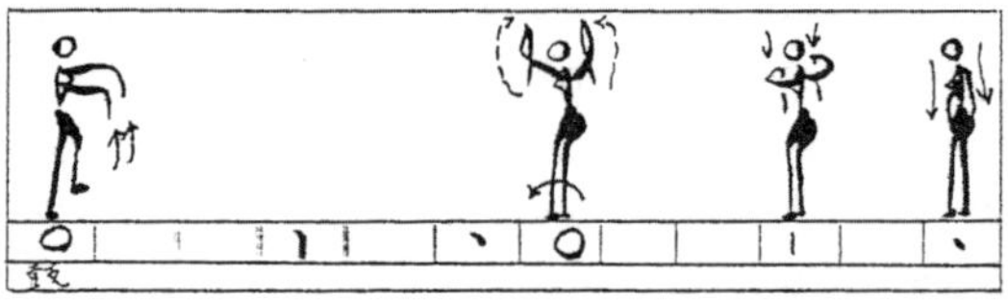

봉황음 8각 동작

보법: 청·홍·흑·백은 1, 2, 3, 4, 5, 6박까지 內足을
　　들어 7박에 흑은 북쪽에 청은 동쪽에 백은 서쪽에
　　홍은 남쪽에 딛고 8, 9박까지 돌아 상배(相背)하여
　　10, 11박에 무릎을 구부리고 12박에 편다.
　　황은 北向하고 1, 2, 3, 4, 5, 6박까지 右足을 들어
　　7박에 제자리에 딛고 8, 9박은 서 있다가 10, 11박
　　에 무릎을 구부리고 12박에 편다. (도판 51-1)
수법: 청·홍·흑·백은 1, 2, 3, 4, 5, 6박까지 양수를 들
　　어 7박에 어깨 뒤편으로 뿌려 넘겨 8, 9, 10, 11,
　　12박까지 귀 쪽으로 흘려 내려 무릎 위에 내린다.

주 : 竝左手先擧左右手皆兩度
　　병 좌 수 선 거 좌 우 수 개 양 도

◎ 모두 左手를 먼저 들어 左右手 두 번 한다.
　　이상의 동작은 청홍흑백의 동작을 설명한 것이고
　　황의 동작 설명은 없다.
　　이 또한 청홍흑백은 先內手 次外手로 황은 先右手
　　次左手로 해야 한다.

홀기	진행도	음악	장단	배역	동작
	黑 ↑ 白 ← 黃 → 靑 ↓ 紅 <도판 53> (복위)	봉황음 2	9각	흑	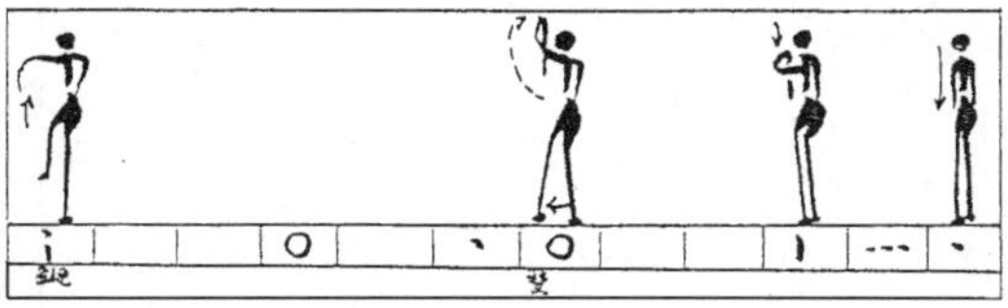
				청	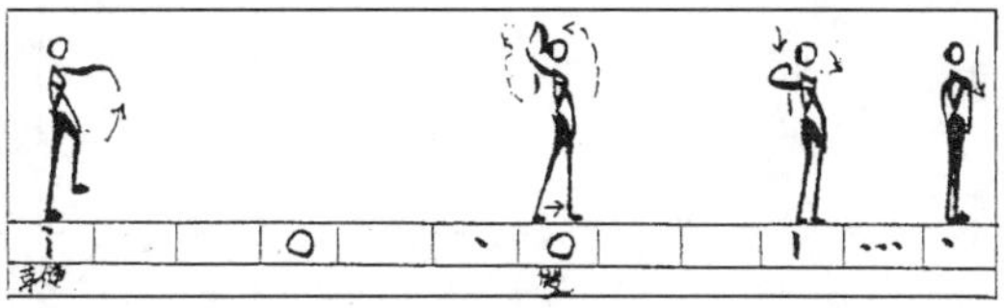
				백	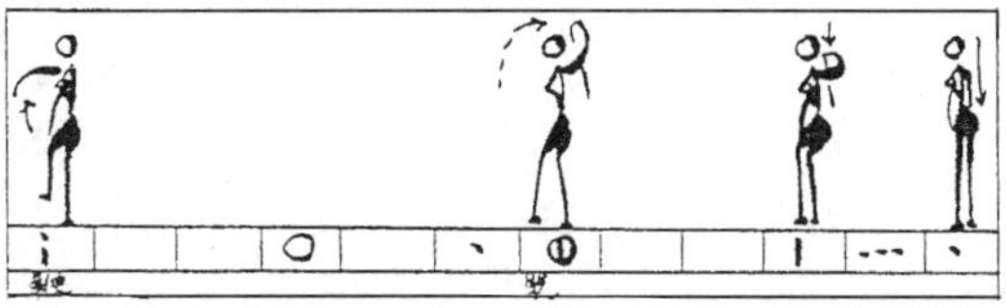
				홍	
				황	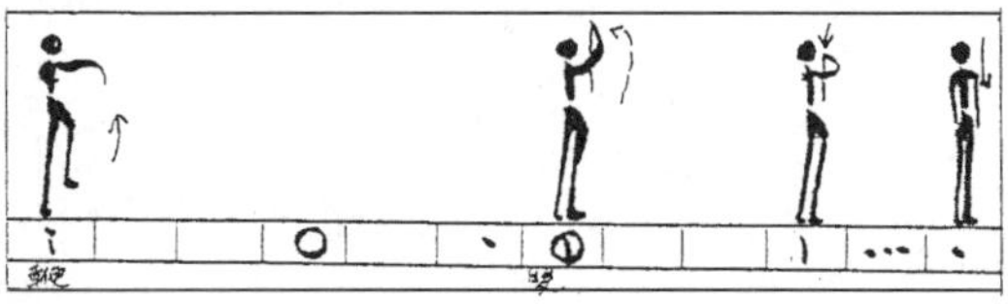 봉황음 9각 동작 보법: 청·홍·흑·백은 1, 2, 3, 4, 5, 6박까지 內足을 들어 7박에 청은 동쪽 홍은 남쪽 흑은 북쪽 백은 서쪽 방향에 한 발 내딛고 8, 9박까지 外足을 끌어 대고 10, 11박에 무릎을 구부리고 12박에 편다. 황은 北向하고 1, 2, 3, 4, 5, 6박까지 右足을 들어 7박에 제 위치에 딛고 8, 9박은 서 있다가 10, 11박에 무릎을 구부리고 12박에 편다. (도판 51-1) 수법: 청·홍·흑·백은 1, 2, 3, 4, 5, 6박까지 內手를 황은 右手를 들어 7박에 어깨 뒤편으로 뿌려 넘겨 8, 9, 10, 11, 12박까지 귀 쪽으로 흘려 내려 무릎 위에 내린다.

홀 기	진 행 도	음악	장단	배역	동 작
		봉황음 2	10각	흑 홍 청 백 홍	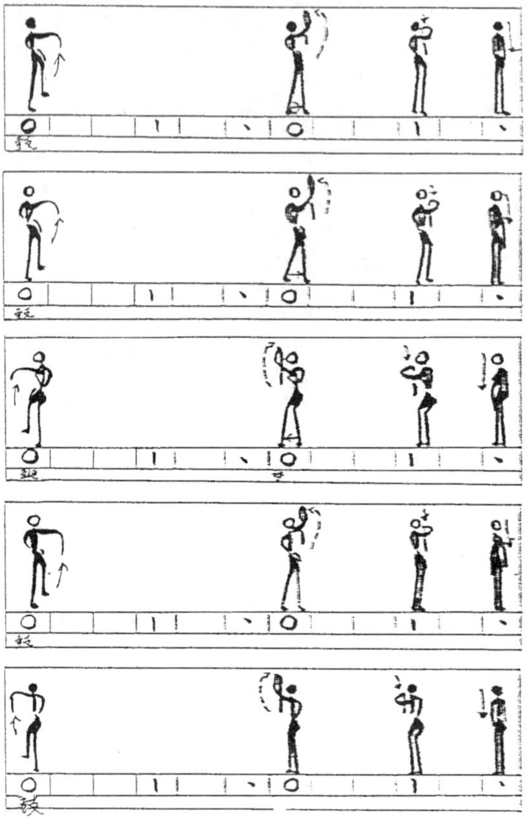 봉황음 10각 동작 보법: 청·홍·흑·백은 1, 2, 3, 4, 5, 6박까지 外足을 들어 7박에 청은 동쪽 홍은 남쪽 흑은 북쪽 백은 서쪽 방향에 한 발 내딛고 8, 9박까지 內足을 끌어 대고 10, 11박에 무릎을 구부리고 12박에 편다. 황은 北向하고 1, 2, 3, 4, 5, 6박까지 左足을 들어 7박에 제 위치에 딛고 8, 9박은 서 있다가 10, 11박에 무릎을 구부리고 12박에 편다. 수법: 청·홍·흑·백은 1, 2, 3, 4, 5, 6박까지 外手를 황은 左手를 들어 7박에 어깨 뒤편으로 뿌려 넘겨 8, 9, 10, 11, 12박까지 귀 쪽으로 흘려 내려 무릎 위에 내린다.

홀 기	진 행 도	음악	장단	배역	동 작
	黑 白 黃 靑 紅 <도판 54> (북향)	봉 황 음 2	11각	황 흑 청 백 홍	

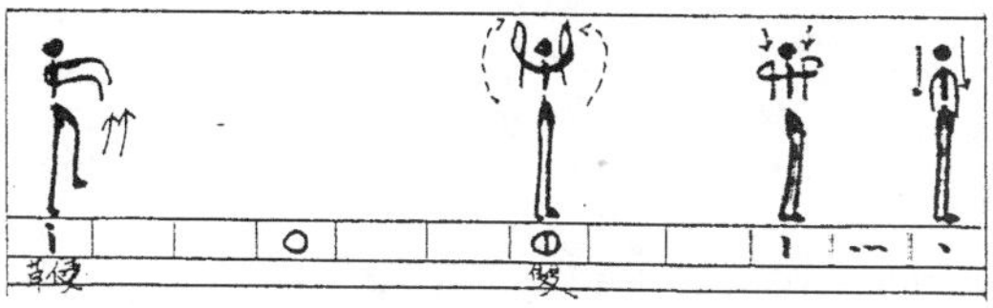

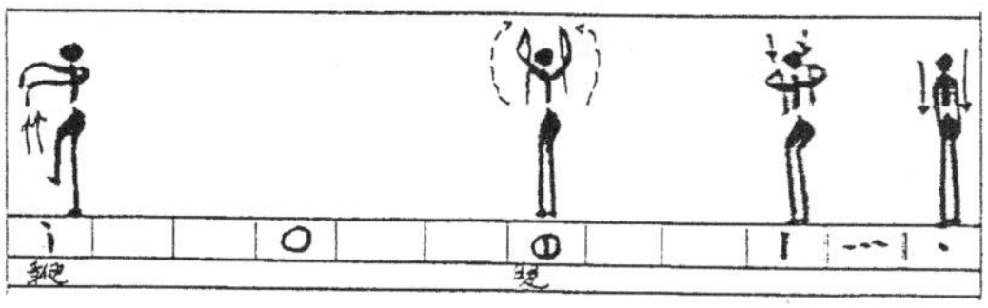

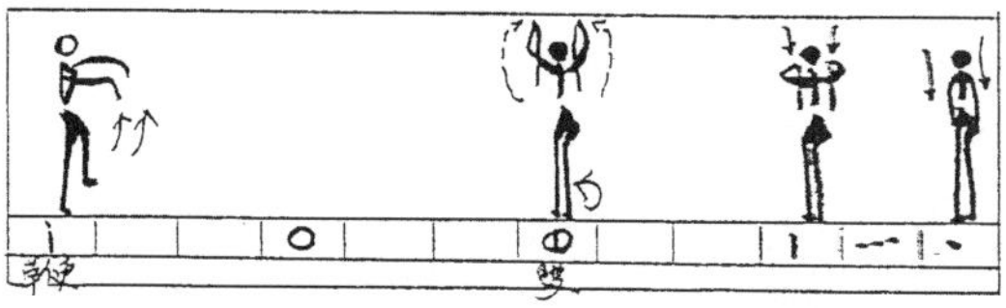

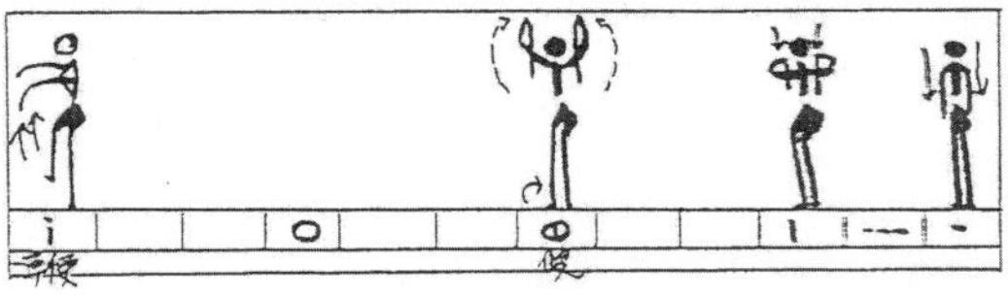

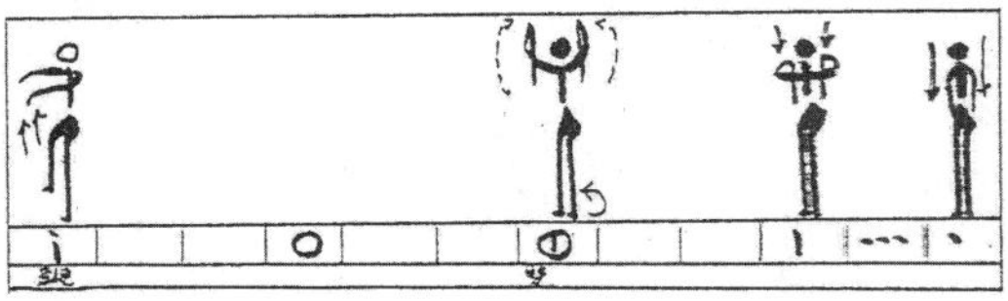

봉황음 11각 동작

보법: 청·홍·흑·백은 1, 2, 3, 4, 5, 6박까지 內足을
들어 7박에 북쪽에 딛고 8, 9박까지 돌아 北向하
여 10, 11박에 무릎을 구부리고 12박에 편다.
황은 北向하고 1, 2, 3, 4, 5, 6박까지 右足을 들어
7박에 제자리에 딛고 8, 9박은 서 있다가 10, 11박
에 무릎을 구부리고 12박에 편다.

수법: 청·홍·황·흑·백은 1, 2, 3, 4, 5, 6박까지 양손
들어 7박에 어깨 뒤편으로 뿌려 넘겨 8, 9, 10, 11,
12박까지 귀 쪽으로 흘려 내려 무릎 위에 내린다.

홀 기	진 행 도	음악	장단	배역	동 작
	黑 白 黃 青 紅 <도판 55> (제행)	봉황음2	12각	흑 홍 청 백황	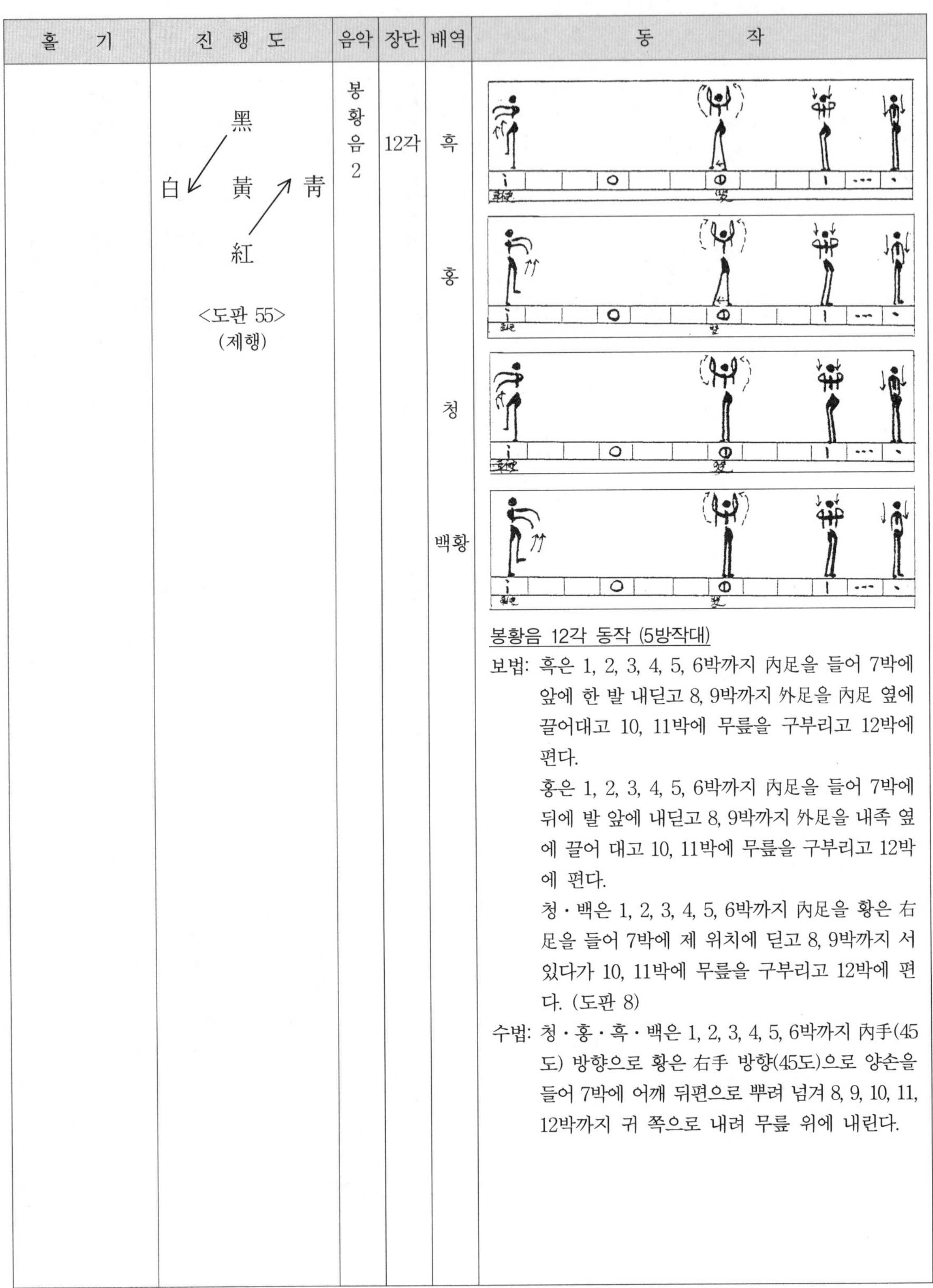

봉황음 12각 동작 (5방작대)

보법: 흑은 1, 2, 3, 4, 5, 6박까지 內足을 들어 7박에 앞에 한 발 내딛고 8, 9박까지 外足을 內足 옆에 끌어대고 10, 11박에 무릎을 구부리고 12박에 편다.

홍은 1, 2, 3, 4, 5, 6박까지 內足을 들어 7박에 뒤에 발 앞에 내딛고 8, 9박까지 外足을 내족 옆에 끌어 대고 10, 11박에 무릎을 구부리고 12박에 편다.

청·백은 1, 2, 3, 4, 5, 6박까지 內足을 황은 右足을 들어 7박에 제 위치에 딛고 8, 9박까지 서 있다가 10, 11박에 무릎을 구부리고 12박에 편다. (도판 8)

수법: 청·홍·흑·백은 1, 2, 3, 4, 5, 6박까지 內手(45도) 방향으로 황은 右手 방향(45도)으로 양손을 들어 7박에 어깨 뒤편으로 뿌려 넘겨 8, 9, 10, 11, 12박까지 귀 쪽으로 내려 무릎 위에 내린다.

홀 기	진 행 도	음악	장단	배역	동 작
		봉황음 2	13각	흑	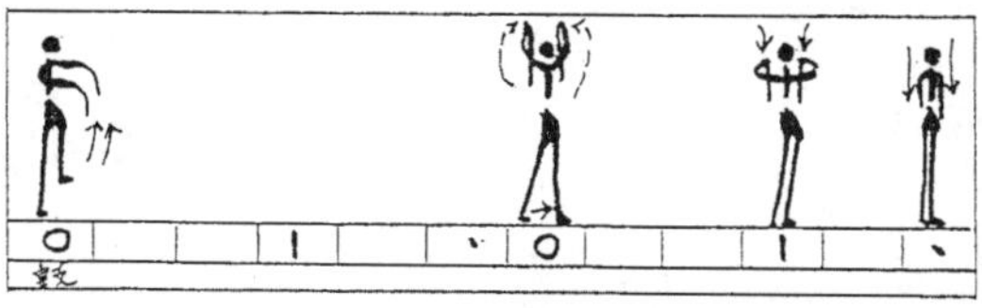
				홍	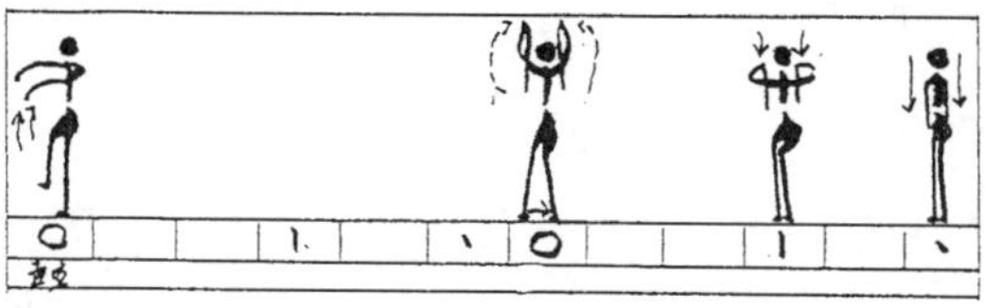
				청	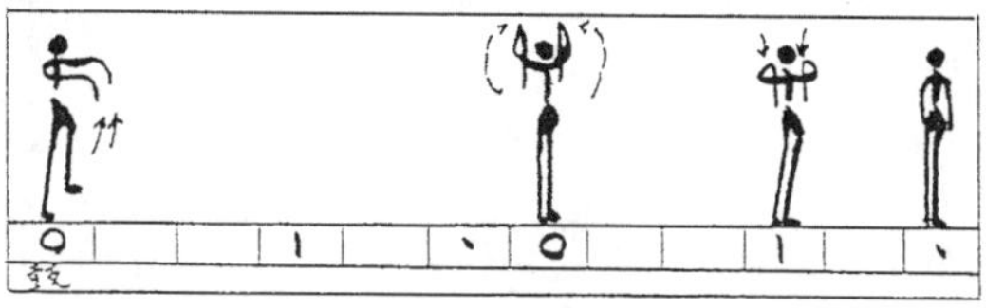
				백황	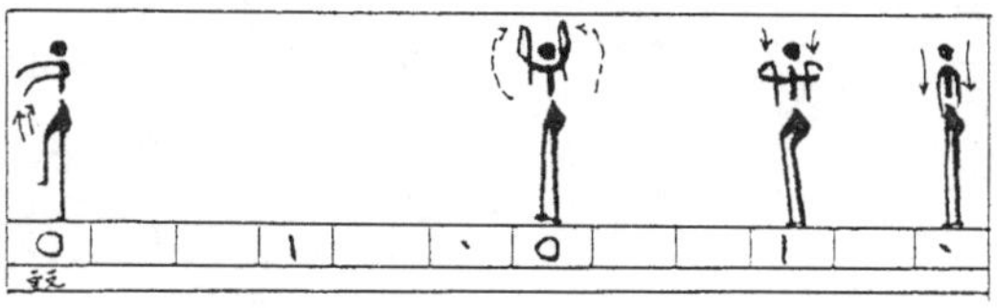 봉황음 13각 동작 (5방작대) 보법: 흑은 1, 2, 3, 4, 5, 6박까지 外足을 들어 7박에 뒤에 딛고 8, 9박까지 內足을 外足 옆에 끌어대고 10, 11박에 무릎을 구부리고 12박에 편다. 홍은 1, 2, 3, 4, 5, 6박까지 外足을 들어 7박에 한 발 내딛고 8, 9박까지 內足을 外足 옆에 끌어대고 10, 11박에 무릎을 구부리고 12박에 편다. 청・백은 1, 2, 3, 4, 5, 6박까지 外足을 황은 左足을 들어 7박에 제 위치에 딛고 8, 9박까지 서 있다가 10, 11박에 무릎을 구부리고 12박에 편다. 수법: 청・홍・흑・백은 1, 2, 3, 4, 5, 6박까지 外手(45도) 방향으로 황은 左手 방향(45도)으로 양손을 들어 7박에 어깨 뒤편으로 뿌려 넘겨 8, 9, 10, 11, 12박까지 귀 쪽으로 내려 무릎 위에 내린다.

홀 기	진 행 도	음악	장단	배역	동 작
		봉황음 2	14각	흑 홍 청 백황	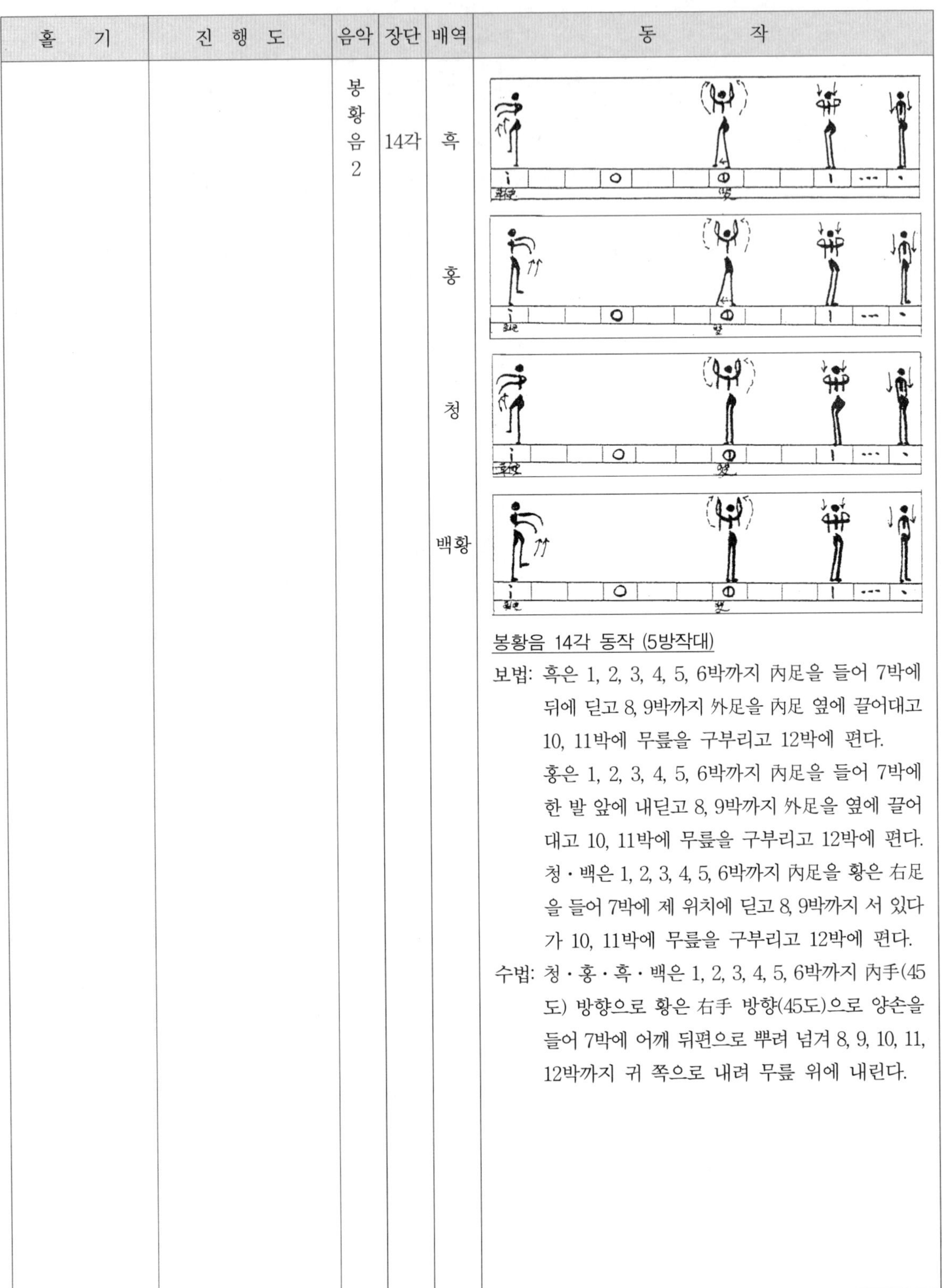

봉황음 14각 동작 (5방작대)

보법: 흑은 1, 2, 3, 4, 5, 6박까지 內足을 들어 7박에
　　뒤에 딛고 8, 9박까지 外足을 內足 옆에 끌어대고
　　10, 11박에 무릎을 구부리고 12박에 편다.
　　홍은 1, 2, 3, 4, 5, 6박까지 內足을 들어 7박에
　　한 발 앞에 내딛고 8, 9박까지 外足을 옆에 끌어
　　대고 10, 11박에 무릎을 구부리고 12박에 편다.
　　청·백은 1, 2, 3, 4, 5, 6박까지 內足을 황은 右足
　　을 들어 7박에 제 위치에 딛고 8, 9박까지 서 있다
　　가 10, 11박에 무릎을 구부리고 12박에 편다.
수법: 청·홍·흑·백은 1, 2, 3, 4, 5, 6박까지 內手(45
　　도) 방향으로 황은 右手 방향(45도)으로 양손을
　　들어 7박에 어깨 뒤편으로 뿌려 넘겨 8, 9, 10, 11,
　　12박까지 귀 쪽으로 내려 무릎 위에 내린다.

홀 기	진 행 도	음악	장단	배역	동 작

홀　기	진　행　도	음악	장단	배역	동　　　　작
	白 黑 黃 紅 靑 <도판 56> (제행일렬)	봉 황 음 2	15각	흑 홍 청 백황	**봉황음 15각 동작** 보법: 흑은 1, 2, 3, 4, 5, 6박까지 外足을 들어 7박에 뒤에 딛고 8, 9박까지 內足을 外足 옆에 끌어대고 10, 11박에 무릎을 구부리고 12박에 편다. 　　홍은 1, 2, 3, 4, 5, 6박까지 外足을 들어 7박에 앞에 딛고 8, 9박까지 內足을 外足 옆에 끌어 대고 10, 11박에 무릎을 구부리고 12박에 편다. 　　청·백은 1, 2, 3, 4, 5, 6박까지 外足을 황은 左足을 들어 7박에 제 위치에 딛고 8, 9박까지 서 있다가 10, 11박에 무릎을 구부리고 12박에 편다. (도판 56) 수법: 청·홍·흑·백은 1, 2, 3, 4, 5, 6박까지 外手(45도) 방향으로 황은 左手 방향(45도)으로 양손을 들어 7박에 어깨 뒤편으로 뿌려 넘겨 8, 9, 10, 11, 12박까지 귀 쪽으로 내려 무릎 위에 내린다.

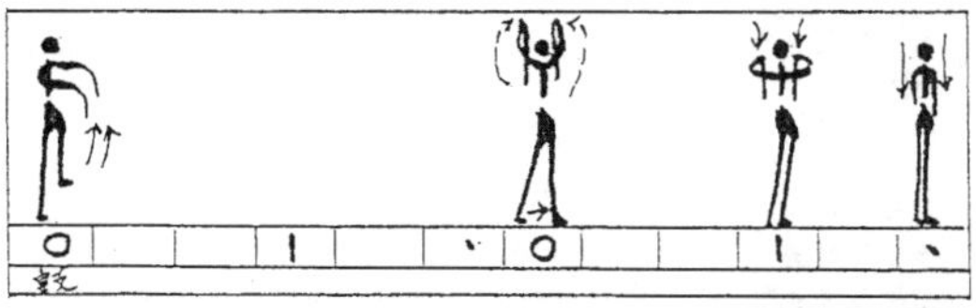

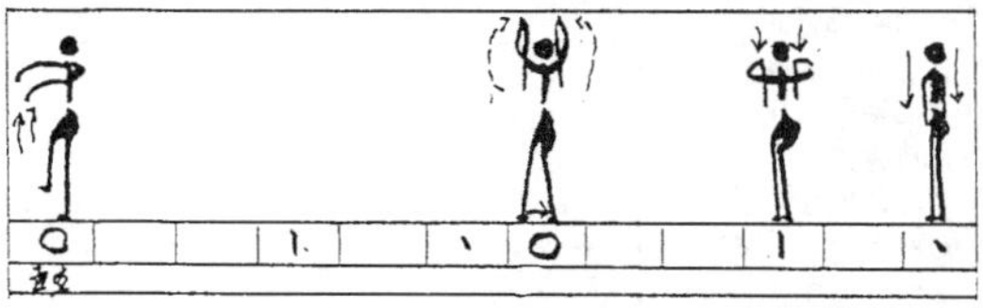

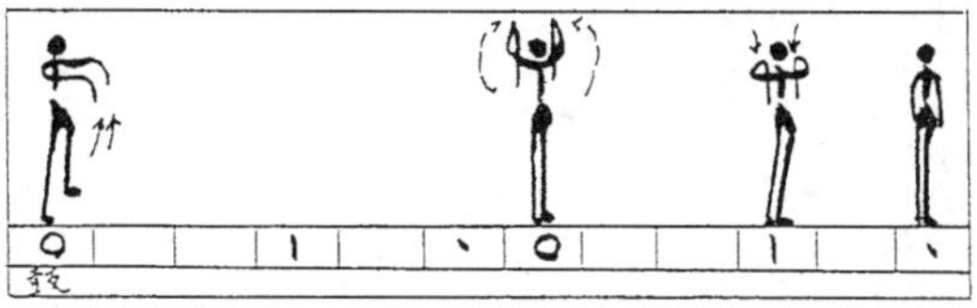

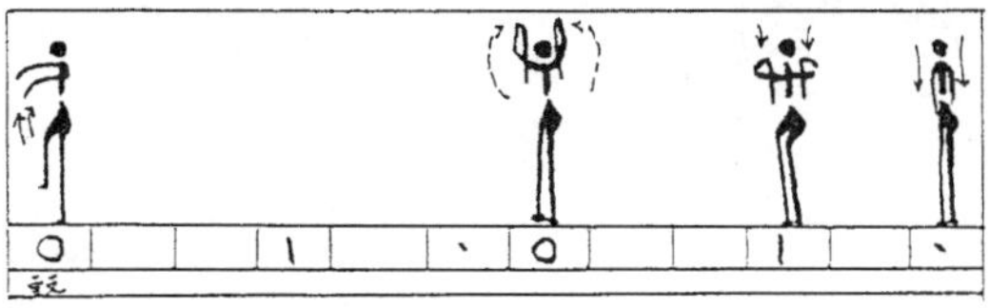

홀　기	진　행　도	음악	장단	배역	동　　작
奏彌陀讚 女妓二人道唱 諸妓齊聲和微 西方大敎主 ○ 無見頂上相 南無阿彌陀佛 頂上肉髻相 南無阿彌陀佛 髮紺琉璃相 南無阿彌陀佛 眉間白毫相 南無阿彌陀佛 尾細垂楊相 南無阿彌陀佛 眼目清淨相 南無阿彌陀佛 耳聞諸聲相 南無阿彌陀佛 卑高圓直相 南無阿彌陀佛 舌大法螺相 南無阿彌陀佛 身色眞金相 南無阿彌陀佛	始終回舞圖 <도판 57> (시종회무도)				※ 미타찬(彌陀讚), 본사찬(本師讚), 관음찬(觀音讚)을 여기(女妓) 2인이 도창(導唱)하면 제기(諸妓)는 일제히 화창(和唱)하며 시종회무도(始終回舞圖)와 같이 회무(回舞)하여 차차 나가면 악지하고 끝난다. ### 미타찬(彌陀讚) 무견정상상 나무아미타불　정상육계상 나무아미타불 無見頂上相 南無阿彌陀佛　頂上肉髻相 南無阿彌陀佛 발감유리상 나무아미타불　미간백호상 나무아미타불 髮紺琉璃相 南無阿彌陀佛　眉間白毫相 南無阿彌陀佛 미세수양상 나무아미타불　안목청정상 나무아미타불 尾細垂楊相 南無阿彌陀佛　眼目清淨相 南無阿彌陀佛 이문제성상 나무아미타불　비고원직상 나무아미타불 耳聞諸聲相 南無阿彌陀佛　卑高圓直相 南無阿彌陀佛 설대법라상 나무아미타불　신색진금상 나무아미타불 舌大法螺相 南無阿彌陀佛　身色眞金相 南無阿彌陀佛 ※ 처용과 화무동(花舞童)은 환무(歡舞)하고 나머지는 모두 요신(搖身)하며 회무한다.

홀 기	진 행 도	음악	장단	배역	동 작
如前回旋 舞處及戟花舞童 踏躡 至本師讚 世入天 大道師 釋迦世尊 三界道師 釋迦世尊 聖中聖 釋迦世尊 四生慈父 釋迦世尊 靈山大教主 釋迦世尊 始成道 釋迦世尊 降魔轉法輪 釋迦世尊 三明六神通 釋迦世尊 十力四無畏 釋迦世尊 九禪八解脫 釋迦世尊 三十七助道法 釋迦世尊 三十二應 釋迦世尊 八十種好 釋迦世尊 紫磨金色身 釋迦世尊 光明照大千 釋迦世尊 分身百億刹 釋迦世尊 道脫十方界 釋迦世尊 功德冠諸佛 釋迦世尊					**본사찬(本師讚)** 인천대도사 석가세존　삼계도사 석가세존 人天大道師 釋迦世尊　三界道師 釋迦世尊 사생자부 석가세존　영산대교주 석가세존 四生慈父 釋迦世尊　靈山大教主 釋迦世尊 천중천성중성 석가세존　팔상시성도 석가세존 天中天聖中聖 釋迦世尊　八相始成道 釋迦世尊 항마전법륜 석가세존　삼명륙신통 석가세존 降魔轉法輪 釋迦世尊　三明六神通 釋迦世尊 십력사무외 석가세존　구선팔해탈 석가세존 十力四無畏 釋迦世尊　九禪八解脫 釋迦世尊 삼십칠조도법 석가세존　삼십이응 석가세존 三十七助道法 釋迦世尊　三十二應 釋迦世尊 팔십종호 석가세존　자마금색신 석가세존 八十種好 釋迦世尊　紫磨金色身 釋迦世尊 광명조대천 석가세존　분신백억찰 석가세존 光明照大千 釋迦世尊　分身百億刹 釋迦世尊 도탈십방계 석가세존　공덕관제불 석가세존 道脫十方界 釋迦世尊　功德冠諸佛 釋迦世尊
觀音讚 圓通教主 觀世音菩薩 補陀大師 觀世音菩薩 聞聲濟苦 觀世音菩薩 拔苦與樂 觀世音菩薩 大慈大悲 觀世音菩薩 三十二應 觀世音菩薩 十四無畏 觀世音菩薩 救苦衆生 觀世音菩薩 不取正覺 觀世音菩薩 千手千眼 觀世音菩薩 手持魚囊 觀世音菩薩 頂戴彌陀 觀世音菩薩					**관음찬(觀音讚)** 원통교주 관세음보살　보타대사 관세음보살 圓通教主 觀世音菩薩　補陀大師 觀世音菩薩 문성제고 관세음보살　발고여락 관세음보살 聞聲濟苦 觀世音菩薩　拔苦與樂 觀世音菩薩 대자대비 관세음보살　삼십이응 관세음보살 大慈大悲 觀世音菩薩　三十二應 觀世音菩薩 십사무외 관세음보살　구고중생 관세음보살 十四無畏 觀世音菩薩　救苦衆生 觀世音菩薩 불취정각 관세음보살　천수천안 관세음보살 不取精覺 觀世音菩薩　千手千眼 觀世音菩薩 수지어낭 관세음보살　정대미타 관세음보살 手持魚囊 觀世音菩薩　頂戴彌陀 觀世音菩薩

홀 기	진행도	음악	장단	배역	동 작
唱歌 白花ㅣ芬其蕚ᄒ고 香雲이 彩其光ᄒ니 圓通觀世音이 承佛遊十方이샷다 權相百福嚴ᄒ시고 威神이 巍莫測이시니 一心若稱名ᄒᅀᆞ오면 千殃이 卽殄滅ᄒᄂ니라 慈雲이 布世界ᄒ고 涼雨ㅣ灑昏塵ᄒᄂ니 悲願이 何曾休ㅣ시리오 公德으로 濟天人이샷다 四生이 多怨害ᄒ야 八苦ㅣ相煎迫이어늘 尋聲而濟苦ᄒ시며 應念而與樂ᄒ시ᄂ니라 無作自在力과 妙應三十二와 無畏늘 施衆生ᄒ시니 法界普添利ᄒᄂ니라 始終三慧入ᄒ시고 乃獲二殊勝ᄒ시니 金剛三摩地를 菩薩이 獨能證ᄒ시니라 不思議妙德이여 名偏百億界ᄒ시니 淨聖無邊澤이 流波及斯世시니라 並如上道唱和之至觀音讚諸妓齊聲 各次次而出樂止乃訖					※ 여기서 부터는 제기(諸妓)가 제창(齊唱)한다. 白花ㅣ芬其蕚ᄒ고 — 백화가 그 꽃받침에 향기 나고 香雲이 彩其光ᄒ니 — 향운이 그 빛에 빛나니 圓通觀世音이 — 두루 통달한 관세음이 承佛遊十方이샷다. — 부처를 이어 우주에 노니시도다 權相百福嚴ᄒ시고 — 백복을 권상함이 엄하시고 威神이 巍莫測이시니 — 위신이 헤아릴 수 없이 높으시니 一心若稱名ᄒᅀᆞ오면 — 일심이 명호에 맞으면 千殃이 卽殄滅ᄒᄂ니라. — 천앙이 곧 진멸하나니다 慈雲이 布世界ᄒ고 — 자운이 세계에 퍼지고 涼雨ㅣ灑昏塵ᄒᄂ니 — 양우가 혼진을 씻나니 悲願이 何曾休ㅣ시리오 — 비원을 어찌 들어주지 않으시리요 公德으로 濟天人이샷다. — 공덕으로 천인을 구제하시도다 四生이 多怨害ᄒ야 — 사생에 원해가 많아 八苦ㅣ相煎迫이어늘 — 팔고가 서로 절박하거늘 尋聲而濟苦ᄒ시며 — 소리를 찾아서 괴로움을 구제하시며 應念而與樂ᄒ시ᄂ니라. — 생각에 응하여 즐거움을 주시느니라 無作自在力과 — 일부러 만들지 않고도 자재한 힘과 妙應三十二와 — 서른 둘로 변신하여 묘하게 응하는 것과 無畏늘 施衆生ᄒ시니 — 두려움 없는 설법을 중생에게 베푸시니 法界普添利ᄒᄂ니라. — 법계가 널리 복리를 더하느니라. 始終三慧入ᄒ시고 — 시종 삼혜가 드시고 乃獲二殊勝ᄒ시니 — 얻은 이수가 넉넉하시니 金剛三摩地를 — 금강삼마지를 菩薩이 獨能證ᄒ시니라. — 보살이 홀로 능히 증험하시니라 不思議妙德이여 — 불가사의한 묘덕이여 名偏百億界ᄒ시니 — 명성이 백억계에 두루 미치시니 淨聖無邊澤이 — 정성하고 무변한 은택이 流波及斯世시니라. — 이 세상에 흘러 파급되시니라

학연화대합설무

무형문화재 제 40 호

1. 학연화대합설무

1) 학무

학무에 대한 홀기는 『고려사악지』에는 없고 연화대무의 홀기만 '당악정재' 속에 수록되어 있는데 연화대무 홀기 후미(後尾)에 학무에 대한 기록이 다음과 같이 수록되어 있다.

> 蓮花臺本出於拓跋魏用二女童鮮衣帽帽施金鈴抃轉有
> 聲其來也於二蓮花中藏之花坼而後見舞中之雅妙者其
> 傳久矣

❖ **연화대(蓮花臺)는 척발위(拓跋魏)에서 들어온 춤이다.**
두동녀(二童女)를 쓰는데 의복과 모자를 조촐하게 한다.
모자에서 금령(金鈴)을 달아 움직이면 소리가 난다.
양동녀(兩童女)는 두 개의 연꽃 속에 들어 있다가 연꽃이 열리면 나와서 춤을 춘다.
춤 가운데에는 아묘(雅妙)함이 있는데 이 춤의 전래는 오래되었다.

이 기록으로 보아 학이 연통을 쪼면 그 속에서 양동녀가 나와 연화대무를 추게 된다.

따라서 학무와 연화대무는 붙어 있어 학이 연통을 쪼지 않으면 연화대무가 연출될 수 없는 관계를 갖고 있는데도 학무에 대한 사고(史考)의 기록이 없다.

또한 『고려사악지』의 연화대무 홀기에도 두 연통 속에서 양동녀가 들어가 있다가 꽃이 터지면 그 속에서 나와 연화대무를 춘다는 부분이 생략되어 있다.

그러나 『악학궤범』의 학연화대무처용무합설에는 (1) 처용무를 추고 (2) 학무가 춤을 추다가 연통을 쪼면 그 속에서 양동녀가 나와 (3) 연화대무로 연결된다는 기록이 있고 학무의 홀기도 따로 수록되어 있다.

> 鶴舞用竹爲兩鶴以靑白羽衣之兩舞童藏其中回翔
> 遰商而退兩童妓出遰榮以後爲蓮花臺舞

『악학궤범』에는 청학과 백학인 것에 대하여 조선말기의 『정재무도홀기』에는 청학·황학으로 되어 있고 고종 9년(1872) 정현석의 『교방가요』에는 백학 한 쌍으로 되어 있고 고종 38년(1901) 『진연의궤·진찬의궤』의 정재악장에는 다음과 같이 수록되어 있다.

❖ **학무는 대나무로 두 마리의 학을 만들고 청색과 황색의 깃옷을 두 무동에게 입혀 그 속에 숨겨둔다.**
돌아 날면서 춤을 추다가 연통을 쪼아 연통이 벌어지면 학은 물러나고 연꽃 속에서 두 동기가 나와 연화대무를 춘다.

이후로 학무는 단절되었다가 1935년 한성준의 창작무용발표회(부민관)에서 선보였다.
이런 연유로 1971년 한영숙을 중요무형문화재 제40호 학무 보유자로 지정한 것을

계기로 백학 한 쌍의 학무로 이어져 오다가 1993년 제40호의 학무에다 연화대무를 더하여 학연화대합설무로
개칭, 중요무형문화재 제40호로 지정하게 된다.

2) 연화대무

연화대무는 자지(柘枝)라 하여 중국의 당 송대 에는 자지무(柘枝舞)라 하였는데, 이 춤은 서역(西域)의
석국(石國)의 춤이라 하였다.

『악학궤범』에는 궁중 나례 때 학연화대처용무합설로 처용무를 춘 다음 학무를 추다가 학이 연통을 쪼면
연꽃 속에서 양동녀가 나와 연화대무를 춘다.

자지무의 정화(精華)라 할 수 있는 두 동녀의 제모(制帽)를 『송서(宋書)』 악지(樂志)에는 호모(胡帽)라
하였고 『고려사악지』에는 합립(蛤笠)이라 하였다.

그러면 이국(異國)에서 온 자지무를 왜 향악정재인 처용무와 합설로 추어졌을까하는 의문을 갖게 한다.

이는 아마도 신라 헌강왕(875~885)때의 처용설화 『삼국유사』권2 처용랑망해사조와 고려의 충혜왕(忠惠
王)조의 신우(辛禑)조, 세종 25년

(1443) 정월조(『세종실록』99)에는 처용무를 여기(女妓) 대신 남부(男夫)로 쓰도록 했고, 성현(筬俔)의 『용재
총화』 권1에는 흑포사모(黑布紗帽)하고 혼자 추던 것을 세종 때 오방처용으로 개수하여 전도(前度)에는
처용무를, 후도(後度)에는 학연화대가 합설되고, 이어서 미타찬, 본사찬, 관음찬의 불가로 연결된다.

이로 미루어 중국의 자지무(연화대무)는 합립에 쇠방울을 달아 소리 나게 하는 무속 춤에 속한 것이라
고 보면, 처용무연화대무는 벽사진경에 속하고, 학무는 태평과 장수를 뜻하여 이를 합설로 했지 않았나
여겨진다.

이 세 종류의 춤이 숙종, 영조, 순조에 이르러서는 합설이 아닌 각각 독립된 춤으로 연향에서 상연되었다.

연화대무에 대한 사고(史考)는 순조 29년(1829) 기축(己丑) 『진찬의궤』 권1(P.17) 고종 14년(1877) 정축
(丁丑) 『진찬의궤』 권1(P.20) 고종 29년(1892) 임진(壬辰) 『진찬의궤』 권1(P.38) 고종 38년(1901) 광무 5년
신축(辛丑) 『진찬의궤』 권1(P.15) 고조 39년(1902) 광무 6년 임인(壬寅) 『진연의궤』 권1(P.27) 정재악장에
수록된 사고(史考)를 보면 모두 같다.

**고려 때에 연화대무가 있었는데 두 동녀가 고운 옷과 모자를 쓰고 두 연꽃 속에 숨어 있다가 꽃이
터지면 나타나게 한다.**

합립을 쓰고 붉은 옷을 입고 양쪽으로 대를 나누어 번갈아가며 춤을 춘다.

우리 조정의 연례에서도 모방하여 사용하였다.

**여기 2인이 죽간자를 들고 앞으로 나아가 서로 마주 향하면 두 동기는 앞에 자리하고 여기(女妓)는
뒤에 자리하여 서로 마주하여 춤을 춘다.**

학연화대무 무보

학무 무보(현행)

※ 현행 학무는 한성준 옹이 궁중학무를 보고 학(鶴)의 노는 모양을 관찰하여 1930년대에 창제하였다.

　이 학무는 1971년 한영숙 선생이 중요무형문화재 제40호로 지정 받은 후 이흥구가 이수를 하였다.

　한영숙 선생께서 작고하신 후 학무에다 연화대무를 더하여 학연화대무로 1993년 재 지정되어 현재까지 전승·보존되고 있는 춤이다.

　이 춤의 진행 형태는 궁중학무의 진행 형태와 크게 다르지 않음을 알 수 있다.

학무(현행)

진 행 도	음악	장단	배역	동　　　작
→ ← 지 당 〈도판 1〉	세령산	1각	백학 한쌍	세령산 1각 동작 보법: 백학 한 쌍이 1각 4보로 상·하수에서 들어온다. 수법: 백학 한 쌍이 날개를 접고 한다. (도판 1)
지 당 〈도판 2〉		2·3각	백학 한쌍	세령산 2·3각 동작 보법: 백학 한 쌍이 1박 1회로 뛰어 날아들어 지당 앞에서 북향한다. 수법: 백학 한 쌍이 1박 1회로 뛰어 오를 때는 날개를 펴고 내려올 때는 날개를 접는다. (도판 2)
지 당 〈도판 3〉		4각	백학 한쌍	세령산 4각 동작 보법: 백학 한 쌍이 서로 안쪽으로 1각 4보로 360도로 돌아 북향한다. (도판 3) 수법: 날개를 접고 돈다. 　(날개를 펴고 돌아 북향하여 접기도 한다)

학무(현행)

진 행 도	음악	장단	배역	동 작

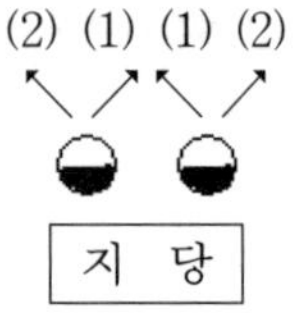

진행도 (도판 4):

(2) (1) (1) (2)

지 당

<도판 4>

음악: 삼현도드리

장단: 1각 2각

삼현 1각 동작

보법: 1박에 안쪽 발을 안쪽으로 내딛고 2, 3박 까지 구부려 쪼고 (먹이를 쪼아 먹듯이) 4박에 머리를 들어 5, 6박에 고개를 끄덕인다. (도판 4)

수법: 날개를 접은 대로 한다.

삼현 2각 동작

보법: 삼현 1각과 같으나 바깥쪽으로 한다. (도판 4)

수법: 삼현 1각과 같다.

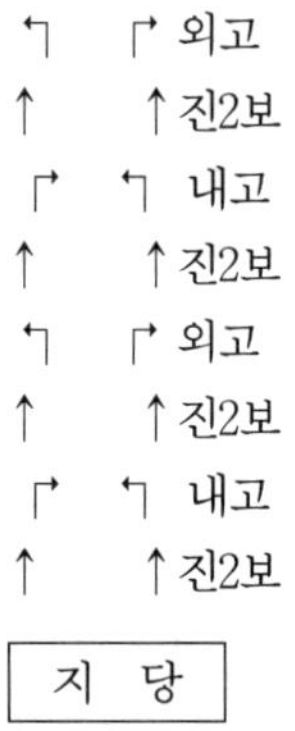

진행도 (도판 5):

↱ ↰ 외고
↑ ↑ 진2보
↱ ↱ 내고
↑ ↑ 진2보
↱ ↰ 외고
↑ ↑ 진2보
↱ ↰ 내고
↑ ↑ 진2보

지 당

<도판 5>

장단: 3각

삼현 3각 동작

보법: 3박 1보로 2보 나간다. (도판 5)

수법: 날개를 접고 한다.

장단: 4각

삼현 4각 동작

보법: 1, 2, 3박 까지 몸을 안쪽으로 돌려 서로 마주보고 4, 5, 6박까지 북향한다. (도판 5)

수법: 1, 2, 3박 까지 날개를 펴고 마주보고 4, 5, 6박에 날개를 접으며 북향한다.

진 행 도	음악	장단	배역	동 작
	삼현도드리	5각		삼현 5각 동작 보법: 삼현 3각과 같다. 수법: 삼현 3각과 같다.
		6각		삼현 6각 동작 보법: 삼현 4각과 같으나 바깥쪽을 보고 북향한다. 수법: 삼현 4각과 같으나 바깥쪽을 보고 북향한다.
		7각		삼현 7각 동작 보법: 삼현 3각과 같다. 수법: 삼현 3각과 같다.
		8각		삼현 8각 동작 보법: 삼현 4각과 같다. 수법: 삼현 4각과 같다.
		9각		삼현 9각 동작 보법: 삼현 3각과 같다. 수법: 삼현 3각과 같다.
		10각		삼현 10각 동작 보법: 삼현 6각과 같다. 수법: 삼현 6각과 같다.
<도판 6>		11각		삼현 11각 동작 보법: 3박 1보로 안쪽으로 360도 돌아 지당을 향한다. (도판 6) 수법: 날개를 펴고 돌이 6박에 접는다.
		12각		삼현 12각 동작 보법: 3박 1보로 지당을 향하여 무진한다. (도판 6) 수법: 날개를 펴고 한다.

지 당

<도판 6>

학무(현행)

진 행 도	음악	장단	배역	동 작
	삼현도드리	13각		
				<u>삼현 13각 동작</u> 보법: 1, 2, 3박 까지 몸을 안쪽으로 돌려 서로 마주보고 4, 5, 6박까지 지당을 향한다. (도판 6) 수법: 1, 2, 3박 까지 날개를 접으며 하고 4, 5, 6박은 접은 대로 한다.
		14각		<u>삼현 14각 동작</u> 보법: 삼현 12각과 같다. 수법: 삼현 12각과 같다.
		15각		<u>삼현 15각 동작</u> 보법: 삼현 13각과 같은데 바깥쪽을 보고 지당을 향한다. 수법: 삼현 13각과 같다.
<도판 7>		16각		
				<u>삼현 16각 동작</u> 보법: 1, 2, 3박 까지 머리를 외측으로 숙여 쪼고(먹이를 먹듯이) 4, 5, 6박 까지 머리를 들어 부리를 친다. (도판 7) 수법: 날개를 접고 한다.
		17각		<u>삼현 17각 동작</u> 보법: 삼현 16각 동작을 안쪽으로 한다. 　　　(땅에 부리를 씻고 머리를 든다) 수법: 날개를 접고 한다. (도판 7)
		18각		<u>삼현 18각 동작</u> 보법: 삼현 12각과 같다. (도판 7) 수법: 삼현 12각과 같다.
		19각		<u>삼현 19각 동작</u> 보법: 삼현 13각과 같다. (도판 7) 수법: 삼현 13각과 같다.

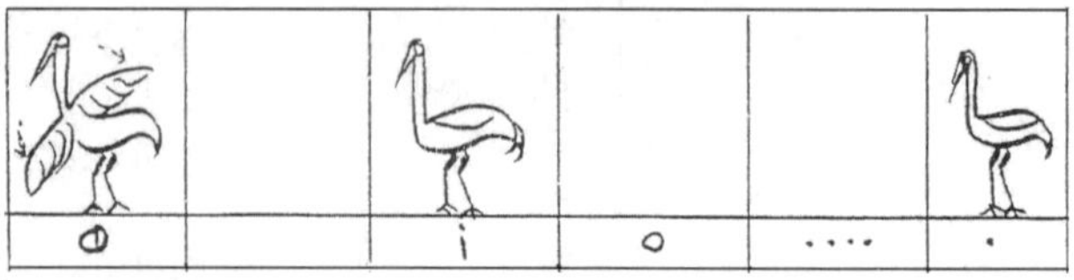

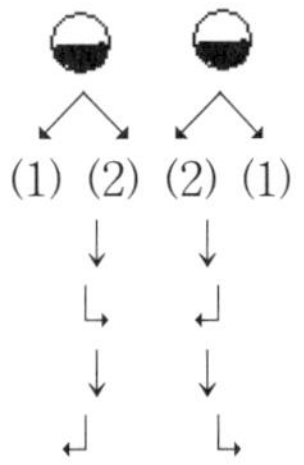

학무(현행)

진 행 도	음악	장단	배역	동 작
	삼현도드리	20각		<u>삼현 20각 동작</u> 보법: 삼현 12각과 같다. (도판 7) 수법: 삼현 12각과 같다.
		21각		<u>삼현 21각 동작</u> 보법: 삼현 15각과 같다. (도판 7) 수법: 삼현 15각과 같다.
지 당 <도판 8>		22각		<u>삼현 22각 동작</u> 보법: 3박 1보로 안쪽으로 360도 돌아 북쪽을 향한다. (도판 8) 수법: 날개를 접고 한다.
		23각		<u>삼현 23각 동작</u> 보법: 3박 1보로 측면으로 2보 무진한다. 수법: 날개를 접고 한다.
		24각		<u>삼현 24각 동작</u> 보법: 1, 2, 3박 까지 몸을 돌려 서로 안쪽을 보고 4, 5, 6박까지 북향한다. 수법: 날개를 접고 한다.

학무(현행)

진 행 도	음악	장단	배역	동 작
	삼현도드리	25각		**삼현 25각 동작** 보법: 3박 1보로 북쪽을 향하여 무진한다. 수법: 날개를 펴고 한다.
		26각		**삼현 26각 동작** 보법: 1, 2, 3박 까지 밖을 보고 4, 5, 6박 까지 북향한다. 수법: 1, 2박 까지 날개를 편대로 하고 4, 5, 6박 까지 날개를 접는다.
		27각		**삼현 27각 동작** 보법: 삼현 25각과 같다. 수법: 삼현 25각과 같다.
		28각		**삼현 28각 동작** 보법: 삼현 26각과 같으나 안쪽을 보고 북향한다. 수법: 삼현 26각과 같다.
지 당 <도판 9>		29각		**삼현 29각 동작** 보법: 3박 1보로 안쪽으로 돌아 지당을 향한다. (도판 9) 수법: 1, 2박에 날개를 펴서 3, 4박은 편 대로 하고 5, 6박에 접는다.

학무(현행)

진 행 도	음악	장단	배역	동 작
	삼현도드리	30각		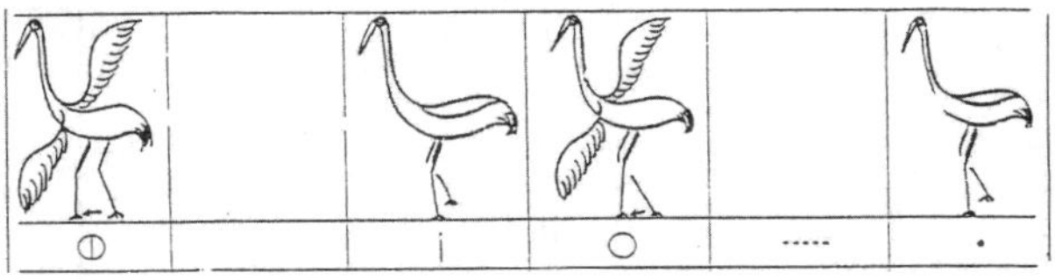 삼현 30각 동작 보법: 3박 1보로 지당을 향하여 2보 무진한다. (도판 9) 수법: 1, 2박 까지 날개를 폈다가 3박에 접고 4, 5박에 폈다가 6박에 접는다.
		31각		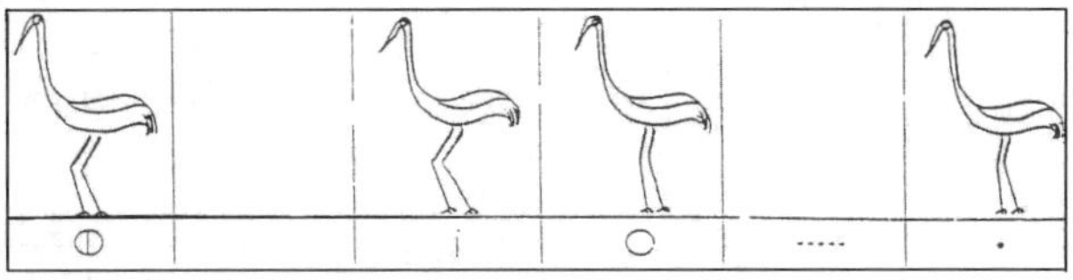 삼현 31각 동작 보법: 1, 2, 3박에 안쪽을 보고 4, 5, 6박에 지당을 향한다. 수법: 날개를 접고 한다.
		32각		삼현 32각 동작 보법: 삼현 30각과 같다. 수법: 삼현 30각과 같다.
		33각		삼현 33각 동작 보법: 삼현 31각과 같으나 바깥쪽을 보고 지당을 향한다. 수법: 삼현 31각과 같다. (도판 9)
		34각		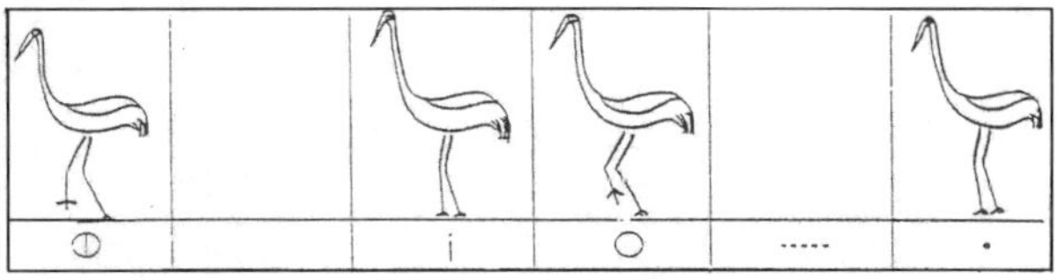 삼현 34각 동작 보법: 1, 2박에 안쪽 발을 들어 3박에 딛고 4, 5박에 바깥쪽 발을 들어 6박에 딛는다. 수법: 날개를 접고 한다.

학무(현행)

진 행 도	음악	장단	배역	동 작
지 당 <도판 10>	삼현도드리	35각		※ 날개를 끼고 돈다. 삼현 35각 동작 보법: 3박 1보로 날개를 끼고 돈다. (도판 10) 수법: 한 쪽 날개는 아래로(안쪽 날개) 바깥쪽 날개는 높이 든다.
		36각		삼현 36각 동작 보법: 서로 날개를 끼고 1, 2, 3박 까지 1박 1보로 돌다가 4, 5, 6박에 주르르(종종발) 돌아 제 위치에 와서 마주 향하여 선다. 수법: 날개를 펴고 돌아 6박에 접는다. (도판 10)
		37각 38각		삼현 37 · 38각 동작 보법: 삼현 35각의 반대 방향으로 끼고 돈다. (도판 10) 수법: 삼현 35각의 반대쪽 날개를 끼고 돈다.
지 당 <도판 11>		39각		삼현 39각 동작 보법: 3박 1보로 무진한다. (도판 11) 수법: 날개를 접고 한다.
		40각		삼현 40각 동작 보법: 1, 2, 3, 4박 까지 1박 1보로 하고 5, 6박에 종종 걸음으로 간다. 수법: 1, 2, 3, 4박 까지 날개를 접고 하고 5박에 폈다가 6박에 접는다. (도판 11)

학무(현행)

진 행 도	음악	장단	배역	동　　　　　작
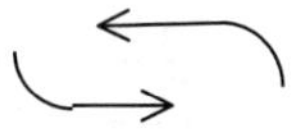 <도판 12> **지 당**	삼현도드리	41각		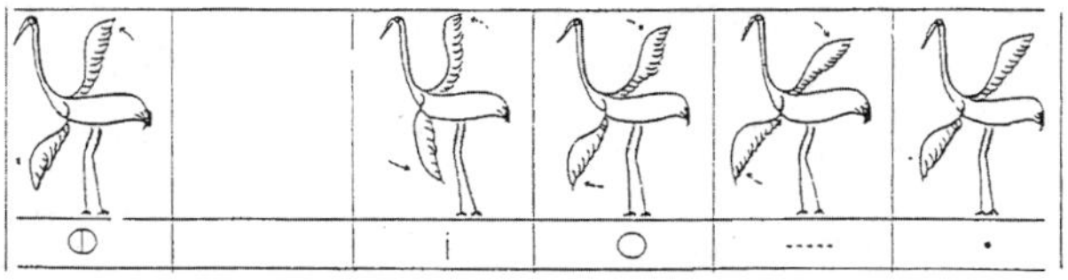 <u>삼현 41각 동작</u> 보법: 서로 마주보고 서서 몸을 좌·우로 흔든다. 수법: 날개를 펴고 한다.
		42각		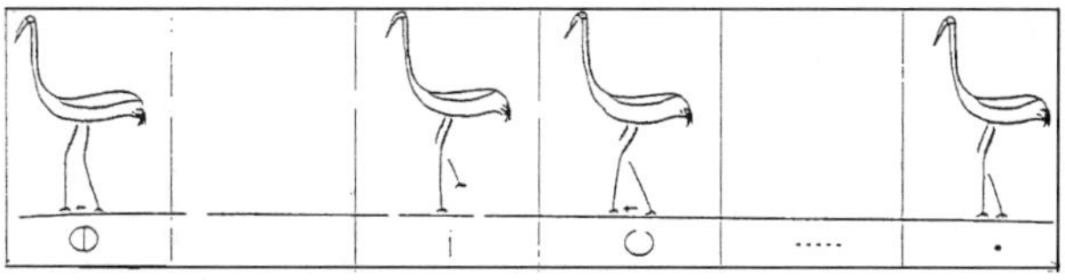 <u>삼현 42각 동작</u> 보법: 3박 1보로 서로 엇갈려 나간다. (도판 12) 수법: 날개를 접고 한다.
		43각		 ※ 몸을 돌려 서로 본다 <u>삼현 43각 동작</u> 보법: 한 발 앞에 딛고 2, 3, 4, 5, 6박 까지 몸을 돌려 마주본다. 수법: 1, 2, 3, 4박 까지 날개를 펴면서 마주보고 5, 6박에 날개를 접는다.
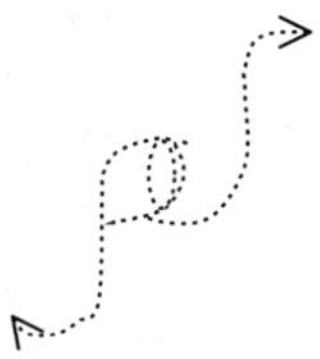 <도판 13> **지 당**		44각 45각		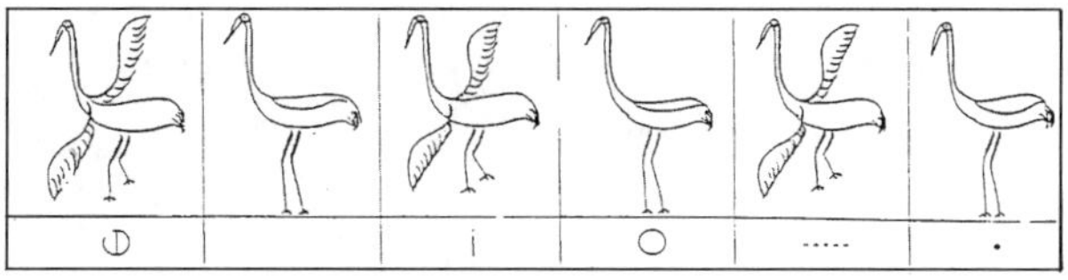 <u>삼현 44·45각 동작</u> 보법: 2박 1회로 뛰어 날아간다. (도판 13) 수법: 1박에 날개를 펴고 2박에 접는다. 　　(3, 4, 5, 6박은 1, 2박과 같다)

학무(현행)

진 행 도	음악	장단	배역	동 작
<도판 14>	타령	1각		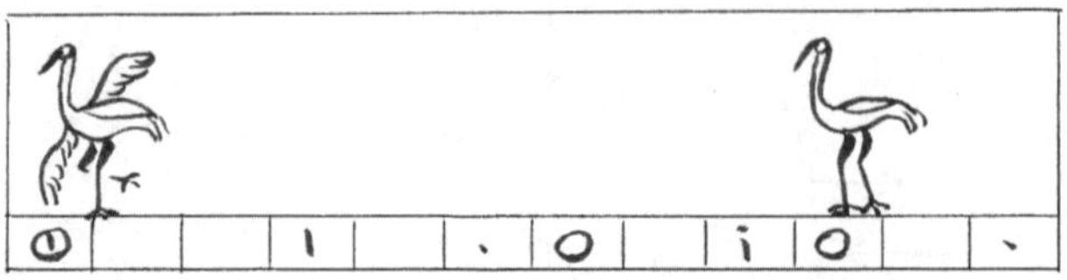 **타령 1각 동작** 보법: 1박에 右足을 들어 뒤로 뻗었다가 2, 3박은 뻗은 대로 하고 4박에 앞에 딛는다. (도판 14) 수법: 1박에 날개를 펴고 2, 3박에 어깨 춤을 추고 4박에 접는다.
		2각		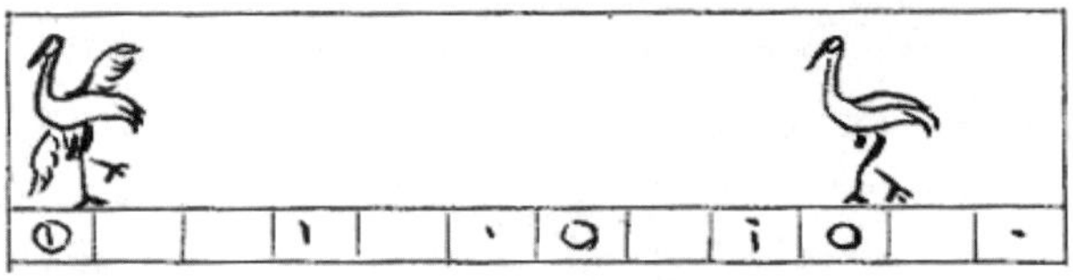 **타령 2각 동작** 보법: 1박에 左足을 들어 뒤로 뻗었다가 2, 3박은 뻗은 대로 하고 4박에 앞에 딛는다. (타령 1박의 반대) (도판 14) 수법: 1박에 날개를 펴고 2, 3박에 어깨춤을 추고 4박에 접는다.
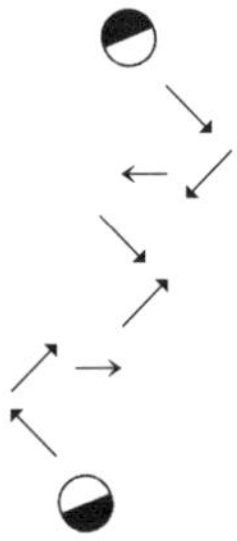 <도판 15>		3각		 **타령 3각 동작** 보법: 1, 2박은 1박 1보로 무진하고 3, 4박은 종종 걸음으로 무진한다. 수법: 1, 2박은 날개를 접고 무진하고 3박에 날개를 폈다가 4박에 접는다. (도판 15)
		4각		**타령 4각 동작** 보법: 타령 3각과 같다. (도판 15) 수법: 타령 3각과 같다.

학무(현행)

진행도	음악	장단	배역	동작	
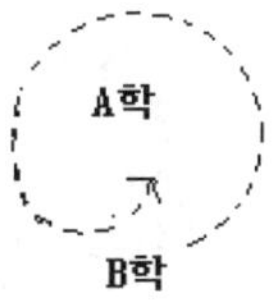 지 당 <도판 16>	타령	5각 6각		A 학	
				B 학	
				타령 5, 6각 동작 보법: A학은 5각에 1, 2, 3, 4박 까지 右足을 들어 뒤로 뻗쳐들고 6각에 1박 1회로 어깨춤을 추고 B학은 1박 1회로 뛰어 날며 5, 6각 동안 A학을 돈다. 수법: A학은 5각에 1, 2, 3, 4박 까지 날개를 펴고 6각에 펴든 대로 1박 1회로 어깨춤을 추고 B학은 5, 6각 동안 1박 1회로 날개를 폈다 접었다 하며 날아 A학을 돈다.	
 지 당 <도판 16-1>		7각 8각		B 학	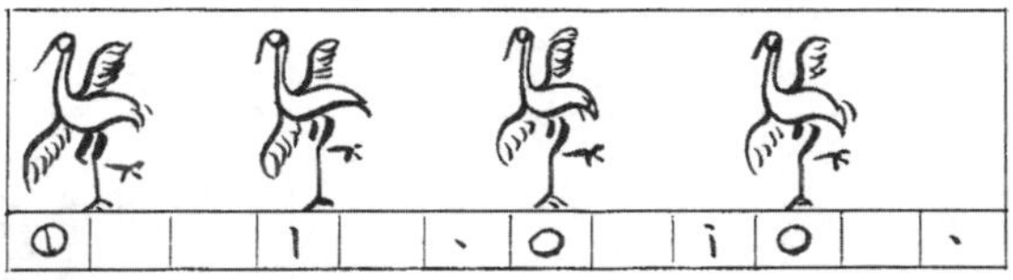
				A 학	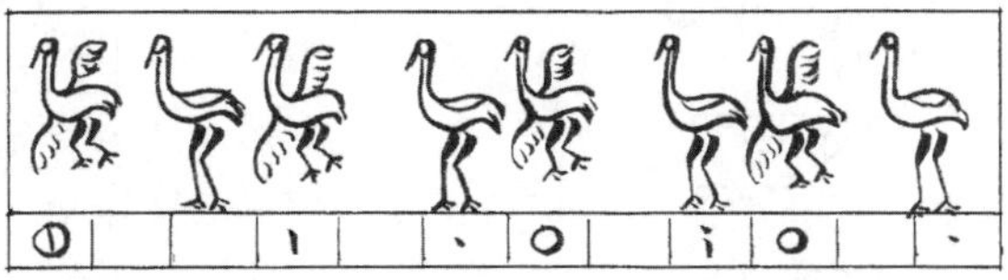
				타령 7, 8각 동작 보법: B학은 5각에 1, 2, 3, 4박 까지 右足을 들어 뒤로 뻗쳐들고 6각에 1박 1회로 어깨춤을 추고 A학은 1박 1회로 뛰어 날며 5, 6각 동안 B학을 돈다. (도판 16-1) 수법: B학은 5각의 1, 2, 3, 4박 까지 날개를 펴고 6박에 펴든 대로 1박 1회로 어깨춤을 추고 A학은 5, 6박 동안 1박 1회로 날개를 폈다 접었다하며 날아 B학을 돈다.	

학무(현행)

진 행 도	음악	장단	배역	동 작
A B 학 학 지 당 <도판 17>	타령	9각		타령 9각 동작 보법: 백학 한 쌍이 나란히 서서 1박 1회로 어깨춤을 춘다. 수법: 백학 한 쌍이 날개를 접고 1박 1회로 어깨춤을 춘다.
A B 학학 지 당 <도판 18>		10각 11각		타령 10 · 11각 동작 보법: 백학 한 쌍이 1박 1회로 뛰어 난다. (도판 18) 수법: 백학 한 쌍이 1박 1회로 날개를 폈다 접었다 한다.
↑ ↑ A B 지 당 <도판 19>		12각		타령 12각 동작 보법: 백학 한 쌍이 2박 1보로 북향하고 무진한다. (도판 19) 수법: 백학 한 쌍이 날개를 펴고 어깨동무를 하고 무진한다.
		13각		타령 13각 동작 보법: 백학 한 쌍이 1박 1보로 무진한다. (도판 19) 수법: 백학 한 쌍이 어깨동무를 하고 무진한다.

학 무(현행)

진 행 도	음악	장단	배역	동 작
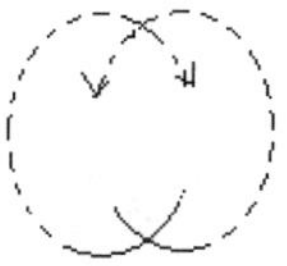 지 당 <도판 20>	타령	14각 15각		 타령 14·15각 동작 보법: 백학 한 쌍이 1박 1회로 뛰어 난다. (도판 20) 수법: 백학 한 쌍이 1박 1회로 날개를 접었다 폈다 하며 난다.
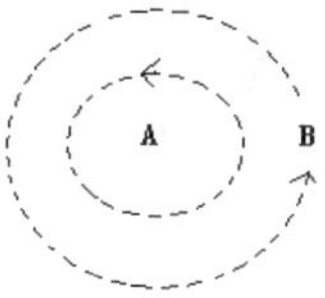 지 당 <도판 21>		16각 17각	A 학 B 학	   타령 16·17각 동작 보법: A학은 16각에 2박 1보, 17각에 1박 1보로 제 위치에서 　　　작게 돌고 B학은 16·17각 동안 뛰어 날면서 A학을 돈다. 수법: A학은 날개를 접은 대로 돌고 B학은 1박 1회로 날개를 　　　폈다 접었다 하며 16·17각 동안 A학을 돈다. (도판 21)

진 행 도	음악	장단	배역	동　　　　　작
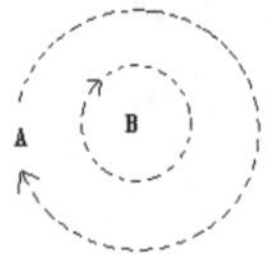 A B B 지 당 <도판 21-1>	타 령	18각 19각	B 학 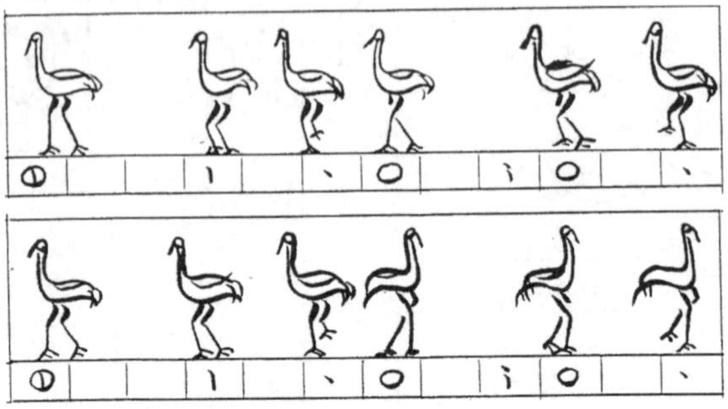 A 학 	**타령 18·19각 동작** 보법: B학은 18각에 2박 1보, 19각에 1박 1보로 제 위치에서 작게 돌고 A학은 18·19각 동안 뛰어 날면서 B학을 돈다. 수법: B학은 날개를 접은 대로 돌고 A학은 1박 1회로 날개를 폈다 접었다 하며 18·19각 동안 B학을 돈다. (도판 21-1)
A　B 학　학 지 당 <도판 21-2> A　B 지 당 <도판 22>		20각 21각 22각		**타령 20각 동작** 보법: 백학 한 쌍이 나란히 서서 1박 1회로 어깨춤을 춘다. 수법: 백한 한 쌍이 날개를 접고 어깨춤을 춘다. (도판 21-1) **타령 21·22각 동작** 보법: 1박 1회로 뛰어 난다. (도판 22) 수법: 1박 1회로 날개를 접었다 폈다하며 난다.

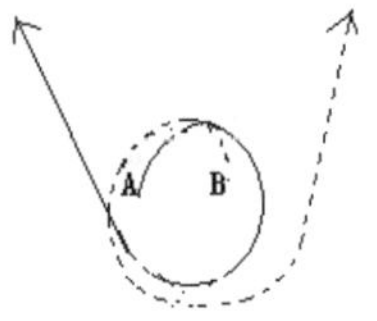

학무(현행)

진 행 도	음악	장단	배역	동　　　　　　　작　학연화대합설무

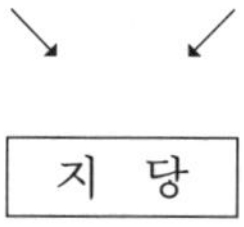

타
령

23각

〈도판 23〉

지 당

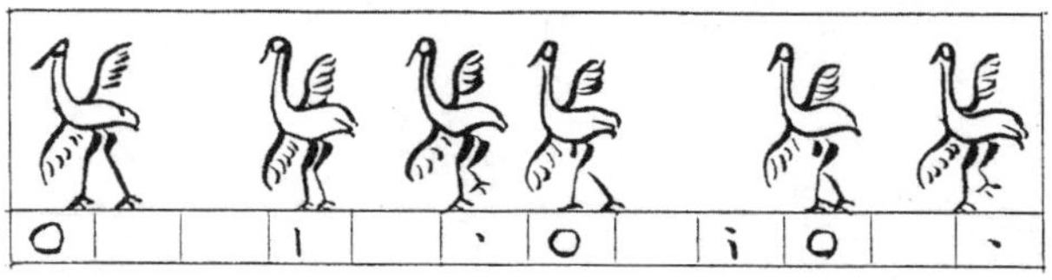

타령 23각 동작
보법: 2박 1보로 지당을 향하여 무진한다. (도판 23)
수법: 날개를 펴고 한다.

24각

타령 24각 동작
보법: 1박 1보로 지당을 향하여 무진한다. (도판 23)
수법: 1박에 날개를 펴고 2박에 접고 3박에 펴고 4박에 접는다.

〈도판 23-1〉

25각

타령 25각 동작
보법: 1박에 內足을 들었다 2박에 딛으며 3, 4박 까지 연통 안쪽
　　　을 본다. (도판 23-1)
수법: 날개를 접고 한다.

26각

타령 26각 동작
보법: 1박에 外足을 들었다 2박에 딛으며 3, 4박 까지 연통 바깥
　　　쪽을 본다. (도판 23-1)
수법: 날개를 접고 한다.

학무(현행)

진 행 도	음악	장단	배역	동　　　작
 ↰↱ [지 당] <도판 23-2>	타령	27각		 **타령 27각 동작** 보법: 1박 1보로 안쪽을 돌아 북향 한다. (도판 23-2) 수법: 1, 2, 3박 까지 날개를 펴고 4박에 접는다.
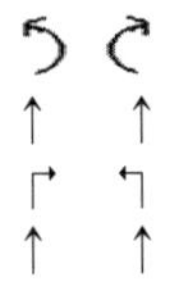 ↰↱ ↑↑ ↑↑ ↑↑ [지 당] <도판 23-3>		28각		 **타령 28각 동작** 보법: 2박 1보로 북쪽을 향하여 무진한다. (도판 23-3) 수법: 1, 2박에 날개를 폈다가 3, 4박에 접는다.
		29각		 **타령 29각 동작** 보법: 1, 2박에 몸을 안쪽으로 돌려 마주보고 3, 4박에 북향한다. 수법: 날개를 접고 한다. (도판 23-3)
		30각		 **타령 30각 동작** 보법: 2박 1보로 북쪽을 향하여 무진한다. (도판 23-3) 수법: 날개를 접고 한다.

학무(현행)

진 행 도	음악	장단	배역	동　　　작
	타령	31각		 타령 31각 동작 보법: 1, 2박에 몸을 바깥쪽으로 돌려 밖을 보고 3, 4박에 북향한다. (도판 23-3) 수법: 1, 2박은 날개를 펴고 3, 4박에 접는다.
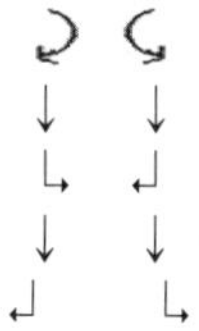 〔진행도 화살표〕 □ 지 당 □ <도판 24>		32각		 타령 32각 동작 보법: 1박 1보로 안쪽으로 돌아 지당을 향한다. 수법: 날개를 접고 한다. (도판 24)
		33각		 타령 33각 동작 보법: 2박 1보로 지당을 향하여 무진한다. (도판 24) 수법: 날개를 1박에 폈다가 2박에 접고 3박에 폈다가 4박에 접는다.
		34각		 타령 34각 동작 보법: 1, 2박에 몸을 안쪽으로 돌려 마주보고 3, 4박에 지당을 향한다. (도판 24) 수법: 1, 2박에 날개를 펴고 3, 4박에 접는다.

학무(현행)

진 행 도	음악	장단	배역	동 작
	타령	35각		 타령 35각 동작 보법: 2박 1보로 지당을 향하여 무진한다. (도판 24) 수법: 날개를 1, 2박에 폈다가 3, 4박에 접는다.
		36각		 타령 36각 동작 보법: 1, 2박에 몸을 밖으로 돌려 바깥쪽을 보고 3, 4박에 지당을 향한다. (도판 24) 수법: 날개를 접고 한다.
 지 당 <도판 24-1>		37각 38각		 타령 37·38각 동작 보법: 1박 1보로 지당 뒤 쪽으로 간다. (도판 24-1) 수법: 날개를 접고 한다.
		39각		 타령 39각 동작 보법: 1박에 안쪽 발을 들어 2박에 딛으며 3, 4박 까지 연통 안쪽을 본다. 수법: 날개를 접고 한다.

학무(현행)

진 행 도	음악	장단	배역	동 작
	타령	40각		 타령 40각 동작 보법: 1박에 바깥쪽 발을 들어 2박에 딛으며 3, 4박 까지 연동 바깥 쪽을 본다. 수법: 날개를 접고 한다.
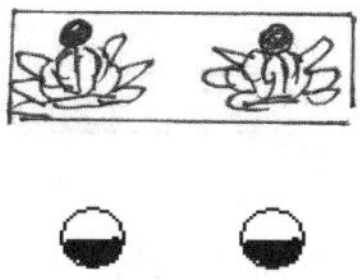 학 학 <도판 24-2>		41각		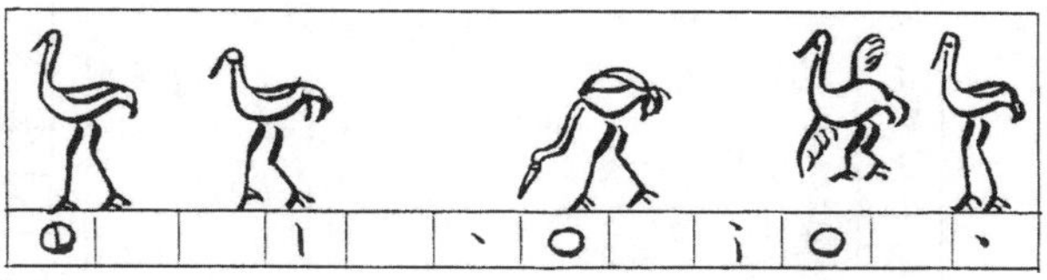 타령 41각 동작 보법: 1, 2박에 1박 1회로 연통을 어르고 3박에 쪼아 연통이 벌어지면 4박에 깜짝 놀라서 뛰어 나른다. (도판 24-2) 수법: 1, 2, 3박은 날개를 접고 하고 4박은 날개를 폈다 접는다.
 <도판 24-3>		42각		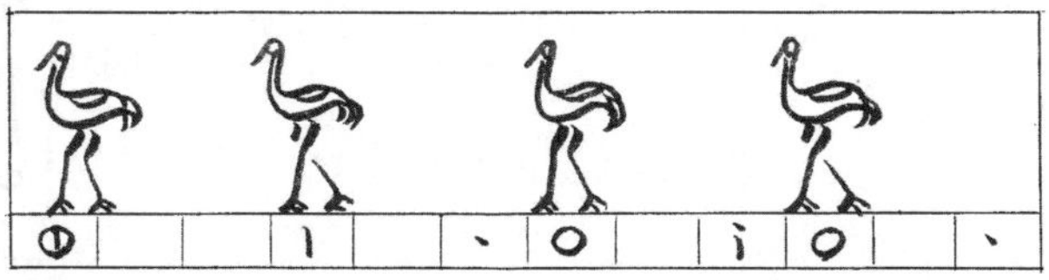 타령 42각 동작 보법: 1박 1보로 퇴장한다. (종종 걸음으로 퇴장하기도 함) 수법: 날개를 접고 한다. (도판 42-3)
				※ 학이 연통을 쪼면 연통 속에서 잉동녀가 나와 연화내무로 이어진다.

연화대무(계사년홀기)

홀 기	진 행 도	음악	장단	배역	동 작
樂奏樂昇平之曲 英虛子令 樂師奉蓮花冠入置於殿中左右 而出〇拍竹竿子二人足蹈而進分立於蓮花冠之南樂止口號 綺席光華卜晝開 千般樂事一時來 蓮房化出英英態 妙舞妍歌不世才 訖	 〈도판 1〉 원협 → ← 표정 지당판 ↑ ↑ 죽 죽 협 협	보허자	1각	악사	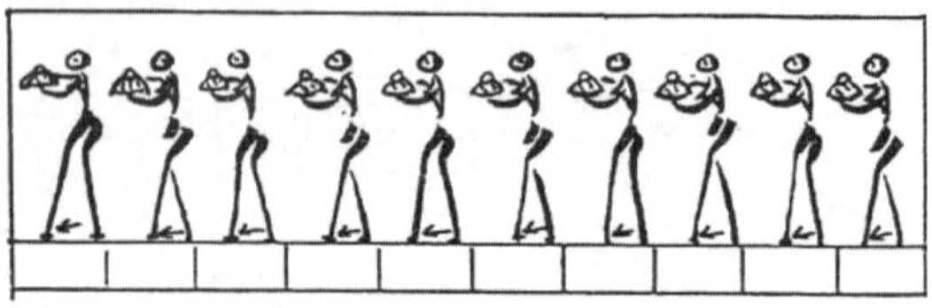 **보허자 1각 악사(합립)동작** 보법: 1박1보로 선내족, 차외족으로 들어온다. (도판 1) 수법: 양손으로 합립을 받쳐 든다.
				양동여	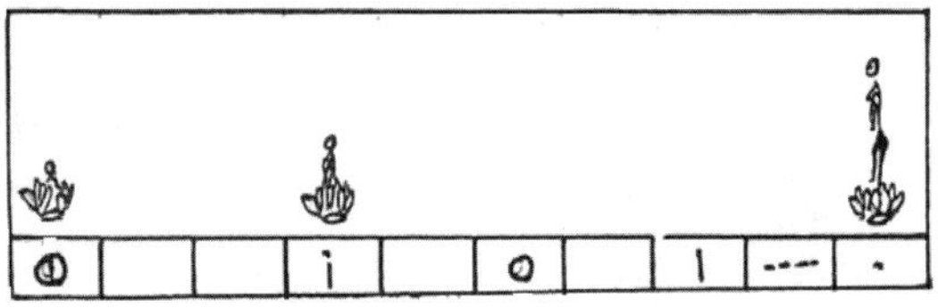 **보허자 1각 양동여 동작** 보법: 학이 연통을 쪼면 동기는 연통에서 1박에서 10박까지 일어난다. 수법: 염수하고 일어선다. (도판 1)
				죽간자	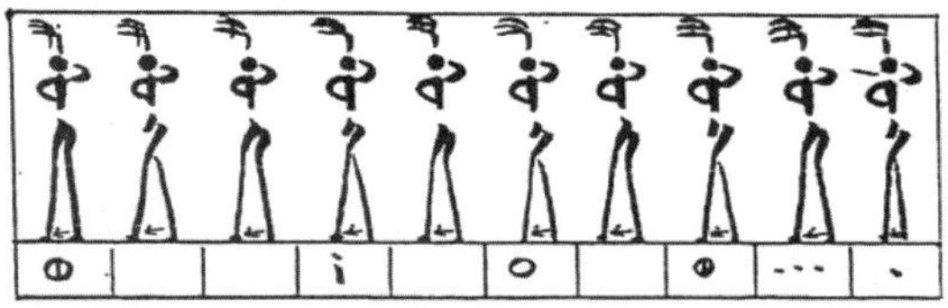 **보허자 1각 죽간자 동작** 보법: 죽간자는 선내족, 차외족으로 1박 1보로 들어온다. 수법: 죽간자는 외수(外手)는 위쪽에 내수(內手)는 아래쪽으로 죽간자를 잡는다. (도판 1)
				협무	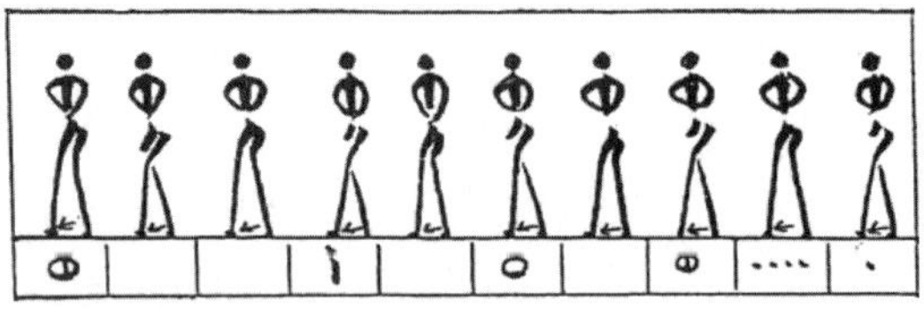 **보허자 1각 협무동작** 보법: 협무는 1박1보(선내족, 차외족)로 들어온다. (도판 1) 수법: 협무는 염수(외수상, 내수하)하고 들어온다.

연화대무(계사년홀기)

홀 기	진 행 도	음악	장단	배역	동 작
	← 합립 합립→ 죽 죽 ↑ ↑ 동여 동여 ↑ ↑ 협무 협무 ↑ ↑ 지당판 <도판 2>	보 허 자	2 · 3 각	죽간자	
				죽간자	 보허자 2·3각 죽간자 동작 보법: 죽간자는 1각4보(선내족, 차외족)로 전진하여 선다. (도판 2) 수법: 처음에는 죽간자를 잡은 대로 한다. 보허자 2·3각 악사(합립) 동작 악사는 합립을 앞에 놓고 나간다.
				양동여 와 협무	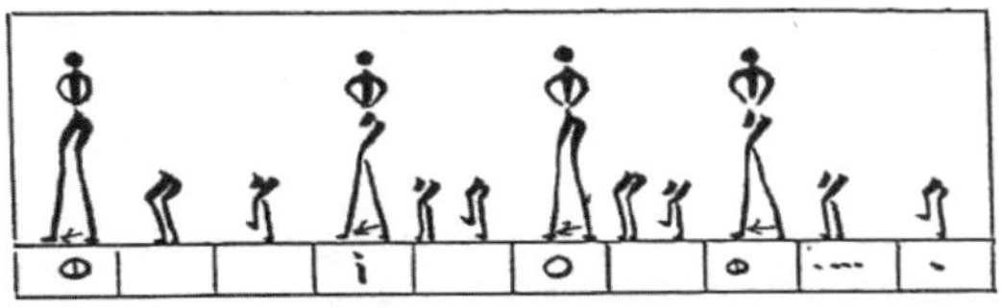  보허자 2·3각 동여와 협무 동작 보법: 동여와 협무는 1각 4보(선내족, 차외족)로 전진하여 선다. (도판 2) 수법: 염수(외수위, 내수밑)하고 나온다. * 악지·박 * 죽간자는 구호를 노래한다. * 죽간자 구호 綺席光華卜晝開 (기석광화복주개) 무늬 비단자리 광채나고 화려하게 낮은 기해 펼쳐져서 千般樂事一時來 (천반락사일시래) 천가지 즐거운 일 일시에 닥쳐왔습니다 蓮房化出英英態 (연방화출영영태) 연꽃송이에서 변화해 나와 아름답기도한 자태에 妙舞姸歌不世才 (묘무연가불세재) 묘치있는 춤과 어여뿐 노래 보기드문 재주입니다. * 악지·박 *

연화대무(계사년홀기)

홀　　기	진　행　도	음악	장단	배역	동　　작
拍奏前樂○拍竹竿子二人足蹈而退亮	합립 ↙ 죽　　합립 ↘ 죽 동여　　동여 협무　　협무 [지당판] <도판 3>	보허자	4·5각	죽간자	보허자 4·5각 죽간자 동작 보법: 죽간자는 1각 4보(선내족, 차외족)로 퇴립한다. (도판 3) 수법: 죽간자는 처음 잡은 그대로 한다. * 악학궤범에 「죽간자는 좌, 우, 외협으로 퇴립한다.」라고 기록되어 있으나, 계사년홀기에는 퇴립의 방향표시가 없어 악학궤범의 기록에 의하여 도안하였음.
止左右挾斂兩手而立兩童女並舉外袖唱微臣詞　住在蓬萊下生蓬藁　有感君王之德化來 / 呈歌舞之懽娛詫 / 拍兩童女與左右挾舞進蓮花冠之南樂	합립　　합립 동여　　동여 죽　↑　↑　죽 협무　　협무 ↑　　↑ [지당판] <도판 4>	삼현	1·2각	양동여와 협무	* 이 부분은 홀기 상으로 보면 보허자 음악으로 도안하여야 하나, 고려사악지와 악학궤범에 중선자인자(衆仙子引子)로 기록되어 있다. 중선자인자의 음악이 불분명하여 고려사악지와 악학궤범의 무보 도안에 삼현으로 하였기에 여기에서도 삼현으로 도안한다. 삼현 1·2각 동기 동작 보법: 동기는 1각 2보(선내족, 차외족)로 전진한다. (도판 4) 수법: 염수한 채로 전진한다.

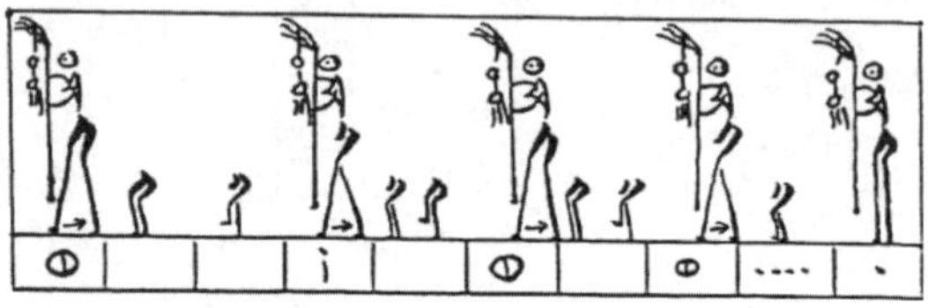

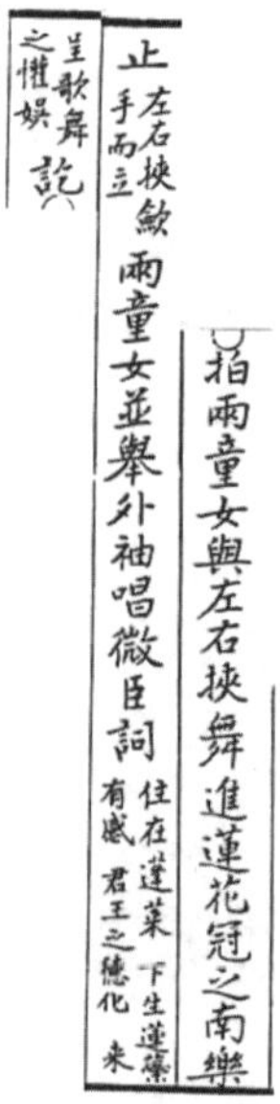

홀　　기	진　행　도	음악	장단	배역	동　　　　작
	합립　　　합립 죽　동여　　　동여　죽 협무　　　협무 지당판 <도판 5>	삼 현	3각	양동여	**삼현 3각 동작** 보법: 양동여는 1·2·3박까지 궤(跪)하고 4·5·6박에 면복(俛伏)한다. (도판 5) 수법: 양동여는 1·2·3박에 염수하고 4·5·6박에 양손으로 땅을 짚고 면복(俛伏)한다. (협무는 염수하고 서 있는다.)
			4각	양동여	**삼현 4각 동작** 보법: 양동여는 1·2·3박까지 궤하고 4·5·6박까지 일어난다. (도판 5) 수법: 양동여는 염수한 채로 한다.
			5각	양동여	**삼현 5각 양동여 동작** 보법: 양동여는 서서 수법만 한다. (도판 5) 수법: 양동여는 1·2·3박에 거수(擧袖)하여 4·5·6박에 외서(外舒)한다.
			6각	양동여	**삼현 6각 양동여 동작** 보법: 양동여는 염수할 때 하는 보법을 한다. (도판 5) 수법: 양동여는 1박에 뒤로 제쳐 2·3박까지 반하(半下)하였다가 4·5박에 들어 6박에 외수(外手)는 미간(眉間)에 내수(內手)는 흉(胸)에 들고 미신사를 창한다. ＊ 악지·박 ＊

연화대무(계사년홀기)

홀　　기	진　행　도	음악	장단	배역	동　　　　　작
		삼현	7각	양동여	* 미신사를 노래한다. ー미신사ー 住在蓬萊　　　　　　　　　(주재봉래) 봉래에서 살다가 下生蓮蘂　　　　　　　　　(하생연예) 내려와 연꽃 술에 태어났사옵니다. 有感君王之德化　　　　　　(유감군왕지덕화) 임금님의 덕화에 감동한 바 있어 來呈歌舞之懽娛　　　　　　(내정가무지환오) 이곳에 와서 가무의 즐거움을 드립니다. * 악지·박 * 삼현 7각 양동여 동작 보법: 양동여는 1·2·3·4박까지 서서 수법만 하고 5 　　박에 구부렸다가 6박에 내족을 든다. (도판 5) 수법: 양동여는 1박에 거수하여 2·3·4박까지 외서 　　한다.
			8각	양동여	삼현 8각 양동여 동작 보법: 양동여는 염수보법을 한다. (1박에 내족을 뒤로 　　딛는다.) 수법: 양동여는 염수한다.
					* 이 부분 역시 홀기 상으로 보면 보허자 음악으로 해야 한다. 왜냐하면 이 부분의 주전악(奏前樂)은 보허자 음 악의 연속이기 때문이다. 그러나 고려사악지와 악학궤 범의 연화대에서는 헌천수만(獻天壽慢)으로 기록하고 있다. 이런 예로 보아 계사년홀기에서는 반주음악에 대 한 기록의 기재가 잘못되어 있음을 알 수 있다. 그러므 로 이 부분도 고려사악지와 악학궤범의 기록된 음악인 헌천수로 도안하였다.

연화대무(계사년홀기)

홀　　기	진　행　도	음악	장단	배역	동　　　작
立北向 而舞 拍奏前樂〇拍兩童女與左右挾舞退舞進〇拍 左右挾仍	합립　　합립 죽　　　　죽 동여　　동여 ↓　　　↓ 협무　　협무 ↓　　　↓ [지당판] 〈도판 5〉	헌천수	1각	양동여와 협무	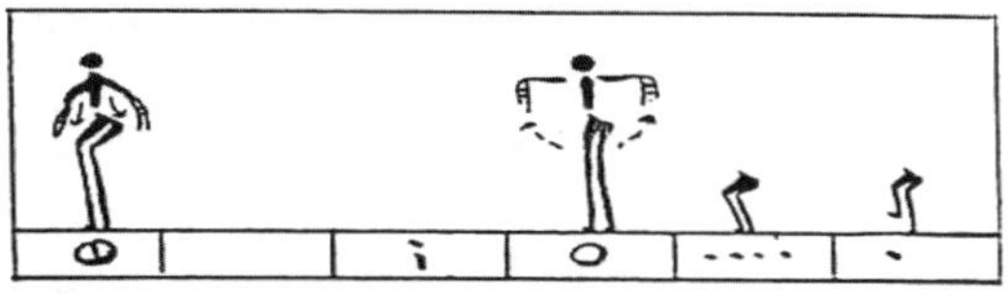 헌천수 1각 양동여와 협무 동작 보법: 양동여와 협무는 무작보법을 한다. (도판 5) 수법: 양동여와 협무는 무작한다.
			2·3각	양동여와 협무	 헌천수 2·3각 양동여와 협무 동작 보법: 양동여는 1각 2보(선내족, 차외족)로 무퇴하고 협무는 서 있는다. 수법: 양동여는 무작한 대로 퇴하고 협무는 무작한 대로 제 위치에서 어깨춤을 춘다. (도판 5)
			4각	양동여와 협무	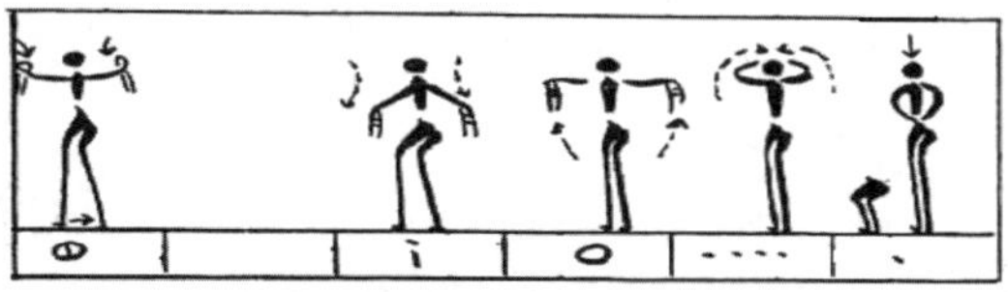 헌천수 4각 양동여와 협무 동작 보법: 양동여와 협무는 염수보법을 한다. (도판 5) 수법: 양동여와 협무는 염수한다.
	합립　　합립 동여　　동여 죽　↑　　↑　죽 협무　　협무 [지당판] 〈도판 6〉		5각	양동여	 헌천수 5각 양동여 동작 보법: 양동여는 무작보법을 한다. (도판 6) 수법: 양동여는 무작한다.
			6·7각	양동여	 헌천수 6·7각 양동여 동작 보법: 양동여는 1각 2보(선내족, 차외족)로 전진한다. (도판 6) 수법: 양동여는 무작한 채로 한다. (협무는 서 있는다.)

연화대무(계사년홀기)

홀　　　기	진　행　도	음악	장단	배역	동　　　　　작
		헌천수	8각	양동여	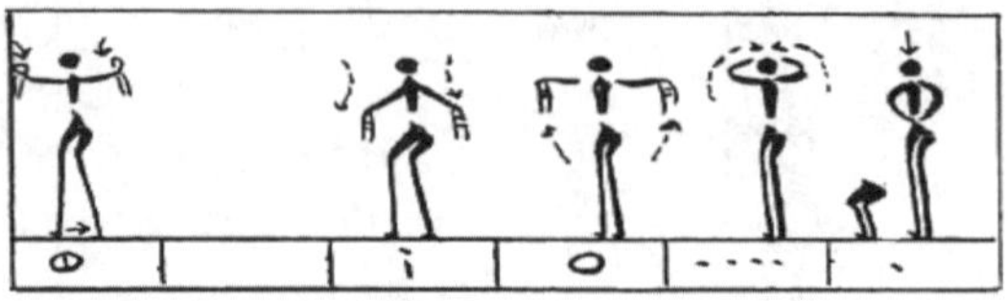 헌천수 8각 양동여 동작 보법: 양동여는 염수 보법을 한다. (도판 6) 수법: 양동여는 염수한다.
兩童女跪取蓮花冠起立		헌천수	9각	양동여	 헌천수 9각 양동여 동작 보법: 양동여는 1박에서 6박까지 앉아 엎드린다. 수법: 양동여는 염수하고 1박에서 4박까지 앉아 5박에 두 손을 약간 벌렸다가 6박에 왼손은 앞으로 오른손은 뒤로 여민다.
			10각	양동여	
			11각	양동여	
			12각	양동여	 헌천수 10·11·12각 양동여 동작 보법: 양동여는 앉아서 삼현 10·11·12각 동작을 한다. 수법: 양동여는 삼현 10각에 오른쪽으로 팔수무, 11각에 왼쪽으로 팔수무, 12각에 몸을 정면으로 하며 엎드려 합립을 좌동여는 오른손으로 우동여는 왼손으로 받쳐 든다. *악학궤범에서 「합립은 외수(外手)로 잡는다」를 참조. ※ 9·10·11·12각의 팔수무는 성경린 선생님의 증언에 의하여 도안했으나 아악부 때의 동작으로 보여진다.

홀　기	진　행　도	음악	장단	배역	동　　작
左童女前結冠纓次詣右童女前亦如之　相對戴首並兩袖挾冠樂師詣	동여→　←동여 죽　　　　　죽 협무　　　협무 지당판 <도판 7>	헌천수	12각	양동여	 헌천수 12각 양동여 동작 보법: 양동여는 1박에서 4박까지 일어나서 5박에 구부리고 6박에 오른발을 든다. 수법: 양동여는 합립을 좌동여는 오른손으로 우동여는 왼손으로 합립을 잡고 받쳐 든다.
					* 이 부분은 양동여가 서로 머리에 합립을 씌워 주어야 하는데, 합립을 잡고 일어나면 양동여의 거리가 떨어져 있어서 서로의 머리에 합립을 씌워 줄 수가 없다. 그래서 좌, 우, 동여의 거리를 단축하기 위하여 좌, 우, 동여가 상대하여 무진하도록 도안 한 것이며, 악사 또한 합립 끈을 매어 주기 위해서는 이 때 들어와야 하기에 그렇게 하였다. (홀기에 기록이 없으나 진행상의 문제임)
		헌천수	13각	양동여	 헌천수 13각 양동여 동작 보법: 양동여는 1각 2보(선내족, 차외족)로 상대하여 무진한다. (도판 7) 수법: 양동여는 합립을 좌동여는 오른손으로 우동여는 왼손으로 잡고 받쳐 든다. (악사도 따라 들어온다.)
			14 15 16 17 각	양동여 악사	헌천수 14 · 15각 양동여 동작 14각에 우동여가 좌동여 머리에 합립을 씌워주고 15각에 좌동여는 우동여의 머리에 합립을 씌워준다. (도판 7) 헌천수 16 · 17각 동작(악사) 악사는 16각에 좌동여 앞에서 궤(跪)하고 합립 끈을 매어주고 일어나서 17각에 우동여 앞에서 궤(跪)하고 합립 끈을 매어준다. *이 부분은 악학궤범에 의하여 도안한 것이다. 계사년 홀기에는 헌천수 16 · 17각과 같은 기록이 없다.

연화대무(계사년홀기)

홀　　기	진　행　도	음악	장단	배역	동　　　　작
	동여←　　→동여 죽　　　　　　죽 협무　　　협무 지당판 <도판 8>	헌천수	18각	양동여 와 협무	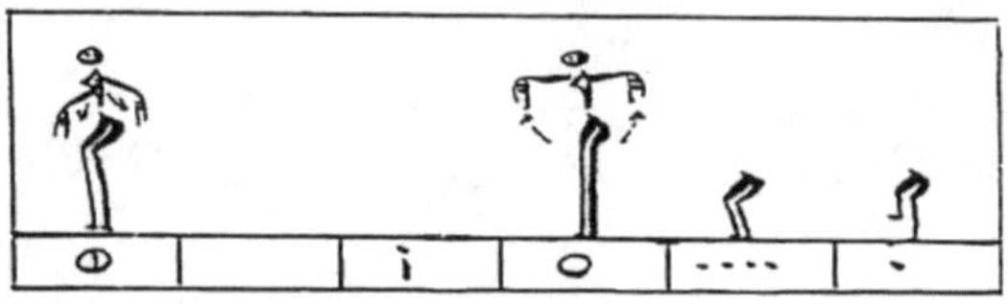 헌천수 18각 양동여 동작 보법: 양동여와 협무는 무작 보법을 한다. 수법: 양동여와 협무는 무작한다.
			19각	양동여	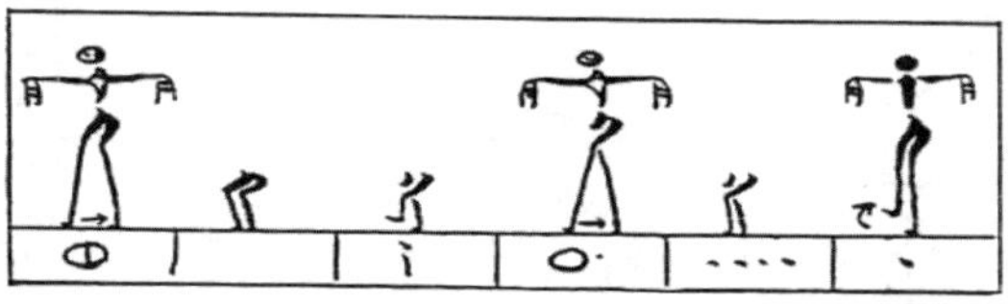 헌천수 19각 양동여 동작 보법: 양동여는 1각 2보(선내족, 차외족)로 퇴립 하여 북향한다. 수법: 양동여는 무작한 대로 한다.
				양동여	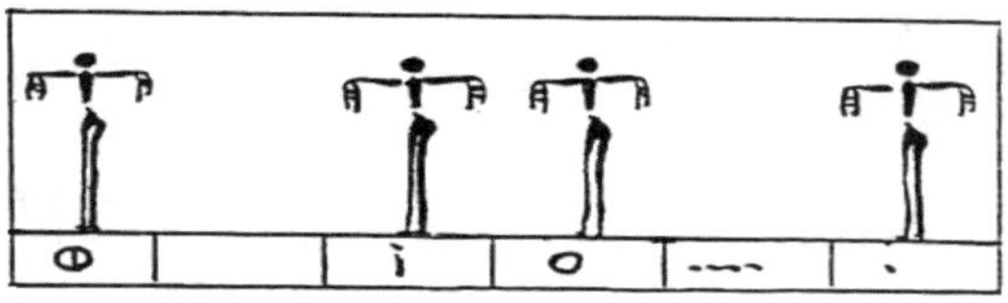 헌천수 19각 협무 동작 보법: 협무는 1각 2보로 서서 움직인다. 수법: 협무는 무작한 대로 어깨춤을 춘다.
			20각	양동여 와 협무	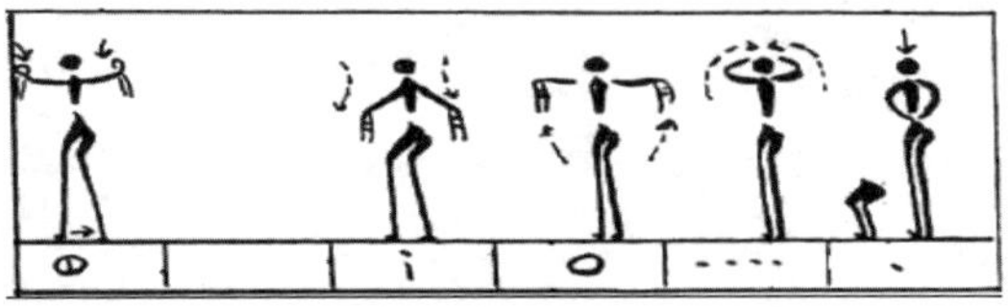 헌천수 20각 양동여와 협무 동작 보법: 양동여와 협무는 염수 보법을 한다. 수법: 양동여와 협무는 염수한다. *헌천수 13각에 좌, 우 동여가 상대하여 들어갔기 때문에 18·19·20각은 북위(北位) 한 것이다.

홀 기	진 행 도	음악	장단	배역	동 작
○拍兩童女與左右挾舞作小退北向而舞					*악학궤범에는 혹면, 혹배하며 협진하여 도요무를 추는 데서부터 반가무악곡에 의하여 춤을 추었는데 계사년홀기에는 이상의 부분이 없고 반주음악에 대한 기록도 없어 헌천수로 도안 하였으나 이 부분이 한 형태가 끝나고 다른 부분으로 이어지는 부분이기에 이 부분부터 반가무(타령)로 도안하였다.
	죽 동여 동여 죽 ↓ ↓ 협무 협무 ↓ ↓ 지당판 <도판 9>	타령	1각	양동여와 협무	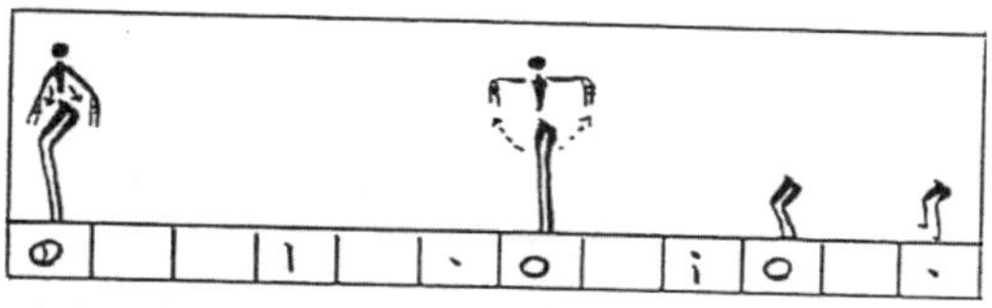 타령 1각 양동여와 협무 동작 보법: 양동여와 협무는 무작 보법을 한다. 수법: 양동여와 협무는 무작한다.
			2각	양동여와 협무	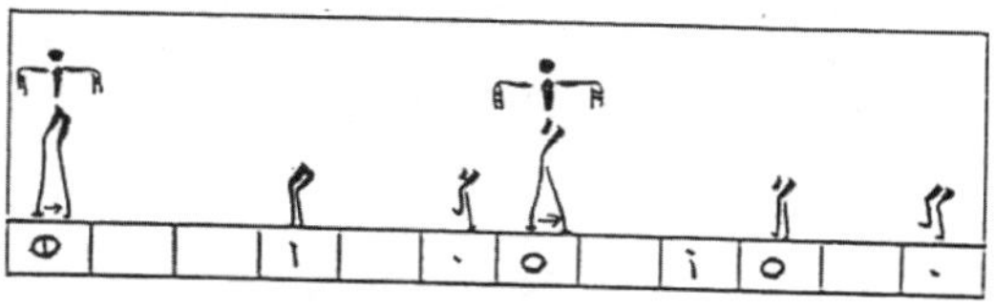 타령 2각 양동여와 협무 동작 보법: 양동여와 협무는 2박 1보(선내족, 차외족)로 퇴한다. 수법: 양동여와 협무는 무작한 대로 보법만 한다.
			3각	양동여와 협무	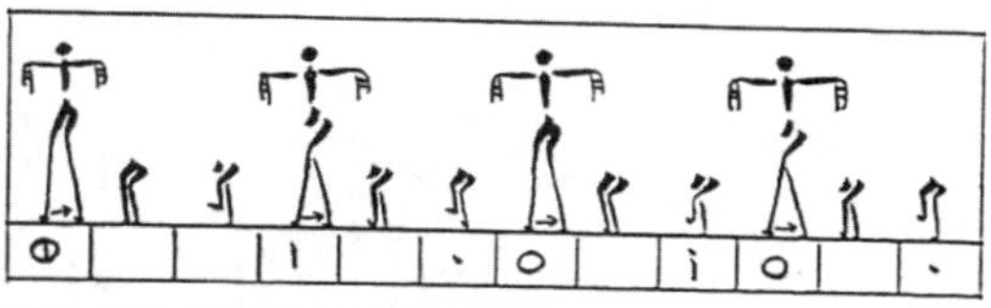 타령 3각 양동여와 협무 동작 보법: 양동여와 협무는 1박 1보(선내족, 차외족)로 퇴한다. 수법: 양동여와 협무는 무작한 대로 한다.
			4각	양동여와 협무	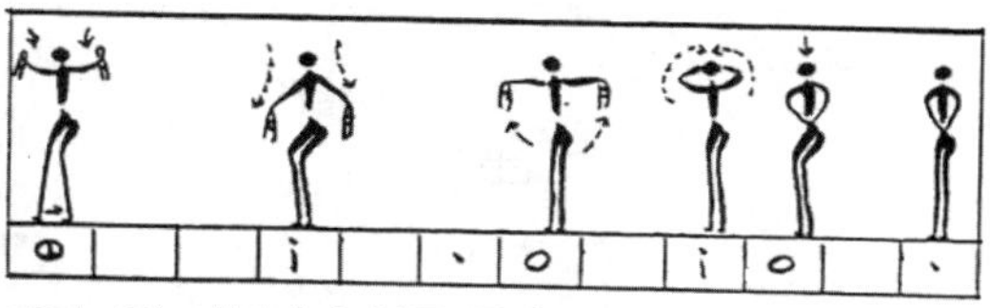 타령 4각 양동여와 협무 동작 보법: 양동여와 협무는 염수보법을 한다. 수법: 양동여와 협무는 염수한다.

홀 기	진 행 도	음악	장단	배역	동 작
○拍各各相對而舞 舞_業 或背或面跳躍而舞○拍舞退而立 樂止	동여 동여 죽 죽 →협무 협무← 〔지당판〕 <도판 10>	타령	5각	양동여 와 협무	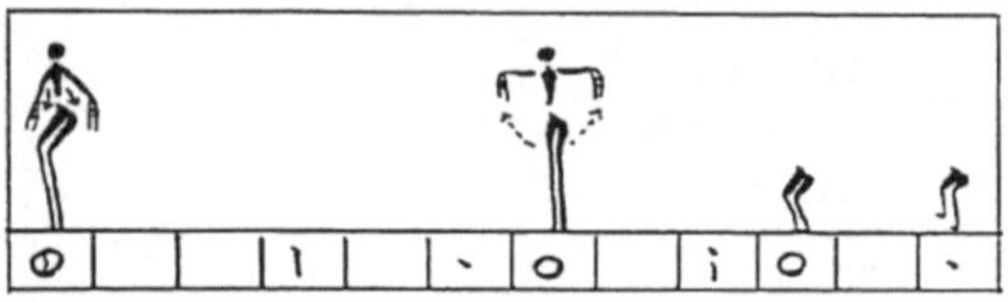 **타령 5각 양동여와 협무 동작** 보법: 양동여와 협무는 무작보법을 한다. (도판 10) 수법: 양동여와 협무는 무작을 한다.
	→동여 동여← 죽 죽 →협무 협무← 〔지당판〕 <도판 11>		6각	양동여 와 협무	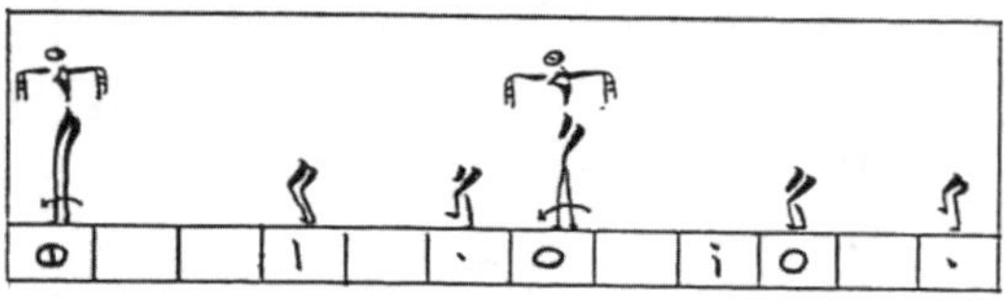 **타령 6각 양동여와 협무 동작** 보법: 양동여와 협무는 2박 1보로 동서가 상향(相向)한다. (도판 10) 수법: 양동여와 협무는 무작한 대로 한다.
	←동여 동여→ 죽 죽 ←협무 협무→ 〔지당판〕 <도판 12>		7각	양동여 와 협무	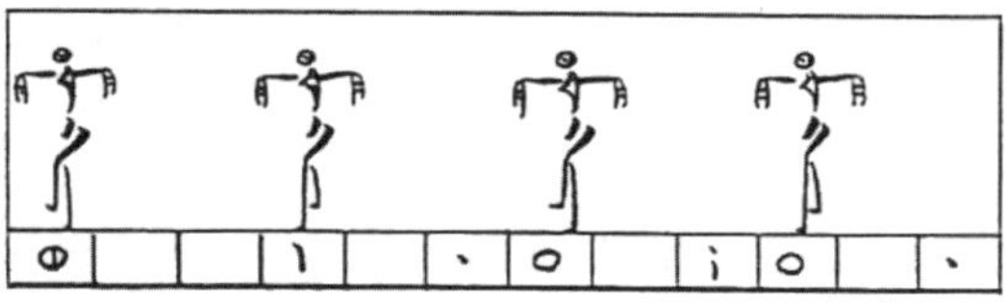 **타령 7각 양동여와 협무 동작** 보법: 양동여와 협무는 1박에 외족을 들어 내족으로 2박에 내족을 들어 외족으로 3박에 외족을 들어 내족으로 4박에 외족을 들어 내족으로 가볍게 뛰며 동서가 상대하여 들어간다. (도판 11) 수법: 양동여와 협무는 무작한 대로 한다.
			8각	양동여 와 협무	**타령 8각 양동여와 협무 동작** 보법: 타령 7각과 같다. (상배한다)(도판 12) 수법: 타령 7각과 같다.
	←동여 동여→ 죽 죽 ←협무 협무→ 〔지당판〕 <도판 13>		9각	양동여 와 협무	**타령 9각 양동여와 협무 동작** 보법: 타령 7각과 같다. (북위한다)(도판 13) 수법: 타령 7각과 같다.
			10각	양동여 와 협무	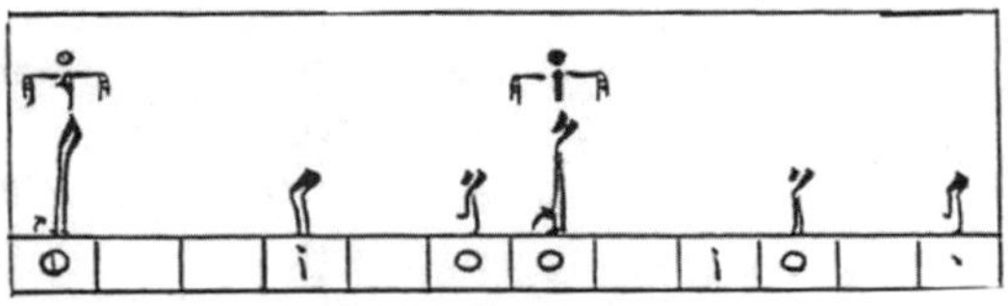 **타령 10각 양도여와 협무 동작** 보법: 양동여와 협무는 2박 1보(선내족, 차외족)로 북향한다. 수법: 양동여와 협무는 무작한 대로 한다.

연화대 무(계사년홀기)

홀 기	진 행 도	음악	장단	배역	동 작
		타령	11각	양동여와 협무	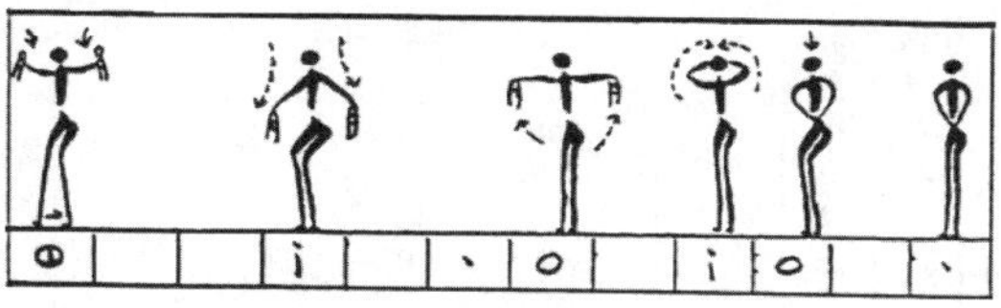 타령 11각 양동여와 협무 동작 보법: 양동여와 협무는 염수 보법을 한다. 수법: 양동여와 협무는 염수한다.
	동여 동여 ↓ ↓ 죽 죽 협무 협무 ↓ ↓ 지당판 <도판 14>		12각	양동여와 협무	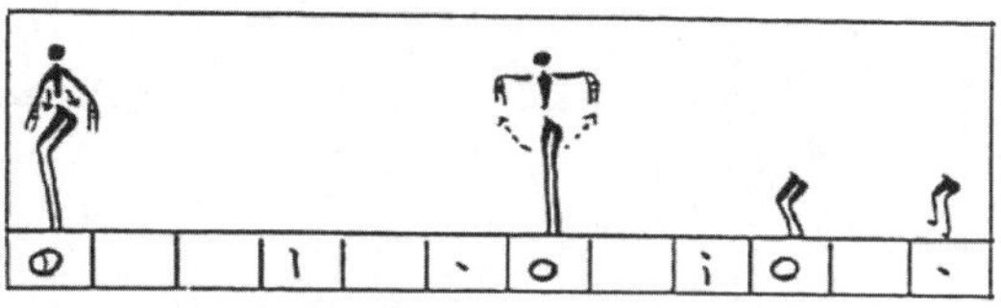 타령 12각 양동여와 협무 동작 보법: 양동여와 협무는 무작보법을 한다. 수법: 양동여와 협무는 무작한다.
			13각	양동여와 협무	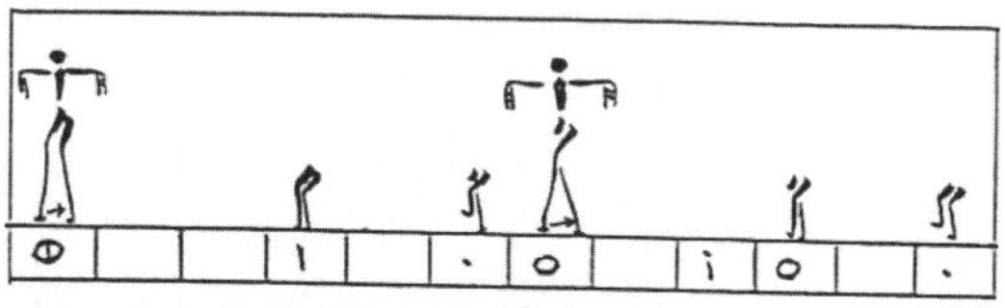 타령 13각 양동여와 협무 동작 보법: 양동여와 협무는 2박 1보(선내족, 차외족)로 퇴한다. 수법: 양동여와 협무는 무작한 대로 한다.
			14각	양동여와 협무	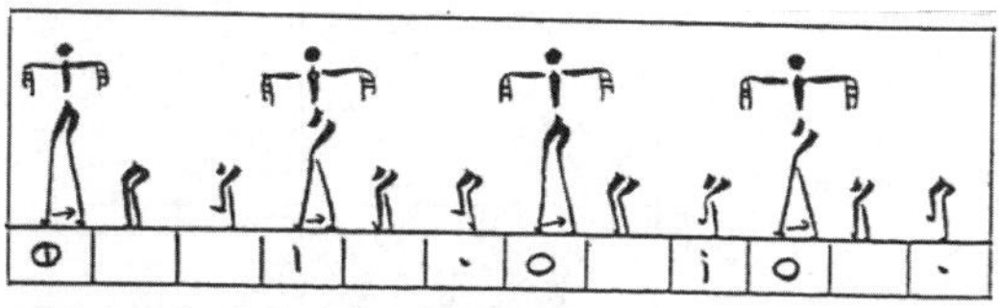 타령 14각 양동여와 협무 동작 보법: 양동여와 협무는 1박 1보(선내족, 차외족)로 퇴립한다. 수법: 양동여와 협무는 무작한 대로 한다.
			15각	양동여와 협무	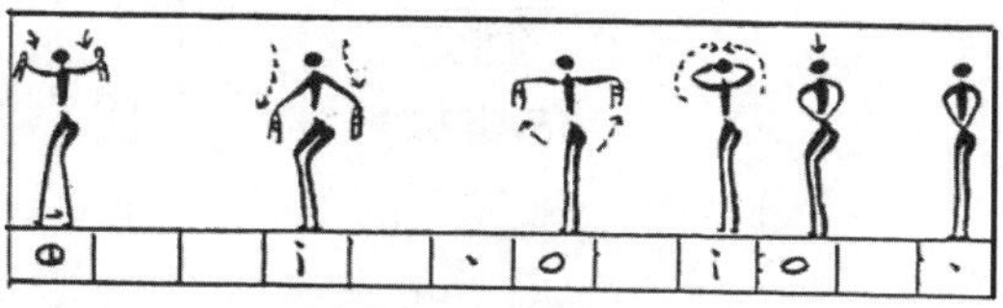 타령 15각 양동여와 협무 동작 보법: 양동여와 협무는 염수보법을 한다. 수법: 양동여와 협무는 염수한다.

연화대 무(계사년홀기)

홀 기	진 행 도	음악	장단	배역	동 작
竹竿子二人足蹈而退樂止 蹈而進立樂止口號 雅樂將終・拜辭華席 仙軺欲返・遙指雲程 訖○拍奏前樂・拍 ○拍奏前樂○拍竹竿子二人足	죽　　　죽 ↗　　　↖ 동여　　동여 협무　　협무 [지당판] <도판 15>	보 허 자	1각	죽간자	**보허자 1각 죽간자 동작** 보법: 죽간자는 1각 4보(선내족, 차외족)로 들어온다. (도판 15) 수법: 죽간자는 처음에 잡은 그대로 한다.
			2각	죽간자	**보허자 2각 죽간자 동작** 보법: 죽간자는 1각 4보(선내족, 차외족)로 들어와 9·10박에 북향하고 선다. 수법: 죽간자는 처음에 잡은 그대로 한다. (도판 15) * 악지・박 * 죽간자는 구호를 노래한다. **죽간자 구호** 雅樂將終　　　　　　　　　　(아악장종) 우아한 악이 끝나려 하메 拜辭華席　　　　　　　　　　(배사화석) 배례(拜禮)하고 화려한 자리 하지합니다. 仙軺欲返　　　　　　　　　　(선초욕반) 신선의 수레는 돌아가려고 遙指雲程　　　　　　　　　　(요지운정) 멀리 구름길을 지향합니다 * 악지・박 *
	동여　　동여 ↙⋯　　　⋯↘ 죽　　　　　죽 협무　협무 [지당판] <도판 16>		3각	죽간자	
			4각	죽간자	**보허자 3・4각 죽간자 동작** 보법: 죽간자는 1각 2보(선내족, 차외족)로 2각간에 퇴하여 양동여는 외협에 선다. 수법: 죽간자는 처음에 잡은 그대로 한다.

학연화대무 무보

학무 무보(짧은 학무)

학무(짧은 학무)

진 행 도	음악	장단	배역	동 작
				註: 고(故) 한영숙 선생님께서는 할아버지(한성준)께서 학무가 없어질 수 있다고 생각하여 궁중학무를 보고 창경원(현 창경궁)과 충북 음성의 학마을에서 학이 놀고 있는 모습을 관찰하여 새로운 학무를 창제하면서 처음에는 학무의 홀기 중심으로 창제 하였으나 너무 길어 무대 공연에 맞지 않는다고 다시 짧은 학무를 창제하여 무대에서 추시었다고 증언하였다. 이런 관계로 제가 학무 전수생으로 교육을 받을 때 긴 학무와 짧은 학무를 배웠다. 만약 한성준이 학무를 재현하지 않았다면 학무는 없어졌을 것이다. 이 학무를 근거로 하여 한영숙 선생의 학무가 추어졌고 또 이 학무가 1971년도에 무형문화재 제40호로 지정을 받았으며 1993년 학연화대 합설무로 재지정 되었다.
<도판 1>	세령산	1각	백학 한쌍	**세령산 1각 동작** 보법: 백학 한 쌍은 1, 2, 3, 4, 5, 6, 7박 까지 1박 1보로 상·하수에서 걸어 나와 8, 9박 까시 종종 걸음으로 나와 10박에 이른다. (도판 1) 수법: 백학 한 쌍은 1, 2, 3, 4, 5, 6, 7박 까지 날개를 접고 나와 8, 9박에 종종 걸음으로 나가며 날개를 폈다가 10박에 날개를 접는다.

학무(짧은 학무)

진 행 도	음악	장단	배역	동 작
<도판 2>	세령산	2각 3각		__세령산 2·3각 동작__ 보법: 백학 한 쌍은 2각에 1박 1회로 1, 2, 3, 4, 5, 6, 7, 8, 9, 10박 까지 (도판 1)과 같이 뛰어 날고 이어서 3각의 1, 2, 3, 4, 5, 6, 7, 8, 9, 10박 까지 내선(內旋)하여 북향한다. (도판 1, 2) 수법: 백학 한 쌍은 2, 3각 동안 날개를 폈다 접었다 하며 뛰어 날아 내선(內旋)할 때 날개를 펴고 돌아 북향하여 날개를 접는다.
<도판 3>	삼현도드리	1각 2각	백학 한쌍	__삼현 1각 동작__ 보법: 백학 한 쌍은 1박에 몸을 길게 늘여 앞으로 멀리 보면서 內足을 內측에 비스듬히 딛고 2박에 몸을 숙여 2박에 부리가 지면(地面)에 닿도록하여 3박에 지면을 두 번 쪼고 4박에 머리를 들어 5, 6박에 머리를 끄덕 끄덕 한다. (도판 3) 수법: 백학 한 쌍은 날개를 접고 한다. __삼현 2각 동작__ 보법: 백학 한 쌍은 삼현 1각 동작과 같으나 外足을 外측에 비듬이 딛고 한다. (도판 3) 수법: 백학 한 쌍은 삼현 1각 동작과 같다.

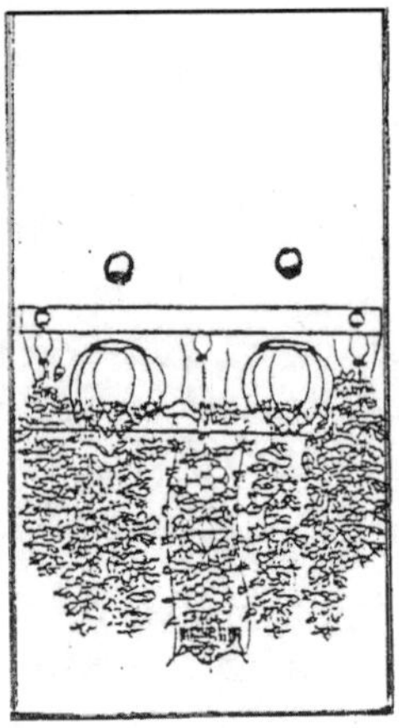

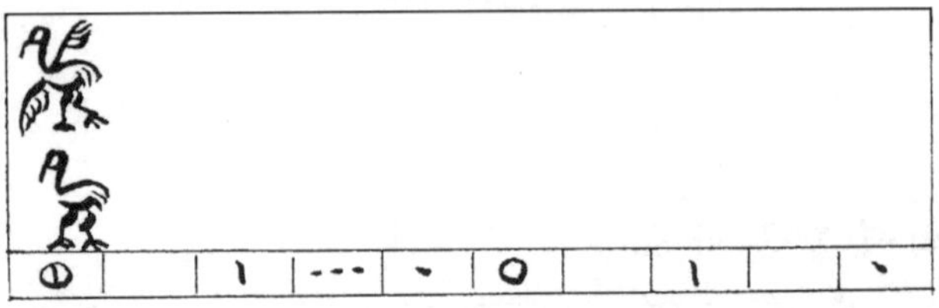

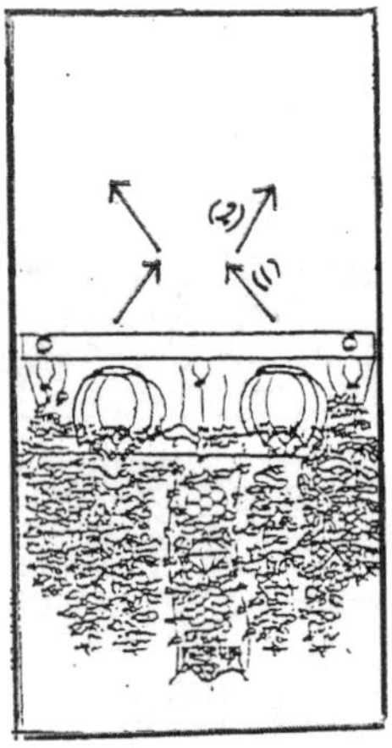

학무(짧은 학무)

진 행 도	음악	장단	배역	동 작 학연화대합설무
<도판 4>		3각	백학 한쌍	**삼현 3각 동작** 보법: 백학 한 쌍은 3박 1보로 先內足 次外足으로 2보(二步) 앞으로 나간다. (도판 4) 수법: 백학 한 쌍은 날개를 접고 한다.
		4각	백학 한쌍	**삼현 4각 동작** 보법: 백학 한 쌍은 1, 2, 3박 까지 몸을 內측으로 돌려 서로 마주 보고 4, 5, 6박 까지 몸을 돌려 北向한다. (도판 4) 수법: 백학 한 쌍은 1박에 날개를 펴서 2, 3, 4, 5박 까지 하고 6박에 날개를 접는다.
		5각	백학 한쌍	**삼현 5각 동작** 보법: 백학 한 쌍은 3박 1보로 先內足 次外足으로 2보 앞으로 나간다. (도판 4) 수법: 백학 한 쌍은 날개를 접고 한다.

학무(짧은 학무)

진 행 도	음악	장단	배역	동 작
	삼현도드리	6각	백학한쌍	 삼현 6각 동작 보법: 백학 한 쌍은 1, 2, 3박 까지 몸을 外측으로 돌려 서로 外측을 보고 4, 5, 6박 까지 몸을 돌려 北向한다. (도판 4) 수법: 백학 한 쌍은 1박에 날개를 펴서 1, 2, 3, 4, 5박 까지 하고 6박에 날개를 접는다.
<도판 5>		7각	백학한쌍	삼현 7각 동작 보법: 백학 한 쌍은 1, 2, 3박 까지 몸을 內측으로 돌려 서로 마주 보고 4, 5, 6박 까지 몸을 돌려 北向한다. (도판 4) 수법: 백학 한 쌍은 1박에 날개를 펴서 2, 3, 4, 5박 까지 하고 6박에 날개를 접는다.
		8각	백학한쌍	삼현 8각 동작 보법: 백학 한 쌍은 지당(池塘)을 향하여 3박 1보로 先內足 次外足으로 2보 나간다. (도판 5) 수법: 백학 한 쌍은 1, 2, 3, 4, 5박 까지 날개를 펴고 무진하여 6박에 날개를 접는다.

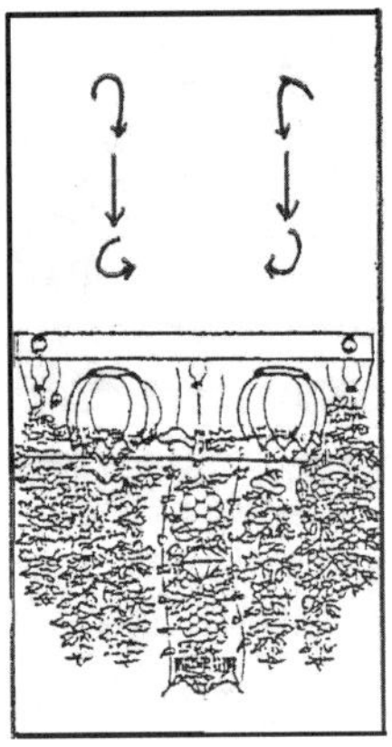

학무(짧은 학무)

진 행 도	음악	장단	배역	동 작
	삼현도드리	9각	백학 한쌍	 **삼현 9각 동작** 보법: 백학 한 쌍은 1, 2, 3박 까지 몸을 內측으로 돌려 서로 마주보고 4, 5, 6박까지 몸을 돌려 지당(池塘)을 향한다. (도판 4) 수법: 백학 한 쌍은 날개를 접고 한다.
<도판 6>		10각	백학 한쌍	 **삼현 10각 동작** 보법: 백학 한 쌍은 1박에 몸을 길게 늘여 멀리 보면서 外足을 外측에 비스듬히 딛고 2박에 몸을 수여 부리가 지면(地面)에 닿도록 하여 3박에 지면에서 부리를 씻고 4박에 머리를 들어 5, 6박에 머리를 끄덕 끄덕 한다. (도판 6) 수법: 백학 한 쌍은 날개를 접고 한다.
		11각	백학 한쌍	 **삼현 11각 동작** 보법: 백학 한 쌍은 3박 1보(先內足 次外足)로 지당(池塘)을 향하여 2보로 나간다. 수법: 백학 한 쌍은 날개를 접고 한다.

학무(짧은 학무)

진 행 도	음악	장단	배역	동 작
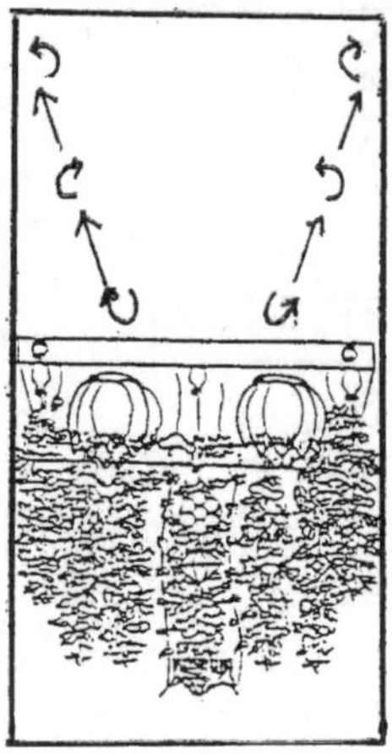 <도판 7>	삼현도드리	12각	백학 한쌍	 삼현 12각 동작 보법: 백학 한 쌍은 3박 1보(先內足 次外足)로 내선(內旋)하여 北向한다. (도판 7) 수법: 백학 한 쌍은 1박에 날개를 펴서 2, 3, 4, 5박 까지 하고 6박에 접는다.
		13각	백학 한쌍	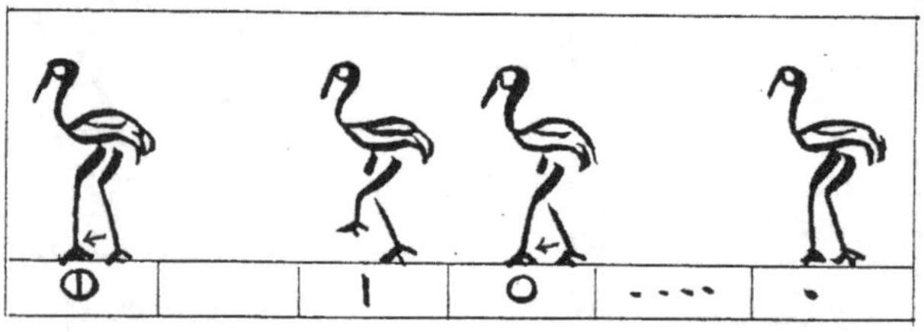 삼현 13각 동작 보법: 백학 한 쌍은 3박 1보(선내족 차외족)로 북향하여 사선으로 2보 나간다. (도판 7) 수법: 백학 한 쌍은 날개를 접고 한다.
		14각	백학 한쌍	 삼현 14각 동작 보법: 백학 한 쌍은 1, 2 3박 까지 몸을 內측으로 돌려 서로 마주 보고 4, 5, 6박 까지 몸을 돌려 北向하여 측면을 향한다. (도판 7) 수법: 백학 한 쌍은 1박에 날개를 펴서 2, 3, 4, 5박 까지 하고 6박에 날개를 접는다.

학무(짧은 학무)

진 행 도	음악	장단	배역	동　　작
	삼현도드리	15각	백학한쌍	 **삼현 15각 동작** 보법: 백학 한 쌍은 3박 1보(先內足 次外足)로 북쪽을 향하여 사선으로 2보 나간다. (도판 7) 수법: 백학 한 쌍은 날개를 접고 한다.
		16각	백학한쌍	 **삼현 16각 동작** 보법: 백학 한 쌍은 1, 2, 3박 까지 몸을 外側으로 돌려 서로 外側을 보고 4, 5, 6박 까지 몸을 돌려 北向하여 사선을 향한다. (도판 7) 수법: 백학 한 쌍은 1박에 날개를 펴서 2, 3, 4, 5박 까지 하고 6박에 날개를 접는다.
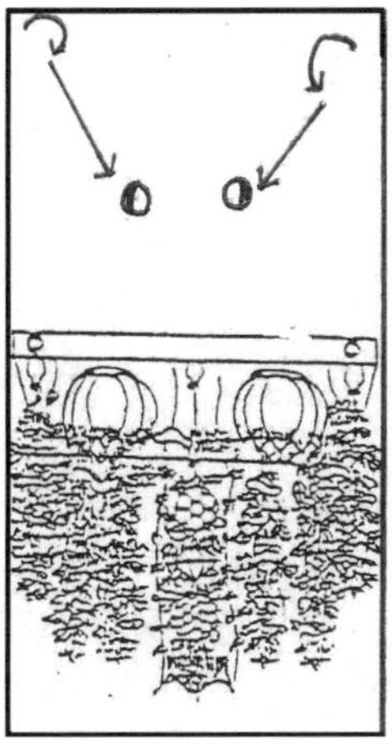 <도판 8>		17각	백학한쌍	 **삼현 17각 동작** 보법: 백학 한 쌍은 3박 1보(先內足 次外足)로 내선(內旋)하여 지당(池塘)을 향한다. 수법: 백학 한 쌍은 1박에 날개를 펴서 2, 3, 4, 5박 까지 하고 6박에 날개를 접는다.

학무(짧은 학무)

진 행 도	음악	장단	배역	동 작
	삼현도드리	18각	백학 한쌍	 **삼현 18각 동작** 보법: 백학 한 쌍은 1, 2, 3, 4박 까지 1박 1보(先內足 次外足)로 지당(池塘)을 향하여 나가 5, 6박 까지 종종 걸음으로 나 간다. 수법: 백학 한 쌍은 1, 2, 3박 까지 날개를 접고 하고 4, 5박 까지 날개를 펴서 6박에 접는다.
 <도판 9>		19각 20각	백학 한쌍	 **삼현 19·20각 동작** 보법: 백학 한 쌍은 1각에 3박 1보(先內足 次外足)로 날개를 끼고 돌기 시작하여 이어서 20각의 1, 2, 3박 까지 1박 1보(先內足 次外足)으로 돌다가 4, 5, 6박에 종종 걸음으로 돌아 마 주본다. (도판 9) 수법: 백학 한 쌍은 19각에서 20각 까지 날개를 펴고 끼고 돌아 20각 6박에 마주보며 날개를 접는다.
 <도판 9-1>		21각 22각	백학 한쌍	 **삼현 21각 동작** 보법: 백학 한 쌍은 19, 20각 동작의 반대로 돈다. (도판 9-1) 수법: 백학 한 쌍은 19, 20각 동작의 반대로 한다.

학무(짧은 학무)

<table>
<tr><th>진 행 도</th><th>음악</th><th>장단</th><th>배역</th><th>동 작</th></tr>
<tr><td rowspan="2">
<도판 10></td><td rowspan="2">삼현도드리</td><td>23각</td><td>백학 한쌍</td><td>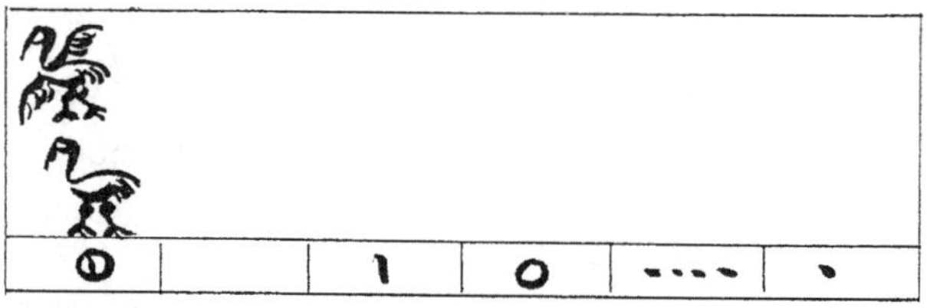</td></tr>
<tr><td>24각</td><td>백학 한쌍</td><td>
<u>삼현 23·24각 동작</u>
보법: 백학 한 쌍은 1박 1회로 뛰어 날며 (도판 10)과 같이 23각 1, 2, 3 4, 5, 6박과 이어서 24각의 1, 2, 3박 까지 상·하수로 가서 4, 5, 6박에 내측으로 돌아 마주 향한다. (도판 10)
수법: 백학 한 쌍은 날개를 폈다 접었다 하며 23각 1, 2, 3, 4 5, 6박과 이어서 24각의 1, 2, 3박 까지 상·하수로 가서 4, 5박까지 날개를 펴고 내로 돌아 날개를 접는다.</td></tr>
<tr><td rowspan="2">
<도판 11></td><td rowspan="2">타령</td><td>1각</td><td>백학 한쌍</td><td>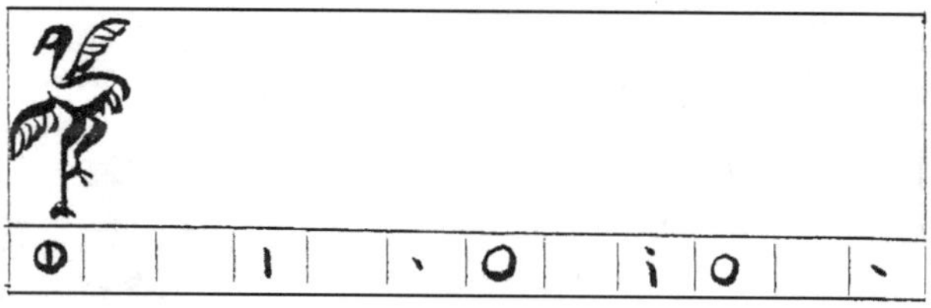
<u>타령 1각 동작</u>
보법: 백학 한 쌍은 1, 2, 3, 4박 까지 內足을 든다. (도판 11)
수법: 백학 한 쌍은 1, 2, 3, 4박 까지 날개를 든다.</td></tr>
<tr><td>2각</td><td>백학 한쌍</td><td>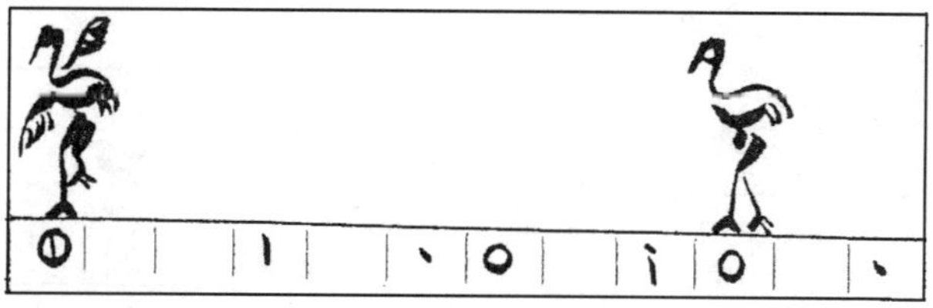
<u>타령 2각 동작</u>
보법: 백학 한 쌍은 1, 2, 3박 까지 內足을 들고 있다가 4박에 內足을 앞에 딛는다. (도판 11)
수법: 백학 한 쌍은 1, 2, 3박 까지 날개를 편대로 어깨춤을 추고 4박에 날개를 접는다.</td></tr>
</table>

학무(짧은 학무)

진 행 도	음악	장단	배역	동 작
	타령	3각	백학 한쌍	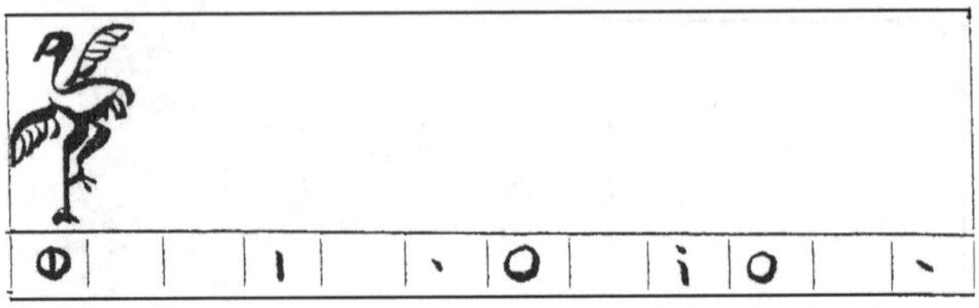 **타령 3각 동작** 보법: 백학 한 쌍은 1, 2, 3, 4박 까지 外足을 든다. (도판 11) 수법: 백학 한 쌍은 1, 2, 3, 4박 까지 날개를 편다.
		4각	백학 한쌍	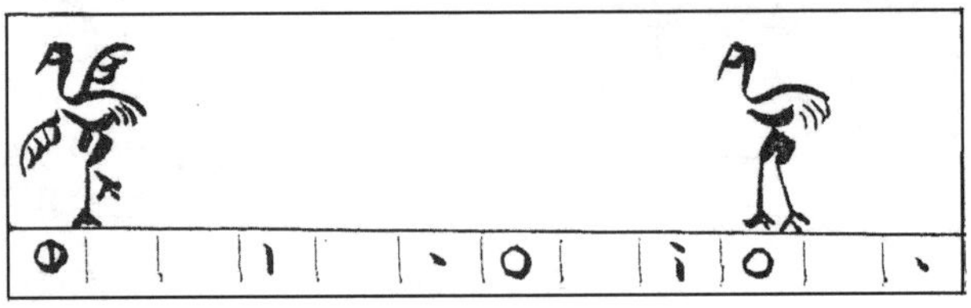 **타령 4각 동작** 보법: 백학 한 쌍은 1, 2, 3박 까지 外足을 들고 있다가 4박에 外足을 앞에 딛는다. (도판 11) 수법: 백학 한 쌍은 1, 2, 3박 까지 날개를 편대로 어깨춤을 추고 4박에 날개를 접는다.
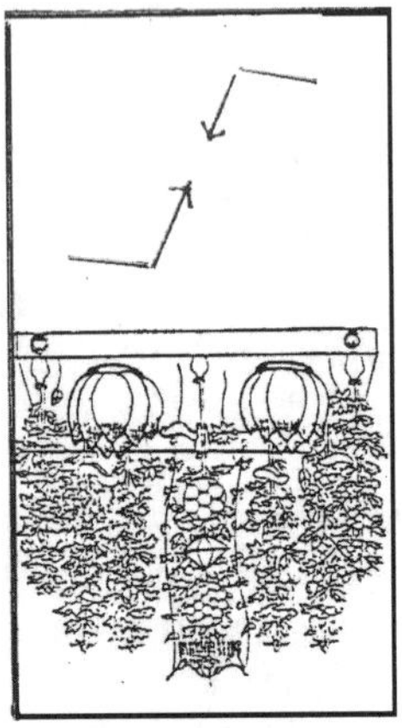 <도판 11>		5각		 **타령 5각 동작** 보법: 백학 한 쌍은 1박 1보(先內足 次外足)로 무진한다. 수법: 백학 한 쌍은 날개를 접고 한다. (도판 12)
		6각		 **타령 6각 동작** 보법: 백학 한 쌍은 1, 2박 까지 1박 1보(先內足 次外足)로 서로 향하여 무진하다가 3, 4박에 종종 걸음으로 나간다. 수법: 백학 한 쌍은 1, 2박에 날개를 접고 3박에 펴고 4박에 접는다.

학무(짧은 학무)

진 행 도	음악	장단	배역	동 작
<도판 13>	타령	7각	백학 좌	
		8각	백학 우	
		9각	백학 우	

타령 7·8각 동작

보법: 백학 右는 타령 7각의 1, 2, 3, 4박 까지 內足을 천천히
　　　들어 타령 8각의 1, 2, 3박 까지 內足을 들은 대로 하다가
　　　4박에 앞에 딛는다. (도판 13)

수법: 백학 右는 타령 7각의 1, 2, 3, 4박까지 날개를 펴고 타령
　　　8각의 1, 2, 3박 까지 날개를 편대로 어깨춤을 추다가 4박
　　　에 날개를 접는다.

백학左 : 백학 左는 타령 7, 8각 동안 (도판 13)과 같이 1박 1회로
　　　뛰어 날며 백학 右의 주위를 한 바퀴 돌아 백학 左와
　　　나란히 선다.

| <도판 13-1> | | 9각 10각 | | |

타령 9·10각 동작

보법: 백학 左는 백학 右의 동작과 같이한다. (도판 13-1)
수법: 백학 左는 백학 右의 동작과 같이한다.
백학右: 백학 右는 백학 左의 7·8각 동작과 같다.

※ 백학 左는 제자리에서 백학 右의 7·8각 동작을 하고 백학
　　右는 백학 左의 7·8각 동작으로 백학 左의 주위를 9·10각
　　동안 백학 左와 나란히 선다. (도판 13-1)

진 행 도	음악	장단	배역	동　　작
<도판 14>	타령	11각	백학 한쌍	**타령 11각 동작** 보법: 백학 한 쌍은 2박 1보(先內足 次外足)로 북향하여 무진한다. 수법: 백학 한 쌍은 날개를 접고 한다. (도판 14)
		12각	백학 한쌍	**타령 12각 동작** 보법: 백학 한 쌍은 1, 2박은 1박 1보(先內足 次外足)로 무진하다 　　　가 3, 4박은 종종 걸음으로 무진한다. (도판 14) 수법: 백학 한 쌍은 1, 2박은 날개를 접고 3박에 날개를 펴고 4박에 　　　날개를 접는다.
<도판 15>		13각	백학 한쌍	**타령 13각 동작** 보법: 백학 한 쌍은 1박 1회로 (도판 15)와 같이 난다. (도판 15) 수법: 백학 한 쌍은 날개를 폈다 접었다 하며 난다.
		14각	백학 한쌍	**타령 14각 동작** 보법: 백학 한 쌍은 1, 2박은 (도판 15)와 같이 날아 지당(池塘) 앞에 　　　와서 3박에 북향하여 4박은 북향한 대로 있는다. (도판 15) 수법: 백학 한 쌍은 1, 2박은 날개를 폈다 접었다 하며 날아 3박에 　　　날개를 펴며 북향하여 4박에 접는다.

학무(짧은 학무)

진 행 도	음악	장단	배역	동　　　작
 <도판 16>	타령	15각	백학 한쌍	 **타령 15각 동작** 보법: 백학 한 쌍은 2박 1보(先內足 次外足)로 북향하여 무진한다. (도판 16) 수법: 백학 한 쌍은 날개를 펴고 나란히 무진한다.
		16각	백학 한쌍	 **타령 16각 동작** 보법: 백학 한 쌍은 1, 2박은 1박 1보(先內足 次外足)로 타령 15각에 이어서 무진하여 3, 4박에 종종 걸음으로 무진한다. 수법: 백학 한 쌍은 날개를 펴고 나란히 무진하여 4박에 날개를 접는다. (도판 16)
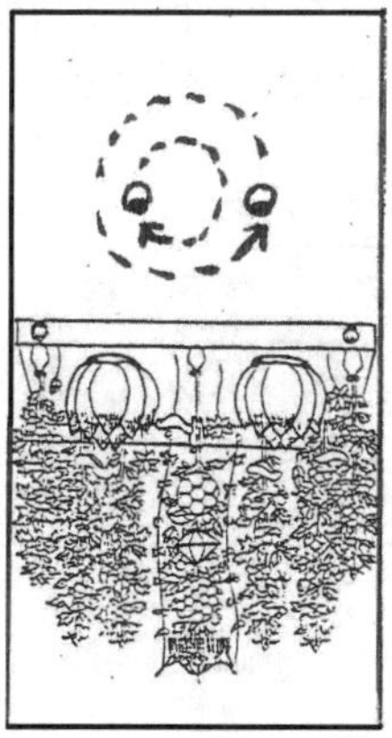 <도판 17>		17각	백학 한쌍	
		18각	백학 한쌍	
			백학 좌	 **타령 17·18각 동작** 보법: 백학 右는 17각에 2박 1보(先內足 次外足)로 18각에 1박 1보(先內足 次外足)로 (도판 17)과 같이 돌아 북향하고 백학 左는 17, 18각 동안 1박 1회로 뛰어 날아 북향하여 나란히 선다. 수법: 백학 右는 17·18각 동안 날개를 접고 좌선(左旋)하고 백학 左는 17·18각 동안 뛰어 날아 우선(右旋)하여 북향하여 나란히 선다.

학무(짧은 학무)

진 행 도	음악	장단	배역	동 작
 <도판 18>	타령	19각	백학 좌	
		20각	백학 좌	
			백학 우	 타령 19·20각 동작 보법: 백학左는 19각에 2박 1보(先內足 次外足)로 20각에 1박 1보(先內足 次外足)로 (도판 18)과 같이 돌아 북향하고 백학右는 19·20각 동안 1박 1회로 뛰어 날아 북향하여 나란히 선다. 수법: 백학右는 19·20각 동안 날개를 접고 우선(右旋)하고 백학左는 19·20각 동안 뛰어 날아 좌선(左旋)하여 북향하여 나란히 선다.
 <도판 19>		21각	백학 한쌍	
		22각	백학 한쌍	 타령 21·22각 동작 보법: 백학 한 쌍은 21·22각 1, 2박 까지 (도판 19)와 같이 1박 1회로 뛰어 날아 북쪽 상·하수 까지 날아서 3박에 돌아 4박까지 지당(池塘)을 향한다. 수법: 백학 한 쌍은 21·22각 1, 2박 까지 1박 1회로 날개를 폈다 접었다 하며 날아 3박에 날개를 펴면서 돌아 지당(池塘)을 향하여 4박에 날개를 접는다.

학무(짧은 학무)

진 행 도	음악	장단	배역	동 작
<도판 20>	타령	23각	백학 한쌍	**타령 23각 동작** 보법: 백한 한 쌍은 2박 1보(先內足 次外足)로 지당(池塘)을 향하여 무진한다. (도판 20) 수법: 날개를 접고 한다.
		24각	백학 한쌍	**타령 24각 동작** 보법: 백학 한 쌍은 1, 2박까지 1박 1보(先內足 次外足)로 지당(池塘)을 향하여 무진하고 3, 4박에는 종종 걸음으로 무진한다. (도판 20) 수법: 백학 한 쌍은 1, 2박은 날개를 접고 무진하고 3박에 날개를 펴고 종종 걸음으로 나가서 4박에 날개를 접는다.
<도판 21>		25각	백학 한쌍	**타령 25각 동작** 보법: 백학 한 쌍은 1박에 內足을 들어 2박에 제자리에 딛고 3박에 外足을 들어 4박에 제자리에 딛는다. (도판 21) 수법: 백학 한 쌍은 날개를 접고 한다.
		26각	백학 한쌍	**타령 26각 동작** 보법: 백학 한 쌍은 1박에 內足을 연통 앞에 내딛으며 2, 3박 까지 연통 내면(內面)을 보고 4박에 내족을 제자리에 딛는다. (도판 21) 수법: 백학 한 쌍은 날개를 접고 한다.

학무(짧은 학무)

진 행 도	음악	장단	배역	동 작
	타령	27각	백학 한쌍	타령 27각 동작 보법: 백학 한 쌍은 1박에 外足을 들어 2박에 제자리에 딛고 3박에 內足 들어 4박에 제자리에 딛는다. (도판 21) 수법: 백학 한 쌍은 날개를 접고 한다.
		28각	백학 한쌍	타령 28각 동작 보법: 백학 한 쌍은 1박에 外足을 연통 앞에 내 딛으면서 2, 3박 까지 연통 외면(外面)을 보고 4박에 外足을 제자리에 딛는다. (도판 21) 수법: 백학 한 쌍은 날개를 접고 한다.
		29각	백학 한쌍	타령 29각 동작 보법: 백학 한 쌍은 1박에 연통 앞에 內足을 딛고 1박 1회로 얼른다. 수법: 백학 한 쌍은 날개를 접고 한다. (도판 21)
		30각	백학 한쌍	타령 30각 동작 보법: 백학 한 쌍은 1, 2박에 머리를 들어 3박에 연통을 쪼으면 연통이 벌어지면서 동기가 나오면 학은 깜짝 놀라 4박에 펄쩍 뛰어 날아 앉는다. 수법: 백학 한 쌍은 1, 2, 3박 까지 날개를 접고 하다가 4박에 날개를 펴며 펄쩍 뛰어 앉으며 날개를 접고 나아가 퇴장한다. ※ 연동이 벌어지면 양동녀가 나와 연화대무로 이어진다.

처용무 무보

계사년홀기

홀　　기	진　행　도	음악	장단	배역	동　　　작
					註: 계사년(癸巳年) 정재무도홀기(呈才舞蹈笏記)에 수록된 처용무의 홀기는 그 내용이 악학궤범의 학연화대처용무합설의 홀기와 같으나 악학궤범홀기에 수록된 동작 및 기타 범례에 관한 기록이 생략되어 있으므로 악학궤범에 수록된 범례를 배제할 수 없다. 그러므로 악학궤범의 범례를 수용하여 도안하였다. 또한 계사년 정재무도홀기에 수록된 처용무홀기의 각 의궤(各儀軌)의 정재도식(呈才圖式)을 보면 숙종 때 의궤(儀軌)의 도식과 습사하다. 이런 관계로 계사년 무도홀기에 수록된 처용무홀기는 그 년대(年代)를 정확히 판단하기는 어려운 관계로 이 홀기가 어느 시대의 홀기라고 판단하기는 불분명하다.
處容呈才儀持用(五者各隨其方色不同) 樂作執拍樂師導五方處容以入回旋旋左三匝 以次如排圖立樂止.	 <도판 1> (회무삼잡)				※ 계사년의 처용무홀기에는 집박악사의 인도로 5방처용이 좌선회무(左旋回舞) 삼잡(三匝)하여 초입배열도(初入排列圖)로 도입(圖入)하는데 이 때의 반주음악에 대한 기록이 없고 악작(樂作)이라고만 기록되어 있다 악학궤범에는 봉황음일기(鳳凰吟一機)를 연주하고 제기(諸妓)는 「신라성대소성대…」를 노래하면 좌선회무(左旋回舞)는 삼잡(三匝)하여 초입배열도(初入排列圖)로 도입(圖入)한다. 그러므로 이 부분은 악학궤범과 같이 봉황음일기 반주에 좌선회무(左旋回舞) 삼잡(三匝)하는 것으로 도안하였다. (도판 1)
	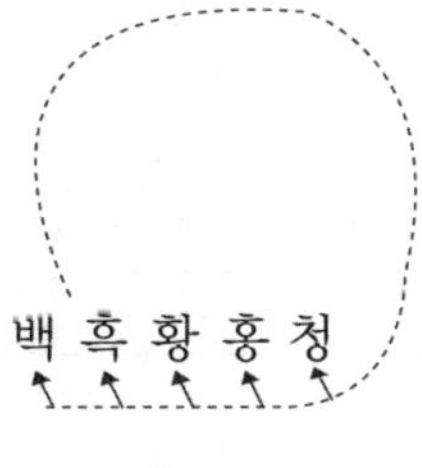 <도판 1-1> (초입배열도)	봉황음1	1각 ~ 30각		※ 청·홍·황·흑·백은 걸어서 회무 1회에 봉황음 10각 2회에 10각 3회에서 초입배열도 까지 10각으로 하였으나 반주음악은 증·감될 수 있다. (도판 1-1)

처용무(계사년 홀기)

홀 기	진 행 도	음악	장단	배역	동 작
					※ 영산회상(靈山會相) 중 표정만방지곡으로 도안하였다.
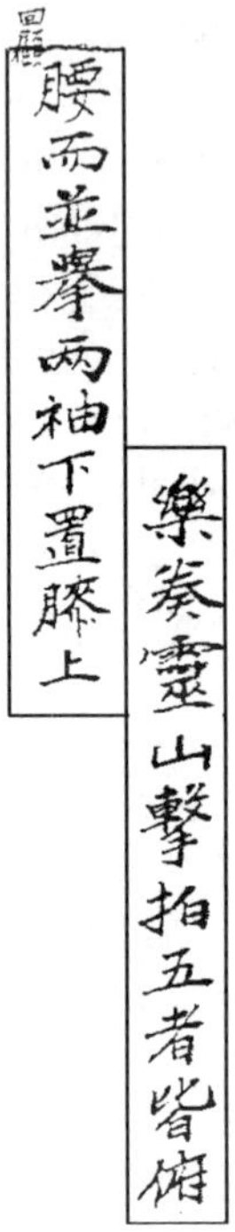 腰而並膝兩袖下置膝上 樂奏靈山擊拍五者皆俯	白 黑 黃 紅 青 <도판 2> (전배)	표정상령산	1각 2각	청 홍 황 백 흑	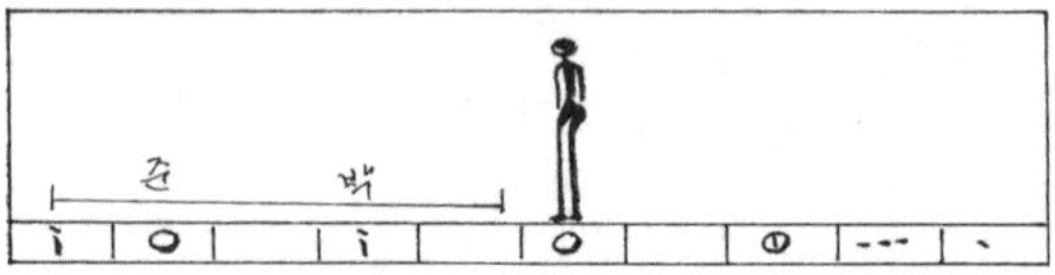 장고의 고(鼓) 이하는 서 있는다. 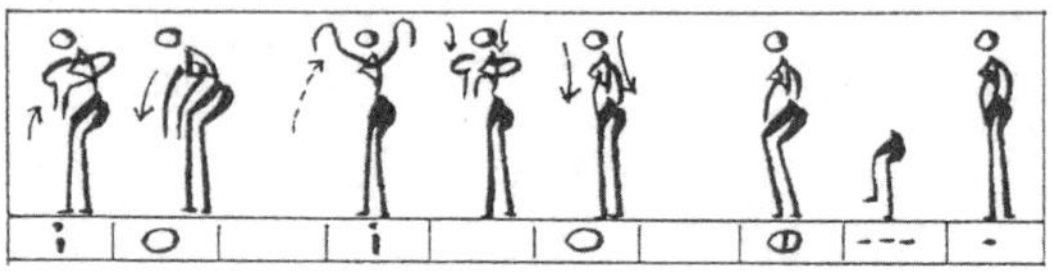 표정상령산 2각 동작 보법: 청·홍·황·흑·백은 1박에 허리를 약간 구부리고 2박에 무릎을 구부려 3, 4박에 몸을 바로 하며 펴고 5, 6, 7박에 서 있다가 8박에 무릎을 구부렸다가 펴며 청·홍·흑·백은 內足을 황은 右足을 들어 10박에 제자리에 딛는다. (도판 2) 수법: 청·홍·황·흑·백은 1박에 양손을 가슴 앞에 끌어올려 2박에 떨어뜨리고 3, 4박에 양 어깨 위에 높이 들어 5, 6박 까지 귀 쪽으로 흘려 양 무릎 위에 내린다. 7, 8, 9, 10박은 보법만 한다.
				악학궤범	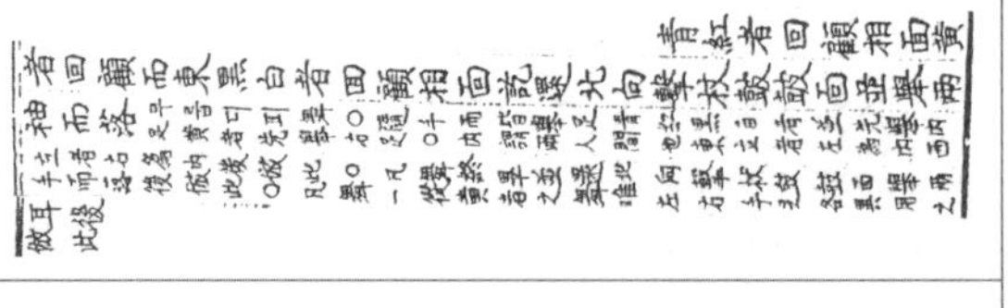 靑紅黃回顧相面黃 黃回顧而東黑白黃回顧相面說畢北向
				계사년 정재무도홀기	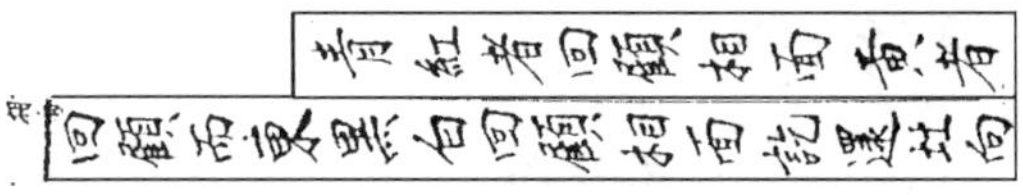 靑紅黃回顧相面黃黃 回顧而東黑白回顧相面說畢北向
		※ 위의 두 홀기에서 보이는 바와 같이 악학궤범에는 범례가 수록되어 있으나 정재무도홀기에는 범례의 기록이 없어 어떤 동작으로 상면(相面)을 해야 할지 알 수 없다. 그러나 홀기 내용은 악학궤범과 같으므로 악학궤범의 범례에 의하여 도안하였다.			

홀　　기	진 행 도	음악	장단	배역	동　　　작
					무릎디피춤 ※ 상면(相面), 북향(北向), 상배(相背), 북향(北向)하는 춤을 무릎디피춤이라 한다. 또한 이 춤의 형태를 인무(人舞)라고 한다. 악학궤범의 범례도 다음과 같다. 주1: 隋手而皆擧足靑紅黑白者竝先擧內足黃 　　　수 수 이 개 거 족 청 홍 흑 백 자 병 선 거 내 족 황 　　　者先擧右足 　　　자 선 거 우 족 　　◎ 모두 손을 따라 발을 든다. 　　　청홍흑백은 모두 먼저 內足을 황은 먼저 右足을 들어 한다. 주2: 內謂兩人間也東立者左웨內西立者右爲 　　　내 위 양 인 간 야 동 립 자 좌　내 서 립 자 우 위 　　　內後倣此 　　　내 후 방 차 　　◎ 내(內)자는 두 사람 사이를 내(內)라 한다. 　　　동쪽에 있는 자는 左가 內가 되고 서쪽에 있는 자는 右가 내(內)가 된다. 　　　뒤에도 이와 같다. 주3: 凡舞終畢竝還北向 　　　범 무 종 필 병 환 북 향 　　◎ 모든 춤을 필하여 끝나면 북향한다. 주4: 擊杖鼓鼓面擧兩手而落後倣此 　　　격 장 고 고 면 거 양 수 이 락 후 방 차 　　◎ 장고가 고면을 치면 양손을 들어 떨어뜨린다. 　　　뒤에도 이와 같이 한다. 주5: 凡舞一從黃者之舞唯左右手足各異用之 　　　범 무 일 종 황 자 지 무 유 좌 우 수 족 각 이 용 지 　　　耳後倣此 　　　이 후 방 차 　　◎ 모든 춤은 한결같이 황자의 춤을 따라 추는데 오직 좌우의 손발만 각각 다르게 한다. 　　　뒤에도 이와 같이 한다.

처용무(계사년홀기)

홀　기	진　행　도	음악	장단	배역	동　　작
相面 回顧而東黑白回顧相面訖還址向擊拍並擧兩 青紅者回顧相面黃者 袖而落 凡舞畢还址向擊拍擧兩袖以落 무릎잡이 舞隨手而皆擧足	青紅黃黑白 <도판 3> (相面)	표정상령산	3각	백 황 홍 청 흑	 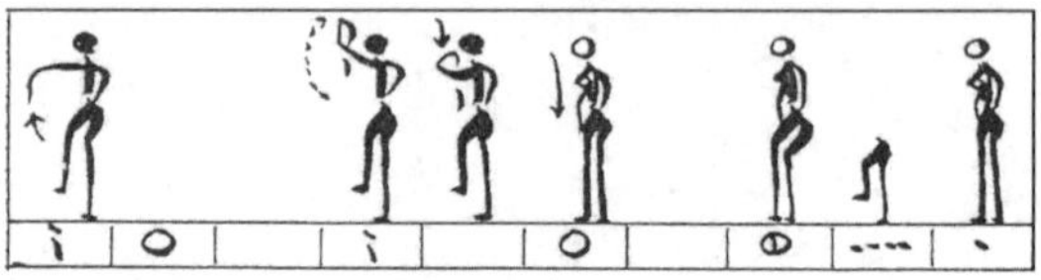 표정상령산 3각 동작 (무릎디피춤) 보법: 청·홍·흑·백은 1, 2, 3, 4, 5박까지 內足을 황은 右足을 들어 6박에, 홍·황·백은 동쪽에, 청·흑은 서쪽에 딛으며 7박까지 돌아 청·홍·흑·백은 상면(相面)하고 황은 동향(東向)하여 8각에 무릎을 구부렸다 펴며 9박에 청·홍·흑·백은 外足을 황은 左足을 들어 10박에 제자리에 딛는다. (도판 3) 수법: 청·홍·흑·백은 1, 2, 3박 까지 內手를 황은 右手를 어깨 위에 높이 들어 4박에 어깨 뒤편으로 뿌려넘겨 5, 6박까지 귀 쪽으로 흘려 무릎 위에 내린다. 7, 8, 9박은 보법만 한다.
	白 黑 黃 紅 青 <도판 4> (北向)		4각	백 황 홍 청 흑	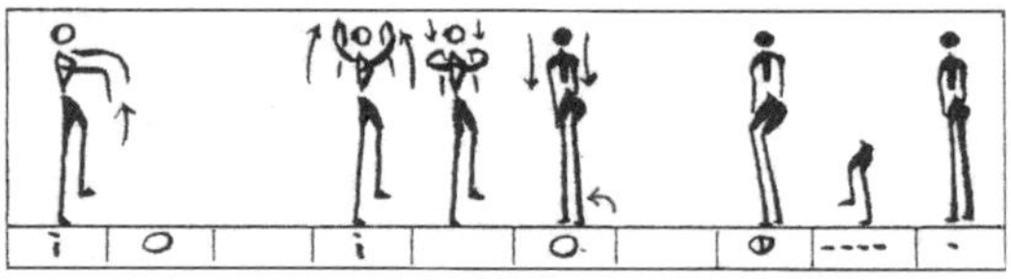 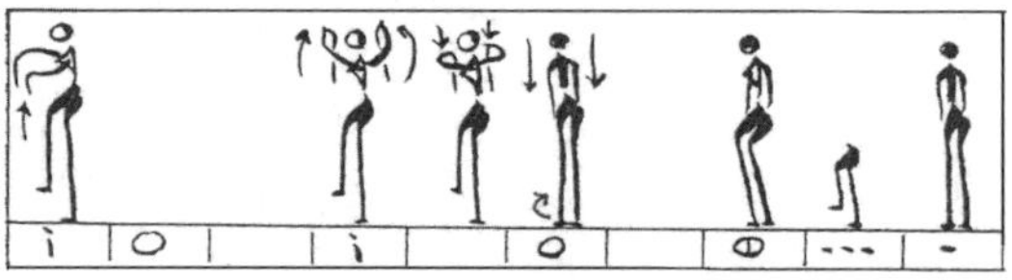 표정상령산 4각 동작 (악학궤범 범례 4참조) 보법: 청·홍·흑·백은 1, 2, 3, 4, 5박 까지 內足을 황은 右足을 들어 6박에 북쪽에 딛으며 7박 까지 돌아 북향하여 8박에 무릎을 구부렸다가 펴며 9박에 청·홍·흑·백은 外足을 황은 左足을 들어 10박에 제자리에 딛는다. (도판 4) 수법: 청·홍·황·흑·백은 1, 2, 3박 까지 양손을 양 어깨 위에 높이 들어 4박에 어깨 뒤편으로 뿌려 넘기어 5, 6박까지 귀 쪽으로 흘려 내려 무릎 위에 내린다. 7, 8, 9, 10박은 보법만 한다.

처용무(계사년홀기)

홀　기	진　행　도	음악	장단	배역	동　　　작
				악학 궤범	*(악학궤범 원문의 동작 범례가 세로쓰기 한문으로 수록됨)*
				무도 홀기 ／ 계사년정재	*(정재무도홀기 원문이 세로쓰기 한문으로 수록됨)*
					위의 원문을 비교하면 악학궤범에는 동작의 범례가 기록되어 있으나 정재무도홀기에는 동작에 대한 설명이 없다. 그러므로 악학궤범의 동작으로 도안하였다. **악학궤범의 범례** 주1: 隋手而皆擧足靑紅黑白者竝先擧外足黃 （수 수 이 개 거 족 청 홍 흑 백 자 병 선 거 외 족 황） 者先擧左足 （자 선 거 좌 족） ◎ 청홍흑백은 모두 먼저 外足을 손을 따라 들고 황은 먼저 左足을 든다. 주2: 東立者右爲外西立者左爲外後倣此 （동 립 자 우 위 외 서 립 자 좌 위 외 후 방 차） ◎ 동쪽에 있는 자는 右가 外가 되고 서쪽에 있는 자는 左가 外가 된다. 뒤에도 이와 같이 된다.
相 相背黃者回顧而西黑白者回顧相背訖 擊乎拍靑紅者回顧	靑 紅 黃 黑 白 <도판 5> (相背)	표 정 상 령 산	5각	백 황 홍　청 흑	*(처용무 동작 도해 그림 2단)* **표정상령산 5각 동작** 보법: 청·홍·흑·백은 1, 2, 3, 4, 5박 까지 內足을 황은 右足을 들어 6박에 백·황·홍은 서쪽에 청·흑은 동쪽에 딛으며 7박 까지 돌아 청홍흑백은 상배(相背)하고 황은 西向하여 8박에 무릎을 구부렸다 펴며 청·홍·흑·백은 9박에 황은 左足을 들어 10박에 제자리에 딛는다. (도판 5) 수법: 청·홍·흑·백은 1, 2, 3박 까지 內手를 황은 右手를 어깨 위에 높이 들어 4박에 어깨 뒤편으로 뿌려 넘겨 5, 6박 까지 귀 쪽으로 흘려 내려 무릎 위에 내린다. 7, 8, 9, 10박은 보법만 한다.

홀　　기	진　행　도	음악	장단	배역	동　　　작
	白黑黃紅靑 <도판 6> (北向)	표정상령산	6각	백 황 홍 청 흑	표정상령산 6각 동작 보법: 청·홍·흑·백은 1, 2, 3, 4, 5박 까지 內足을 황은 右足을 들어 6박에 북쪽에 딛으며 7박 까지 돌아 北向하여 8박에 무릎을 구부렸다가 펴며 청·홍·흑·백은 外足을 황은 內足을 들어 10박에 제자리에 딛는다. (도판 6) 수법: 청·홍·황·흑·백은 1, 2, 3박 까지 양손을 양 어깨 위에 높이 들어 4박에 어깨 뒤편으로 뿌려 넘겨 5, 6박 까지 귀 쪽으로 흘려 내려 무릎 위에 내린다. 7, 8, 9, 10박은 보법만 한다.
擊拍如上儀舞訖 相面二度 相背二度	白黑黃紅靑 <도판 7> (相面)		7각	백 황 홍 청 흑	표정상령산 7각 동작 (무릎디피춤) 보법: 청·홍·흑·백은 1, 2, 3, 4, 5박 까지 內足을 황은 우족을 들어 6박에 홍·황·백은 동쪽에 청·흑은 서쪽에 딛으며 7박 까지 돌아 청·홍·흑·백은 상면(相面)하고 황은 동향(東向)하여 8박에 무릎을 구부렸다 펴며 9박에 청·홍·흑·백은 外足을 황은 左足을 들어 10박에 제자리에 딛는다. (도판 7) 수법: 청·홍·흑·백은 1, 2, 3박 까지 內手를 황은 右手를 어깨 위에 높이 들어 4박에 어깨 뒤편으로 뿌려 넘겨 5, 6박까지 귀 쪽으로 흘려 내려 무릎 위에 내린다. 7, 8, 9, 10박은 보법만 한다.

홀　　기	진　행　도	음악	장단	배역	동　　　　작
	白 黑 黃 紅 靑 <도판 8> (北向) 1	표정상령산	8각	백 황 홍 청 흑	

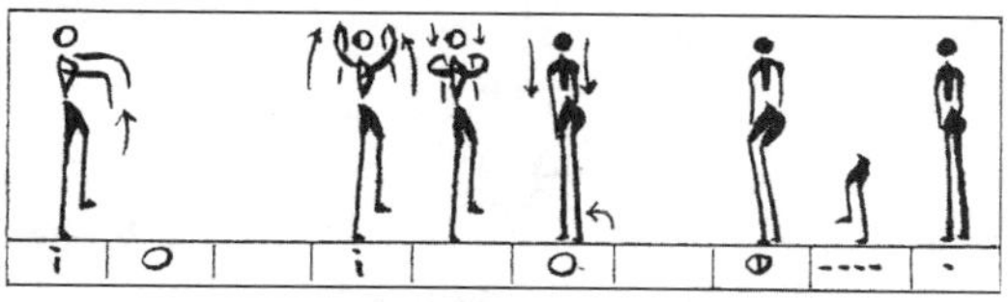

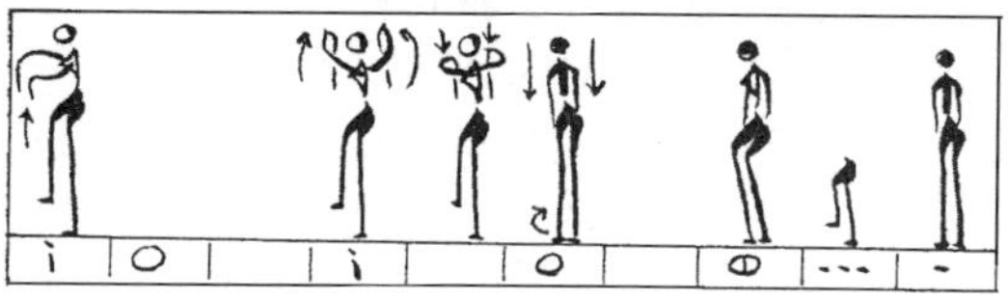

표정상령산 8각 동작

보법: 청·홍·흑·백은 1, 2, 3, 4, 5박 까지 內足을 황은
　　　右足을 들어 6박에 북쪽에 딛으며 7박 까지 돌아
　　　北向하여 8박에 무릎을 구부렸다가 펴며 9박에
　　　청·홍·흑·백은 外足을 황은 內足을 들어 10박
　　　에 제자리에 딛는다. (도판 8)

수법: 청·홍·황·흑·백은 1, 2, 3박 까지 양손을 양
　　　어깨 위에 높이 들어 4박에 어깨 뒤편으로 뿌려
　　　넘겨 5, 6박 까지 귀 쪽으로 흘려 내려 무릎 위에
　　　내린다. 7, 8, 9, 10박은 보법만 한다.

홀　　기	진　행　도	음악	장단	배역	동　　　　작
	白 黑 黃 紅 靑 <도판 9> (相背) 1		9각	백 황 홍 청 흑	

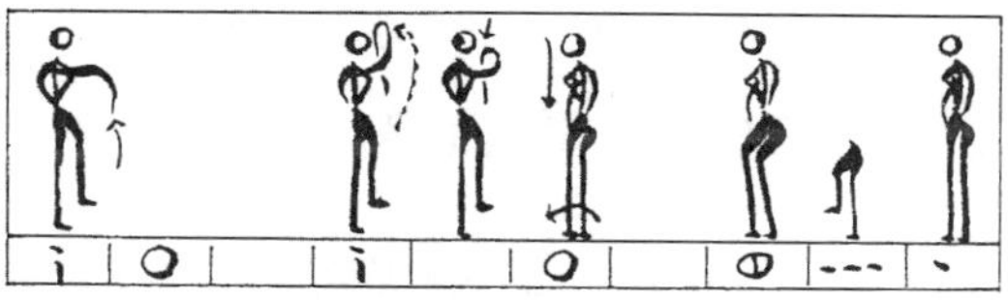

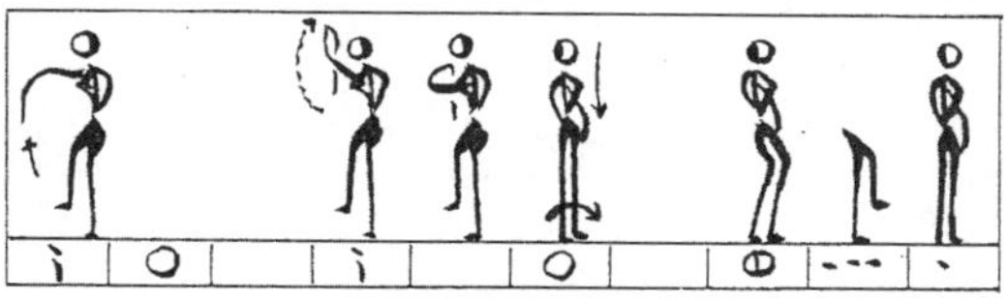

표정상령산 9각 동작 (무릎디피춤)

보법: 청·홍·흑·백은 1, 2, 3, 4, 5박 까지 內足을 황은
　　　右足을 틀어 6박에 백·황·홍은 동쪽에 딛으며
　　　7박 까지 돌아 청·홍·흑·백은 상배(相背)하고
　　　황은 서향(西向)하여 8박에 무릎을 구부렸다 펴
　　　며 9박에 청·홍·흑·백은 外足을 황은 左足을
　　　들어 10박에 제자리에 딛는다. (도판 9)

수법: 청·홍·흑·백은 1, 2, 3박 까지 內手를 황은 右
　　　手를 어깨 위에 높이 들어 4박에 어깨 뒤편으로
　　　뿌려 넘겨 5, 6박 까지 귀 쪽으로 흘려 내려 무릎
　　　위에 내린다. 7, 8, 9, 10박은 보법만 한다.

홀 기	진 행 도	음악	장단	배역	동 작
	白 黑 黃 紅 靑 <도판 10> (北向) 1	표정상령산	10각	백황홍 청흑	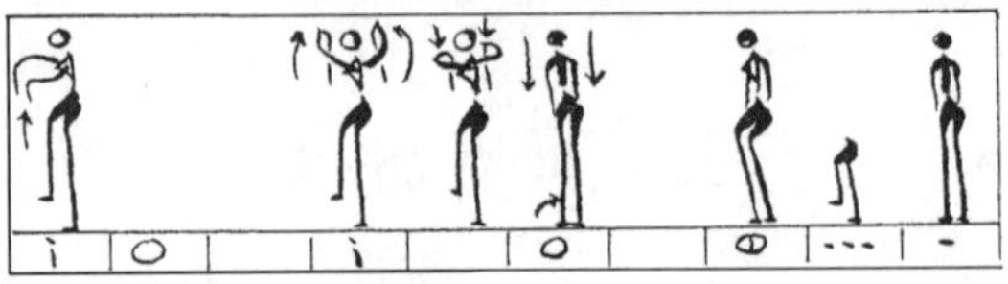 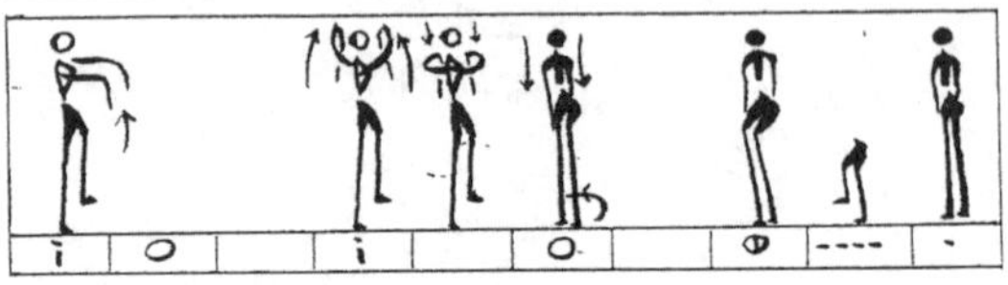 **표정상령산 10각 동작** 보법: 청·홍·흑·백은 1, 2, 3, 4, 5박 까지 內足을 황은 右足을 들어 6박에 북쪽에 딛으며 7박 까지 돌아 北向하여 8박에 무릎을 구부렸다가 펴며 9박에 청·홍·흑·백은 外足을 황은 內足을 들어 10박에 제자리에 딛는다. (도판 10) 수법: 청·홍·황·흑·백은 1, 2, 3박 까지 양손을 양 어깨 위에 높이 들어 4박에 어깨 뒤편으로 뿌려 넘겨 5, 6박 까지 귀 쪽으로 흘려 내려 무릎 위에 내린다. 7, 8, 9, 10박은 보법만 한다.
	白 紅 黃 黑 靑 <도판 11> (相面) 2		11각	백황홍 청흑	 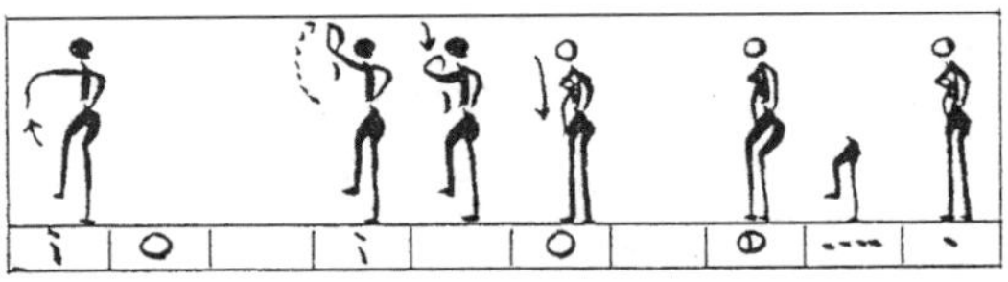 **표정상령산 11각 동작 (무릎디피춤)** 보법: 청·홍·흑·백은 1, 2, 3, 4, 5박 까지 內足을 황은 右足을 들어 6박에 홍·황·백은 동쪽에 청·흑은 서쪽에 딛으며 7박까지 돌아 청·홍·흑·백은 상면(相面)하고 황은 동향(東向)하여 8박에 무릎을 구부렸다 펴며 9박에 청·홍·흑·백은 外足을 황은 左足을 들어 10박에 제자리에 딛는다. (도판 11) 수법: 청·홍·흑·백은 1, 2, 3박까지 內手를 황은 右手를 어깨 위에 높이 들어 4박에 어깨 뒤편으로 뿌려 넘겨 5, 6박 까지 귀 쪽으로 흘려 내려 무릎 위에 내린다. 7, 8, 9, 10박은 보법만 한다.

처용무(계사년홀기)

홀　　기	진　행　도	음악	장단	배역	동　　　작
	白 黑 黃 紅 靑 <도판 12> (北向) 2	표정상령산	12각	백 황 홍 청 흑	

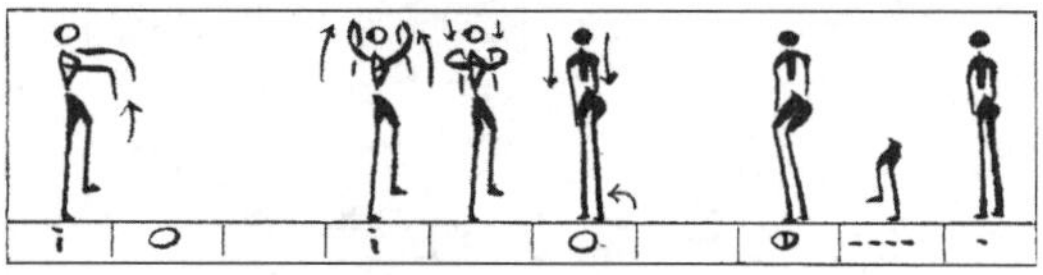

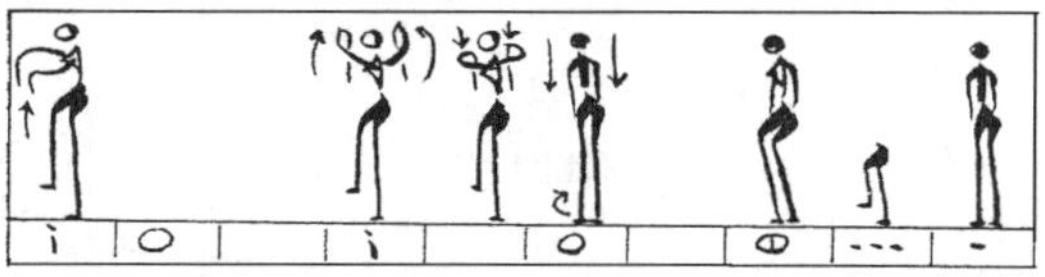

표정상령산 12각 동작

보법: 청·홍·흑·백은 1, 2, 3, 4, 5박 까지 內足을 황은 右足을 들어 6박에 북쪽에 딛으며 7박 까지 돌아 北向하여 8박에 무릎을 구부렸다가 펴며 9박에 청·홍·흑·백은 外足을 황은 左足을 들어 10박에 제자리에 딛는다. (도판 12)

수법: 청·홍·황·흑·백은 1, 2, 3박 까지 양손을 양 어깨 위에 높이 들어 4박에 어깨 뒤편으로 뿌려 넘겨 5, 6박 까지 귀 쪽으로 흘려 내려 무릎 위에 내린다. 7, 8, 9, 10박은 보법만 한다.

홀　　기	진　행　도	음악	장단	배역	동　　　작
	靑 紅 黃 黑 白 <도판 13> (相背) 2		9각	백 황 홍 청 흑	

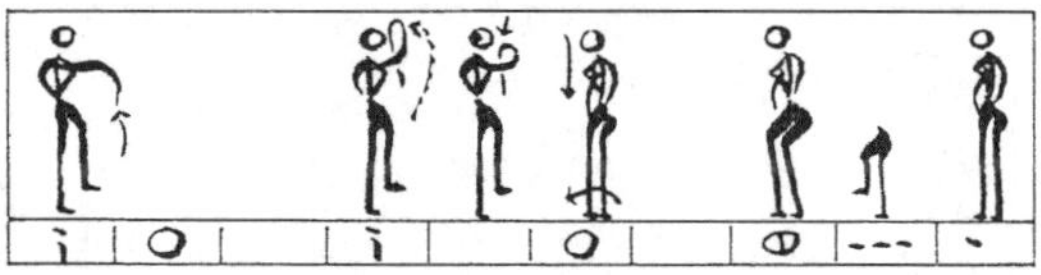

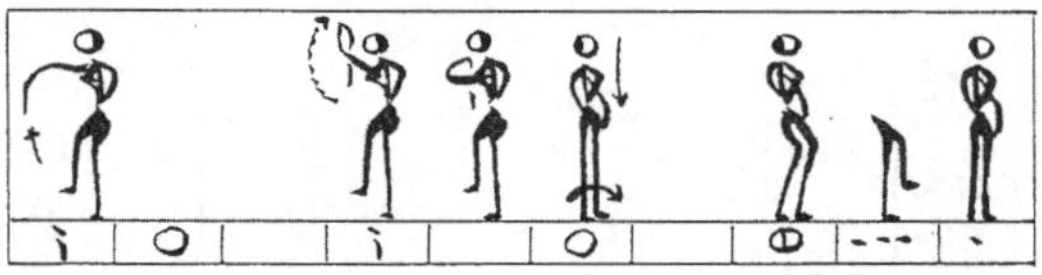

표정상령산 13각 동작

보법: 청·홍·흑·백은 1, 2, 3, 4, 5박까지 內足을 황은 右足을 들어 6박에 백·황·홍은 서쪽에 청·흑은 동쪽에 딛으며 7박 까지 돌아 청·홍·흑·백은 상배(相背)하고 황은 서향(西向)하여 8박에 무릎을 구부렸다 펴며 9박에 청·홍·흑·백은 外足을 황은 左足을 들어 10박에 제자리에 딛는다. (도판 13)

수법: 청·홍·흑·백은 1, 2, 3박까지 內手를 황은 右手를 어깨 위에 높이 들어 4박에 어깨 뒤편으로 뿌려 넘겨 5, 6박까지 귀 쪽으로 흘려 내려 무릎 위에 내린다. 7, 8, 9, 10박은 보법만 한다.

홀 기	진 행 도	음악	장단	배역	동 작
	白黑黃紅靑 <도판 14> (北向) 2	표정상령산	14각	백 황 홍 청 흑	**표정상령산 14각 동작** 보법: 청·홍·흑·백은 1, 2, 3, 4, 5박까지 內足을 황은 右足을 들어 6박에 북쪽에 딛으며 7박 까지 돌아 북향하여 8박에 무릎을 구부렸다가 펴며 9박에 청·홍·흑·백은 外足을 황은 內足을 들어 10박에 제자리에 딛는다. (도판 14) 수법: 청·홍·황·흑·백은 1, 2, 3박 까지 양손을 양 어깨 위에 높이 들어 4박에 어깨 뒤편으로 뿌려 넘겨 5, 6박 까지 귀 쪽으로 흘려 내려 무릎 위에 내린다. 7, 8, 9, 10박은 보법만 한다.
黃者舞手而右挟並舞手而換挟託 紅程 三吾 擊拍靑紅黑白並舞手而內挟				악학 궤범	
				무도홀기 계사년정재	
					위의 두 홀기를 비교해 보면 악학궤범에는 범례가 수록되어 있으나 계사년 정재무도홀기에는 범례의 기록이 없다. **악학궤범의 범례** 주1: 黃者無耦故稱左右後倣此 　　 황 자 무 우 고 칭 좌 우 후 방 차 ◎ 황은 짝이 없기 때문에 左右로 칭한다. 　 뒤에도 이와 같다. 주2: 靑紅黑白者竝外挾黃者左挾 (홍정도돔) 　　 청 홍 흑 백 자 병 외 협 황 자 좌 협 ◎ 청홍흑백은 외협을 향하고 황은 좌협을 향한다.

처용무(계사년홀기)

홀 기	진 행 도	음악	장단	배역	동 작
	白墨黃紅靑 <도판 15> (內挾)	표정중령산	1각	황 흑 백 청 홍	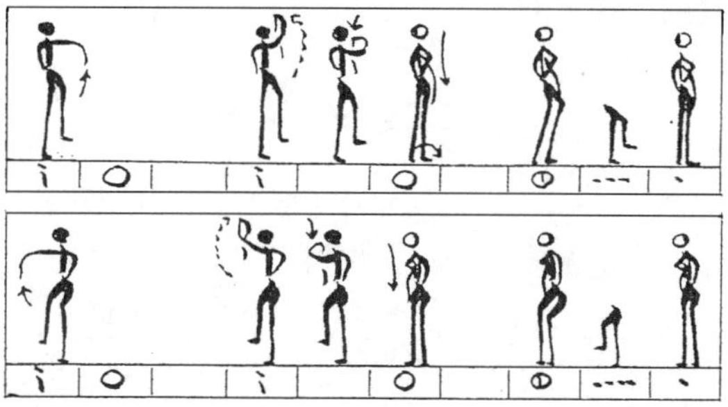 표정중령산 1각 동작 (홍정도돔) 보법: 청·홍·흑·백은 1, 2, 3, 4, 5박 까지 內足을 황은 右足을 들어 6박에 황·흑·백은 동쪽에 청·홍은 서쪽에 딛으며 7박 까지 돌아 청·홍·흑·백은 상면(相面)하고 황은 홍·청과 상면(相面)한다. 8박에 무릎을 구부렸다가 펴며 9박에 청·홍·흑·백은 外足을 황은 左足을 들어 10박에 제자리에 딛는다. (도판 15) 수법: 청·홍·흑·백은 1, 2, 3박 까지 內手를 황은 右手를 어깨 위에 높이 들어 4박에 어깨 뒤 편으로 뿌려 넘겨 5, 6박 까지 귀 쪽으로 흘려 내려 무릎 위에 내린다. 7, 8, 9, 10박은 보법만 한다.
	白黑黃紅靑 <도판 16> (北向)		2각	황 흑 백 청 홍	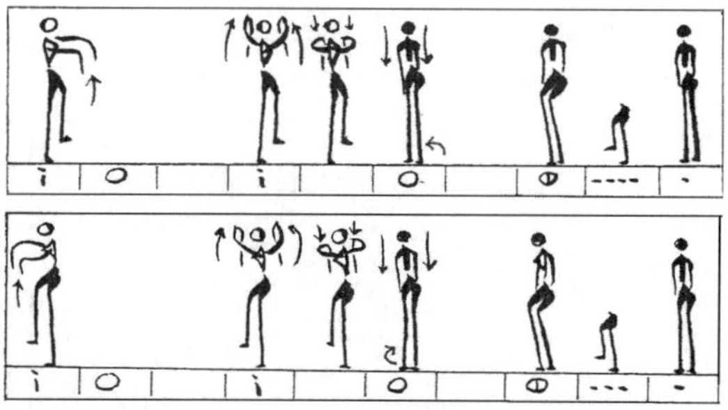 표정중령산 2각 동작 (무릎디피춤) 보법: 청·홍·흑·백은 1, 2, 3, 4, 5박 까지 內足을 황은 右足을 들어 6박에 북쪽에 딛으며 7박 까지 돌아 8박에 무릎을 구부렸다 펴며 9박에 청·홍·흑·백은 外足을 황은 左足을 들어 10박에 제자리에 딛는다. (도판 16) 수법: 청·홍·황·흑·백은 1, 2, 3박까지 양손을 어깨 위에 높이 들어 4박에 어깨 뒤편으로 뿌려 넘겨 5, 6박까지 귀 쪽으로 흘려 내려 무릎 위에 내린다. 7, 8, 9, 10박은 보법만 한다.

홀　　기	진　행　도	음악	장단	배역	동　　　　작
	青紅黃黑白 ＜도판 17＞ (換挾)	표정중령산	3각	청 홍 백 황 흑	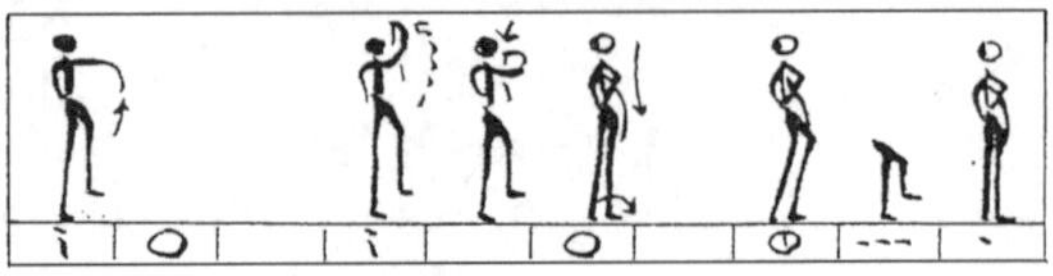  **표정중령산 3각 동작 (홍정도돔춤)** 보법: 청·홍·흑·백은 1, 2, 3, 4, 5박 까지 內足을 황은 右足을 들어 6박에 백·흑·황은 서쪽에 청·홍은 동쪽에 딛으며 7박 까지 돌아 청·홍·흑·백은 상배(相背)하고 황은 흑·백과 상면(相面)한다. 8박에 무릎을 구부렸다가 펴며 9박에 청·홍·흑·백은 外足을 황은 左足을 들어 10박에 제자리에 딛는다. (도판 17) 수법: 청·홍·흑·백은 1, 2, 3박까지 內手를 황은 右手를 어깨 위에 높이 들어 4박에 어깨 뒤 편으로 뿌려 넘겨 5, 6박 까지 귀 쪽으로 흘려 내려 무릎 위에 내린다. 7, 8, 9, 10박은 보법만 한다.
	白 黑 黃 紅 靑 ＜도판 18＞ (北向)		4각	청 홍 백 황 흑	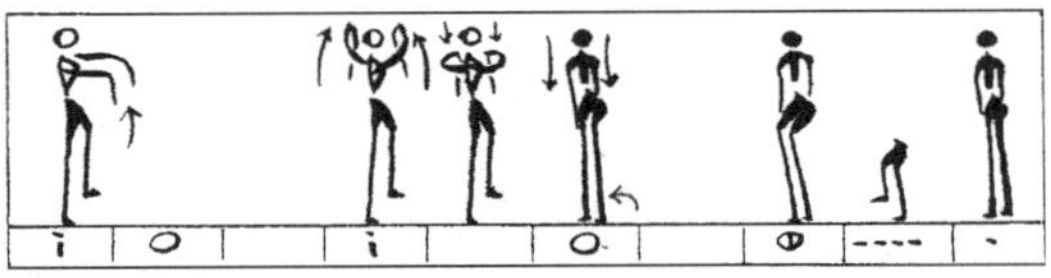 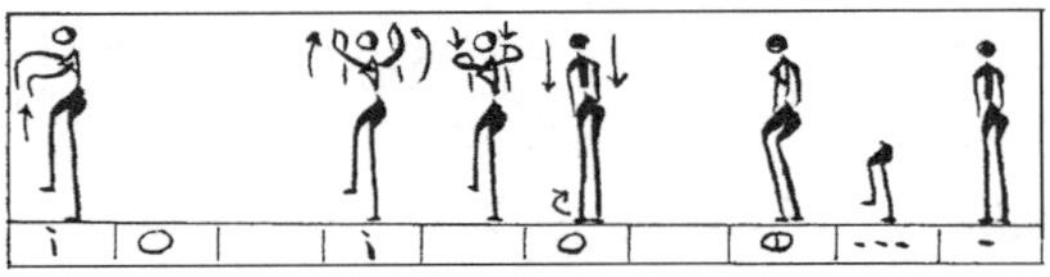 **표정중령산 4각 동작 (홍정도돔춤)** 보법: 청·홍·흑·백은 1, 2, 3, 4, 5박까지 內足을 황은 右足을 들어 6박에 북쪽에 딛으며 7박 까지 돌아 8박에 무릎을 구부렸다 펴며 9박에 청·홍·흑·백은 外足을 황은 좌족을 들어 10박에 제자리에 딛는다. (도판 16) 수법: 청·홍·황·흑·백은 1, 2, 3박 까지 양손을 어깨 위에 높이 들어 4박에 어깨 뒤편으로 뿌려 넘겨 5, 6박 까지 귀 쪽으로 흘려 내려 무릎 위에 내린다. 7, 8, 9, 10박은 보법만 한다.

처용무(계사년홀기)

홀 기	진 행 도	음악	장단	배역	동 작
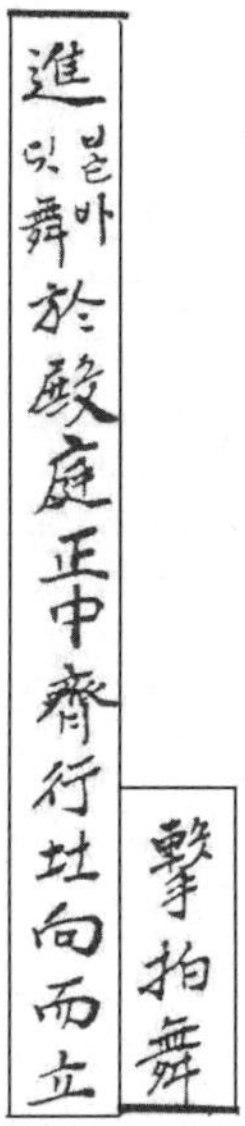 進 (붙아 잇) 舞於殿庭正中齊行北向而立 擊拍舞				악학궤범	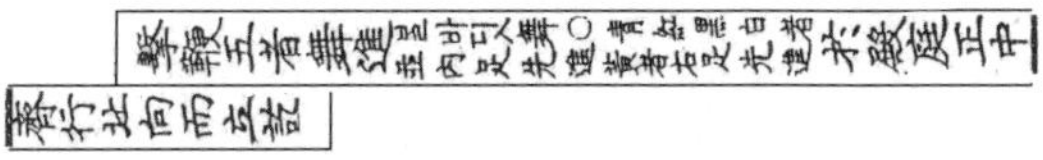
				계사년정재무도홀기	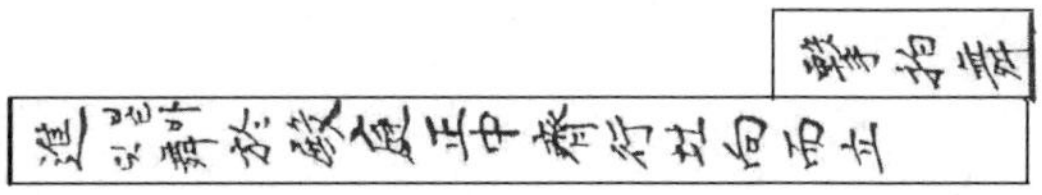 進 (붙아 잇) 舞於殿庭正中齊行北向而立 擊拍舞
					위의 두 홀기를 비교해 보면 악학궤범에는 범례가 수록되어 있으나 계사년홀기에는 범례의 기록이 없다. 악학궤범의 범례 (발바딧춤) 범례: 靑紅黑白者竝內足先進黃者右足先進 (청 홍 흑 백 자 병 내 족 선 진 황 자 우 족 선 진) ◎ 청홍흑백은 먼저 內足부터 나가고 황자는 먼저 右足부터 나간다.
	白 黑 黃 紅 靑 ↑ ↑ ↑ ↑ ↑ <도판 19> (一進)	표정중령산	5각	청 홍 황 백 흑	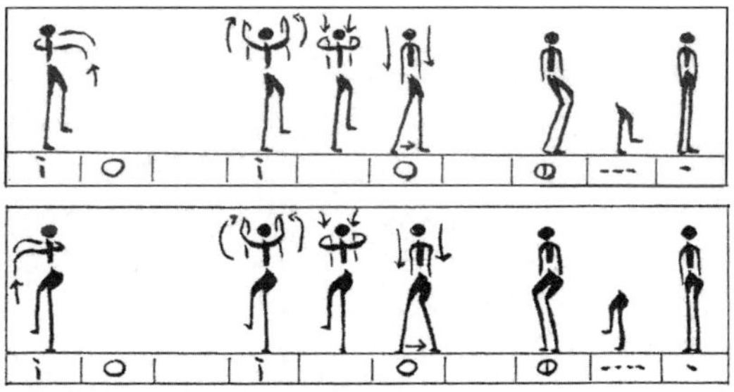 표정중령산 5각 동작 (발바딧춤) 보법: 청·홍·흑·백은 1, 2, 3, 4, 5박 까지 內足을 황은 右足을 들어 6박에 앞으로 내딛고 7박에 청·홍·흑·백은 外足을 황은 左足을 끌어 대고 8박에 무릎을 구부렸다가 펴며 9박에 청·홍·흑·백은 外足을 황은 左足을 들어 10박에 제자리에 딛는다. (도판 19) 수법: 청·홍·황·흑·백은 1, 2, 3박 까지 양손을 어깨 위에 높이 들어 4박에 어깨 뒤편으로 뿌려 넘겨 5, 6박 까지 귀 쪽으로 흘려 내려 무릎 위에 내린다. 7, 8, 9, 10박은 보법만 한다.

처용무(계사년 홀기)

홀 기	진 행 도	음악	장단	배역	동 작
	白 黑 黃 紅 靑 ↑ ↑ ↑ ↑ ↑ ↑ ↑ ↑ ↑ ↑ <도판 19-1> (二進)	표정중령산	6각	청 홍 황 백 흑	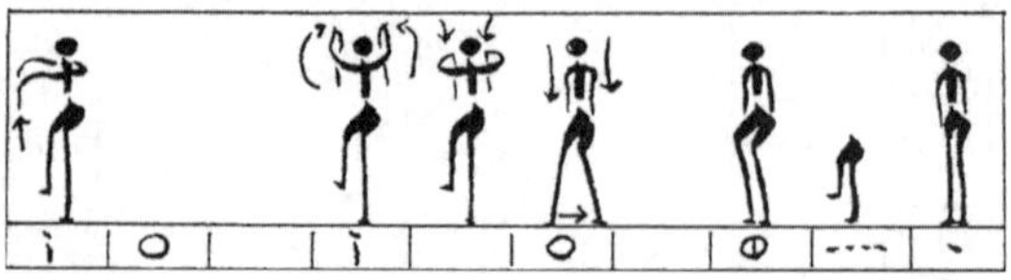 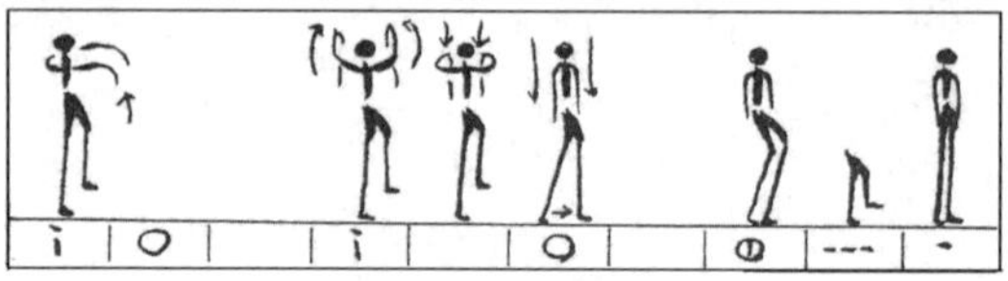 **표정중령산 6각 동작 (발바딧춤)** 보법: 청·홍·흑·백은 1, 2, 3, 4, 5박 까지 內足을 황은 右足을 들어 6박에 앞으로 내딛고 7박에 청·홍·흑·백은 外足을 황은 左足을 끌어 대고 8박에 무릎을 구부렸다가 펴며 9박에 청·홍·흑·백은 外足을 황은 左足을 들어 10박에 제자리에 딛는다. (도판 19-1) 수법: 청·홍·황·흑·백은 1, 2, 3박 까지 양손을 어깨 위에 높이 들어 4박에 어깨 뒤편으로 뿌려 넘겨 5, 6박 까지 귀 쪽으로 흘려 내려 무릎 위에 내린다. 7, 8, 9, 10박은 보법만 한다.
	白 黑 黃 紅 靑 ↑ ↑ ↑ ↑ ↑ ↑ ↑ ↑ ↑ ↑ ↑ ↑ ↑ ↑ ↑ <도판 19-2> (三進)		7각	청 홍 황 백 흑	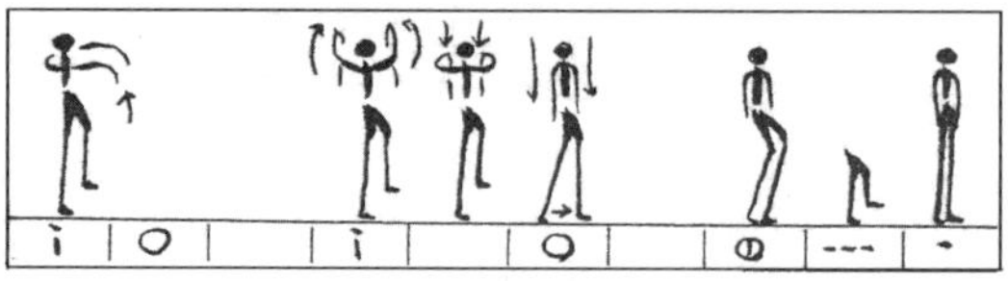 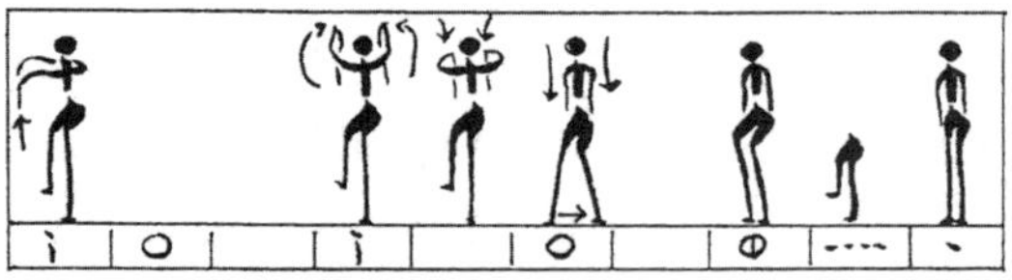 **표정중령산 7각 동작 (발바딧춤)** 보법: 청·홍·흑·백은 1, 2, 3, 4, 5박 까지 內足을 황은 右足을 들어 6박에 앞으로 내딛고 7박에 청·홍·흑·백은 外足을 황은 左足을 끌어 대고 8박에 무릎을 구부렸다가 펴며 9박에 청·홍·흑·백은 外足을 황은 左足을 들어 10박에 제자리에 딛는다. (도판 19-2) 수법: 청·홍·황·흑·백은 1, 2, 3박 까지 양손을 어깨 위에 높이 들어 4박에 어깨 뒤편으로 뿌려 넘겨 5, 6박 까지 귀 쪽으로 흘려 내려 무릎 위에 내린다. 7, 8, 9, 10박은 보법만 한다.

처용무(계사년홀기)

홀　　기	진　행　도	음악	장단	배역	동　　　작
					註: 黃者人舞左手先擧左右手皆兩度 　　황 자 인 무 좌 수 선 거 좌 우 수 개 양 도 ◎ 황은(인무) 左手를 먼저 들어 左右手 모두 두 번씩 한다라고 기록하고 있으나 본래 모든 정재에서 중무는 先右手 次左手로 해야 한다. 　중무는 土에 위치하고 있으므로 독립적인 동작으로 행해지는 것이 원칙이다. 　앞의 기록에 「黃者舞右故稱左右後倣次」해 놓고 　　　　　　　황 자 무 우 고 칭 좌 우 후 방 차 「靑紅黑白(右手先擧左右手皆兩度)」라 한 것 　청 홍 흑 백　우 수 선 거 좌 우 수 개 양 도 은 황과 청홍흑백의 협무와의 左右관계를 갖도록 한 것은 이해되지 않는 모순이다. 　그러므로 모든 정재에서와 같이 황은 先右 次左로 청홍흑백은 先內 次外로 수정하여 도안한다.
訖 向而舞 人舞左手先擧 左右手皆兩度 青紅黑白者並 西向而舞 右手先擧左右皆兩度 擊拍黃者東	表情中靈山 楽黃舞曰 <도판 20> (人舞) 청홍흑백은 西向 황은 東向	표정중령산	8각	황 청 흑 홍 백	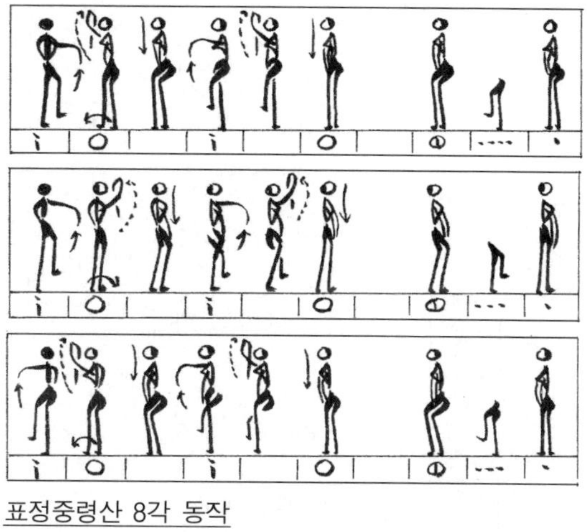

표정중령산 8각 동작

보법: 청·홍·흑·백은 1박에 內足을 황은 右足을 들어 2박에 청·홍·흑·백은 서쪽에 황은 동쪽에 딛으며 돌아 청·홍·흑·백은 西向하고 황은 東向하여 3박에 구부리고 4, 5박에 청·홍·흑·백은 外足을 황은 左足을 들어 6박에 제자리에 딛고 7박은 서있다가 8박에 무릎을 구부리고 9박에 청·홍·흑·백은 內足을 황은 右足을 들어 10박에 제자리에 딛는다. (도판 20)

수법: 청·홍·흑·백은 1박에 內手를 황은 右手를 들어 2박까지 어깨 뒤편으로 뿌려 넘겨 3박에 귀 쪽으로 흘려 내려 무릎 위에 내린다. 4박에 청·홍·흑·백은 外手를 황은 左手를 들어 5박까지 어깨 뒤편으로 뿌려 넘겨 6박까지 귀 쪽으로 흘려 내려 무릎 위에 내린다. 7, 8, 9, 10박은 보법만 한다.

홀 기	진 행 도	음악	장단	배역	동 작
	白黑黃紅靑 <도판 21> (北向:人舞)	표정중령산	9각	황 청 홍 흑 백	

표정중령산 9각 동작 (홍정도돔춤)

보법: 청·홍·흑·백은 1, 2, 3, 4, 5박까지 內足을 황은 右足을 들어 6박에 북쪽에 딛으며 7박 까지 돌아 北向하여 8박에 무릎을 구부렸다 펴며 9박에 청·홍·흑·백은 外足을 황은 左足을 들어 10박에 제자리에 딛는다. (도판 21)

수법: 청·홍·황·흑·백은 1, 2, 3박 까지 양손을 어깨 위에 높이 들어 4박에 어깨 뒤편으로 뿌려 넘겨 5, 6박까지 귀 쪽으로 흘려 내려 무릎 위에 내린다. 7, 8, 9, 10박은 보법만 한다. (도판 21)

홀 기	진 행 도	음악	장단	배역	동 작
上同 左先訖 擊拍黃者西向而舞 右先上同 靑紅黑白者並東向而舞	靑 紅 黑 黃 白 <도판 22> (人舞) 청홍흑백은 東向 황은 西向		10각	황 청 흑 백 홍	

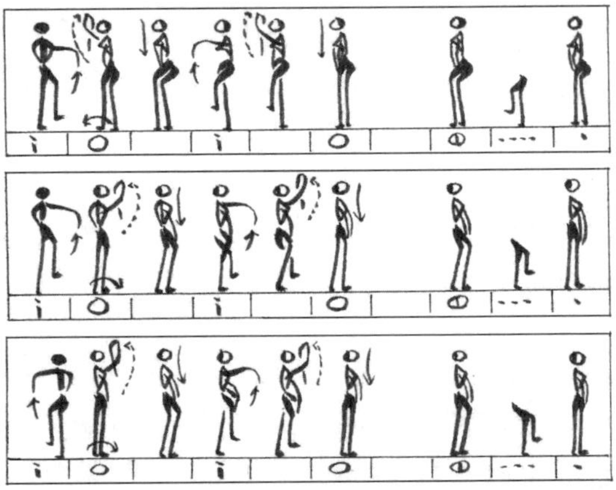

표정중령산 10각 동작

보법: 청·홍·흑·백은 1박에 內足을 황은 右足을 들어 2박에 청·홍·흑·백은 동쪽에 황은 서쪽에 딛으며 돌아 청·홍·흑·백은 東向하고 황은 西向하여 3박에 구부리고 4, 5박에 청·홍·흑·백은 外足을 황은 左足을 들어 6박에 제자리에 딛고 7박은 서있다가 8박에 무릎을 구부리고 9박에 청·홍·흑·백은 內足을 황은 右足을 들어 10박에 제자리에 딛는다. (도판 22)

홀 기	진 행 도	음악	장단	배역	동 작
					수법: 청·홍·흑·백은 1박에 內手를 황은 右手를 들어 2박까지 어깨 뒤편으로 뿌려 넘겨 3박에 귀 쪽으로 흘려 내려 무릎 위에 내린다. 4박에 청·홍·흑·백은 外手를 황은 左手를 들어 5박까지 어깨 뒤편으로 뿌려 넘겨 6박까지 귀 쪽으로 흘려 내려 무릎 위에 내린다. 7, 8, 9, 10박은 보법만 한다. (도판 22)
	白 黑 黃 紅 靑 <도판 23> (人舞:北向)	표정중령산	11각	청홍흑백 황	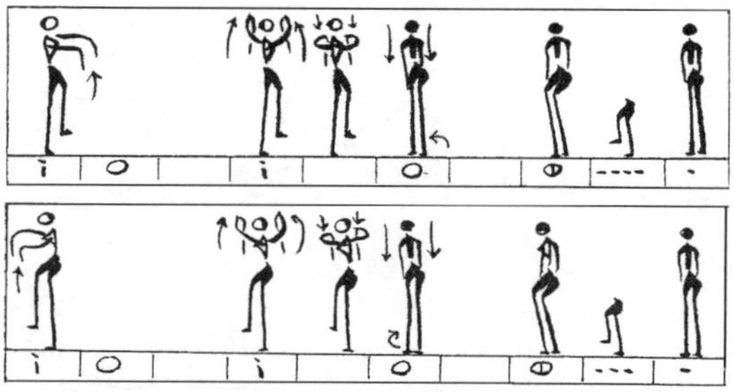 표정중령산 11각 동작 보법: 청·홍·흑·백은 1, 2, 3, 4, 5박 까지 內足을 황은 右足을 들어 6박에 북쪽에 딛으며 7박 까지 돌아 北向하여 8박에 무릎을 구부렸다 펴며 9박에 청·홍·흑·백은 外足을 황은 左足을 들어 10박에 제자리에 딛는다. (도판 23) 수법: 청·홍·황·흑·백은 1, 2, 3박 까지 양손을 어깨 위에 높이 들어 4박에 어깨 뒤편으로 뿌려 넘겨 5, 6박 까지 귀 쪽으로 흘려 내려 무릎 위에 내린다. 7, 8, 9, 10박은 보법만 한다.
靑黃白者舞立於其位訖後作 擊拍紅者舞退立於南方黑者舞進立於此方	黑 白 　 靑 紅 <도판 24> (5방작대)		12각	황 홍 황백	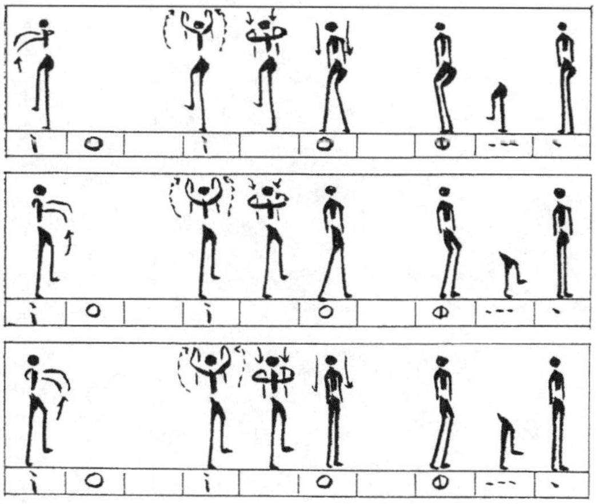

처용무(계사년홀기)

홀 기	진 행 도	음악	장단	배역	동 작
		표정중령산		청	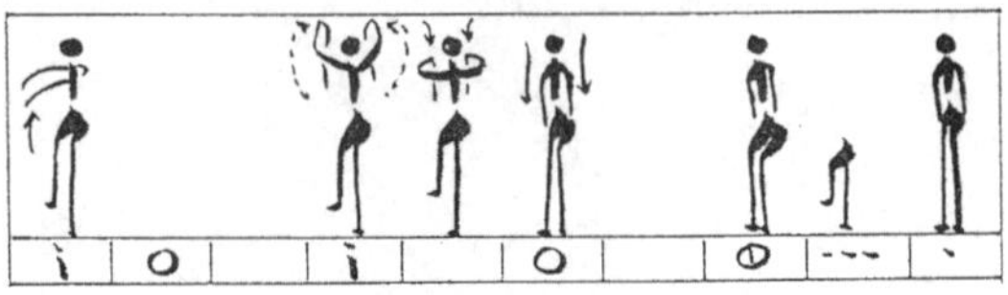 표정중령산 12각 동작 (5방작대) 보법: 흑·홍은 1, 2, 3, 4, 5박 까지 內足을 들어 6박에 흑은 앞으로 홍은 뒤에 딛고 7박에 外足을 끌어대고 8박에 무릎을 구부리고 9박에 外足을 들어 10박에 제자리에 딛는다. 백·청은 1, 2, 3, 4, 5박 까지 內足을 황은 右足을 들어 6박에 제자리에 딛고 7박은 서 있다가 8박에 무릎을 구부리고 9박에 백·청은 外足을 황은 左足을 들어 10박에 제자리에 딛는다. (도판 24) 수법: 청·홍·황·흑·백은 1, 2, 3박까지 양손을 어깨 위에 높이 들어 4박에 어깨 뒤편으로 뿌려 넘겨 5, 6박 까지 귀 쪽으로 흘려 내려 무릎 위에 내린다. 7, 8, 9, 10박은 보법만 한다.
			13각	흑	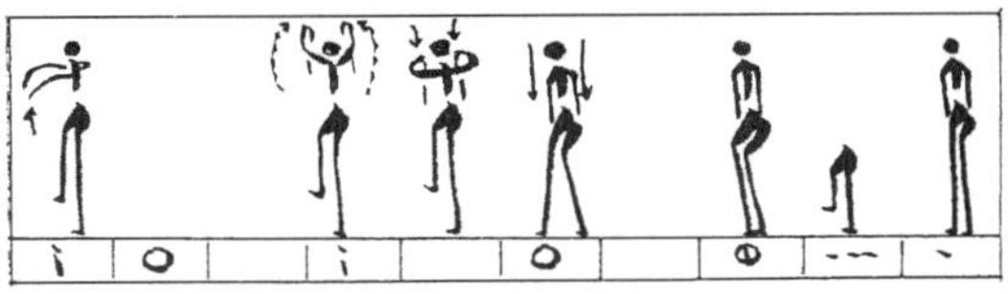
				홍	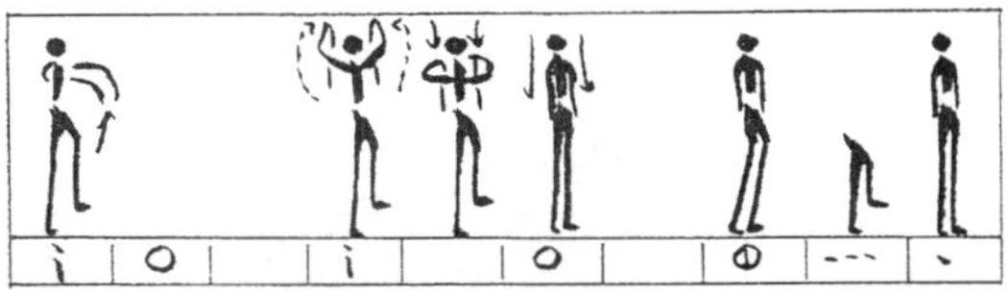
				황백	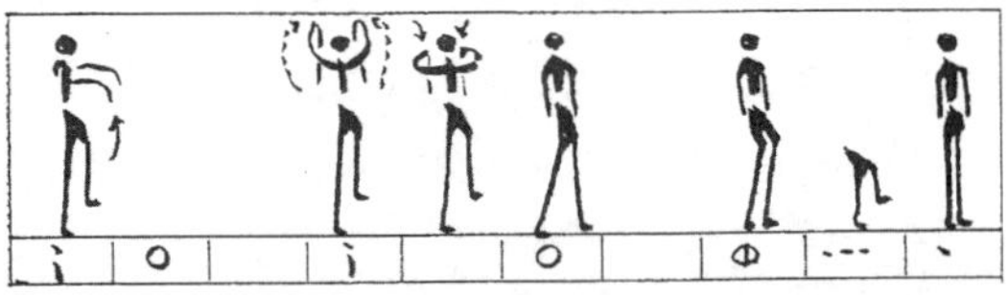
				청	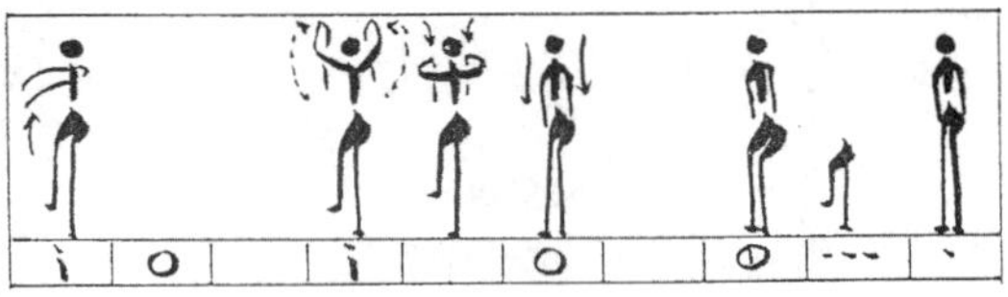

처용무(계사년홀기)

홀 기	진 행 도	음악	장단	배역	동 작
		표정중령산			표정중령산 13각 동작 보법: 흑·홍은 1, 2, 3, 4, 5박까지 外足을 들어 6박에 흑은 앞으로 홍은 뒤에 딛고 7박에 內足을 끌어 대고 8박에 무릎을 구부리고 9박에 內足을 들어 10박에 제자리에 딛는다. 백·청은 1, 2, 3, 4, 5박 까지 外足을 황은 左足을 들어 6박에 제자리에 딛고 7박은 서 있다가 8박에 무릎을 구부리고 9박에 백·청은 內足을 황은 右足을 들어 10박에 제자리에 딛는다. (도판 24) 수법: 청·홍·황·흑·백은 1, 2, 3박 까지 양손을 어깨 위에 높이 들어 4박에 어깨 뒤편으로 뿌려 넘겨 5, 6박 까지 귀 쪽으로 흘려 내려 무릎 위에 내린다. 7, 8, 9, 10박은 보법만 한다.
			14각		표정중령산 14각 동작 보법: 표정중령산 12각과 같다. (도판 24) 수법: 표정중령산 12각과 같다.
			15각		표정중령산 15각 동작 보법: 표정중령산 13각과 같다. (도판 24) 수법: 표정중령산 13각과 같다.
			16각		표정중령산 16각 동작 보법: 표정중령산 12각과 같다. (도판 24) 수법: 표정중령산 12각과 같다.
			17각		표정중령산 17각 동작 보법: 표정중령산 13각과 같다. (도판 24) 수법: 표정중령산 13각과 같다.

처용무(계사년홀기)

홀　　기	진　행　도	음악	장단	배역	동　　　　작
	𝌴 𝌶 黃 𝌱 紅 <도판 25> (內向)	표정중령산	18각	청 백 흑 황	

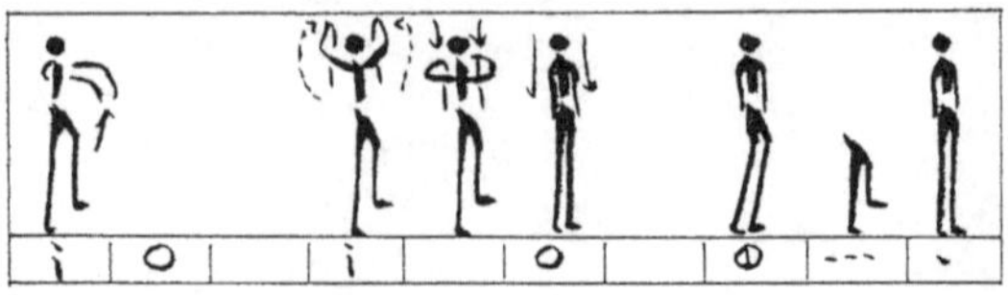

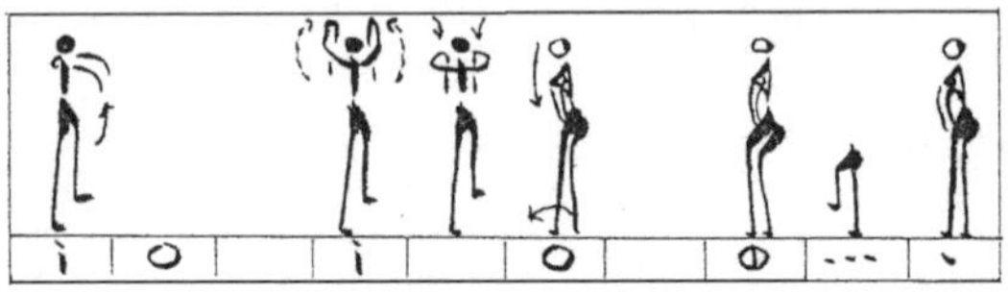

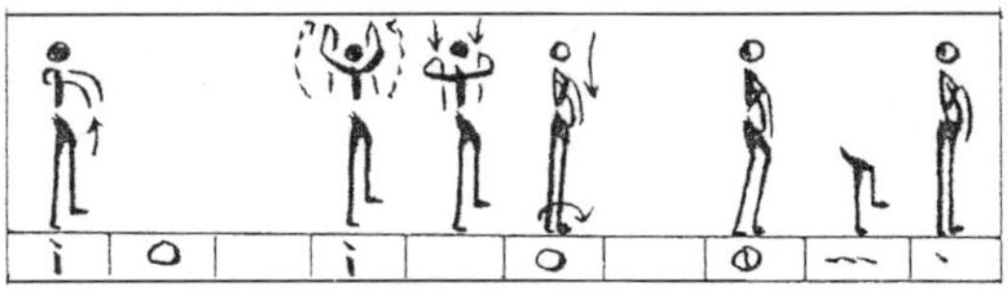

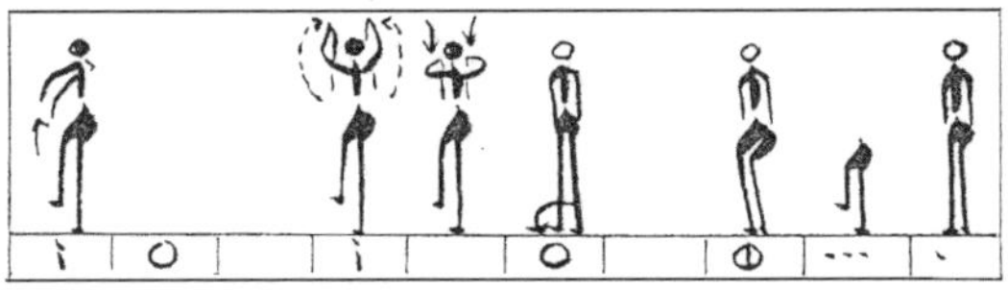

표정중령산 18각 동작

보법: 청·홍·흑·백은 1, 2, 3, 4, 5박까지 內足을 황은 右足을 들어 6박에 청은 서쪽에 백은 동쪽에 흑은 남쪽에 딛으며 7박 까지 돌아 內向하고 황은 6박에 제자리에 딛고 7박에 서 있다.

8박에 청·홍·황·흑·백은 무릎을 구부리고 9박에 청·홍·흑·백은 外足을 황은 左足을 들어 10박에 제자리에 딛는다. (도판 25)

수법: 청·홍·황·흑·백은 1, 2, 3박 까지 양손을 어깨 위에 높이 들어 4박에 어깨 뒤편으로 뿌려 넘겨 5, 6박 까지 귀 쪽으로 흘려 내려 무릎 위에 내린다. 7, 8, 9, 10박은 보법만 한다.

처용무(계사년홀기)

홀　　기	진 행 도	음악	장단	배역	동　　　작
青紅黑白者向中央對舞 擊拍黃者扗向而舞	黄 ↓ Ⅲ→ 黃 ←Ⅲ ↑ 紅 <도판 26> (中央對舞)	세령산	1각	흑 청 황 홍 백	

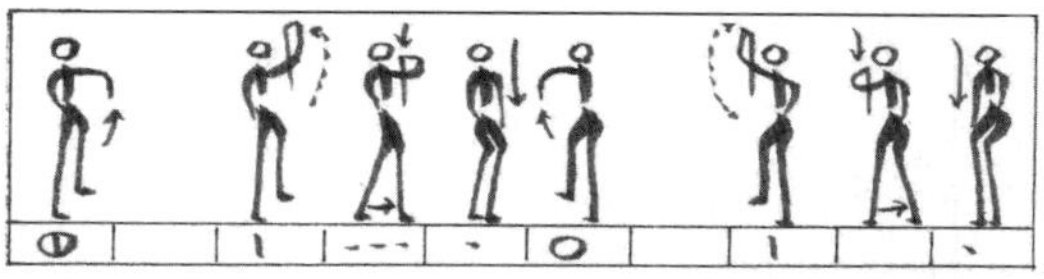

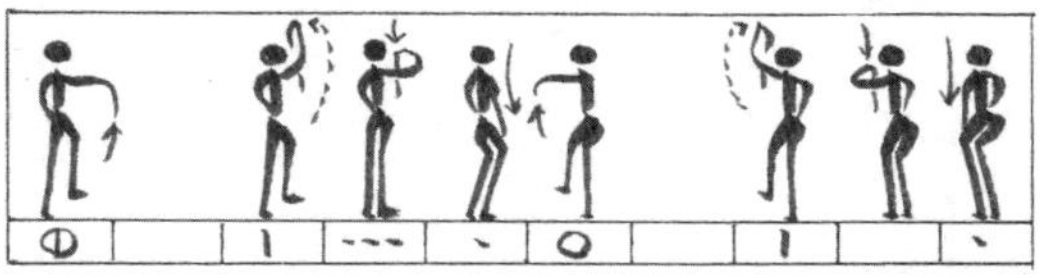

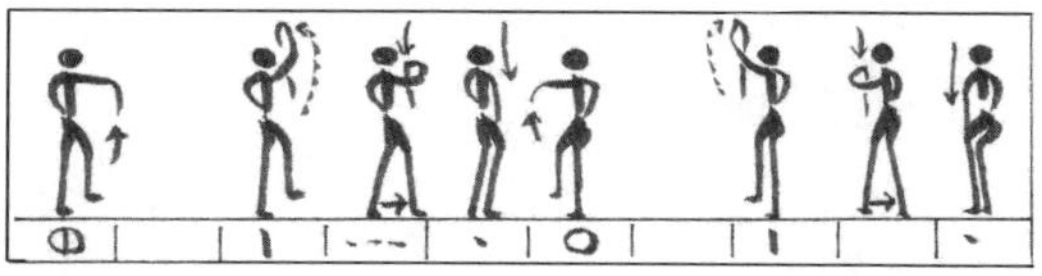

세령산 1각 동작

보법: 청·홍·흑·백은 1, 2, 3박 까지 內足을 황은 右足을 들어 4박에 청·홍·흑·백은 중앙(中央)을 向하여 한 발 내딛고 황은 제자리에 딛고 5박에 무릎을 구부린다.

　　6, 7, 8박까지 청·홍·흑·백은 外足을 황은 左足을 들어 9박에 청·홍·흑·백은 中央을 向하여 한발 내딛고 황은 제자리에 딛고 10박에 무릎을 구부린다. (도판 26)

수법: 청·홍·흑·백은 1, 2박 까지 內手를 황은 右手를 어깨 위에 높이 들어 3박에 이께 뒤편으로 뿌려 넘겨 4, 5박 까지 귀 쪽으로 흘려 내려 무릎에 내린다.

　　6, 7, 8박까지 청·홍·흑·백은 外手를 황은 左手를 어깨 위에 높이 들어 9, 10박까지 귀 쪽으로 흘려 내려 무릎 위에 내린다.

홀　　기	진　행　도	음악	장단	배역	동　　　　작
擊拍青紅黑白者背央各向其方而舞	黑　黃　青 〈도판 27〉 (각향기방이무)	세령산	2각	흑 청 백 홍 황	

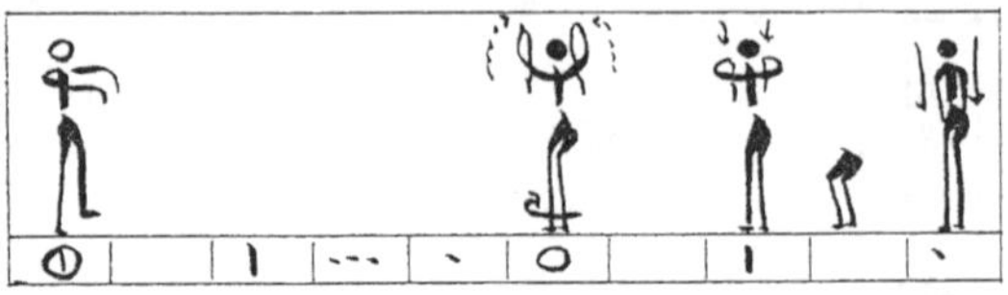

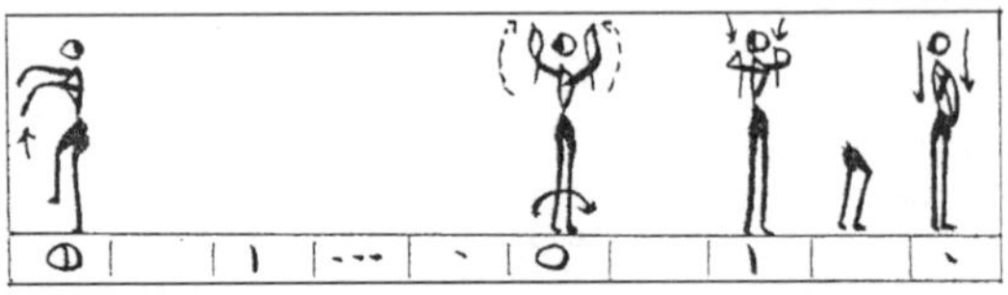

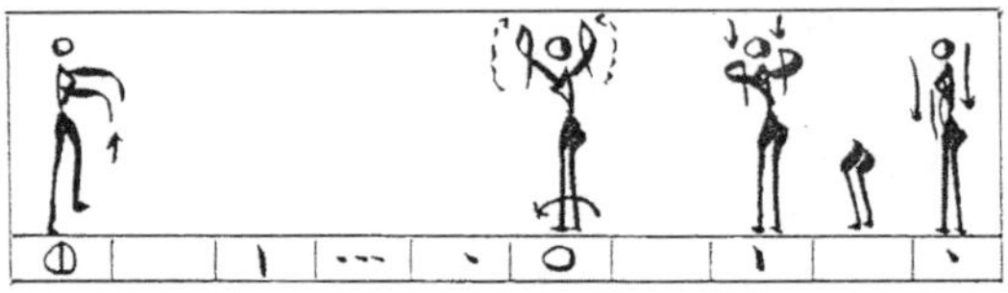

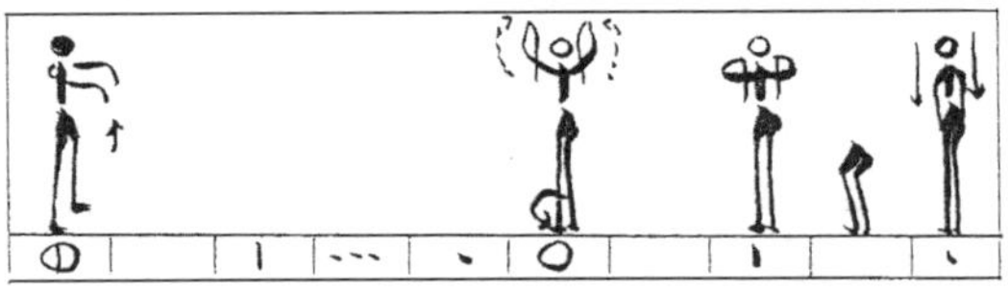

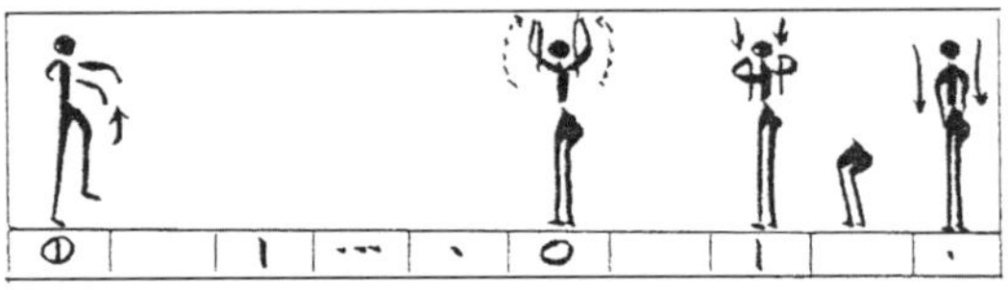

세령산 2각 동작

보법: 청·홍·흑·백은 1, 2, 3, 4, 5박 까지 內足을 들어
　　　6박에 흑은 북쪽 청은 동쪽 백은 서쪽 홍은 남쪽
　　　에 딛으며 7, 8박 까지 돌아 흑은 북, 청은 동, 백은
　　　서, 홍은 남쪽을 향하여 9박에 무릎을 구부리고
　　　10박에 편다.
　　　황은 1, 2, 3, 4, 5박 까지 右足을 들어 6박에 제자
　　　리에 딛고 7, 8박은 서 있다가 9박에 무릎을 구부
　　　리고 10박에 편다. (도판 27)
수법: 청·홍·황·흑·백은 1, 2, 3, 4, 5박 까지 양손을
　　　양 어깨 위에 높이 들어 6박에 어깨 뒤편으로 뿌
　　　려 넘겨 7, 8, 9, 10박 까지 귀 쪽으로 흘려 내려
　　　무릎에 내린다.

홀　　기	진　행　도	음악	장단	배역	동　　작
	黑 ↑ 白 ← 黃 → 靑 ↓ 紅 <도판 28> (復位)	세령산	3각	흑 청 백 홍 황	

세령산 3각 동작

보법: 청·홍·흑·백은 1, 2, 3박 까지 內足을 들어 4박
에 흑은 북쪽 청은 동쪽 백은 서쪽 홍은 남쪽에
한발을 내딛고 5박에 무릎을 구부리고 6, 7, 8박
까지 청·홍·흑·백은 內足을 들어 9박에 한 발
내딛고 10박에 무릎을 구부린다.
　　황은 1, 2, 3박 까지 右足을 들어 4박에 제자리에
딛고 5박에 무릎을 구부리고 6, 7, 8박 까지 左足
을 들어 9박에 제자리에 딛고 10박에 무릎을 구부
린다.

수법: 청·홍·황·흑·백은 1, 2박 까지 청·홍·흑·
백은 內手를 황은 右手를 어깨 위에 높이 들어
3박에 어깨 뒤편으로 뿌려 넘겨 4, 5박 까지 귀
쪽으로 흘려 내려 무릎에 내린다.
　　6, 7박 까지 청홍흑백은 外手를 황은 左手를 어깨
위에 높이 들어 8박에 어깨 뒤편으로 뿌려 넘겨 9,
10박 까지 귀 쪽으로 흘려 내려 무릎 위에 내린다.

처용무(제사년홀기)

홀기	진행도	음악	장단	배역	동작
	黑 白 黃 青 紅 <도판 29> (北向)	세령산	4각	흑	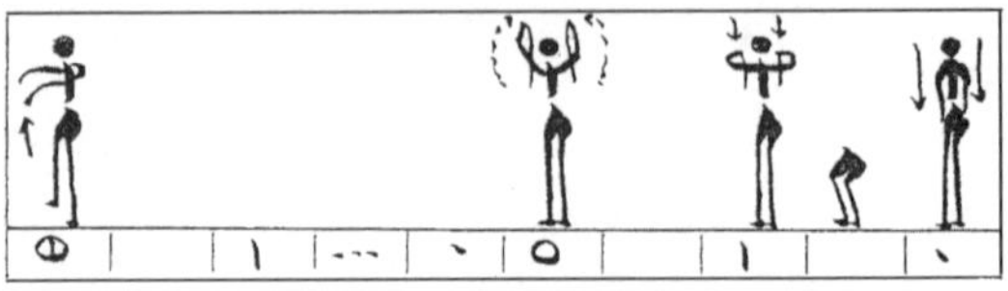
				청	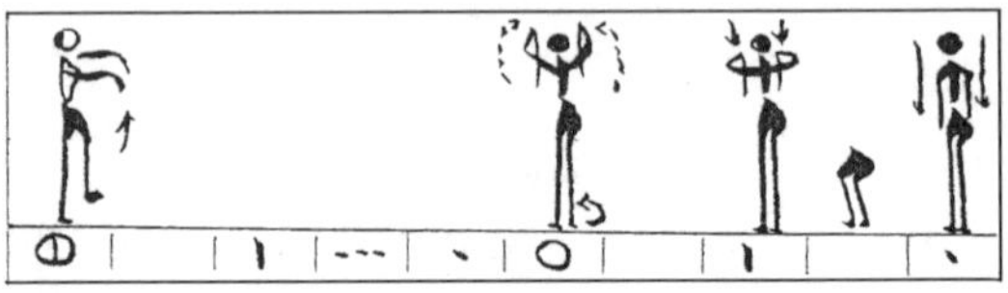
				백	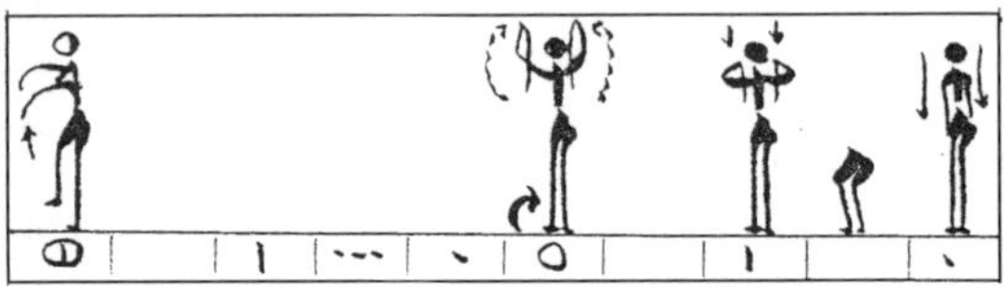
				홍	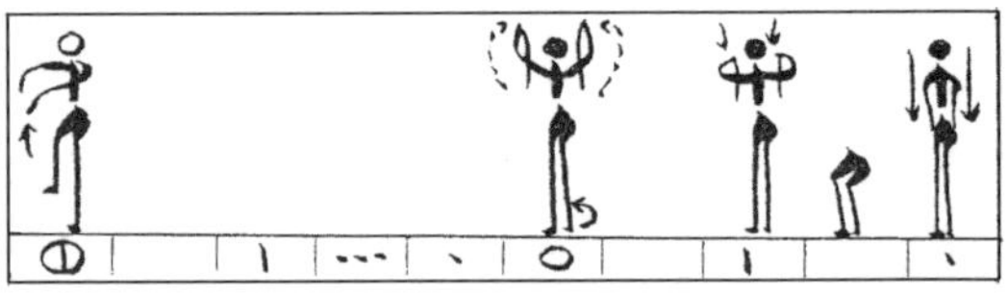
				황	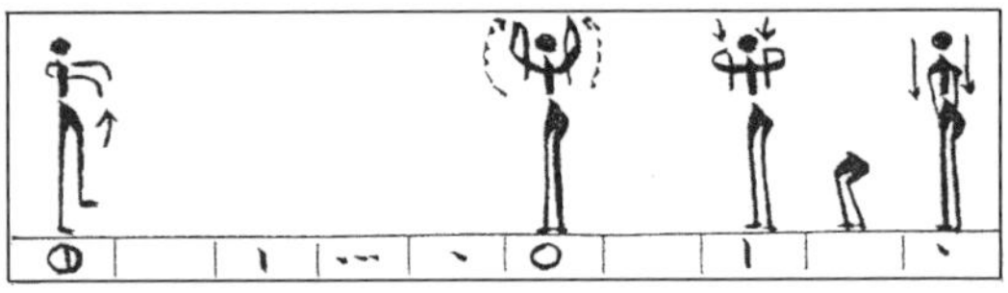
					<u>세령산 3각 동작</u> 보법: 청·홍·흑·백은 1, 2, 3, 4, 5박 까지 內足을 들어 6박에 북쪽에 딛으며 7, 8박 까지 돌아 北向하여 9박에 무릎을 구부리고 10박에 편다. 황은 1, 2, 3, 4, 5박 까지 右足을 들어 6박에 제자리에 딛고 7, 8박 까지 서 있다가 9박에 무릎을 구부리고 10박에 편다. 수법: 청·홍·황·흑·백은 1, 2, 3, 4, 5박 까지 양손을 양 어깨 위에 높이 들어 6박에 어깨 뒤편으로 뿌려 넘겨 7, 8, 9, 10박 까지 귀 쪽으로 흘려 내려 무릎 위에 내린다.

홀 기	진 행 도	음악	장단	배역	동 작
				보기1	주: 홀기상의 위의 문구(文句) 중… 左手先擧左右手皆兩度式向他倣此 좌 수 선 거 좌 우 수 개 양 도 식 향 타 방 차 이 문구는 황은 중심으로 청·홍·흑·백이 중앙대무하여 다시 그 방향으로 돌아 복위(復位), 북향(北向)할 때의 동작으로 보여 진다. 그러므로 세령산 1, 2, 3, 4각 동작에 해당하는 것으로 도안하였다.
				보기2	주: 「보기1」의 문구(文句)와 「보기2」의 문구가 위와 같이 기록되어 있다. 　「보기2」의 문구 중… 左手先擧左右手皆兩度第四度手擊初拍 좌 수 선 거 좌 우 수 개 양 도 제 사 도 수 격 초 박 靑者舞作擊後拍黑者落手他方倣此 청 자 무 작 격 후 박 흑 자 낙 수 타 방 방 차 ◎ 左手를 먼저 들어 左右手를 모두 두 번씩 4번을 한다. 　처음 박을 치면 청은 춤을 시작한다. 　후박을 치면 흑자는 낙수(落手)한다. 　다른 방향의 자(者)도 이와 같다. 위의 내용으로 보아 「보기2」는 중앙의 황과 사방무가 각각 상대무(相對舞)할 때의 동작을 설명한 것이고 「보기1」의 내용은 황과 청홍흑백이 중앙대무(中央對舞)하여 복위(復位), 북향(北向)하는 대목의 동작으로 보여진다.
				보기3	
				보기4	그러므로 「보기1」은 「보기3」과 같이 「보기2」는 「보기4」와 같이 홀기가 수정되어야 한다. 이러한 관계로 「보기3」과 「보기4」와 같이 수정하여 보안 하였다. (홀기대로 하면 황과 청홍흑백의 동작이 달라져야 하고 음악의 박자 또한 맞지 않다)

홀　기	진행도	음악	장단	배역	동　작
立者隨樂節擧袖而落 者向中央對舞 青者舞作擧後拍黑者謡手他方做此三方（左手先擧左右手皆兩度第四度手擧却拍） 擊拍黃者扭向而舞黑	齒 白　黃　青 紅 <도판 30> (黑黃相向)	세령산	5각	흑 황	  세령산 5각 동작 보법: 흑은 1, 2, 3, 4, 5박까지 內足을 들어 6박에 중앙(中央)을 향하여 딛으며 7, 8박까지 돌아 9박에 무릎을 구부리고 10박에 편다. 　　황은 1, 2, 3, 4, 5박까지 右足을 들어 6박에 제자리에 딛고 7, 8박은 서 있다가 9박에 구부리고 10박에 편다. 수법: 흑·황은 1, 2, 3, 4, 5박까지 양손을 어깨 위에 높이 들어 6박에 어깨 뒤편으로 뿌려 넘겨 7, 8, 9, 10박까지 귀 쪽으로 흘려 내려 무릎 위에 내린다.
	齒 ↓　↑ 白　黃　青 紅 <도판 30-1> (黑黃對舞)		6각		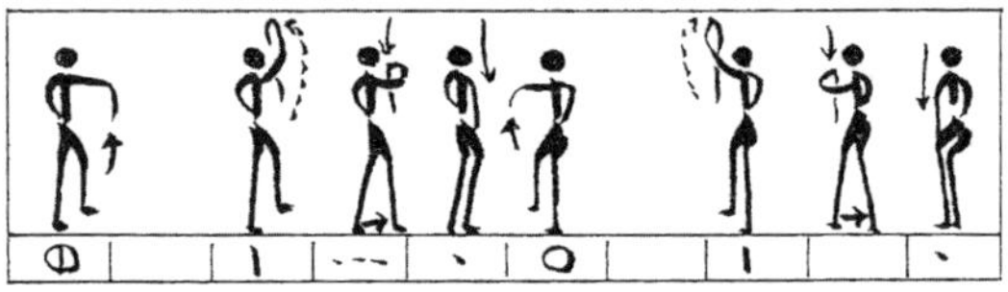  세령산 6각 동작 보법: 흑·황은 1, 2, 3박 까지 흑은 內足을 황은 右足을 들어 4박에 상대하여 한 발 앞에 내딛고 5박에 무릎을 구부리고 6, 7, 8박 까지 흑은 外足을 황은 左足을 들어 9박에 상대하여 한 발 앞에 내딛고 10박에 무릎을 구부린다. (도판 30-1)

처용무(계사년홀기)

홀 기	진 행 도	음악	장단	배역	동 작
		세령산			수법: 흑·황은 1, 2박 까지 흑은 內手를 황은 右手를 어깨 위에 높이 들어 3박에 어깨 뒤편으로 뿌려 넘겨 4, 5박 까지 귀 쪽으로 흘려 내려 무릎 위에 내린다. 6, 7박 까지 흑은 外手를 황은 左手를 어깨 위에 높이 들어 8박에 어깨 뒤편으로 뿌려 넘겨 9, 10박까지 귀 쪽으로 흘려 무릎 위에 내린다.
			7각		세령산 7각 동작 보법: 흑·황은 세령산 6각 동작을 반복한다. 수법: 흑·황은 세령산 6각 동작을 반복한다.
	黑 皂 白　　青 紅 <도판 30-2> (相背)		8각	흑 황	세령산 8각 동작 보법: 흑·황은 1, 2, 3, 4, 5박 까지 흑은 內足을 황은 右足을 들어 6박에 흑은 북쪽에 황은 남쪽에 딛으며 7, 8박 까지 돌아 상배(相背)하여 9박에 무릎을 구부리고 10박에 편다. (도판 30-2) 수법: 흑·황은 1, 2, 3, 4, 5박 까지 양손을 높이 들어 6박에 어깨 뒤편으로 뿌려 넘겨 7, 8, 9, 10박 까지 귀 쪽으로 흘려 내려 무릎 위에 내린다.

홀 기	진 행 도	음악	장단	배역	동 작
	黑 ↑ ↓ 白　巺　靑 紅 <도판 30-3> (復位)	세령산	9각	흑 황	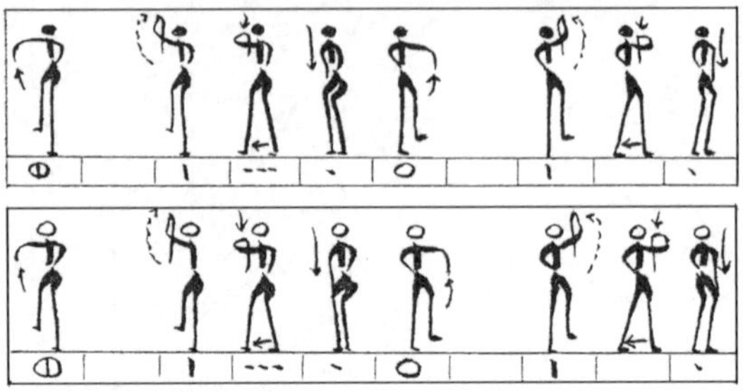 세령산 9각 동작 보법: 흑·황은 1, 2, 3박 까지 흑은 內足을 황은 右足을 들어 4박에 흑은 북쪽에 황은 남쪽에 한 발 내딛고 5박에 무릎을 구부리고 6, 7, 8박에 흑은 外足을 황은 左足을 들어 9박에 흑은 북쪽에 황은 남쪽에 한 발 내딛고 10박에 무릎을 구부린다. 수법: 흑·황은 1, 2박 까지 흑은 內手를 황은 右手를 어깨 위에 높이 들어 3박에 어깨 뒤편으로 뿌려 넘겨 4, 5박 까지 귀 쪽으로 흘려 내려 무릎 위에 내린다. 6, 7박에 흑은 外手를 황은 左手를 어깨 위에 높이 들어 8박에 어깨 뒤편으로 뿌려 넘겨 9, 10박 까지 귀 쪽으로 흘려 내려 무릎 위에 내린다. (도판 30-3)
			10각		세령산 10각 동작 보법: 흑·황은 세령산 9각 동작을 반복한다. 수법: 흑·황은 세령산 9각 동작을 반복한다.
	黑 白　黃↗　靑 紅 <도판 30-4> (北向)		11각	흑 황	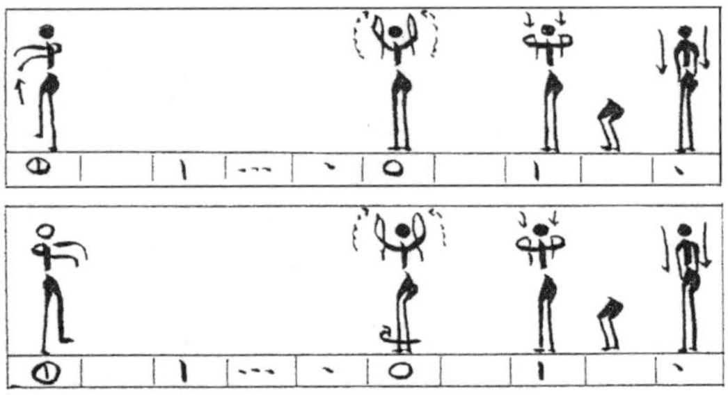 세령산 11각 동작 보법: 흑·황은 1, 2, 3, 4, 5박 까지 흑은 內足을 황은 右足을 들어 흑은 제자리에 딛고 7, 8박은 서 있고 딛으며 7, 8박 까지 돌아 북향하여 9박에 구부리고 10박에 편다. (도판 30-4)

홀 기	진 행 도	음악	장단	배역	동 작
		세령산			수법: 흑·황은 1, 2, 3, 4, 5박 까지 양손을 어깨 위에 높이 들어 6박에 어깨 뒤편으로 뿌려 넘겨 7, 8, 9, 10박까지 귀 쪽으로 흘려 내려 무릎 위에 내린다.
黃者東向而舞靑者向中央對舞	黑 白　黃　靑 紅 〈도판 31〉 (靑黃相向)	세령산	12각	청 황	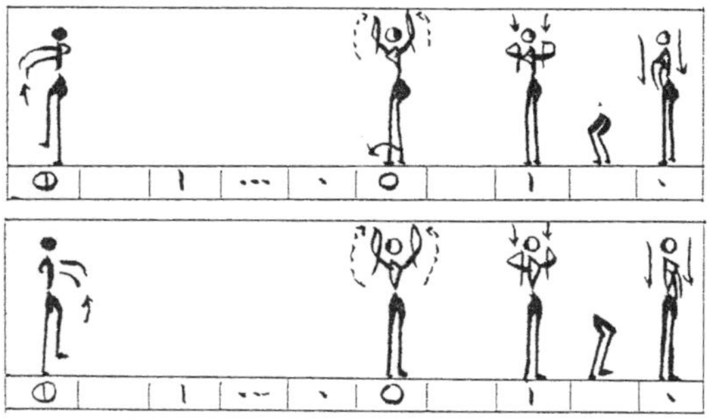 <세령산 12각 동작 그림> **세령산 12각 동작** 보법: 청·황은 1, 2, 3, 4, 5박 까지 청은 內足을 황은 右足을 들어 6박에 청은 서쪽에 황은 동쪽에 딛으며 7, 8박 까지 돌아 청과 상향(相向)하여 9박에 무릎을 구부리고 10박에 편다. (도판 30-2) 수법: 청·황은 1, 2, 3, 4, 5박까지 양손을 어깨 위에 높이 들어 6박에 어깨 뒤편으로 뿌려 넘겨 7, 8, 9, 10박까지 귀 쪽으로 흘려 내려 무릎 위에 내린다.
	黑 白　黃 →←靑 紅 〈도판 31-1〉 (靑黃對舞)	세령산	13각	청 황	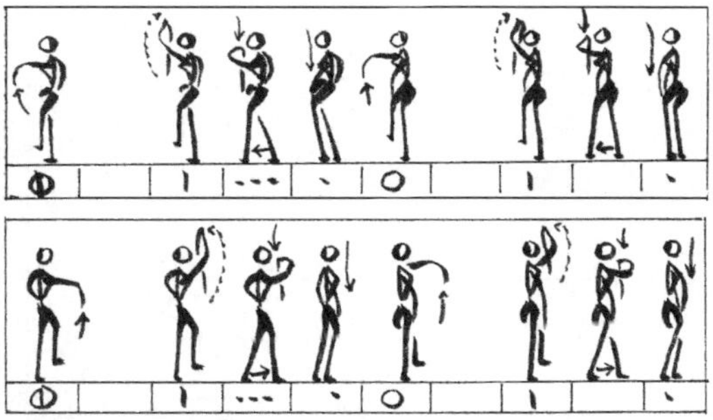 <세령산 13각 동작 그림> **세령산 13각 동작** 보법: 청·황은 1, 2, 3박까지 청은 內足을 황은 右足을 들어 4박에 상대하여 한 발 앞에 내딛고 5박에 무릎을 구부리고 6, 7, 8박까지 청은 外足을 황은 左足을 들어 9박에 상대하여 한 발 앞에 내딛고 10박에 무릎을 구부린다. (도판 31-1)

처용무(계사년 홀기)

홀 기	진 행 도	음악	장단	배역	동 작
		세령산			수법: 청·황은 1, 2박까지 청은 內手를 황은 右手를 어깨 위에 높이 들어 3박에 어깨 뒤편으로 뿌려 넘겨 4, 5박까지 귀 쪽으로 흘려 내려 무릎 위에 내린다. 6, 7박까지 청은 外手를 황은 左手를 어깨 위에 높이 들어 8박에 어깨 뒤편으로 뿌려 넘겨 9, 10박까지 귀 쪽으로 흘려 내려 무릎 위에 내린다.
			14각		**세령산 14각 동작** 보법: 청·황은 세령산 13각 동작을 반복한다. 수법: 청·황은 세령산 13각 동작을 반복한다.
	黑 白　黃　靑 紅 〈도판 31-2〉 (相背)		15각	청 황	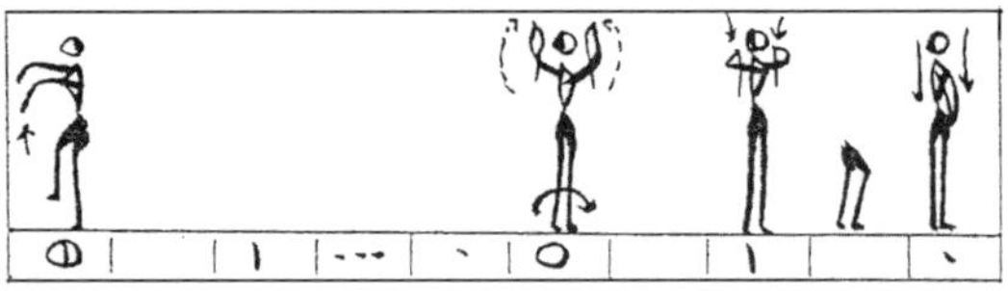  **세령산 15각 동작** 보법: 청·황은 1, 2, 3, 4, 5박 까지 청은 內足을 황은 右足을 들어 6박에 청은 동쪽에 황은 서쪽에 딛으며 7, 8박 까지 돌아 상배(相背)하여 9박에 무릎을 구부리고 10박에 편다. (도판 31-2) 수법: 청·황은 1, 2, 3, 4, 5박 까지 양손을 어깨 위에 높이 들어 6박에 어깨 뒤편으로 뿌려 넘겨 7, 8, 9, 10박 까지 귀 쪽으로 흘려 내려 무릎 위에 내린다.
	黑 白　黃　→←　靑 紅 〈도판 31-3〉 (復位)		16각	청 황	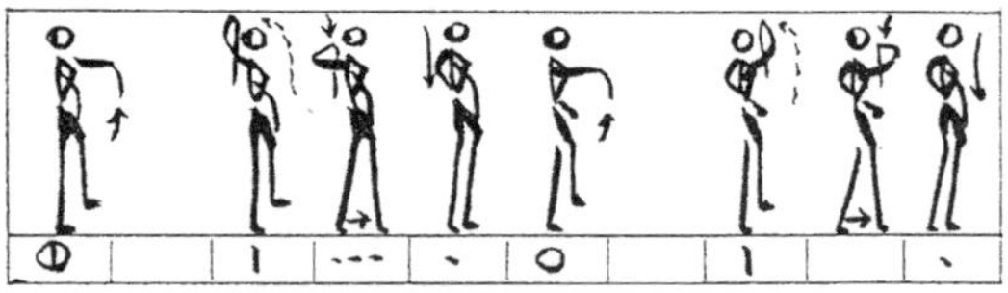 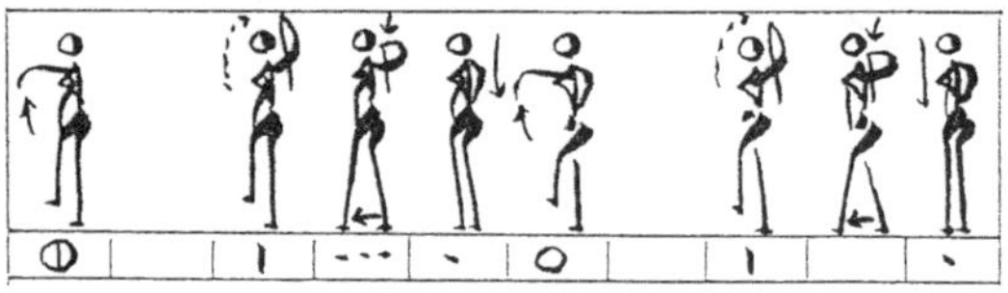

처용무(계사년홀기)

홀 기	진 행 도	음악	장단	배역	동 작
		세령산	17각		보법: 청·황은 1, 2, 3박 까지 청은 內足을 황은 右足을 들어 4박에 청은 동쪽에 황은 서쪽에 한 발 내딛고 5박에 무릎을 구부리고 6, 7, 8박에 청은 外足을 황은 左足을 들어 9박에 청은 동쪽에 황은 서쪽에 한 발 내딛고 10박에 무릎을 구부린다. 수법: 흑·황은 1, 2박 까지 청은 內手를 황은 右手를 어깨 위에 높이 들어 3박에 어깨 뒤편으로 뿌려 넘겨 4, 5박 까지 귀 쪽으로 흘려 내려 무릎 위에 내린다. 6, 7박에 청은 外手를 황은 左手를 어깨 위에 높이 들어 8박에 어깨 뒤편으로 뿌려 넘겨 9, 10박 까지 귀 쪽으로 흘려 내려 무릎 위에 내린다. <u>세령산 17각 동작</u> 보법: 흑·황은 세령산 6각 동작을 반복한다. 수법: 흑·황은 세령산 6각 동작을 반복한다.
黑 白 黃 靑 紅 <도판 31-4> (北向)			18각	청 황	<u>세령산 18각 동작</u> 보법: 청·황은 1, 2, 3, 4, 5박 까지 청은 內足을 황은 右足을 들어 6박에 북쪽에 딛으며 7, 8박 까지 돌아 北向하여 9박에 무릎을 구부리고 10박에 편다. 수법: 청·황은 1, 2, 3, 4, 5박 까지 양손을 어깨 위에 높이 들어 6박에 어깨 뒤편으로 뿌려 넘겨 7, 8, 9, 10박 까지 귀 쪽으로 흘려 내려 무릎 위에 내린다.

처용무(계사년 홀기)

홀 기	진 행 도	음악	장단	배역	동 작
	黑 白　蛩　靑 紅 <도판 32> (紅黃相向)	세령산	19각	홍 황	  **세령산 19각 동작** 보법: 홍·황은 1, 2, 3, 4, 5박 까지 홍은 內足을 황은 右足을 들어 6박에 홍은 제자리에 딛고 7, 8박은 서 있고 황은 6박에 남쪽에 딛고 7, 8박 까지 돌아 홍과 상향(相向)하여 9박에 무릎을 구부리고 10박에 편다. (도판 32) 수법: 홍·황은 1, 2, 3, 4, 5박 까지 양손을 어깨 위에 높이 들어 6박에 어깨 뒤편으로 뿌려 넘겨 7, 8, 9, 10박 까지 귀 쪽으로 흘려 내려 무릎 위에 내린다.
	黑 白　蛩　靑 ↓ ↑ 紅 <도판 32-1> (紅黃對舞)		20각	황 홍	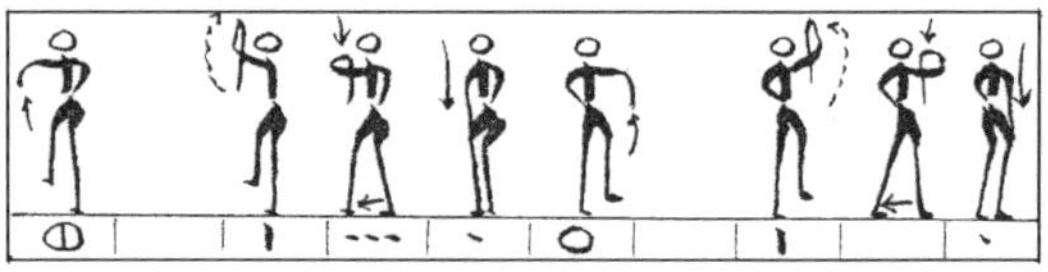 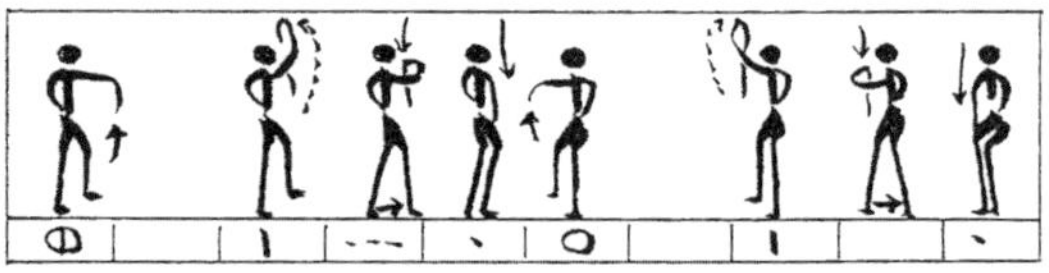 **세령산 20각 동작** 보법: 홍·황은 1, 2, 3박 까지 홍은 內足을 황은 右足을 들어 4박에 상대하여 한 발 앞에 내딛고 5박에 무릎을 구부리고 6, 7, 8박 까지 홍은 外足을 황은 左足을 들어 9박에 상대하여 한 발 앞에 내딛고 10박에 무릎을 구부린다. (도판 32-1) 수법: 홍·황은 1, 2박 까지 홍은 內手를 황은 右手를 어깨 위에 높이 들어 3박에 어깨 뒤편으로 뿌려 넘겨 4, 5박 까지 귀 쪽으로 흘려 내려 무릎 위에 내린다. 6, 7박까지 홍은 外手를 황은 左手를 어깨 위에 높이 들어 8박에 어깨 뒤편으로 뿌려 넘겨 9, 10박 까지 귀 쪽으로 흘려 내려 무릎 위에 내린다.

처용무(계사년홀기)

홀　　기	진　행　도	음악	장단	배역	동　　　　작
		세령산	21각		**세령산 21각 동작** 보법: 홍·황은 세령산 20각 동작을 반복한다. 수법: 홍·황은 세령산 20각 동작을 반복한다.
	黑 白　　　　青 黃 工尺 <도판 32-2> (相背)		22각	황 홍	  **세령산 22각 동작** 보법: 홍·황은 1, 2, 3, 4, 5박 까지 홍은 內足을 황은 右足을 들어 6박에 홍은 남쪽에 황은 북쪽에 딛으며 7, 8박 까지 돌아 상배(相背)하여 9박에 무릎을 구부리고 10박에 편다. (도판 32-2) 수법: 홍·황은 1, 2, 3, 4, 5박 까지 양손을 어깨 위에 높이 들어 6박에 어깨 뒤편으로 뿌려 넘겨 7, 8, 9, 10박 까지 귀 쪽으로 흘려 내려 무릎 위에 내린다.
	黑 白　　　　青 黃 ↑　↓ 工尺 <도판 32-3> (復位)	세령산	23각	황 홍	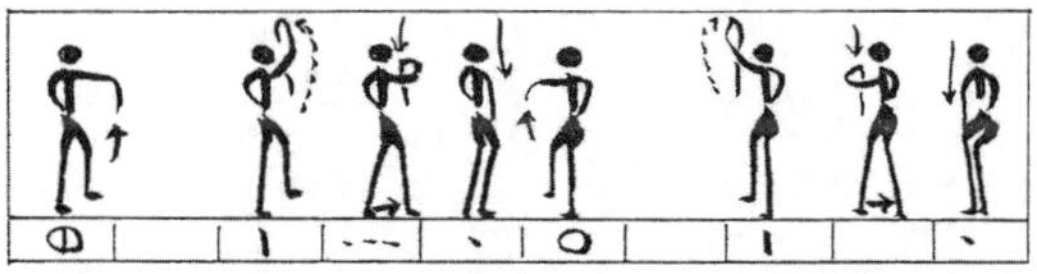 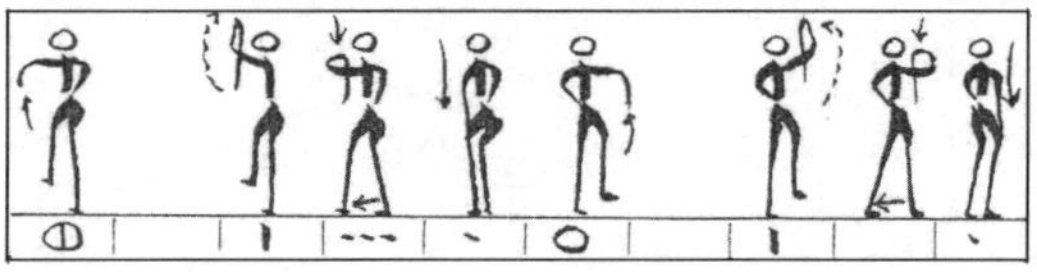 **세령산 23각 동작** 보법: 홍·황은 1, 2, 3박 까지 홍은 內足을 황은 右足을 들어 4박에 홍은 남쪽에 황은 북쪽에 한 발 내딛고 5박에 무릎을 구부리고 6, 7, 8박에 홍은 外足을 황은 左足을 들어 9박에 홍은 남쪽에 황은 북쪽에 한 발 내딛고 10박에 무릎을 구부린다. (도판 32-3) 수법: 홍·황은 1, 2박 까지 홍은 內手를 황은 右手를 어깨 위에 높이 들어 3박에 어깨 뒤편으로 뿌려 넘겨 4, 5박 까지 귀 쪽으로 흘려 내려 무릎 위에 내린다. 6, 7박에 홍은 外手를 황은 左手를 어깨 위에 높이 들어 8박에 어깨 뒤편으로 뿌려 넘겨 9, 10박까지 귀 쪽으로 흘려 내려 무릎 위에 내린다.

처용무(계사년 홀기)

홀 기	진 행 도	음악	장단	배역	동 작
		세령산	24각		**세령산 24각 동작** 보법: 홍·황은 세령산 23각 동작을 반복한다. 수법: 홍·황은 세령산 23각 동작을 반복한다.
	黑 白　黃　靑 紅 <도판 32-4>　(北向)		25각	황 홍	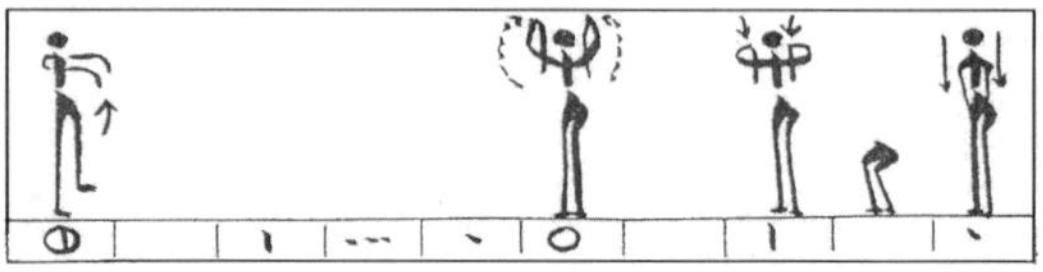  **세령산 25각 동작** 보법: 홍·황은 1, 2, 3, 4, 5박 까지 홍은 內足을 황은 右足을 들어 6박에 황은 제자리에 딛으며 7, 8박은 서 있고 홍은 6박에 북쪽에 딛으며 7, 8박까지 돌아 北向하여 9박에 홍·황은 무릎을 구부리고 10박에 편다. (도판 32-4) 수법: 홍·황은 1, 2, 3, 4, 5박 까지 양손을 어깨 위에 높이 들어 6박에 어깨 뒤편으로 뿌려 넘겨 7, 8, 9, 10박 까지 귀 쪽으로 흘려 내려 무릎 위에 내린다.
黃者西向而舞白者向中央對舞訖	黑 白　黃　靑 紅 <도판 33> (白黃相向)		26각	황 백	  **세령산 26각 동작** 보법: 백·황은 1, 2, 3, 4, 5박까지 백은 內足을 황은 右足을 들어 6박에 백은 동쪽에 황은 서쪽에 딛으며 7, 8박까지 돌아 상향(相向)하여 9박에 무릎을 구부리고 10박에 편다. (도판 33) 수법: 백·황은 1, 2, 3, 4, 5박 까지 양손을 어깨 위에 높이 들어 6박에 어깨 뒤편으로 뿌려 넘겨 7, 8, 9, 10박까지 귀 쪽으로 흘려 내려 무릎 위에 내린다.

처용무(계사년홀기)

홀　　기	진　행　도	음악	장단	배역	동　　　　작
	黑 白 →←　黃　青 紅 <도판 33-1> (白黃對舞)	세 령 산	27각	황 백	 세령산 27각 동작 보법: 백·황은 1, 2, 3박 까지 백은 內足을 황은 右足을 들어 4박에 상대하여 한 발 앞에 내딛고 5박에 무릎을 구부리고 6, 7, 8박 까지 백은 外足을 황은 左足을 들어 9박에 상대하여 한 발 앞에 내딛고 10박에 무릎을 구부린다. (도판 33-1) 수법: 백·황은 1, 2박 까지 백은 內手를 황은 右手를 어깨 위에 높이 들어 3박에 어깨 뒤편으로 뿌려 넘겨 4, 5박 까지 귀 쪽으로 흘려 내려 무릎 위에 내린다. 　　6, 7박까지 백은 外手를 황은 左手를 어깨 위에 높이 들어 8박에 어깨 뒤편으로 뿌려 넘겨 9, 10박 까지 귀 쪽으로 흘려 내려 무릎 위에 내린다.
			28각		세령산 28각 동작 보법: 백·황은 세령산 27각 동작을 반복한다. 수법: 백·황은 세령산 27각 동작을 반복한다.
	黑 白　黃　青 紅 <도판 33-2> (相背)		29각	황 태	 세령산 29각 동작 보법: 백·황은 1, 2, 3, 4, 5박 까지 백홍은 內足을 황은 右足을 들어 6박에 백은 서쪽에 황은 동쪽에 딛으며 7, 8박 까지 돌아 상배(相背)하여 9박에 무릎을 구부리고 10박에 편다. (도판 33-2) 수법: 백·황은 1, 2, 3, 4, 5박 까지 양손을 어깨 위에 높이 들어 6박에 어깨 뒤편으로 뿌려 넘겨 7, 8, 9, 10박 까지 귀 쪽으로 흘려 내려 무릎 위에 내린다.

처용무(계사년홀기)

홀 기	진 행 도	음악	장단	배역	동 작
	黑 Ⅲ←→ 黃 靑 紅 <도판 33-3> (復位)	세 령 산	30각	황 백	세령산 30각 동작 보법: 백·황은 1, 2, 3박 까지 백은 內足을 황은 右足을 들어 4박에 백은 서쪽에 황은 동쪽에 한 발 내딛고 5박에 무릎을 구부리고 6, 7, 8박에 백은 外足을 황은 左足을 들어 9박에 백은 서쪽에 황은 동쪽에 한 발 내딛고 10박에 무릎을 구부린다. (도판 33-3) 수법: 백·황은 1, 2박 까지 백은 內手를 황은 右手를 어깨 위에 높이 들어 3박에 어깨 뒤편으로 뿌려 넘겨 4, 5박 까지 귀 쪽으로 흘려 내려 무릎 위에 내린다. 6, 7박에 백은 外手를 황은 左手를 어깨 위에 높이 들어 8박에 어깨 뒤편으로 뿌려 넘겨 9, 10박까지 귀 쪽으로 흘려 내려 무릎 위에 내린다.
			31각		세령산 31각 동작 보법: 백·황은 세령산 30각 동작을 반복한다. 수법: 백·황은 세령산 30각 동작을 반복한다.
	黑 白 黃 靑 紅 <도판 33-4> (北向)		32각	황 백 청 흑 홍	세령산 32각 동작 보법: 백·황은 1, 2, 3, 4, 5박 까지 백은 內足을 황은 右足을 들어 6박에 북쪽에 딛으며 7, 8박 까지 돌아 北向하여 9박에 구부리고 10박에 편다.

처용무(계사년홀기)

홀　　기	진　행　도	음악	장단	배역	동　처용무　작
					수법: 청·홍·황·흑·백은 1, 2, 3, 4, 5박 까지 양손을 양 어깨 위에 높이 들어 6박에 어깨 뒤편으로 뿌려 넘겨 7, 8, 9, 10박까지 귀 쪽으로 흘려 내려 무릎 위에 내린다.
向中央、而舞 其方周旋而舞旋左青紅黑白者並不出其方一時 擊拍黃者不出	〈도판 34〉 (左旋內向)	삼현도드리	1각 2각	황 황 흑 흑 청 청	

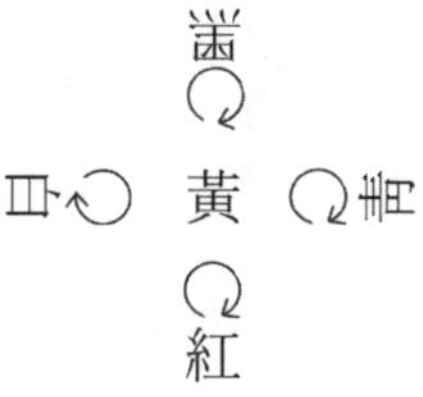

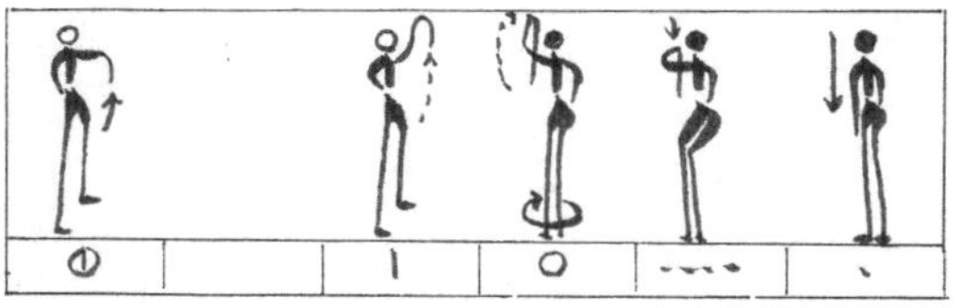

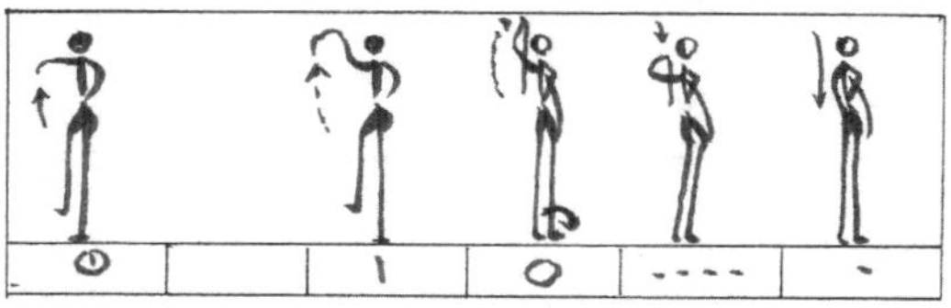

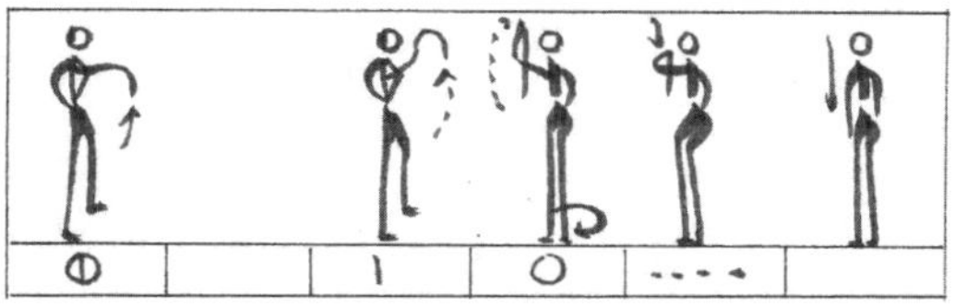

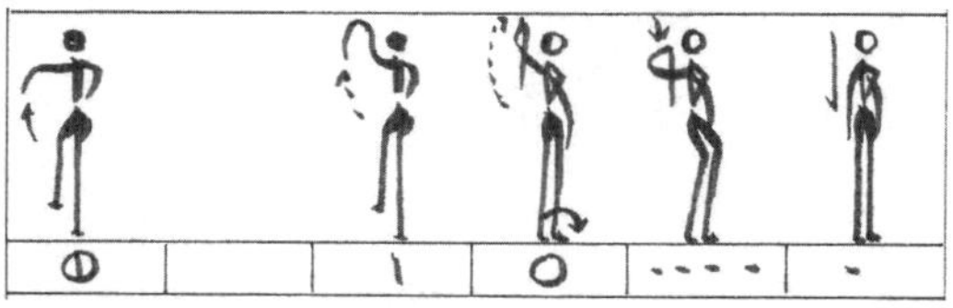

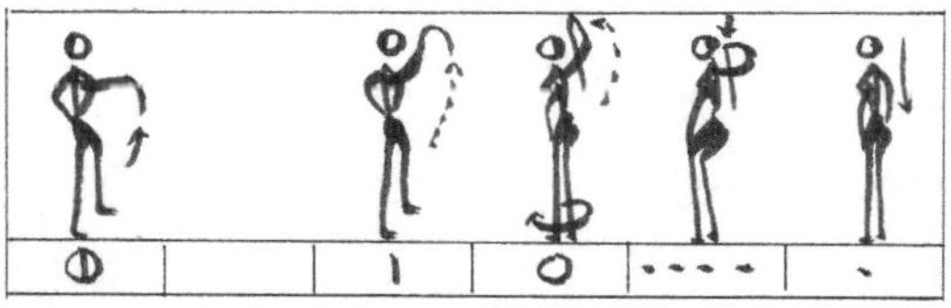

처용무(계사년홀기)

홀 기	진 행 도	음악	장단	배역	동 작
		삼현도드리		홍 홍 백 백	

삼현도드리 1, 2각 동작

보법: 황은 1각의 1, 2, 3박까지 右足을 들어 4박에 동쪽
　　　에 딛으며 左로 돌아 南向하여 5박에 무릎을 구부
　　　리고 6박에 편다.
　　　2각의 1, 2, 3박까지 左足을 들어 4박에 서쪽에
　　　딛으며 左로 돌아 北向하여 5박에 무릎을 구부리
　　　고 6박에 편다. (도판 34)
　　　청·홍·흑·백은 1각의 1, 2, 3박까지 內足을 들
　　　어 4박에 흑·청·홍·백은 동쪽에 딛으며 左로
　　　돌아 청·흑은 동향 홍·백은 南向하고 2각의 1,
　　　2, 3박까지 外足을 들어 4박에 청·흑은 남쪽 홍
　　　·백은 서쪽에 딛으며 左로 돌아 內向하여 5박에
　　　무릎을 구부리고 6박에 편다. (도판 34)
수법: 청·홍·흑·백은 1각의 1, 2, 3박까지 內手를 황
　　　은 右手를 어깨 위에 높이 들어 4박에 어깨 뒤편
　　　으로 뿌려 넘겨 5, 6박까지 귀 쪽으로 흘려 내려
　　　무릎 위에 내린다.
　　　청·홍·흑·백은 2각의 1, 2, 3박까지 外手를 황
　　　은 左手를 어깨 위에 높이 들어 4박에 어깨 뒤편
　　　으로 뿌려 넘겨 5, 6박까지 귀 쪽으로 흘려 내려
　　　무릎 위에 내린다.

처용무(계사년홀기)

홀 기	진 행 도	음악	장단	배역	동 작 (처용무 계사년홀기)
又不出其方周旋而舞 右旋左右 手皆兩度 訖	黃 紅 <도판 34> (左旋內向)	삼현도드리	3각 4각	황 황 흑 흑 청 청 홍 홍	

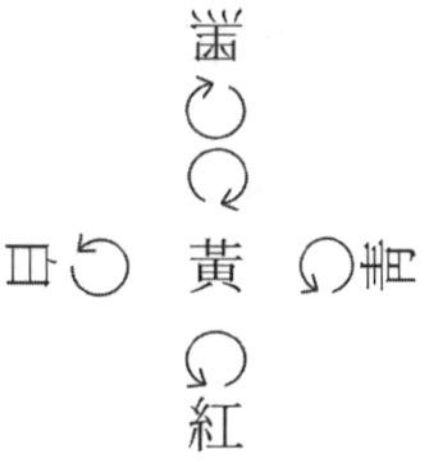

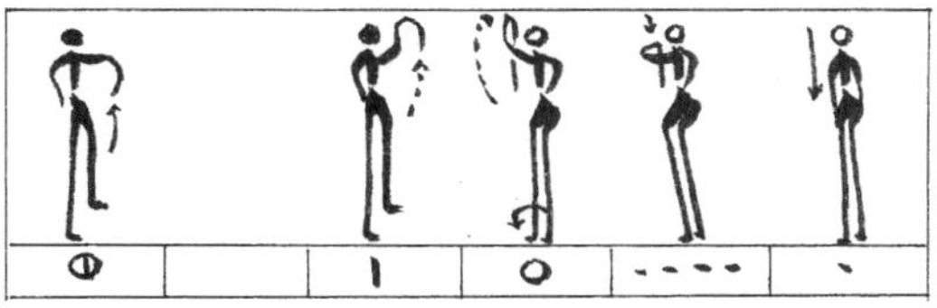

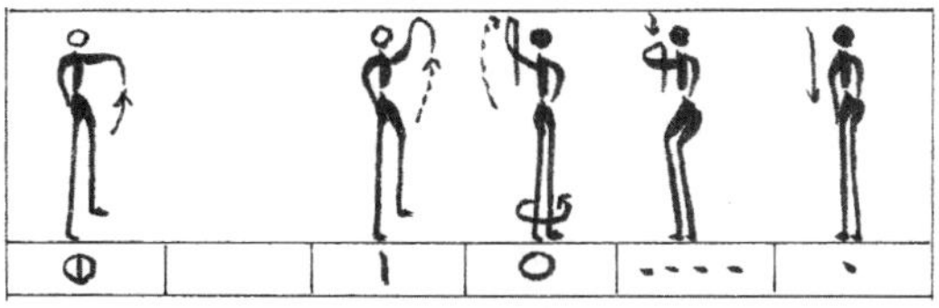

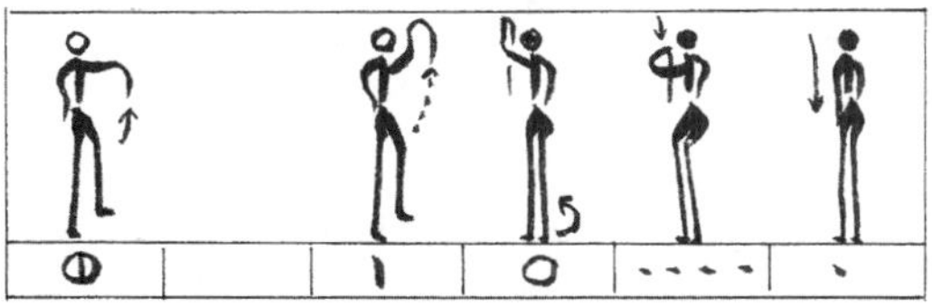

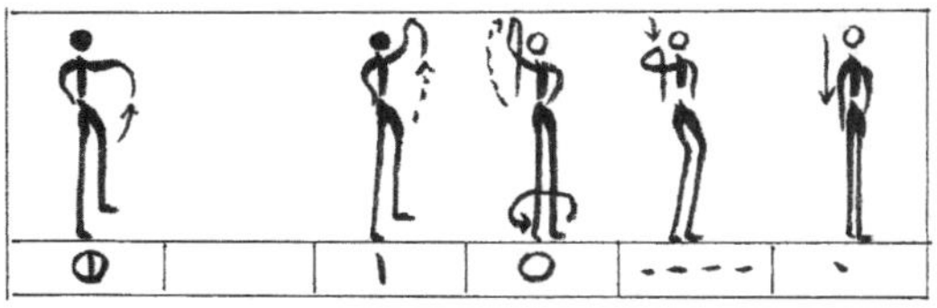

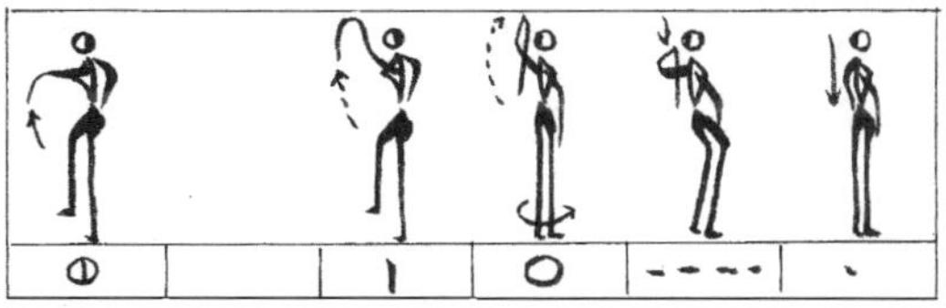

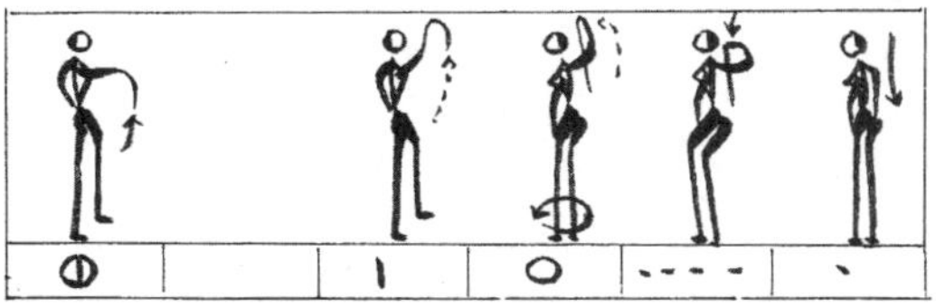

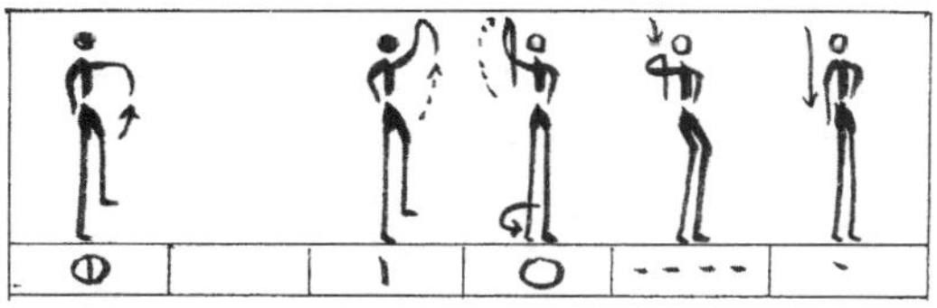

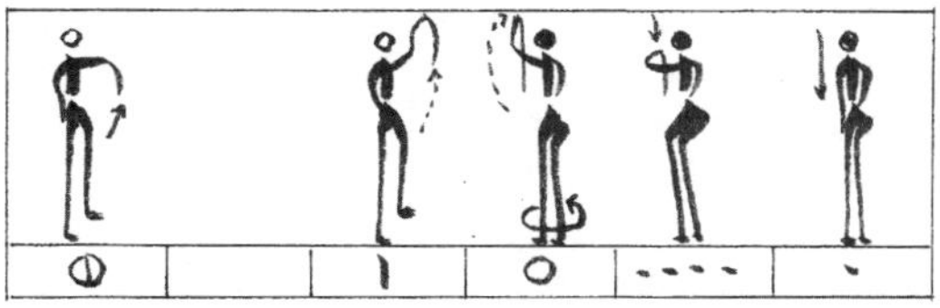

홀　기	진　행　도	음악	장단	배역	동　　작
		삼현도드리		백 백	삼현도드리 3, 4각 동작 보법: 황은 3각의 1, 2, 3박까지 右足을 들어 4박에 남쪽에 딛으며 右로 돌아 南向하여 5박에 무릎을 구부리고 6박에 편다. 　　4각의 1, 2, 3박까지 左足을 들어 4박에 북쪽에 딛으며 右로 돌아 北向하여 5박에 무릎을 구부리고 6박에 편다. (도판 35) 　　청·홍·흑·백은 3각의 1, 2, 3박까지 內足을 들어 4박에 흑·백은 북쪽 청은 東向 홍은 南向 백은 北向하고 4각의 1, 2, 3박까지 外足을 들어 4박에 흑은 서쪽, 청은 남쪽, 홍은 동쪽, 백은 서쪽에 딛으며 右로 돌아 內向하여 5박에 무릎을 구부리고 6박에 무릎을 편다. (도판 35) 수법: 청·홍·흑·백은 1, 2, 3박까지 內手를 황은 右手를 어깨 위에 높이 들어 4박에 어깨 뒤편으로 뿌려 넘겨 5, 6박까지 귀 쪽으로 흘려 내려 무릎 위에 내린다. 　　청·홍·흑·백은 4각의 1, 2, 3박까지 外手를 황은 左手를 어깨 위에 높이 들어 4박에 어깨 뒤편으로 뿌려 넘겨 5, 6박까지 귀 쪽으로 흘려 내려 무릎 위에 내린다.

홀　기	진　행　도	음악	장단	배역	동　　작
左旋黑者先出 三匝各還立其方坐向而舞擊拍黑者舞退 紅者舞進五者齊行而舞 回舞	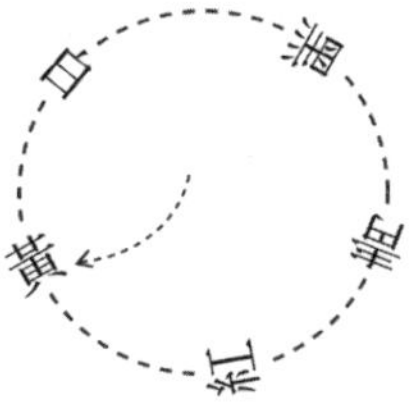 <도판 36> (左旋回舞)	삼현도드리	5각 6각 7 8 9 10 각	청홍황흑백 청홍황흑백	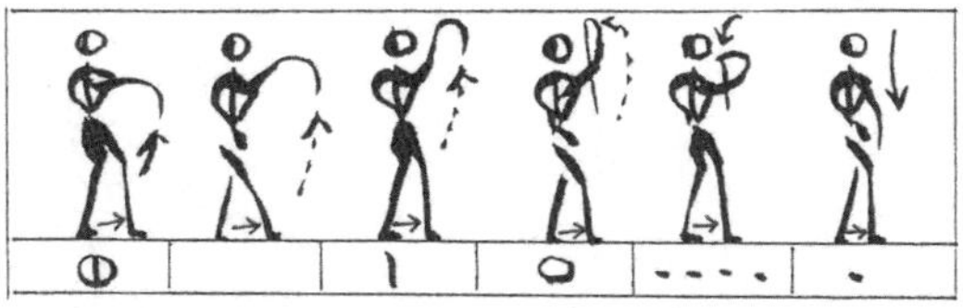 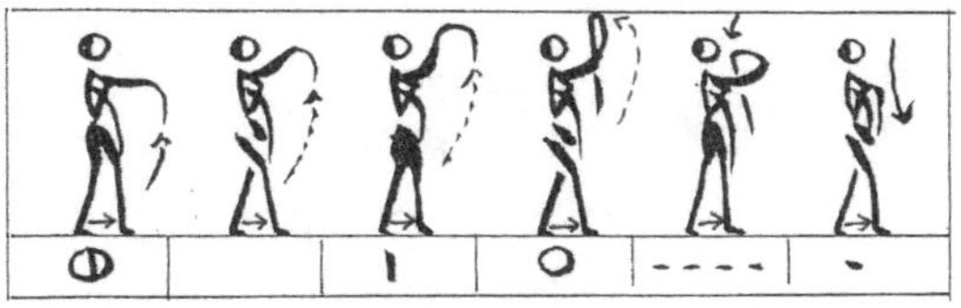 **삼현도드리 5, 6각 동작** 보법: 청·홍·황·흑·백은 1박 1보로 좌선회무(左旋回舞)한다. (先內足 次外足) 수법: 청·홍·흑·백은 1, 2, 3박까지 內手를 황은 右手를 어깨 위에 높이 들어 4박에 어깨 뒤편으로 뿌려 넘겨 5, 6박까지 귀 쪽으로 흘려 내려 무릎 위에 내린다. 청·홍·흑·백은 6각의 1, 2, 3박까지 外手를 황은 左手를 어깨 위에 높이 들어 4박에 어깨 뒤편으로 뿌려 넘겨 5, 6박까지 귀 쪽으로 흘려 내려 무릎 위에 내린다. **삼현도드리 7, 8, 9, 10각 동작** ※ 청·홍·황·흑·백은 삼현 5, 6각 동작을 반복하며 1차 좌선회무한다.
	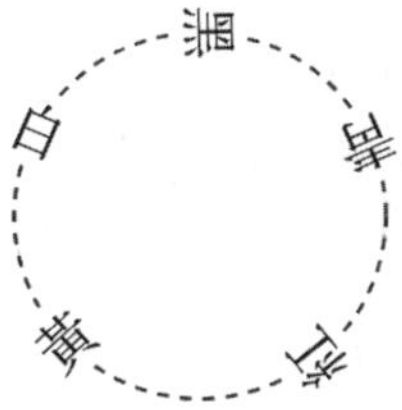 <도판 36-1> (2차 左旋回舞)		11 12 13 14 15 16 각		**삼현도드리 11, 12, 13, 14, 15, 16각 동작** ※ 청·홍·황·흑·백은 삼현 5, 6각 동작을 반복하며 2차 좌선회무한다.

처용무(계사년홀기)

홀 기	진 행 도	음악	장단	배역	동 작
	 <도판 36-2> (3차 左旋回舞)	삼현도드리	17 18 19 20 21 22 각		**삼현도드리 17, 18, 19, 20, 21, 22각 동작** ※ 청·홍·황·흑·백은 삼현 5, 6각 동작을 반복하며 3차 좌선회무하여 북향한다.
	 <도판 36-3> (諸行二舞)		23각 24각	백 황 홍 청흑 청흑	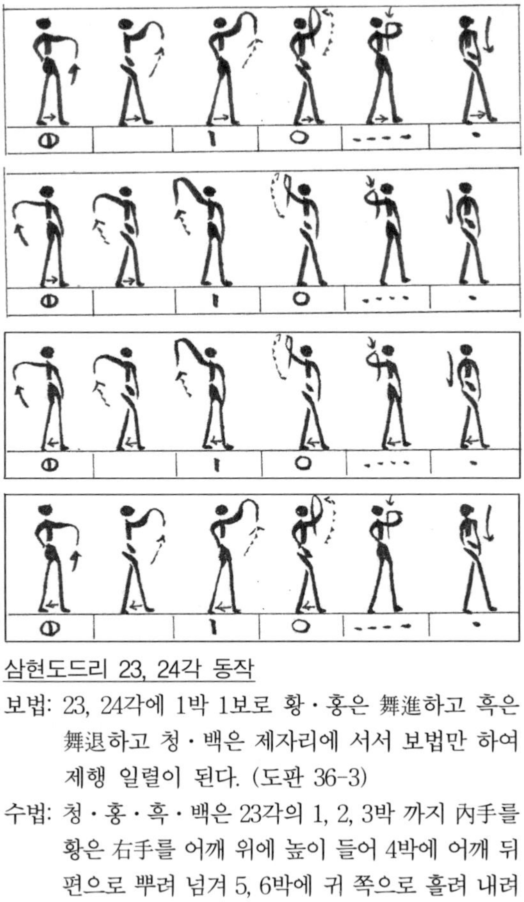 **삼현도드리 23, 24각 동작** 보법: 23, 24각에 1박 1보로 황·홍은 舞進하고 흑은 舞退하고 청·백은 제자리에 서서 보법만 하여 제행 일렬이 된다. (도판 36-3) 수법: 청·홍·흑·백은 23각의 1, 2, 3박 까지 內手를 황은 右手를 어깨 위에 높이 들어 4박에 어깨 뒤 편으로 뿌려 넘겨 5, 6박에 귀 쪽으로 흘려 내려 무릎 위에 내린다. 청·홍·흑·백은 24각의 1, 2, 3박까지 外手를 황은 左手를 어깨 위에 높이 들어 4박에 어깨 뒤 편으로 뿌려 넘겨 5, 6박까지 귀 쪽으로 흘려 내려 무릎 위에 내린다.

홀　　기	진　행　도	음악	장단	배역	동　　　작
	白 黑 黃 紅 靑 <도판 37> (諸行一列)	삼현도드리	25각	황홍백 청흑	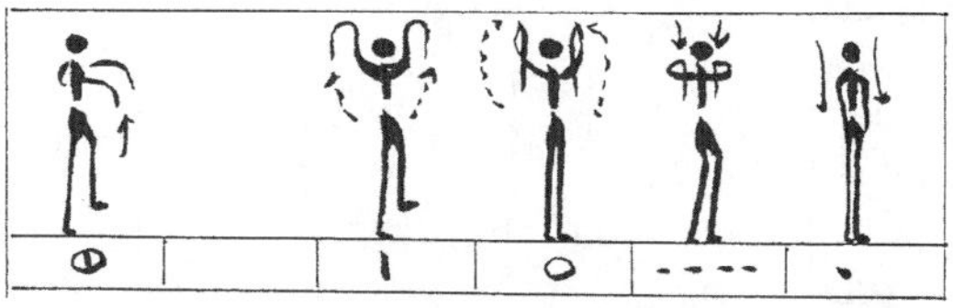 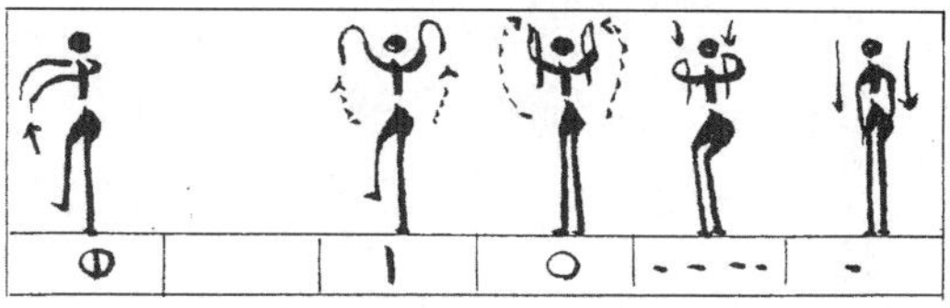 삼현도드리 25각 동작 보법: 청·홍·흑·백은 1, 2, 3박까지 內足을 황은 右足을 들어 4박에 제자리에 딛고 5박에 무릎을 구부리고 6박에 편다. (도판 37) 수법: 청·홍·황·흑·백은 1, 2, 3박까지 양손을 어깨 위에 높이 들어 4박에 어깨 뒤편으로 뿌려 넘겨 5, 6박까지 귀 쪽으로 흘려 내려 무릎 위에 내린다.
			26각	황홍백 청흑	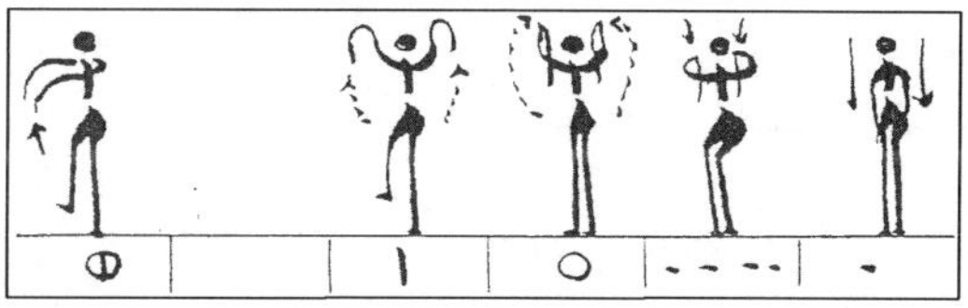 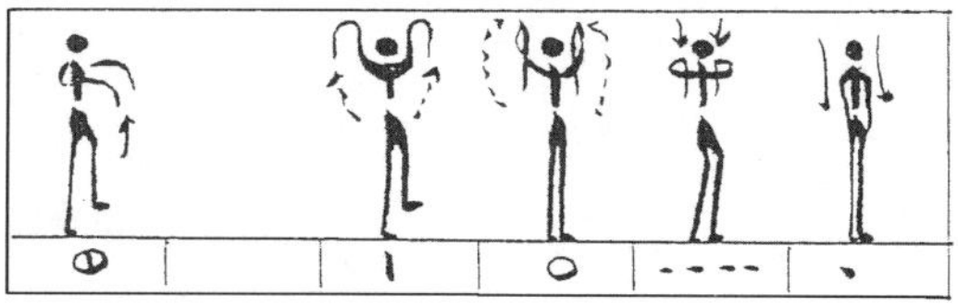 삼현도드리 26각 동작 보법: 청·홍·흑·백은 1, 2, 3박 까지 外足을 황은 左足을 들어 4박에 제자리에 딛고 5박에 무릎을 구부리고 6박에 편다. (도판 37) 수법: 청·홍·황·흑·백은 1, 2, 3박 까지 양손을 어깨 위에 높이 들어 4박에 어깨 뒤편으로 뿌려 넘겨 5, 6박 까지 귀 쪽으로 흘려 내려 무릎 위에 내린다.

홀 기	진 행 도	음악	장단	배역	동 작
而舞青紅黑白者舞退齊行而舞 皆左右手兩度 樂漸數擊拍黃者仍立	黃 ↓ ↓ ↓ ↓ 白 黑 紅 青 <도판 38> (青紅黑白舞退)	삼현도드리	27각	황 홍 백 청 흑	

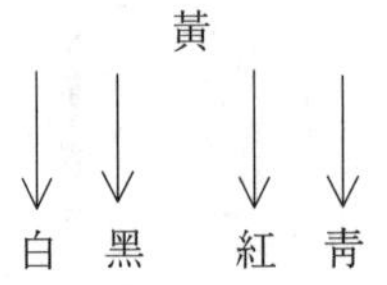

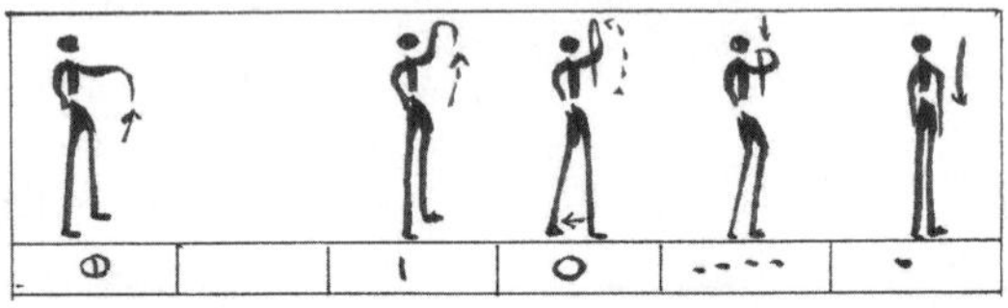

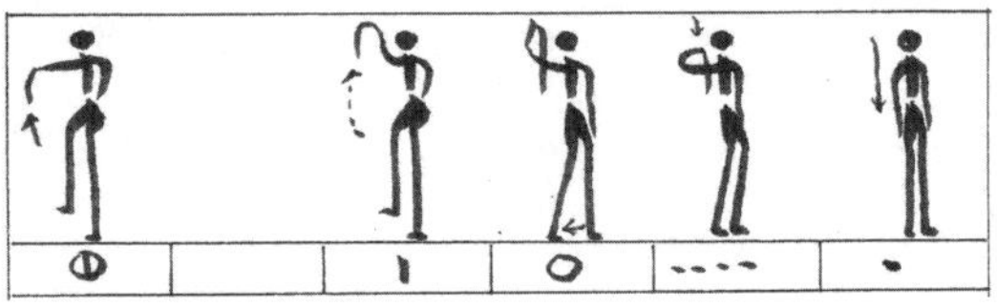

삼현도드리 27각 동작

보법: 황은 1, 2, 3박까지 右足을 들어 4박에 제자리에
딛고 5박에 무릎을 구부리고 6박에 편다.
　　청·홍·흑·백은 1, 2, 3박까지 內足을 들어 4박
에 뒤에 딛고 5박에 무릎을 구부리고 6박에 편다.
(도판 38)

수법: 황은 1, 2, 3박까지 右手를 청·홍·흑·백은 內手
를 어깨 위에 높이 들어 4박에 어깨 뒤편으로 뿌
려 넘겨 5, 6박까지 귀 쪽으로 흘려 내려 무릎 위
에 내린다.

음악	장단	배역	동작
	28각	황 홍 백 청 홍	

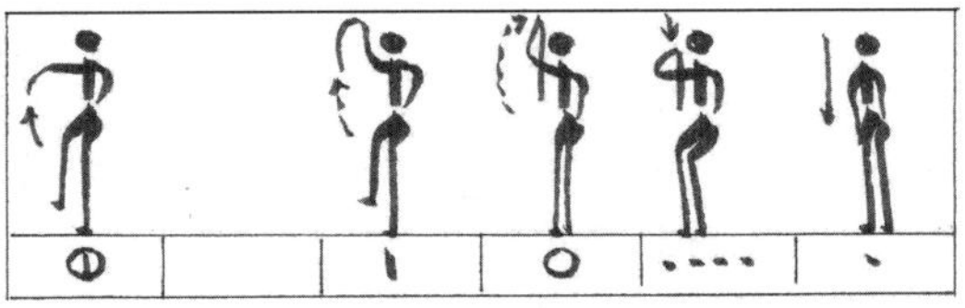

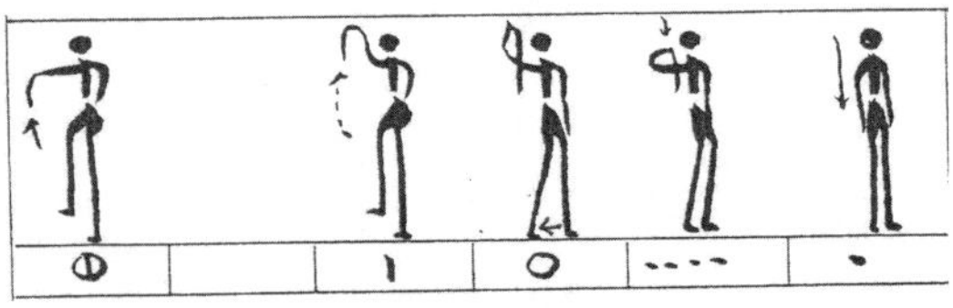

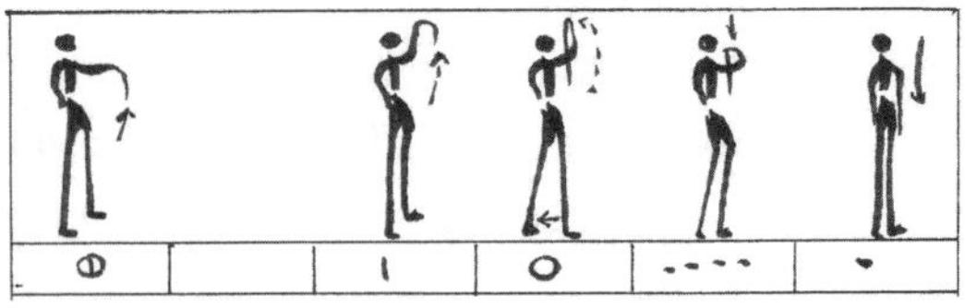

처용무(계사년홀기)

홀 기	진 행 도	음악	장단	배역	동 작
					삼현도드리 28각 동작 보법: 황은 1, 2, 3박까지 左足을 들어 4박에 제자리에 딛고 5박에 무릎을 구부리고 6박에 편다. 청·홍·흑·백은 1, 2, 3박까지 外足을 들어 4, 5박에 무릎을 구부리고 6박에 편다. 수법: 황은 1, 2, 3박까지 左手를 청·홍·흑·백은 外手를 어깨 위에 높이 들어 4박에 어깨 뒤편으로 뿌려 넘겨 5, 6박까지 귀 쪽으로 흘려 내려 무릎 위에 내린다.
舞退青白者舞進舞退紅黑者舞進舞退訖五 者齊行而舞 黃者	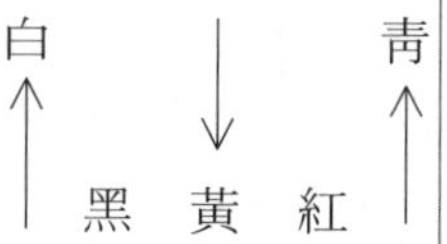 白 ↑　↓　↑ 青 黑 黃 紅 <도판 39> (黃舞退, 青白舞進)	29각		황 백 청	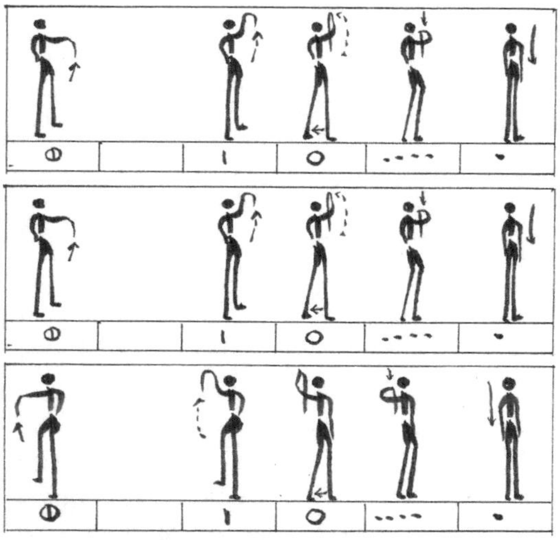 삼현도드리 29각 동작 보법: 황은 1, 2, 3박까지 右足을 백·청은 內足을 들어 4박에 황은 뒤에 백·청은 앞에 딛고 5박에 무릎을 구부리고 6박에 편다. (도판 39) 수법: 황은 1, 2, 3박까지 右手를 백·청은 內手를 어깨 위에 높이 들어 4박에 어깨 뒤편으로 뿌려 넘겨 5, 6박까지 귀 쪽으로 흘려 내려 무릎 위에 내린다.

처용무(계사년홀기)

홀 기	진 행 도	음악	장단	배역	동 작
		삼현도드리	30각	황 백 청	
					삼현도드리 30각 동작 보법: 황은 1, 2, 3박까지 左足을 백·청은 外足을 들어 4박에 황은 뒤에 백·청은 앞에 딛고 5박에 무릎을 구부리고 6박에 편다. 수법: 황은 1, 2, 3박까지 左手를 백·청은 外手를 어깨 위에 높이 들어 4박에 어깨 뒤편으로 뿌려 넘겨 5, 6박까지 귀 쪽으로 흘려 내려 무릎 위에 내린다.
	黑　　　紅 ↓　↑　　↑　↓ 白　　黃　　靑 <도판 40> (黑紅舞進, 靑白舞退)		31각	홍 흑 백 청	

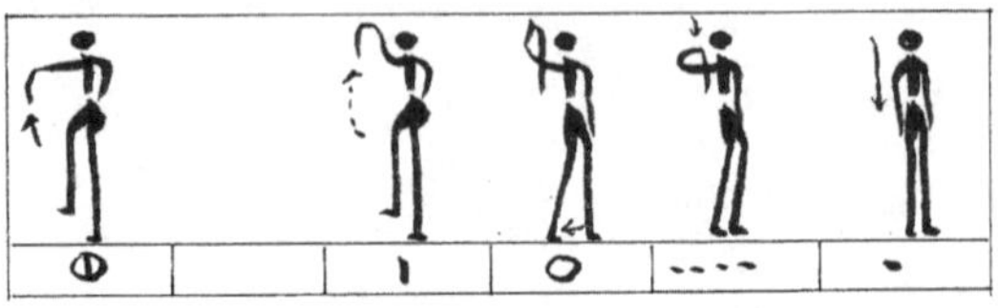

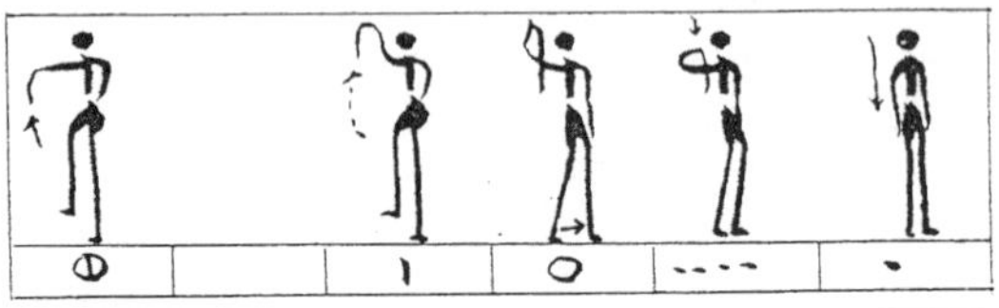

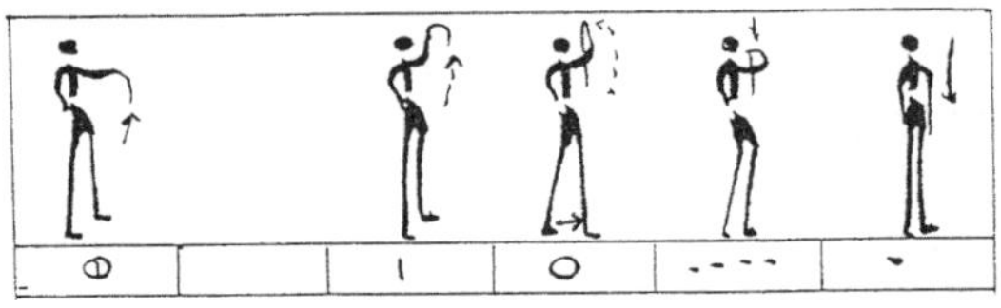

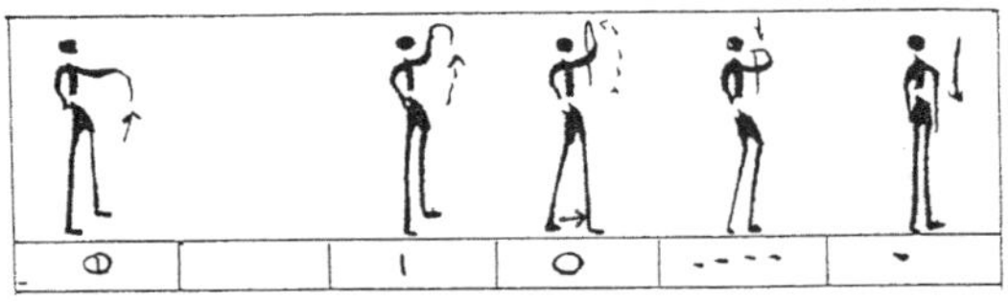

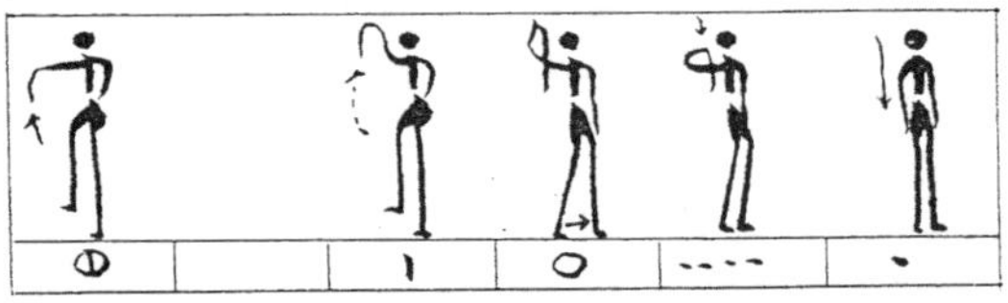

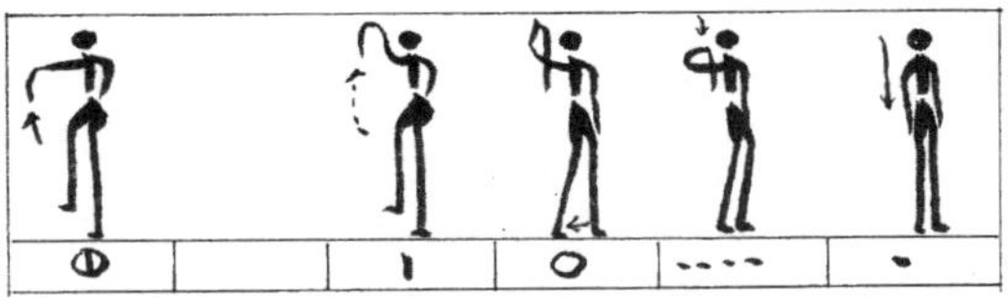

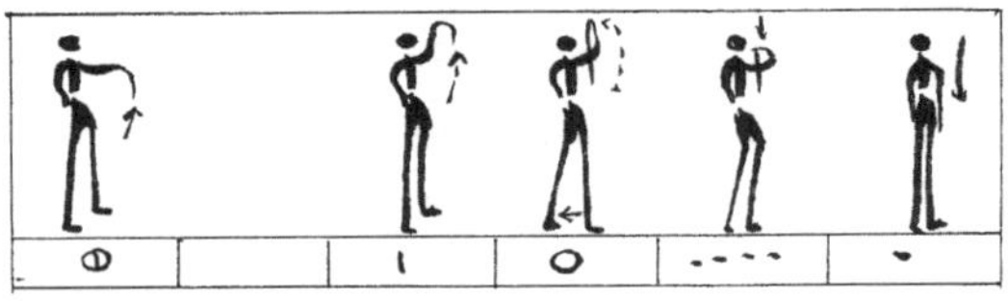

처용무(계사년홀기)

홀 기	진 행 도	음악	장단	배역	동 처용무 작(계사년홀기)
					<u>삼현도드리 31각 동작</u> 보법: 흑·홍·백·청은 1, 2, 3박까지 內足을 들어 4박에 홍·흑은 앞에 백·청은 뒤에 딛고 5박에 무릎을 구부리고 6박에 편다. 수법: 홍·흑·백·청은 1, 2, 3박까지 內手를 어깨 위에 높이 들어 4박에 어깨 뒤편으로 뿌려 넘겨 5, 6박까지 귀 쪽으로 흘려 내려 무릎 위에 내린다.
			32각	홍 흑 백 청	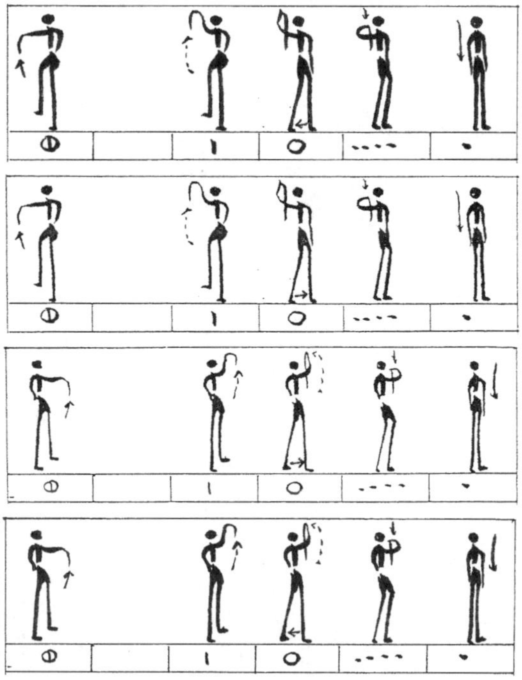 <u>삼현도드리 32각 동작</u> 보법: 흑·홍·백·청은 1, 2, 3박까지 外足을 들어 4박에 홍·흑은 앞에 백·청은 뒤에 딛고 5박에 무릎을 구부리고 6박에 편다. (도판 40) 수법: 홍·흑·백·청은 1, 2, 3박까지 外手를 어깨 위에 높이 들어 4박에 어깨 뒤편으로 뿌려 넘겨 5, 6박까지 귀 쪽으로 흘려 내려 무릎 위에 내린다.

처용무(계사년홀기)

홀 기	진 행 도	음악	장단	배역	동 작
	↓　　　↓ 白 黑 黃 紅 靑 <도판 41> (黑紅舞退)	삼현도드리	33각	홍 흑	 **삼현도드리 33각 동작** 보법: 홍·흑은 1, 2, 3박까지 內足을 들어 4박에 뒤에 딛고 5박에 무릎을 구부리고 6박에 편다. (도판 41) 수법: 홍·흑은 1, 2, 3박까지 內手를 어깨 위에 높이 들어 4박에 어깨 뒤편으로 뿌려 넘겨 5, 6박까지 귀 쪽으로 흘려 내려 무릎 위에 내린다.
			34각	홍 흑	 **삼현도드리 34각 동작** 보법: 홍·흑은 1, 2, 3박까지 外足을 들어 4박에 뒤에 딛고 5박에 무릎을 구부리고 6박에 편다. (도판 41) 수법: 홍·흑은 1, 2, 3박까지 外手를 어깨 위에 높이 들어 4박에 어깨 뒤편으로 뿌려 넘겨 5, 6박까지 귀쪽으로 흘려 내려 무릎 위에 내린다.

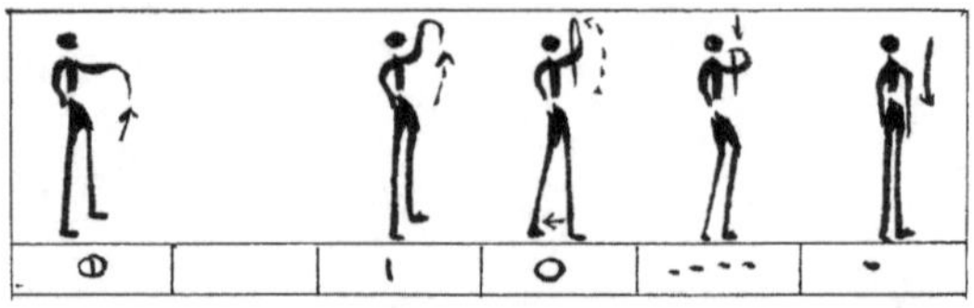

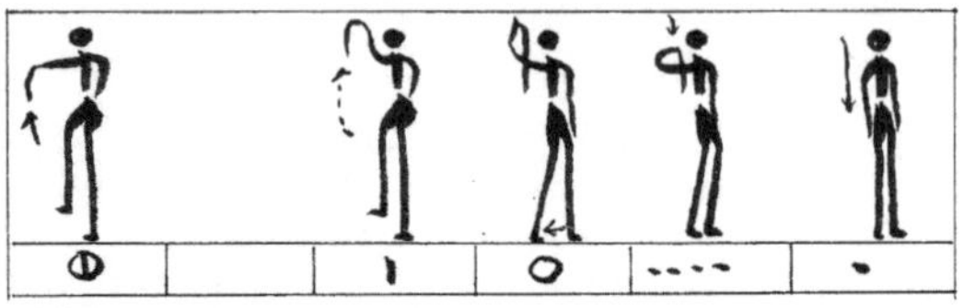

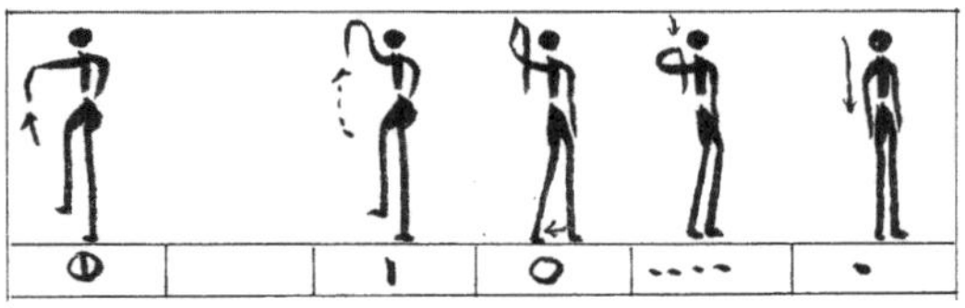

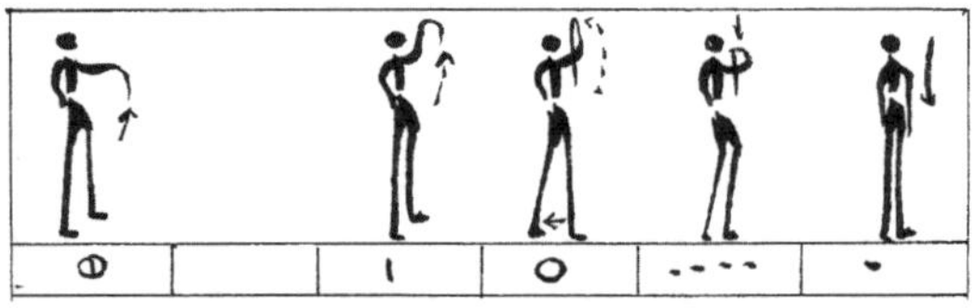

홀　기	진　행　도	음악	장단	배역	동　처용　작
	白 黑 黃 紅 靑 <도판 42> (諸行一列)	삼현도드리	35각	황홍백 흑	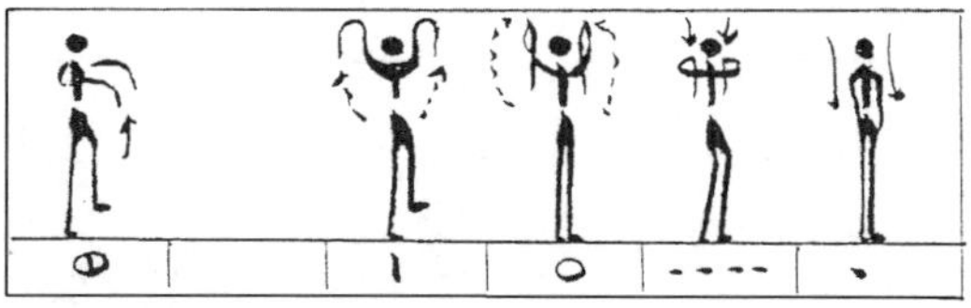 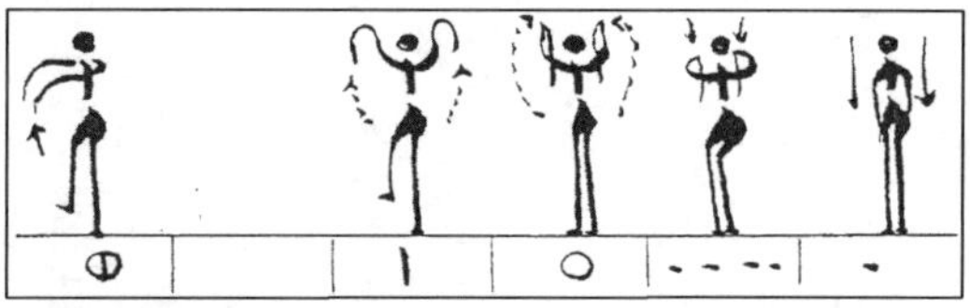 삼현도드리 35각 동작 보법: 청·홍·흑·백은 1, 2, 3박 까지 內足을 황은 右足을 들어 4박에 제자리에 딛고 5박에 무릎을 구부리고 6박에 편다. (도판 42) 수법: 청·홍·황·흑·백은 1, 2, 3박 까지 양손을 어깨 위에 높이 들어 4박에 어깨 뒤편으로 뿌려 넘겨 5, 6박 까지 귀 쪽으로 흘려 내려 무릎 위에 내린다.
			36각	황홍백 청흑	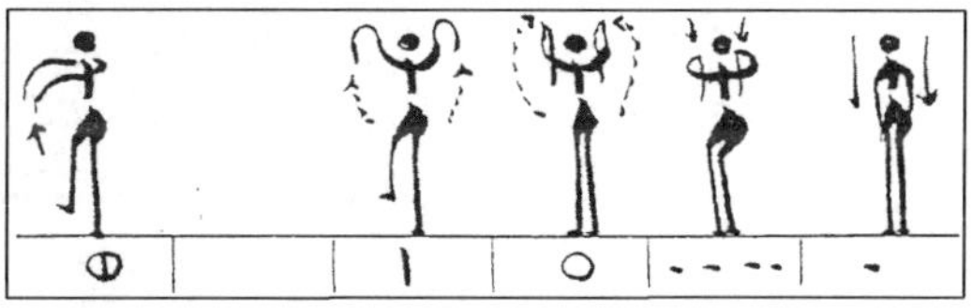 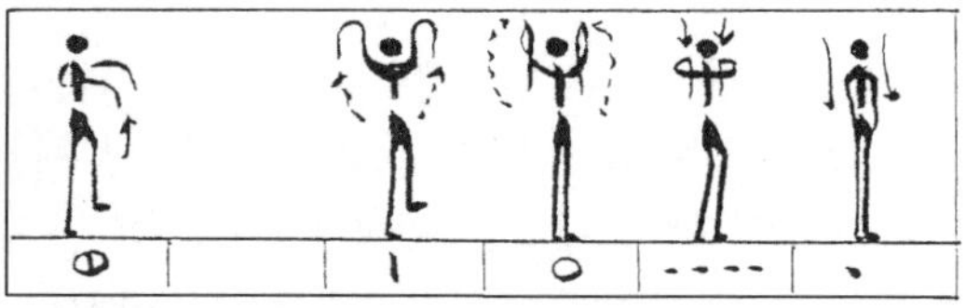 삼현도드리 36각 동작 보법: 청·홍·흑·백은 1, 2, 3박 까지 外足을 황은 左足을 들어 4박에 제자리에 딛고 5박에 무릎을 구부리고 6박에 편다. (도판 42) 수법: 청·홍·황·흑·백은 1, 2, 3박 까지 양손을 어깨 위에 높이 들어 4박에 어깨 뒤편으로 뿌려 넘겨 5, 6박 까지 귀 쪽으로 흘려 내려 무릎 위에 내린다.

처용무(계사년홀기)

계사년 처용무홀기	악학궤범의 학연화대처용무합설홀기
五方處容搖身歡舞還復初列而立樂止 樂奏急機妓唱其歌 五者變舞 仍奏玤歐急樷妓唱其歌擊拍	前位舞作一如上儀訖樂止 齊行而立呈才如儀訖又奏處容慢機處容歌唱五方處容復立 兩童女乃出兩鶴驚躍而退樂止還立於初位兩童女下池塘 處容小退立樂奏步虛子令擊拍青白鶴如譜進退而舞啄蓮花 樂工及執儀物假面舞童等亦從而足蹈搖身極歡訖樂止方 立擊拍擊大鼓奏靈山會相令樂漸鼓五方處容足蹈歡舞女妓 相慢妓工齊聲唱詞靈山會相引入回旋旋左三匝匝次如圖排 次之女妓次之執拍樂師鄕唐樂工各次次隨之樂奏靈山會 黑白處容次之引入仗旋節盖一件奉花舞童 備陳鶴蓮花臺儀物等具靴銅鈦樂師樂工以次而出樂止又至後度 五者舞出舞女妓樂師樂工先導靑白鶴姿之靑紅黃

위의 계사년 홀기와 악학궤범의 학연화대처용무합설의 홀기를 비교 해 보면 계사년홀기는 악학궤범의 학연화대처용무합설의 처용무홀기를 창사만 제외하고 그대로 기록이 되었음을 알 수 있다.

악학궤범의 학연화대처용무합설의 홀기는 이 부분에서 학연화대무를 추기 위하여 학연화대의 무구(舞具)를 도설(圖說)하기 위하여 전원(全員)이 회무(回舞) 삼잡(三匝)하여 초입배열도(初入排列圖)로 들어와 도열(圖列)을 한 다음에 학무와 연화대무를 춘다.

그러나 계사년홀기의 처용무는 학연화대무는 추지 않고 처용무만 추는 홀기이다.

또한 악학궤범의 학연화대처용무합설에서 처용무는 봉황음(鳳凰吟) 연주에 제기(諸妓)들이 처용가(處容歌)를 창하며 춤을 추도록 기록하고 있으나 계사년홀기에는 영산회상 반주에 「영산회상불보살」을 제기(諸妓)들이 창하며 추도록 기록되어 있다.

이와 같은 기록으로 보아 이 부분의 계사년 처용무홀기는 악학궤범의 학연화대처용무합설의 후도(後度)의 오방처용무 홀기를 전사 한 것이기 때문에 계사년 처용무홀기의 이 부분의 내용은 필요하지 않아 배제하여 도안하지 않았다.

처용무(계사년홀기)

止乃訖

樂作 二妓導唱 諸妓齊聲和 如前回旋 並如上導唱和之 至本師觀音讚 以次出樂

擊拍

위의 계사년 홀기와 악학궤범의 학연화대처용무합설무홀기를 비교 해 보면 계사년의 처용무홀기는 악학궤범의 학연화대처용무합설홀기의 미타찬(彌陀讚), 본사찬(本師讚), 관음찬(觀音讚)의 가사(歌詞)의 기록만 기록하지 않았을 뿐 홀기의 내용은 악학궤범의 학연화대처용무합설의 홀기와 같다.

그러므로 계사년의 처용무도 미타찬, 본사찬, 관음찬을 노래하며 회선(回旋)하여 차차 퇴(退)하는 것으로 도안히였디.

홀 기	진 행 도	음악	장단	배역	동 작
止乃訖 樂作 二妓導唱 諸妓各聲和 如前回旋 至本師觀音讚 並如上導唱和之 以次出樂 擊拍	<도판 43> (左旋回舞三匝) <도판 44> (回旋退)				※ 오방처용(五方處容)은 제기(諸妓)의 미타찬, 본 사찬, 관음찬의 노래에 따라 자유스런 동작(動作)으로 「도판 43」과 같이 흑을 선도(先導)로 좌 선회무(左旋回舞) 삼잡(三匝)하여 「도판 44」와 같이 차차 퇴장한다. (동작명칭의 기록이 없어 자유로운 동작을 택하였으나 앞의 처용무 동작을 인용하여도 좋을 것 같다)

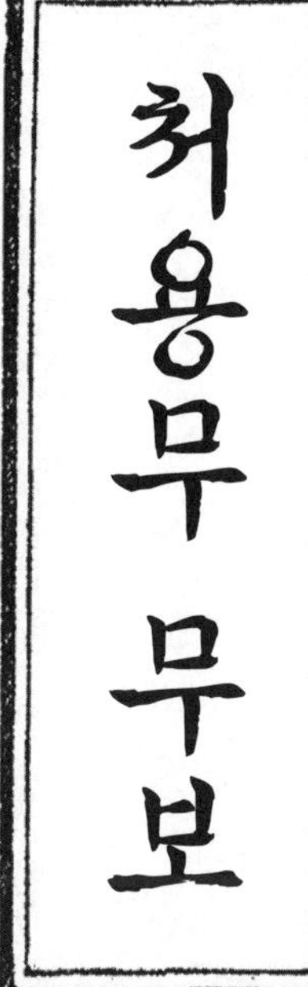

처용무 무보

이왕직아악부

한국 궁중무용의 계승

한국의 궁중무용은 일제 강점기에 진연(進宴)과 연악(宴樂)이 폐쇄되었으나 다행이도 이왕직아악부원 양성소가 생기므로 인하여 궁중연악(宮中宴樂)은 그 생(生)을 유지할 수 있었으나 궁중정재는 여령(女伶)들이 궁중을 떠나게 됨으로 인하여 끊어질 뻔하였다.

다행이도 고종(高宗) 때 외진연(外進宴)에 참여했던 무동(舞童)들에 의하여 순종황제(純宗皇帝) 3년 탈상을 마치고 이왕전하 내외분을 위하여 정재감상을 기획한 것이 계기가 되어 오늘날 정재가 그 면모를 이어갈 수 있게 되었다.

참으로 다행한 일이다.

이 때 이왕직아악부원양성소 학생들에게 이수시킨 정재는 (1)봉래의, (2)장생보연지무, (3)춘앵전, (4)처용무, (5)향발무, (6)보상무, (7)무고, (8)가인전목단, (9)수연장지무, (10)만수무였다.

또한 이 춤들을 이수할 때 기록을 남겨주신 이주환, 성경린, 이병성, 김기수 선생님께 우리는 감사해야 할 것이다.

이 분들이 남긴 노트와 등사본은 참으로 귀중한 자료가 되기 때문이다.

이 분들이 남겨주신 모든 자료를 이 지면에 다 공개할 수 없어 당시의 상황을 자세히 기록으로 남기신 성경린 선생님의 수필집 『나의 인생관』, 『노을에 띄운 가락』에 기재된 내용만을 소개하면 다음과 같다.

宮中呈才의 再現

성경린의 나의 인생(人生) 「노을에 띄운 가락」의 기록

정재(呈才)란 전날 대궐 안 잔치에서 하는 춤과 노래를 묶어서 이렇게 불렀다.

궁중무용의 딴 이름이 바로 정재가 된다.

역대 정재는 당악(唐樂)정재와 향악(鄕樂)정재 두 가지가 늘 대립하여 전승되어 왔다.

당악정재는 중국 전래의 정재이고, 향악정재는 한국 고유의 정재인 것이다.

그러나 그것도 고려조를 거쳐 조선조 초기까지 이야기요, 중기 이후에 오면 둘이 뒤섞여 분간이 어렵게 되었다.

정재는 즐거운 궁중 연향에 벌이는 아름답고 깨끗한 춤이다.

이조 말 어지러운 국정에서도 나라의 잔치는 꽤나 잦아 정재는 그런 소용으로도 마냥 흥겹고 태평하였던 것이다.

그러나 한일합방 이후로는 사정이 달라졌다.

조종(祖宗)의 제사 받들기도 바쁜 터에 무슨 경황에 질탕한 진연(進宴)일까 보냐

나라의 연락(宴樂)이 자취를 감추니 이의 주역이었던 여령(女伶)들이 잽싸게 궁중에서 물러났다.

정재의 전통은 끊어질 뻔하였다.

그러나 전날 외진연(外進宴)에 무동(舞童)이 정재를 또한 익히고 추었다.

순종황제가 돌아가시고 三年 탈상이 되었다.

그 때 이왕직(李王職)에서는 꽤나 갸륵한 생각을 짜 내었다.

오랜만에 근친하시는 이왕전하 내외분을 위해 즐거운 정재 감상을 기획한 것이다.

그것이 아악부의 건의에 의한 것이든 이왕직 당국의 발상이든 간에 그 분들을 기쁘게 학 정재의 전통도 이어주는 계기가 되었으니 일거양득의 좋은 일이었다.

전래하는 정재는 대략 五〇여종에 이르고 이었는데 그중에서 봉래의(鳳來儀)·장생보연지무(長生寶宴之舞)·처용무(處容舞)·향령무(響鈴舞)·보상무(寶相舞)·춘앵전(春鶯囀)·가인전목단(佳人剪牧丹)·수연장(壽延長)·만수무(萬壽舞) 모두 열 가지가 선정되고 따로 무동과 무원(舞員)이 선발되었다.

나는 이주환(李珠煥=福吉), 김보남(金寶男), 김강본(金岡本), 이점룡(李點龍), 태재복(太在福), 왕종진(王宗鎭)군과 더불어 무동에 뽑혀 처용무를 제한 여러 가지 정재를 이수할 수가 있었다.

그 중 처용무만은 어린 무동으로는 안 되고 주로 선배들과 선생급 에서 골랐는데, 첫째 카가 장대하여야 하는 것이 요건인 것 같았다.

제일조(組)는 박노아(朴老兒), 고영재(高永在), 김계선(金桂善), 박성재(朴聖在), 이병성(李炳星)으로 짜였고, 제이조·제삼조까지 이른바 예비군까지 마련하여 대비한 것을 보면 참으로 용의주도하다는 생각을 금치 못하고 있다.

처용무의 중무(中舞) 김계선은 대금(大琴)으로 일세를 풍미한 귀재(鬼才)였고, 고영재도 역시 대금이 전공이나 보다 좌고수(座鼓手)로 알려진 악수였고, 나머지는 모두 이기 선배들이었다.

이기 선배에는 우리와 함께 무동을 하던 김천흥(金千興), 김선득(金先得), 서상운(徐相云) 등이 더 있었다.

정재 훈련에 들어가기 훨씬 이전에 이 어전 연주에 관한 준비는 착착 이루어졌던 것 같다.

첫째 무복이요, 다음이 의물(儀物)인데 의물은 요즘의 대도구(大道具), 소도구(小道具)에 해당할 것이다.

처용무복은 가면(假面) 제작도 있고, 의상에는 공교(工巧)한 모란꽃 자수(刺繡)만도 수십 개나 들어 있어서 여간 공정이 걸리는 작업이 아니었다.

처용의 가면만 하더라도 주문한 미술제작소의 것은 너무 크게 되어 퇴하고, 다시 마춘 것이 요즘까지 국립국악원에서 쓰고 있는 가면인 줄 알고 있다.

거기에 대면 무동복은 비교적 간단한 것이라고 말할 수 있다.

천은 하나같이 중국 공단이어서 좀 무거운 편이나 그 색상이나 촉감의 부드러움은 비할 데가 없었다.

의상은 청(靑)·홍(紅)·황(黃)·흑(黑)·백(白)의 색의(色衣) 단령(團領)이고, 머리에는 망건에 금관자 달고 그 위에 부용관(芙蓉冠)이며, 신은 수화(繡靴)였다.

정재의 훈련은 김영제(金寧濟), 함화진(咸和鎭), 이수경(李壽卿) 세 분이 담당했지만 춘앵전은 함화진, 처용무는 김영제, 그 밖의 정재는 거의 이수경 선생의 지도였다.

이수경 선생은 일찍이 무동 출신으로 당시 四○대의 기골이 장대한 장년이건만 그 부드럽고 가냘픈 춤사위는 화사한 여인의 무태(舞態)를 무색케 할 정도였다.

양무(洋舞)는 잘 모르지만 정재의 기본은 족도(足蹈)였다.

즉 춤으로의 걸음걸이겠는데 이게 보기에 쉬운 듯 하면서 결코 쉬운게 아닌 것을 배워 본 사람이 아니면 모를 것이다.

정재의 훈련은 하나로 족도에 시종하는가 싶었다.

두 팔을 좌우로 올리고 장단에 맞추어 진퇴하는 것인데, 팔은 팔대로 아프고 다리는 다리대로 아프다.

몹시 팔이 아프면 한 팔씩 번갈아 내릴 수는 있어도 다 내리고 걸을 수는 없었다.

정작 족도인데 겨우 여섯 박자 도드리장단, 네 박자 타령장단으로 나가고 퇴하는 운동이건만 그게 그렇게 고되고 힘들 줄이야.

장딴지에 알이 밸 정도라면 조금 짐작이 갈 것이다.

그런데 이수경 선생은 하나같이 족도가 옳고 바르지 못하다고 타박이시니 더욱 못 견딜 일이다.

무릎을 굽히면서 발을 들고 그것을 가볍게 바닥에 딛는 것인데, 허리 위는 반듯이 곧아야 하고, 하반신은 그대로 유연하여야 하는 것이다.

우리는 저마다 스승의 보법(步法)에 따라 별로 틀림이 없다고 믿는데 그게 아니라니 딱한 일이었다.

그 뒤 남을 가르쳐도 보고 남이 하는 지도도 넘겨보는 것이지만 우리들이 그 때 배운 엄격하고 철저한 훈련에는 적이 미치지 못한다는 그런 생각을 하고 있다.

족도 그게 뭘까마는 며칠을 소요한 게 아니고, 몇 주를 소요한 게 아니고 실로 족도 하나로 두어 달은 실히 걸렸으니 예전의 교육이 얼마나 도저한가를 알 만하다.

그런 후에 비로소 춤사위에 드는 것인데 처음이 이수고저(以袖高低)가 되었다.

색한삼(色汗衫)을 펄럭여 오른쪽에서 왼쪽으로, 왼쪽에서 오른쪽으로 연신 반복하는 것인데 선 자리에서 하기도 하고 진퇴하면서 하기도 하였다.

요즘의 춤 선생이 들으면 서운해 하겠지만 전통 무용이라고 입으로는 떠들면서 이수고저의 기법 하나 옳게 못하면서 무슨 사장(師匠)이냐고 말하고 싶다.

민속 무용의 이수고저가 그런 꼴이라고 하면 나는 입을 다물겠다.

그러나 고전의 정재는 그런 하다마는 식의 중도이폐(中途而廢)의 이수고저가 아닌 것이다.

이 글은 무슨 정재의 강의가 목적이 아닌 터에 너무 이야기가 옆길로 빠진 것 같다.

다만 우리는 좋은 훌륭한 스승을 만나 정재 하나라도 옳고 바르게 배웠다는 보람과 자랑일 뿐이다.

춘앵전은 처음 둘이 뽑혔었다.

김강본, 김보남이 그였는데 곧 김강본으로 낙착이 되었다.

춤의 재질은 김보남도 빠지지 않았으나 그는 얼굴이 너무 검었다.

그에 대면 김강본은 얼굴이 희고 기거동작도 여자처럼 유연한 것이 춘앵무 재비로 만든 모양이다.

독무인 춘앵전은 김강본이 추고, 어른의 춤인 처용무는 선생과 선배가 맡고, 나머지 여덟 가지 정재를 우리들이 추었다.

나는 주로 서방(西方)을 상징한 백의(白衣)를 입고 추었다.

장생보연지무에 청은 김강본, 홍은 김보남, 황은 이점룡, 백은 나, 그리고 흑은 이주환 이었다.

봉래의는 세종 때 조종의 창업의 공덕을 경송(敬頌)하기 위하여 지은 정재인데 춤 가운데 「용비어천가」의 노래를 많이 부르는 것이 특색이다.

죽간자에는 태재복, 왕종진, 청에 김선득, 김강본, 홍에 김선득, 김보남, 백에 나와 서상운, 흑에 김천홍, 이주환이 각각 맡았었다.

이왕전하 내외분에게 보일 궁중 정재의 발표를 위하여 아악부에서의 준비는 실로 오래고도 신중한 것이었다.

첫째 정재에 따라 다른 복식이나, 의물(儀物)의 제작인바 그게 여느 침모나 장색에게 맡겨서 쉽게 이루어지는 물건이 아니었다.

처용무(處容舞)의 탈(假面)이 가장 힘드는 공정이고, 겉옷에 그린 수(繡)만도 앞뒤에 모두 三〇여개나 되니 그 수공 또한 이만저만이 아니다.

수는 겉옷에만 있지 않고 천의(天衣)나 치마(裙), 신(鞋)에도 있어 까다롭고 손가는 게 말도 못한다.

처용무는 먼저 속저고리의 한삼(汗衫)을 입고 바지 위에 치마요, 그 위에 겉옷인바 다시 천의와 길경(吉慶), 띠(帶)요, 장식이요, 꽃신에 사모(紗帽) 달린 가면으로 비로소 완전한 장속(裝束)인 것이다.

그런데 처용무에 관한 한 전래하는 꼬투리가 한 가지도 없는 모양이었다.

설사 있다 하더라도 그걸 그대로는 도저히 쓸 수 없다.

그렇더라도 무슨 본보기가 있으면 제작의 과정이 훨씬 쉽고 빨라질 텐데 그게 없으니 일일이 문헌을 상고해서 천이나 제도나 칫수 등을 가려 발주하는 데 많은 괴로움이 있는 듯이 보였다.

먼저 탈의 경우이지만 <악학궤범(樂學軌範)>에 보면 처용관복(冠服)이라 하여 사모와 가면의 모양이 그림으로 나와 있다.

김영제, 함화진 선생께서 이것에 빙거해서 나무로 먼저 처용의 가면을 깎고 여기에 종이로 수십 겹 배접(褙接)을 해서 탈을 떠낼 그런 궁리를 한 것 같다.

두 분이 조각가도 기술자도 아니니 아무래도 남을 맡겨서 시킬 수밖에 없다.

재간 있는 목수를 물색하여 <악학궤범>의 그림을 보이고 그 모양의 탈을 만들게 했다.

턱이 길고 끝이 밖으로 굽어 그야말로 주걱턱이 처용탈의 특징인데 그 꼴의 처용이 일단 조소는 되었다.

그런데 거기에다 종이 배접을 하여 탈을 떠내면 되는데 다 만들어 놓고 보니 나무의 소상(塑像)이 너무 큰 것을 알았다.

조금씩 깎아내는 방법도 있고 아주 새로이 만드는 길도 있었으나 하도 신고하여 만든 일에 진력을 느끼고 자체의 제작을 단념한 것이었다.

그래서 맡긴 곳이 용산엔가 있던 이왕가 미술연구소인데 당시 이런 명칭의 기구는 이미 없어졌고 전날의 간여하던 기술직들이 모여 특수한 미술공예품을 제자가고 있던 것 같다.

아악부에 내왕하던 기술자도 일인들로 처용의 탈은 저들에 의하여 만들어졌다.

무엇보다도 가뿐하나 가벼운 것이 이 탈의 이점이었고, 사모의 모란꽃이니 복숭아 열매와 가지가 제법 되어 아악부 위아래서 적이 좋은 반응을 보였으나 <악학궤범> 그림에 보이는 서글서글한 어진 눈매는 얕은 기공의 솜씨로는 바라기 어려운 과제인 듯싶었다.

탈의 제작은 그렇게 해서 되었지만 의상은 좀 더 시일이 걸린 것 같다.

중학동 중동중학교 건너편에 낡은 한옥의 궁가(宮家)가 있었는데 문패에도 완왕궁(完王宮)이라 하여 왕가임을 알게 하였지만 한길로는 줄행랑이었고 대문 안에는 그리 넓지 않은 공지가 있어 한때는 금지옥엽의 집이었던 것을 분명히 말해 주었다.

이조 고종의 서저 완화군(完和君) 선(墡)의 저택으로 후궁 이씨의 소생인데 어려서 일찍 급사하였다.

민비는 이씨가 선을 낳은 후로 질투가 심해졌고, 그 위에 대원군이 첫 왕손으로 이를 극진히 사랑하니 대원군을 적대하는 동기도 되어 선이 일찍 죽은 것은 민비의 음모라는 설이 있다.

당시는 이미 폐옥이 되다시피 바깥채에는 이왕직 직원이 들어 있었고 안채에는 갈 바 없는 나인들이 살고 있었던 것 같다.

처용무의 무복이나 무동의 복식이 하나로 완왕궁 나인들에 의해 만들어졌다.

그 보다 앞서 악인들의 홍주의(紅紬衣)가 늙은 나인들의 손에서 제작되어 조달되었다.

춤에 입는 의상도 누구에게 맡길까 의논이 된 끝에 손끝 여문 이른바 기술 좋은 완왕궁 나인들에게 하명이 된 모양이다.

도본을 보고 설명을 듣고 실제 무원(舞員)들의 몸에 맞게 칫수를 재기 위해 나인의 내왕이 있었다.

오랫동안 궁에서의 침선(針線)이 바쁘고 고달팠을 것이다.

천은 하나같이 값진 중국의 공단이라 하였다.

그만큼 보드랍고 윤도 났지만 무게가 있는 게 흠이라면 흠이었다.

그런데 웬 일인지 정재는 복중 더운 때만 추게 되었으니 고역일밖에 없었다.

그 중에서도 겹겹이 껴입는 처용무의 장속은 동정도 모자라고 가면을 뒤집어쓰고 추니 그냥이어도 숨이 헐떡거리는 더위에 이건 죽을 판이 아닐 수 없다.

청은 이병성, 홍은 박성재, 황은 김계선, 백은 박노아, 흑은 고영재인데 중무(中舞)인 김계선은 바로 대금의 명인 죽농(竹濃)인데 한 기예에 뛰어나면 열 가지, 백 가지가 다 뛰어나는지 몰라도 으쓱거리고 흐느적대는 처용무의 호매(豪邁) 분방함이 천 년 전 처용이 다시 온 것 같았다.

이병성도 헌칠한 키에 노래에 벌써 일가를 이루고 있었는데 일찍 무동으로 훈련된 좋은 바탕에 첫 목의 기고함과 노련이 남을 가히 앞지르고 남았다.

박성재도 키가 조금 작은 것이 흠이었지만 이기에는 수석 졸업의 우등생이고 피리는 열, 스물이 있어도 총기가 가히 일람첩기(一覽輒記)여서, 길고 어려운 어느 곡도 암기 암독에 있어서 그를 따를 자가 없어 독보였다.

이도 무동 출신으로 처용무의 어느 알삽한 사위도 그림처럼 해내는 제자이었다.

그에 대면 일기 출신이고, 역시 무동을 거쳤지만 떨어지는 게 박노아 이고, 젓대가 전공이나 안이한 북 잡이로 유유하는 고영재는 춤에도 그 둔 빠진 듯이 보였다.

처용무도 이런 명인급이 추던 때가 처용무이지 지금은 여러 모로 떨어지는 인상이어서 서글프다.

처용무 말고 김강본의 독무인 춘앵전(春鶯囀)을 제하면 봉래의, 장생보연지무, 향령무, 무고, 보상무, 가인전목단, 수연장, 만수무 여덟 가지가 되는데 나는 보상무와 만수무 두 가지를 빼고 여섯 가지에 고루 낀 것 같다.

봉래의는 예나 이제나 용비어천가(龍飛御天歌)의 노래를 부르고 도는 그런 정재에 속하고, 가인전목단, 무고가 그런대로 홍취가 있는 것이지만 정재의 구성이었던 내용이 알뜰하고, 추면서도 재미있다고 느낀 것은 장생보연지무를 꼽지 않을 수 없다.

장생보연지무는 죽간자와 五인이 무원으로 엮는 고상하고 조졸한 정재인바 당악 보허자(步虛子)에 맞추는 수악절(隋樂節)의 정취도 그러려니와 무작(舞作)의 다양함인 구성의 변화가 다른 춤에서 보기 드문 유형이어서 특이한 것이다.

모두 아홉 번 변하는 과정인 즉, 처음 상대무(相對舞), 다음은 수수무(垂手舞), 다음은 상배무(相背舞), 다음은 산작화무(散作花舞), 다음은 수수무, 다음 오방무(五方舞), 다음 염수무(斂手舞), 다음 사선무(四仙舞), 끝으로 염수무가 그것이다.

드디어 그날이 왔다.

무대는 인정전(仁政殿), 서행각(西行閣)의 남쪽에 꾸미고 주빈이신 이왕전하 내외분, 대비전하와 그 밖에 내빈의 객석은 북쪽으로 되어 있었다.

어전 연주의 자리이라 지레 주눅과 겁부터 들어 더욱이 바람 없이 더운 복중의 열기는 무대에 오르기도 전에 모두에게 땀을 비 오듯 하게 했다.

색한삼과 이수고저의 사위는 참으로 고마운 것이라 하였다.

흐르는 땀을 한삼을 펄럭이는 체하며 더러 훔쳐 내릴 수가 있었으니 말이다.

장내엔 얼음기둥을 세우고 무원들의 갱의실로 된 복도에는 시원한 냉차가 그릇그릇이 채워 있었지만 지엄한 일대의 공고는 물인지 불인지도 모르고 끝냈다고 말해야 정직할 것 같다. 전원 별 실수 없이 큰 공고를 치르어 낸 것만 감지덕지하였다.

이왕전하 내외분 그리고 윤비께서 이를 어떻게 보시고 각기 무엇을 생각하셨는지 우리들로서는 감히 헤아릴 도리가 없다.

다만 이것이 계기가 되어 오래 단절되었던 궁중정재가 재현이 되고 그래서 아름다운 정재의 전통이 오늘날까지 자랑스레 드리우게 되었으니 그지 없이 고마운 일이라고 생각하고 있다.

※ 이상의 내용으로 보아 정재의 마지막 무동은 여기에 기록된 모든 분들이라고 보아야 할 것이며 또한 오늘날 궁중음악과 정재를 이어갈 수 있게 해 준 분들이므로 우리는 그 고마움을 잠시라도 잊어서는 안 될 것입니다.

⟨이왕직 아악부 때 처용무를 춘 배역 명단⟩

(이주환 노트)

靑 : 홍윤기(紅允其)
紅 : 김영선(金永善)
黃 : 김기수(金其洙)
黑 : 김규완(金圭完)
白 : 박창진(朴昌鎭)
　　 김철영(金喆泳) (예비)

第一組元組

靑 : 이병성(李炳星)
紅 : 박성재(朴聖在)
黃 : 김계선(金桂善)
黑 : 박창진(朴昌鎭)
白 : 박노아(朴老兒)

第二組元組

靑 : 鳳海龍(鳳海龍)
紅 : 김영선(金永善)
黃 : 김창용(金昌龍)
黑 : 김기수(金其洙)
白 : 박춘완(朴春完)

第三組元組

靑 : 장일봉(張一鳳)
紅 : 김득길(金得吉)
黃 : 명호진(明鎬震)
黑 : 김선득(金善得)
白 : 김창균(金昌均)

1) 소화(昭和) 4년대의 처용무(1929)

<춤의 구성 및 형태>

홀기(笏記)		형태(形態)	해설
樂奏鳳凰吟一機 舞作回舞俱一列北向 樂止	回旋登場	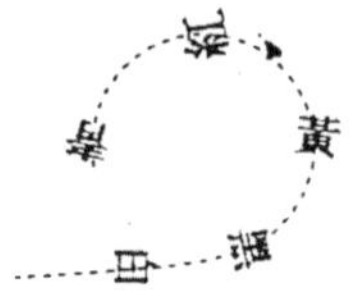	音樂이 鳳凰吟一機를 연주하면 靑·紅·黃·白·黑의 순서로 回舞하여 北向하고 선다.
舞伴奏處容歌 歌曰 新羅盛代昭盛代 天下太平 羅侯德 處容아바 以是人生애 相不語하시란대 以是人生애 相不語하시란대 三災八難이 一時消滅하샷다	北向	黑 白 黃 紅 靑	伴奏에 맞추어 靑·紅·黃·白·黑은 處容歌를 노래한다.
樂奏鳳凰吟中機舞作 散作花舞	散作花舞	黑　　　靑 黃 白　　　紅	音樂이 鳳凰吟中機를 연주하면 黑과 靑은 前進하고 白과 紅은 退하여 四方舞(散作花舞)를 만들고 黃은 中央에서 춤을 춘다.
相揖舞退	舞退	黑　　　靑 黃 白　　　紅	靑·紅·黃·白·黑은 다같이 揖하고 무퇴한다.

홀기(笏記)	형태(形態)		해설
相面相背	東西相對	 (그림)	東西가 相對하고 춤을 춘다.
	相背	 (그림)	東西가 相背하고 춤을 춘다.
回旋數週 俱一列北向	回旋	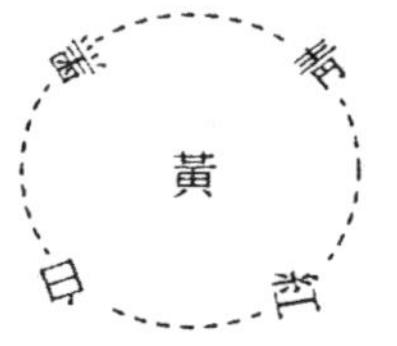 (원형 그림, 黃)	青·紅·白·黑은 左旋하고 黃은 中央에서 左旋하여 四方 位置에 온다.
	齊行而舞	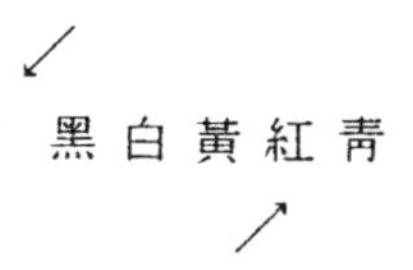 黑 白 黃 紅 青 (그림)	黑과 青은 舞退하고 白과 紅은 舞進하여 中央에서 一列로 되면 北向한다.
舞又作五方舞	五方作隊	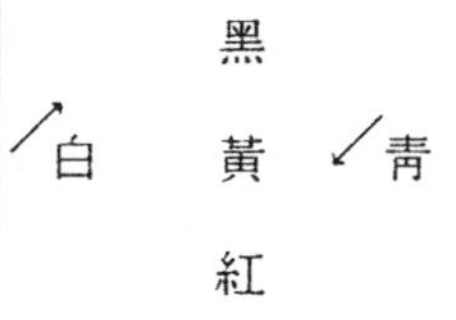 黑 / 白 黃 青 / 紅 (그림)	黑은 舞進하고 紅은 舞退하여 白과 青은 각각 밖으로 조금 물러나면서 五方作隊 한다.
中央對四方	中央對舞	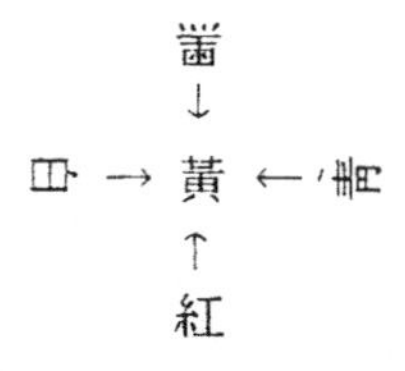 (그림)	青·紅·白·黑은 中央의 黃을 向하여 對舞하며 前進한다.
揮袖轉旋		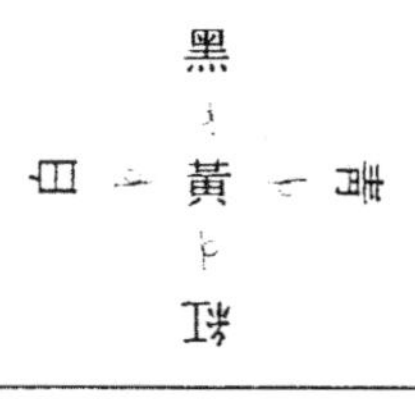 (그림)	青·紅·白·黑은 손을 뿌려 뒤로 내리며 돌면서 나와 제 위치에 온다.

홀기(笏記)	형태(形態)		해설
回旋數週 俱一列北向樂止	左旋回舞	 白 (원형으로 靑·紅·黃·白·黑 배치) 黃 紅	靑·紅·黃·白·黑은 左旋回舞 한다. ※ 御殿을 中心으로 左旋한다.
	齊行而舞	↙ 黑　白　黃　紅　靑 　　↗	靑·紅·黃·白·黑이 五方의 位置에 와서 一列이 되면 樂止한다.
舞又伴奏一曲 歌曰 春風 化城에 氣 蔥蔥하샷다. 庶俗이 咸熙悍하니 群生이 壽城中이 샷다		黑　白　黃　紅　靑	춤추는 靑·紅·黃·白·黑은 伴奏音樂이 연주되면 井邑詞를 노래한다.
樂奏鳳凰吟急機 舞作落花流水樂止 舞退	舞進舞退	↕ ↕ ↕ ↕ ↕ 黑　白　黃　紅　靑	音樂이 鳳凰吟 急機를 연주하면 落花流水 動作으로 舞進舞退하고 樂止하면 춤을 추며 나간다.

2) 성경린, 이병성 선생의 기록에 대한 처용무

<춤의 구성 및 형태>

성경린	이병성	名稱	形態	解說
1박: 斂手而舞	1박: 斂手而舞			
2박: 樂奏壽齊天 橫指井邑	2박: 樂奏壽齊天 橫指井邑			壽齊天
3박: 舞進 4박: 回旋	3박: 舞進 4박: 回旋	登場		靑·紅·黃·黑·白의 五方處容이 回旋하여 登場한다.
5박: 俱北向而立樂止	5박: 俱北向而立樂止	北向	白 黑 黃 紅 靑	登場하여 北向한다.
6박: 唱處容歌 新羅盛大 昭盛大(下絡)	6박: 唱處容歌 新羅盛大 昭盛大(下絡)		白 黑 黃 紅 靑	處容歌를 노래한다.
7박: 訖樂作 (鄕唐交奏) 8박: 五者皆俯腰而立 斂手下値藤上	7박: 訖樂作 (鄕唐交奏) 8박: 五者皆俯腰而立 斂手下値藤上	前拜	白 黑 黃 紅 靑	處容五子는 前拜한다.
9박: 靑紅者回顧相面 黑白者回顧相面 黃者回顧而東(中靈山)	9박: 靑紅者回顧相面 黑白者回顧相面 黃者回顧而東(中靈山)	相拜	白 黑 黃 紅 靑	靑과 紅, 黑과 白은 相拜하고 黃은 東向한다.
10박: 俱北向	10박: 俱北向	北向	白 黑 黃 紅 靑	靑·紅·黃·黑·白은 北向한다.
11박: 靑紅者回顧相背 黑白者回顧相背 黃者回顧而西	11박: 靑紅者回顧相背 黑白者回顧相背 黃者回顧而西	相背	白 黑 黃 紅 靑	靑과 紅, 黑과 白은 相背하고 黃은 西向한다.
12박: 俱北向而立	12박: 俱北向而立	北向	白 黑 黃 紅 靑	靑·紅·黃·黑·白은 北向한다.

성경린	이병성	名稱	形態	解說
13박:舞進三步 　　隨擧足擧兩手揮 　　前	13박:舞進三步 　　隨擧足擧兩手揮 　　前	三進	↑ ↑ ↑ ↑ ↑ 白 黑 黃 紅 靑	靑·紅·黃·黑·白은 三進한다.
14박:靑白前進作前 　　隊　黑紅退作 　　復隊　黃者居 　　中	14박:靑白前進作前 　　隊　黑紅退作 　　復隊　黃者居 　　中	四方舞	白　　　　靑 ↑　　　　↑ 　　黃 ↙　　　↘ 黑　　　　紅	靑과 白은 舞進하고 黑과 紅은 舞退하여 四方으로 分立하고 黃은 中央에서 한다.
15박:東西相對而立 　　拍　先擧右手 　　足부頭　次擧 　　左手足부頭 　　中舞足前 뒤로 北向하여 舞한 다.	15박:東西相對而立 　　拍　先擧右手 　　足부頭　次擧 　　左手足부頭	東西相對	白　　　靑 　黃 黑　　　紅	靑과 白. 黑과 紅은 相對(東西相對)하고 黃은 中央에서 한다.
16박:東西相背而舞	16拍:東西相背而舞	東西相背	白　　　靑 　黃 黑　　　紅	靑과 白. 黑과 紅은 相背(東西相背)하고 黃은 中央에서 한다.
17박:南北相對而舞 　　先擧右手 　　次擧左手	17박:南北相對而舞 　　先擧右手 　　次擧左手	南北相對	白　　　靑 　黃 黑　　　紅	靑과 紅. 黑과 白은 相對(東西相對)하고 黃은 中央에서 한다.
南北相背而舞	南北相背而舞	南北相背	白　　　靑 　黃 黑　　　紅	靑과 紅. 黑과 白은 相背(東西相背)하고 黃은 中央에서 한다.
18박: 回旋 左旋	18박: 回旋 左旋	右旋回舞	（黑　白　黃　靑　紅 원형 回舞）	靑·紅·黃·黑·白은 右旋回舞하고 黃은 中央에서 左右로 돈다. ※註: 御散을 中心으로 함.

성경린	이병성	名稱	形態	解說
19박:俱北向而舞	19박:俱北向而舞退	齊行而舞	白 黑 黃 紅 靑	黑은 舞退하고 紅은 舞進하여 齊行而舞 한다.
20박:舞進 21박:進作五方 　　各立其方	20박:舞進 21박:進作五方 　　各立其方	五方作隊	白　黑 　黃　靑 　紅	黑은 舞進하고 紅은 舞退하여 五方 位置로 간다.
22박: 三絃 　黃東向而舞 　靑向中央對舞 ※擧左右手前進三 步 退三步　袖而退	22박: 三絃 　黃東向而舞 　靑向中央對舞 ※擧左右手前進三步 退三步 袖而退	靑黃對舞	齒 卍　黃　弓己　卍 紅	靑과 黃은 左右手를 들고 三步前進 했다가 다시 斂袖를 하며 三步 退한다.
23박:黃靑(南)向而 　舞 紅向中央 　對舞上仝	23박:黃靑(南)向而 　舞 紅向中央 　對舞上仝	紅黃對舞	齒 卍　黃　卍 紅	黃은 南向하여 紅과 對舞한다. ※註: 黃과 靑의 對舞 動作 참조
24박:黃西向而舞 　白者向中央對舞 　上仝	24박:黃西向而舞 　白者向中央對舞 　上仝	白黃對舞	齒 卍弓己　黃　卍 紅	黃은 西向하여 白과 對舞한다. ※註: 黃과 靑의 對舞 動作 참조
25박:黃北向而舞 　黑者向中央對舞 　上仝	25박:黃北向而舞 　黑者向中央對舞	黑黃對舞	齒 卍　黃　卍 紅	黃은 北向하여 黑과 對舞한다. ※註: 黃과 靑의 對舞 動作 참조
26박:黃者向東北向 　方而舞 　靑者對舞 　垂陽平舞 　(무릎짚피)	26박:黃者向東方而 　舞 　靑者對舞 　垂陽平舞 　(무릎짚피)	靑黃對舞	齒 卍　黃　弓己　卍 紅	黃은 東向하여 靑과 對舞한다. 垂陽平舞(무릎짚피)

성경린	이병성	名稱	形態	解說
27박:黃者向南(東) 方 而舞 紅者對舞	27박:黃者向南方而 舞 紅者對舞	紅黃對舞	齒 □ 黃 靑 ↓↑ ↑↓ 紅	黃은 南向하여 紅과 對舞한다. 垂陽平舞(무릎짚피)
28박:黃者向西(南) 方 白者對舞 而舞	28박:黃者向西方而 舞 白者對舞	白黃對舞	齒 □ 黃 靑 紅	黃은 西向하여 白과 對舞한다. 垂陽平舞(무릎짚피)
29박:黃者向北方而 舞 黑者對舞	29박:黃者向北方而 舞 黑者對舞	黑黃對舞	齒 □ 黃 靑 ↕ 紅	黃은 北向하여 黑과 對舞한다. 垂陽平舞(무릎짚피)
30박:五者右回旋 黑者先出 黃者在白赤向 (念佛)	30박:五者回旋 黑者先出 黃在白赤間	右旋回舞	黑 白 ⟲ 靑 黃 紅	五者는 右旋回舞한다. ※註: 動作은 垂陽手舞로 하고 右旋은 춤추는 사람 中心의 右旋인 듯하다
31박:還立其方北向 而舞	31박:還立其方北向 而舞	五方北向	黑 白 黃 靑 紅	五者는 回旋하여 五方 位 置에 와서 北向한다. (垂陽平舞)
32박:黑者舞退 紅者舞進 五者齊行而舞進 而立	32박:黑者舞退 紅者舞進 五者齊行而舞進而 立	齊行而舞	↙ 白 黑 黃 紅 靑 ↗	黑은 舞退하고 紅은 舞進 하여 齊行而舞한다.
33박:舞退俱北向而 立	33박:舞退俱北向而 立	舞退	白 黑 黃 紅 靑 ↓ ↓ ↓ ↓ ↓	五方處容은 舞退한다.

성 경 린	이 병 성	名稱	形 態	解說
34박: 歌唱 羽偏: 山河天里 國에(下絡)	34박: 歌唱 羽偏: 山河天里 國에(下絡)		白 黑 黃 紅 靑	羽偏에 맞추어 處容歌를 노래한다.
35박: 樂作 細還入(자진도드 리)			細還入	
36박: 落花流水 (進退二回) 樂舞止		進退	⇅ ⇅ ⇅ ⇅ ⇅ ⇅ 白 黑 黃 紅 靑	落花流水 動作을 하며 舞 進舞退를 두 번하면 樂止 한다.

현행 처용무보

무형문화재 제 39 호

현행 처용무

(중요무형문화제 제39호 처용무 무보)

    중요무형문화재 제39호로 지정된 처용무의 무보는 1956년 국립국악원 부설 국악사양성소의 학생 교재용으로 고 김기수 선생이 편찬한 것이다.

    이 무보는 1937년 이후 현재 까지 처용무의 중무(中舞)를 추어 온 김기수 선생이 무보로 작성한 무보로서 처용무 연구에 큰 부분을 차지하고 있다고 본다.

    이 무보는 무대 중심으로 길게도 추고 짧게 줄여서 추기도 하였다.

    최근에는 한국의 전통무용이 음악과 춤사위의 구성이 날로 원형과 멀어지고 있다.

    원형이라고 내세우면서 그 원형을 너무 많이 생략할 뿐만 아니라 춤사위를 변형시키고 의상, 반주음악까지도 변형하여 바꾸어 쓰는 등 변질이 도를 넘는 관계로 전통과 창작의 관계를 혼동하게 재 창제되어 사용하여 왔다는 점을 유의해야 한다.

    이런 상황에서도 김기수 선생의 처용무 무보는 1930년대의 처용무를 중심으로 한 것이기 때문에 당시의 처용무의 모습을 볼 수 있다는 것이 매우 중요하다고 본다.

    처용무의 홀기는 악학궤범의 학연화대처용무합설에 수록된 홀기와 계사년홀기 두 종류가 전해지고 있으나 처용무홀기의 전도(前度)는 이 두 홀기가 모두 같으나 후도(後度)에 들어가면 학연화대처용무합설과 계사년홀기가 조금 다르게 기록하고 있다.

    이것은 합설과 독립적인 춤의 차이점으로 보아야 할 것이다.

「무 보」

무대 왼편 뒷쪽으로 청·홍·황·흑·백의 순서로 낭랑히 발서서 두팔을 허리에
짚고 대기한다.
一박, 반주 수제천을 아뢴다.

장단	一각 (平進)	二각 (左擧手)	三각 (右擧手)	비 고
一 1	바른발 그게 들어 때어	발 꽉 제쳐 들어	왼팔 제쳐 들어	이 뒤는
○ 2	바른발 그게 내어 딛고	왼어깨에 메었다가	왼어깨에 메었다가	무대의 면적에 따라
3	돌은 왼편으로 좀 틀다가 왼발 스르르 뽑으로 끌어대고	스르르 내려 허리에 대다	스르르 내려 허리에 대고	부점수로 「드락」이
4	왼발 그게	(一각 동작과 똑같이 평진 하면서)	(一각과 똑같이 평진 하면서)	늘 때 잦아 一각 동
一 5	들어 때어			작으로 전진한다.
6	왼발 뛰어 딛고			
○○ 7	몸은 바른편으로 좀 틀다가 바른발 스르르 뽑으로 끌어대고			
8	무릎 약간 주춤하여			
9~10	발 쓰고			

청을 선두로 하여 한 사람씩 적당한 간격을 갖고 나오다가

二、박, 객석을 향하여. 즉도하며.

三、준박, 악지와 함께 발로쓰다.

四、박, 처용가 (一) 신라성대 소성대 …… 언락장을 부르다

五、준박, 처용가 마친다 〈경우에 따라 전곡을 다 아니 부를수도 있다〉

六、박, 반주 향당교주 를 아뢰다.

장단	1	2	3	4	5	6	7	8	9	10
(장단)	ㅣ	○ ⊕		ㅣ		○			ㅣㅣ	
향	니림			늘	율		율	율		얼
一각 (再拜)	두 팔을 내렸다가 허리굽으리며	허리 차차 피며 두 팔 앞으로 넘어서		고개 둘러	하늘을 향하여 둘려	좌우로 둘려 내려	허리에 대고		발굽치 조공들다	놓는다
향	굽	천으도	x		x 혀ㅇ	x	예ㅇ	x	x	얼ㅇ
二각 (俎向)	빠른발 들어뎌	오른팔로 놓고		왼발 꿇어	왼발 넓으리며	들어	제자리 놓으며 허리를 천천히 굽으려 절하고	다시 찬찬히	일어 순다	
향	니림			늘	율		율			얼
三각 (파로)	빠른발들어	발로스며 놓고		왼발 들어	늘고		둘다 박으로 조금	둘다	놓는다	
향 (파로)	뜬	박ㄴ	x 박ㄱ	x 안ㅇ		x 아ㅇ			열ㅇ	
四각 (完備)	二구과	각각 방향 만 답고	동쪽우 전려 간다							
향	니림			늘	율		율			열
三각 (발로)	따ㄹ									

〈청·홍·황·흑·백 五색이 각각 향에 따라 둘씩 동갈으로 행한다〉

七. 박, 반주는 향당교주곡이 계속된다. (앞과 맞춤)

장단										
			0		1		0			
박	1	2	3	4	5	6	7	8	9	10
1각	발을 뻐디디어 준비로 하여금을 약간 굽음으로 하며 굽혔, 달	두 팔을 앞으로 좀 들어	외편을 향했다가 느로 스르르 내려	퍼리네 대면서 왼발 속도로	벌펴서 들어	바로 스며 놓고	바른 발 들어	갖다 대고	두 팔 궁처들 들다 놓는다	

二각 — 1각과 동작이나 향이 진회 정반대임

三각 — 1각과 동작과 동일함

비고 — 三보(전)진의 목통이나 무리ㅂ 중앙에 위치도 들을 한해서 一각과 二각 동작을 하여가 가다가 八. 박이 나며…

八. 박, 반주는 계속한다. (산작화무 「散作花舞」) (그림)
바로서 한줄이 되었다가 아래그림과 같이 족도하며
사방을 잔다. (손은 퍼리 질문해로)
(동서 상대)
다음 동작을

九. 박, 아래 그림과 같이 족도 하며 마주서서 다음 동작을
춘비한다.

十. 박. 박자구는 포정만방의곡 세영산을 아뢴다.

장단	一각	二각	三각	四각
○ 1	바른발 앞으로 떼 딛고	一각 바른발 내 딛고 (왼다리는 오른쪽 앞손 약간떼어 둘어 제쳐 버려		
○ 2	바른팔 가슴 앞에서 밖으로 뿌려	동작 두 팔을 앞으로 중으러 짝 버리고 펴며 고 돌리며	바른다리 들어 두 무릎으로 굽이였다	
(왼팔 굽치 둘리다)	의정 허리 펴며 굽으리며		두 팔 등 글게 뒤로 돌아서 팽이로	
0	팔을 스리르 도로	의 겹	백구 발 까지 갔다가	둘어 앞으로 본손으로 모아 펴려며서
1	(왼팔 굽치 놓인다)	백구 발	다시 돌어	내여 다디며
3	바로 앞으로 슬어	반대	허리 를 펴 며	두 팔 등글게 뒤로 돌아 덧러
4	(바른발 끌어 둘리며)	이 다	양손을 본손위로 두둥게둘어	바른다리 들어 두무릎으로 궁이였다
5	얼굴 앞을 떼려 그었다가		좌우로 돌려	허리를 궁이였다가
(왼다리 옴어 약간뒤로 뒤다가)		(바른발 놓어)	三각 고 박 이후와 같다	
6	다시 봐로 빼리고		두 팔을 허리 에 대고	
7	(왼팔 굽치 둘린다)		(더 격 딛고)	
0	소리로 앞으로 그러			
8	(왼발 금으로 놓이며)			(다음 동작으로 넘겨)
	바른발 끌어 놓고		두 팔 금치를 존을 떠었다가	"
1	얼굴 앞을 내려 허리에 대며			"
9	(다음 동작으로 넘긴다)	농고		"
10	(다음 동작을 넘겨)			(다음 동작을 넘겨)

十一. 박. 반주는 계속되고 (동서 상배)

十二. 박. 十一 의 동작 상대 대무 동일한 동작을 반복한다.

十三. 박. 중무는 그대로 족도만 하고 상대하여 추는 산방무는 서로 족도하며 돌아슨다.

(다음에 남북 상대 상배게 있기도 하나 여기에는 생략하기한다.)

十三. 박 반주는 계속 되며 (좌선(左旋)회무(回舞))

장단 — 전반각

장단	동작
①	바른발 한거름 내어 디디며 왼발 슬그 끌어주고, 두팔은 엇을 앞에서 위로 돌려 좌우로 무릎에 늘려 뿌리며.
	엎어 내려. 뒷짐으로 뭉쳤다가
	무릎을 꾸부리고
	도로 좌우로 엎어 벌려늘어
	무릎을 펴면서 왼발 놓어
	왼발 내어디디며 발뒤꿈치 대면서 무
	두팔을 굽이켰다가
	두팔을 올려 어깨에 제쳐
	나리는 펴며
	미고 (여 다음 준비)

장단 — 후반각

장단	박	동작
0	6	1 과 갈음
	7	2 과 갈음
	8	3 파 갈음
	9	4의 반여임
	10	5의 반여임

장단 — 전반각

장단	박	동작
①	11	1 과 같고
	12	2와 같고
	13	3과 같으며
	14	왼발을 뒤로 주춤하여 급 으려며 두팔은 벌려 위로 돌려
	15	앞으로 지은다

뒤와 같이. (각 반에 걸쳐 세가지 동작을 반복하면서 외로 돌아 제자리에 다시 오면. (종무는 제자리에서 돌지않고 이사위만 반복)

十四. 박. 반주는 계속되며 동작도 반복되면서 아래 그림과 같이 한줄로 만들며

十五. 박. 오방을 짠다.

춤·박·반주는 풍정만 방외옥 중 三헌·동드리 를 아뢴다.

울·응·흑

흑

장단	①					
사 위	1	2	3	4	5	6
	두 팔을 한들로 펴리어 좌우로 그게 번려	버렸다가 (무르폰 굽히렷다가)	두 팔 도로 올려	왼팔 놀어 위로 돌아 얼굴 앞으로 내려	왼발 놓으며 아려 배 쪽에 지으며 무릎을 굽으렸다	바로 스며 (다음동작 주)

청·백·홍·

정무 황은 제 자리에서
흑·홍·은 서로 향해
청·백·은 서로 향해
저도록 돌아서면서
위여 동작을 하고 손
다음동작을 하고 손

六, 박, 반주는 계속되고 (수 양수 교 방무 「無揚手五方之舞」)

장단	⑩	1	0	‥	
	4	5	6		
3 회발 외손 들어 얼려	바른발 굽실 내딛으며 바른주먹 한들을 쪽으로 스듬이 내 뽑과 바른무릎 굽으리며 왼발 바른손 빠에 거리고				

二
바른손 굴어 담기고 으바른손 빠은채

三
무릎 굽으렸다
피면서 왼다리 놀어
왼팔 규설 떼어 놓으며
야호 지선으로 보려 얽어

四
무릎 굽으렸다
피며 바른발 끌어대고
제자리에 놓고

1 외 반대로

2 억

무르폰 우줄 하여
빨른손 머리 뒤 외로 들고
바루다리 들어 돌려 꼴리다 왼다리 둘어 돌아지져 뿌른다

무르폰 우줄하며
왼손 머리 외려 엮으로 돌리고
무릎우줄하며

6
3 회

후 우 스고
무르폰우줄하며

마락에 돌아섯대 경우 황우 청우 참어며 돌고 밧인 다음 이머.

十七동작과 갈이하며 청우 스고 황우 흥을 향허 멈머

十九、박 : 황과 흥의 대우 ……

흥우 스묘 황우 백울 ,

二十、박 : 황과 백의 대우 ……

흥우 스묘 황우 흑울 ,

二一、박、 황과 흑의 대우 (……………… 의 박우 :)

장단	1	2	3	4	5	6
(기호)	④		1	○		⫶
一	발 벗어딛이고 두팔 혹날개같이 벌려 얼이다	왼)발 굴어대며 굽으리고 바른팔 얼골앞을 스쳐내려 왼팔 혀리펌우 돋겨	두팔 닷들어 외로 쫙뿌리고 왼발 들며	/ 꽈 반대로	쏘와 반대로	두팔 펴 앞으로 옹아
二	바른발 내어비껴 날오며 바른팔 뒤로 이겨 빅려고	왼발 굴어대며 굽으리며 바른팔 앞으로 내리고	다리 피면서 왼발 들며	二 / 와 반대	二의 2의 반대	二의 3의 반대
三	바른발 불려 비껴 딛으며 바른발 뒤로 딛느며 두손오아 바른편으로 쫙뿌리고	두손 모아 앞으로 내려오 왼발 굴어대며 굽으리며	다리 피면서 왼발 들며	三과 / 의 반대	三의 2의 반대	三의 4의 반대
四	(황우 천우 향하면서) 왼발 굴어대며 굽으리며	왼발 굴어대며 굽으리며	최악우로 뻗려 다리피면서 왼발 조곰들어	앞으로 모앙아 젼자려에 놓으며	무릎으 우슉하여	되며

二二、박、 황과 청의 대우 …… 통잡고 싱며하며 춤추고 청운 … 흑운 체자리머서 二千…을 빅복

二三. 박. 황과 홍의 대무 ~ 二(동작)을 상대하여 추고나서… 홍은 제자리에서 二조을 빡빡

二四. 박. 황과 백의 대무…　〃

二五. 박. 회무 (반주는 계속 된다.)

二(동작)으로 그림과 같이 오방을 둥글게 우선하며 회무한다

한바퀴 돌아 제자리에 오면

众. 박. 역시 두(동작)을 하면서 그림과 같이하며 한줄을 만든다.

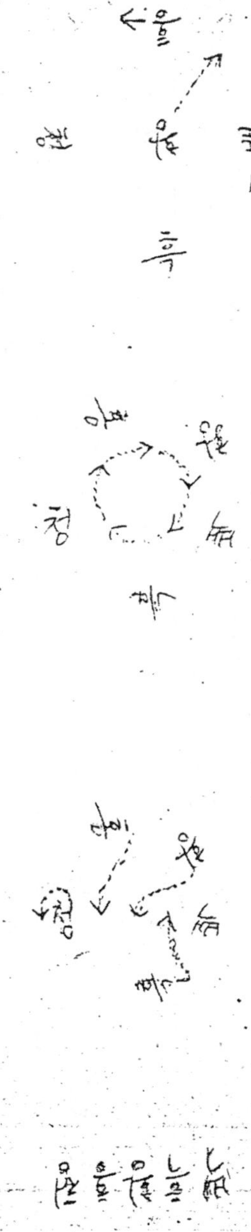

众. 박. 나란히 한줄된 채로 뒤로 물려 간다.

二八. 박. 악지 젓수 사위으로 하여 바로 선다.

二九. 박. 처용가 (二) 산하천리국에…… 편악장을 부른다.

三. 줄박. 처용가 (二) 마친다. (경우에 따라 전곡을 다 아부룻수도 있다.)

三一. 박. 반주 ○송구며 의곡 (頌九如之曲)을 아뢴다.

三二. 박. 박회 ○유수 무 (落花流水舞…) 전회…一

장단	동작	목고
1	① 발 받들고 두 팔을 올려 어깨에 메우는 양 얼렸다가	
	① 내어 보이며 두 팔을 앞으로 들어 던져 뿌리고	
	② 왼팔 끌어대며 굽이리며 두 팔 뒤쪽을 끌어내려	
	③ 왼발 놓어 두 팔을 외어깨에 메우는 양 본켰다가	
	④ 왼발 두며 덜이며 두 팔 외어깨에 에우고	
	⑤ 무릎을 굽이쳤다	
	⑥ 피면서 빨른 뿌어는 등어	

三二. 박 이 난다.

十관히 한줄로 전진하다가 우 대 전면에 까지 오면 당음

一의 동작을 반복하며

三二. 박. 같은 동작을 반복하면서 한줄로 뒤로 물러 가다가

三三. 박. 낙화유수 무 진퇴 二

장단	동작	목고
① 1 3	三(되 一편 같은 실위)	三二... 一 각여 一 주에 二
2 〃	동	회 뿌리는 것
1 二	⑤	
二 〃		
0 ⑤	왼발 놓어 끌이며	
5	二뇌 반대 동작	회 뿌리는 것
6	3의 반대 동작	이다
	두 팔을 앞으로 들어 던져 뿌리고	

三四. 백, (반주만 계속 되며) 같은 동작을 반복하면서 뒤로 줄러 가다가

같은 동작을 하면서 정불 선두로 전진, 흑·황

三五. 흑, 백 여순을로 종면로 돗 안간다

둘숫 박, 무대를 일주함에 나갈곳 가까히 오면 곧 36박이 난다 선두 청이 먼저 퇴장하며 차례로 둘숫 줄빽기 전원 퇴장을 악지와 함께 춤을 완전히 마친다.

(무대면의 광협이나 소요시간의 제약 등 사정에 따라 사방무 또는 회선무 등 적당히 조절 첨삭으로 안배 할수도 있다)

끝

(악학궤범에 그려진 처용의 가면 옮긴 것)

(단기 四二八九년 七월 엮음)
국악사양성소

처용무 무보
(중요무형문화재 제39호)

현행 처용무의 실제(중요무형문화제 제39호 처용무)

보기 (1)	
악학궤범	계사년홀기

十二月晦前一日五更初樂師女妓樂工等詣闕是日儺禮時
樂師率妓工奏樂至驅儺後設池塘具於內庭樂師率兩童女
以入坐於蓮花中而出以待節次九驅儺後處容舞二度前度
則無鶴蓮花臺回舞等事樂師執銅鈸道青紅黃黑白五方處
容及女妓執拍樂師鄉樂工奏處容慢機卽一鳳凰女妓唱處容歌

12월 회전(誨前) 1일 5경(五更) 초(初)에 악사(樂師), 여기(女妓), 악공
(樂工) 등이 대궐에 들어온다.

나례(儺禮) 때 여기(女妓), 악공(樂工)을 거느리고 악(樂)을 연주한다.

구나(驅儺) 뒤에 내정(內庭)에 지당구(池塘具)를 설치하고 악사(樂師)
는 양동녀(兩童女)를 인솔하여 연화중(蓮花中)에 앉히고 나와 절차(節
次)를 기다린다.

모든 구나(驅儺)가 끝난 뒤에 처용무(處容舞)를 두 번 춘다.

전도(前度)에는 즉, 학(鶴) 연화대(蓮花臺) 회무(回舞)등이 없다.

악사(樂師)는 동발(銅鈸)을 들고 青紅黃黑白 五方處容과 여기(女妓),
집박악사(執拍樂師), 향악공(鄉樂工)을 인도(引導)한다.

처용만기(處容慢機: 즉, 봉황음1기)를 연주하고 여기(女妓)는 처용가
(處容歌)를 창 한다.

보기 (2)

악학궤범	계사년홀기
次入如圖排立 … (악학궤범 언해 본문)	處容呈才 儀用(五者各隨其方色不同) 樂作執拍樂師導五方處容以入回旋 旋左三匝 以次如排圖立樂止.
시종회무도	좌선회무삼잡(左旋回舞三匝)
다음에는 시종회무도와 같이 회무(回舞)하여 초입배열도와 같이 들어온다.	집박악사(執拍樂師)가 오방처용을 인도하여 좌선회무(左旋回舞) 삼잡(三匝)하여 초입배열도와 같이 들어온다.

※ 현행 중요무형문화재 제39호의 처용무는 회선(回旋) 삼잡(三匝)이 없고 평진(平進)하여 도입한다.

<table>
<tr><th>홀 기</th><th>진 행 도</th><th>음악</th><th>장단</th><th>배역</th><th>동 작</th></tr>
<tr><td rowspan="3"></td><td rowspan="3">→ 青 紅 黃 黑 白

<도판 1>
(平進)</td><td rowspan="3">수제천</td><td>1각</td><td>처용5인</td><td>
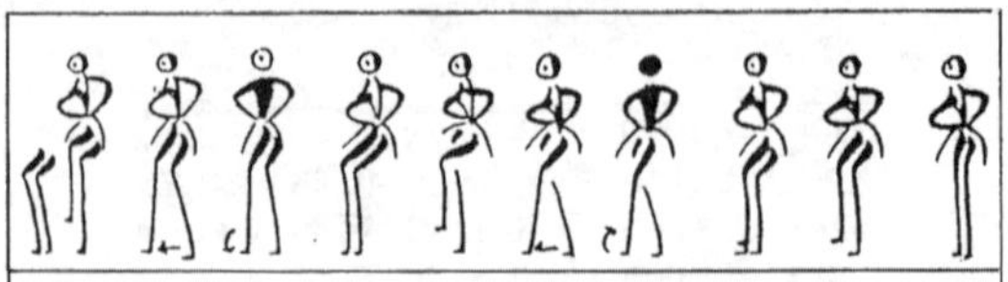
<table>
<tr><td>i</td><td>o</td><td></td><td>i</td><td></td><td>o</td><td></td><td>①</td><td>…</td><td>·</td></tr>
<tr><td>1</td><td>2</td><td>3</td><td>4</td><td>5</td><td>6</td><td>7</td><td>8</td><td>9</td><td>10</td></tr>
</table>
<u>수제천 1각 동작</u>
보법: 1박에 두 무릎을 깊이 구부렸다가 오른발을 크게 들어 2박에 앞으로 내딛고 3박에 몸을 왼편으로 45도 가량 돌렸다가 왼발을 오른발 옆에 스르르 끌어 대며 몸을 바로 하고 4박에 두 무릎을 깊이 구부렸다가 5박에 왼발을 크게 들어 6박에 옆으로 내딛고 7박에 몸을 오른편으로 45도 가령 돌렸다가 오른발을 왼발 옆에 스르르 끌어 대며 몸을 바로 하고 8박에 두 무릎을 약간 구부렸다가 9박에 왼발을 가볍게 약간 들어 10박에 제자리에 딛는다. (도판 1)
수법: 양손을 양 허리에 손등이 앞을 향하게 짚는다.
한삼을 늘어뜨린다.
</td></tr>
<tr><td>2각</td><td>처용5인</td><td>
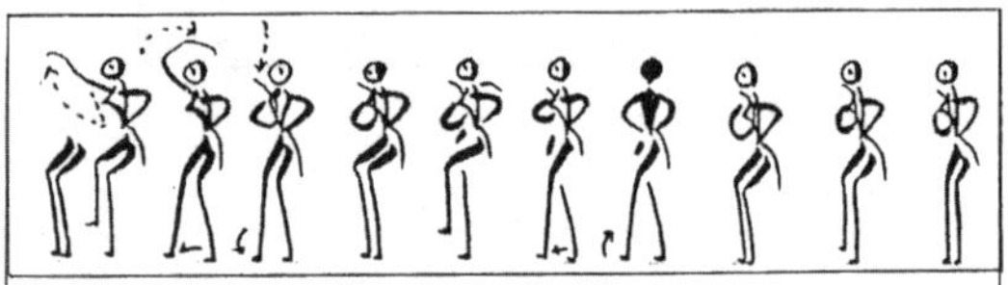
<table>
<tr><td>i</td><td>o</td><td></td><td>i</td><td></td><td>o</td><td></td><td>①</td><td>…</td><td>·</td></tr>
<tr><td>1</td><td>2</td><td>3</td><td>4</td><td>5</td><td>6</td><td>7</td><td>8</td><td>9</td><td>10</td></tr>
</table>
<u>수제천 2각 동작</u>
보법: 수제천 1각 보법과 같다. (도판 1)
수법: 1박에 오른손을 제쳐들어 2박에 오른쪽 어깨에 한삼을 뿌려 얹었다가 3박에 스르르 귀를 스쳐 가슴 앞으로 흘려 내려 허리에 손등이 앞을 향하게 댄다.(한삼을 어깨에 매어진다)
왼손은 왼편 허리에 짚는다.
</td></tr>
<tr><td>3각</td><td>처용5인</td><td>
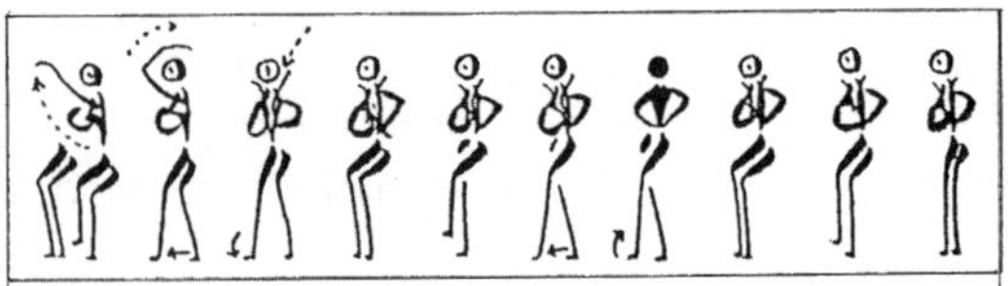
<table>
<tr><td>i</td><td>o</td><td></td><td>i</td><td></td><td>o</td><td></td><td>①</td><td>…</td><td>·</td></tr>
<tr><td>1</td><td>2</td><td>3</td><td>4</td><td>5</td><td>6</td><td>7</td><td>8</td><td>9</td><td>10</td></tr>
</table>
<u>수제천 3각 동작</u>
보법: 수제천 1각 보법과 같다. (도판 1)
</td></tr>
</table>

홀 기	진 행 도	음악	장단	배역	동 작
	白 黑 黃 紅 靑 <도판 2> (北向) 수제천 1, 2, 3, 4, 5, 6, 7, 8, 9각 까지 평진하여 10각에 북향한다.	수제천	4 5 6 7 8 9 10 각	처용 5인	수법: 1박에 오른손을 제쳐들어 2박에 오른쪽 어깨에 한삼을 뿌려 얹었다가 3박에 스르르 귀를 스쳐 가슴 앞으로 내려 허리에 손등이 앞을 향하게 댄다. (한삼을 어깨에 메어진다) 왼손은 허리에 짚는다. 수제천 4, 5, 6, 7, 8, 9, 10각 동작 보법: 수제천 1각과 같다. (10각에 북향한다) (도판 2) 수법: 수제천 1각과 같다.
					※ 악지, 박 **처용가** 新羅聖代　　　　　(신라성대) 昭盛代　　　　　　(소성대) 天下太平　　　　　(천하태평) 羅後德　　　　　　(라후덕) 處容아비　　　　　(처용아비) 以是人生相不語　　(이시인생상불어) 하시란다 相不語　　　　　　(상불어) 하시란다 三災八難　　　　　(삼재팔난) 一時消滅　　　　　(일시소멸) 하샀다 (하여라) ※ 악지, 박

홀 기	진 행 도	음악	장단	배역	동 작
	白 黑 黃 紅 靑 <도판 3> (前排)	향당교주	1각	처용 5인	 <u>향당교주 1각 동작</u> 보법: 1각에 호흡을 들여 마시고 2박에 허리를 90도 가량 구부렸다가 3, 4, 5, 6박 까지 허리를 펴고 7박에 서 있다가 8박에 두 발꿈치를 들었다가 9박에 뒤꿈치를 딛고 10박에 쉰다. 수법: 1박에 양손을 가슴 앞으로 둥글게 끌어 올려 2박에 허리를 구부리며 양 무릎을 앞으로 떨어 뜨렸다가 3박에 허리를 펴며 양 손을 앞으로 엎어서 크게 들어 4박에 하늘을 향하여 올렸다가 5박에 좌우(左右)로 손바닥이 귀를 향하게 올려 가슴 앞으로 흘려 내려 6박에 양 허리에 손등이 앞을 향하게 댄다.
					이 부분은 인무(人舞)인데 처용무에서는 그 방향을 다른 정재에서는 선모가 동향하면 협무는 서향한다. (오양선 참조)

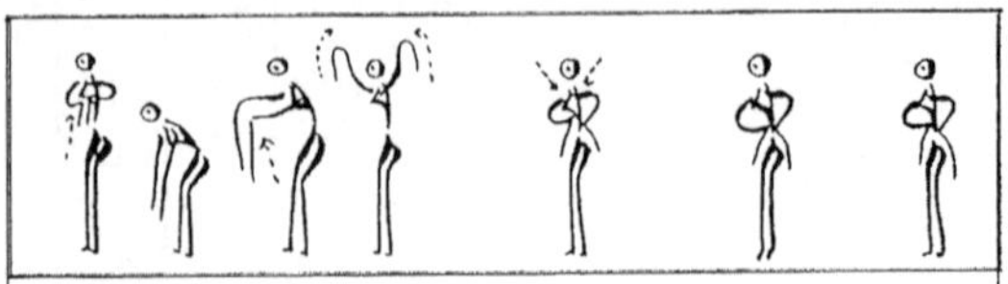

악학궤범 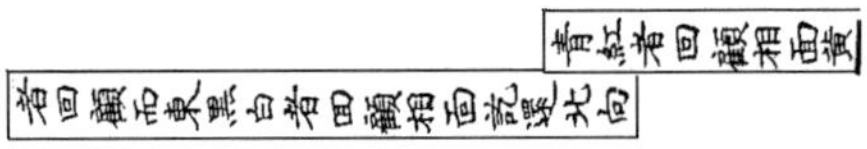	[정간보 악보 — 한자 표기]
계사년 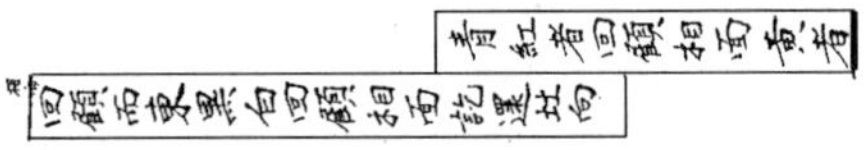	[정간보 악보 — 한자 표기]

※ 이상의 두 홀기와 김기수 무보 오양선 및 타정재인무도를 도표로 보면 다음과 같다.

보기 (1)

오양선 및 타정재	악학궤범	계사년	김기수 무보
白 黑 黃 紅 靑	白 黑 黃 紅 靑	左同	左同
靑 紅 黃 黑 白	靑 紅 黃 黑 白	左同	左同

악학궤범 	[정간보 악보 — 한자 표기]
계사년 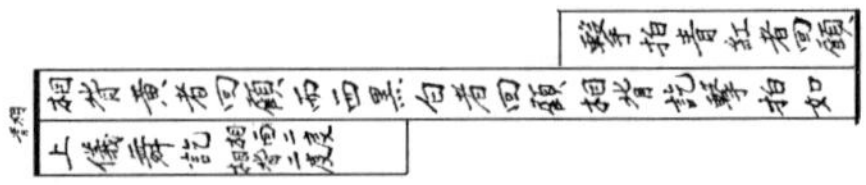	[정간보 악보 — 한자 표기]

홀　　기	진　행　도	음악	장단	배역	동　　　　작

보기 (2)

오양선 및 타정재					악학궤범					계사년	김기수 무보
靑	紅	黃	黑	白	靑	紅	黃	黑	白	左同	左同

※ 정재의 모든 인무(人舞)에서 춤추는 사람끼리 서로 배(排)하는 례(禮)는 없다.

또 보기(1)(2)에서도 회고상면(回顧相面), 회고상배(回顧相背)로 기록되어 있는데 김기수의 무보에서는 회고상배(回顧相拜), 회고배배(回顧背拜)로 하고 있다.

이 부분은 1930년대에 바뀌어진 동작으로 보인다.

진행도: 白 黑 黃 紅 靑　＜도판 4＞ (相拜)

음악: 향당교주　**장단**: 2각　**배역**: 처용 5인

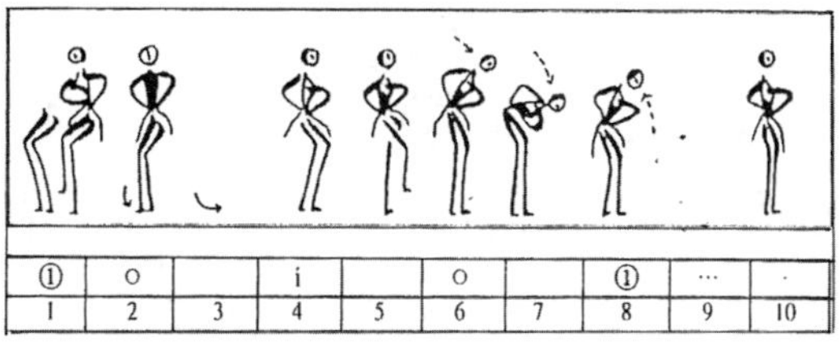

향당교주 2각 동작

보법: 1박에 두 무릎을 깊이 구부렸다가 백·황·홍은 오른 발을, 흑·청은 왼발을 크게 들어 2박에 백·황·홍은 왼발을 옆에 딛고 흑청은 오른발을 옆에 딛으며 황·백·홍은 동쪽으로 청·흑은 서쪽으로 3박까지 돌아 청·홍·흑·백은 상대(相對)하고 4박에 두 무릎을 깊이 구부렸다가 5박에 왼발을 크게 들어 6박에 제자리에 딛으며 허리를 천천히 구부려 7박에 절을 하고 8박과 9박까지 천천히 허리를 펴며 일어나서 10박은 쉰다. (상배(相拜)한다)

수법: 양손을 허리에 댄 그대로 한다.

진행도: 白 黑 黃 紅 靑　＜도판 4-1＞ (北向)

장단: 3각　**배역**: 처용 5인

＜북향＞

박을 치면 2각 동작과 같은데 황·홍·백은 왼발을 흑·청은 오른발을 먼저 들어 딛으며 북(北)쪽을 향하여 돌아선다. (절을 하지 않는다)

진행도: 白 黑 黃 紅 靑　＜도판 4-2＞ (相背拜)

장단: 4각　**배역**: 처용 5인

＜상배＞

(相背하여 배(拜)한다) 박을 치면 2각 동작과 같은데 황·홍·백은 왼발을 흑·청은 오른발을 먼저 들어 딛으며 상배(相背)하여 배(拜)한다.

<table>
<tr><th>홀 기</th><th>진 행 도</th><th>음악</th><th>장단</th><th>배역</th><th>동 작</th></tr>
<tr><td rowspan="4"></td><td>白 黑 黃 紅 靑
<도판 4-3>
(北向)</td><td>향당교주</td><td>5각</td><td>처용5인</td><td><북향>
박을 치면 2각 동작과 같은데 황・홍・백은 오른발을 흑・청은 왼발을 먼저 들어 딛으며 북(北)쪽을 향하여 돌아선다.
(절을 하지 않는다)</td></tr>
<tr><td rowspan="3">↑ ↑ ↑ ↑ ↑
白 黑 黃 紅 靑
<도판 5>
(三進)</td><td></td><td>6각</td><td>처용5인</td><td>
<table><tr><td>i</td><td>o</td><td></td><td>i</td><td></td><td>o</td><td></td><td>①</td><td>···</td><td>·</td></tr><tr><td>1</td><td>2</td><td>3</td><td>4</td><td>5</td><td>6</td><td>7</td><td>8</td><td>9</td><td>10</td></tr></table><u>향당교주 6각 동작</u>
보법: 1박에 오른발은 내딛을 준비로 허리를 약간 구부리며 굴신하며 크게 들어 2박에 내딛으며 몸을 왼편으로 45도 가량 돌렸다가 3박에 몸을 바로 하고 4박에 두 무릎을 깊이 구부렸다가 5박에 왼발을 크게 들어 6박애 오른발을 옆에 딛고 7박에 오른발을 끌어 바로 하고 8박에 두 무릎을 약간 구부렸다가 9박에 오른발을 가볍게 들었다가 10박에 제자리에 딛는다.
수법: 앞의 장단 10박에 양손을 약간 앞으로 내밀었다가 1박에 허리를 약간 구부리며 양손을 젖가슴 앞에 둥글게 당기며 굴신하며 몰아들고 2박에 양손을 앞으로 벗겨 사선으로 확 뿌린 채 왼편으로 몸을 45도 가량 돌렸다가 3박에 몸을 바로하며 4박에 가슴 앞으로 흘려 내려 허리에 짚는다. 5, 6, 7, 8, 9박은 양손을 허리에 짚은 그대로 발만 하고 10박에 두 손을 앞으로 약간 내밀어 다음 동작을 준비한다.</td></tr>
<tr><td></td><td>7각</td><td></td><td><u>향당교주 7각 동작</u>
보법: 향당교주 6각 동작과 같은데 左足부터 한다.
수법: 향당교주 6각 동작과 같다.</td></tr>
<tr><td></td><td>8각</td><td></td><td><u>향당교주 8각 동작</u>
보법: 향당교주 6각 동작과 같다.
수법: 향당교주 6각 동작과 같다.</td></tr>
</table>

홀　기	진　행　도	음악	장단	배역	동　　　　작
	白　　　　青 ↗　　　　↖ 黃 ↙　　　　↘ 黑　　　　紅 <도판 6> (산작화무)	향 당 교 주	9각 10각	처 용 5 인	**향당교주 9, 10각 동작** 보법: 1박에 두 무릎을 깊이 구부렸다가 오른발을 크게 들어 2박에 앞으로 내딛고 3박에 몸을 왼편으로 45도 가량 돌렸다가 왼발을 오른발 옆에 스르르 끌어 대며 몸을 바로 하고 4박에 두 무릎을 깊이 구부렸다가 5박에 왼발을 크게 들어 6박에 옆으로 내딛고 7박에 몸을 오른편으로 45도 가량 돌렸다가 오른발을 왼발 옆에 스르르 끌어 대며 몸을 바로 하고 8박에 두 무릎을 약간 구부렸다가 9박에 왼발을 가볍게 약간 들어 10박에 제자리에 딛는다. (도판 5) 수법: 양손을 양 허리에 손등이 앞을 향하게 짚는다. 한삼을 떨어뜨린다.
	白　　　　青 黃 黑　　　　紅 <도판 6-1> (동서상대)		11각		**향당교주 11각 동작** 보법: 향당교주 9각 동작과 같다. (동서가 상대한다) 수법: 향당교주 9각 동작과 같다.
		세 령 산	1각	처 용 5 인	**세령산 1각 동작** 보법: 1박에 오른발을 앞으로 비스듬히 내딛으며 몸을 앞으로 내밀었다가 2박에 두 무릎을 구부리는데 왼발 뒤꿈치가 들린다. 3박에 왼발 뒤꿈치를 딛으며 4박에 오른발을 끌어 들이며 몸을 일으키고 5박에 몸을 뒤로 제치며 왼다리의 오금이 약간 뒤로 휘다가 6박에 오른발을 앞으로 밀어 딛으며 몸을 앞으로 내밀면 왼발 뒤꿈치가 들린다.

홀 기	진 행 도	음악	장단	배역	동 작
					7박에 왼발 뒤꿈치를 딛으며 몸을 약간 숙였다가 8박에 몸을 일으키며 오른발을 들어 9박에 왼발을 옆에 딛는다. 10박은 다음 동작의 준비를 한다. 수법: 1박에 몸을 앞으로 내밀면서 오른손을 가슴 앞에서 옆으로 강하게 뿌려 2박과 3박까지 몸을 깊게 숙이며 오른발을 무릎 앞에 흘러 내렸다가 4박에 몸을 일으키며 앞으로 끌어 들여 5박에 몸을 뒤로 약간 제치며 얼굴 앞으로 흘러 가슴 앞까지 내렸다가 6박에 다시 옆으로 강하게 뿌려 7박에 몸을 약간 숙이며 오른발을 무릎 가까이까지 내렸다가 8박에 몸을 일으키며 얼굴 앞으로 흘러서 9박까지 허리에 댄다. 10박은 쉰다. (왼손은 왼편 허리에 짚는다) (도판 6-1)
		세령산	2각	처용5인	<u>세령산 2각 동작</u> 보법: 세령산 1각과 같으나 왼발을 좌측면에 딛는다. 수법: 세령산 1각과 같으나 左手로 한다. (도판 6-1) 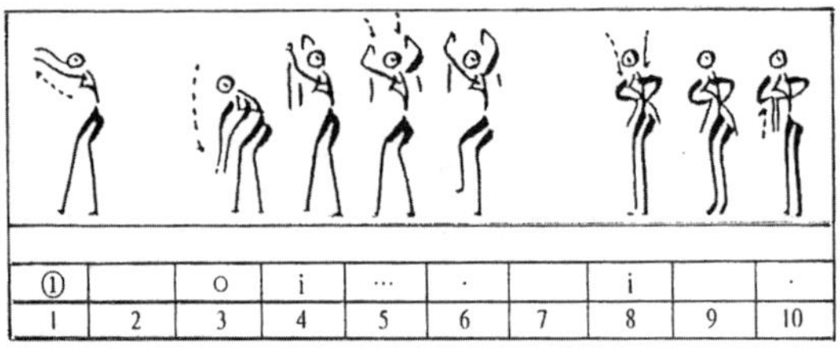
			3각	처용5인	<u>세령산 3각 동작</u> 보법: 1박에 오른발을 앞으로 내딛으며 몸을 앞으로 내밀어 2박과 3박까지 허리를 구부렸다가 4박에 허리를 펴며 일어나서 5박에 두 무릎을 구부리고 6박에 무릎을 펴면서 오른발을 들어 7박과 8박까지 왼발을 옆에 딛고 9박에 뒤꿈치를 들었다가 10박에 뒤꿈치를 딛는다. (도판 6-1) 수법: 1박에 몸을 앞으로 내밀면서 양손을 앞으로 빗겨 위로 뿌려 2박에 허리를 구부리며 양수(兩手)를 3박까지 오른발 앞까지 내렸다가 4박에 허리를 펴며 다시 들어 5박에 얼굴 위로 둥글게 좌우로 약간 구부렸다가 6박에 양손을 위로 들었다가 7박과 8박까지 가슴 앞으로 흘러 내려 손등이 앞을 향하게 허리에 짚는다. 9박은 쉬고 10박에 두 손을 배 쪽으로 약간 끌어 올린다.

홀 기	진 행 도	음악	장단	배역	동 작
		세령산	4각	처용5인	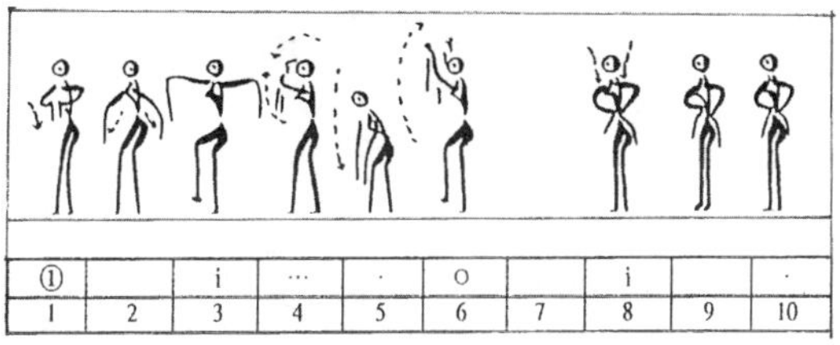 세령산 4각 동작 보법: 1박과 2박까지 두 무릎을 구부렸다가 3박에 오른발을 들어 4박에 앞에 내딛으며 5박까지 허리를 구부렸다가 6박에 오른발을 들며 몸을 일으키고 7박과 8박까지 왼발을 옆에 딛고 9박에 두 발 뒤꿈치를 들었다가 10박에 두 발 뒤꿈치를 딛는다. (도판 6-1) 수법: 1박에 양손을 모아서 앞으로 내려 2박과 3박까지 좌우로 벌려 들어 4박에 양손을 얼굴 앞으로 모아 5박에 허리를 구부리며 오른발을 앞에 내렸다가 6박에 허리를 펴며 두 손을 앞으로 들어서 양 어깨 위까지 들었다가 7박과 8박까지 가슴 앞으로 흘러 내려 손등이 앞을 향하게 허리에 짚는다. 9박과 10박은 보법만 한다.
			5각	처용5인	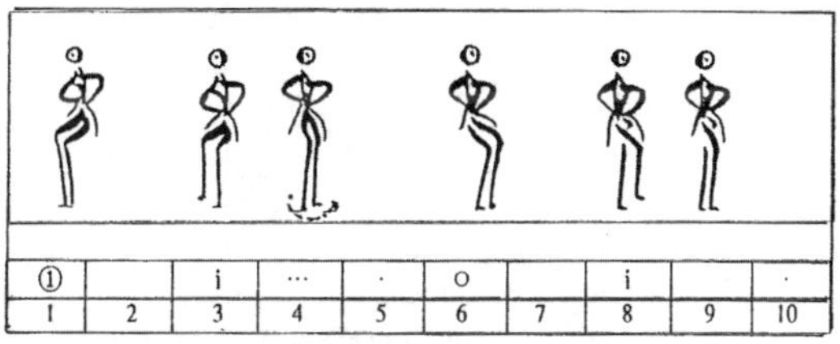 세령산 5각 동작 보법: 1박과 2박에 두 무릎을 스르르 구부렸다가 3박에 오른발을 들어 4박에 180도로 돌려 딛으며 5박까지 몸도 180도로 돌아 동서(東西)가 상배(相背)하고 6박과 7박에 두 무릎을 스르르 구부렸다가 8박에 왼발을 들어 9박까지 오른발 옆에 딛는다. (도판 6-2) 수법: 양손을 손등이 앞을 향하게 양 허리에 짚고 동작만 한다.
			6 7 8 9 각	처용5인	세령산 6, 7, 8, 9각 동작 ※ 동서가 상배(相背)하고 세령산 1, 2, 3, 4각 동작을 한다. (도판 6-2)

홀 기	진 행 도	음악	장단	배역	동 작
	뮮　　　뽈 黃 黑　　　紅 <도판 6-3> (남북상대)	세령산	10각	처용5인	**세령산 10각 동작** 보법: 세령산 5각 동작으로 남북이 상대한다. 수법: 세령산 5각 동작과 같다. (도판 6-3)
			11 12 13 14 각	처용5인	**세령산 11, 12, 13, 14각 동작** ※ 남북이 상대하고 세령산 1, 2, 3, 4각 동작을 한다. (도판 6-3)
	白　　　青 黃 쌞　　　工 <도판 6-4> (남북상배)		15각	처용5인	**세령산 15각 동작** 보법: 세령산 5각 동작으로 남북이 상배한다. 수법: 세령산 5각과 같다.
			16 17 18 19 각	처용5인	**세령산 16, 17, 18, 19각 동작** ※ 남북이 상배하고 세령산 1, 2, 3, 4각 동작을 한다. (도판 6-4)
	↓　　펢　　← 뮮　　黃　　紅 →　　湘　　↑ <도판 7> (좌선회무) 김기수 무보에서 좌선회무라 하고 있으나 실은 우선회무라고 해야 한다. ※ 세령산 20~21각½ 동작으로 도판 7의 위치까지 회선한다.		20각 21각 1 2 3 4 5 박	처용5인 처용5인	**세령산 20각~21각 동작** 보법: 1박에 오른발을 한 걸을 내딛으며 왼발을 스르르 끌어가고 2박에 두 무릎을 구부렸다가 3박에 왼발을 크게 들어 4박에 한 걸을 내딛으며 오른발을 스르르 끌어가고 5박에 두 무릎을 구부리며 오른발을 크게 든다. 6박은 1박과, 7박은 2박과, 8박은 3박과, 9박은 4박과, 10박은 5박과 같다. 11박은 1박과, 12박은 2박과, 13박은 3박과 같고, 14박에 왼발을 뒤로 딛으며 15박까지 몸을 약간 숙인다. (주: 세령산(細靈山) 한 장단 반 동안에 3동작이 연결된다)
홀 기	진 행 도	음악	장단	배역	동 작

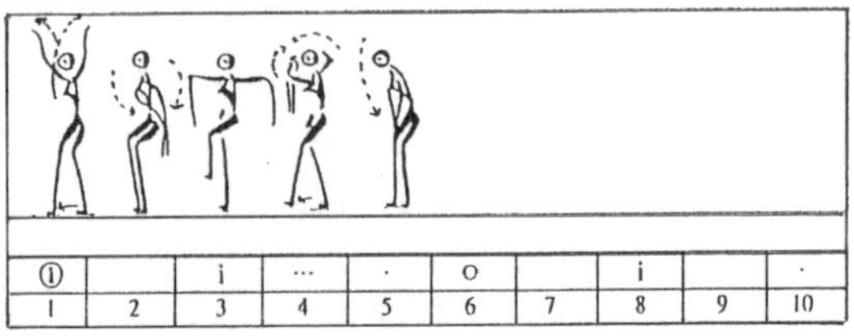

홀　　기	진　행　도	음악	장단	배역	동　　　　　作
					수법: 1박에 양손을 얼굴 앞으로 들어 위로 좌우로 둥글게 벌려 뿌려 2박에 엎어 좌우로 내리며 뒷짐을 지고 3박에 다시 좌우로 엎어 벌려 어깨선까지 들어 4박과 5박에 오른손을 오른쪽 어깨 위에 둥글게 제쳐 들고, 왼손은 가슴 앞으로 하여 오른쪽 어깨 앞에 둥글게 든다. 6박은 1박과, 7박은 2박과, 8박은 3박과 같고 9박과 10박에 왼손은 왼쪽 어깨 위에 둥글게 제쳐 들고 오른손은 가슴 앞으로 하여 왼쪽 어깨 앞에 둥글게 든다. 11박은 1박과, 12박은 2박과, 13박은 3박과 같고 14박에 두 손을 머리 위쪽에서 모아 내려 15박에 앞으로 짓는다. ※ 황은 세령산 20각~21각의 1, 2, 3, 4, 5박 동작으로 45도 돈다.
	붗　　←　　紅 ↓　　黃　　↑ 白　　→　　黑 <도판 7-1>		21각 6 7 8 9 10 박 22각	처용5인 처용5인	세령산 21각의 6, 7, 8, 9, 10박과 22각 동작 보법: 세령산 21각 6박에 오른발을 한 거름 내딛으며 왼발을 스르르 끌어가고 7박에 무릎을 구부렸다가 8박에 왼발을 크게 들어 9박에 한걸음 내딛으며 오른발을 스르르 끌어가고 10박에 무릎을 구부리며 오른발을 크게 든다. 22각 1박에 오른발을 한걸음 내딛으며 왼발을 스르르 끌어가고 2박에 무릎을 구부렸다가 3박에 왼발을 크게 들어 4박에 한걸음 내딛으며 오른발을 스르르 끌어가고 5박에 무릎을 구부리며 오른발을 크게 들어 6박에 한걸음 내딛으며 왼발을 스르르 끌어가고 7박에 무릎을 구부렸다가 8박에

홀　　기	진 행 도	음악	장단	배역	동　　　작
					왼발을 크게 들어 9박에 뒤에 딛고 10박에 무릎을 구부린다. 수법: 세령산 21각의 6박에 양손을 얼굴 앞으로 들어 위로 좌우로 둥글게 벌려 뿌려 7박에 엎어 좌우로 내리며 뒷짐을 지고 8박에 다시 좌우로 엎어 벌려 어깨선까지 들어 9, 10박에 오른손을 오른쪽 어깨 위에 둥글게 제쳐들고 왼손은 가슴 앞으로 하여 오른쪽 어깨 앞에 둥글게 든다. 세령산 22각의 1박에 양손을 얼굴 앞으로 들어 위로 좌우로 둥글게 벌려 뿌려 2박에 엎어 좌우로 내리며 뒷짐 지고 3박에 다시 좌우로 엎어 벌려 어깨선까지 들어 4, 5박에 왼손은 왼쪽 어깨 위에 둥글게 제쳐 들고 오른손은 가슴 앞으로 하여 왼쪽 어깨 앞에 둥글게 든다. 6박에 양손을 얼굴 앞으로 들어 위로 좌우로 둥글게 벌려 뿌려 7박에 엎어 좌우로 내리며 뒷짐을 지고 8박에 다시 좌우로 엎어 벌려 어깨선까지 들어 9박에 얼굴 앞에 모아 10박에 짓는다. ※ 황은 세령산 21각½과 22각 동작으로 90도 돈다.
	↓　　　紅　　　← 뽈　　　　　　黑 →　　　皿　　　↑ <도판 7-2> 세령산 23각과 24각 1/2동작으로 「도판 7-2」 위치까지 회선한다.		23각 24각 1 2 3 4 5	처용5인	<u>세령산 23각~24각의 1, 2, 3, 4, 5박 동작</u> 보법: 세령산 20각과 21각의 1, 2, 3, 4, 5박과 같다. 수법: 세령산 20각과 21각의 1, 2, 3, 4, 5박과 같다. ※ 황은 세령산 23각과 24각의 1, 2, 3, 4, 5박으로 45도 돈다.

홀 기	진 행 도	음악	장단	배역	동 작
	<도판 7-3> 세령산 24각 후 1/2 각과 25각 동작으로 (도판 7-3)위치까지 회선한다.	세령산	24각 6 7 8 9 10 박 ~ 25 박	처용5인	<u>세령산 24각 6, 7, 8, 9, 10박~25박 동작</u> 보법: 세령산 21각 6, 7, 8, 9, 10박과 22각의 동작과 같다. 수법: 세령산 21각 6, 7, 8, 9, 10박과 22각의 동작과 같다. ※ 황은 세령산 24각의 6, 7, 8, 9, 10각 동작으로 45도 돈다. 　(세령산 21각 6, 7, 8, 9, 10박과 22각 동작과 같다)
	<도판 7-4> 세령산 26각과 27각 전 1/2 동작으로 (도 판 7-4) 위치까지 회 선한다.		26각 27각 1 2 3 4 5 박	처용5인	<u>세령산 26각과 27각의 1, 2, 3, 4, 5박 동작</u> 보법: 세령산 20각과 21각의 1, 2, 3, 4, 5박 동작과 같다. 수법: 세령산 20각과 21각의 1, 2, 3, 4, 5박 동작과 같다. ※ 황은 세령산 26각과 27각의 1, 2, 3, 4, 5박 동작으로 45도 돈다. 　(세령산 20각과 21각의 1,, 2, 3, 4, 5박 동작과 같다)
	<도판 7-5> 세령산 27각 후 1/2 박과 28각 동작으로 (도판 7-5) 위치까지 회선한다.		27각 6 7 8 9 10 박 ~ 28 박	처용5인	<u>세령산 27각 6, 7, 8, 9, 10박~28박 동작</u> 보법: 세령산 21각 6, 7, 8, 9, 10박과 22각의 동작과 같다. 수법: 세령산 21각 6, 7, 8, 9, 10박과 22각의 동작과 같다. ※ 황은 세령산 27각의 6, 7, 8, 9, 10박과 28박 동작으로 45도 돈다. 　(세령산 21각 6, 7, 8, 9, 10박과 22각 동작과 같다)
	<도판 7-6> 세령산 29각과 30각 전 1/2동작으로 (도 판 7-6) 위치까지 회 선한다.		29각 30각 1 2 3 4 5 박	처용5인	<u>세령산 29각과 30각의 1, 2, 3, 4, 5박 동작</u> 보법: 세령산 20각과 21각의 1, 2, 3, 4, 5박 동작과 같다. 수법: 세령산 20각과 21각의 1, 2, 3, 4, 5박 동작과 같다. ※ 황은 세령산 29각과 30각의 1, 2, 3, 4, 5박 동작으로 45도 돈다. 　(세령산 20각과 21각의 1, 2, 3, 4, 5박 동작과 같다)

홀 기	진 행 도	음악	장단	배역	동　　　작
	白 ← 青 ↓ ↑ 黑 → 紅 <도판 7-7> 세령산 30각 후 1/2 각과 31각 동작으로 제위치에 온다.	세령산	30각 6 7 8 9 10박 ~ 31각	처용 5인	<u>세령산 30각 6, 7, 8, 9, 10박과 31각 동작</u> 보법: 세령산 21각 6, 7, 8, 9, 10박과 22각의 동작과 같다. 수법: 세령산 21각 6, 7, 8, 9, 10박과 22각의 동작과 같다. ※ 황은 세령산 30각의 6, 7, 8, 9, 10각 동작으로 45도 돈다. 　(세령산 21각 6, 7, 8, 9, 10박과 22각 동작과 같다)
	↙ ↘ 白 黑 黄 紅 青 ↗ ↖ <도판 8>(제행일렬) 세령산 32각과 33각 전 1/2 동작으로 제 행일렬이 된다.		32 33각 1 2 3 4 5 박	처용 5인	<u>세령산 32각과 33각의 1, 2, 3, 4, 5각 동작</u> 보법: 세령산 20각과 21각의 1, 2, 3, 4, 5박 동작과 같다. 수법: 세령산 20각과 21각의 1, 2, 3, 4, 5박 동작과 같다. ※ 황은 세령산 32각과 33각의 1, 2, 3, 4, 5박 동작으로 제위치에 온다. 　(세령산 20각과 21각의 1,, 2, 3, 4, 5박 동작과 같다)
	黑 ↗ 白 黄 青 ↙ 紅 <도판 8-1>(5방작대) 세령산 33각 후 1/2 박과 34각 동작으로 5방을 작대한다.		33각 6 7 8 9 10박 ~ 34각	처용 5인	<u>세령산 33각 6, 7, 8, 9, 10박과 34각 동작</u> 보법: 세령산 21각 6, 7, 8, 9, 10박과 22각의 동작과 같다. 수법: 세령산 21각 6, 7, 8, 9, 10박과 22각의 동작과 같다. ※ 황은 세령산 33각의 6, 7, 8, 9, 10박과 34각 동작을 한다. 　(세령산 21각 6, 7, 8, 9, 10박과 22각 동작과 같다)
	黑 白 黄 青 紅 <도판 9> (내향)	삼현도드리	1각	처용 5인	<table><tr><td>①</td><td></td><td>i</td><td>O</td><td>…</td><td>·</td><td>준비동작</td></tr><tr><td>1</td><td>2</td><td>3</td><td>4</td><td>5</td><td>6</td><td>6</td></tr></table> <u>삼현도드리 1각 동작</u> 보법: 1박에 오른발을 흑은 180도, 청은 90도, 백은 오른쪽으로 90도 돌려 딛으며 2박까지 돌아 내향(內向)하며 두 무릎을 구부렸다가 3박에 왼발을 들어 4박에 오른발 옆에 딛으며 5박에 몸을 앞으로 약간 숙였다가 6박에 몸을 바로 한다. (도판 9) 황과 홍은 제위치에서 북향(北向)한 그대로 한다.

386

홀　　기	진　행　도	음악	장단	배역	동　　　　작
					수법: 1박에 양손을 앞으로 들어 머리 위에서 하늘로 뿌려 2박까지 좌우로 크게 벌려 뒷짐으로 내렸다가 3박에 양손을 좌우로 벌려 어깨선까지 들어 4박에 이마 위쪽에 모아 얼굴 앞으로 내려 5박까지 아랫배 쪽에 지은다. ※ 황은 북향하고 삼현 도드리 1각 동작을 한다.
	嶽 ↓ ↑ 卅　黃　蘗 紅 〈도판 10〉 (황흑상대무)	삼현도드리	2각	황흑	**수양수무 동작 1**  삼현도드리 2각 동작 보법: 앞의 6박에 오른발을 들어 굴신하며 얼러서 1박에 내딛고 왼발을 끌어 대며 2박에 무릎을 구부리고 3박에 왼발을 들어 굴신하며 얼러서 4박에 내딛고 오른발을 끌어 대며 5박에 무릎을 구부리고 6박에 오른발을 들어 굴신하며 어른다. (도판 10) 수법: 왼손으로 오른손 한삼을 잡고 1박에 오른손 주먹으로 하늘을 찌르듯이 오른편 빗겨 사선으로 힘있게 내밀었다가 2박에 아랫배에 내리고 3박에 왼손의 한삼을 오른손으로 바꾸어 잡고 얼러서 4박에 왼손 주먹으로 하늘을 찌르듯이 왼편 빗겨 사선으로 힘있게 내밀었다가 5박에 아랫배에 내리고 6박에 왼손으로 오른손 한삼을 잡고 어른다. ※ 청·홍·백은 허리에 양손을 짚고 서 있는다.
			3각	황흑	**수양수무 동작 2** 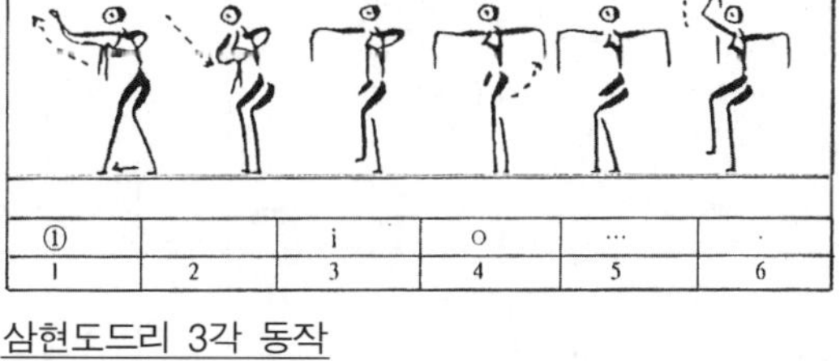 삼현도드리 3각 동작 보법: 오른발을 굴신하며 1박에 내딛고 왼발을 끌어대며 2박에 무릎을 구부리고 3박에 왼발을 들어 굴신하며 얼러서 4박에 제자리에 딛고 5박에 무릎을 구부리고 6박에 오른발을 들어 어른다. (도판 10)

홀 기	진 행 도	음악	장단	배역	동 작
					수법: 1박에 오른손 주먹으로 하늘을 찌르듯이 오른편 빗겨 사선으로 힘있게 내밀어 2박에 오른손을 뻗은 채 그대로 두고 3박에 왼손을 들어 얼러서 4박에 두 손을 일직선으로 벌여 엎어 들고 5박과 6박에 오른손은 오른쪽 어깨 위에 얹고 왼손은 벌려 든 그대로 한다. ※ 청·홍·백은 허리에 양손을 짚고 서 있다.
	黑 翼 ↓ 紅 〈도판 10-1〉 (복위)	삼현도드리	4각	황 흑	**수양수무 3** 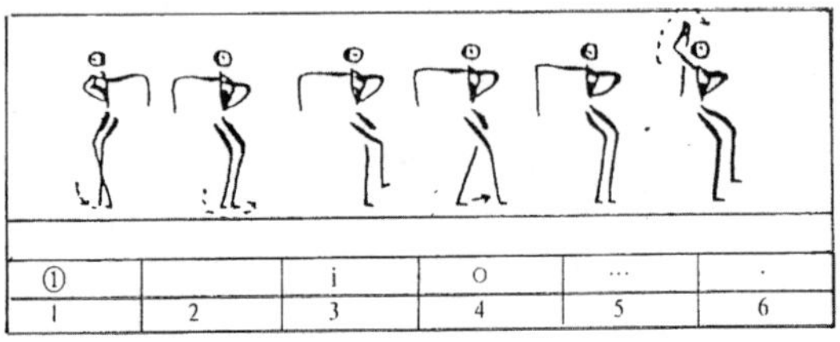 삼현도드리 4각 동작 보법: 1박에 오른발을 왼발 왼편에 딛으며 180도로 돌아 2박에 무릎을 구부렸다가 3박에 왼발을 들어 4박에 내딛고 오른발을 끌어대고 5박에 무릎을 구부려서 6박에 오른발을 든다. (도판 10-1) 수법: 1박에 오른손을 내려 뿌려 허리에 손등을 짚고(김천홍 선생은 등 뒤에 내린다) 왼손은 펴든 그대로 한다. 2, 3, 4, 5박까지 보법만 하고 6박에 왼손을 왼편 어깨에 얹는다. ※ 청·홍·백은 양손을 허리에 짚고 서 있다.
	紅 〈도판 10-2〉 (환입)		5각	황 흑	**수양수무 동작 4** 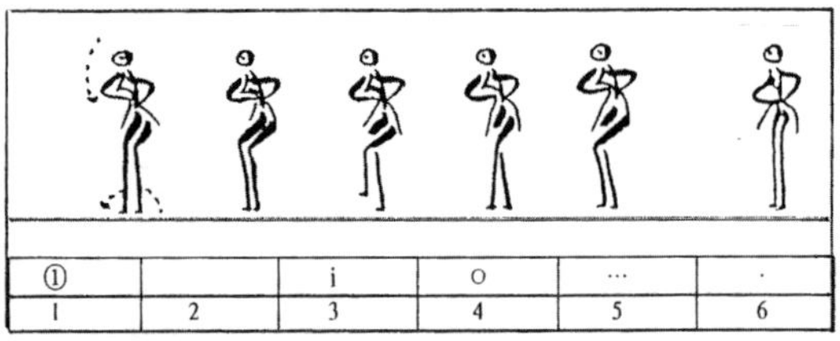 삼현도드리 5각 동작 보법: 1박에 오른발을 왼발 왼편 옆에 딛고 협무(挾舞)는 180도로 돌아 중앙을 향(向)하고 중무(中舞)는 다음 상대의 협무(挾舞) 방향으로 돌아 2박에 두 무릎을 구부리고 3박에 왼발을 들었다가 제자리에 딛는다. 5박에 무릎을 구부리고 6박에 오른발을 든다. 중무(中舞)와 상대(相對)가 끝난 협무(挾舞)는 오른발을 들지 않고 두 손을 허리에 짚고 서 있다. 수법: 1박에 왼손을 내려 뿌려 허리에 손등을 짚는다. (김천홍 선생은 왼손을 내려 뿌려 등 뒤에 내린다.)

홀　　기	진 행 도	음악	장단	배역	동　　　　작
					(주: 중무(中舞)와 상대(相對)하는 협무(挾舞)는 4박에 두 손을 약간 들어 5박과 6박에 앞으로 모아 다음 동작을 준비한다) ※ 청·홍·백은 양손을 허리에 짚고 서 있는다.
	齒 白 →←黃 紅 <도판 10-3> (황청상대무)	삼현도드리	6각	황청	**수양수무 동작 1** 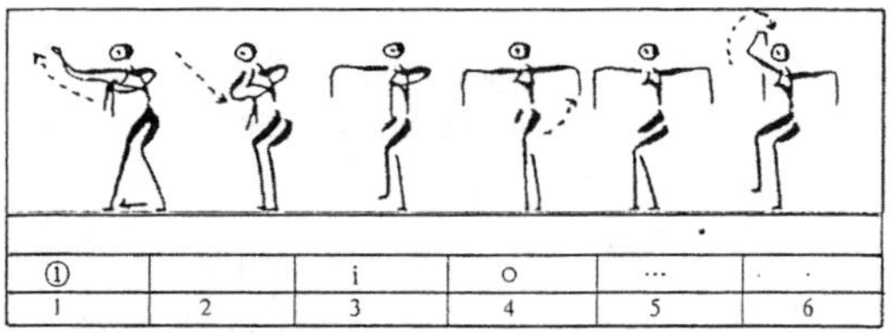 삼현도드리 6각 동작 보법: 앞의 6박에 오른발을 들어 굴신하며 얼러서 1박에 내딛고 왼발을 끌어 대며 2박에 무릎을 구부리고 3박에 왼발을 들어 굴신하며 얼러서 4박에 내딛고 오른발을 끌어대며 5박에 무릎을 구부리고 6박에 오른발을 들어 굴신하며 어른다. (도판 10-3) 수법: 왼손으로 오른손 한삼을 잡고 1박에 오른손 주먹으로 하늘을 찌르듯이 오른편 빗겨 사선으로 힘있게 내밀었다가 2박에 아랫배에 내리고 3박에 왼손의 한삼을 오른손으로 바꾸어 잡고 얼러서 4박에 왼손 주먹으로 하늘을 찌르듯이 왼편 빗겨 사선으로 힘있게 내밀었다가 5박에 아랫배에 내리고 6박에 왼손으로 오른손 한삼을 잡고 어른다. ※ 흑·홍·백은 허리에 양손을 짚고 서 있는다.
			7각	황청	**수양수무 동작 2** 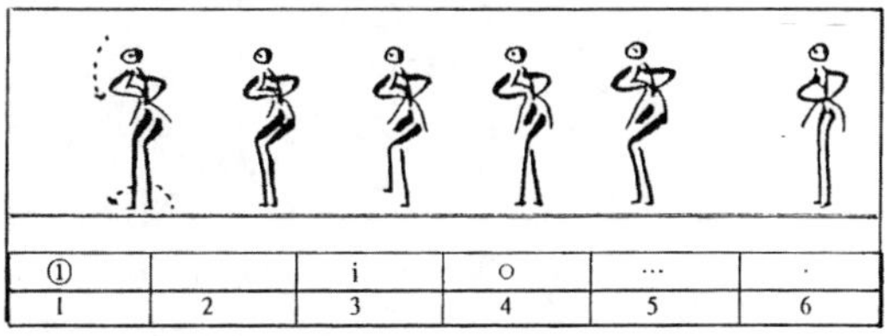 삼현도드리 7각 동작 보법: 오른발을 굴신하며 1박에 내딛고 왼발을 끌어대며 2박에 무릎을 구부리고 3박에 왼발을 들어 굴신하며 얼러서 4박에 제자리에 딛고 5박에 무릎을 구부리고 6박에 오른발을 들어 어른다. (도판 10-3) 수법: 1박에 오른손 주먹으로 하늘을 찌르듯이 오른편 빗겨 사선으로 힘있게 내밀어 2박에 오른손을 뻗은 체 그대로 두고 3박에 왼손을 들어 얼러서 4박에 두 손을 일직선으로 벌려 엎어 들고 5박과 6박에 오른손은 오른쪽 어깨 위에 얹고 왼손은 벌려 든 그대로 한다. ※ 흑·홍·백은 허리에 양손을 짚고 서 있는다.

홀 기	진 행 도	음악	장단	배역	동 작

수양수무 동작 3

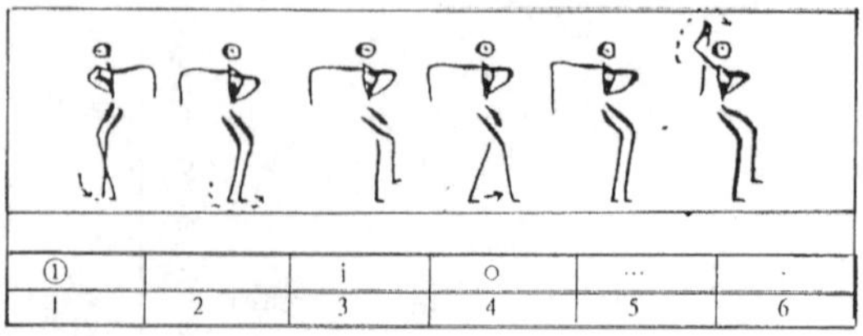

삼현도드리 8각 동작

보법: 1박에 오른발을 왼발 왼편에 딛으며 180도로 돌
아 2박에 무릎을 구부렸다가 3박에 왼발을 들어
4박에 내딛고 오른발을 끌어대고 5박에 무릎을
구부려서 6박에 오른발을 든다. (도판 10-4)

수법: 1박에 오른손을 내려 뿌려 허리에 손등을 짚고(김
천홍 선생은 등 뒤에 내린다) 왼손은 펴든 그대로
한다.

2, 3, 4, 5박까지 보법만 하고 6박에 왼손을 왼편
어깨에 얹는다.

※ 흑·홍·백은 양손을 허리에 짚고 서 있는다.

수양수무 동작 4

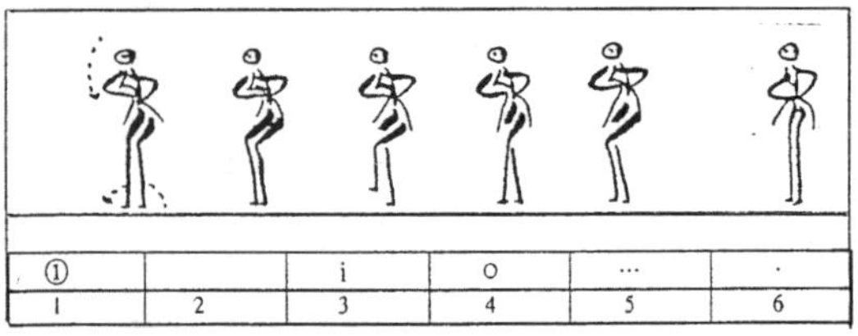

삼현도드리 9각 동작

보법: 1박에 오른발을 왼발 옆에 딛고 협무(挾舞)는 180
도로 돌아 중앙을 향(向)하고 중무(中舞)는 다음
상대의 협무(挾舞)방향으로 돌아 2박에 두 무릎
을 구부리고 3박에 왼발을 들었다가 제자리에 딛
는다.

5박에 무릎을 구부리고 6박에 오른발을 든다.
중무(中舞)와 상대(相對)가 끝난 협무(挾舞)는 오
른발을 들지 않고 두 손을 허리에 짚고 서 있는다.
(도판 10-5)

수법: 1박에 왼손을 내려 뿌려 허리에 손등을 짚는다.
(김천홍 선생은 왼손을 내려 뿌려 등 뒤에 내린다)

(註: 중무(中舞)와 상대(相對)하는 협무(挾舞)는 4박에 두 손
을 약간 들어 5박과 6박에 앞으로 모아 다음 동작을 준비한다)

※ 흑·홍·백은 양손을 허리에 짚고 서 있는다.

진행도 왼쪽 칸 내용:

黃 ← 黃 ↰ 黃
白 ←
紅
<도판 10-4>
(복위)

삼현도드리 8각 황청

黃 黑 ↰ 黃
白
紅
<도판 10-5>
(환입)

삼현도드리 9각 황청

홀 기	진 행 도	음악	장단	배역	동 작
	幽 (黑) 堂 紺 ↓↑ 紅 <도판 10-6> (황홍상대무)	삼현도드리	10각	황 홍	**수양수무 동작 1** 삼현 10각 동작 보법: 앞의 6박에 오른발을 들어 굴신하며 얼러서 1박에 내딛고 왼발을 끌어 대며 2박에 무릎을 구부리고 3박에 왼발을 들어 굴신하며 얼러서 4박에 내딛고 오른발을 끌어대며 5박에 무릎을 구부리고 6박에 오른발을 들어 굴신하며 어른다. (도판 10-6) 수법: 왼손으로 오른손 한삼을 잡고 1박에 오른손 주먹으로 하늘을 찌르듯이 오른편 빗겨 사선으로 힘있게 내밀었다가 2박에 아랫배에 내리고 3박에 왼손의 한삼을 오른손으로 바꾸어 잡고 얼러서 4박에 왼손 주먹으로 하늘을 찌르듯이 왼편 빗겨 사선으로 힘있게 내밀었다가 5박에 아랫배에 내리고 6박에 왼손으로 오른손 한삼을 잡고 어른다. ※ 청·흑·백은 허리에 양손을 짚고 서 있는다.
			11각	황 홍	**수양수무 동작 2** 삼현 11각 동작 보법: 오른발을 굴신하며 1박에 내딛고 왼발을 끌어대며 2박에 무릎을 구부리고 3박에 왼발을 들어 굴신하며 얼러서 4박에 제자리에 딛고 5박에 무릎을 구부리고 6박에 오른발을 들어 어른다. (도판 10-6) 수법: 1박에 오른손 주먹으로 하늘을 찌르듯이 오른편 빗겨 사선으로 힘있게 내밀어 2박에 오른손을 뻗은 채 그대로 두고 3박에 왼손을 들어 얼러서 4박에 두 손을 일직선으로 벌려 엎어 들고 5박과 6박에 오른손은 오른쪽 어깨 위에 얹고 왼손은 벌려 든 그대로 한다. ※ 청·흑·백은 허리에 양손을 짚고 서 있는다.

홀　기	진 행 도	음악	장단	배역	동　　　작
	<도판 10-7> (복위)	삼현도드리	12각	황 홍	**수양수무 동작 3** 삼현도드리 12각 동작 보법: 1박에 오른발을 왼발 왼편에 딛으며 180도로 돌아 2박에 무릎을 구부렸다가 3박에 왼발을 들어 4박에 내딛고 오른발을 끌어대고 5박에 무릎을 구부려서 6박에 오른발을 든다. (도판 10-4) 수법: 1박에 오른손을 내려 뿌려 허리에 손등을 짚고(김천홍 선생은 등 뒤에 내린다) 왼손은 펴든 그대로 한다. 2, 3, 4, 5박까지 보법만 하고 6박에 왼손을 왼편 어깨에 얹는다. ※ 흑·홍·백은 양손을 허리에 짚고 서 있는다.
	<도판 10-8> (환입)	삼현도드리	13각	황 홍	**수양수무 동작 4** 삼현도드리 13각 동작 보법: 1박에 오른발을 왼발 옆에 딛고 협무(挾舞)는 180도로 돌아 중앙을 향(向)하고 중무(중무)는 다음 상대의 협무(挾舞)방향으로 돌아 2박에 두 무릎을 구부리고 3박에 왼발을 들었다가 제자리에 딛는다. 5박에 무릎을 구부리고 6박에 오른발을 든다. 중무(中舞)와 상대(相對)가 끝난 협무(挾舞)는 오른발을 들지 않고 두 손을 허리에 짚고 서 있는다. (도판 10-5) 수법: 1박에 왼손을 내려 뿌려 허리에 손등을 짚는다. (김천홍 선생은 왼손을 내려 뿌려 등 뒤에 내린다) (註: 중무(中舞)와 상대(相對)하는 협무(挾舞)는 4박에 두 손을 약간 들어 5박과 6박에 앞으로 모아 다음 동작을 준비한다) ※ 흑·홍·백은 양손을 허리에 짚고 서 있는다.

홀　기	진　행　도	음악	장단	배역	동　　　　작

進
田 →← 黃　　靑
紅

<도판 10-9>
(황백상대무)

삼현도드리 · 14각 · 황홍

수양수무 동작 1

①		i	o	···	·
1	2	3	4	5	6

<u>삼현 14각 동작</u>

보법: 앞의 6박에 오른발을 들어 굴신하며 얼러서 1박에
　　　내딛고 왼발을 끌어 대며 2박에 무릎을 구부리고
　　　3박에 왼발을 들어 굴신하며 얼러서 4박에 내딛고
　　　오른발을 끌어대며 5박에 무릎을 구부리고 6박에
　　　오른발을 들어 굴신하며 어른다. (도판 10-9)

수법: 왼손으로 오른손 한삼을 잡고 1박에 오른손 주먹으
　　　로 하늘을 찌르듯이 오른편 빗겨 사선으로 힘있게
　　　내밀었다가 2박에 아랫배에 내리고 3박에 왼손의
　　　한삼을 오른손으로 바꾸어 잡고 얼러서 4박에 왼
　　　손 주먹으로 하늘을 찌르듯이 왼편 빗겨 사선으로
　　　힘있게 내밀었다가 5박에 아랫배에 내리고 6박에
　　　왼손으로 오른손 한삼을 잡고 어른다.

※ 청·홍·흑은 허리에 양손을 짚고 서 있는다.

15각 · 황홍

수양수무 동작 2

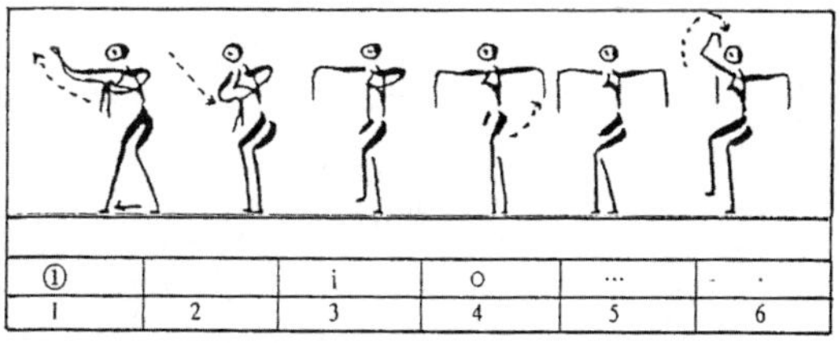

①		i	o	···	·
l	2	3	4	5	6

<u>삼현 15각 동작</u>

보법: 오른발을 굴신하며 1박에 내딛고 왼발을 끌어대며
　　　2박에 무릎을 구부리고 3박에 왼발을 들어 굴신하
　　　며 얼러서 4박에 세사리에 딛고 5박에 무릎을 구부
　　　리고 6박에 오른발을 들어 어른다. (도판 10-9)

수법: 1박에 오른손 주먹으로 하늘을 찌르듯이 오른편
　　　빗겨 사선으로 힘있게 내밀어 2박에 오른손을 뻗
　　　은 채 그대로 두고 3박에 왼손을 들어 얼러서 4박
　　　에 두 손을 일직선으로 벌려 엎어 들고 5박과 6박
　　　에 오른손은 오른쪽 어깨 위에 얹고 왼손은 벌려
　　　든 그대로 한다.

※ 청·홍·흑은 허리에 양손을 짚고 서 있는다.

홀　　기	진　행　도	음악	장단	배역	동　　　　　작

| | <도판 10-10>
(복위) | 삼현도드리 | 16각 | 황백 | **수양수무 동작 3** 

삼현도드리 16각 동작

보법: 1박에 오른발을 왼발 왼편에 딛으며 180도로 돌아 2박에 무릎을 구부렸다가 3박에 왼발을 들어 4박에 내딛고 오른발을 끌어대고 5박에 무릎을 구부려서 6박에 오른발을 든다. (도판 10-10)

수법: 1박에 오른손을 내려 뿌려 허리에 손등을 짚고(김천홍 선생은 등 뒤에 내린다) 왼손은 펴든 그대로 한다. 2, 3, 4, 5박까지 보법만 하고 6박에 왼손을 왼편 어깨에 얹는다.

※ 청·홍·흑백은 양손을 허리에 짚고 서 있다. |
| | 黃
紅
<도판 10-11>
(환입) | | 17각 | 황백 | **수양수무 동작 4** 

삼현도드리 17각 동작

보법: 1박에 오른발을 왼발 옆에 딛고 협무(挾舞)는 180도로 돌아 중앙을 향(向)하고 중무(中舞)는 다음 상대의 협무(挾舞)방향으로 돌아 2박에 두 무릎을 구부리고 3박에 왼발을 들었다가 제자리에 딛는다. 5박에 무릎을 구부리고 6박에 오른발을 든다. 중무(中舞)와 상대(相對)가 끝난 협무(挾舞)는 오른발을 들지 않고 두 손을 허리에 짚고 서 있다. (도판 10-11)

수법: 1박에 왼손을 내려 뿌려 허리에 손등을 짚는다. (김천홍 선생은 왼손을 내려 뿌려 등 뒤에 내린다) (황과 흑은 17각 6박 동작으로 준비한다) (註: 중무(中舞)와 상대(相對)하는 협무(挾舞)는 4박에 두 손을 약간 들어 5박과 6박에 앞으로 모아 다음 동작을 준비한다)

※ 청·홍·흑은 양손을 허리에 짚고 서 있다. |

홀 기	진 행 도	음악	장단	배역	동 작
	黈 ↓ ↑ 冊 黃 黚 紅 <도판 11> (황흑대무)	삼 현 도 드 리	18각	황 홍	**수양수무 동작 5** （동작 그림） 삼현도드리 18각 동작

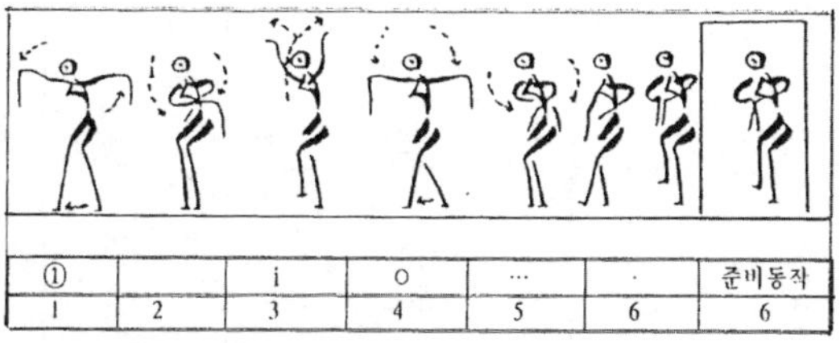

수양수무 동작 5

①		i	o	…	·	준비동작
1	2	3	4	5	6	6

<u>삼현도드리 18각 동작</u>

보법: 1박에 오른발을 내딛고 2박에 왼발을 끌어 대며 구부
리고 3박에 왼발을 들어 얼러서 4박에 내딛고 5박에
오른발을 끌어 대며 구부리고 6박에 오른발을 들어
다음 동작을 준비한다. (도판 11)

수법: 두 손을 학의 날개와 같이 펴서 어르다가 1박에 오른
손을 앞으로 왼손을 외로 저어 2박에 오른손은 얼굴
을 스쳐 내리고 왼손은 허리를 옆으로 돌려 3박에
두 손을 다시 머리 위로 들어 확 뿌려 내려 4박에
학의 날개와 같이 펴서 얼러서 왼손은 앞으로 오른손
은 외로 저어 5박에 왼손은 얼굴을 스쳐 내리고 오른
손은 허리 옆으로 돌려 6박에 두 손을 배 옆으로 모아
든다.

※ 청·홍·백은 양손을 허리에 짚고 서 있는다.

수양수무 동작 6

①		i	o	…	·
1	2	3	4	5	6

<u>삼현도드리 19각 동작</u>

보법: 1박에 오른발을 오른쪽 빗겨 사선으로 내딛고 2박에
왼발을 끌어 대며 구부리고 3박에 왼발을 들어 얼러
서 4박에 왼발을 왼쪽 빗겨 사선으로 내딛고 5박에
오른발을 끌어 대며 구부리고 6박에 오른발을 들어
다음 동작을 준비한다. (청·홍·백은 양손을 허리에
짚고 서 있는다)

수법: 왼손을 아랫배에 붙이고 1박에 오른손을 오른쪽 위로
빗겨 사선으로 뿌려 2박에 오른손을 아랫배에 내리고
3박에 얼러서 4박에 오른손을 아랫배에 붙이고 왼손
은 왼쪽 위 빗겨 사선으로 뿌려 5박에 왼손을 아랫배
에 내리고 6박에 어르며 다음 동작을 준비한다. (도판
11)

홀　　기	진　행　도	음악	장단	배역	동　　　　　작
	菌 ↑↓ 血　黃　喆 　紅 <도판 11-1> (황흑복위)	삼현도드리	20각	황흑	**수양수무 동작 7** 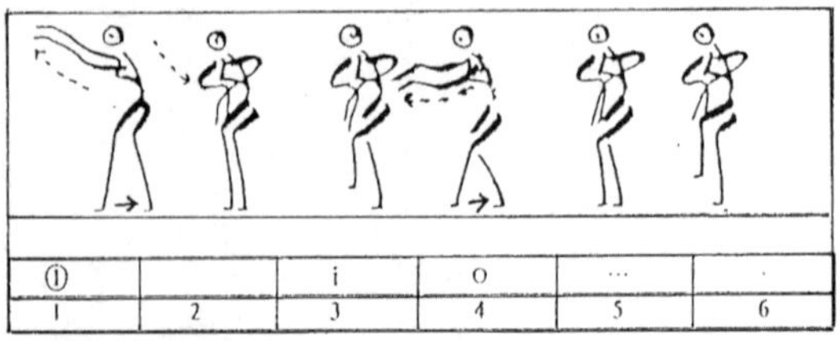 삼현도드리 20각 동작 보법: 1박에 오른발을 오른쪽 빗겨 사선 뒤로 딛고 2박에 왼발을 끌어 대며 구부리고 3박에 왼발을 들어 얼러서 4박에 왼발을 왼쪽 빗겨 사선 뒤로 딛고 5박에 오른발을 끌어 대며 구부리고 6박에 오른발을 들어 다음 동작을 준비한다. 수법: 1박에 두 손을 가슴 앞에 모아 오른편 빗겨 사선 위로 확 뿌리고 2박에 두 손을 가슴 앞에 모아 들고 3박에 얼러서 4박에 두 손을 왼편 빗겨 사선 위로 확 뿌리고 5박에 두 손을 가슴 앞에 모아 들고 6박에 어르며 다음 동작을 준비한다.
	菌 血　黃　喆 　紅 <도판 11-2> (황동향)		21각	황흑	**수양수무 동작 8** 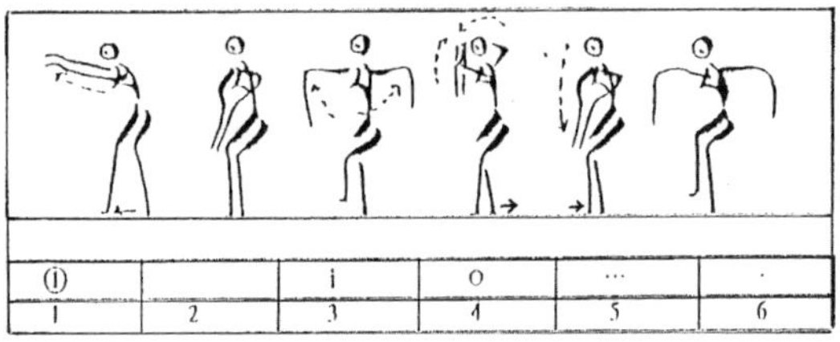 삼현도드리 21각 동작 보법: 1박에 오른발을 앞으로 딛고 왼발을 끌어 대며 구부리고 3박에 왼발을 들어 황은 청을 향하여 돌아서며 4박에 뒤에 딛고(혹은 제자리 뒤에 딛는다) 5박에 오른발을 끌어 대며 구부리고 6박에 오른발을 들어 다음 동작을 준비한다. 수법: 가슴 앞에 모아들었던 두 손을 1박에 앞의 빗겨 사선 위로 확 뿌리고 2박에 두 손을 옆으로 내려 3박에 좌우로 벌려 어깨선까지 들어 4박에 두 손을 얼굴 앞에 모아 5박에 아랫배 앞에 짓고 6박에 두 손을 학의 날개와 같이 펴서 어르며 다음 동작을 준비한다. (청도 6박의 준비동작을 한다)

홀 기	진 행 도	음악	장단	배역	동 작
	黑 白 黃 →← 靑 紅 <도판 11-3> (황청대무)	삼현도드리	22각	황청	**수양수무 동작 5** 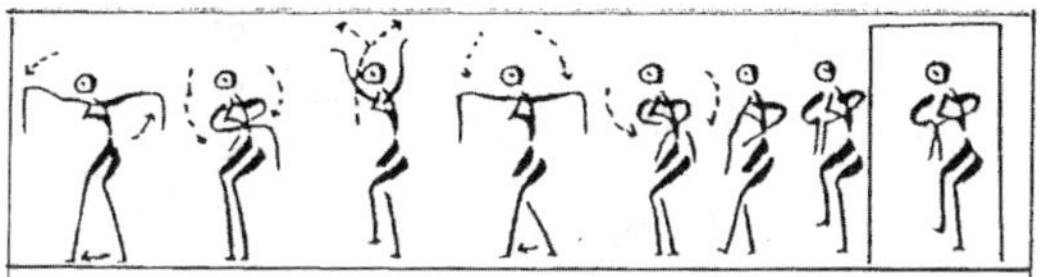 ① / / i / o / … / · / 준비동작 1 / 2 / 3 / 4 / 5 / 6 / 6 <u>삼현도드리 22각 동작</u> 보법: 1박에 오른발을 내딛고 2박에 왼발을 끌어 대며 구부리고 3박에 왼발을 들어 얼러서 4박에 내딛고 5박에 오른발을 끌어 대며 구부리고 6박에 오른발을 들어 다음 동작을 준비한다. (도판 11) 수법: 두 손을 학의 날개와 같이 펴서 어르다가 1박에 오른손을 앞으로 왼손을 외로 저어 2박에 오른손은 얼굴을 스쳐 내리고 왼손은 허리를 옆으로 돌려 3박에 두 손을 다시 머리 위로 들어 확 뿌려 내려 4박에 학의 날개와 같이 펴서 얼러서 왼손은 앞으로 오른손은 외로 저어 5박에 왼손은 얼굴을 스쳐 내리고 오른손은 허리 옆으로 돌려 6박에 두 손을 배 옆으로 모아든다. ※ 청・홍・백은 양손을 허리에 짚고 서 있는다.
			23각	황청	**수양수무 동작 6** 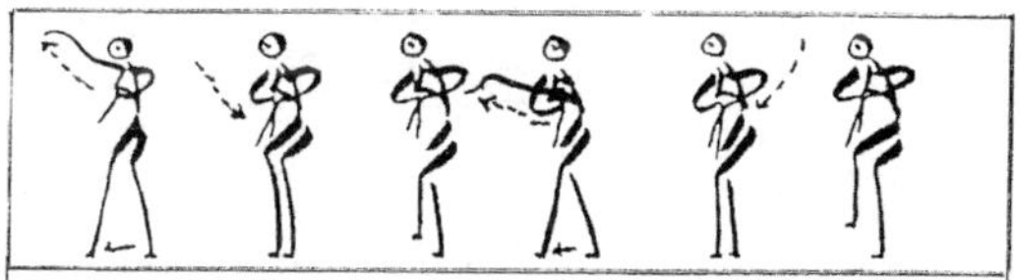 ① / / i / o / … / · 1 / 2 / 3 / 4 / 5 / 6 <u>삼현도드리 22각 동작</u> 보법: 1박에 오른발을 오른쪽 빗겨 사선으로 내딛고 2박에 왼발을 끌어 대며 구부리고 3박에 왼발을 들어 얼러서 4박에 왼발을 왼쪽 빗겨 사선으로 내딛고 5박에 오른발을 끌어 대며 구부리고 6박에 오른발을 들어 다음 동작을 준비한다. (청・홍・백은 양손을 허리에 짚고 서 있는다) 수법: 왼손을 아랫배에 붙이고 1박에 오른손을 오른쪽 위로 빗겨 사선으로 뿌려 2박에 오른손을 아랫배에 내리고 3박에 얼러서 4박에 오른손을 아랫배에 붙이고 왼손은 왼쪽 위 빗겨 사선으로 뿌려 5박에 왼손을 아랫배에 내리고 6박에 어르며 다음 동작을 준비한다. (도판 11)

홀 기	진 행 도	음악	장단	배역	동 작
	黃 ←→ 靑 紅 白 <도판 11-4> (황청복위)	삼현도드리	24각	황청	**수양수무 동작 7** 삼현도드리 24각 동작 보법: 1박에 오른발을 오른쪽 빗겨 사선 뒤로 딛고 2박에 왼발을 끌어 대며 구부리고 3박에 왼발을 들어 얼러서 4박에 왼발을 왼쪽 빗겨 사선 뒤로 딛고 5박에 오른발을 끌어 대며 구부리고 6박에 오른발을 들어 다음 동작을 준비한다. (도판 11-4) (혹은 제 위치에서 한다) 수법: 1박에 두 손을 가슴 앞에 모아 오른편 빗겨 사선 위로 확 뿌리고 2박에 두 손을 가슴 앞에 모아 들고 3박에 얼러서 4박에 두 손을 왼편 빗겨 사선 위로 확 뿌리고 5박에 두 손을 가슴 앞에 모아 들고 6박에 어르며 다음 동작을 준비한다.
	靑 黃 紅 白 <도판 11-5> (황남향)		25각	황청	**수양수무 동작 8** 삼현도드리 25각 동작 보법: 1박에 오른발을 앞으로 딛고 왼발을 끌어 대며 구부리고 3박에 왼발을 들어 황은 청을 향하여 돌아 서며 4박에 뒤에 딛고(혹은 제자리 뒤에 딛는다) 5박에 오른발을 끌어 대며 구부리고 6박에 오른발을 들어 다음 동작을 준비한다. (혹은 제 위치에서 한다) 수법: 가슴 앞에 모아들었던 두 손을 1박에 앞의 빗겨 사선 위로 확 뿌리고 2박에 두 손을 옆으로 내려 3박에 좌우로 벌려 어깨선까지 들어 4박에 두 손을 얼굴 앞에 모아 5박에 아랫배 앞에 짓고 6박에 두 손을 학의 날개와 같이 펴서 어르며 다음 동작을 준비한다. (홍은 6박의 준비동작을 한다)

홀 기	진 행 도	음악	장단	배역	동 작

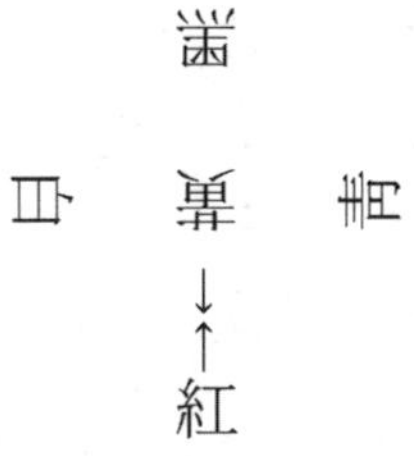

수양수무 동작 5

①		i	o	...	·	준비동작
1	2	3	4	5	6	6

<u>삼현도드리 26각 동작</u>

보법: 1박에 오른발을 내딛고 2박에 왼발을 끌어 대며
　　　구부리고 3박에 왼발을 들어 얼러서 4박에 내딛고
　　　5박에 오른발을 끌어 대며 구부리고 6박에 오른발
　　　을 들어 다음 동작을 준비한다. (도판 11-6)

수법: 두 손을 학의 날개와 같이 펴서 어르다가 1박에
　　　오른손을 앞으로 왼손을 외로 저어 2박에 오른손
　　　은 얼굴을 스쳐 내리고 왼손은 허리를 옆으로 돌려
　　　3박에 두 손을 다시 머리 위로 들어 확 뿌려 내려
　　　4박에 학의 날개와 같이 펴서 얼러서 왼손은 앞으
　　　로 오른손은 외로 저어 5박에 왼손은 얼굴을 스쳐
　　　내리고 오른손은 허리 옆으로 돌려 6박에 두 손을
　　　배 옆으로 모아든다.

※ 흑·청은 제 위치에서 한다.

수양수무 동작 6

①		i	o	...	·
1	2	3	4	5	6

<u>삼현도드리 27각 동작</u>

보법: 1박에 오른발을 오른쪽 빗겨 사선으로 내딛고 2박
　　　에 왼발을 끌어 대며 구부리고 3박에 왼발을 들어
　　　일러서 4박에 왼발을 왼쪽 빗겨 사선으로 내딛고
　　　5박에 오른발을 끌어 대며 구부리고 6박에 오른발
　　　을 들어 다음 동작을 준비한다. (도판 11-6)

※ 흑·청은 제 위치에서 한다.

수법: 왼손을 아랫배에 붙이고 1박에 오른손을 오른쪽
　　　위로 빗겨 사선으로 뿌려 2박에 오른손을 아랫배
　　　에 내리고 3박에 얼러서 4박에 오른손을 아랫배에
　　　붙이고 왼손은 왼쪽 위 빗겨 사선으로 뿌려 5박에
　　　왼손을 아랫배에 내리고 6박에 어르며 다음 동작
　　　을 준비한다.

진행도: 黹 / 皿 巢 苗 / ↓↑ / 紅
<도판 11-6>
(황홍대무)

음악: 삼현도드리 / 26각 / 27각 · 배역: 황홍

홀 기	진 행 도	음악	장단	배역	동 작
	靑 白 卛 黑 ↑↓ 紅 ＜도판 11-7＞ (황홍복위)	삼현도드리	28각	황 홍	**수양수무 동작 7** 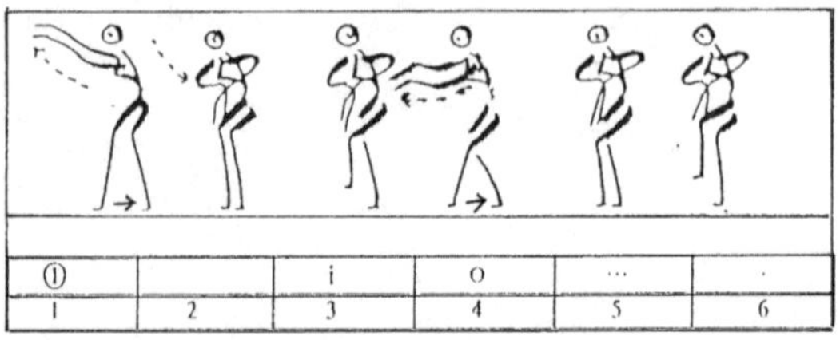 삼현도드리 28각 동작 보법: 1박에 오른발을 오른쪽 빗겨 사선 뒤로 딛고 2박에 왼발을 끌어 대며 구부리고 3박에 왼발을 들어 얼러서 4박에 왼발을 왼쪽 빗겨 사선 뒤로 딛고 5박에 오른발을 끌어 대며 구부리고 6박에 오른발을 들어 다음 동작을 준비한다. (도판 11-4) ※ 흑·청·홍은 제 위치에서 한다. 수법: 1박에 두 손을 가슴 앞에 모아 오른편 빗겨 사선 위로 확 뿌리고 2박에 두 손을 가슴 앞에 모아 들고 3박에 얼러서 4박에 두 손을 왼편 빗겨 사선 위로 확 뿌리고 5박에 두 손을 가슴 앞에 모아 들고 6박에 어르며 다음 동작을 준비한다. (도판 11-7)
	靑 白 黃 黑 紅 ＜도판 11-8＞ (황서향)		29각	황 홍	**수양수무 동작 8** 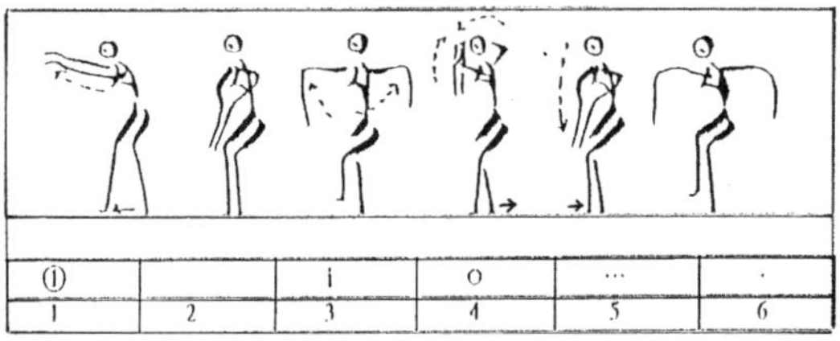 삼현도드리 29각 동작 보법: 1박에 오른발을 앞으로 딛고 왼발을 끌어 대며 구부리고 3박에 왼발을 들어 황은 청을 향하여 돌아서며 4박에 뒤에 딛고(혹은 제자리 뒤에 딛는다) 5박에 오른발을 끌어 대며 구부리고 6박에 오른발을 들어 다음 동작을 준비한다. (도판 11-8) ※ 흑·청·홍은 제 위치에서 한다. 수법: 가슴 앞에 모아들었던 두 손을 1박에 앞의 빗겨 사선 위로 확 뿌리고 2박에 두 손을 옆으로 내려 3박에 좌우로 벌려 어깨선까지 들어 4박에 두 손을 얼굴 앞에 모아 5박에 아랫배 앞에 짓고 6박에 두 손을 학의 날개와 같이 펴서 어르며 다음 동작을 준비한다. (백은 6박의 준비동작을 한다)

홀　　기	진　행　도	음악	장단	배역	동　　　　　　작
	齒 口→←黃　青 紅 <도판 11-9> (황백대무)	삼현도드리	30각	황백	**수양수무 동작 5** ① ｜ ｜ ｜ i ｜ o ｜ … ｜ · ｜ 준비동작 1 ｜ 2 ｜ 3 ｜ 4 ｜ 5 ｜ 6 ｜ 6 삼현도드리 30각 동작 보법: 1박에 오른발을 내딛고 2박에 왼발을 끌어 대며 구부리고 3박에 왼발을 들어 얼러서 4박에 내딛고 5박에 오른발을 끌어 대며 구부리고 6박에 오른발을 들어 다음 동작을 준비한다. (도판 11-6) ※ 흑·청·홍은 제자리에서 한다. 수법: 두 손을 학의 날개와 같이 펴서 어르다가 1박에 오른손을 앞으로 왼손을 외로 저어 2박에 오른손은 얼굴을 스쳐 내리고 왼손은 허리를 옆으로 돌려 3박에 두 손을 다시 머리 위로 들어 확 뿌려 내려 4박에 학의 날개와 같이 펴서 얼러서 왼손은 앞으로 오른손은 외로 저어 5박에 왼손은 얼굴을 스쳐 내리고 오른손은 허리 옆으로 돌려 6박에 두 손을 배 옆으로 모아든다. (도판 11-9)
			31각	황백	**수양수무 동작 6** ① ｜ ｜ ｜ i ｜ o ｜ … ｜ · 1 ｜ 2 ｜ 3 ｜ 4 ｜ 5 ｜ 6 삼현도드리 31각 동작 보법: 1박에 오른발을 오른쪽 빗겨 사선으로 내딛고 2박에 왼발을 끌어 대며 구부리고 3박에 왼발을 들어 얼러서 4박에 왼발을 왼쪽 빗겨 사선으로 내딛고 5박에 오른발을 끌어 대며 구부리고 6박에 오른발을 들어 다음 동작을 준비한다. ※ 흑·청·홍은 제자리에서 한다. 수법: 왼손을 아랫배에 붙이고 1박에 오른손을 오른쪽 위로 빗겨 사선으로 뿌려 2박에 오른손을 아랫배에 내리고 3박에 얼러서 4박에 오른손을 아랫배에 붙이고 왼손은 왼쪽 위 빗겨 사선으로 뿌려 5박에 왼손을 아랫배에 내리고 6박에 어르며 다음 동작을 준비한다. (도판 11-9)

홀　　기	진　행　도	음악	장단	배역	동　　　　　작
	黃 白←→黃　靑 紅 <도판 11-10> (황백복위)	삼현도드리	32각	황백	**수양수무 동작 7** 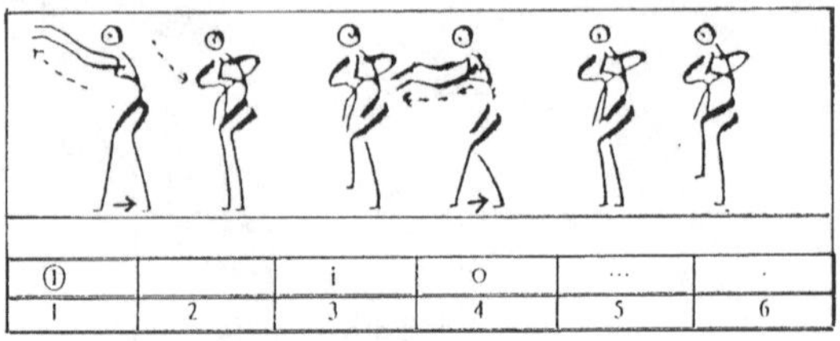 삼현도드리 32각 동작 보법: 1박에 오른발을 오른쪽 빗겨 사선 뒤로 딛고 2박에 왼발을 끌어 대며 구부리고 3박에 왼발을 들어 얼러서 4박에 왼발을 왼쪽 빗겨 사선 뒤로 딛고 5박에 오른발을 끌어 대며 구부리고 6박에 오른발을 들어 다음 동작을 준비한다. ※ 흑·청·홍은 제자리에서 한다. 수법: 1박에 두 손을 가슴 앞에 모아 오른편 빗겨 사선 위로 확 뿌리고 2박에 두 손을 가슴 앞에 모아 들고 3박에 얼러서 4박에 두 손을 왼편 빗겨 사선 위로 확 뿌리고 5박에 두 손을 가슴 앞에 모아 들고 6박에 어르며 다음 동작을 준비한다. (도판 11-10)
	黃 白　黃　靑 紅 <도판 11-11> (황북향)		33각	황백	**수양수무 동작 8** 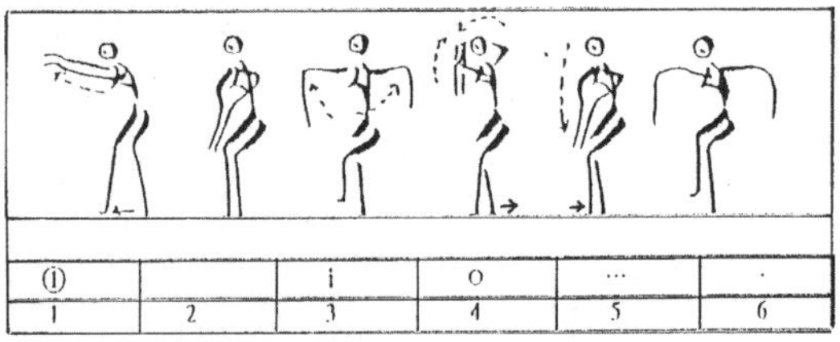 삼현도드리 33각 동작 보법: 1박에 오른발을 앞으로 딛고 왼발을 끌어 대며 구부리고 3박에 왼발을 들어 황은 청을 향하여 돌아서며 4박에 뒤에 딛고(흑은 제자리 뒤에 딛는다) 5박에 오른발을 끌어 대며 구부리고 6박에 오른발을 들어 다음 동작을 준비한다. (도판 11-11) ※ 흑·청·홍은 제자리에서 한다. 수법: 가슴 앞에 모아들었던 두 손을 1박에 앞의 빗겨 사선 위로 확 뿌리고 2박에 두 손을 옆으로 내려 3박에 좌우로 벌려 어깨선까지 들어 4박에 두 손을 얼굴 앞에 모아 5박에 아랫배 앞에 짓고 6박에 두 손을 학의 날개와 같이 펴서 어르며 다음 동작을 준비한다.

홀　　기	진 행 도	음악	장단	배역	동　　　　작

	 <도판 12> (우선회무)	삼현도드리	34각	처용5인	**수양수무 동작 5** 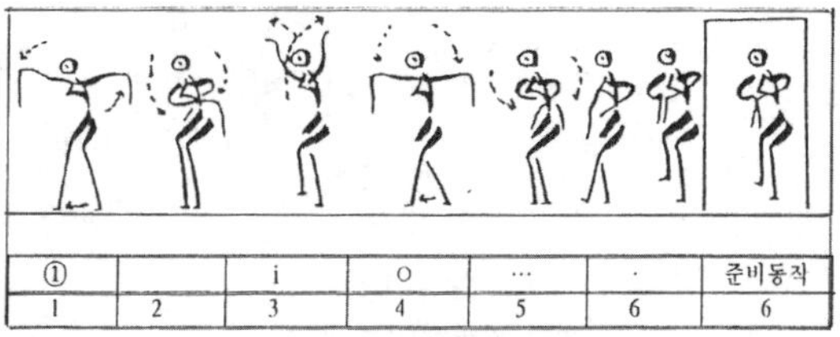
	수양수무 5, 6, 7, 8 동작을 4번 반복하 면서 우선회무하여 黃이 남쪽에 먼저 위치에 올 때까지 회무한다. 주: 수양수무 7, 8각 의 동작은 전진하 면서 한다. ※ (도판 12)를 좌 선회무라고 해야 맞는데 왜 우선회 무라 했는지 모르 겠으나 춤추는 사 람 중심으로 한 명 칭인 듯하다.		35각	처용5인	**수양수무 동작 6** 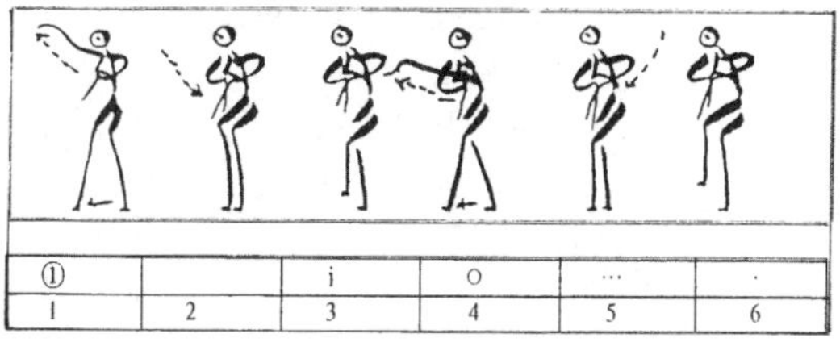
			36각	처용5인	**수양수무 동작 7** 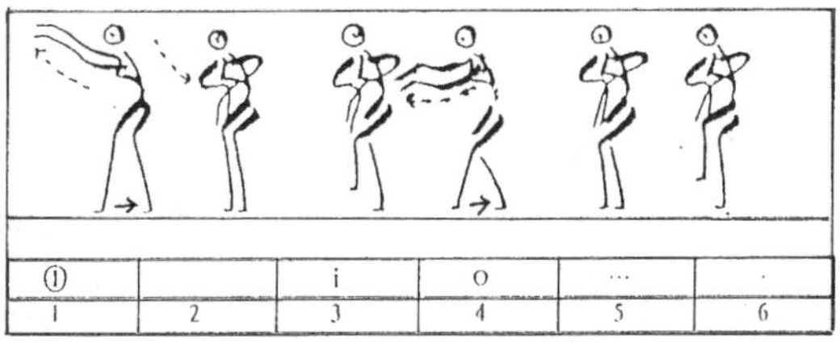
			37각	처용5인	**수양수무 동작 8** 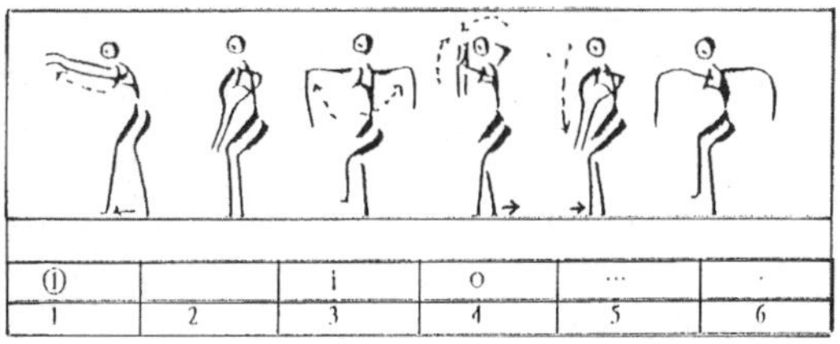
			38각 ~ 49각		수양수무 5, 6, 7, 8동작 보법: 보법 해설은 P.30, 31과 같다. 수법: 수법 해설은 P.30, 31과 같다. 반염불 5, 6, 7, 8, 9, 10, 11, 12, 13, 14, 15, 16각 동작 ※ 수양수무 5, 6, 7, 8동작 3번 반복한다.

홀　　기	진 행 도	음악	장단	배역	동　　　　　作
	 <도판 12-1> (제행일렬무)	삼현도드리	50각	처용5인	**수양수무 동작 5** 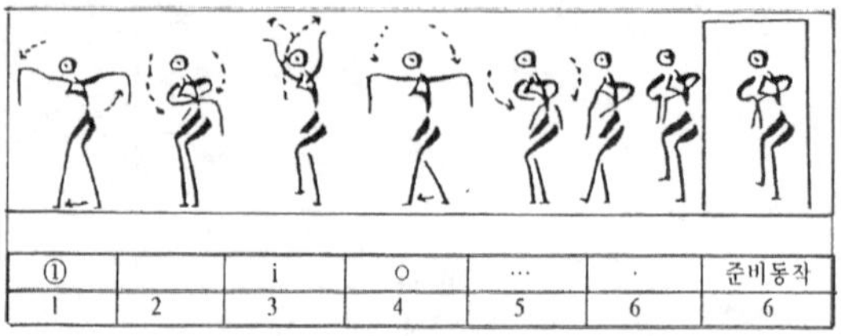
	수양수무 5, 6, 7, 8의 동작으로　제행일렬이 된다. (반염불 17각~20각)		51각	처용5인	**수양수무 동작 6** 
			52각	처용5인	**수양수무 동작 7** 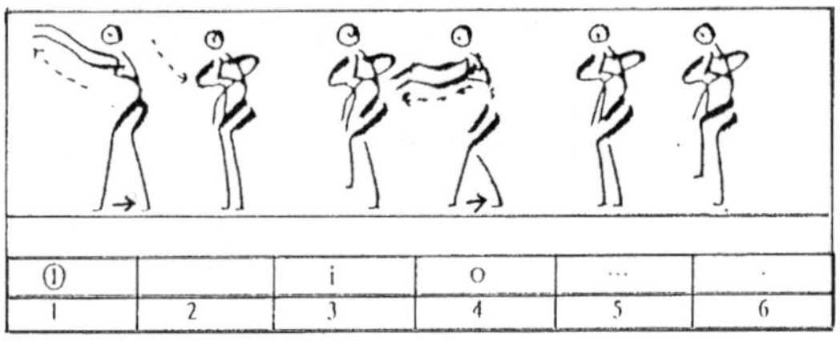
			53각	처용5인	**수양수무 동작 8** 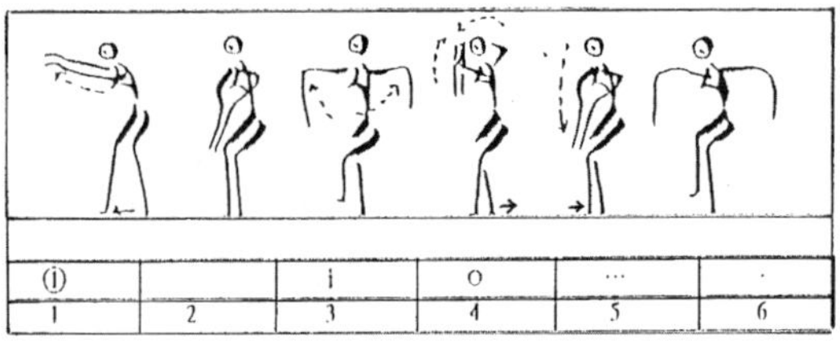
					<u>수양수무 5, 6, 7, 8동작</u> 보법: 보법 해설은 P.30, 31과 같다. 수법: 수법 해설은 P.30, 31과 같다.

홀　　기	진　행　도	음악	장단	배역	동　　　작
	↓　↓　↓　↓　↓ 白　黑　黃　紅　靑 <도판 12-1> (퇴립)	삼현도드리	54각	처용5인	**수양수무 동작 5** 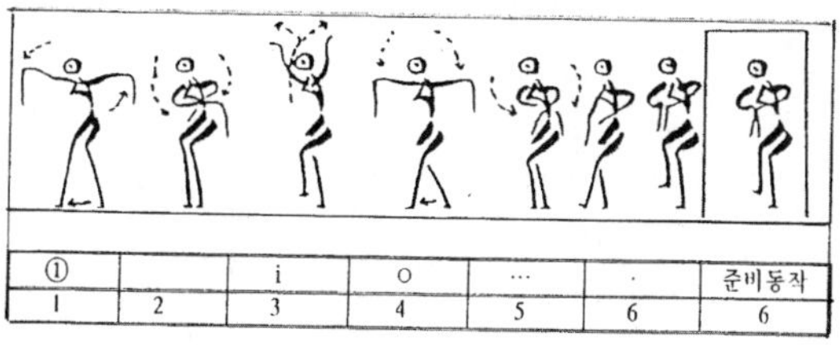
			55각	처용5인	**수양수무 동작 6** 
			56각	처용5인	**수양수무 동작 7** 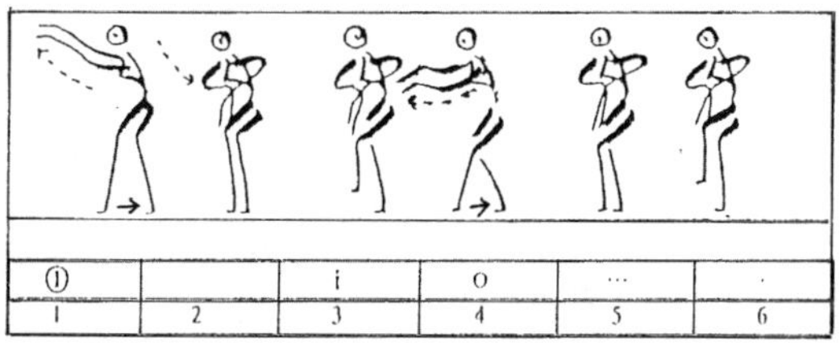
			57각	처용5인	**수양수무 동작 8** 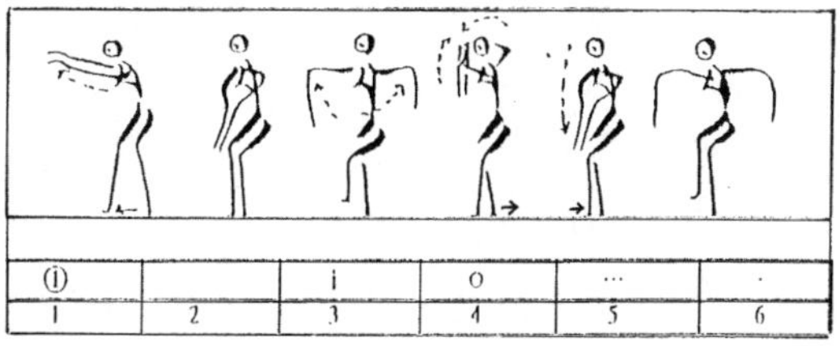
					<u>수양수무 5, 6, 7, 8동작</u> 보법: 보법 해설은 P.30, 31과 같으나 6박에 선다. 수법: 수법 해설은 P.30, 31과 같으나 6박에 양손을 허리 　　　에 짚는다.

홀　　기	진　행　도	음악	장단	배역	동　　작
					※ 악지, 박 山下千里國에 佳氣灣蔥蔥하샷다 金殿九重에 明日月하시니 君臣千歲 會雲龍이샷다 庶俗은春台上이늘 濟濟群生은 羞成中이샷다 ※ 악지, 박
		송구여지곡	1각	처용 5인	낙화유수 동작준비(음악이 세환입(細還入)을 연주한다) 송구여지곡 1각 동작 보법: 1, 2, 3, 4박까지 서 있다가 5박에 구부리며 6박에 오른발을 든다. 수법: 1, 2, 3, 4박까지 두 손을 허리에 짚고 서 있다가 5박에 두 손을 모아들어 6박에 오른쪽 어깨에 맨다.

홀 기	진 행 도	음악	장단	배역	동 작
	↑ ↑ ↑ ↑ ↑ 白 黑 黃 紅 靑 <도판 13> (무진)	송구여지곡	2각	처용5인	**낙화유수 동작 1** 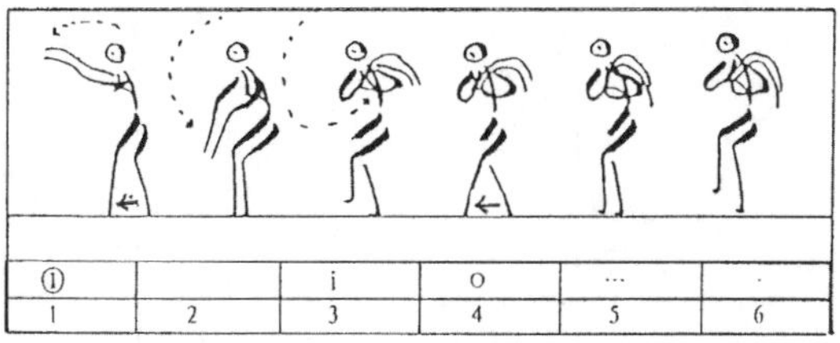 송구여지곡 2각 동작 보법: 1박에 오른발을 내딛고 2박에 왼발을 끌어대며 구부리고 3박에 왼발을 들어 4박에 내딛고 5박에 오른발을 끌어대며 구부렸다가 6박에 오른발을 든다. (도판 13) 수법: 오른쪽 어깨에 메었던 두 손을 1박에 앞으로 던져 뿌려 2박에 왼쪽으로 돌려 3박에 왼쪽 어깨에 멘다. 4, 5, 6박은 왼쪽 어깨에 멘 그대로 한다.
			3각	처용5인	송구여지곡 3각 동작 보법: 송구여지곡 2각 동작과 같이 무진한다. (도판 13) 수법: 오른쪽 어깨에 메었던 두 손을 1박에 앞으로 던져 뿌려 2박에 오른쪽으로 돌려 3박에 오른쪽 어깨에 멘다. 4, 5, 6박은 왼쪽 어깨에 멘 그대로 한다.
	↓ ↓ ↓ ↓ ↓ 白 黑 黃 紅 靑 <도판 13-1> (무퇴)		4각	처용5인	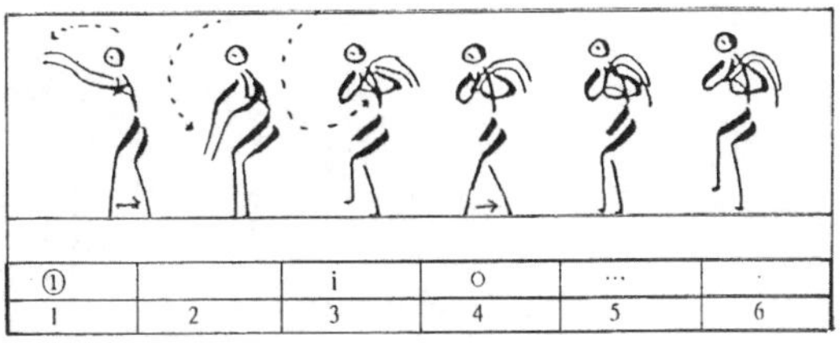 송구여지곡 4각 동작 보법: 1박에 오른발을 뒤에 딛고 2박에 왼발을 끌어대며 구부리고 3박에 왼발을 들어 4박에 뒤에 딛고 5박에 오른발을 끌어대며 구부렸다가 6박에 오른발을 든다. (도판 13) 수법: 오른쪽 어깨에 메었던 두 손을 1박에 앞으로 던져 뿌려 2박에 왼쪽으로 돌려 3박에 왼쪽 어깨에 멘다. 4, 5, 6박은 왼쪽 어깨에 멘 그대로 한다. (도판 13-1)

홀　기	진　행　도	음악	장단	배역	동　　　작
					송구여지곡 5각 동작 보법: 송구여지곡 4각과 같이 무퇴한다. (도판 13-1) 수법: 왼쪽 어깨에 메었던 두 손을 1박에 앞으로 던져 뿌려 2박에 오른쪽으로 돌리며 3박에 오른쪽 어깨에 멘다. 4, 5, 6박은 멘 그대로 한다.
	↑　↑　↑　↑　↑ 白 黑 黃 紅 靑 <도판 13-2> (무진)	송구여지곡	6각 7각	처용 5인	**낙화유수 동작 2** 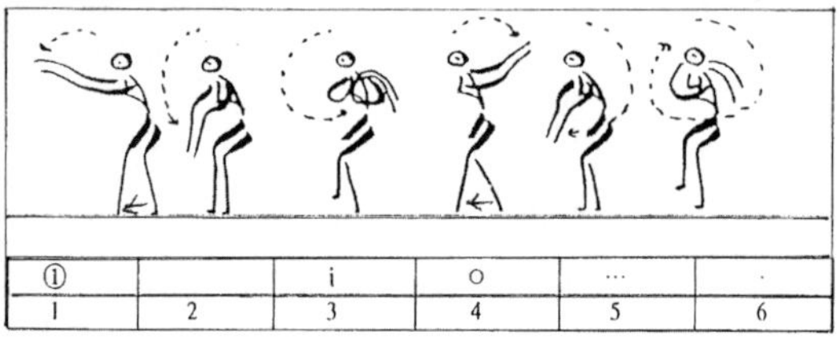 송구여지곡 6, 7각 동작 보법: 1박에 오른발을 내딛고 2박에 왼발을 끌어대며 구부리고 3박에 왼발을 들어 4박에 내딛고 5박에 오른발을 끌어대며 구부렸다가 6박에 오른발을 든다. (도판 13-2) 수법: 오른쪽 어깨에 메었던 두 손을 1박에 앞으로 던져 뿌려 2박에 왼쪽으로 돌려 3박에 왼쪽 어깨에 메었다가 4박에 앞으로 던져 뿌려 5박에 오른쪽으로 돌려 6박에 오른쪽 어깨에 멘다.
	↓　↓　↓　↓　↓ 白 黑 黃 紅 靑 <도판 13-3> (무퇴)		8각 9각	처용 5인	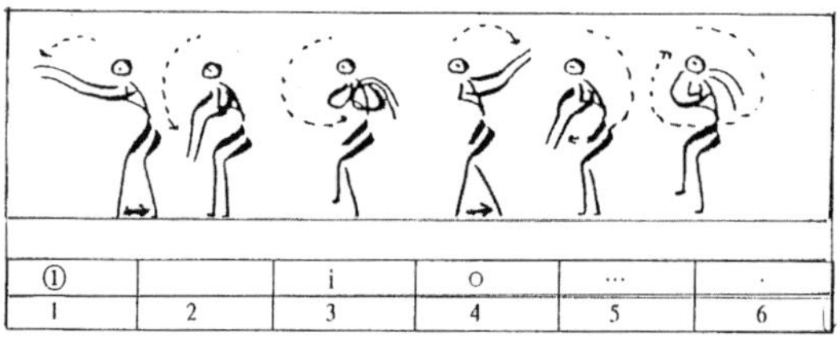 송구여지곡 8, 9각 동작 보법: 1박에 오른발을 뒤에 딛고 2박에 왼발을 끌어대며 구부리고 3박에 왼발을 들어 4박에 뒤에 딛고 5박에 오른발을 끌어대며 구부렸다가 6박에 오른발을 든다. 수법: 오른쪽 어깨에 메었던 두 손을 1박에 앞으로 던져 뿌려 2박에 왼쪽으로 돌려 3박에 왼쪽 어깨에 메었다가 4박에 앞으로 던져 뿌려 5박에 오른쪽으로 돌려 6박에 오른쪽 어깨에 멘다. (도판 13-3)

홀　　기	진　행　도	음악	장단	배역	동　　　　작
	 <도판 14> (퇴장) ※ 처용무홀기에는 원으로 돌아 퇴 장한다.	송구여지곡	10 11 12 13 14 15 16 17 18 19 20 21 22 각	처용 5 인	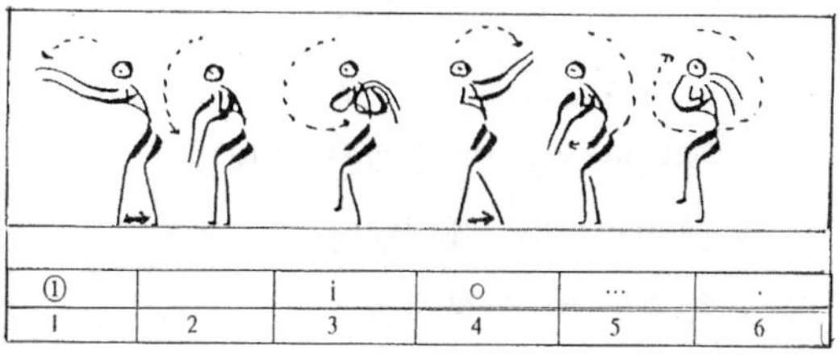 송구여지곡 10, 11, 12, 13, 14, 15, 16, 17, 18, 19, 20, 21, 22각 보법: 1박에 오른발을 내딛고 2박에 왼발을 끌어대며 구부리고 3박에 왼발을 들어 4박에 내딛고 5박에 오른발을 끌어대며 구부렸다가 6박에 오른발을 든다. (도판 14) 수법: 오른쪽 어깨에 메었던 두 손을 1박에 앞으로 던져 뿌려 2박에 왼쪽으로 돌려 3박에 왼쪽 어깨에 메었다가 4박에 앞으로 던져 뿌려 5박에 오른쪽으로 돌려 6박에 오른쪽 어깨에 멘다.

참고문헌

1. 左傳 (좌전)
2. 周禮春官籥師 (주례춘관약사)
3. 禮記明堂位 (예기명당위)
4. 樂府詩集 (악부시집)
5. 漢書 (한서)
6. 宋書 (송서)
7. 療史樂志 (료사악지)
8. 後漢書 (후한서)
9. 文獻通考 (문헌통고)
10. 呂覽古樂編 (여남고악편)
11. 呂氏春秋 (여씨춘추)
12. 尙書 (상서)
13. 聖蹟圖 (성적도)
14. 闕里誌 (궐리지)
15. 孔廟大祭虛功德舞圖 (공묘대제허공덕무도)
16. 御制律呂精義 (어제률려정의)
17. 律呂精義後編 (율려정의후편)
18. 皇朝禮器圖式 (황조예기도식)
19. 欽定大淸會典圖 (흠정대청회전도)
20. 大淸續文獻通考 (대청속문헌통고)
21. 欽定四庫全書 (흠정사고전서)
22. 陳暘樂書 (진양악서)
23. 樂律全書 (악률전서)
24. 律呂精義 (율려정의)
25. 宮園儀 (궁원의)
26. 宗廟儀軌 (종묘의궤)
27. 時樂和聲 (시악화성)
28. 國朝五禮儀 (국조오례의)
29. 頖宮禮樂書 (반궁예악서)
30. 時用舞譜 (시용무보)
31. 宗廟祭禮樂(全) (종묘제례악(전))

학연화대처용무합설

鳳凰吟 (80)

학연화대처용무합설 반주보 2

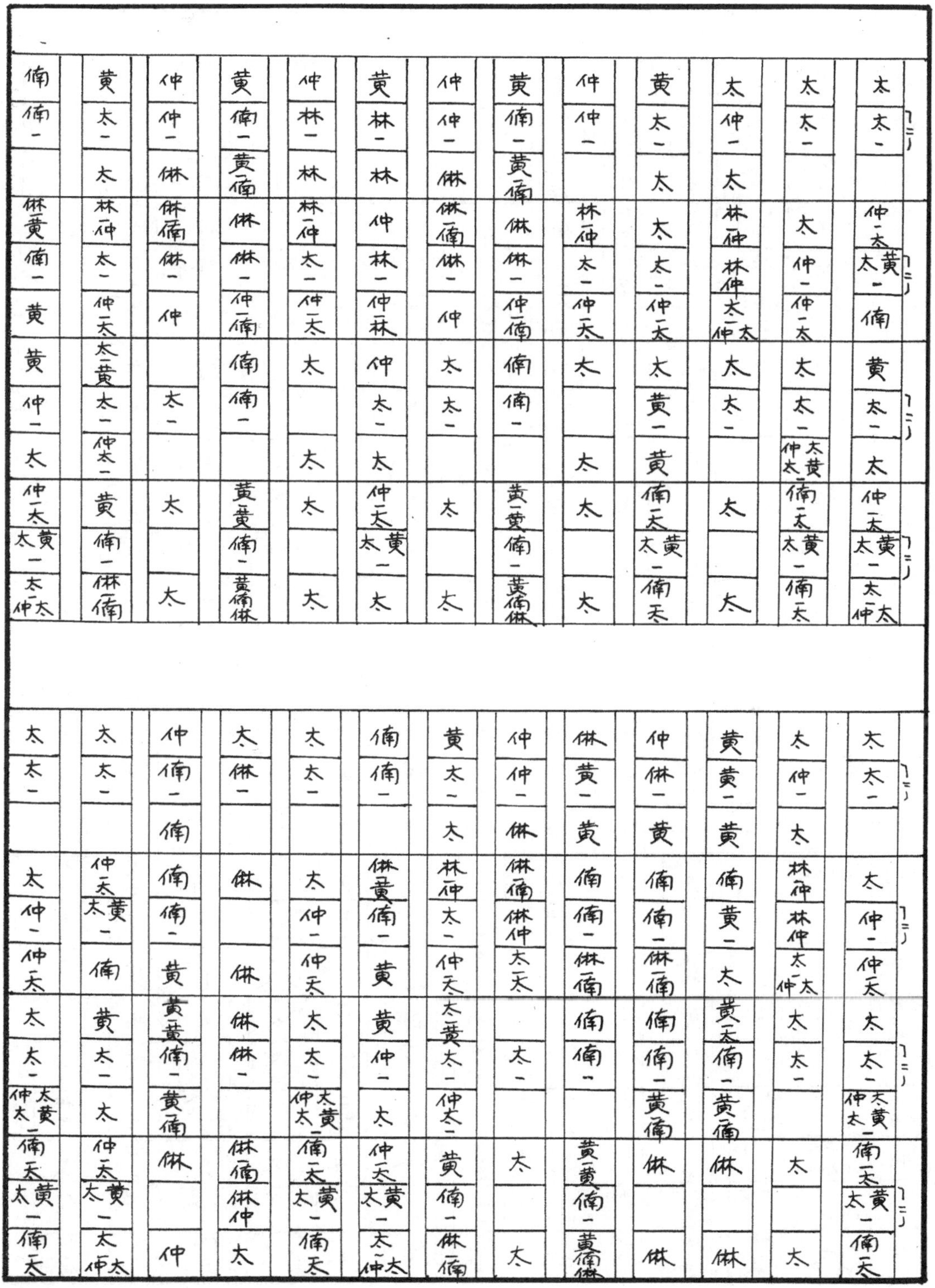

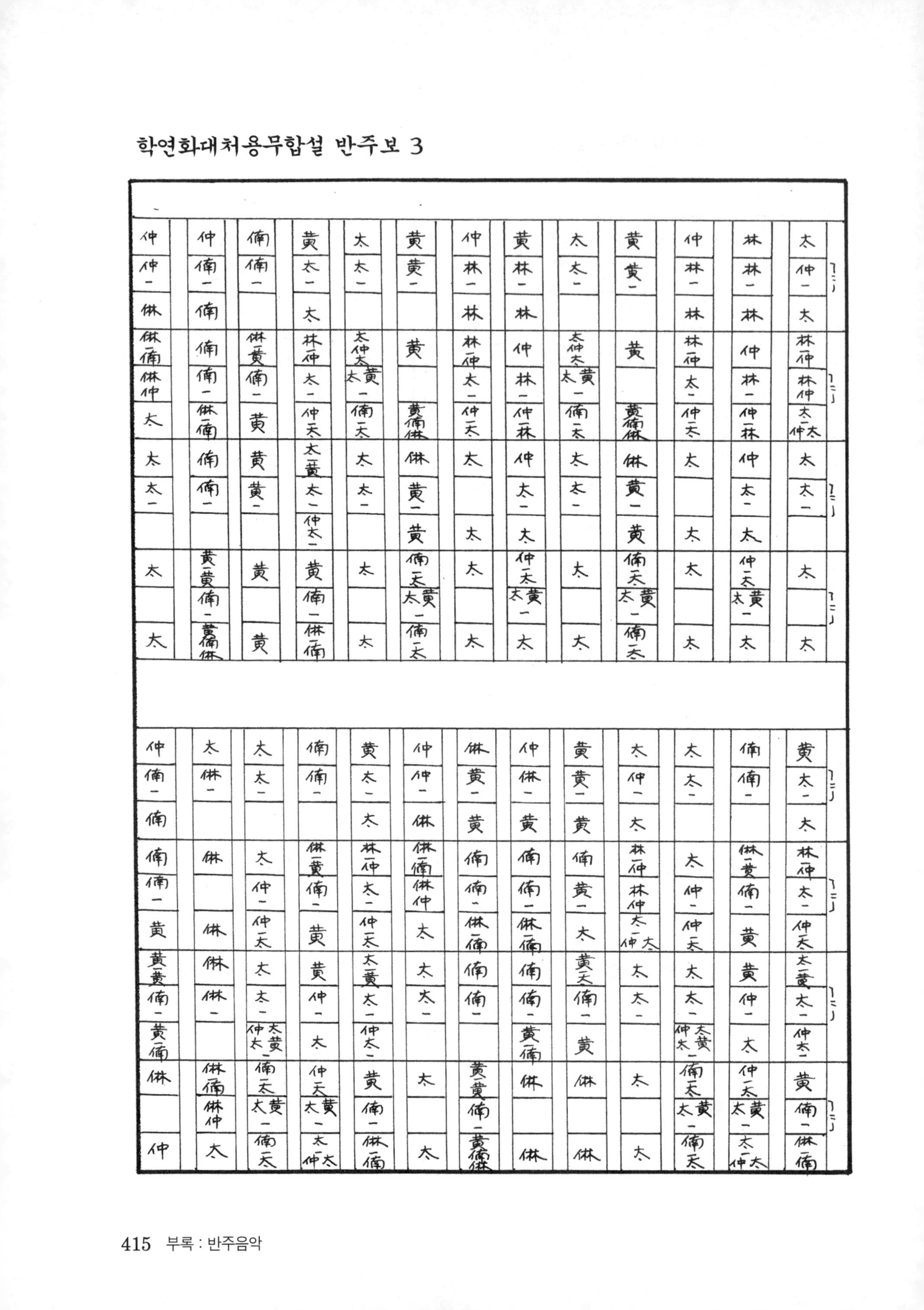

二 봉황음 (80)

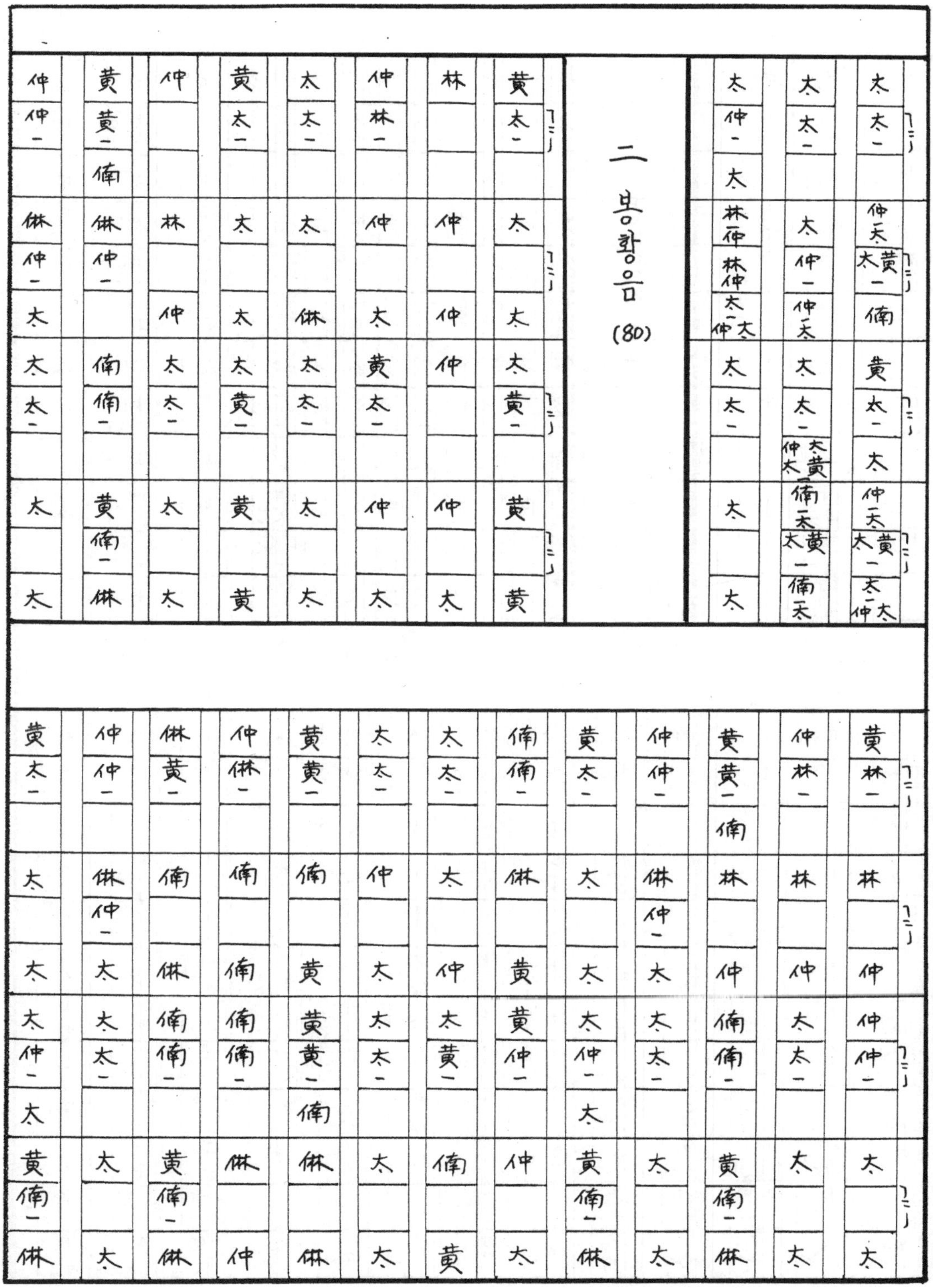

제1행 (첫째 곽)

1	2	3	4	5	6	7	8	9	10	11	12	13
仲 / 林一	黃 / 林一	仲 / 仲一	黃 / 黃一 / 㑲	仲	黃 / 太一	太 / 太一	太 / 太一	太 / 太一	仲 / 㑲一	太 / 林一	太 / 太一	㑲 / 㑲一
林	林	㑲 / 仲一	㑲	仲	太	仲	太	仲	㑲	林	太	林
仲	仲	太	仲	仲	太	太	仲	太	黃	林	仲	黃
太 / 太一	仲 / 仲一	太 / 太一	㑲 / 㑲一	太 / 太一	太 / 黃一	太 / 太一	太 / 黃一	黃 / 黃一	黃 / 黃一 / 㑲	林 / 林一	太 / 黃一	黃 / 仲一
太	太	太	黃 / 㑲一	太	黃	太	㑲	仲	林 / 仲一	林	㑲	仲
太	太	太	林	太	黃	太	黃	太	仲	太	黃	太

제2행 (둘째 곽)

1	2	3	4	5	6	7	8	9	10	11	12	13
太 / 太一	㑲 / 㑲一	黃 / 太一	仲 / 仲一	林 / 黃一	仲 / 林一	黃 / 黃一	太 / 太一	太 / 太一	㑲 / 㑲一	黃 / 太一	仲 / 仲一	黃 / 黃一 / 㑲
太	林	太	林 / 仲一	㑲	㑲	㑲	仲	太	林	太	林 / 仲一	林 / 仲一
仲	黃	太	太	林	㑲	黃	太	仲	黃	太	太	㑲 / 㑲一
太 / 黃一	黃 / 仲一	太 / 仲一 / 太	太 / 太一	㑲 / 㑲一	㑲 / 㑲一	黃 / 黃一 / 㑲	太 / 太一	太 / 黃一	黃 / 仲一 / 太	太 / 仲一	太 / 太一	㑲 / 㑲一
㑲	仲	黃 / 㑲一	太	黃 / 㑲一	林	林	太	㑲	仲	黃 / 㑲一	太	黃 / 㑲一 / 林
黃	太	林	太	林	仲	林	太	黃	太	林	太	林

太 太 一	黃 黃 一	仲 林 一	黃 林 一	太 太 一	黃 黃 一	仲 林 一	林	太 太 一	太 太 一	太 太 一	仲 俑 一	太 侟 一
太 侟	黃 俑 一 侟	林 仲	林 仲	太 侟	黃 俑 一 侟	林 仲	仲 仲	仲 太	太 仲	仲 太	俑 黃	侟 侟
太 太 一	侟 黃 一	太 太 一	仲 仲 一	太 太 一	侟 黃 一	太 太 一	仲 仲 一	太 太 一	太 黃 一	黃 太 一	黃 黃 一 俑	侟 侟 一 仲 一
太	黃	太	太	太	黃	太	太	太	俑	仲	侟	侟 仲 一
太	黃	太	太	太	黃	太	太	太	黃	太	仲	太

黃 太 一	仲 仲 一	侟 黃 一	仲 侟 一	黃 黃 一	太 太 一	太 太 一	俑 俑 一	黃 太 一	仲 仲 一	仲 俑 一	俑 俑 一	黃 太 一
太 太	侟 仲 一 太	俑 侟	俑 俑	俑 黃	仲 太	太 仲	侟 黃	太 太	侟 仲 一 侟	俑 俑	侟 黃	太 太
太 仲 一 太	太 太 一	俑 俑 一	俑 俑 一	黃 黃 一 俑	太 太 一	太 黃 一	黃 仲 一	太 仲 一 太	太 太 一	俑 俑 一	黃	太 仲 一 太
黃 俑 一	太	黃 俑 一	侟	侟	太	俑	仲	黃 俑 一	太	黃 俑 一	黃	黃 俑 一
侟	太	侟	仲	侟	太	黃	太	侟	太	侟	黃	侟

三. 봉황음 (80)

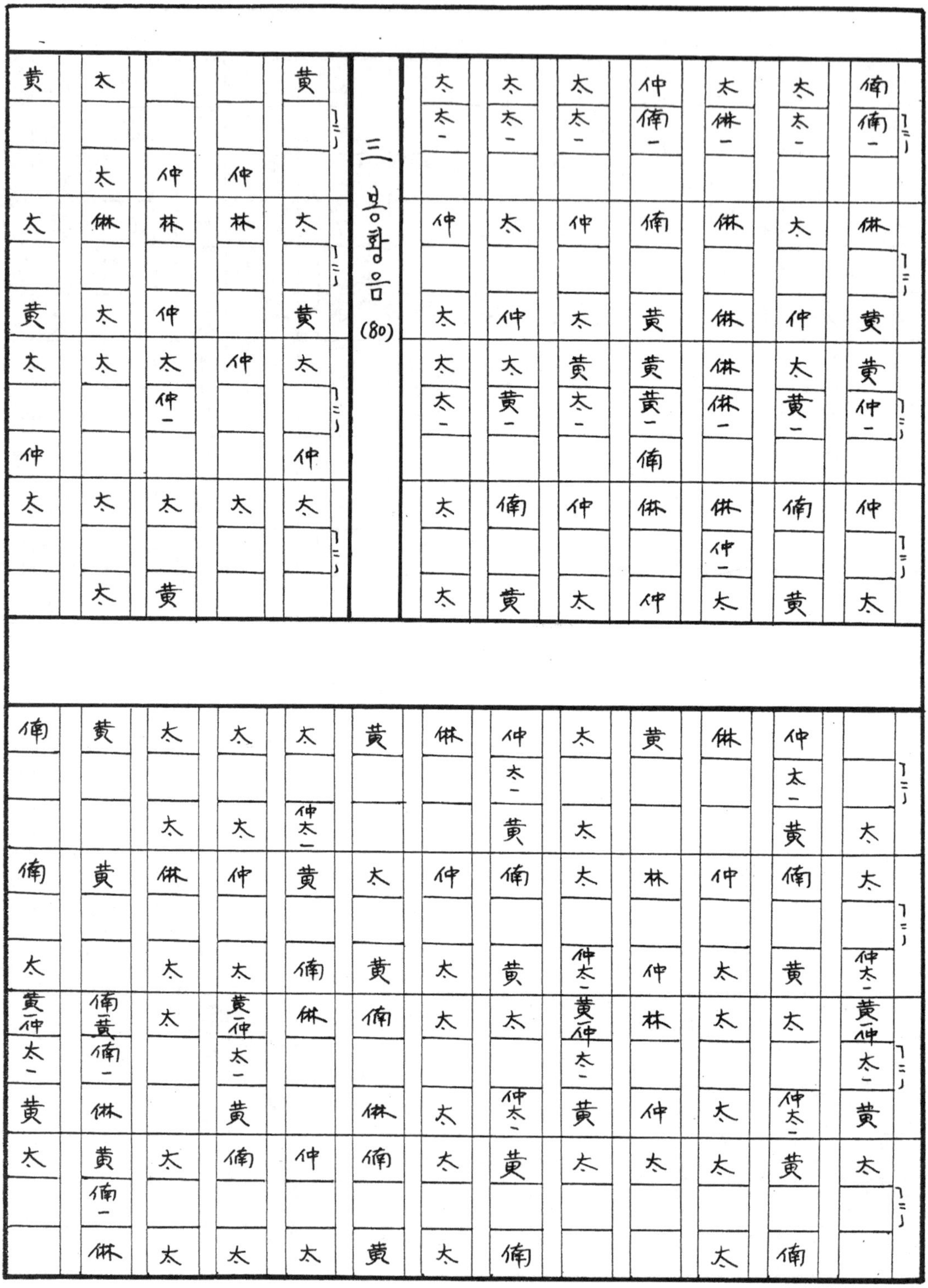

仲	太	黃	太	太	太	仲	太	太	太	黃	林	仲
太一												太一
黃	太		太	太	仲太一		林一仲	太	仲太一			黃
俉	太	太	林	仲	黃	林	林	仲	黃	太	仲	俉
黃	仲太一	黃	太	太	俉	仲		太	俉	黃	太	黃
太	黃一仲太一	太	太	黃仲太一	林	俉	林	黃仲太一	林	俉	太	太
仲太一	黃	仲		黃		林		黃		林	太	仲太一
黃	太	太	太	俉	仲	太	林仲一	俉	仲	俉	太	黃
俉				太	太	黃	太	太	太	黃	太	俉

林	仲	俉	黃	太	太	太	黃	林	仲	太	黃	林
	太一					仲太一			太一	太		
	黃			太	太				黃			
仲	俉	俉	黃	林	仲	黃	太	仲	俉	太	林	仲
太	黃	太		太	太	俉	黃	太	黃	仲太一	仲	太
太	太	黃一仲太一	俉黃備一	太	黃一仲太一	林	俉	太	太	黃一仲太一	林	太
太	仲太一	黃	俉林		黃		林	太	仲太一	黃	仲	太
太	黃	太	黃俉一	太	俉	仲	俉	太	黃	太	太	太
太	俉		林	太	太	太	黃	太	俉			太

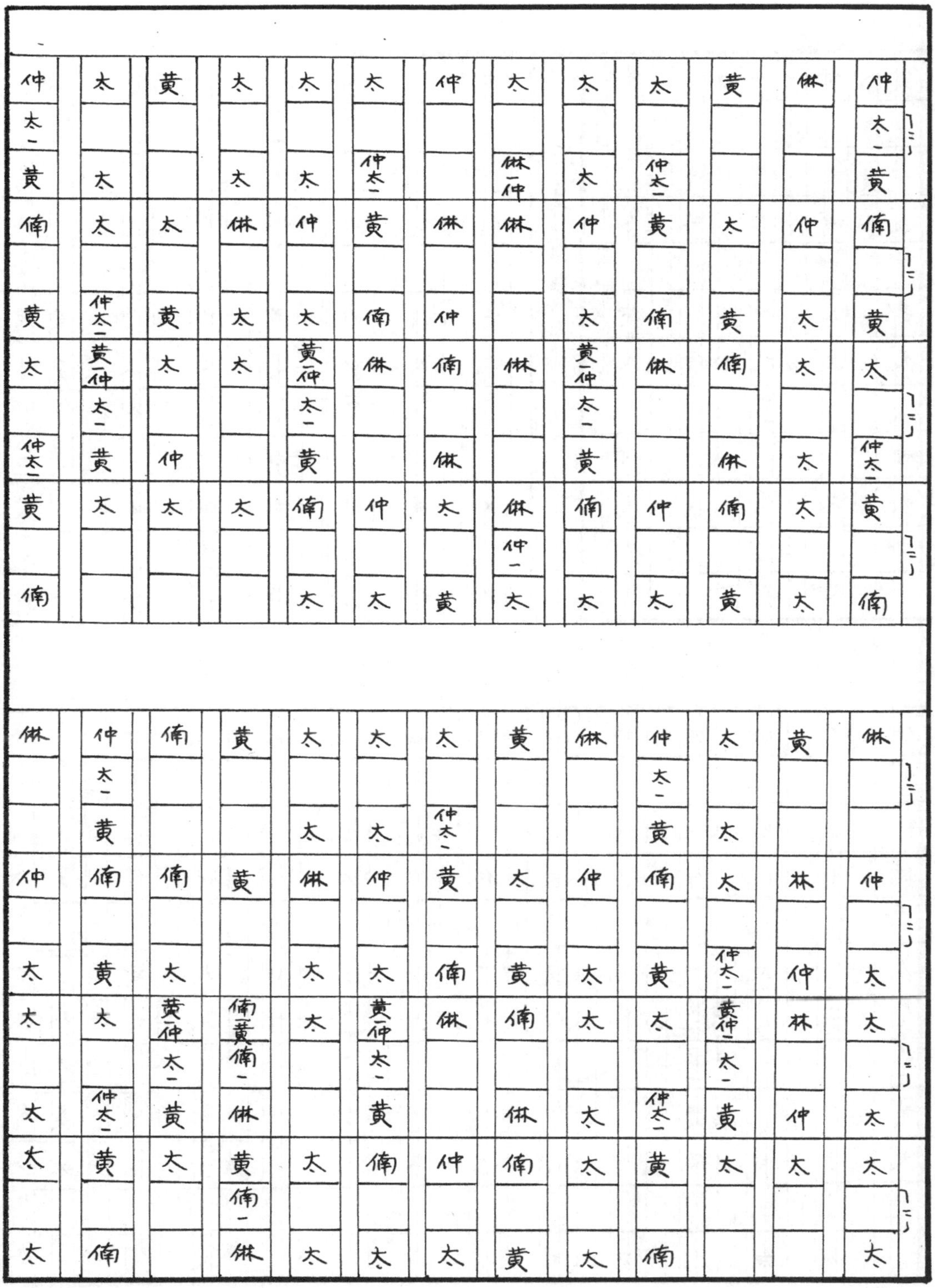

학연화대처용무합설 반주보 9

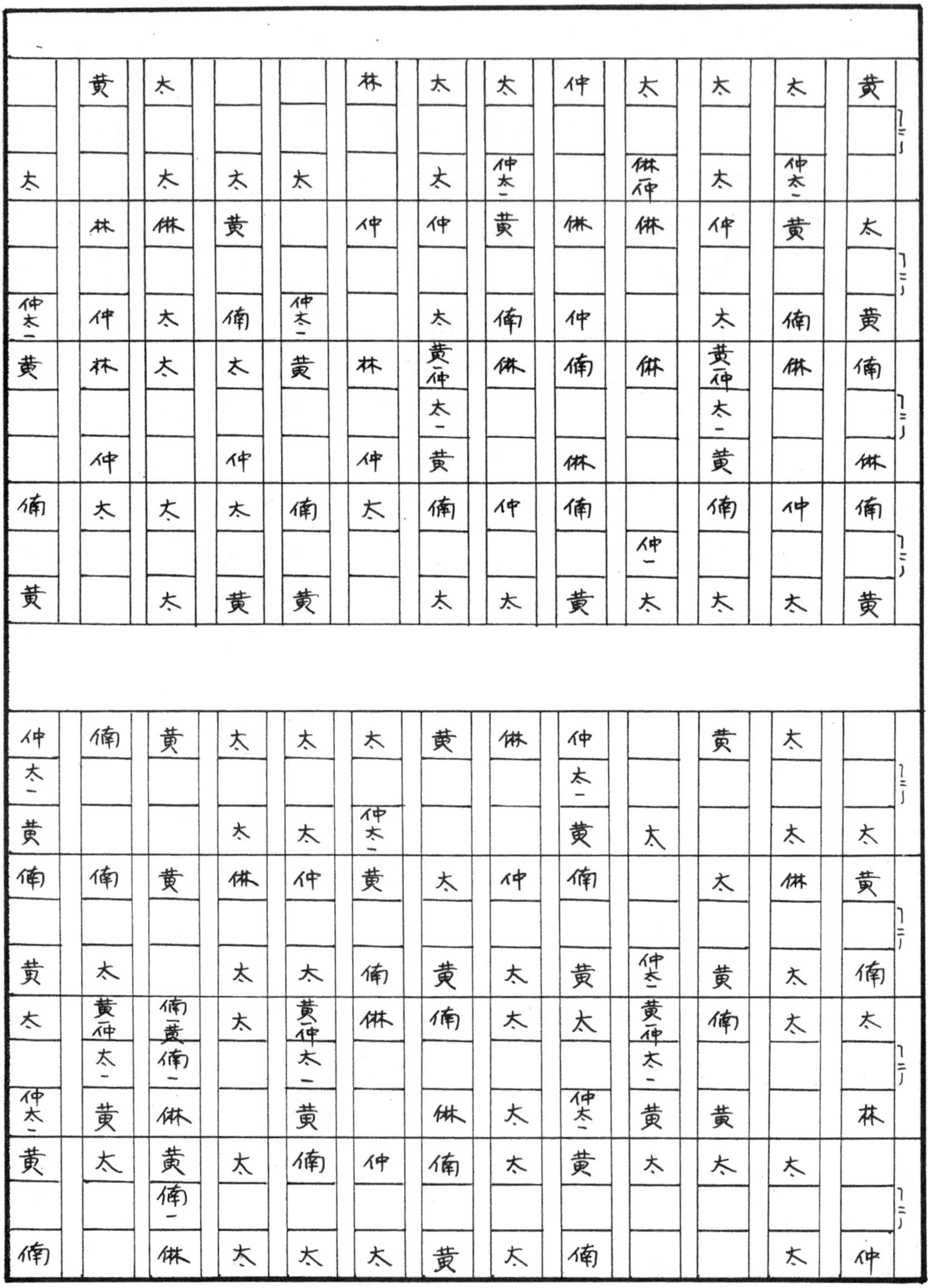

학연화대처용무합설 반주보 10

1	2	3	4	5	6	7	8	9	10
太	太	太	太	仲	太	太	太	黃	林
太	太	太	仲太一		林仲	太	仲太一		
林	林	仲	黃	林	林	仲	黃	太	仲
太	太	太	佋	仲		太	佋	黃	太
太	太	黃仲	林	佋	林	黃仲	林	佋	太
		太一				太一			
		黃		林		黃			太
太	太	佋	仲	佋	仲一	佋	仲	佋	太
	太	太	太	黃	太	太	太	黃	太

滿殿春 (28)

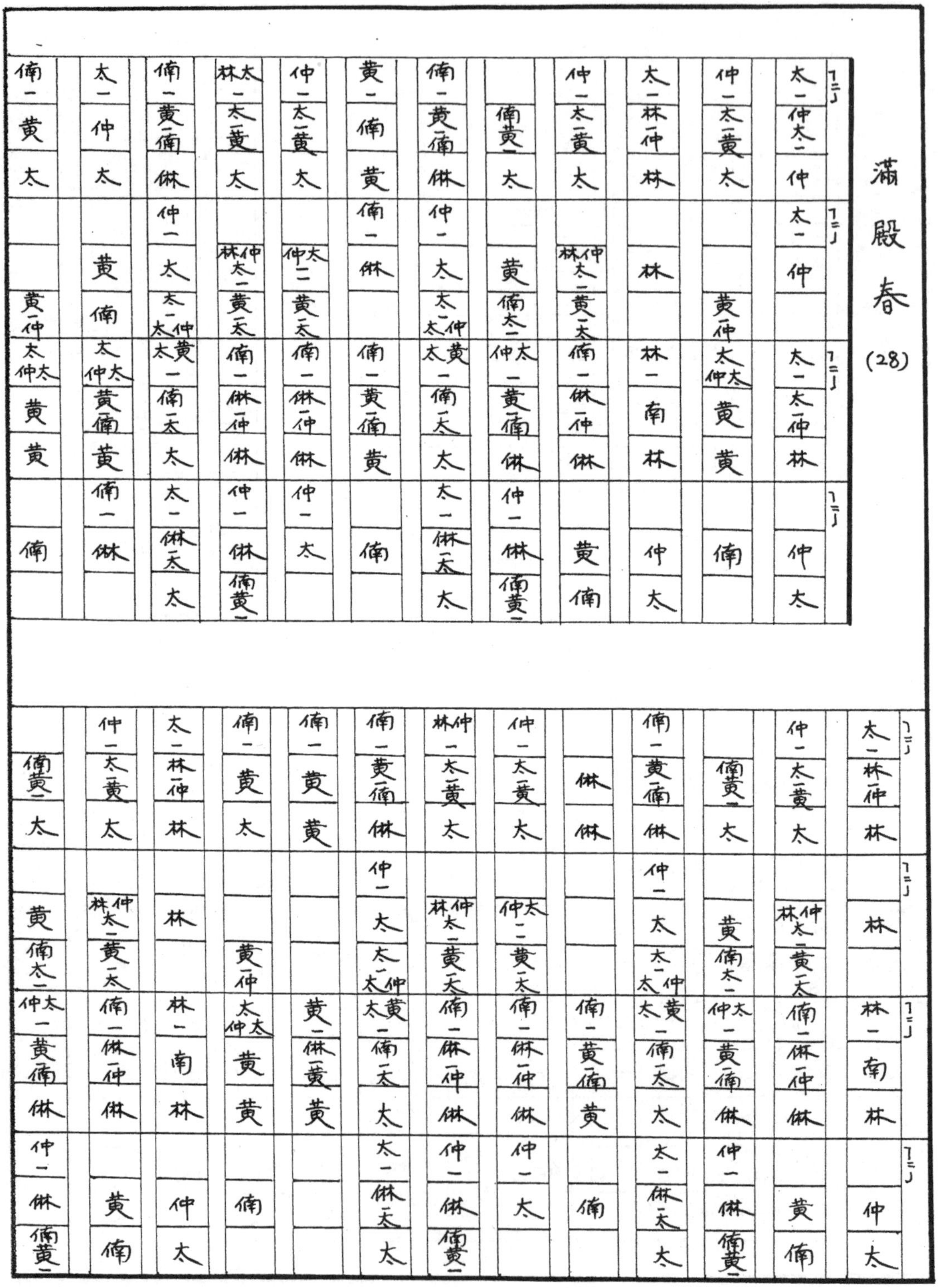

정읍

滿殿春 (28)

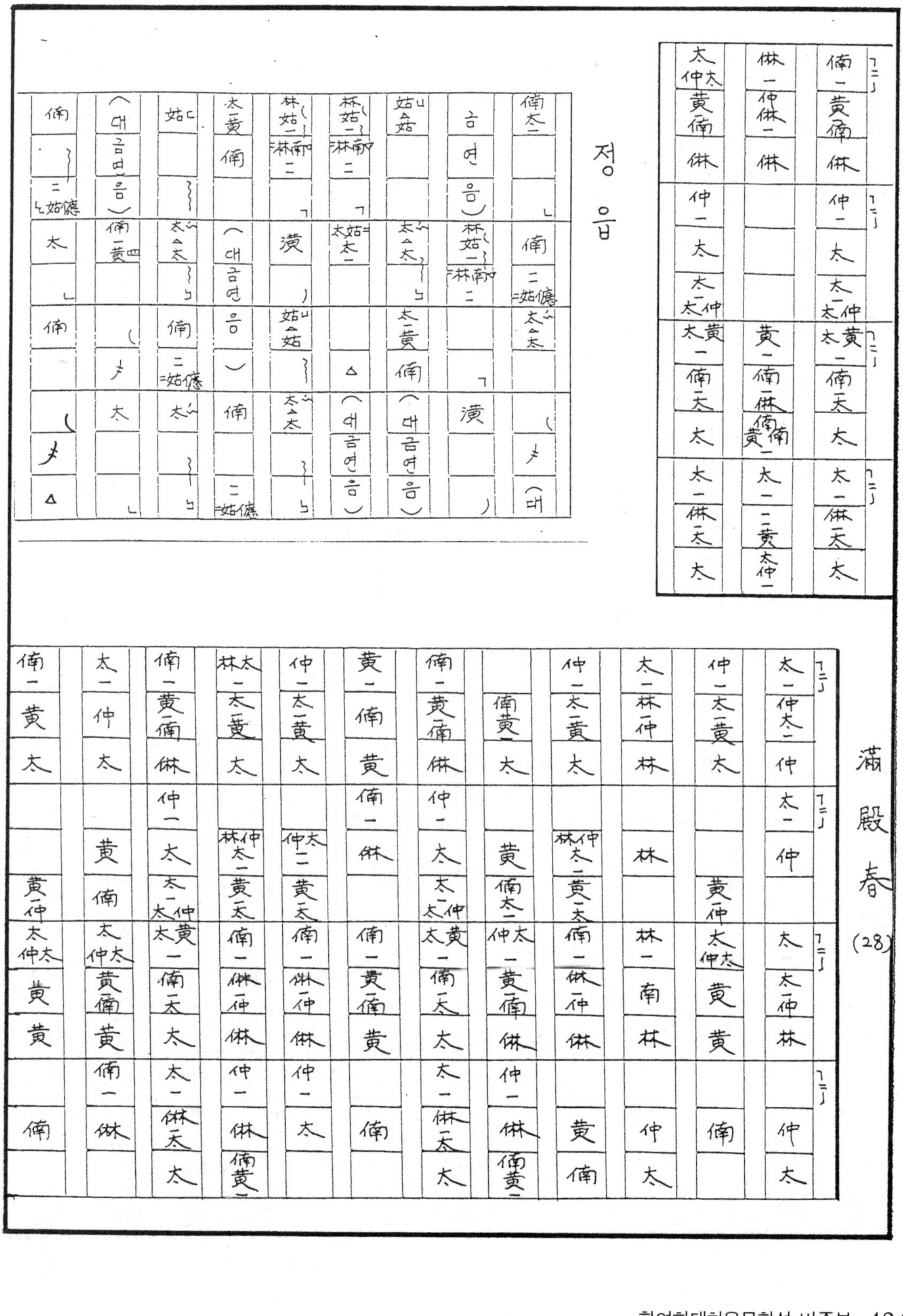

보처자

(47)

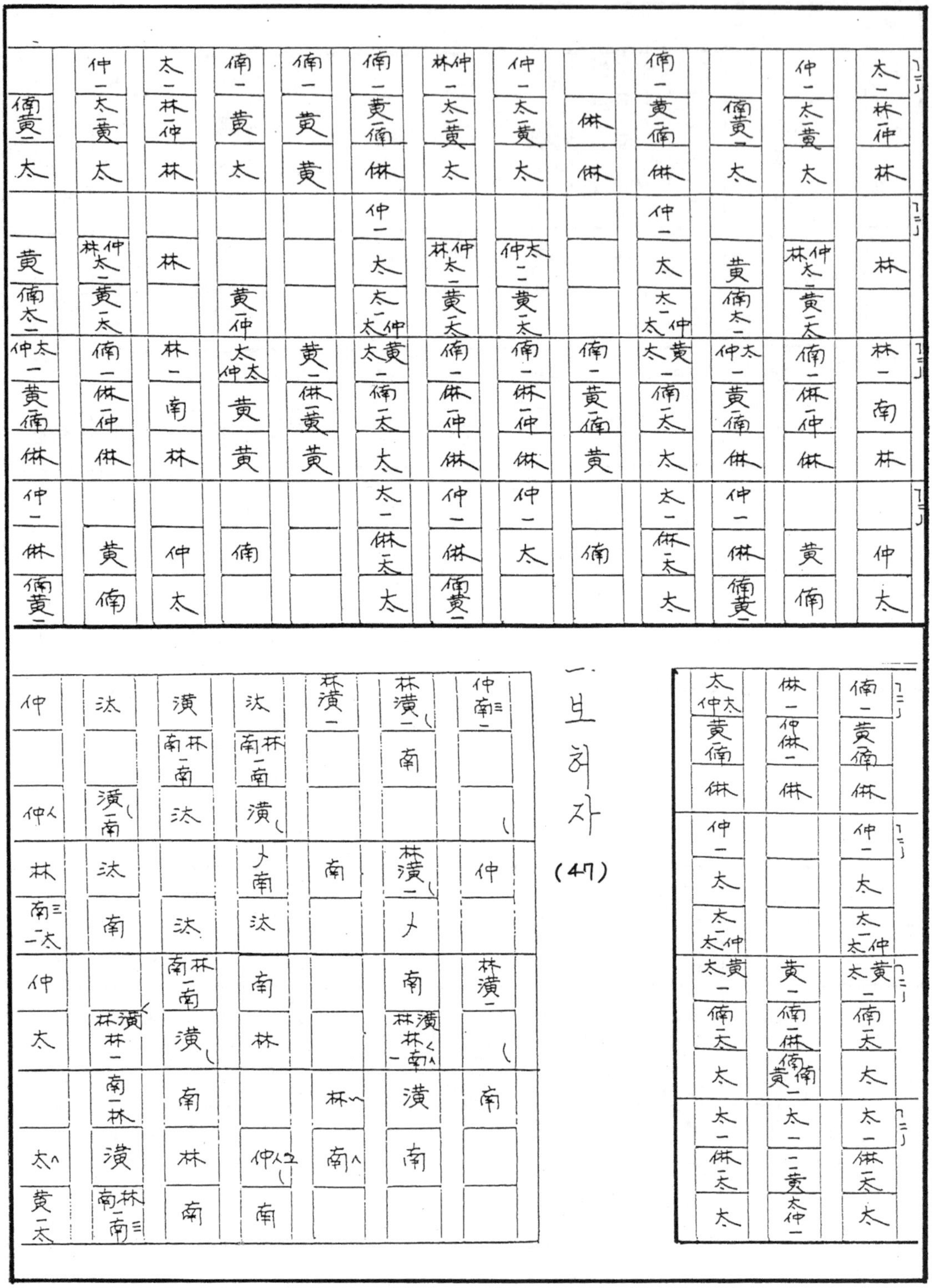

학연화대처용무합설 반주보 14

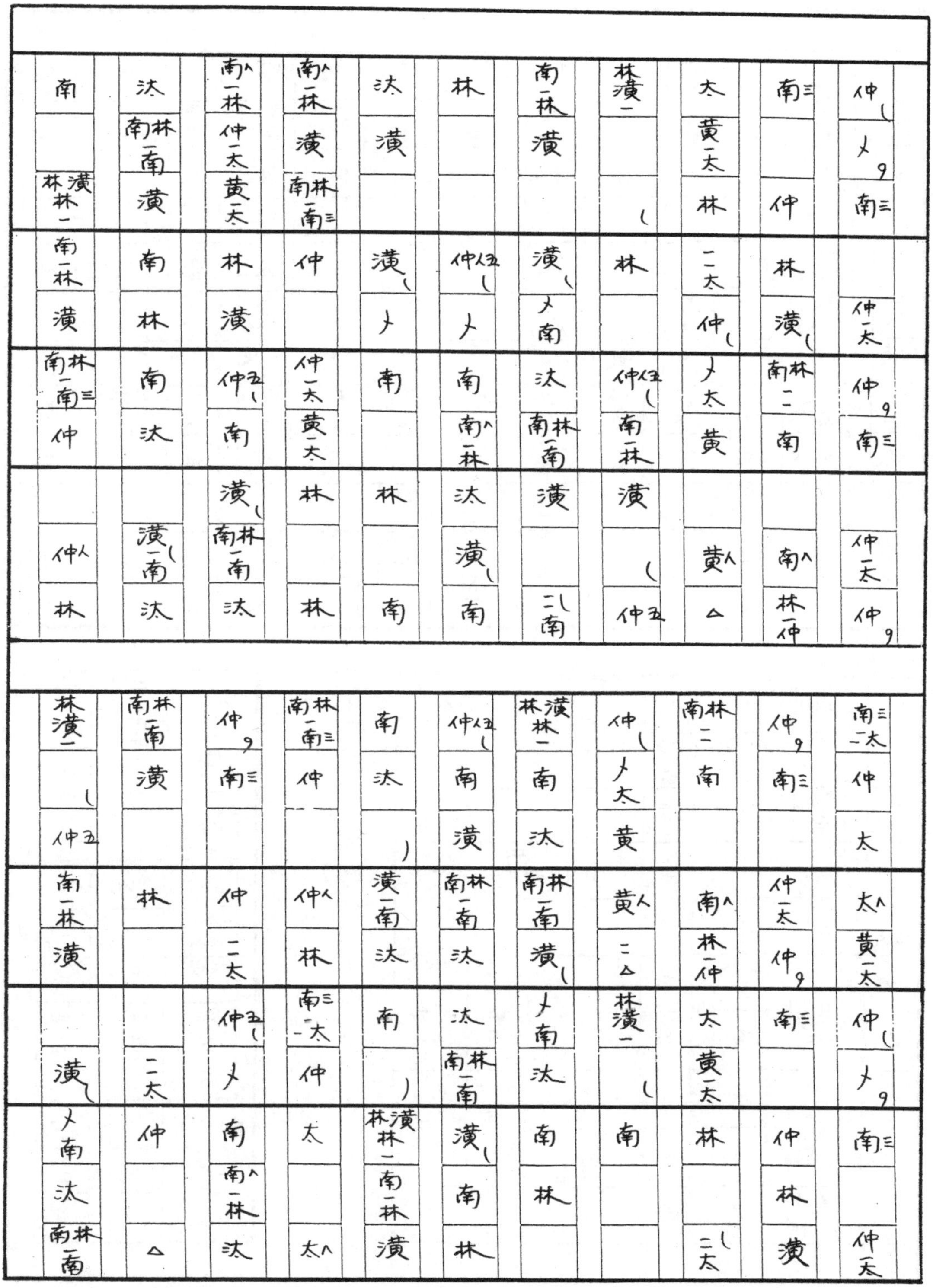

一보허자
(5)

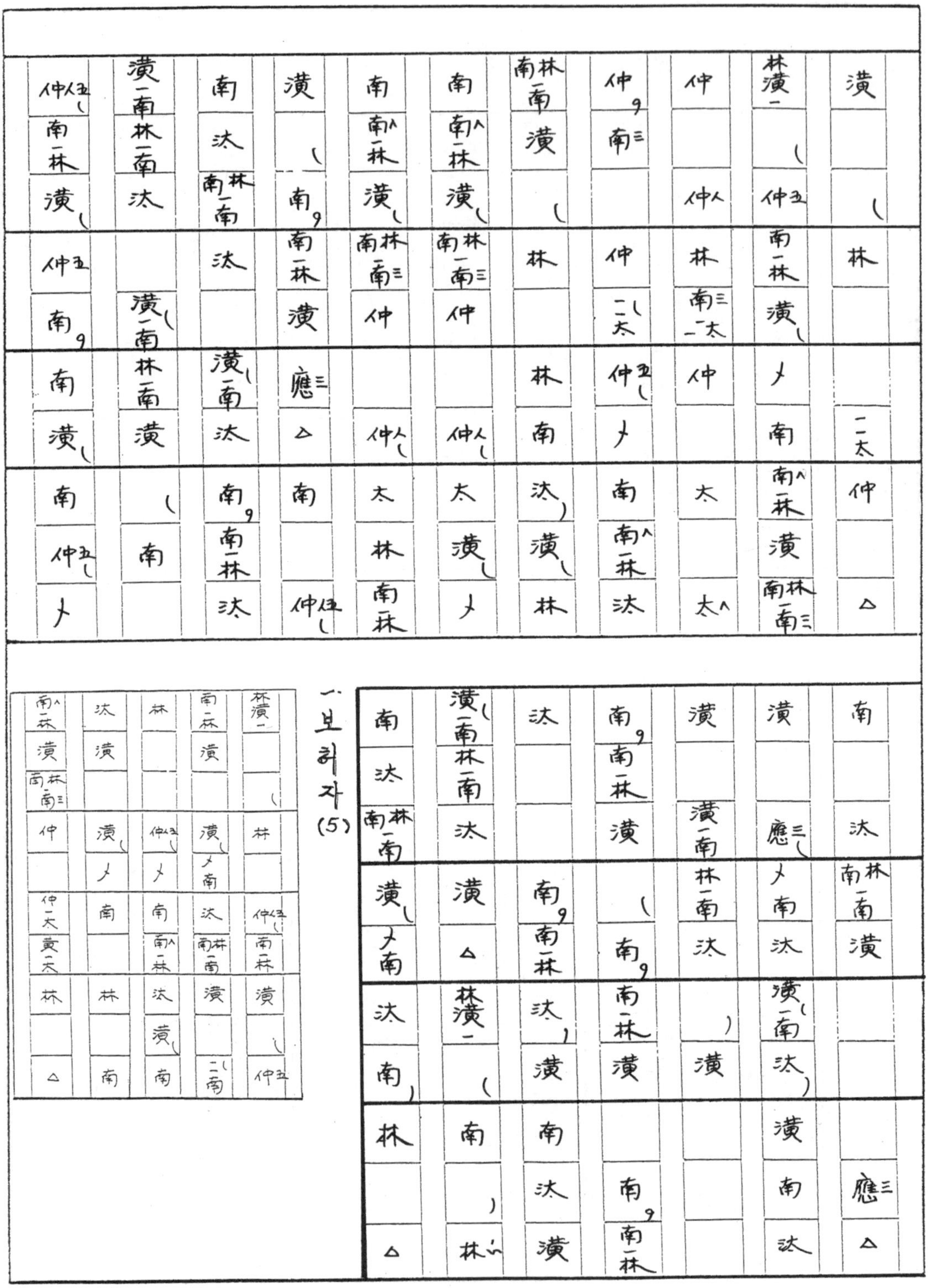

一 삼현도드리 (10)

一 창사 : 미신사

一 삼현도드리 (2)

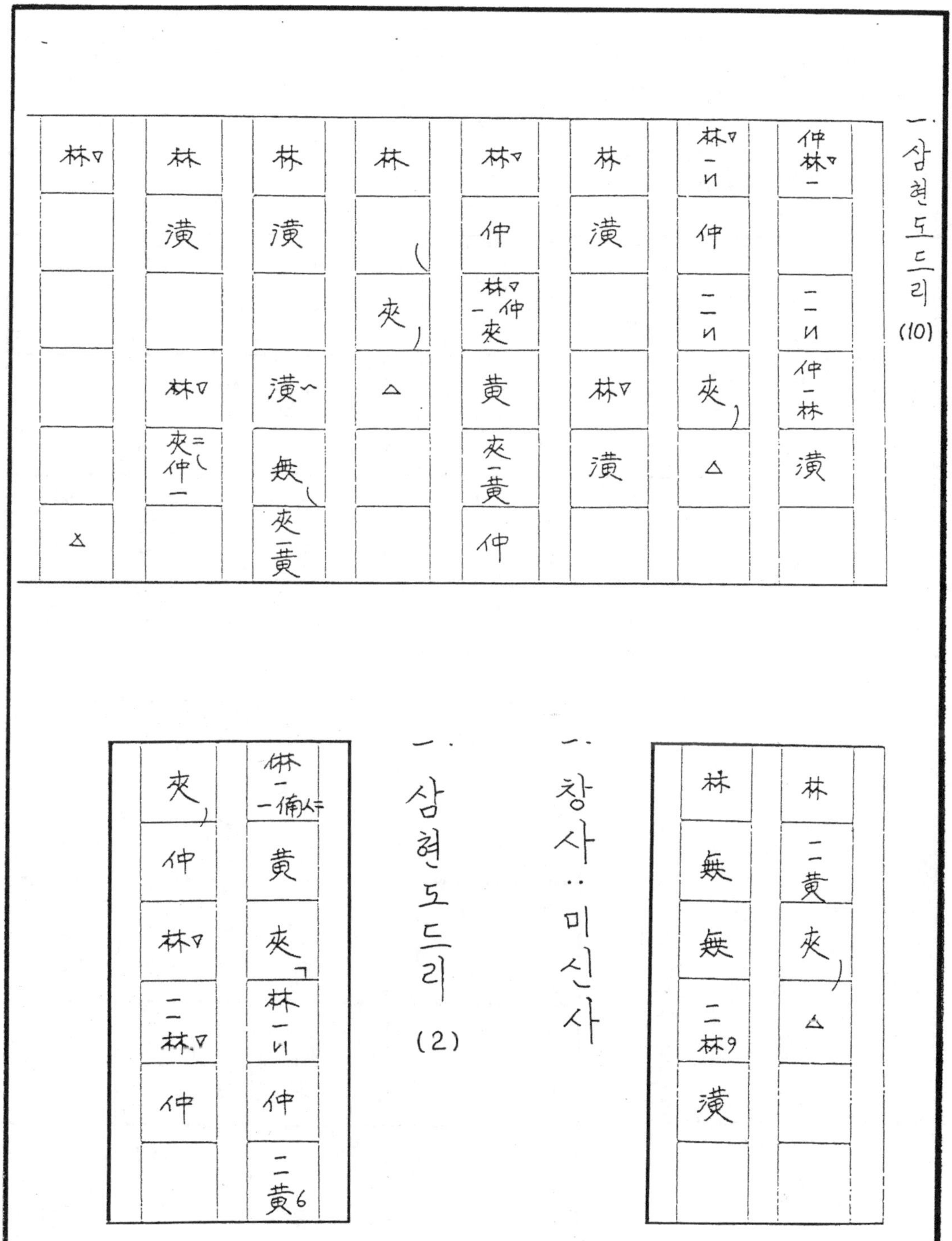

一 헌천수 (4)

一 타령 (36)

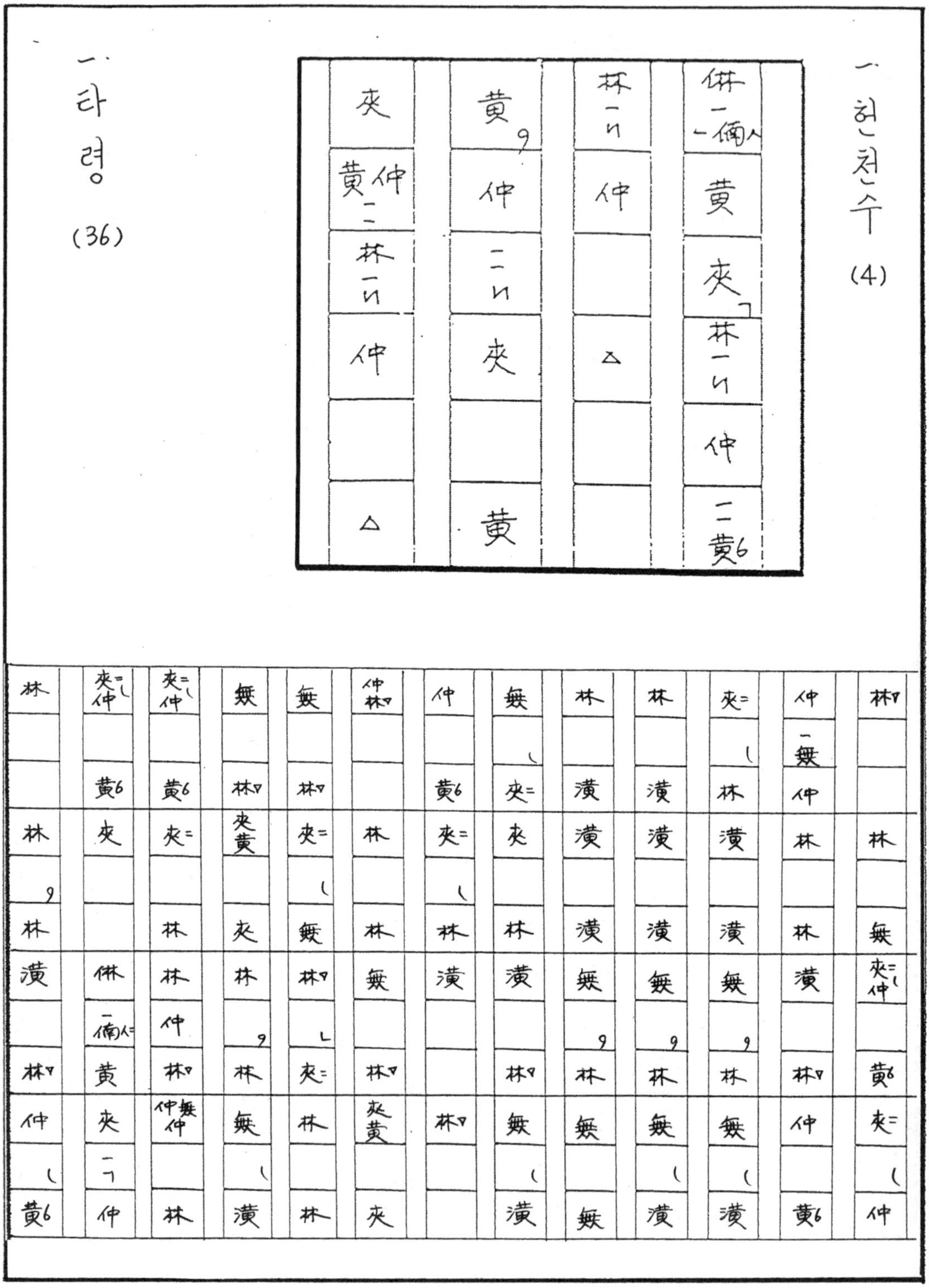

보허자 (2)

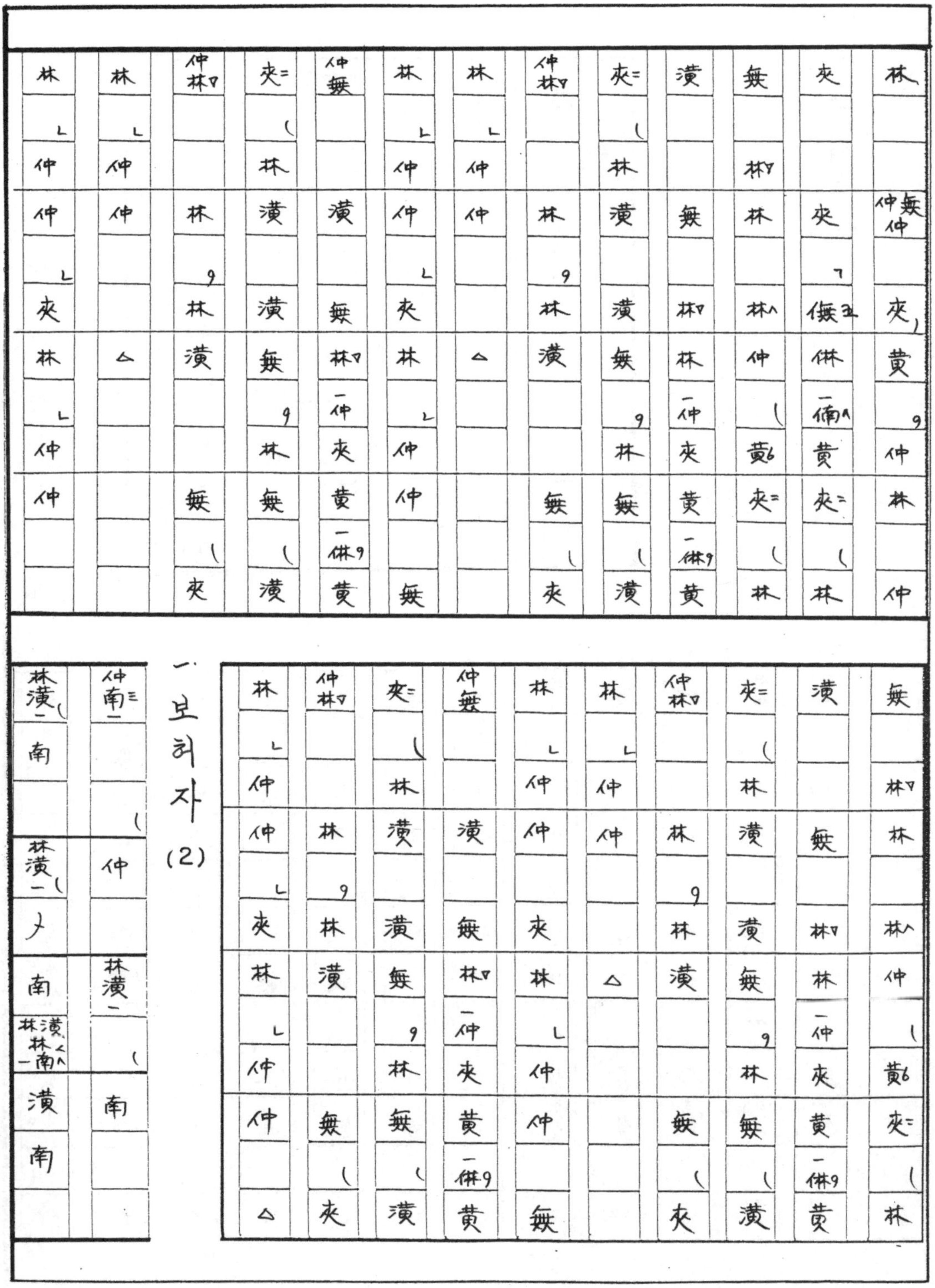

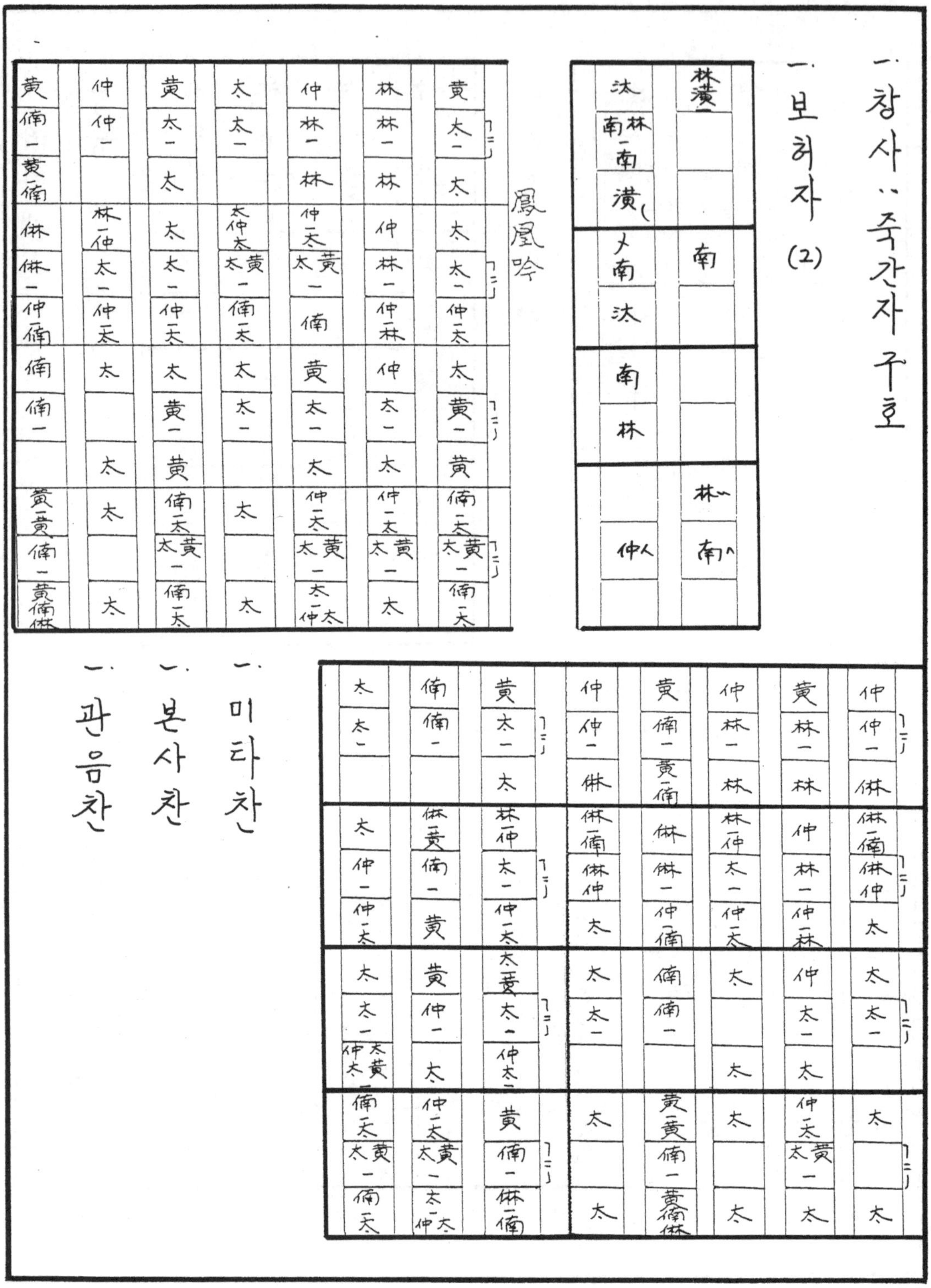

一. 창사 : 죽간자 구호
一. 보허자 (2)

鳳凰吟

一. 미타찬
一. 본사찬
一. 관음찬

학연화대무

一. 학춤、세령산 (4)

二. 삼현도드리 (45)

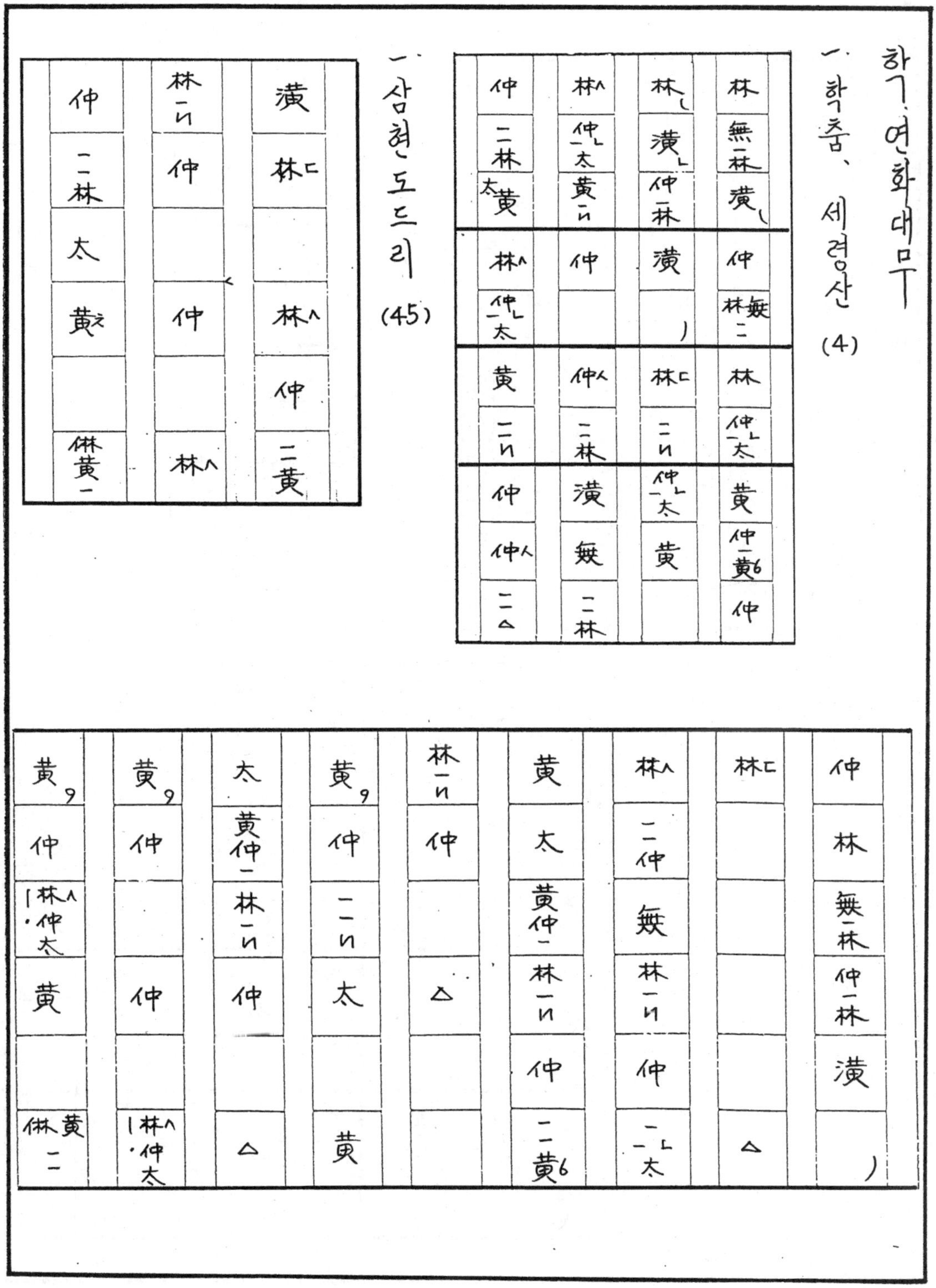

林二仲 黃仲二 林 二ㄴ 仲 二太	仲 二黃6 仲 二黃6	太 黃仲二 林二ㄴ 仲 △	黃9 仲 二ㄴ 太 黃	林二ㄴ 仲 △	黃 太 黃仲二林二ㄴ 仲 二黃6	林^ 二仲 無林二ㄴ 仲 二ㄴ太	林ㄷ △	仲 林 無林仲二林 潢)

黃 林二仲 黃6,9 仲 太 黃	潢) 林ㄷ 二ㄴ 仲 二太	潢) 林ㄷ 無ㄴ 仲 林^	潢) 林ㄷ 無ㄴ 仲 林^	黃 林二仲 黃6,9 仲 太 黃	潢) 林ㄷ 二ㄴ 仲 二太	黃 林黃二 仲 林^	林ㄷ 仲 林^ 二ㄴ 仲 二太	黃 林二仲 黃6,9 仲 太 黃

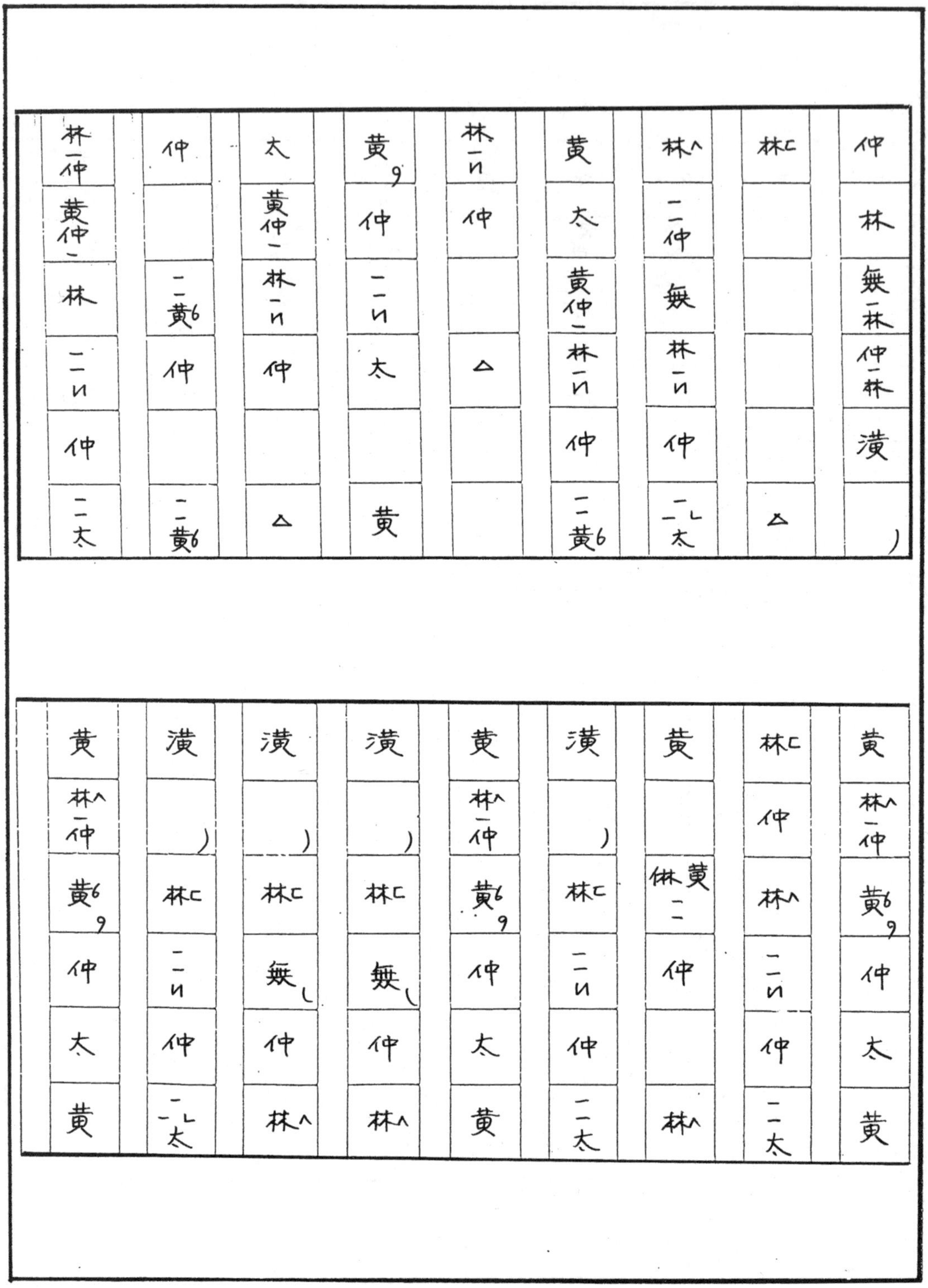

一 타령 (42)

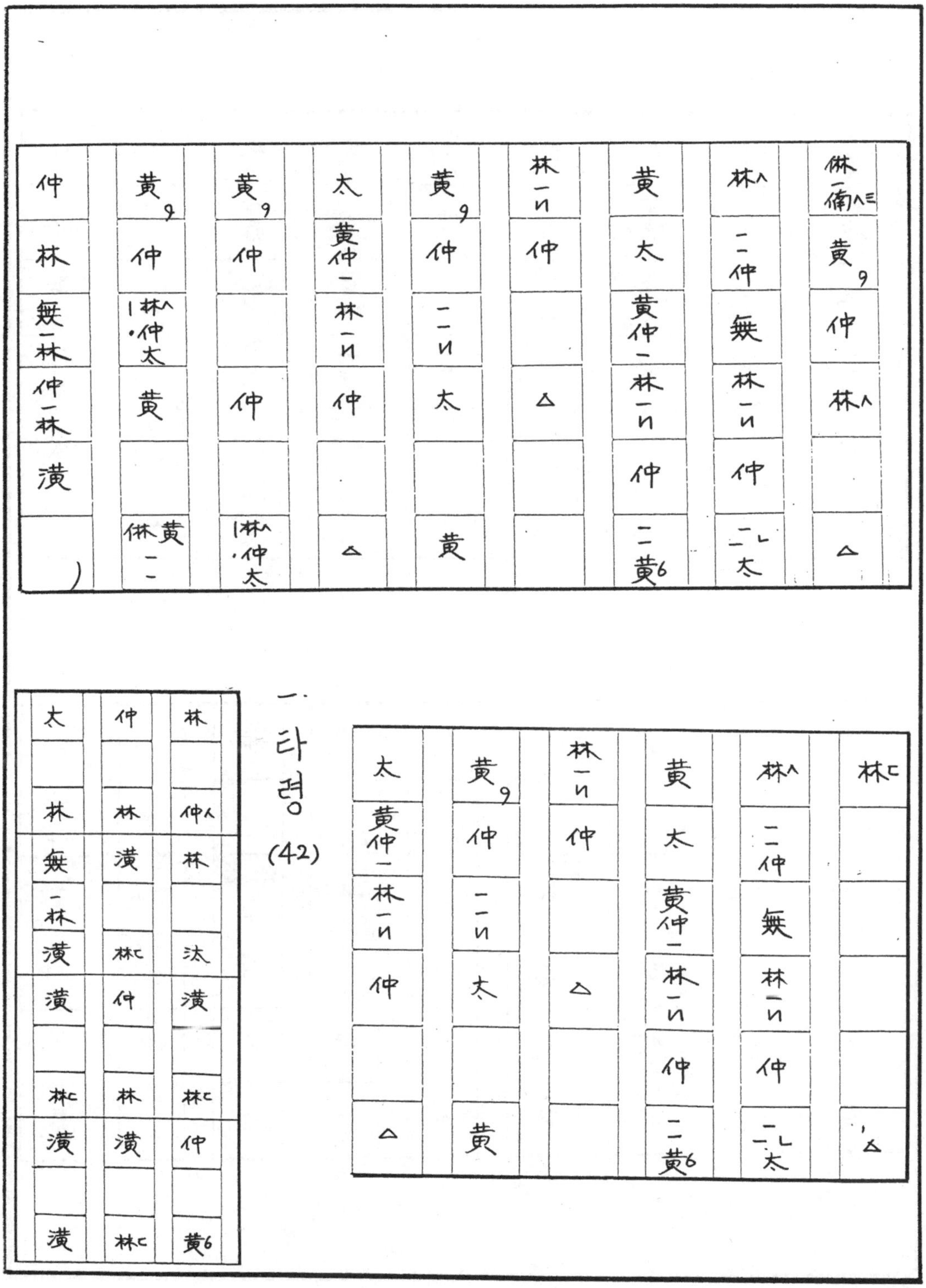

黃	太ㄷ	無 / 一林	林	仲 / 一黃	仲 / 一黃6	仲	仲 / 丶	太	林	潢	仲	汰
太ㅅ		仲		仲	仲	黃6	太		仲	林ㄷ	林	潢
黃		林	無	林	林	仲	黃	太	無 / 一林 / 仲	仲	無 / 一林	無 / 一林
太ㅅ		汰	林	林ㅅ	林ㅅ	黃6	俠	黃	仲	林	潢	潢
黃	太	潢	潢	潢	仲	林ㅅ	黃 / 一太	俠 / 一太ㆍ / 衛黃	黃 / 9	潢	潢	潢
俠6		林ㄷ	汰	林ㄷ	太	仲	黃	衛黃	仲	林ㄷ	林ㄷ	林ㄷ
黃	太	潢	無	仲	黃 / 一俠	黃6 / 一俠	仲	仲	林	仲	潢	潢
	太	潢		仲	黃	黃				仲	黃6	潢	潢

仲	仲 / 無	林 / 一無	林 / 一無	潢	仲	潢	潢	太	林	林 / 一仲	太 / 林	仲 / 9
林		仲	仲	林ㄷ	林	林	林		仲	無		仲
無 / 一林	潢	仲	仲	仲	無 / 一林	無		太	無 / 一林 / 仲	仲	仲 / ㄴ	太
潢	無	太			林	潢	林	林ㅅ	黃	林	太	太ㅅ
潢	林 / 一仲	林 / 一無 / 仲	△	潢	潢	仲	仲	俠 / 一太 / 衛黃	黃 / 9	潢	黃	黃
林ㄷ	太	仲		林ㄷ	林ㄷ	黃6	黃6	衛黃 / 仲	仲	林ㄷ	俠6	俠6
潢	黃 / 一俠	仲		仲	潢	仲	仲	仲	林	仲	黃	黃
潢	黃	無		黃6	潢				仲	黃6		

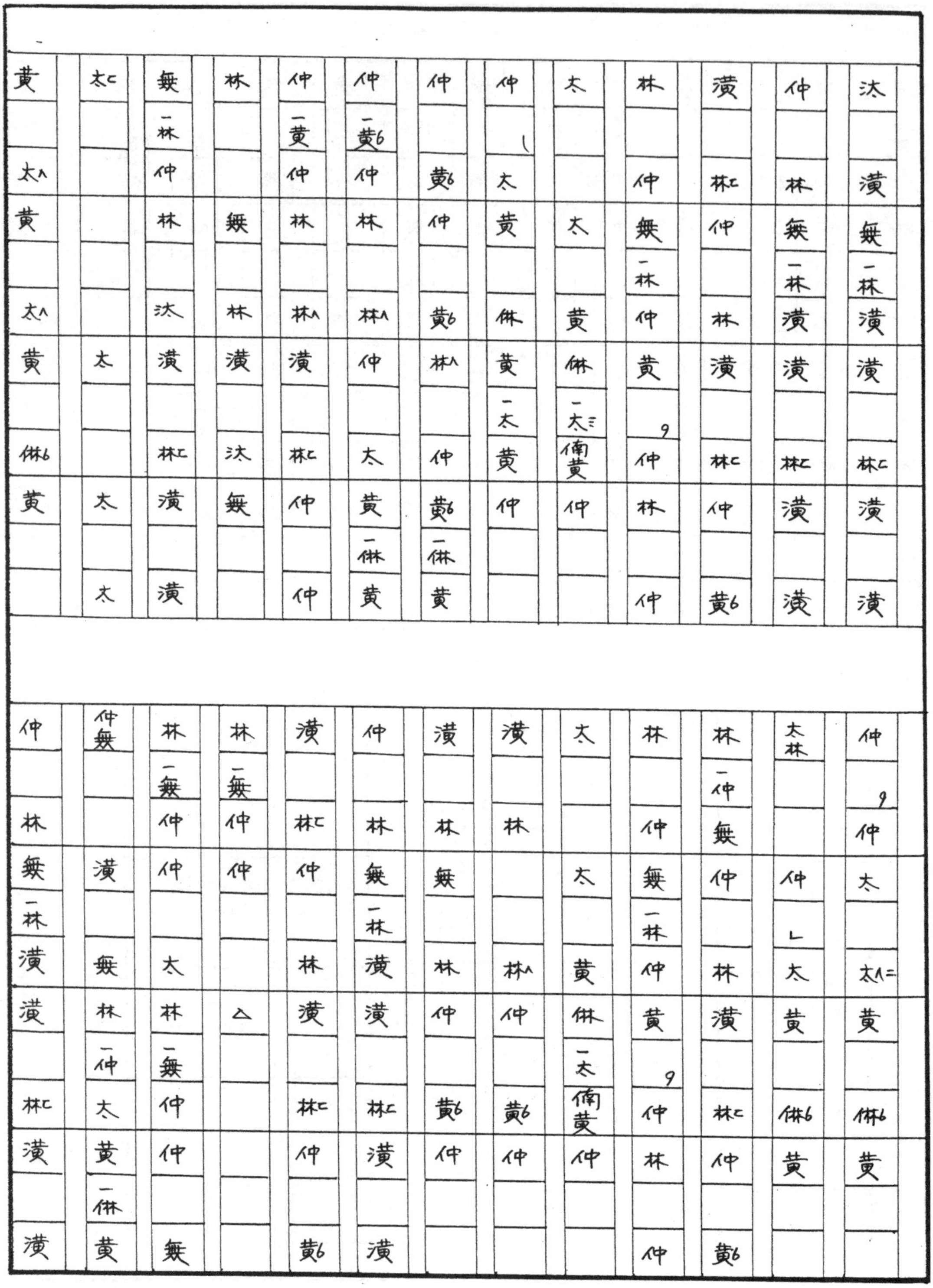

林 一無 仲	潢 林ㄷ	仲 林	仲無	林 一無 仲	林 一無 仲	潢 林ㄷ	仲 林	潢 林	潢 林	林 一無 仲	林 一無 仲	潢 林ㄷ
仲 太	仲 林	無 一林 潢	潢 無	仲 太	仲	仲 林	無 一林 潢	無 林	林	仲 太	仲	仲 林
林 一無 仲	潢 林ㄷ	潢 一仲 林ㄷ	林 一無 太	林 一無 仲	厶	潢 林ㄷ	潢 林ㄷ	仲 黃6	仲 黃6	林 一無 仲	厶	潢 林ㄷ
仲	仲 黃6	潢 一林 黃	黃 一林 黃	仲 無		仲 黃6	潢 潢	仲	仲	仲		仲 黃6

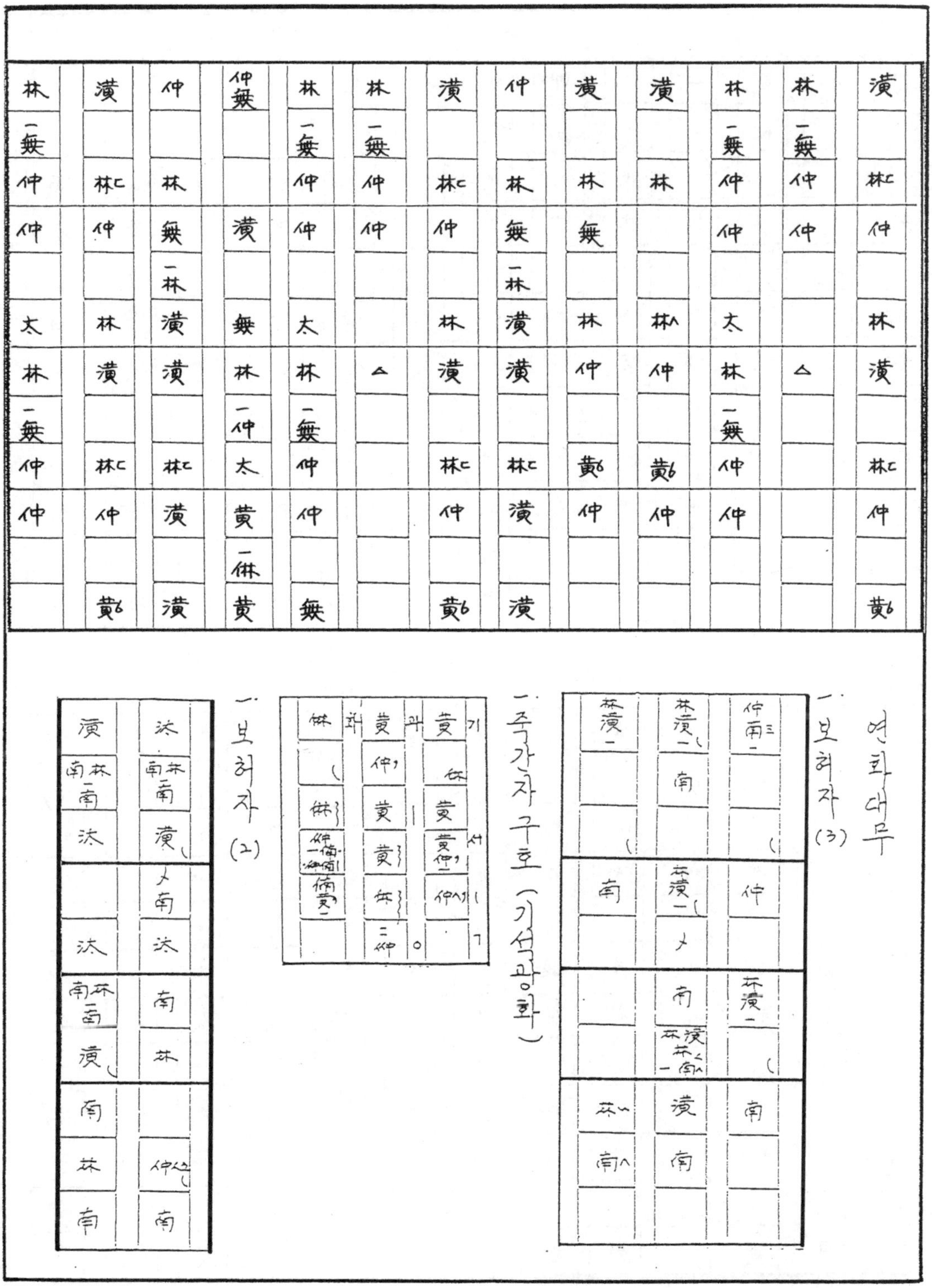

미신사 (주재봉래)

삼현도드리 (6)

삼현도드리 (2)

헌천수 (20)

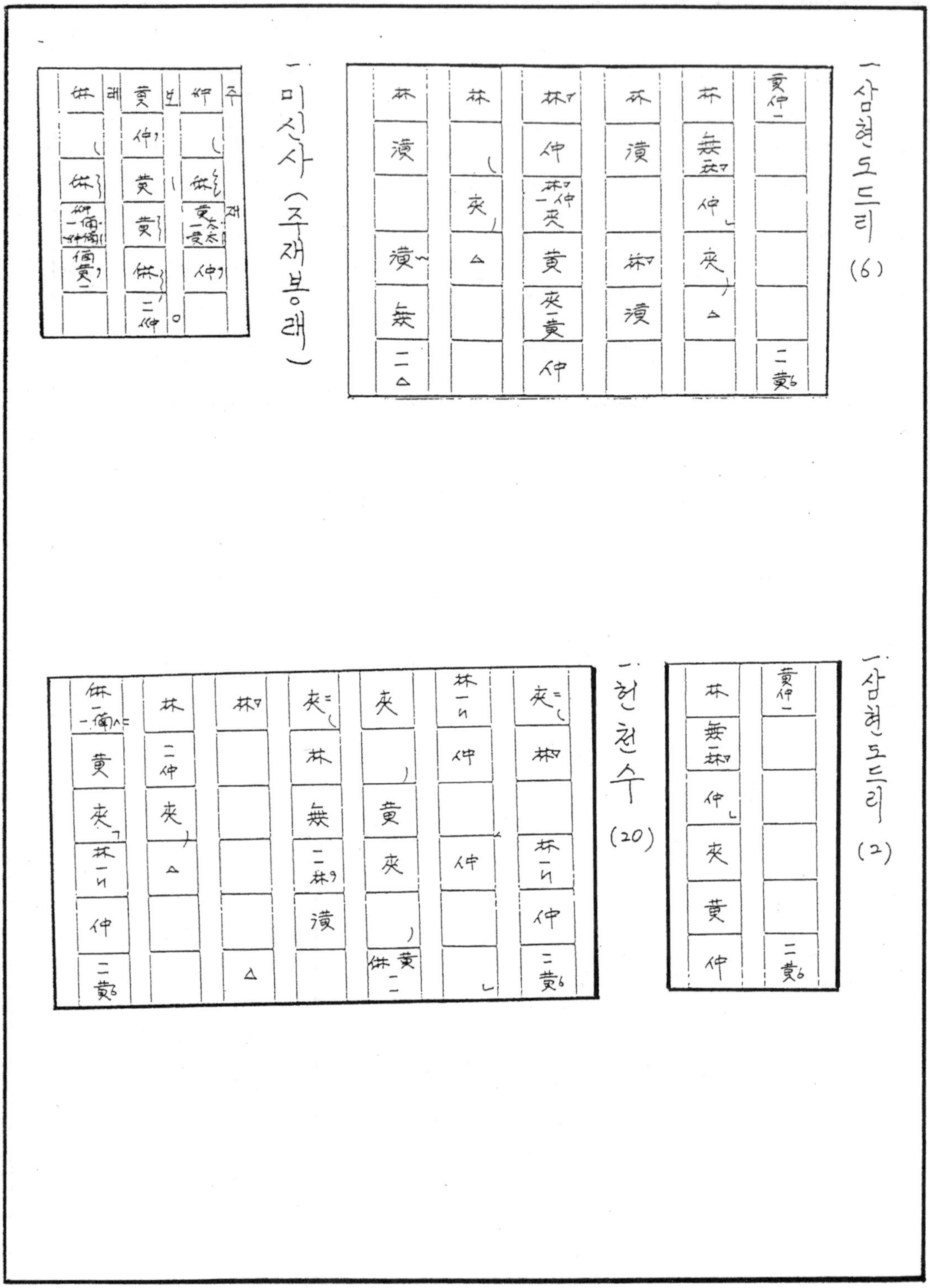

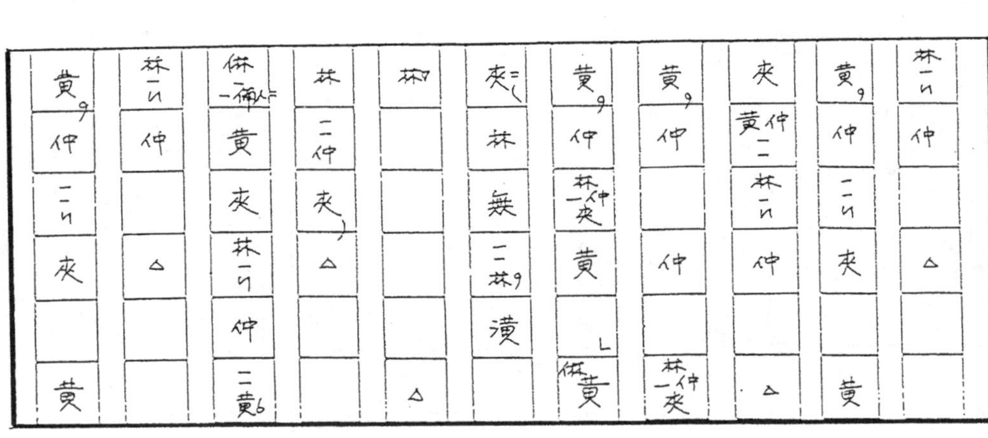

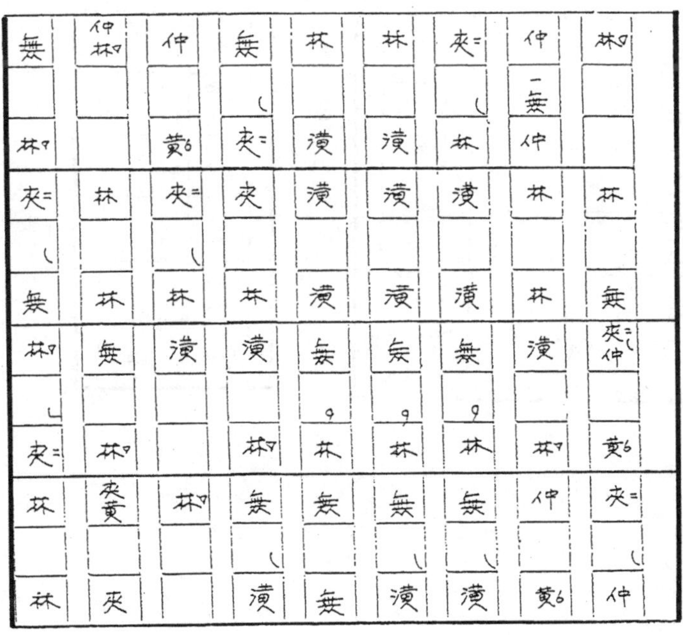

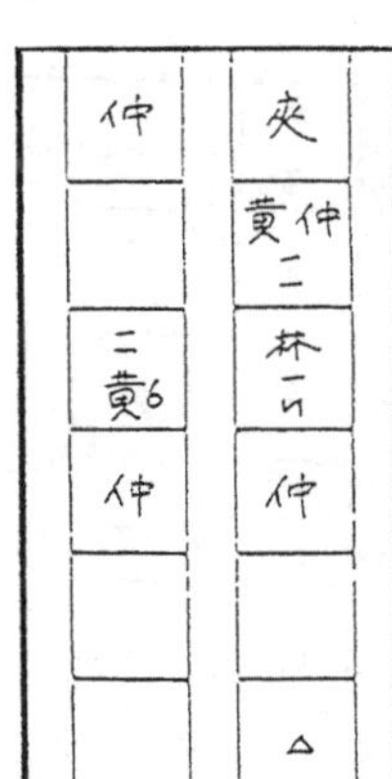

타령
(15)

一 보허자 (2)

一 보허자 (2)

二 죽간자구호 (아아장종°)

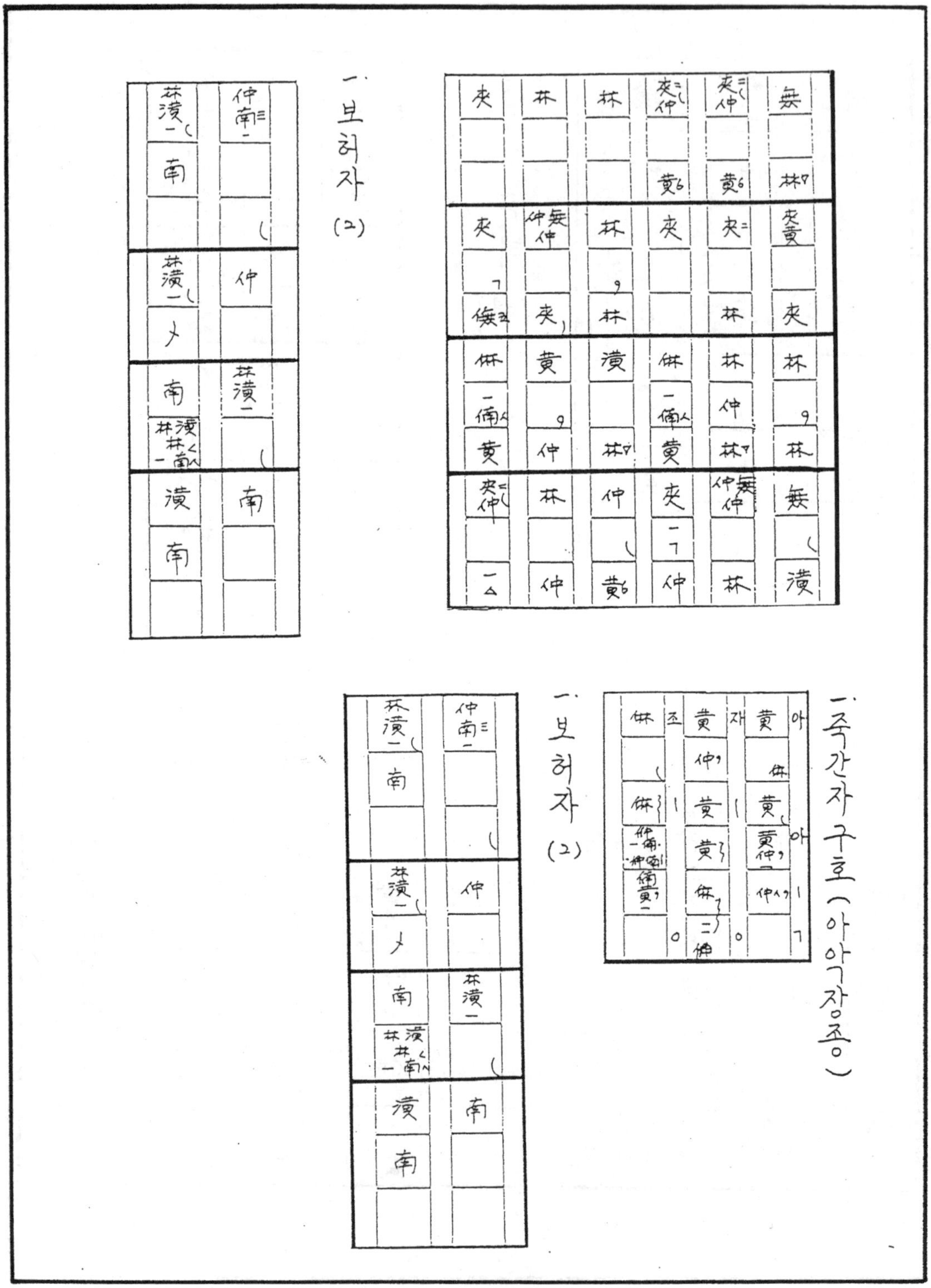

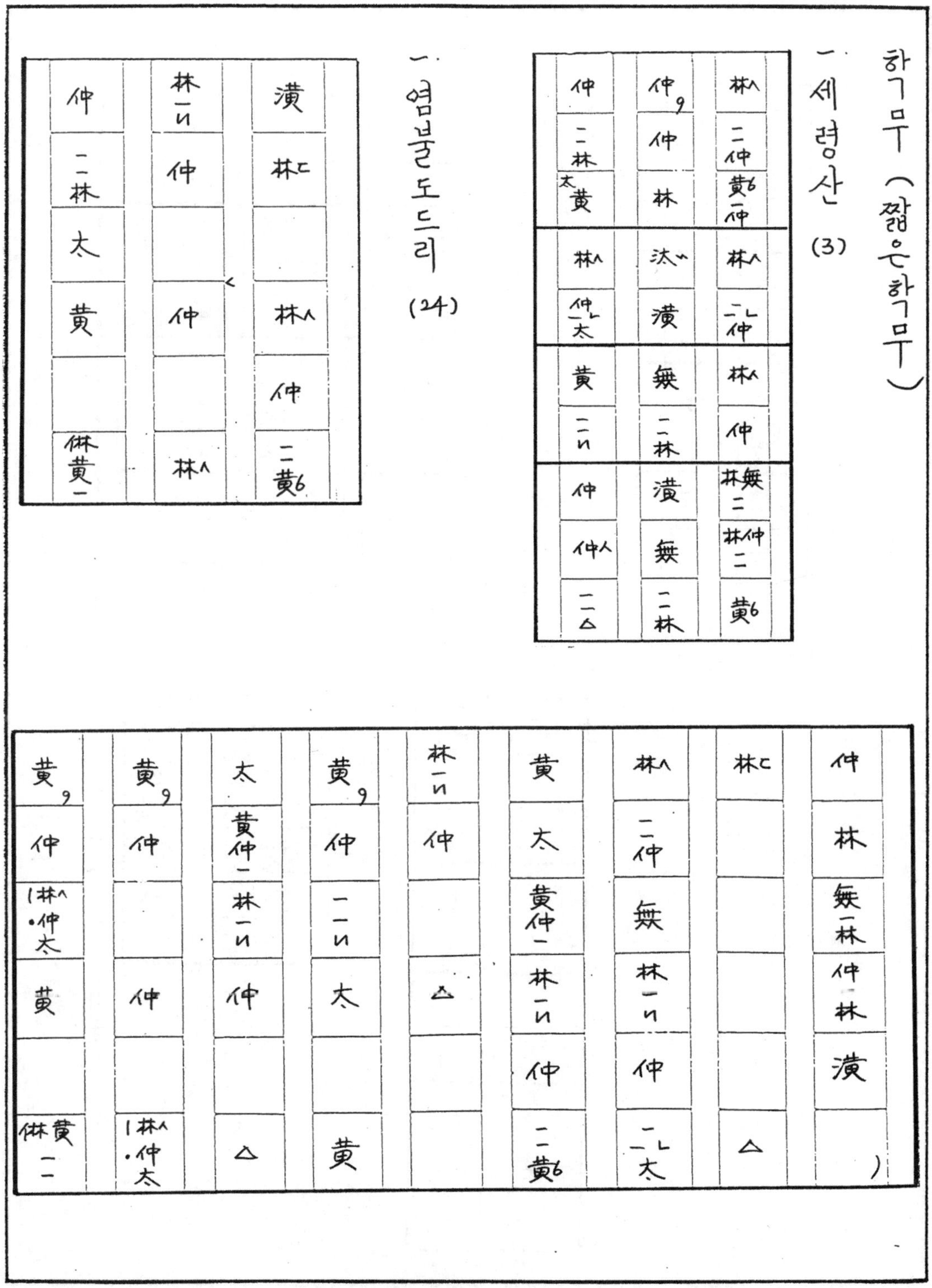

학무 (짧은학무)

一. 세령산 (3)

一. 염불도드리 (24)

타령
(30)

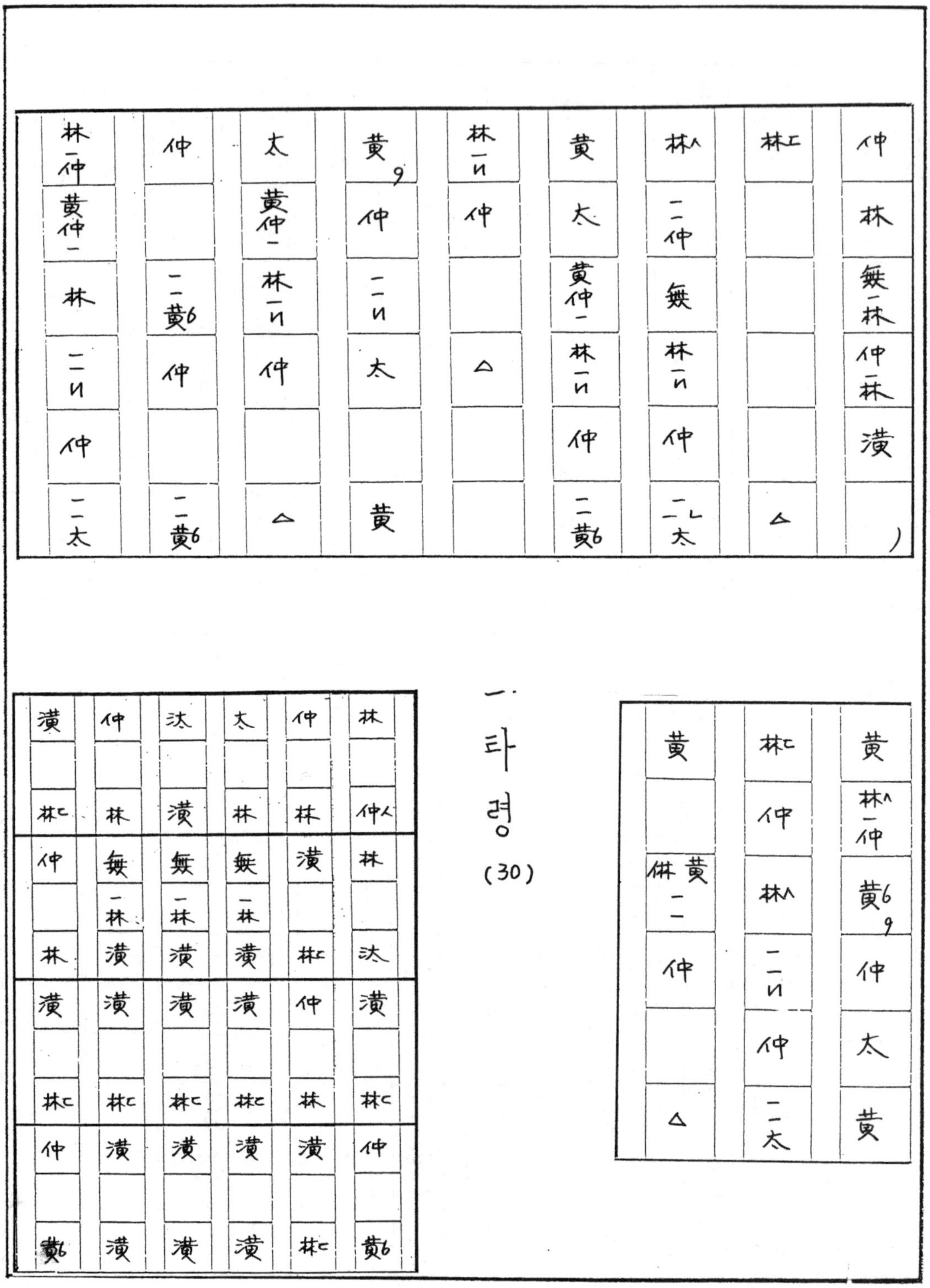

太林	仲	黃	太ㄷ	無	林	仲	仲	仲	仲	太	林
	9			一林			一黃	一黃6		ㄴ	
	仲	太ㅅ		仲		仲	仲	黃6	太		仲
仲	太	黃		林	無	林	林	仲	黃	太	無
											一林
ㄴ											仲
太	太ㅅ=	太ㅅ		汰	林	林ㅅ	林ㅅ	黃6	㑣	黃	黃
黃	黃	黃	太	潢	潢	潢	仲	林ㅅ	黃	㑣	黃
								一太三	一太三	9
㑊6	㑊6	㑊6		林ㄷ	汰	林ㄷ	太	仲	黃	偹黃	仲
黃	黃	黃	太	潢	無	仲	黃	黃6	仲	仲	林
							一㑣	一㑣			
			太	潢		仲	黃	黃			仲

潢	仲	仲無	林	林	潢	仲	潢	潢	太	林	林
			一無	一無							一仲
林ㄷ	林	仲	仲	林ㄷ	林	林	林		仲	無
仲	無	潢	仲	仲	仲	無	無	太	無	仲
	一林					一林			一林
林	潢	無	太		林	潢	林	林ㅅ	黃	仲	林
潢	潢	林	林	ㅅ	潢	潢	仲	仲	㑣	黃	潢
		一仲	一無					一太三	9
林ㄷ	林ㄷ	太	仲		林ㄷ	林ㄷ	黃6	黃6	偹黃	仲	林ㄷ
仲	潢	黃	仲	仲	潢	仲	仲	仲	林	仲
		一㑊								
	潢	黃	無		黃6	潢				仲	黃6

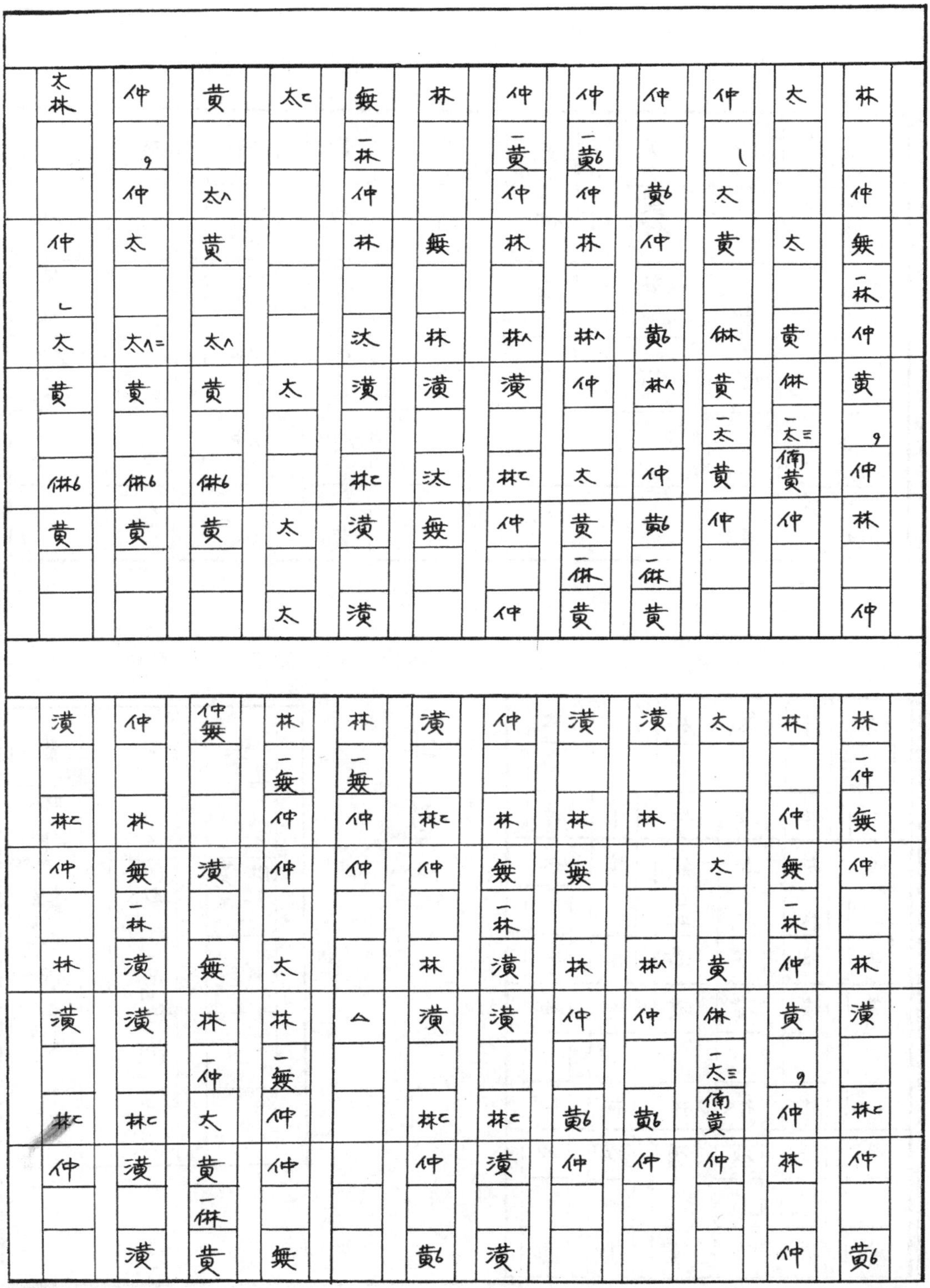

처용무 (계사년)
봉황음 (30)

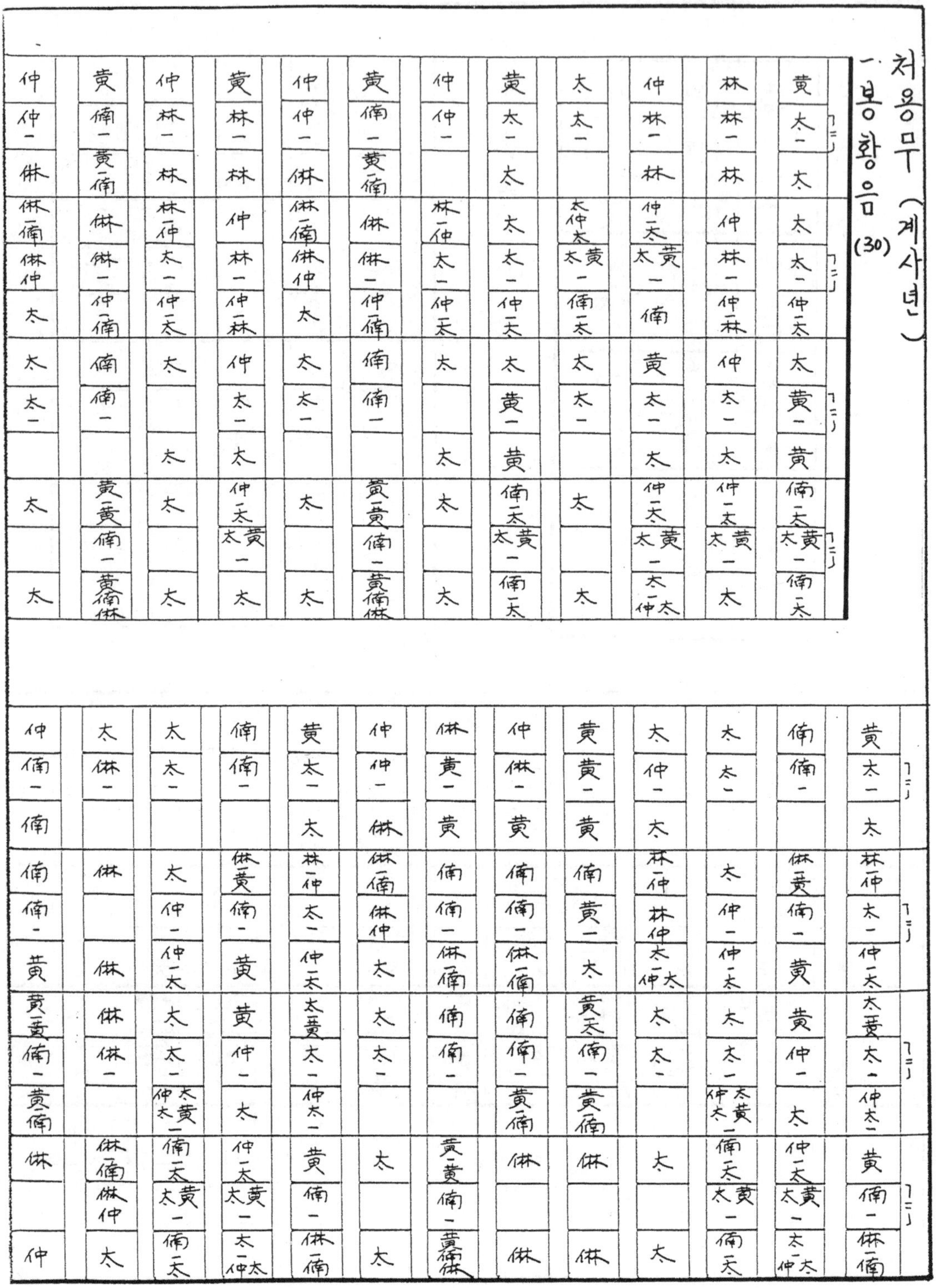

향당교주 (14)

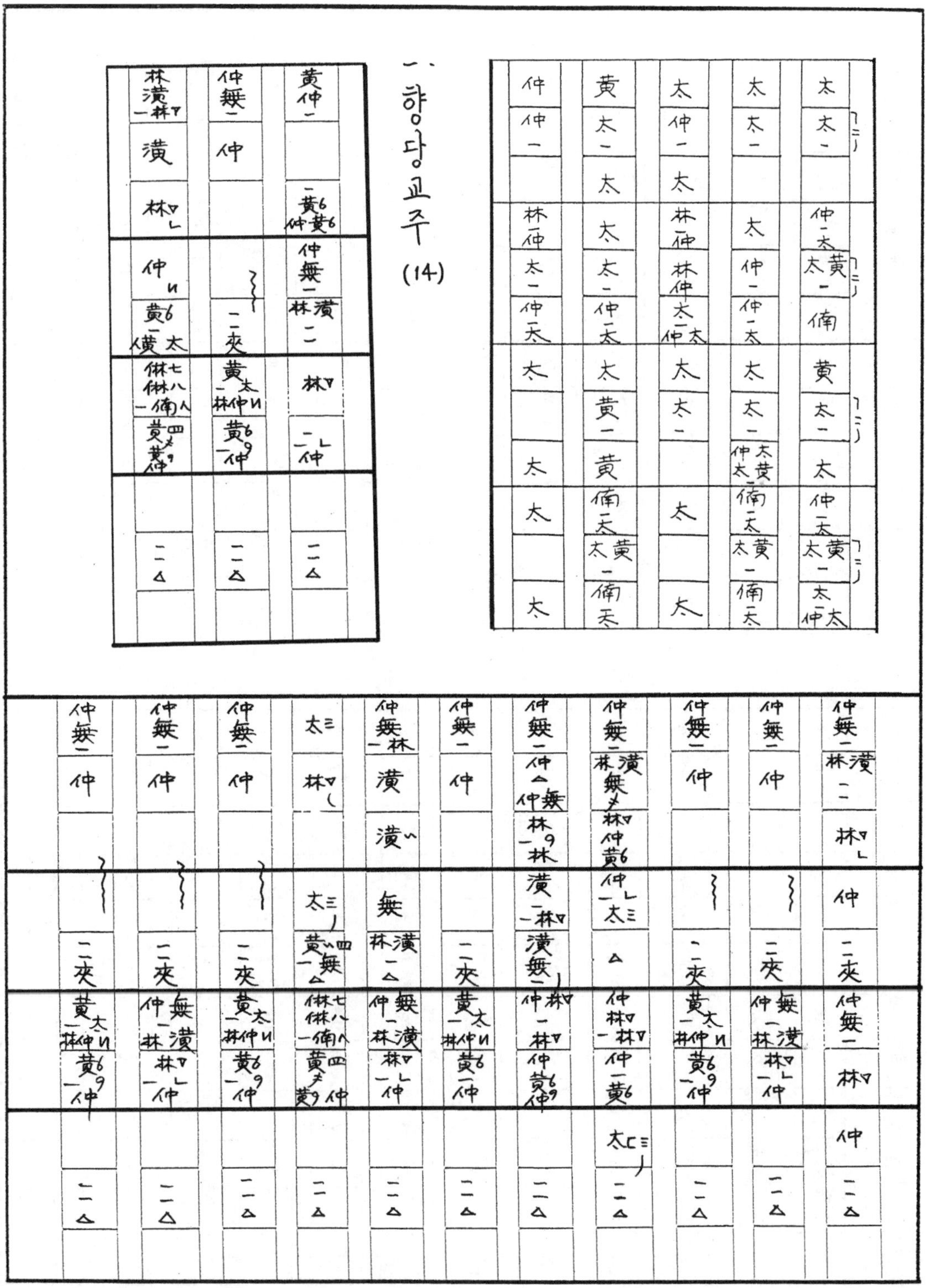

중령산 (18)

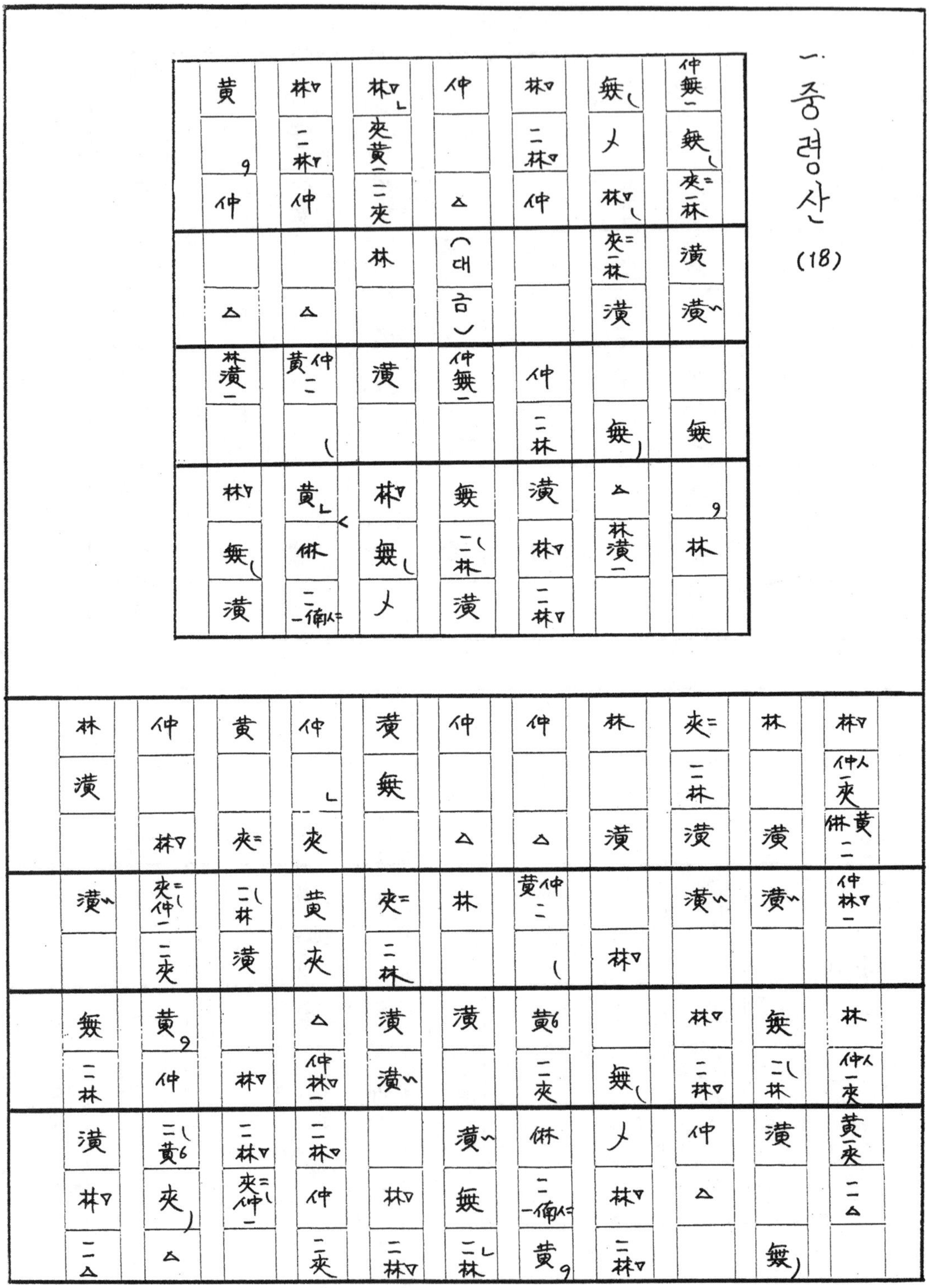

세령산 (32)

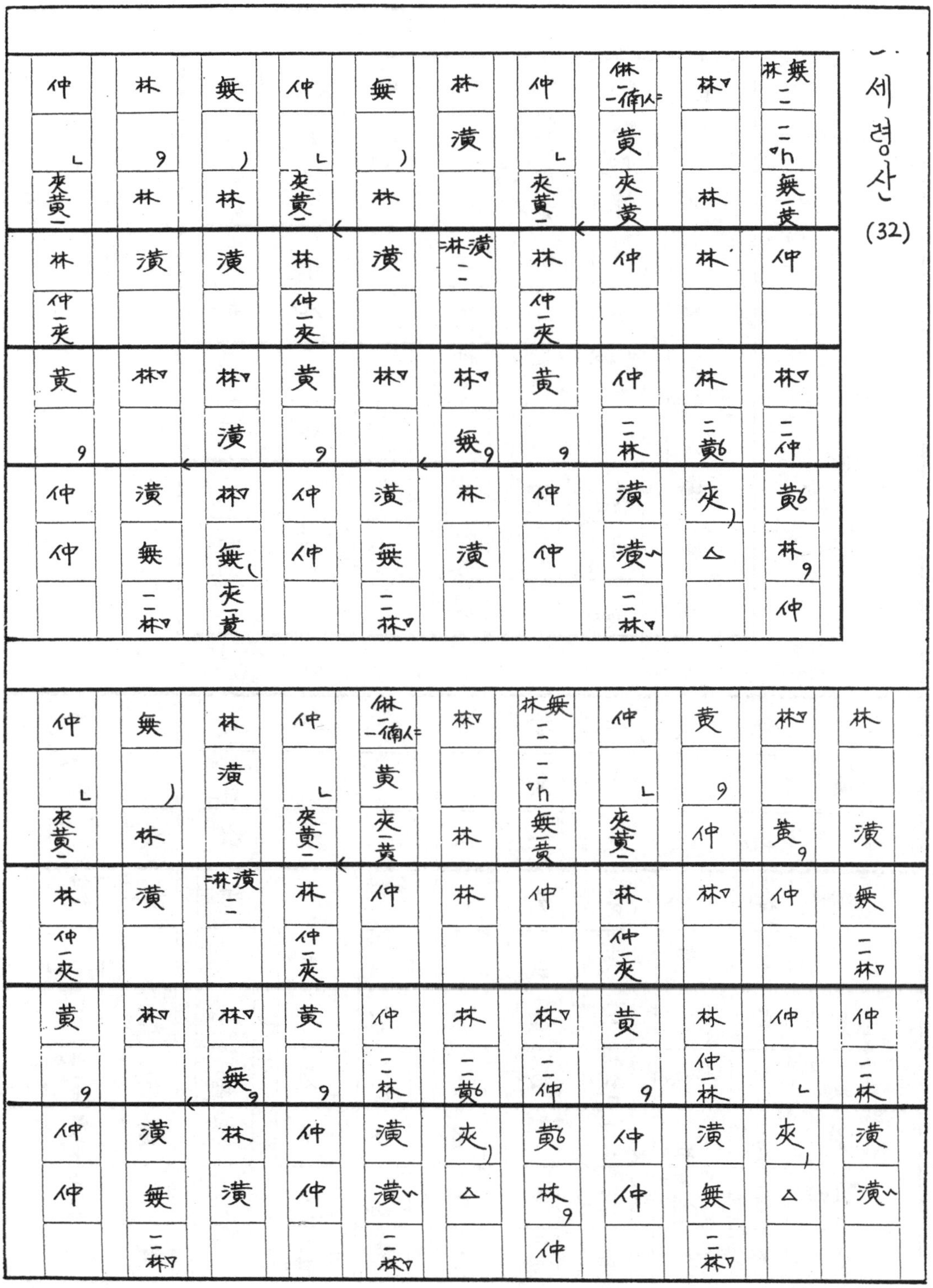

三. 삼현도드리 (36)

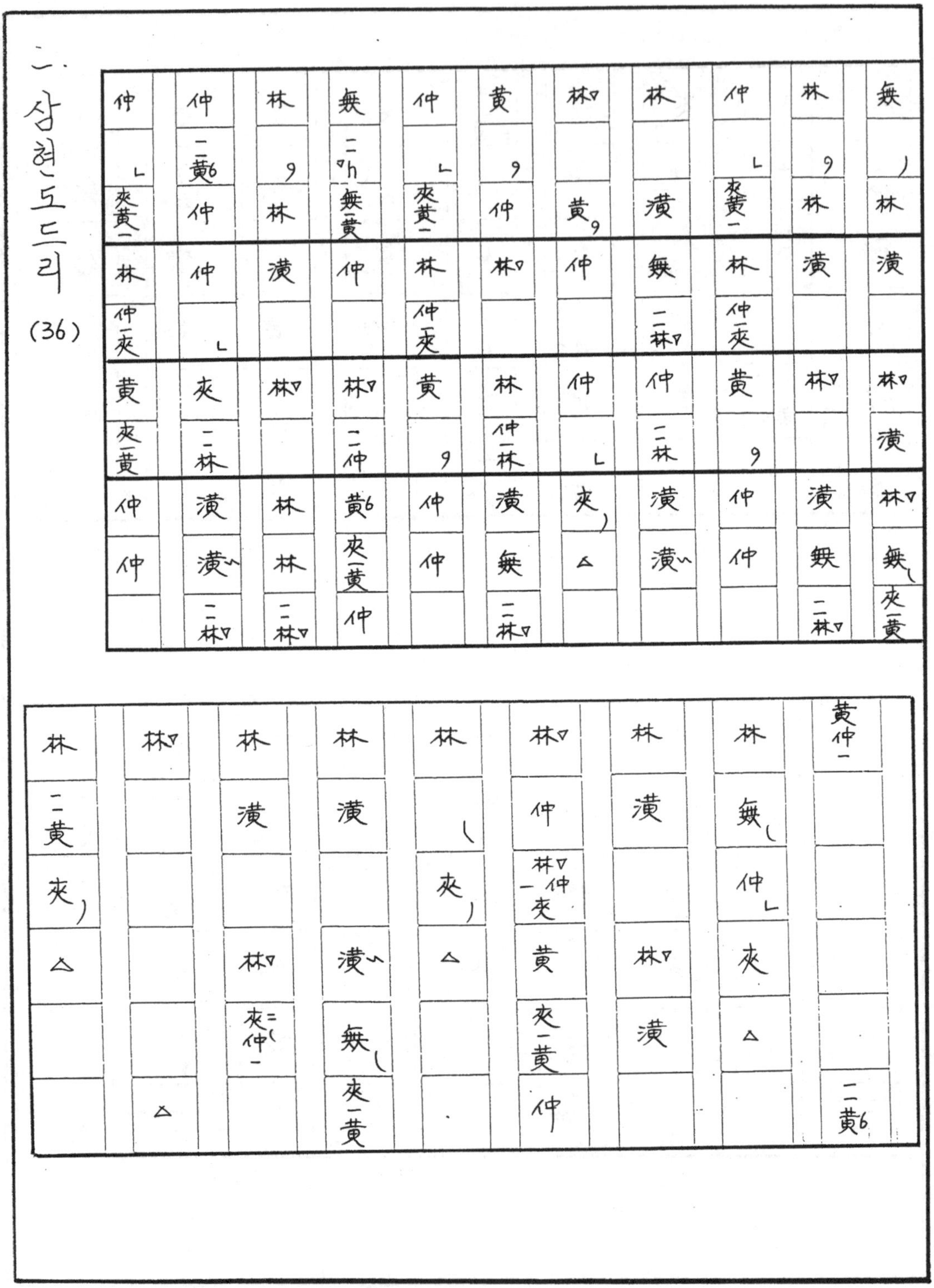

林	黃	夾	夾	倂備	夾二	無	無	林
二仲	夾	林	仲	黃	二林	林	二林9	無
黃6	黃林		林	夾	無	二林9	潢	無
夾	仲	林	二林	林	林	潢	無	二林9
仲	二黃6	夾	仲	仲	無	二林	夾二	潢
二黃6	仲	△	二黃6	二黃6	△	無	二林	

夾二	無	黃	林	林	林	林	夾	林
林	林	夾	仲	夾仲二				二黃
		仲	林			夾二	倂備	仲
林	林	黃6		林		林	黃	林
仲	夾	9	林			潢	夾黃	仲
二黃6	△	仲林	林仲夾		△		仲	二黃

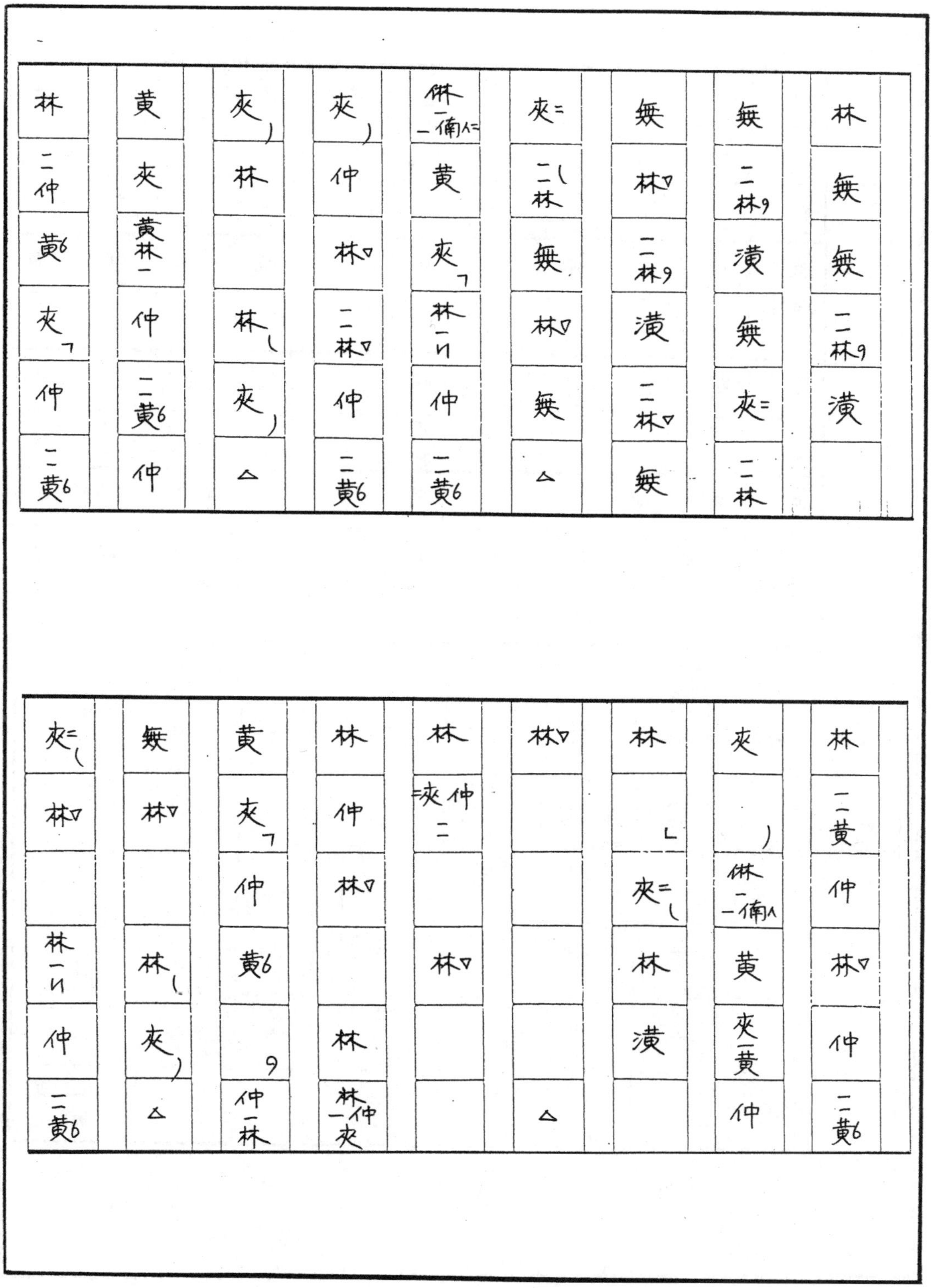

처용무 반주보(계사년) 7

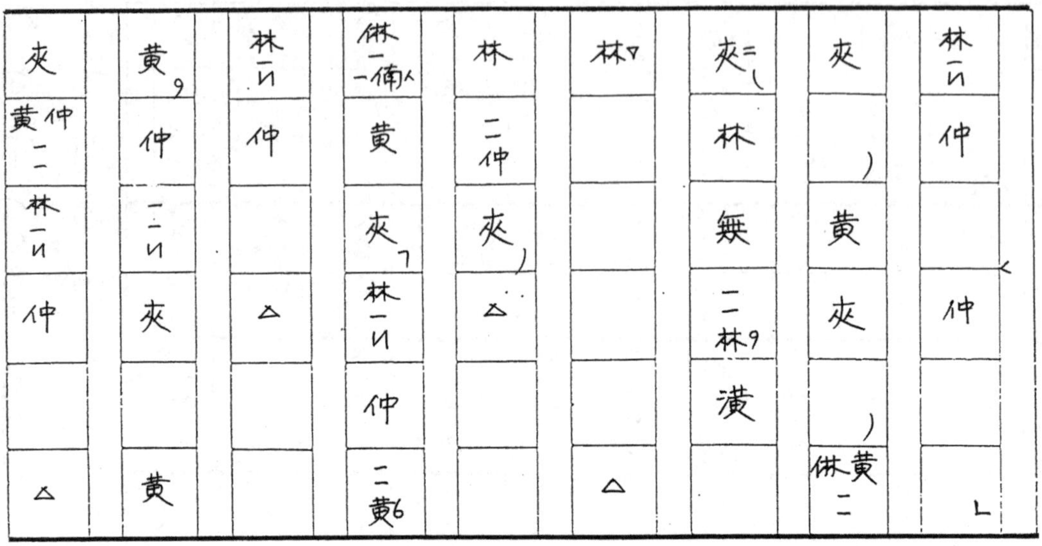

처용무 (이왕직아악부)

一 수제천 (10)

一 창사 (신라성대)

一 향당교주 (11)

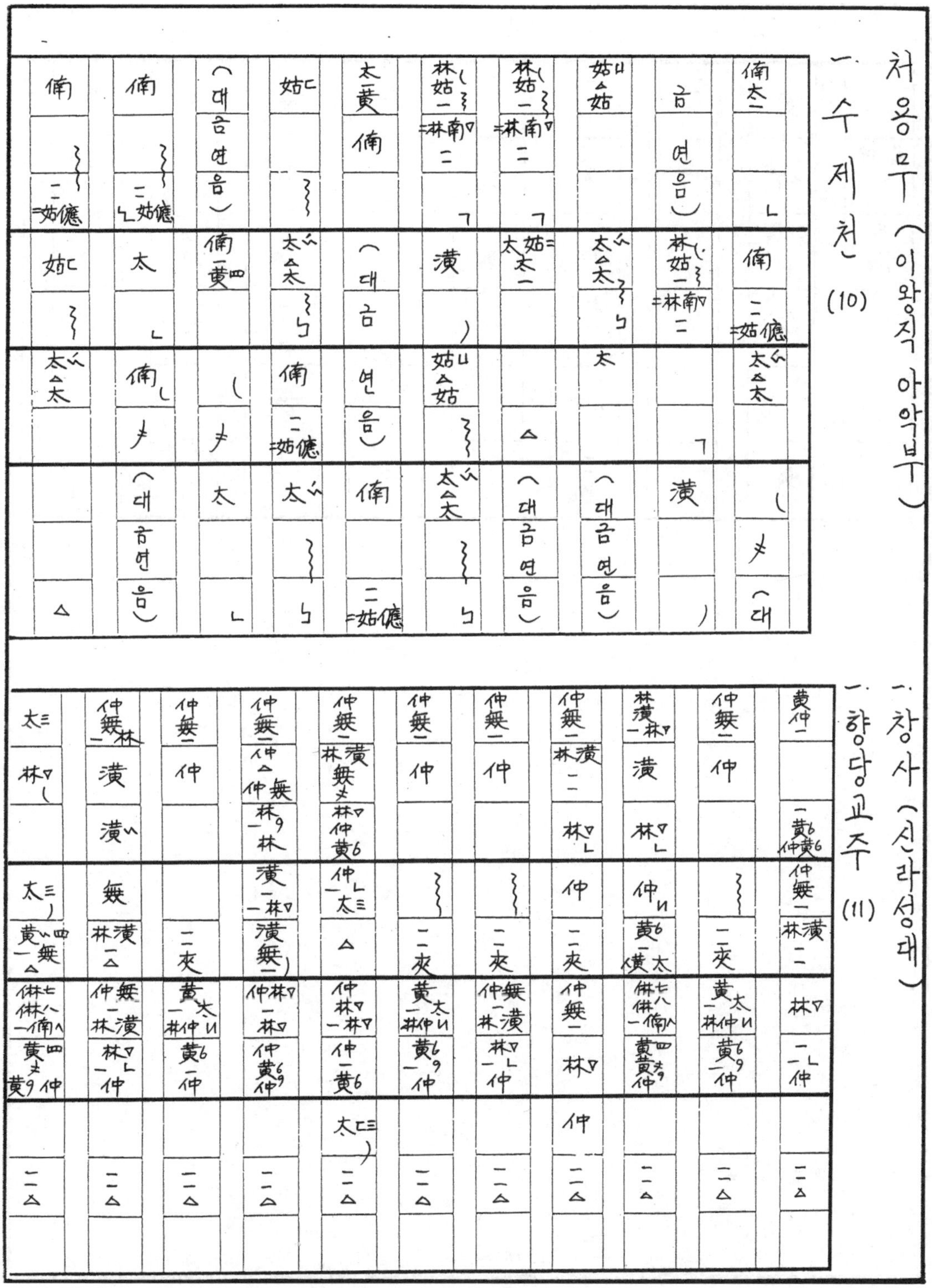

一 세령산 (34)

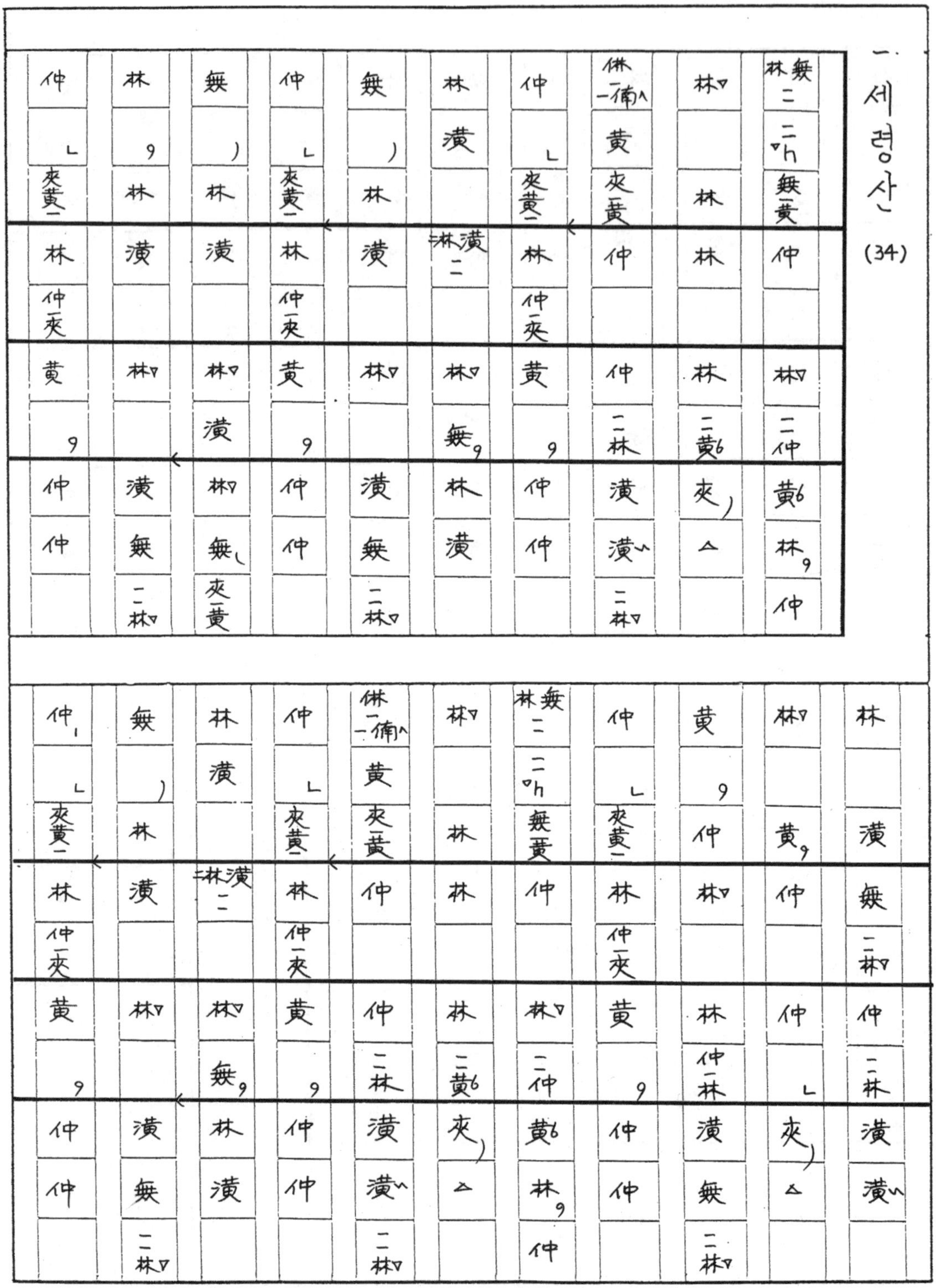

삼현도드리 (57)

夾)	㑲二一偏^	夾=	無	無	林	林	林▽	林
仲	黃	二林	林▽	二林9	無	二黃		潢
林▽	夾¬	無	二林9	潢	無	夾)		
二林▽	林ᄂ	林▽	潢	無	二林9	△		林▽
仲	仲	無	二林▽	夾=	潢			夾仲一=
二黃6	二黃6	△	無	二林			△	

林	林	林▽	林	夾	林	林	黃	夾)
仲	夾仲二		ᄂ	)	二黃	二仲	夾	林
林▽			夾=	㑲二一偏^	仲	黃6	黃林一	
	林▽		林	黃	林▽	夾¬	仲	林 夾)
林			潢	夾二黃	仲	仲	二黃6	夾)
林仲一夾		△		仲	二黃6	二黃6	仲	△

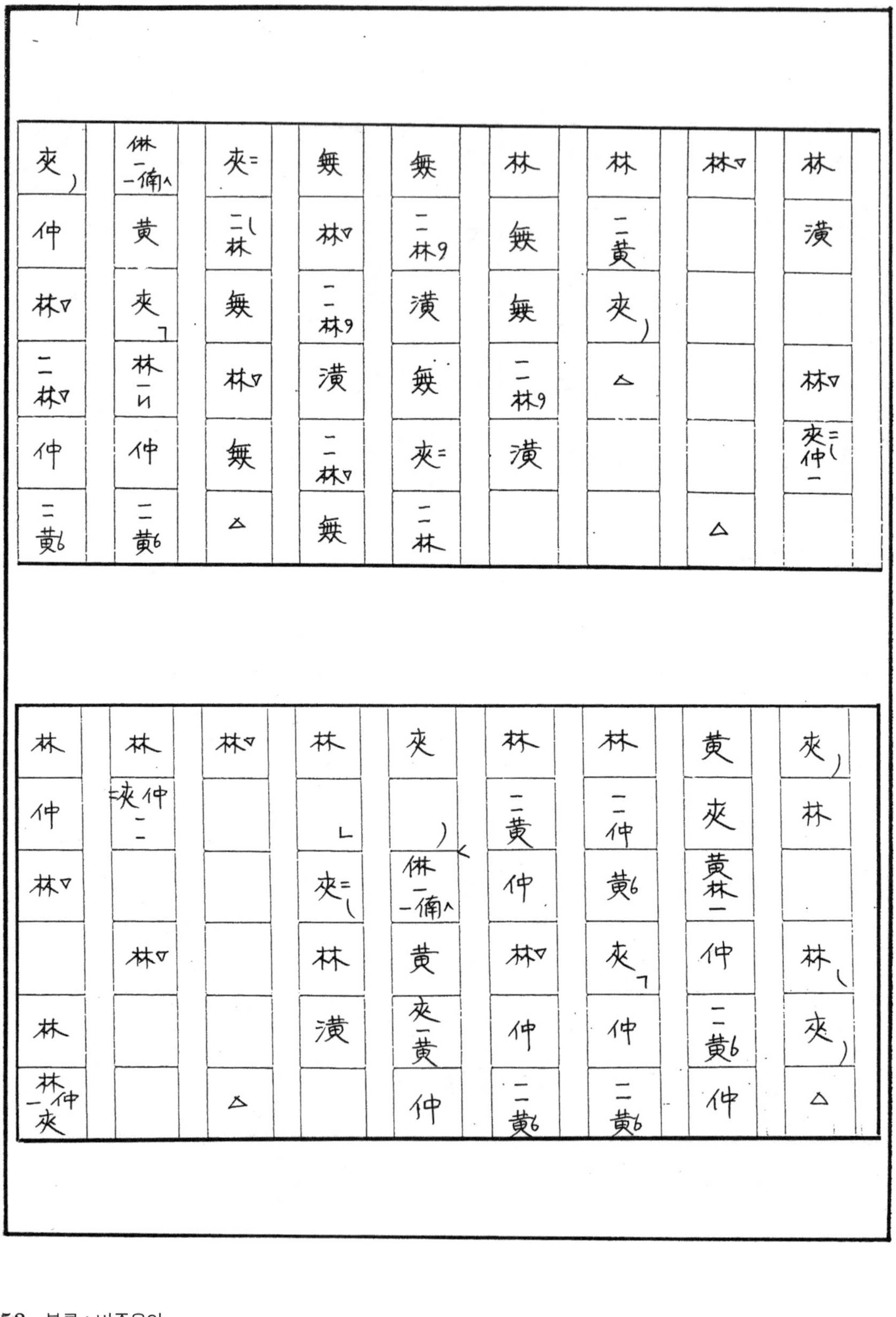

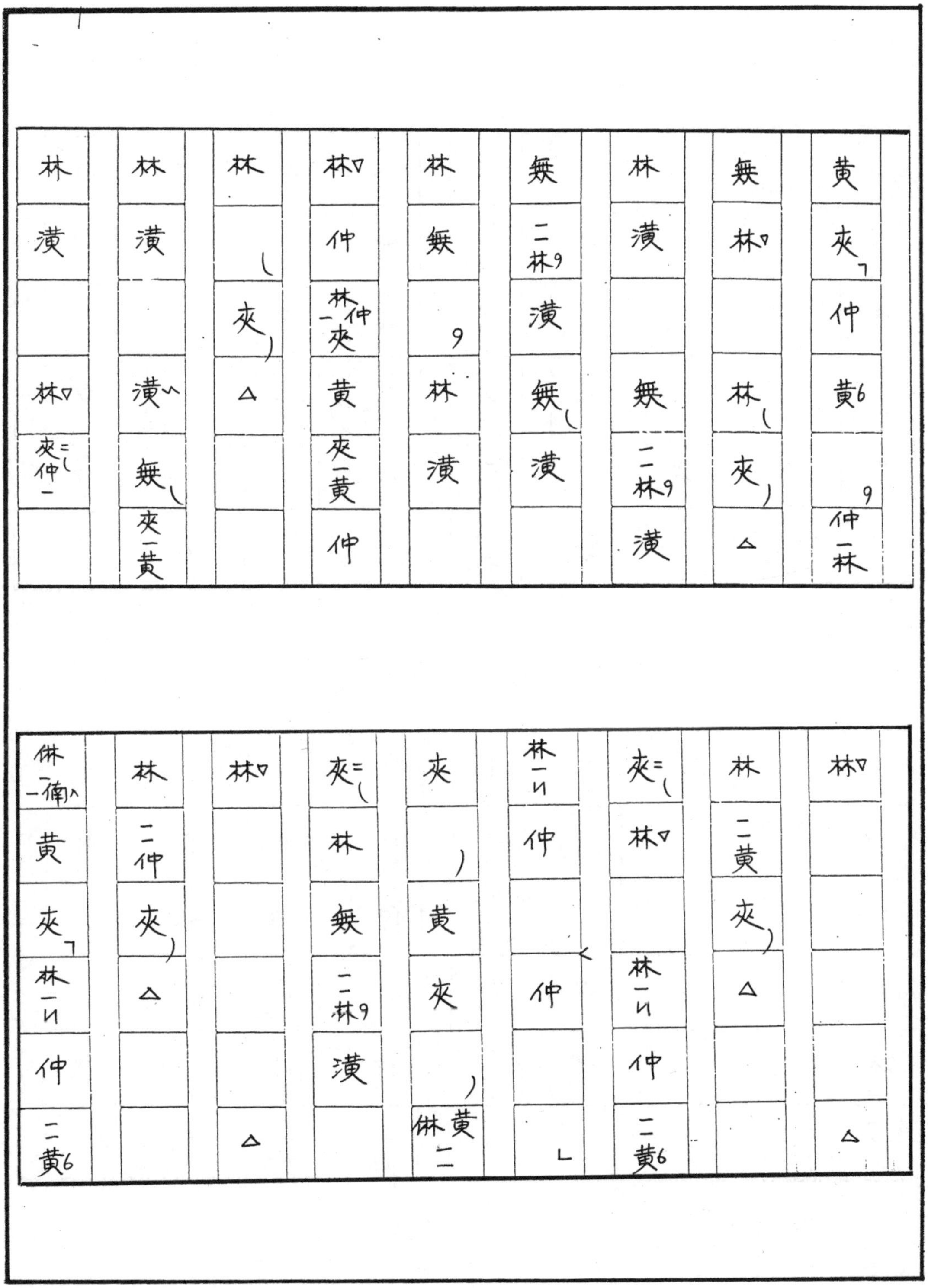

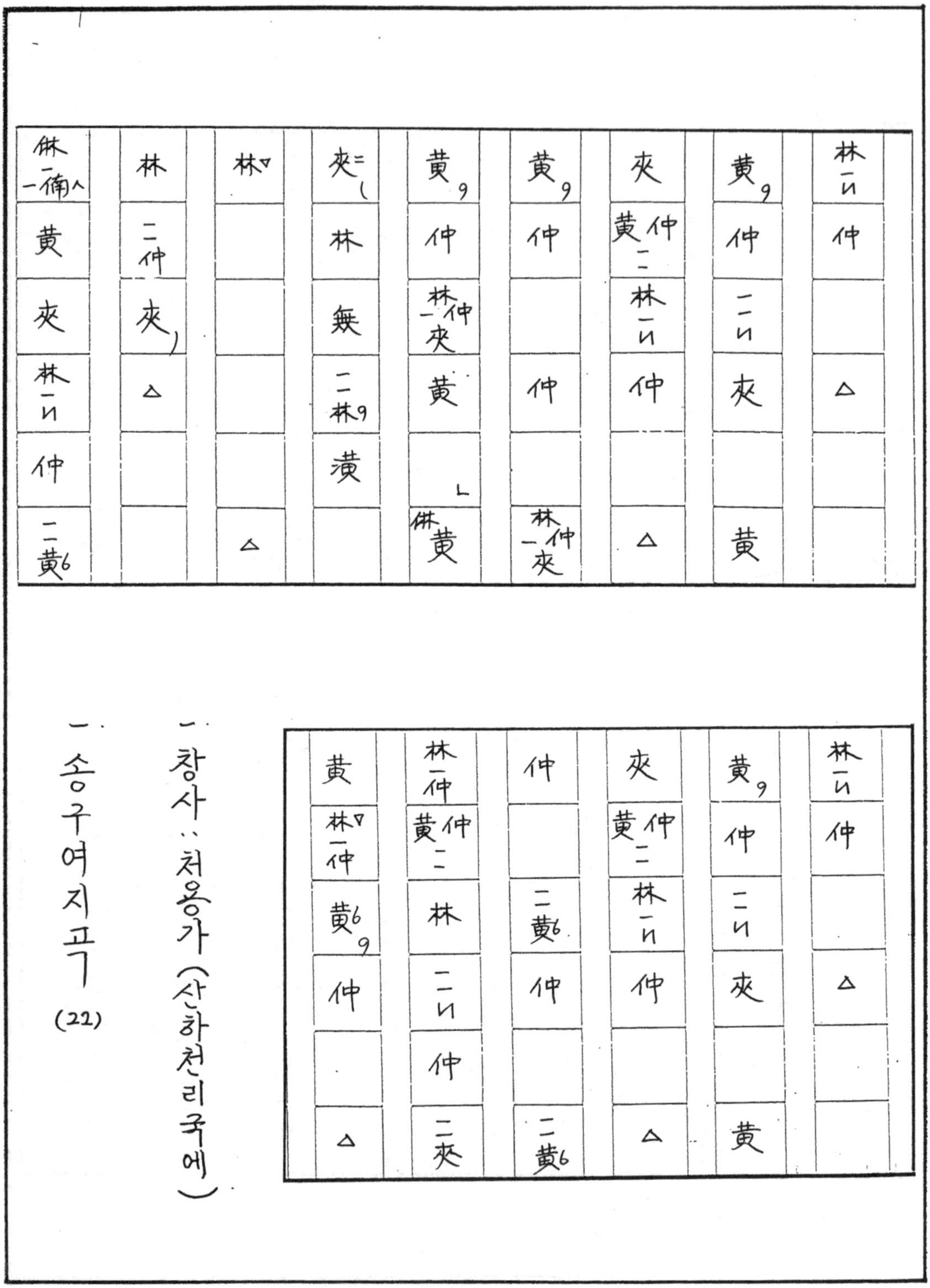

一 창사 : 처용가 (산하천리국에)
一 송구여지곡

(22)

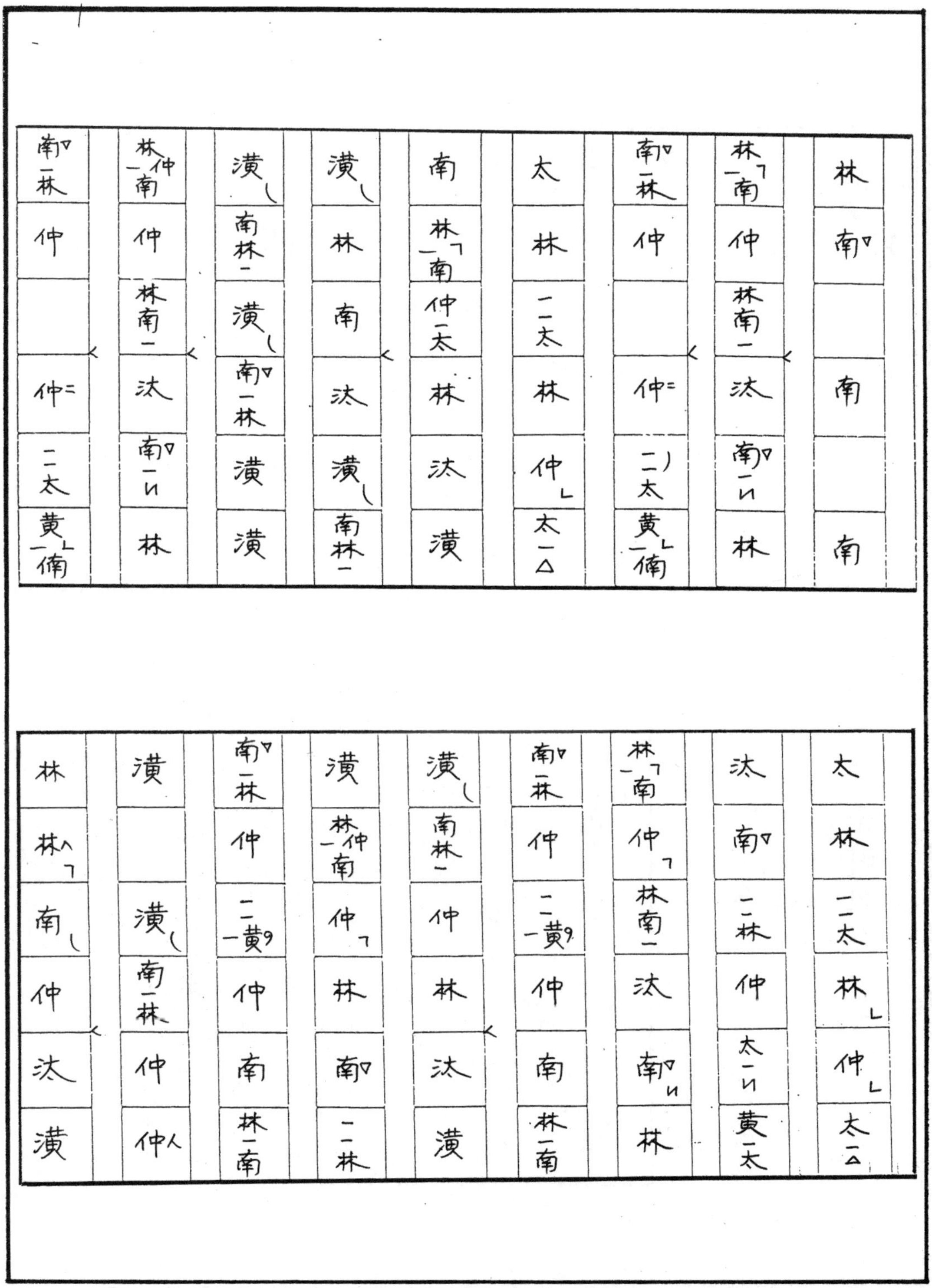

부록 : 반주음악

潢〻	林南	南	汰
乂	潢	汰	南▽
南▽			潢
潢	潢〻	汰	南▽
	乂		潢
△	南▽	潢	南▽

부록

반주음악 :: 김관희

부록 :: 반주음악

이흥구 한국예술종합학교 전통예술원 교수 역임
　　　　1999년 대통령 포상
　　　　2007년 문화부 보관 문화 훈장 수여
　　　　중요무형문화제 40호 학연화대합설무 보유자
　　　　사단법인 대악회 이사장
　　　　국립국악원 원로 사범
　　　　한국예술종합학교 전통원 강사

손경순 중요무형문화재 제40호 학연화대합설무 전수조교
　　　　중요무형문화제 제27호 승무 이수자
　　　　숭의여자대학 무용과 교수

한국궁중무용총서 ❽

처용무 處容舞 · 학무 鶴舞

2010년 1월 15일 초판 1쇄 펴냄

저　자 이흥구 · 손경순
발행인 김흥국
발행처 도서출판 보고사

책임편집 황효은
표지디자인 황효은

등록 1990년 12월 13일 제6-0429호
주소 서울특별시 성북구 보문동7가 11번지 2층
전화 922-5120~1(편집), 922-2246(영업)
팩스 922-6990
메일 kanapub3@chol.com
http://www.bogosabooks.co.kr

ISBN　978-89-8433-778-7 (94680)
　　　　978-89-8433-680-3 (세트)
ⓒ 이흥구 · 손경순, 2010

정가 40,000원

사전 동의 없는 무단 전재 및 복제를 금합니다.
잘못 만들어진 책은 바꾸어 드립니다.